CONTENTIEUX ADMINISTRATIF

La collection Masters droit propose aux étudiants français et aux professionnels du droit des ouvrages adaptés à la formation juridique ou à la mise à jour des connaissances dans tous les domaines du droit, tant sur le plan du droit national français, qu'européen ou international. Ces ouvrages synthétiques et accessibles offrent au lecteur une approche générale et une analyse détaillée. Selon les ouvrages, les matières traitées sont abordées dans leur globalité ou sous l'angle d'une problématique ou thématique spécifique.

Déjà parus :

Roger BERNARDINI, *Droit criminel. Volume I – éléments préliminaires*, 2012

Roger BERNARDINI, *Droit criminel. Volume II – L'infraction et la responsabilité*, 2012

Stéphane DOUMBÉ-BILLÉ, Caroline MIGAZZI, Kiara NERI, Françoise PACCAUD et Anna Maria SMOLINSKA, *Droit international de l'environnement*, 2013

Michel ATTAL et Arnaud RAYNOUARD, *Droit international privé. Tome 1: Principes généraux*, 2013

David CUMIN, *Manuel de droit de la guerre*, 2014

René DE QUENAUDON, *Droit de la responsabilité sociétale des organisations. Introduction*, 2014

Fabien TERPAN, *Droit et politique de l'Union européenne*, 2e éd., 2014

MASTERS
DROIT

CONTENTIEUX ADMINISTRATIF

Marie-Christine Rouault

larcier

Pour toute information sur nos fonds et nos nouveautés dans votre domaine de spécialisation, consultez nos sites web via www.larciergroup.com.

Éditions Larcier
Rue des Minimes, 39 • B-1000 Bruxelles

Imprimé en Belgique

Dépôt légal
Bibliothèque nationale, Paris : décembre 2014
Bibliothèque royale de Belgique, Bruxelles : 2015/0031/058

ISSN : 2294-5598
ISBN : 978-2-8044-7387-7

Sommaire

Introduction 9

CHAPITRE 1
Les sources de la procédure administrative contentieuse 11

CHAPITRE 2
Les caractères de la procédure administrative contentieuse 31

PARTIE I
Le domaine du contentieux administratif

TITRE 1
La séparation des autorités 43

CHAPITRE 1
Le jeu de la règle de séparation 45

CHAPITRE 2
Le Tribunal des conflits 87

CHAPITRE 3
Les renvois et questions préjudiciels 105

TITRE 2
Les juridictions administratives 119

CHAPITRE 1
Le Conseil d'État 121

CHAPITRE 2
Les juridictions administratives territoriales 139

CHAPITRE 3
Les juridictions administratives spéciales 153

TITRE 3
La ventilation des compétences entre les juridictions administratives 157

CHAPITRE 1
La compétence de principe des juridictions administratives 159

CHAPITRE 2
La résolution des difficultés de compétence interne 183

PARTIE II
La détermination du différend

TITRE 1
La prévention et la préparation du recours juridictionnel 195

CHAPITRE 1
La procédure administrative non contentieuse 197

CHAPITRE 2
Les conditions tenant à l'introduction de la requête 205

CHAPITRE 3
Les conditions tenant au délai de recours 243

TITRE 2
Les différents recours contentieux 277

CHAPITRE 1
Les référés et procédures d'urgence 279

CHAPITRE 2
Le recours pour excès de pouvoir 333

CHAPITRE 3
Les recours de plein contentieux 369

PARTIE III
Le règlement du différend

TITRE 1
L'instance 397

CHAPITRE 1
L'instruction 399

CHAPITRE 2
L'établissement de la conviction du juge 427

TITRE 2
La sentence 443

CHAPITRE 1
L'élaboration de la décision 445

CHAPITRE 2
Les conséquences et l'exécution de la décision 483

TITRE 3
La contestation de la décision 501

CHAPITRE 1
L'appel 503

CHAPITRE 2
Le recours en cassation 523

CHAPITRE 3
Les voies de rétractation 539

Bibliographie 559

Index 561

Introduction

1. Le contentieux, dans son sens profond, signifie la querelle, la contestation. Le contentieux administratif est constitué, en ce sens, des litiges suscités essentiellement par l'action administrative. Il traduit les maladies du système administratif, les abus ou arbitraires commis par des personnes publiques ou leurs représentants, le climat de méfiance ou d'ignorance qui affecte les relations entre l'administration et les administrés. Il est aussi le fruit de la prolifération et de la prégnance des lois et des règlements administratifs, la marque des dysfonctionnements administratifs.

Dans le langage juridique, le contentieux désigne les actions et les recours juridictionnels. Le procès apparaît alors comme un remède. Il existe certes d'autres formes de résolution des litiges, moins lourdes que le procès : la réclamation, la conciliation et l'arbitrage. Depuis une quarantaine d'années, les pouvoirs publics recherchent des solutions permettant d'éviter le recours au juge. Dans cette démarche s'inscrivent l'amélioration des relations entre l'administration et les administrés ou celle des travaux de l'administration, ainsi que l'affirmation par le législateur des droits des citoyens dans leurs relations avec les administrations. Cependant, le règlement juridictionnel des différends reste le mode souvent indispensable, et toujours le plus perfectionné, du traitement des maux administratifs.

Le contentieux administratif ne se cantonne pas aux litiges qui peuvent surgir entre l'administration et les administrés, ou les « usagers » selon un vocable plus moderne. Des litiges se produisent également entre personnes publiques, et la juridiction administrative connaît parfois de différends entre personnes privées, l'une d'elles étant, par exemple, chargée d'un service public ou de l'exécution d'un travail public.

Le contentieux administratif ne se résout pas davantage à la procédure administrative contentieuse. L'expression désigne à la fois le procès administratif et la façon dont le juge administratif le résout. Son régime juridique concerne le droit applicable au procès se déroulant devant la juridiction administrative.

2. La procédure n'est pas un vain formalisme, car rien ne sert que l'on possède un droit si on ne sait comment le faire valoir. Il importe donc de connaître les modalités de saisine des juridictions, d'instruction des affaires et d'élaboration des décisions juridictionnelles. La procédure doit protéger tout à la fois le juge contre les risques d'erreur, en le contraignant à s'entourer de toutes les garanties nécessaires, et les parties contre les dangers de décisions arbitraires ou arrachées par un adversaire trop habile. Pour ce faire, il faut savoir quelles sont les règles de procédure, autrement dit connaître les mécanismes grâce auxquels les principes généraux du droit sont mis en œuvre.

Chapitre 1

Les sources de la procédure administrative contentieuse

1 **Les sources écrites** 12

2 **Les sources jurisprudentielles** 22

3. Variées, les sources de la procédure administrative contentieuse sont longtemps restées éparpillées en divers textes, auxquels s'ajoutait la jurisprudence, du Conseil d'État essentiellement. Le Code de justice administrative regroupe aujourd'hui l'ensemble des dispositions relatives à la procédure suivie devant les juridictions administratives de droit commun. Ne sont pas codifiées celles qui régissent la procédure devant le Tribunal des conflits et les juridictions administratives spécialisées, à l'exception des juridictions financières, qui font l'objet du Code des juridictions financières. Ce code contient, dans son titre préliminaire, les règles essentielles régissant les procès administratifs. Néanmoins, nombre de notions sont encore jurisprudentielles.

Au Conseil d'État revient le mérite d'avoir posé des règles de procédure et érigé certaines d'entre elles au rang de principes généraux du droit, qui s'imposent au pouvoir réglementaire et parfois même au législateur. La source écrite n'est cependant pas négligeable. Ce sont des textes qui, à l'origine, ont permis la création d'une véritable procédure devant la juridiction administrative et ont confié au Conseil d'État le soin de rendre la justice au nom du peuple français. On peut regretter qu'à l'heure actuelle, le pouvoir réglementaire ait compétence pour déterminer une bonne partie, sinon l'essentiel, des règles de procédure administrative.

Les sources de la procédure administrative sont écrites et jurisprudentielles.

SECTION 1
LES SOURCES ÉCRITES

4. La source écrite est abondante en contentieux administratif. Il faut souligner l'importance fondamentale de la loi du 24 mai 1872, qui a consacré la jurisprudence en donnant au Conseil d'État le pouvoir de rendre lui-même la justice et l'a impulsé vers la création d'un véritable contentieux administratif, dégagé d'une procédure purement administrative. L'ordonnance du 31 juillet 1945 relative au Conseil d'État est venue codifier la procédure suivie devant cette juridiction.

Vingt ans après leur création, les règles régissant la procédure devant les tribunaux administratifs ont été codifiées par le décret du 13 juillet 1973 qui crée le Code des tribunaux administratifs. Ce code a fondamentalement tendu à regrouper et à structurer toutes les dispositions relatives à ces tribunaux et a constitué un précieux travail de synthèse. La réforme opérée par la loi du 31 décembre 1987 en a fait le Code des tribunaux administratifs et des cours administratives d'appel, entré en vigueur le 1er janvier 1990, la partie réglementaire ayant été complétée et refondue par le décret du 7 septembre 1989. Enfin, en 2000 a été franchie une étape décisive, avec la publication du Code de justice administrative, qui réunit dans un texte unique toutes les dispositions intéressant le contentieux administratif devant les juridictions de droit commun.

Sous-section 1
Les sources constitutionnelles

5. La Constitution du 4 octobre 1958 ne traite pas de la juridiction administrative en tant que telle et ne contient pas de disposition relative au contentieux administratif. Le Conseil d'État apparaît dans la Constitution actuelle, comme dans certains des textes constitutionnels qui l'ont précédée, en tant que conseil du gouvernement, exception faite des Constitutions de l'an VIII et de 1852, et seul l'article 74 y fait référence de manière incidente, à propos du contentieux des actes des assemblées délibérantes des collectivités d'outre-mer.

Néanmoins, le bloc de constitutionnalité et la jurisprudence du Conseil constitutionnel sont à la source de règles du contentieux administratif.

Deux importantes décisions du Conseil constitutionnel ont reconnu valeur constitutionnelle à l'existence de la juridiction administrative, affirmé le caractère spécifique de ses fonctions et indiqué les matières qui, en vertu d'un principe fondamental reconnu par les lois de la République, relèvent en dernier ressort de la compétence de la juridiction administrative.

Dans sa décision du 22 juillet 1980 (n° 80-119 DC, Validation d'actes administratifs : *Rec.*, p. 46), le Conseil constitutionnel a reconnu valeur constitutionnelle à l'existence de la juridiction administrative. Il a, pour ce faire, tiré de la loi du 24 mai 1872 un principe fondamental reconnu par les lois de la République qui consacre l'indépendance de la juridiction administrative ainsi que le caractère spécifique de ses fonctions, sur lesquelles ni le législateur ni le gouvernement ne sauraient empiéter. Ce principe a été à plusieurs reprises réaffirmé (Cons. const., n° 86-223 DC, 29 déc. 1986, loi de finances rectificative pour 1986 : *Rec.*, p. 184 ; 11 janv. 1990, n° 89-271 DC, limitation des dépenses électorales : *Rec.*, p. 21).

Supprimer la juridiction administrative nécessiterait une révision constitutionnelle.

Certains prônent cependant la disparation de cet ordre de juridiction.

Ni le législateur ni le pouvoir exécutif ne sauraient censurer les décisions des juridictions, leur adresser des injonctions ou s'y substituer dans le jugement des litiges relevant de leur compétence.

6. Dans sa décision du 23 janvier 1987 (Cons. const., n° 86-224 DC, Conseil de la concurrence : *Rec.*, p. 8), le Conseil constitutionnel a décidé que, conformément à la conception française de la séparation des pouvoirs, figure au nombre des principes fondamentaux reconnus par les lois de la République celui selon lequel, à l'exception des matières réservées par nature à l'autorité judiciaire, relève en dernier ressort de la compétence de la juridiction administrative l'annulation ou la réformation des décisions prises, dans l'exercice des prérogatives de puissance publique, par les autorités exerçant le pouvoir exécutif, leurs agents, les collectivités territoriales de la République ou les organismes publics placés sous leur autorité ou leur contrôle. Le principe de séparation des autorités n'a ainsi valeur constitutionnelle que s'agissant d'une partie du contentieux administratif.

La reconnaissance d'un domaine de compétence constitutionnellement garanti à l'ordre de juridiction administratif fonde implicitement son existence sur la Constitution elle-même. Ceci infère qu'une révision constitutionnelle serait nécessaire pour ôter à cet ordre sa compétence pour connaître du contentieux de l'annulation des décisions administratives et de certains aspects du contentieux de pleine juridiction, ou encore pour supprimer cet ordre de juridiction.

7. La justice administrative est rattachée à l'État. Le Conseil d'État a affirmé, pour la première fois en 2004, que « la justice est rendue de façon indivisible au nom de l'État » (C.E., sect., 27 févr. 2004, Mme Popin : *Rec.*, p. 86, concl. SCHWARTZ). Ce faisant, il a implicitement indiqué que la juridiction administrative, tout comme la juridiction judiciaire, est exclusivement une institution d'État, rattachée à ce dernier. Ce principe, qui dérive des principes d'unité de l'État et d'indivisibilité de la République, posés par l'article 1er de la Constitution, a valeur constitutionnelle. Il traduit également le principe selon lequel les jugements sont rendus au nom du peuple français.

Le principe énoncé par l'arrêt *Mme Popin* l'est à propos des juridictions spécialisées qui relèvent d'organisations juridiquement distinctes de l'État, spécifiquement les juridictions universitaires, mais vaut pour toutes les juridictions.

8. L'article 34 de la Constitution donne compétence au législateur pour fixer les règles concernant... la création de nouveaux ordres de juridiction. Le Conseil constitutionnel et le Conseil d'État considèrent que la notion d'ordre de juridiction vise toute juridiction ou tout ensemble de juridictions ayant des caractéristiques ou des spécificités propres par rapport aux juridictions existantes, quant à leur composition ou leurs attributions. Ils estiment également que relèvent du seul législateur non seulement la création d'une juridiction, mais aussi toute modification de statut qui confère à une juridiction, ou à un ordre de juridiction, des caractéristiques nouvelles, distinctes de celles des juridictions existantes (C.E., ass., 13 juil. 1962, Conseil nat. de l'Ordre des médecins : *Rec.*, p. 479).

L'article 34 dispose encore que la loi fixe les règles concernant... les garanties fondamentales accordées aux citoyens pour l'exercice des libertés publiques. En conséquence, seul le législateur a compétence pour poser les règles d'organisation, de compétence et de procédure dont l'application est de nature à emporter des effets sur l'accès au service public de la justice, y compris de la justice administrative.

Il appartient, en revanche, au pouvoir réglementaire de poser les règles applicables au contentieux administratif qui ne mettent en cause aucun des principes fondamentaux ni aucune des règles que l'article 34 de la Constitution a placés dans le domaine de la loi (Cons. const., n° 96-179 L, 14 oct. 1996, Entrée et séjour des étrangers : *Rec.*, p. 115).

Sous-section 2
Les sources internationales et communautaires

9. Les règles du contentieux administratif ne font pas, en tant que telles, l'objet de conventions internationales. Cependant, les juridictions administratives doivent respecter les stipulations des traités et les principes du droit international public relatifs notamment à la garantie des droits des individus, dans la mesure où le contentieux administratif entre dans leur champ d'application. Mais, bien que les traités et conventions internationales aient une valeur supérieure à celle des lois en vertu de l'article 55 de la Constitution et sous réserve du respect de certaines conditions, le juge administratif ne se fonde sur le droit international qu'en l'absence de norme de droit interne et sous réserve de la compatibilité des règles de droit international public avec les principes de valeur constitutionnelle.

L'article 6 de la Convention européenne des droits de l'homme (CEDH) affirme le droit à un procès équitable lorsque sont en cause des contestations sur les droits et obligations de caractère civil ou le bien-fondé d'une accusation en matière pénale. Le juge administratif applique ces stipulations, dès lors qu'un acte d'une autorité administrative a un caractère répressif ou porte atteinte à la situation patrimoniale du requérant. Dans ces matières, la juridiction doit être indépendante, impartiale, et statuer publiquement et dans un délai raisonnable.

Le Conseil d'État a ainsi admis l'applicabilité du principe de publicité des débats dans la procédure disciplinaire devant les juridictions ordinales (C.E., ass., 14 févr. 1996, Maubleu : *Rec.*, p. 34) et la possibilité d'invoquer l'excessive lenteur de la procédure à l'appui d'une demande d'indemnité (C.E., ass., 28 juin 2002, Garde des Sceaux c. Magiera : *Rec.*, p. 248, concl. Lamy). Progressivement, a aussi été admise la possibilité de prendre connaissance du sens des conclusions du rapporteur public avant l'audience.

À la suite de l'arrêt *Kress c. France* (Cour eur. D.H., 7 juin 2001 : *GAJA*, 19ᵉ éd., n° 104) qui a condamné, au nom de la « théorie des apparences », la participation du commissaire du gouvernement au délibéré, plusieurs aménagements ont été apportés à la procédure, afin de satisfaire aux exigences de la Cour européenne des droits de l'homme. Le président de la Section du contentieux du Conseil d'État a demandé, par une directive, aux commissaires du gouvernement de faire connaître, avant l'audience, le sens général de leurs conclusions aux avocats aux Conseils qui en font la demande ainsi qu'à toute partie, même non représentée. L'article R. 711-3 du Code de justice administrative, issu d'un décret du 7 janvier 2009, a fait de cette directive une obligation. Les parties doivent être mises en demeure de connaître avant l'audience l'ensemble des éléments du dispositif de la décision que le rapporteur public compte proposer à la formation de jugement, à l'exception toutefois de la réponse aux conclusions revêtant un caractère accessoire (C.E., sect., 21 juin 2013, Cté d'agglomération du pays de Martigues : *Rev. fr. dr. admin.*, 2013, n° 4, concl. DE LESQUEN).

Un arrêt *M. et Mme Leniau* (C.E., 12 juil. 2002 : *Rec.*, p. 278) puis un décret du 19 décembre 2005 ont officialisé le statut de la note en délibéré, qui était à l'origine un usage permettant aux avocats de compléter leurs observations orales et de répondre aux conclusions du commissaire du gouvernement postérieurement à l'audience.

Un décret du 19 décembre 2005 est venu préciser que le commissaire du gouvernement assiste au délibéré sans y prendre part.

Néanmoins, la Cour a souligné, dans un arrêt *Martinie*, rendu en grande chambre (Cour eur. D.H., 12 avril 2006 : *A.J.D.A.*, 2006, p. 986), que la jurisprudence *Kress* prohibe aussi bien la présence que la participation du commissaire du gouvernement au délibéré. En conséquence, le Code de justice administrative a été modifié, afin de tenir compte de cette jurisprudence, par un décret du 1er août 2006. La présence du commissaire du gouvernement au délibéré est prohibée devant les tribunaux administratifs et les cours administratives d'appel. Devant le Conseil d'État, « sauf demande contraire d'une partie, le commissaire du gouvernement assiste au délibéré. Il n'y prend pas part » (C.J.A., art. R. 733-3). Ce texte sauvegarde la vision du procès équitable de la Cour européenne des droits de l'homme, qui a admis que ces dispositions ne méconnaissent pas les exigences du droit à un procès équitable (Cour eur. D.H., 15 sept. 2009, Étienne c. France : *A.J.D.A.*, 2009, p. 2468).

Enfin, le décret du 7 janvier 2009 a remplacé la dénomination de « commissaire du gouvernement » par celle de « rapporteur public », afin d'éviter désormais tout malentendu sur le rôle de celui-ci. Ce décret officialise également la possibilité pour les parties de prendre connaissance, avant l'audience, du sens des conclusions et ouvre à leur conseil la faculté de présenter de « brèves observations orales après le prononcé des conclusions du rapporteur public ».

Ces dispositions ont conduit la Cour européenne des droits de l'homme à admettre que le fait que le rapporteur public ait, à la différence des parties, connaissance de la note du rapporteur et du projet de décision proposé à la formation de jugement n'est pas contraire au droit au procès équitable (Cour eur. D.H., 4 juin 2013, Marc-Antoine c. France : *A.J.D.A.*, 2013, p. 1580).

10. Le juge administratif applique également certaines règles de droit communautaire originaire ou dérivé. On citera l'article 177 du Traité de Rome (233 traité CE) qui organise le renvoi devant la Cour de justice des Communautés européennes (C.J.C.E., plus tard C.J.U.E.) en cas de difficulté d'interprétation de ses stipulations, ce qui constitue une dérogation au principe selon lequel le juge administratif est compétent pour interpréter les conventions internationales (C.E., ass., 29 juin 1990, GISTI : *Rec.*, p. 171).

En application des directives du Conseil n° 89/662/CE du 21 décembre 1989 et n° 92/13/CE du 25 février 1992, ont été introduits dans le Code de justice administrative les articles L. 551-1 et L. 551-2 organisant la procédure de référé précontractuel devant le juge administratif.

Une juridiction nationale ne peut se trouver, vis-à-vis d'une juridiction internationale, dans une situation de subordination telle qu'elle devrait reprendre le jugement d'une affaire, comme l'est une juridiction d'appel après censure de sa décision en cassation. Le Conseil d'État a jugé que la « condamnation » de l'État par la Cour européenne des droits de l'homme pour cause de manquement aux règles du procès équitable ne saurait « avoir pour effet de rouvrir la procédure juridictionnelle close », dans l'affaire considérée, par le jugement dont la Cour a eu à connaître (C.E., 11 févr. 2004, Mme Chevrol : *Rec.*, p. 67). Bien que l'arrêt *Mme Chevrol* énonce que la réouverture d'une procédure close « ne résulte d'aucune disposition de la Convention européenne des droits de l'homme et notamment de son article 46, non plus que d'aucune disposition du droit interne », et ne vise pas la Constitution, la valeur constitutionnelle du principe ne saurait faire de doute. Elle procède des dispositions de la Constitution dont il résulte, comme l'exprime la jurisprudence du Conseil constitutionnel, que, « statuant au nom du peuple français », les juridictions nationales exercent des « fonctions inséparables de l'exercice de la souveraineté nationale » (Cons. const., n° 98-399 DC, 5 mai 1998, Droit d'asile : *Rec.*, p. 245).

La Cour de cassation décide de même que les arrêts de la Cour européenne « n'ont aucune incidence en droit interne sur les décisions des juridictions nationales » (Cass. crim., 4 mai 1994 : *D.*, 1995, p. 80) et n'ouvrent « aucun droit à réexamen de la cause » (Cass. soc., 30 sept. 2005 : *J.C.P. G*, 2005, 2800).

La juridiction nationale a néanmoins la faculté de faire sienne une jurisprudence de la Cour européenne des droits de l'homme ou de la Cour de justice de l'Union européenne.

Sous-section 3
Les sources législatives et réglementaires

11. Il résulte de la combinaison des articles 34 et 37 de la Constitution de 1958 que tout ce qui ne relève pas du domaine de la loi relève de celui du règlement. Ce partage de compétences se traduit notamment, en contentieux administratif, par la division du Code de justice administrative en une partie législative et une partie réglementaire.

La Constitution de 1958 fait de la procédure administrative contentieuse une matière essentiellement réglementaire. Elle ne réserve au législateur que la procédure pénale (C.E., sect., 8 oct. 1971, Librairie F. Maspero : *Rec.*, p. 589 ; ass., 2 juil. 1982, Huglo : *Rec.*, p. 257).

L'article 34 de la Constitution disposant que « la loi fixe les règles concernant... les garanties fondamentales accordées aux citoyens pour l'exercice des libertés publiques », seul le législateur peut fixer les limites de la compétence des juridictions administratives et des juridictions judiciaires. Il faut déduire de ces dispositions que la fixation des règles de procédure relève de la compétence du pouvoir réglementaire autonome. Le Conseil constitutionnel a confirmé cette interprétation (Cons. const., 21 déc. 1972, n° 72-75 L, Procédures : *Rec.*, p. 36 ; 14 mai 1980, n° 80-113 L, Procédure en matière fiscale : *Rec.*, p. 61). Il en résulte que les dispositions concernant la procédure à suivre devant les juridictions administratives relèvent de la compétence du pouvoir réglementaire dès lors qu'elles ne concernent spécialement ni la procédure pénale ni les modalités de recouvrement d'une imposition, et ne mettent en cause ni les droits de la défense ni aucune des matières réservées au législateur par l'article 34 de la Constitution.

Il est parfois délicat de distinguer les matières relevant de la loi de celles relevant du règlement. Des divergences sont apparues entre le Conseil constitutionnel et le Conseil d'État à ce propos (p. ex., C.E., sect., 8 oct. 1971, Sté Librairie F. Maspero : préc. et Cons. const., 23 janv. 1987 : *Rec.*, p. 8, à propos du sursis à exécution ; C.E., sect., 4 juil. 1969, Ordre des avocats à la Cour d'appel de Paris : *Rec.*, p. 358 et Cons. const., 2 déc. 1980, n° 80-119 L, procédure en matière fiscale : *Rec.*, p. 74, sur la fixation des délais de recours).

12. Seul le législateur peut édicter les règles qui touchent aux principes fondamentaux de la procédure, tels que le libre accès au service public de la justice, le respect des droits de la défense ou l'égalité devant la justice.

L'article 34 de la Constitution réserve au législateur le soin de créer « tout nouvel ordre de juridiction », cette disposition étant interprétée par le Conseil constitutionnel comme incluant la création de toute juridiction, ou tout ensemble de juridictions, d'organisation ou de compétences nouvelles, ainsi que ses règles constitutives (p. ex., caractère collégial ou non, composition, statut des membres ; Cons. const., 20 juil. 1977, n° 77-83 DC, Obligation de service des fonctionnaires : *Rec.*, p. 39).

Seul le législateur peut fixer les règles concernant les garanties fondamentales accordées aux citoyens pour l'exercice des libertés publiques, en particulier celles de nature à assurer l'impartialité et l'indépendance des juridictions, toucher à la répartition des compétences entre les deux ordres de juridiction, au titre de la compétence que l'article 34 de la Constitution lui réserve pour fixer « les garanties fondamentales accordées aux citoyens pour l'exercice des libertés publiques » (C.E., ass., 30 mars 1962, Assoc. nat. de la meunerie : *Rec.*, p. 233 ; T. confl., 11 déc. 1970, Sté Duvoir : *Rec.*, p. 885).

Enfin, le législateur fixe les règles relatives à la procédure pénale, à laquelle sont assimilées les règles de procédure régissant le contentieux de la répression devant la juridiction administrative, tel que le contentieux des contraventions de grande voirie, le contentieux fiscal, le contentieux disciplinaire devant les juridictions ordinales et le régime des amendes infligées par les autorités administratives et les juridictions financières (Cons. const., n° 72-75 L : préc. ; C.E., 23 juil. 1976, Secr. État aux PTT c. Mme Ruffenach : *Rec.*, p. 361).

13. La plupart des règles applicables en contentieux administratif sont édictées par décret, le pouvoir réglementaire ayant compétence pour prendre les mesures aménageant les principes posés par le législateur, sans pouvoir les remettre en cause ni y porter atteinte.

En outre, conformément à l'article 37 de la Constitution, la fixation des règles de contentieux administratif autres que celles qui relèvent de la compétence du législateur relève de la compétence du pouvoir réglementaire.

La compétence du pouvoir réglementaire autonome est cependant limitée par le respect dû aux principes généraux du droit, et notamment les principes de procédure. En témoigne la célèbre affaire *Canal, Robin et Godot* (C.E., ass. plén., 19 oct. 1962 : *GAJA*, 19e éd., n° 79).

Les requérants sollicitaient l'annulation de l'ordonnance du 1er juin 1962, prise en application du référendum du 8 avril 1962 autorisant le président de la République à conclure des accords en Algérie et à « arrêter par voie d'ordonnance[s] ou [...] de décrets pris en Conseil des ministres, toutes mesures législatives ou réglementaires relatives à l'application [de] ces déclarations gouvernementales du 19 mars 1962 sur l'Algérie », par laquelle le général de Gaulle avait institué une Cour militaire de justice. Cette cour avait condamné, le 17 septembre 1962, Canal à mort et Robin et Godot à des peines de réclusion.

Le Conseil d'État admet d'abord le caractère administratif de l'ordonnance attaquée en relevant « qu'il résulte de ses termes mêmes que ce texte a eu pour objet, non d'habiliter le président de la République à exercer le pouvoir législatif lui-même, mais seulement de l'autoriser à user exceptionnellement, dans le cadre et dans les limites qui y sont précisées, de son pouvoir réglementaire, pour prendre, par ordonnances, des mesures qui sont normalement relèvent du domaine de la loi ; qu'il suit de là que l'ordonnance attaquée du 1er juin 1962, qui a été prise en application de l'article 2 de la loi du 13 avril 1962, conserve le caractère d'un acte administratif et est susceptible, comme tel, d'être déférée au Conseil d'État par la voie du recours pour excès de pouvoir ». On trouve là une transposition aux ordonnances référendaires du régime juridique des ordonnances de l'article 38 de la Constitution. Le transfert du pouvoir législatif ne peut qu'être explicite. Or la loi référendaire garde le silence sur ce point.

Le Conseil d'État relève ensuite que, si la loi référendaire a donné au président de la République le pouvoir, notamment, d'instituer une juridiction spéciale chargée de juger les auteurs des délits et des infractions connexes commis en relation avec les événements d'Algérie, « il ressort des termes mêmes aussi bien que de l'objet de la disposition législative précitée, que l'organisation et le fonctionnement d'une telle juridiction ne pouvaient légalement porter atteinte aux droits et garanties essentiels de la défense que dans la mesure où, compte tenu des circonstances de l'époque, il était indispensable de le faire pour assurer l'application des déclarations gouvernementales du 19 mars 1962 ». Il en conclut « qu'il ne résulte pas de l'instruction que, eu égard à l'importance et à la gravité des atteintes que l'ordonnance attaquée apporte aux principes généraux du droit pénal, en ce qui concerne, notamment, la procédure qui y est prévue et l'exclusion de toute voie de recours, la création d'une telle juridiction d'exception fût nécessitée par l'application des déclarations gouvernementales du 19 mars 1962 ».

14. Le législateur a étendu sa compétence relativement aux règles de contentieux administratif. Il a, en 1984, reconnu sa compétence pour assurer l'indépendance des tribunaux administratifs et de leurs magistrats. La loi du 10 janvier 1984 sur la fonction publique de l'État prévoyait qu'il reviendrait au Parlement d'organiser la garantie de l'indépendance des membres des tribunaux administratifs, ce qui a conduit à l'adoption de la loi du 6 janvier 1986.

Le débat relatif à la compétence législative ou réglementaire pour poser les règles de contentieux administratif est, de nos jours, quelque peu dépassé, car pèsent sur l'un comme sur l'autre des contraintes issues du « droit administratif constitutionnel » et des règles juridiques européennes. Le Conseil constitutionnel impose notamment l'indépendance des juridictions, au nom de laquelle est reconnue la compétence du législateur pour organiser et garantir cette indépendance (Cons. const., n° 80-119 DC : préc.). Cette jurisprudence constitutionnelle impose aussi d'assurer la garantie des droits de la défense à l'égard de l'administration. A été censurée à ce titre la loi transférant à l'autorité judiciaire le contentieux du Conseil de la concurrence, faute qu'aient été prévus des mécanismes de sursis contre les sanctions que ce Conseil peut prononcer (Cons. const., n° 86-224 DC : préc.).

L'impact de la Convention européenne des droits de l'homme et principalement de son article 6, § 1er, se révèle particulièrement important. La jurisprudence de la Cour européenne des droits de l'homme a conduit à modifier des règles de contentieux, notamment dans trois domaines.

Le premier de ces domaines concerne le délai raisonnable de jugement. La Commission européenne, saisie d'une requête relative à une instance juridictionnelle administrative en responsabilité médicale ayant duré sept ans et sept mois, a retenu, en 1988, « que ce laps de temps est excessif » et ne répond pas à la condition du « délai raisonnable » énoncé par l'article 6 de la Convention (req. n° 10073/82, H. c. France). L'affaire fut ensuite portée devant la Cour européenne des droits de l'homme, qui a également jugé qu'il y avait eu, en l'espèce, dépassement du délai raisonnable, en tout cas pour l'instance de premier ressort devant le tribunal administratif, qui avait duré quatre ans et trois mois (Cour eur. D.H., 24 oct. 1989, H. : *Rev. fr. dr. admin.*, 1990, p. 203). La France fut par la suite condamnée à plusieurs reprises par la Cour pour dépassement du délai raisonnable (p. ex., Cour eur. D.H., 31 mars 1992, X. c. France : *A.J.D.A.*, 1992, p. 420, à propos d'une procédure ayant duré deux ans, délai jugé excessif en raison de l'urgence à statuer sur les droits à réparation d'une personne atteinte d'un sida transfusionnel, dont l'espérance de vie était réduite ; 26 août 1994, Karakaya c. France : *D.*, 1995, SC, p. 103 ; 26 mars 1992, Éd. Périscope c. France : *D.A.*, 1992, n° 198 : procédure ayant duré huit ans et six mois).

Le Conseil d'État a en conséquence reconnu, se fondant à la fois sur les stipulations de l'article 6, § 1er, et, de façon plus générale, sur les principes généraux qui gouvernent le fonctionnement des juridictions administratives, « que les justiciables ont droit à ce que leurs requêtes soient jugées dans un délai raisonnable » (Magiera : préc.).

Le deuxième domaine est relatif à la publicité des audiences. Le principe a longtemps été, devant certaines juridictions administratives et au moins pour certains litiges, celui de l'absence de publicité des audiences. Si la publicité des débats procède, pour les juridictions judiciaires, d'un principe général du droit (C.E., ass., 4 oct. 1974, D^me^ David : *Rec.*, p. 464) et si elle est prévue par les textes régissant l'activité des juridictions administratives de droit commun (C.J.A., art. L. 6), ainsi que pour certaines juridictions disciplinaires telles que celles de l'Ordre national des médecins, elle a été imposée devant la plupart des juridictions administratives spécialisées, à défaut de texte de droit interne, par le biais de l'article 6 de la CEDH, interprété de façon extensive par la Cour européenne des droits de l'homme. Le Conseil d'État a jugé, sur le fondement de cette interprétation, que la publicité des débats était obligatoire devant les juridictions de l'aide sociale (C.E., sect., 29 juil. 1994, Dpt de l'Indre : *Rec.*, p. 363), en matière de discipline des avocats (C.E., ass., 14 févr. 1996, Maubleu : *Rec.*,

p. 34), devant la Cour de discipline budgétaire et financière (C.E., sect., 30 oct. 1998, Lorenzi : *Rec.*, p. 374) ainsi que devant la Cour des comptes (C.E., 30 déc. 2003, Beausoleil et Mme Richard : *Rec.*, p. 531 ; 30 mai 2007, Garnier : *Rec.*, p. 770) et les juridictions universitaires (C.E., 3 nov. 1999, Zurmely : *Rec.*, p. 341).

La publicité des débats s'impose même dans le cadre de la procédure de référé précontractuel instituée par l'article L. 22 du CTA-CAA, devenu l'article L. 551-1 du Code de justice administrative, qui permet au président du tribunal, par voie d'injonction ou d'annulation, d'assurer le respect des règles de passation de certains marchés ou concessions (C.E., ass., 10 juin 1994, Cne Cabourg : *Rec.*, p. 300, concl. Lasvignes).

Le troisième domaine concerne la présence au délibéré du commissaire du gouvernement, aujourd'hui rapporteur public, qui a donné lieu à un abondant contentieux, tant devant la Cour européenne des droits de l'homme que devant les juridictions françaises. On a vu que la Cour européenne des droits de l'homme a condamné à plusieurs reprises la présence du commissaire du gouvernement, présence exclue devant les tribunaux administratifs et les cours administratives d'appel depuis le décret du 1er août 2006 (C.J.A., art. R. 732-2). Au Conseil d'État, le rapporteur public assiste au délibéré, à moins qu'une partie ne s'y oppose (C.J.A., art. R. 733-3), ce qu'elle ne peut faire après le délibéré (C.E., 22 févr. 2013, Mlle Fenocchi, n° 360926).

SECTION 2
LES SOURCES JURISPRUDENTIELLES

15. Tout comme le droit administratif, le droit du contentieux administratif est largement tributaire de la jurisprudence, qui a souvent été à l'origine des règles codifiées, et qui intervient en tout cas afin de compléter les textes écrits ou de les préciser. Ces règles jurisprudentielles sont qualifiées par le juge tantôt de principes généraux du droit, tantôt de principes généraux de procédure, tantôt de règles générales de procédure, toutes ces règles n'ayant pas la même valeur juridique.

Sous-section 1
La nature des règles et principes dégagés par le juge

16. Certaines règles posées par le juge administratif, en particulier celles qualifiées de principes généraux du droit, s'imposent au pouvoir réglementaire et parfois même au législateur, tels le principe d'égalité devant la justice et le principe du respect des droits de la défense affirmés par le Conseil constitutionnel et le Conseil d'État (Cons. const., 21 déc. 1972, préc. ; 28 juil. 1989, n° 89-260 DC : *Rec.*, p. 81 ; C.E., ass., 31 oct. 1980, Féd. nat. des unions de jeunes avocats : *Rec.*, p. 394). Ces principes s'imposent au pouvoir réglementaire sauf disposition législative expresse ou formelle contraire. Il en va notamment ainsi du principe du respect du contradictoire de la procédure, ou principe du contradictoire (Mme Esclatine, préc.), l'obligation de motiver les jugements, le secret des délibérés, l'obligation de mentionner dans le jugement la composition de la juridiction qui l'a rendu, la possibilité de former un recours pour excès de pouvoir contre toute décision administrative (C.E., ass., 17 févr. 1950, Min. Agric. c. D^me^ Lamotte : *Rec.*, p. 110), ou un recours en cassation contre toute décision juridictionnelle rendue en dernier ressort (C.E., 7 févr. 1947, D'Aillières : *Rec.*, p. 50), la demande de renvoi pour suspicion légitime ou la possibilité de prononcer une astreinte en vue de l'exécution d'une décision (C.E., ass., 10 mai 1974, Barre et Honnet : *Rec.*, p. 277) ou, encore, la faculté de former tierce opposition à un jugement.

Les autres règles jurisprudentielles n'ont qu'un caractère supplétif. Elles s'appliquent sauf disposition législative ou réglementaire contraire. Le pouvoir réglementaire peut donc édicter une règle contraire. Il en est ainsi de la règle en vertu de laquelle le recours administratif, gracieux ou hiérarchique, peut être formé même sans texte le prévoyant et conserve le délai de recours contentieux (C.E., sect., 10 juil. 1964, Centre médico-pédagogique de Beaulieu : *Rec.*, p. 399).

17. Lorsqu'il dégage une règle de procédure, le Conseil d'État n'indique pas toujours si la règle s'applique en l'absence de disposition législative contraire, auquel cas elle constitue un principe général, ou en l'absence de disposition législative ou réglementaire contraire, auquel cas elle a valeur de règle de procédure, telles l'obligation de différer le jugement jusqu'à ce qu'il ait été statué sur une demande d'aide juridictionnelle, l'obligation pour le juge de statuer sur toutes les conclusions qui lui sont présentées – *non infra petita* – et l'interdiction de statuer au-delà de ces conclusions – *non ultra petita* –, l'interdiction de rendre un jugement contre une personne qui n'a pas été appelée à l'instance, l'interdiction faite à une personne de participer au jugement d'un recours dirigé contre une décision dont elle est l'auteur ou à laquelle elle a participé (C.E., sect., 2 mars 1973, D^lle^ Arbousset : *Rec.*, p. 190), l'obligation de rédiger la requête et les pièces de la procédure en langue française (C.E., sect., 22 nov. 1985, Quillevère : *Rec.*, p. 333), ou encore la règle selon laquelle le silence gardé par une juridiction au-delà du délai qui lui était imparti pour statuer ne vaut ni rejet ni dessaisissement.

Sous-section 2
Les principes de la procédure administrative contentieuse

18. L'essentiel des principes de la procédure administrative contentieuse, préexistant sous une forme différente, a reçu valeur législative et une consécration solennelle, et est regroupé aujourd'hui dans le titre préliminaire du Code de justice administrative (art. L. 2 à L. 11).

Toutes les juridictions administratives de droit commun sont soumises au respect de ces principes, l'article L. 1 du Code de justice administrative disposant que « le présent code s'applique au Conseil d'État, aux cours administratives d'appel et aux tribunaux administratifs ».

Certains de ces principes sont relatifs à la composition et au fonctionnement de la juridiction, d'autres aux droits des justiciables.

§ 1. Les droits de la défense

19. Valeur constitutionnelle a été reconnue au principe du respect des droits de la défense en matière pénale, puis dans tout le droit processuel (Cons. const., 2 déc. 1976 : *Rec.*, p. 39 ; n° 89-260 DC : préc.). Principe fondamental reconnu par les lois de la République, il a pour corollaire le caractère contradictoire de la procédure. Il traduit la règle *audi alteram partem* et se subdivise en plusieurs obligations qui s'imposent au juge.

La première de ces obligations consiste à informer l'intéressé qu'une action est dirigée contre lui, notamment lorsque la juridiction se saisit d'office (cas de juridictions statuant en matière disciplinaire). Aucun document ne saurait être régulièrement soumis au juge sans que les parties aient été mises à même d'en prendre connaissance (C.E., ass., 13 déc. 1968, Assoc. synd. des propriétaires de Champigny-sur-Marne : *Rec.*, p. 645).

La deuxième est relative au respect du contradictoire. L'instruction des affaires, phase de constitution du dossier s'achevant par la clôture de l'instruction, est contradictoire. Le contradictoire constitue l'un des principes fondamentaux du contentieux administratif (C.E., 20 juin 1913, Tery : *Rec.*, p. 736). Le principe du contradictoire, à valeur constitutionnelle (Cons. const., n° 89-260 DC : préc.), constitue un principe fondamental reconnu par les lois de la République et a pour corollaire le caractère contradictoire de la procédure (Cons. const., 29 déc. 1989, déc. 89-268 DC : *Rec.*, p. 110). Dans un débat juridictionnel, aucune partie ne doit être défavorisée par rapport aux autres (C.E., 20 avr. 2005, Karsenty : *Rec.*, p. 151). Les exigences de la contradiction sont adaptées à celles de l'urgence (C.J.A., art. L. 5). Les parties doivent être informées de l'instance (C.E., 17 nov. 1986, SA Luchaire : *Rec.*, p. 664) et des éléments du dossier.

Il incombe au juge, dans la mise en œuvre de ses pouvoirs d'instruction, de veiller au respect des droits des parties, d'assurer l'égalité des armes entre elles et de garantir, selon les modalités propres à chacun d'entre eux, les secrets protégés par la loi. Le caractère contradictoire de la procédure fait en principe obstacle à ce que le juge se fonde sur des pièces produites au cours de l'instance qui n'auraient pas été préalablement communiquées à chacune des parties (C.E., sect., 1er oct. 2014, B., n° 349560).

Cependant, l'exercice de la fonction de rapporteur public n'est pas soumis au principe du caractère contradictoire de la procédure applicable à l'instruction. Il s'ensuit que, pas plus que la note du rapporteur ou le projet de décision, les conclusions du rapporteur public, qui peuvent d'ailleurs ne pas être écrites, n'ont à faire l'objet d'une communication aux parties.

La troisième obligation est le droit de prendre connaissance du dossier. Le juge organise la communication des requêtes et mémoires entre les parties. Aucun document ne saurait être régulièrement soumis au juge sans que les parties aient été mises à même d'en prendre connaissance (C.E., ass., 13 déc. 1968, Ass. synd. des propriétaires de Champigny-sur-Marne : *Rec.*, p. 645 ; 13 mars 2006, Wespelaere : *A.J.D.A.*, 2006, p. 1238). L'instruction ne peut être considérée comme terminée que lorsque chaque partie a été mise en mesure de prendre connaissance de tous les mémoires et pièces. Le juge ne peut refuser à une partie de prendre connaissance du dossier, mais peut lui assigner un délai pour le faire, délai qui doit être suffisant compte tenu des éléments de l'espèce (C.J.A., art. R. 611-7). La contradiction reste obligatoire lorsqu'un moyen d'ordre public est soulevé d'office au cours de la séance de jugement ou après celle-ci, au cours du délibéré (C.E., sect., 30 oct. 1992, Min. Aff. étr. et Secr. État grands travaux c. Assoc. de sauvegarde du site Alma-Champ-de-Mars : *Rec.*, p. 383). Pour être soulevé d'office, un moyen d'ordre public doit ressortir du dossier (Assoc. de sauvegarde du site Alma-Champ-de-Mars, préc.). Le juge doit, lorsqu'il est saisi d'un mémoire postérieurement à la clôture de l'instruction, en prendre connaissance dans tous les cas avant de rendre sa décision. S'il est amené à en tenir compte, il doit le soumettre au débat contradictoire (C.E., sect., 27 févr. 2004, Préf. Pyrénées-Orientales : *Rec.*, p. 93).

20. La contradiction doit aussi être respectée, autant que possible, dans les procédures d'urgence. Elle doit alors se concilier avec l'urgence.

La contradiction permet d'assurer l'égalité entre les parties. Le juge doit utiliser son pouvoir inquisitorial de direction de l'instruction afin d'assurer le respect de cette égalité.

Contradiction et égalité entre les parties doivent se concilier, ce qui conduit le juge à ne pas tenir compte de pièces couvertes par un secret qu'une partie envisage de verser au dossier, et qu'il ne peut communiquer à l'autre partie (C.E., ass., 11 mars 1955, Secr. État guerre c. Coulon : *Rec.*, p. 150 ; ass., 6 nov. 2002, Moon Jun Myung : *Rec.*, p. 380). Le juge peut, à l'occasion d'un litige, demander à l'administration la déclassification et la communication d'informations protégées au titre du secret de la défense nationale. L'administration saisit alors la Commission consultative du secret de la défense nationale (C.C.S.D.N.), autorité administrative indépendante chargée de donner un avis sur la demande, avis que l'administration est libre de suivre ou non. La faculté offerte au juge d'engager cette procédure n'est exclue par aucun texte ni aucun principe dans le cas des recours pour excès de pouvoir relatifs à la communication de documents administratifs couverts par le secret de la défense nationale, et ce, alors même que la Commission d'accès aux documents administratifs (CADA) est par ailleurs compétente pour rendre un avis sur la communication de tels documents. Si, finalement, l'administration refuse la déclassification des documents demandés, la juridiction administrative peut lui ordonner de verser au dossier de l'instruction tous éléments d'information sur les raisons de l'exclusion des documents litigieux, dans des formes préservant le secret de la défense nationale. Si l'administration invoque, pour refuser de communiquer des documents, un secret garanti par la loi ou le fait que les informations concernent la sûreté de l'État, la défense ou la sécurité publique, il lui appartient de verser au dossier de l'instruction écrite contradictoire tous éléments d'information appropriés sur la nature des pièces écartées et les raisons de leur exclusion, afin de permettre au juge de se prononcer en connaissance de cause, sans porter, directement ou indirectement, atteinte aux secrets garantis par la loi ou imposés par des considérations tenant à la sûreté de l'État, à la défense et à la sécurité publique. Cette jurisprudence s'applique lorsque le juge statue dans le cadre de la procédure spécifique de saisine de la C.C.S.D.N. (C.E., 20 févr. 2012, Min. Déf. et Anciens Combattants : *Rec.*, p. 54).

Le contradictoire connaît des tempéraments, voire de véritables exceptions. N'en relèvent pas les mémoires tardifs et ne contenant aucun nouvel élément nécessaire à la décision (C.E., 23 janv. 1981, Coudert : *Rec.*, p. 23), ni, de façon générale, les mémoires sans nouvel apport (C.E., 24 févr. 1967, Gonthier : *Rec.*, p. 92). Les constats d'urgence n'y sont assujettis que « si et dans la mesure où aucune circonstance particulière ne s'y oppose » (C.E., sect., 7 févr. 1969, M'Barek : *Rec.*, p. 87).

De plus, la contradiction est « nécessairement exclue en ce qui concerne les documents dont le refus constitue l'objet même du litige » (C.E., 23 déc. 1988, Banque de France c. Huberschwiller : *Rec.*, p. 464 et *idem*, au fond, C.E., 16 juin 1989 : *Rec.*, p. 689 ; 30 juin 1989, Min. Éco. c. David : *Rec.*, p. 688).

Même si aucun texte ne l'impose, et même s'il n'a jamais été formellement posé, le principe du contradictoire s'attache au caractère de « la loyauté » des débats. Ainsi est-il interdit au rapporteur public de modifier le sens des conclusions qu'il a communiquées aux parties sans mettre ces parties à même de connaître ce changement (C.E., sect., 9 avr. 2013, C.C.I. d'Angoulême, n° 352427). Ainsi encore, lorsqu'en cours d'instance un précédent applicable au litige modifie le terrain juridiquement approprié, le juge doit dans tous les cas permettre aux parties de débattre, soit en soulevant un moyen d'ordre public, soit en rouvrant l'instruction, soit, le cas échéant, en prenant une décision avant dire droit dans laquelle il indique qu'il entend appliquer les règles qui résultent de la nouvelle jurisprudence (C.E., sect., 21 juin 2013, Cté d'agglomération du pays de Martigues : *Rec.*, p. 105).

§ 2. Les règles s'imposant à la juridiction et au jugement

21. Ces règles ont trait à la composition et au fonctionnement des juridictions, d'une part, et au jugement, d'autre part.

A. La composition et le fonctionnement de la juridiction

22. Les jugements sont rendus en formation collégiale, sauf s'il en est autrement disposé par la loi (C.J.A., art. L. 3). Le principe de collégialité constitue une garantie de bonne justice. Le risque d'erreur est moins grand lorsqu'on juge à plusieurs que lorsque l'on juge seul. Les points de vue se confrontent et les expériences se confortent. La collégialité garantit l'indépendance des juges. Il est plus difficile de circonvenir plusieurs personnes qu'une seule, il est aussi plus difficile de déterminer dans quel cas tel ou tel juge a opiné. Ces considérations justifient que la collégialité constitue un principe général de procédure que seul un texte législatif exprès peut écarter. Mais, malgré ses avantages, le principe connaît d'importantes exceptions.

Pourtant, les hypothèses où un magistrat statue seul se multiplient. Tout d'abord, c'est une solution traditionnelle et normale, il est statué à juge unique dans les affaires pour lesquelles il importe de statuer rapidement, les référés d'urgence, ou dans celles ne présentant aucune difficulté particulière, par exemple en cas d'irrecevabilité manifeste. Il est encore statué à juge unique et le plus souvent sans conclusions du rapporteur public et sans audience publique, sous la forme d'ordonnances, en matière de référé, de règlement des difficultés s'élevant au sein de la juridiction administrative, d'irrecevabilités, de non-lieu à statuer, d'octroi d'une provision, de détermination de la partie tenue aux dépens, d'imputation des frais irrépétibles, de litiges relevant d'une série et présentant en droit et en fait des questions identiques à celles que la juridiction saisie a déjà tranchées antérieurement, etc. Il ne s'agit que de dérogations au principe de collégialité, et le juge peut toujours renvoyer le jugement de l'affaire à une formation collégiale.

On constate que la collégialité tend à devenir l'exception, ce qui est critiquable, notamment car les litiges jugés à juge unique sont rendus en premier et dernier ressort, ce qui ferme la voie de l'appel.

23. Le principe d'imparité de la formation de jugement est posé par l'article L. 222-1 du Code de justice administrative. L'imparité évite un partage égal des voix. Il ne constitue pas un principe général de procédure applicable sans texte (C.E., sect., 1er déc. 1972, Fouche : *Rec.*, p. 708). La règle est expressément formulée pour les cours administratives d'appel, les tribunaux administratifs et toutes les formations de jugement du Conseil d'État, depuis 2010 pour ce dernier. En revanche, les chambres réunies de la Cour des comptes siègent en nombre pair et la voix du président est prépondérante (C. jur. fin., art. R. 112-18).

Le *quorum*, la moitié au moins de l'effectif légal, doit être atteint, sauf si la loi en dispose autrement (C.E., sect., 20 févr. 1953, Sté Intercopie : *Rec.*, p. 88). La formation peut ne pas être composée des mêmes juges le jour de l'audience et durant le délibéré.

La décision est acquise à la fin du délibéré et ne saurait être modifiée ensuite.

Le rapporteur prépare un projet de jugement conforme au contenu du délibéré, du moins lorsque la solution arrêtée lors de l'établissement du rapport diffère de celle retenue à l'issue du délibéré.

Les juges doivent être impartiaux. Le principe d'impartialité signifie que les juges ne doivent pas être suspectés d'avoir un parti pris sur l'affaire ou de pouvoir être influencés par des éléments étrangers au procès. Le juge doit se prononcer sans préjugé et sans parti pris. Il doit former son opinion sans préjugé à la seule lecture et éventuellement à l'audition des arguments des parties et des pièces fournies par elles. Le Conseil d'État veille depuis longtemps au respect de ce principe, sans toujours le nommer (C.E., 11 août 1864, V. Montpellier : *Rec.*, p. 767 ; D^lle^ Arbousset, préc. ; sect., 9 nov. 1966, Cne Clohars-Carnoët : *Rec.*, p. 591). Cité à partir de 1999 par des arrêts qui le relient en général aux exigences de la Convention européenne des droits de l'homme (C.E., ass., 3 déc. 1999, Didier : *Rec.*, p. 399 ; sect., 3 déc. 1999, Leriche : *Rec.*, p. 402 ; ass., 23 févr. 2000, Sté Labor Métal : *Rec.*, p. 83, concl. SEBAN), il est ensuite affirmé comme un principe applicable devant toutes les juridictions (C.E., ass., 6 avr. 2001, SA Entreprise Razel frères : *Rec.*, p. 176), puis comme un principe général du droit (Karsenty, préc.).

Il est de l'office du juge d'assurer le respect du principe d'impartialité (C.E., sect., avis, 12 mai 2004, Cne Rogerville, Hakkar, 2 esp. : *Rec.*, pp. 223 et 224).

La même solution vaut pour la Commission nationale de l'informatique et des libertés, l'Autorité des marchés financiers (A.M.F.), les chambres régionales des comptes, la Cour de discipline budgétaire et financière, les juridictions ordinales, les juridictions administratives spéciales en général, le juge des référés ou encore les institutions non juridictionnelles lorsqu'elles infligent des sanctions.

Le principe ne s'oppose pas à ce que des juges dont une décision a été annulée délibèrent à nouveau sur l'affaire. Le juge du référé suspension peut ultérieurement statuer sur le fond de l'affaire, compte tenu des particularités de la procédure de référé et à condition qu'il n'ait pas préjugé l'issue du litige (C.E., sect., 11 févr. 2005, Cne Meudon : *Rec.*, p. 55 ;

Cne Rogerville : préc.). La seule absence de publication d'une déclaration d'intérêts ne peut être regardée comme un défaut d'impartialité. Mais, confronté à un tel moyen, le juge doit prendre une mesure d'instruction en vue de faire verser cette déclaration au dossier du litige, afin de déterminer si d'éventuels liens d'intérêts auraient été de nature à entacher un avis rendu par un organe consultatif ou décisionnel d'un manquement à l'impartialité (C.E., 17 févr. 2012, Mme Arigon-Lali : *Rec.*, p. 996).

B. La tenue de l'audience

24. Le délibéré des juges est secret (C.J.A., art. L. 8). Aucune personne étrangère à la juridiction ne peut y participer, à peine d'irrégularité du jugement. Seuls les juges opinent, mais d'autres personnes sont présentes dans la salle du délibéré, toutes liées par le secret professionnel – le greffier d'audience, le secrétaire de la formation de jugement au Conseil d'État – ainsi que d'autres membres de la juridiction.

Le secret du délibéré couvre les conditions de majorité dans lesquelles le jugement est adopté. Celui-ci ne doit donc pas mentionner le fait qu'il a été adopté à la majorité des voix des membres de la formation de jugement ou après partage égal de celles-ci (C.E., 26 mars 2003, Doni Worou : *Rec.*, p. 939). Cette règle cède lorsqu'un texte prévoit que la décision juridictionnelle est prise à la majorité des voix (C.E., 1er juil. 1966, Cts Poineuf : *Rec.*, p. 434 ; 16 juin 1971, Sté Ciné-théâtres d'Indochine : *Rec.*, p. 1157).

25. La validité de la composition de la juridiction est une question d'ordre public. Les parties peuvent récuser les membres de la juridiction dont l'impartialité ou l'indépendance ne seraient pas assurées dans un procès donné.

Les débats ont lieu en principe en audience publique (C.J.A., art. L. 6). Toutes les décisions ne sont pas rendues à la suite d'une audience, mais, dès lors qu'il y a une audience, celle-ci doit être publique. Les parties doivent être régulièrement convoquées à l'audience (C.E., 22 févr. 2012, Guillot : *A.J.D.A.*, 2012, p. 408).

Un membre de la juridiction, chargé des fonctions de rapporteur public, expose publiquement et en toute indépendance son opinion sur les questions que présentent à juger les requêtes et sur les solutions qu'elles appellent (C.J.A., art. L. 7). Le rapporteur public participe à la fonction de juger dévolue à la juridiction dont il est membre. Lors de l'audience, il prononce ses conclusions, dans lesquelles il propose une solution, après en avoir analysé les raisons (voy. *infra*).

C. La décision juridictionnelle

26. Les jugements sont rendus au nom du peuple français (C.J.A., art. L. 2). On trouve ici l'expression de la justice déléguée, principe essentiel depuis l'arrêt *Cadot* (C.E., 13 déc. 1889 : *Rec.*, p. 1148).

Le jugement doit permettre de vérifier si la procédure suivie a été régulière, d'où découlent un certain nombre d'obligations.

Les jugements sont obligatoirement motivés (C.J.A., art. L. 9). La motivation permet de distinguer la décision juridictionnelle de l'acte administratif, qui n'a, en principe, pas à être motivé (C.E., ass., 16 déc. 1955, D^{me} Bourokba : *Rec.*, p. 596). Elle doit comporter l'énoncé des considérations de droit et de fait qui ont conduit le juge à accueillir ou rejeter la requête et doit répondre à l'argumentation de la ou des parties dont les conclusions ne sont pas accueillies.

Cependant, le juge d'appel peut se borner à adopter les motifs retenus par les premiers juges lorsqu'un requérant s'est uniquement référé en appel aux moyens présentés en première instance (C.E., 10 mai 1985, Defer : *Rec.*, p. 739 ; 10 juin 1988, Min. Postes c. Mlle Bruno : *Rec.*, p. 963 ; 8 nov. 1993, V. Paris : *Rec.*, p. 312). La règle vaut même si le juge est en présence d'une formulation différente d'un moyen examiné par le tribunal administratif, dès lors que la réponse du tribunal à ce moyen était elle-même suffisante et n'appelait pas de nouvelles précisions en appel (C.E., 27 juin 2005, Cts Godinat : *Rec.*, p. 1051).

Les juges doivent statuer sur tous les moyens soulevés. Ce principe contraint le jugement à analyser tous les moyens soulevés par les parties, toutes les conclusions présentées, la décision attaquée, toutes les pièces du dossier et tous les textes appliqués. Le juge doit apporter une réponse à chaque question soulevée et répondre à tous les arguments du requérant, de façon suffisamment motivée, de manière à permettre le contrôle du juge d'appel. Cependant, le juge ne peut statuer *ultra petita* et doit se borner à répondre aux demandes du requérant.

Les jugements sont exécutoires (C.J.A., art. L. 11). Le caractère exécutoire résulte de la lecture, du prononcé du jugement, qui lui confère autorité de la chose jugée. Les expéditions notifiées aux parties sont revêtues de la formule exécutoire : « [...] la République mande et ordonne au ministre ou au préfet [...] en ce qui le concerne et à tous huissiers de justice à ce requis en ce qui concerne les voies de droit commun contre les parties privées de pourvoir à l'exécution de la présente décision [...] ».

Eu égard à leur caractère provisoire, les décisions du juge des référés n'ont pas, au principal, l'autorité de la chose jugée. Néanmoins, elles sont exécutoires en vertu de l'article L. 11 et obligatoires. Il s'ensuit que, lorsque le juge des référés a prononcé la suspension d'une décision et tant qu'il n'a pas été mis fin à cette suspension, l'administration ne saurait légalement reprendre une même décision sans qu'il ait été remédié au vice pris en considération par le juge des référés pour prononcer la suspension (C.E., sect., 5 nov. 2003, Assoc. convention vie et nature pour une écologie radicale et Assoc. pour la protection des animaux sauvages : *Rec.*, p. 444).

Chapitre 2

Les caractères de la procédure administrative contentieuse

1 Les particularités de la procédure administrative 32

2 Les différentes branches du contentieux administratif 36

27. La procédure administrative contentieuse est inégalitaire, inquisitoriale, écrite et secrète, autonome, simple et économique. Ces aspects la distinguent des procédures civile et pénale. Le contentieux administratif se divise en plusieurs branches.

SECTION 1
LES PARTICULARITÉS DE LA PROCÉDURE ADMINISTRATIVE

Sous-section 1
Procédure inégalitaire et inquisitoriale

28. La procédure administrative est inégalitaire. Elle diffère en cela de la procédure civile, qui vise à garantir le respect des intérêts de chacun, l'égalité entre les parties. Toute procédure vise à assurer une bonne justice, à éclairer le juge et à garantir les intérêts des parties, mais les procès judiciaire et administratif sont de nature différente. Au civil sont confrontées deux parties ayant des intérêts équivalents et des arguments opposés. Au pénal, les intérêts de la société s'opposent à ceux du délinquant, mais, la liberté étant en cause, il existe en sa faveur une présomption d'innocence. En contentieux administratif, les intérêts du particulier sont respectés, mais restent à caractère individuel et s'affrontent à l'intérêt général que défend l'administration, ce pourquoi il n'y a pas égalité entre les adversaires. Les règles de procédure traduisent cette inégalité.

Il existe deux types de procédures, une procédure accusatoire – au civil – où les parties mènent le jeu, dirigent le litige, fournissent et s'échangent les pièces par l'intermédiaire de leurs avocats, et une procédure inquisitoriale – en contentieux administratif – où le juge dirige la procédure, dans le but de compenser le caractère inégalitaire de la procédure. Pour engager le procès, le plaideur s'adresse au juge, qui convoquera l'adversaire. Au cours de l'instruction, le juge décide des mesures d'expertise, ordonne les mesures d'instruction, assure la transmission des pièces à l'adversaire. Les parties peuvent suggérer des mesures d'instruction, mais le juge refuse de les ordonner s'il s'estime suffisamment informé ou si la mesure lui apparaît aléatoire ou dilatoire (C.E., 1er juil. 1949, Sté financière de Lyon : *Rec.*, p. 323).

Le juge décide seul du moment où l'affaire est en état, c'est-à-dire où il est suffisamment informé pour juger. Il détermine la durée de l'instruction, qu'il clôt, décide de ses mécanismes, admet ou rejette tel ou tel mode de preuve. Il fait montre en général d'un grand libéralisme : la charge de la preuve pèse sur le demandeur, mais peut être renversée lorsqu'il apparaît que les allégations du requérant sont suffisamment fondées sans qu'il puisse en apporter la preuve formelle (C.E., 28 mai 1954, Barel : *Rec.*,

p. 308). Le Conseil d'État indique qu'il revient au juge, avant de se prononcer sur une requête assortie d'allégations sérieuses, de prendre toute mesure propre à lui procurer les éléments de nature à lui permettre de former sa conviction, en particulier en exigeant de l'administration compétente qu'elle lui fasse connaître les raisons de fait et de droit qui l'ont conduite à prendre la décision attaquée (C.E., 26 nov. 2012, Mme Cordière : *Rec.*, p. 394, concl. BOURGEOIS-MACHUREAU ; 29 oct. 2013, Vidon : *Rec.*, p. 259). Le juge fixe aux parties des délais pour la production des observations, mémoires et pièces. Dans les visas de sa décision, le juge relate les pièces de la procédure, les conclusions et moyens des parties, de manière très libre.

Sous-section 2 Procédure autonome

29. La procédure administrative revêt un caractère autonome par rapport aux autres procédures. Compte tenu des impératifs tendant à rétablir l'égalité entre les parties, elle obéit à une tout autre logique que celle de la procédure judiciaire, ce qui explique son autonomie. Les dispositions du Code de procédure civile ne sont pas, en principe, applicables aux instances administratives (C.E., 23 mai 1947, Saudemont de Saint-Quentin : *Rec.*, p. 214), sauf si un texte le prévoit. En pratique, il arrive au juge administratif, en dehors de tout texte, d'appliquer des règles de procédure civile non en tant que telles, mais en tant qu'elles constituent un fond de principes de procédure dictés par les principes généraux ou le bon sens... Doivent être observées toutes les règles générales de procédure (civile) dont l'application n'a pas été écartée par un texte ou n'est pas inconciliable avec l'organisation des juridictions administratives (C.E., 13 mars 1925, Desreumeaux : *Rec.*, p. 262). Le juge administratif applique ainsi les règles relatives à la capacité des personnes en ce qui concerne les mineurs, les époux, les incapables majeurs, les règles relatives aux intérêts moratoires...

Le Conseil d'État a décidé que, conformément à l'article 474 du Code de procédure pénale, devenu l'article 583 du nouveau Code de procédure pénale, la tierce opposition est ouverte exclusivement aux personnes qui sont restées étrangères à l'instance et se prévalent d'un droit auquel aurait préjudicié le jugement (C.E., 29 nov. 1912, Boussuge : *Rec.*, p. 1128).

Sous-section 3
Procédure écrite et secrète, simple et économique

30. Ces caractéristiques distinguent la procédure administrative de la procédure civile, qui est orale et publique.

Le caractère écrit résulte d'une règle qu'énonçait déjà le règlement du Conseil du Roi du 28 juin 1738 édicté par le chancelier d'Aguesseau.

Le Conseil d'État insiste volontiers sur le caractère écrit de la procédure, affirmant qu'elle est essentiellement, ou principalement, écrite (C.E., 29 avr. 1964, Poncin : *Rec.*, p. 266 ; 6 févr. 1981, ANIFOM c. Cts Zmiro : *Rec.*, p. 73). Cependant, une exception notable y a été apportée par l'introduction de l'oralité dans les procédures de référés d'urgence. En outre, des témoins ont toujours pu être entendus.

L'essentiel de la procédure se fait par l'échange de mémoires. Les conclusions et moyens sont fixés par écrit.

Le caractère écrit de la procédure présente des avantages pour les avocats, dont il facilite la tâche, et pour l'administration dont les bureaux peuvent étudier le dossier. Aucun moyen inopiné ne peut être soulevé au dernier moment et l'administration peut éviter de se faire représenter à l'audience. Il n'existe pas de défaut « faute de comparaître » devant les juridictions administratives. Le caractère écrit exige des avocats et de leurs clients un travail rigoureux.

L'introduction du recours nécessite la confection d'un mémoire introductif d'instance, adressé au juge. Ce mémoire comporte au moins les nom et qualité du demandeur, l'exposé des faits, les moyens et les conclusions. Son contenu est généralement développé dans un mémoire complémentaire. Le greffe transmet le mémoire à l'adversaire, qui présente sa défense dans des observations ou un mémoire en réplique. Le président met fin à l'échange des mémoires et désigne un conseiller comme rapporteur, chargé de proposer une solution.

Devant les juridictions inférieures, les avocats des parties, ainsi que ces dernières, peuvent présenter des observations orales à l'audience à l'appui de leurs conclusions écrites (C.J.A., art. R. 732-1). Le juge n'est cependant pas tenu de répondre à des moyens présentés oralement à l'audience s'ils ne sont pas repris dans un mémoire écrit confirmatif (C.E., 7 oct. 1991, Tchouli : *Rec.* 323).

31. Les articles R. 613-2 et R. 613-3 du Code de justice administrative prévoient respectivement que la clôture de l'instruction a lieu trois jours francs avant la date de l'audience indiquée dans l'avis d'audience ou, en cas d'urgence, après que les parties ou leurs mandataires ont formulé leurs observations orales ou, si ces parties sont absentes ou ne sont pas représentées, après appel de leur affaire à l'audience.

Ce délai de trois jours francs doit, dans tous les cas, être compté sans qu'il y ait lieu de distinguer selon qu'il comporte ou non un samedi, un dimanche ou un jour férié ou selon qu'il est ou non précédé d'un tel jour. Ainsi, si l'audience est prévue un jeudi, un mémoire enregistré le lundi est parvenu après la clôture de l'instruction (C.E., avis, 9 avr. 1999, Creton, n° 202344).

Les parties doivent être averties de la date de l'audience sept jours au moins avant la séance, en vertu de l'article R. 193 (Creton, préc.).

La juridiction n'a pas à tenir compte d'un mémoire enregistré alors que l'instruction est close en application des dispositions de l'article R. 613-2.

Si les parties présentent avant la clôture de l'instruction des conclusions nouvelles ou des moyens nouveaux, la juridiction ne peut les adopter sans ordonner un supplément d'instruction. Dans une telle occurrence, la conclusion nouvelle ou le moyen nouveau doivent être confirmés immédiatement par écrit, avant la clôture de l'instruction, et il y a lieu à communication du nouvel élément aux parties, dans le cadre d'un supplément d'instruction, sauf si la juridiction ne veut pas tenir compte de ce nouvel élément.

Une conclusion nouvelle est une conclusion complémentaire d'une conclusion initiale formée dans le délai du recours ; un moyen nouveau est un moyen de fait ou de droit lié à une cause juridique ouverte dans le même délai.

Devant le Conseil d'État, les avocats aux Conseils ont le monopole de présentation des observations orales, droit qu'ils n'utilisent que rarement ; les parties n'ont pas accès à la barre.

Le juge ne peut faire état que des pièces figurant au dossier.

32. L'instruction est secrète (C.E., sect., 22 nov. 1985, Benamour : *Rec.*, p. 331 ; Maubleu : préc.) parce qu'elle est écrite, seuls les parties et leurs défenseurs connaissant le contenu des mémoires. Les tiers n'ont pas accès aux pièces.

Les débats ont lieu en audience publique (C.J.A., art. L. 6). Certains textes prévoient encore le secret des audiences, malgré les stipulations de l'article 6, § 1er, de la CEDH. Ces stipulations s'appliquent au procès administratif en matière sociale (C.E., sect., 22 nov. 1985, Benamour : *Rec.*, p. 331) et dans le contentieux juridictionnel disciplinaire (C.E., ass., 14 févr. 1996, Maubleu : *Rec.*, p. 34). La publicité tend à devenir la règle.

33. La procédure administrative est peu coûteuse. L'obligation d'acquitter la contribution pour l'aide juridique, autrement désignée droit de timbre, lors de l'introduction d'une requête en justice, y compris devant la juridiction administrative, a été supprimée début 2014.

Dans certaines matières, le ministère d'avocat n'est pas obligatoire. Les frais d'avocat sont à la charge de la partie qui le prend (C.E., sect., 7 mars 1980, Assoc. de défense des intérêts des étudiants de Paris XIII : *Rec.*, p. 128). Cependant, le juge peut estimer inéquitable de laisser à la charge d'une partie des sommes qu'elle a exposées et non comprises dans les dépens et condamner l'autre partie à lui payer le montant qu'il détermine. Ce mécanisme est très libre entre les mains du juge. Les sommes exposées doivent néanmoins faire l'objet de justifications.

Les dépens (frais d'expertise, d'enquête, de visite sur les lieux, de vérifications administratives et de signification d'ordonnances de soit-communiqué, dans les instances de plein contentieux non dispensées du ministère d'avocat, à l'exclusion des recours introduits par l'État ou dirigés contre lui) sont mis à la charge de la partie perdante, sauf si les circonstances particulières de l'affaire justifient qu'ils soient mis à la charge d'une autre partie ou partagés entre les parties (C.J.A., art. R. 761-1).

L'aide juridictionnelle prévue par la loi du 10 juillet 1991 peut être obtenue par les personnes économiquement défavorisées (C.J.A., art. R. 441-1). Son octroi aboutit à dispenser en tout ou en partie des frais afférents aux instances pour lesquelles elle a été accordée. Elle s'applique aux honoraires des avocats, des officiers publics et ministériels et des experts.

L'amende pour recours abusif est une sorte de sanction infligée au plaideur importun au nom des intérêts de la justice et à l'initiative du juge lui-même (C.J.A., art. R. 741-12). Toutes conclusions en ce sens sont irrecevables (C.E., 24 janv. 1986, Mme Rosset : *Rec.*, p. 669 ; 27 févr. 1987, Bertin : *Rec.*, p. 888). Son montant peut atteindre 3 000 €. Des personnes publiques en sont frappées, mais l'État en est exempté, au moins implicitement (C.E., ass., 27 avr. 1979, Mme Lestrade : *Rec.*, p. 172). Son usage est réduit et réservé à des cas singuliers : recours appuyés de faux, recours purement dilatoires, franchement inconsistants, usage désordonné du recours en révision, requête manifestement irrecevable (C.E., 20 juil. 1988, Huntziger : *Rec.*, p. 965 ; 16 mars 1966, Paisnel : *Rec.*, p. 216 ; 27 févr. 1987, Bertin : *Rec.*, p. 892 ; 20 mars 1987, Sutter : *R.D.P.*, 1987, p. 1392 ; 29 déc. 1989, Joseph Vincent, n° 900800).

La délivrance de copies des décisions de justice donne lieu à une perception forfaitaire (L. 30 déc. 1977 ; C.E., sect., 27 juil. 1984, Assoc. SOS Défense : *Rec.*, p. 284). Un grand nombre de jugements est consultable sur le site Legifrance (www.legifrance.gouv.fr), et certaines décisions du Conseil d'État le sont, parfois accompagnées d'un communiqué explicatif, sur le site du Conseil (www.conseil-etat.fr).

SECTION 2
LES DIFFÉRENTES BRANCHES DU CONTENTIEUX ADMINISTRATIF

34. Les contentieux peuvent être divisés en plusieurs branches. Deux classifications globales des recours se sont imposées, celle, formelle, selon les pouvoirs dont dispose le juge, de Laferrière, et celle, matérielle, de Duguit. La doctrine contemporaine a cherché à opérer une synthèse. Les principes français de la distinction des contentieux pourraient être remis en cause par la jurisprudence communautaire (C.J.C.E., 14 avr. 2002, SA Dangeville c. France : *A.J.D.A.*, 2002, p. 507). On note un renforcement du plein contentieux : le contentieux relatif aux sanctions infligées aux administrés relève aujourd'hui du plein contentieux (C.E., ass., 16 févr. 2009, Sté Atom : *A.J.D.A.*, 2009, p. 343 ; 9 juil. 2010, Berthaud, avis : *Rec.*,

p. 287) et la possibilité d'user du contentieux de l'excès de pouvoir contre des actes détachables des contrats régresse (C.E., ass., 4 avr. 2014, Dpt de Tarn-et-Garonne : *Rec.*, p. 70, concl. DACOSTA).

Sous-section 1 La classification quadripartite selon les pouvoirs du juge

35. Se plaçant du point de vue de la nature et de l'étendue des pouvoirs du juge, Édouard Laferrière distingue, dans son *Traité de la juridiction administrative et des recours contentieux* (1887-1888), quatre catégories de contentieux.

Le contentieux de pleine juridiction ou plein contentieux, qui regroupe les litiges à propos desquels le juge administratif statue sur les droits des parties, qu'il apprécie en fait et en droit et pour lesquels il jouit des pouvoirs les plus étendus, puisqu'il peut condamner l'administration à verser des dommages et intérêts et à d'autres obligations de faire.

Le contentieux de l'annulation ou de la légalité, dans lequel le juge statue en droit sur la validité d'un acte administratif ou d'une décision d'une juridiction administrative. Les pouvoirs du juge sont ici limités, il peut annuler l'acte, mais pas le réformer. Ce contentieux comprend le recours pour excès de pouvoir – tendant à l'annulation d'un acte administratif –, le recours en cassation – tendant à l'annulation d'une décision rendue en dernier ressort par une juridiction administrative souveraine – et le recours en appréciation préjudicielle de validité, à l'occasion duquel le juge administratif peut déclarer un acte administratif applicable ou non, mais ne peut l'annuler, un procès dont la solution dépend de la régularité de cet acte étant pendant devant le juge judiciaire.

Le contentieux de l'interprétation, à l'occasion duquel le juge indique le sens d'un acte, acte unilatéral ou contrat.

Le contentieux de la répression, dans lequel le juge a le pouvoir d'infliger des peines d'amende, par exemple de condamner un contrevenant à remettre en état les dépendances du domaine public dégradées et protégées par le régime des contraventions de grande voirie.

Sous-section 2 La classification matérielle

36. Cette classification, proposée par Léon Duguit et développée par Marcel Waline, s'attache à la nature, subjective ou objective, de la question posée au juge et se place ainsi du point de vue du requérant. Le contentieux est divisé en deux branches.

Dans le contentieux objectif, il est demandé au juge de constater qu'un acte ou un jugement est juridiquement irrégulier au regard de la loi ou des textes hiérarchiquement supérieurs. Le juge procède à une étude de droit, une comparaison de textes, une analyse de la hiérarchie des normes. Le recours vise à l'annulation de l'acte administratif ou à la cassation du jugement. Ce contentieux comprend les recours pour excès de pouvoir, les recours en déclaration d'inexistence, en appréciation de légalité, en cassation et certains recours de plein contentieux, comme les contentieux fiscal et électoral, le contentieux des édifices menaçant ruine et celui de la répression des contraventions de grande voirie. Il faut y ajouter le recours en appréciation préjudicielle de validité. Un simple intérêt à agir est exigé du requérant.

Dans le contentieux subjectif, le requérant demande au juge de constater l'existence d'un droit à son profit, droit à réparation né d'un préjudice causé par l'administration, paiement d'une créance détenue contre l'administration, du fait d'un contrat par exemple. Il s'agit d'un véritable procès où le juge exerce d'importants pouvoirs : il peut condamner l'administration à verser des indemnités, prononcer la résiliation d'un contrat, infliger des sanctions au cocontractant de l'administration. Entrent dans ce contentieux ceux des contrats ou quasi-contrats, de la réparation et plus généralement, les contentieux pécuniaires.

Le contentieux de l'interprétation est, selon la nature de la question posée au juge, objectif ou subjectif.

Sous-section 3
Les classifications modernes

37. Ces classifications cherchent à combiner les classifications classiques.

Les professeurs Auby et Drago distinguent contentieux de la légalité et contentieux des droits.

Le contentieux de la légalité regroupe toutes les demandes visant à faire apprécier par le juge un acte juridique ou matériel par rapport à une règle de droit. Il s'agit essentiellement du contentieux de l'excès de pouvoir.

Le contentieux des droits regroupe les demandes tendant à ce que le juge statue sur des droits subjectifs. Il comprend principalement le contentieux contractuel et celui de la responsabilité extracontractuelle.

Le professeur Chapus distingue le contentieux des recours et le contentieux des poursuites. Le premier regroupe les recours formés contre une décision en vue d'obtenir son annulation, ainsi que le prononcé de condamnations liées à cette annulation, et les recours en déclaration, interprétation ou appréciation de la légalité. Il se subdivise en contentieux de pleine juridiction et contentieux de l'excès de pouvoir.

Le second comprend les recours dirigés contre une personne afin d'obtenir sa condamnation. Ce dernier contentieux est moins important en volume et comprend les contentieux disciplinaires ou répressifs. Il se subdivise en contentieux de pleine juridiction et en contentieux de l'annulation, ou contentieux de l'excès de pouvoir.

PARTIE I

Le domaine du contentieux administratif

Titre 1

La séparation des autorités 43

Titre 2

Les juridictions administratives 119

Titre 3

La ventilation des compétences entre les juridictions administratives 157

38. Les édits de Saint-Germain du 21 février 1641 et de Fontainebleau du 8 juillet 1661 posent le principe de séparation des autorités administratives et judiciaires, que les révolutionnaires réaffirment.

La justice administrative connaît un mauvais démarrage à la Révolution. La loi des 16-24 août 1790 sur l'organisation judiciaire affirme solennellement la séparation des autorités administratives et judiciaires. Défenses sont faites aux juges de troubler de quelque manière que ce soit les opérations des corps administratifs ou de citer devant eux les administrateurs à raison de leurs fonctions. Le décret du 16 fructidor an III réitère l'interdiction. Le contentieux de l'administration se trouve soustrait au juge judiciaire et, partant, à tout juge. Pour éviter l'immixtion du juge judiciaire dans l'activité administrative, les révolutionnaires ont fait de l'administration son propre juge – c'est le système de l'administrateur juge. Le remède est pire que le mal. Pourtant, de ce mauvais départ va naître, au sein de l'Exécutif, un embryon de justice administrative. Certes, le Conseil d'État institué en l'an VIII baigne encore dans cette confusion et ne jouit pas de l'indépendance. Il ne peut que proposer des arrêts au chef de l'État, juge suprême des procès administratifs. C'est encore le système de l'administrateur-juge. Le Conseil d'État reste lié au pouvoir exécutif et ce handicap originaire est toujours exploité par ses détracteurs. Mais une synthèse apparaît rapidement, qui refuse à la fois le contrôle judiciaire de l'administration et le système de l'administrateur-juge. L'administration commence à s'autocontrôler, puis sécrète en son sein un juge, le juge administratif, faisant naître le dualisme juridictionnel. L'existence d'un droit administratif implique celle de juridictions administratives chargées de l'appliquer.

L'existence de deux ordres de juridiction crée des difficultés pour le plaideur, qui doit, dans un premier temps, déterminer l'ordre devant lequel diriger sa requête et, dans un second temps, quelle juridiction précisément saisir au sein de l'ordre compétent.

TITRE 1

La séparation des autorités

Chapitre 1
Le jeu de la règle de séparation 45
Chapitre 2
Le Tribunal des conflits 87
Chapitre 3
Les renvois et questions préjudiciels 105

39. L'existence d'une compétence propre de la juridiction administrative, aujourd'hui consacrée constitutionnellement, rend indispensable la délimitation du domaine du contentieux administratif.

Toute l'activité de l'administration ne relève pas de la compétence du juge administratif. Certaines activités de personnes privées en relèvent.

La répartition des compétences présente un caractère d'ordre public. Il n'est pas possible d'y déroger par voie conventionnelle (T. confl., 6 nov. 1978, Préf. Alpes-Maritimes : *R.D.P.*, 1979, p. 942).

Avant tout procès et avant même que puisse être déterminée, eu égard aux parties éventuellement appelées en la cause principale, la compétence sur le fond du litige, et dès lors que ce dernier est de nature à relever, fût-ce pour partie, de l'ordre de juridiction auquel il appartient, le juge des référés a compétence pour ordonner une mesure d'instruction sans que soit en cause le principe de séparation des autorités administratives et judiciaires. Il n'en va autrement que lorsqu'il est demandé au juge des référés d'ordonner une mesure d'instruction qui porte à titre exclusif sur un litige dont la connaissance au fond n'appartient manifestement pas à l'ordre de juridiction dont il relève (T. confl., 13 oct. 2014, EURL Pharmacie Cornuel, n° 3964).

La détermination de la compétence de l'ordre administratif n'est pas aisée. Des critères généraux de compétence : la puissance publique ou le service public, ont été tour à tour proposés. La distinction entre les services publics administratifs et les services publics industriels et commerciaux, pour fondamentale qu'elle soit, ne rend pas compte de toute la réalité. Le législateur peut aussi attribuer compétence à l'un ou l'autre ordre dans certains domaines. Lui seul peut d'ailleurs intervenir à cette fin (T. confl., 20 oct. 1997, Albert c. CPAM de l'Aude : *Rev. fr. dr. admin.*, 1998, p. 451).

Une juridiction particulière, indépendante des deux ordres, chargée de régler les éventuels incidents de frontière, a été instituée, le Tribunal des conflits.

Chapitre 1

Le jeu de la règle de séparation

1 Les approches doctrinales 46

2 Les partages jurisprudentiels de compétence entre les deux ordres 58

3 Répartition jurisprudentielle de compétence 72

40. Le partage du contentieux de l'administration entre les deux ordres est avant tout la conséquence du principe de séparation des autorités administratives et judiciaires ou, mieux, de son interprétation.

Bien que la doctrine ait tenté de dégager des critères de répartition des compétences, aucun ne traduit la réalité et il faut se résoudre à l'analyse des textes et de la jurisprudence afin de déterminer l'ordre de juridiction compétent à propos de chaque litige considéré. Cette tâche est parfois ardue, comme en témoigne le nombre encore relativement élevé de saisines du Tribunal des conflits.

La jurisprudence a successivement recouru à différents critères de répartition des compétences, distinguant actes de puissance publique et actes de gestion, actes d'autorité et actes de gestion, utilisant le critère de l'État débiteur, mais principalement, et aujourd'hui encore, ceux du service public et des prérogatives de puissance publique. Le législateur détermine fréquemment la compétence de l'ordre juridictionnel en cas de litige.

SECTION 1
LES APPROCHES DOCTRINALES

41. Le principe de séparation a reçu successivement plusieurs interprétations, reposant sur différents critères. Les diverses approches doctrinales sont fondées sur les notions de service public et de prérogatives de puissance publique.

Sous-section 1
La recherche ancienne d'un critère unique

42. Les auteurs ont longtemps tenté de trouver un critère unique de la compétence de l'ordre administratif ou de l'ordre judiciaire.

Furent d'abord mis en avant tantôt le critère organique, tantôt le critère matériel.

La première interprétation, large, du principe de séparation des autorités, conforme à son esprit, se fonde sur un critère organique. Le juge administratif connaît de l'activité des personnes publiques. Cette théorie prive les tribunaux judiciaires de toute compétence à l'égard du contentieux de l'administration. Les juridictions administratives connaissent de tous les litiges suscités par l'activité des personnes publiques.

À partir de la fin de la Révolution, le principe reçoit une interprétation plus nuancée. La conviction s'affirme que les actes de l'administration doivent être distingués selon qu'ils manifestent ou non l'utilisation de prérogatives de puissance publique.

Une deuxième interprétation du principe se dégage. Les actes d'administration dont le décret du 16 fructidor an III interdit la connaissance aux tribunaux judiciaires sont uniquement les actes de puissance publique. Le principe de séparation se comprend comme attribuant compétence à l'un ou l'autre ordre selon que le contentieux est lié à un acte de puissance publique ou à un acte de gestion. Le contentieux de l'administration se trouve ainsi partagé entre les deux ordres. Le critère matériel prévaut : relèvent du juge administratif les affaires menées dans l'intérêt général, sous l'empire d'un droit dérogatoire au droit commun. La deuxième interprétation du principe de séparation, qui triomphe entre 1830 et 1873, conduit à la distinction entre actes d'autorité et actes de gestion.

§ 1. Actes de puissance publique et actes de gestion

43. Cette distinction fut synthétisée par Laferrière et Barthélemy entre les actes d'autorité – l'administration agissant dans ce cas en tant que puissance publique, son action relevant de la juridiction administrative – et les actes de gestion, l'administration agissant à l'instar d'un simple particulier, ce dont le juge judiciaire peut connaître. Les actes d'administration dont le décret du 16 fructidor an III interdit la connaissance aux tribunaux judiciaires sont uniquement les actes de puissance publique. Le principe se comprend comme attribuant compétence à l'un ou l'autre ordre de juridiction selon que le contentieux est lié à un acte de puissance publique ou à un acte de gestion.

Les auteurs dressent, en fonction de la jurisprudence, des listes de matières relevant de l'un ou l'autre ordre. L'idée que la propriété privée, l'état et la capacité des personnes ont pour juge naturel le juge judiciaire, même si sont en cause des actes administratifs, s'impose. Une nouvelle ligne de démarcation, liée à la philosophie de l'État gendarme, se dessine. L'interdiction faite aux tribunaux judiciaires de paralyser l'action des corps administratifs n'apparaît fondée que lorsque ceux-ci agissent dans l'exercice de leurs pouvoirs de souveraineté. S'ils prennent des actes analogues à ceux des particuliers, la compétence est judiciaire. Léon Aucoc confirme la théorie, qu'Édouard Laferrière développe. Pour faire échec à la compétence des tribunaux judiciaires, le caractère administratif de l'acte doit résulter de sa nature même et pas uniquement de la qualité de son auteur ou du but que son auteur se propose.

Fondamentalement, le contentieux des actes de puissance publique est administratif par nature. Celui des actes de gestion ne l'est que par détermination de la loi. Les autorités publiques doivent logiquement, lorsqu'elles exercent des prérogatives de puissance publique, être assujetties à des règles différentes de celles qui conviennent à l'administration gestionnaire. Maurice Hauriou, fondateur de l'École de Toulouse, développe, dans un premier état de sa pensée, les idées de Laferrière et dégage le critère de la puissance publique : il faut mettre à part, dans la masse des affaires administratives, celles qui se déroulent sous un régime particulier et doivent relever d'un juge spécialisé. Ceci conduit à distinguer les actes d'autorité, par lesquels l'administration agit en tant que puissance publique, des actes de gestion, par lesquels l'administration agit comme un simple particulier et qui relèvent des tribunaux judiciaires. Des difficultés surgiront avec la multiplication des actes de gestion. De plus, la construction laisse trop floue la ligne de démarcation entre les deux catégories d'actes de l'administration.

Le droit public repose de plus en plus, au cours du XIXe siècle, sur les notions de puissance publique et de souveraineté. L'administration commande, elle agit par le moyen d'ordres et d'interdictions. Lorsqu'elle commande, son activité relève des règles de droit administratif et du contrôle de la juridiction administrative. Lorsqu'elle agit comme un particulier, elle prend des actes de gestion, soumis au droit privé et relevant de la compétence du juge judiciaire.

Claire, cette théorie souleva des problèmes lorsque les actes de gestion se multiplièrent. Séduisante, elle avait le défaut de laisser trop floue la ligne de démarcation entre les deux catégories d'actes.

En outre, jusqu'en 1903, cette conception ne vaut que pour l'État. Puis, avec les arrêts *Terrier* (C.E., 6 févr. 1903 : *Rec.*, p. 94), *Feutry* (T. confl., 29 févr. 1908 : *Rec.*, p. 208) et *Thérond* (C.E., 4 mars 1910 : *Rec.*, p. 193), la jurisprudence admet que les collectivités locales sont elles aussi des personnes publiques.

§ 2. La théorie de l'État débiteur

44. Par la suite, la compétence de la juridiction administrative fut élargie par le biais de la théorie de l'État débiteur, extraite un peu artificiellement de la loi des 17 juillet-10 août 1790 et du décret du 26 septembre 1793 interdisant aux tribunaux judiciaires de connaître des actions tendant à la condamnation pécuniaire de l'État (mais non des collectivités locales). La théorie concurrence jusqu'en 1873 le principe de séparation comme critère de détermination de la compétence juridictionnelle. Le Conseil d'État interprète les textes susvisés comme donnant compétence à la seule juridiction administrative pour condamner l'État – et lui seul – à une obligation pécuniaire. Il en résulta une extension de la compétence de l'ordre administratif. Au milieu du XIXe siècle, le champ d'application de la théorie est restreint, les mêmes textes étant désormais interprétés comme n'instituant la compétence administrative qu'à l'égard des actions en condamnation pécuniaire exercées contre l'État puissance publique, ce qui introduisit une complication. La théorie fut abandonnée par l'arrêt *Blanco* (T. confl., 8 févr. 1873 : *Rec.*, 1er suppl., p. 61), mais subsista toutefois s'agissant du règlement des créances nées de contrats ou de quasi-contrats de l'État.

La théorie créait une autre complication. Certains actes, qui concourent à la gestion des services publics, se rattachent néanmoins trop étroitement à l'exercice de la puissance publique pour que les tribunaux judiciaires en connaissent. Tel est le cas des contrats administratifs par nature, comme les concessions.

§ 3. Le critère du service public

45. Les interventions de l'État allant croissant et la conception de l'État gendarme s'effaçant au profit de celle de l'État débiteur ou interventionniste, la doctrine a cherché à trouver un critère de compétence dans la notion de service public. Ce critère, après avoir servi pour la majorité des auteurs à fonder à soi seul la compétence de la juridiction administrative, a été fortement critiqué et supplanté par d'autres critères, sans toutefois jamais être abandonné. Il a même connu un incontestable renouveau.

L'arrêt *Blanco* (préc.), qui fait appel à la notion de service public, sera considéré, à partir du début du XXe siècle, comme la pierre angulaire du droit administratif. Le service public, entendu comme toute activité d'une collectivité publique visant à satisfaire un besoin d'intérêt général, apparaît à de nombreux auteurs de l'époque, notamment Duguit et Rolland, comme la justification du régime juridique particulier à l'administration et de nature à permettre de déterminer les frontières de la compétence de la juridiction administrative. Le droit administratif est le droit des services publics.

Cette thèse est consacrée par le juge dans une série d'affaires célèbres.

Des commissaires du gouvernement développent, en réaction à la théorie de Hauriou, une théorie faisant de l'activité de service public le domaine naturel d'application du droit administratif. Romieu initie la théorie dans ses conclusions sur l'affaire *Terrier* (préc.) : tout acte ou opération qui concourt directement au fonctionnement d'un service public entre dans le domaine de la gestion publique et relève, en conséquence, du droit administratif. À l'inverse, il y a gestion privée, assujettie au droit commun, lorsqu'une personne publique gère son domaine privé ou se place volontairement dans les mêmes conditions qu'un particulier en passant un contrat. La compétence est ainsi judiciaire pour trancher la contestation née d'un contrat de droit privé conclu dans l'intérêt d'un service public (C.E., 24 mars 1905, Cne Saint-Géréon : *Rec.*, p. 300). Le Tribunal des conflits affirme que tous les litiges occasionnés par la gestion contractuelle des services publics ne relèvent pas du juge administratif (T. confl., 4 juin 1910, Cie d'assurances « Le Soleil » : *D.*, 1912, 3, 89). Dans ses conclusions sur l'affaire *Feutry*, le commissaire du gouvernement Teissier rejette tout à la fois la distinction entre gestion publique et gestion privée et l'ancienne théorie des actes d'autorité et des actes de gestion. L'administration ne peut être soumise au droit privé que dans l'hypothèse de la gestion du domaine privé. De même, Pichat, dans ses conclusions sur l'arrêt *Thérond* (préc.), pose la règle de la compétence administrative pour connaître de tous les contrats, sans distinction de nature, passés en vue du fonctionnement des services publics. Cette doctrine connaît son aboutissement avec les conclusions de Léon Blum sur l'arrêt *Société des granits porphyroïdes des Vosges* (C.E., 3 juin 1912 : *Rec.*, p. 909). La gestion publique regroupe, selon lui, les actes que seule une personne publique peut accomplir et ceux qui constituent des contrats administratifs. En relève l'acte influencé et teinté en quelque sorte par le service public en vue duquel il est conclu, qui associe le fournisseur dans une mesure quelconque à la gestion du service. Relèvent de la gestion privée les actes à la portée de simples particuliers, que l'administration effectue dans les mêmes conditions qu'eux. La notion de service public se trouve au cœur de la théorie. Léon Duguit et l'École du service public vont plus loin et regrettent l'exclusion du régime administratif des actes prétendument de gestion privée accomplis dans un but de service public.

46. Le critère du service public s'impose de 1873 à 1940. Il s'applique quelle que soit la personne administrative intéressée, État, département, commune ou établissement public (T. confl., 9 déc. 1899, Assoc. Synd. du canal de Gignac : *Rec.*, p. 731), et constitue l'élément fondamental de définition de plusieurs concepts clés : ceux d'agent public, de travail public, de domaine public. Le juge administratif connaît de tous les litiges relatifs au fonctionnement et à l'organisation des services publics.

L'École de Bordeaux, à la suite de Léon Duguit et de Gaston Jèze et jusqu'à André de Laubadère, a construit tout le droit public sur la notion de service public. Leur interprétation de l'arrêt *Blanco* retient la notion de service public comme principe unificateur des règles du droit administratif et comme critère de délimitation du contentieux administratif. Romieu développe la conception de la compétence de la juridiction administrative dans ses conclusions sur l'arrêt *Terrier*. « Tout ce qui concerne l'organisation et le fonctionnement des services publics proprement dits, généraux [c'est-à-dire de l'État] ou locaux [...], constitue une opération administrative qui est, par sa nature, du domaine de la juridiction administrative [...] Il demeure entendu qu'il faut réserver, pour les départements et les communes comme pour l'État, les circonstances où l'administration doit être réputée agir dans les mêmes conditions qu'un simple particulier et se trouve soumise aux mêmes règles comme aux mêmes juridictions [...] Le privilège de juridiction dont jouit l'administration ne repose que sur les services qu'elle rend dans l'intérêt général. »

§ 4. La crise de la notion du service public comme critère de répartition des compétences

47. Le critère du service public connut toujours des difficultés d'application, que multiplie la politique interventionniste. Cette crise accompagne celle du service public lui-même. L'expression « service public » revêt soit un sens organique, l'organisme gérant l'activité, soit un sens matériel, l'activité gérée. La dissociation de ces deux notions provoque la crise (voy. M.-C. Rouault, *Droit administratif et institutions administratives*, 2e éd., Larcier, coll. Paradigme, 2014).

En présence d'une activité donnée, il devient délicat de la qualifier de service public. En outre, la notion de service public ne permet plus, à elle seule tout au moins, de reconnaître la compétence de l'ordre administratif.

Dès l'origine, on considère que les opérations engagées par l'administration dans les services publics en vertu du droit commun relèvent des tribunaux judiciaires. « Toutes les actions entre les personnes publiques et les tiers ou entre ces personnes publiques elles-mêmes, et fondées sur l'exécution, l'inexécution ou la mauvaise exécution d'un service public sont de la compétence administrative... » (Romieu, concl. sur *Terrier*). Mais l'exception de la gestion privée était appelée à un développement tel qu'il ruina la notion même de service public, qui amorce probablement son déclin avant la Première Guerre mondiale, certainement à partir de 1921, avec l'apparition des services publics industriels et commerciaux. En 1921 apparaît une nouvelle catégorie de services publics, pour lesquels la gestion privée constitue le principe, les services publics industriels et commerciaux (T. confl., 22 janv. 1921, Sté commerciale de l'Ouest africain, dit affaire du bac d'Eloka : *Rec.*, p. 91). C'est « la crise du service public ».

Le critère du service public ne suffit plus désormais à déterminer l'ordre de juridiction compétent. Le droit administratif n'est plus tout le droit des services publics, les dérogations se révèlent de plus en plus nombreuses et importantes. L'arrêt *Société des granits porphyroïdes des Vosges* consacre la possibilité pour l'administration de recourir aux procédés de droit privé dans la gestion des services publics. L'arrêt *Terrier* consacre la gestion privée des services publics administratifs. La compétence juridictionnelle se développe ensuite à l'égard des activités de l'administration.

À cette évolution s'ajoute la dégénérescence de la notion de service public, devenue beaucoup trop imprécise. Initialement fondée sur une conception organique, celle d'entreprise placée sous la direction des gouvernants, la notion devient matérielle, correspondant à l'idée très vague de moyens et de techniques mis en œuvre en vue d'objectifs d'intérêt général. Le service public correspond désormais à une diversité de régimes où se mélangent droit public et droit privé, en proportions variables. L'État confère à des particuliers ou à des organismes privés, qui gèrent une activité de service public, des prérogatives de puissance publique. Tel est le cas de caisses d'assurances sociales, de centres techniques industriels, de fédérations syndicales patronales, de fédérations sportives, et même d'organismes privés n'exerçant aucune activité de service public, comme les sociétés indigènes de prévoyance (C.E., 20 déc. 1935, Éts Vezia, 20 déc. 1935 : *Rec.*, p. 1212).

En tant que critère de compétence, le service public sort de cette crise, jalonnée par les arrêts *Établissements Vezia* (préc.), *Caisse primaire Aide et protection* (C.E., ass., 13 mai 1938 : *GAJA*, 19e éd., n° 417), *Monpeurt* (C.E., ass., 31 juil. 1942 : *GAJA*, 19e éd., n° 51) et *Bouguen* (C.E., ass., 2 avr. 1943 : *GAJA*, 19e éd., n° 52), largement dévalué. La gestion d'un service public peut être le fait d'une personne privée, qui se voit appliquer, selon les cas, un régime de droit privé ou de droit public (C.E., sect., 13 janv. 1961, Magnier : *Rec.*, p. 33 ; sect., 22 nov. 1974, F.I.F.A.S. : *Rec.*, p. 576).

§ 5. Le renouveau du critère du service public

48. Les éléments organique et matériel, dont la réunion avait paru constituer la seule définition valable du concept de service public, sont dissociés. Au début du XXe siècle, le service public supposait la satisfaction de l'intérêt général et l'intervention d'une personne publique, les deux éléments étant inéluctablement liés. Bien qu'amoindrie, la notion de service public garde une grande importance et, bien loin de l'abandonner, le Conseil d'État la réaffirme avec éclat par une série d'arrêts, afin de définir des notions essentielles du droit administratif : le contrat administratif (C.E., sect., 20 avr. 1956, Épx Bertin : *GAJA*, 19e éd., n° 70), les travaux publics (C.E., sect., 20 avr. 1956, Min. Agric. c. Cts Girmouard : *GAJA*, 19e éd., n° 70) et le domaine public (C.E., sect., 19 oct. 1956, Sté Le Béton : *GAJA*, 19e éd., n° 71). De même, le Tribunal des conflits y a recouru pour définir l'agent public contractuel (T. confl., 25 mars 1996, Préf. Rég. Rhône-Alpes, préf. Rhône c. Conseil de prud'hommes Lyon, affaire Berkani : *Rec.*, p. 535).

Par ailleurs, le droit administratif ne se réduit pas au droit des services publics. Le contentieux des actes et opérations de police administrative ne peut être rattaché sans artifice à l'idée de service public. Néanmoins, dans l'ensemble, le service public relevait de la compétence administrative.

Marcel Waline pose dès lors une question : quelle est la portée du caractère de service public reconnu parfois par le juge à l'activité de particuliers ou d'organismes de droit privé ? La doctrine se demande en conséquence si la compétence du juge administratif n'est pas commandée par la notion de prérogatives de puissance publique.

§ 6. Le critère des prérogatives de puissance publique

49. Prenant acte de l'échec du critère du service public à régir la répartition des compétences, l'École de Toulouse, du doyen Hauriou à Georges Vedel, propose son abandon pour promouvoir le critère plus simple des prérogatives de puissance publique. Telle est d'ailleurs l'interprétation originelle de l'arrêt *Blanco*. Édouard Laferrière écrit dans son Traité : « D'après une doctrine universellement admise, les actes prévus par les lois de 1790 et de l'an III sont seulement les actes et les opérations qui se rattachent à l'exercice de la puissance publique. » Les conclusions du commissaire du gouvernement David sur l'arrêt *Blanco* font apparaître de façon formelle que le service public au sens de l'arrêt signifie l'État puissance publique, opposé à l'État personne civile, gérant le domaine privé et concluant des contrats de droit privé. L'administration peut recourir aux procédés de droit privé dans la gestion des services publics, solution consacrée par l'arrêt *Société des granits porphyroïdes des Vosges*. L'État gendarme est cantonné dans la fonction de réglementation. Toute la théorie de la police administrative est bâtie à partir de la notion de puissance publique. Seuls relèvent du juge administratif, selon cette conception, les actes d'autorité. Les actes de gestion relèvent du juge de droit commun. Le critère des prérogatives de puissance publique, sous-jacent dans les arrêts *Blanco* et *Terrier*, explique la théorie de l'acte administratif unilatéral, mais s'applique aussi à la qualification des contrats administratifs, avec la notion de clauses exorbitantes du droit commun, et des établissements publics (T. confl., Assoc. Synd. du canal de Gignac, préc.).

Dès 1899, retournant complètement sa pensée, Hauriou expose que la gestion des services publics formant ce qu'il y a de plus réel dans l'administration, il serait normal qu'elle prît une place centrale dans le droit administratif. Dès lors que la puissance publique se manifeste dans un type d'activités, cette situation de gestion doit aussi relever du droit public. La puissance publique transparaît dans l'accomplissement des missions des services publics où l'on discerne une collaboration des administrés à une tâche d'intérêt général, l'administration accomplissant toujours ses opérations de gestion en disposant de droits exorbitants du droit commun. Cette analyse conduit à annexer au droit administratif toutes les situations que provoque l'exécution des services publics.

Lorsque le Tribunal des conflits et le Conseil d'État ont à connaître, après la Première Guerre mondiale, du contentieux des services publics assurés par l'administration selon les modes de gestion privée, ils l'attribuent aux tribunaux judiciaires (T. confl., Sté comm. de l'Ouest africain, préc. ; C.E., 23 déc. 1921, Sté gén. d'armement : *Rec.*, p. 1109).

Le doyen Vedel propose le retour à l'idée d'acte d'autorité. La notion de service public, de plus en plus insaisissable, ne peut se définir autrement que comme un régime, ce qui prouve son incapacité à servir de critère de compétence juridictionnelle. Même à son apogée, le service public n'a pu parfaitement rendre compte du droit positif. Georges Vedel préfère donc un critère qui plonge ses racines dans le droit constitutionnel : « l'administration, exercice de la puissance publique par le pouvoir exécutif ». Toute activité qui ne se rattache pas au pouvoir exécutif doit être exclue de cette définition. Le critère de la puissance publique apparaît comme le corollaire du pouvoir exécutif pour la définition constitutionnelle de l'administration. Ne relèvent du contentieux administratif que les actes qui sont une manifestation de la puissance publique (la police et le service public) et les contrats contenant des clauses exorbitantes du droit commun. N'en relèvent pas les activités de simples particuliers, les activités des autorités parlementaires et le contentieux de la justice judiciaire.

Deux exceptions jurisprudentielles sont relevées par Georges Vedel à sa thèse : la compétence du juge administratif pour statuer sur certains litiges relatifs au fonctionnement du Conseil supérieur de la magistrature et la compétence des tribunaux judiciaires pour connaître d'un litige opposant, en Algérie, des caisses d'allocations familiales avec les employeurs ou des bénéficiaires de prestations familiales, contentieux où les autorités administratives interviennent pourtant par voie d'actes unilatéraux et en utilisant des prérogatives de puissance publique, mais parce qu'il résulte des textes applicables que les rapports entre ces personnes sont des rapports de droit privé (C.E., sect., 5 févr. 1954, El Hamidia : *Rec.*, p. 77).

Le critère de la gestion publique est défendu par d'autres auteurs. Francis-Paul Bénoit, d'une part (*Le droit administratif français*, Dalloz, 1968, n°s 696 à 714), Charles Debbasch et Jean-Claude Ricci, d'autre part (*Contentieux administratif*, 7e éd., Précis Dalloz, 1998, n°s 34 à 60), rattachent le critère de la gestion publique à la liaison entre compétence et fond du droit.

Comme le reconnaissent ces auteurs, ce critère est d'un maniement délicat. Surtout, il présente le défaut de résoudre la question par une autre. On peut caricaturer la théorie en affirmant que le juge administratif est compétent lorsque le droit administratif s'applique... Or, historiquement, c'est bien parce que les tribunaux judiciaires ne pouvaient connaître de certains litiges que le juge administratif a dû retenir sa compétence et créer le droit administratif.

René Chapus retient, lui aussi, le couple gestion publique/gestion privée pour déterminer les compétences respectives des deux ordres, mais estime que le critère de la gestion publique prévaut « depuis le jour où le dualisme juridictionnel a été institué ». Il considère qu'il faut affirmer que le contentieux qui appartient à la juridiction administrative est celui des actes et des opérations de la puissance publique, et non faire de l'attribut un sujet. La présence dans les arrêts de la formule « service public » n'est qu'apparemment significative. Le service public auquel il est fait référence est le service public administratif, ce qui ne peut que signifier la réintroduction de la gestion publique.

§ 7. La remise en cause du critère de la gestion publique

50. Dans un article paru dans l'*Actualité juridique* en 1968 (« Le service public et la puissance publique ; réflexions autour d'une étude récente » : *A.J.D.A.*, 1968, I, 492), Paul Amselek se demande s'il est exact que le contentieux administratif est le contentieux de la puissance publique. Il observe que le juge judiciaire est, lui aussi, compétent pour connaître du contentieux de la puissance publique, par exemple en cas d'atteintes administratives à la liberté individuelle et à la propriété privée sous forme de voie de fait ou d'emprise, s'agissant de certains aspects du contentieux du fonctionnement des services judiciaires, et, surtout, pour celui des impôts indirects, des droits de douane et des cotisations et redevances.

Cet argument aurait davantage de force si certains de ces chefs de compétence ne résultaient pas de la loi elle-même. En outre, il est aujourd'hui affaibli par des jurisprudences du Conseil constitutionnel et du Tribunal des conflits en matière d'atteintes à la propriété privée, de voie de fait et d'emprise, domaines dans lesquels la compétence administrative a été considérablement renforcée.

Pour Paul Amselek, la jurisprudence adopte deux démarches. La plus courante applique le critère du service public et participe de l'idée que le juge suppose que les activités administratives de service public sont normalement soumises à un droit spécial. La seconde, qui est aussi secondaire, rattache la solution de compétence à « la nature de la situation concernée ». La compétence serait déterminée en fonction de la particularité ou de la non-particularité des situations litigieuses et des questions de fond soulevées par le litige. Le critère du service demeure le critère de principe. Le juge administratif est le juge de droit commun du service public. Quant au critère de la gestion publique, il n'est « dans la mesure où il joue [...] qu'une modalité de la mise en œuvre de [...] la nature spéciale du régime juridique applicable ».

Jean-Claude Vénézia a, quant à lui, recherché « quel est le rôle exact joué par la notion de puissance publique dans la détermination de la juridiction administrative ou judiciaire compétente » (« Puissance publique, puissance privée », *in Mélanges en l'honneur de Ch. Eisenmann*, 1975, pp. 363 et s.). Après vérification des solutions du droit positif, il remarque que la mise en œuvre de prérogatives exorbitantes du droit commun n'entraîne la compétence de la juridiction administrative que dans la mesure où elle concerne l'exécution d'un service public administratif ou s'insère dans un contexte de droit public. Le critère de la puissance publique joue un rôle nécessaire mais pas suffisant. Décisions exécutoires et clauses exorbitantes du droit commun se rencontrent aussi dans les relations de droit privé entre particuliers. Il en conclut que la notion de service public administratif et le contexte de droit public fondent les solutions de compétence, ce qui n'est pas le cas de la notion de puissance publique.

Sous-section 2
Les critères modernes

§ 1. La proposition d'un critère dualiste

51. Jean Rivero a proposé de dédoubler le critère de la puissance publique (« Existe-t-il un critère du droit administratif ? », *R.D.P.*, 1953, pp. 279 et s.). Pour lui, il est nécessaire de dédoubler le critère du droit administratif. Il juge acceptable l'idée selon laquelle le critère recherché doit être associé à la notion de puissance publique, mais en transforme la signification et la portée en remontant à son origine. Il estime que « les règles du droit administratif se caractérisent par les dérogations au droit commun qu'exige l'intérêt public, soit dans le sens d'une majoration, au profit des personne publiques, des droits reconnus aux particuliers dans leurs relations, soit dans le sens d'une réduction de ces droits ».

Dans leur *Traité de contentieux administratif* (t. 1er, 3e éd., L.G.D.J., 1984, nos 322 et s.), Jean-Marie Auby et Roland Drago constatent que la répartition des compétences a trois origines : 1° une « clause générale », théoriquement fondée sur des textes, mais qui résulte essentiellement de solutions jurisprudentielles ; 2° des « clauses spéciales », parfois à base textuelle, mais, elles aussi, principalement jurisprudentielles, qui dérogent, dans certains cas, à la clause générale ; 3° des textes législatifs de portée limitée qui sont tantôt en conformité avec les clauses précédentes, tantôt en dérogation de celles-ci. Ils relèvent donc un dédoublement des modes d'application de la clause générale de compétence. Ceci aboutit à une redoutable complexité lorsqu'il s'agit de répartir les compétences.

§ 2. L'éternel retour du critère du service public

52. André de Laubadère a particulièrement bien mis en évidence l'intérêt du critère du service public. L'auteur constate que le juge administratif se réfère fréquemment à la notion de service public pour appliquer le droit administratif (Caisse primaire Aide et protection, Monpeurt, préc.). L'existence du service public, si elle ne constitue pas une condition suffisante à la compétence administrative, est néanmoins une condition nécessaire. La notion de service public sert à définir, on l'a déjà indiqué, toutes les notions techniques du droit administratif : contrat administratif, domaine public, agent public, travail public, ce qui entraîne la compétence administrative.

La jurisprudence récente recourt encore à la notion de service public. En témoigne l'arrêt *Commune d'Aix-en-Provence* (C.E., sect., 6 avr. 2007 : *Rec.*, p. 155, concl. SENERS, et *a contrario* : sect., 3 déc. 2010, V. Paris et Assoc. Paris Jean Bouin : *B.J.C.P.*, 2011, p. 36, concl. ESCAUT).

Il semble que le service public, entendu en tant qu'organe, demeure le critère le plus important pour répartir les compétences entre les deux ordres de juridiction. Mais, s'il est entendu au sens matériel, en tant que mission qui peut être confiée à des personnes privées, la notion de service public ne suffit pas à entraîner la compétence de la juridiction administrative si la dévolution du service n'est pas assortie de l'octroi de prérogatives de puissance publique et si celles-ci ne sont pas effectivement mises en œuvre en l'espèce. La notion de prérogatives de puissance publique connaît donc un renouveau, dans le sens de la limitation de la compétence de la juridiction administrative.

La présence du service public fait dépendre l'organisation et le fonctionnement du service de la compétence de la juridiction administrative : relèvent de ce dernier les litiges relatifs au personnel et aux biens faisant partie du domaine public, les questions de responsabilité, les actes unilatéraux et les contrats passés en vue d'assurer le fonctionnement du service. On relève cependant des exceptions au principe. Relèvent des tribunaux judiciaires les activités privées de l'administration, notamment celles relatives à la gestion de son domaine privé et celles qui recourent à des procédés de gestion privée. La présence de ces procédés conduit à faire relever du juge judiciaire l'ensemble de l'activité de l'État industriel, autrement dit les services publics industriels et commerciaux. Un mobile d'essence constitutionnelle, l'indépendance de l'autorité judiciaire, impose également cette compétence pour le fonctionnement du service public de la justice.

§ 3. L'objet de l'acte

53. Certains auteurs ont considéré que la compétence pouvait se déterminer en fonction de l'objet de l'acte. Le droit public s'applique en présence de rapports de droit public, le droit privé en présence de rapports de droit privé. Ne sont pris en considération ni l'organe qui a pris l'acte, ni les moyens employés, ni les finalités visées. Le but était de créer des « blocs de compétence », fondés sur la nature juridique des rapports litigieux.

Le Conseil d'État a parfois appliqué ce critère (C.E., 5 févr. 1954, El Hamidia : *Rec.*, p. 77), sans jamais généraliser la méthode. Le Tribunal des conflits y a recouru assez largement en matière d'actions relatives aux atteintes au domaine public routier, mais a ensuite limité la compétence judiciaire en ce domaine (T. confl., 20 févr. 2006, Cne Ormesson : *Rec.*, p. 623 ; 24 avr. 2006, Sté Bouygues bâtiment : *Rec.*, p. 627).

§ 4. Tentative de synthèse

54. Il semble qu'il faille opérer une distinction, pour déterminer le critère applicable, selon les matières.

En présence d'une activité matérielle de l'administration, notamment lorsque la responsabilité de l'administration est recherchée, le critère reste celui du service public. Il faut rechercher s'il s'agit d'un service public administratif, auquel cas la compétence sera en principe administrative, ou d'un service public industriel et commercial, auquel cas la compétence est en principe judiciaire. De même, en cas de chose utilisée par l'administration, il faut rechercher la nature du service qui l'utilise, ou son appartenance au domaine public ou au domaine privé.

En présence d'actes juridiques unilatéraux, le critère retenu est celui des prérogatives de puissance publique. Dès lors qu'il y a mise en œuvre de celles-ci, ou de l'une d'entre elles, la compétence est en principe administrative, sauf si la décision se rattache à une activité judiciaire, à une situation individuelle relevant du droit privé ou à la gestion du domaine privé. Mais des organismes privés prennent parfois des décisions administratives. Dans ce cas, la participation au service public prévaut sur le caractère organique.

En présence d'un contrat, il faut déterminer sa nature, d'où découlera la compétence juridictionnelle.

En outre, il ne faut pas perdre de vue la volonté du législateur, premier élément à examiner. Le recours à des critères jurisprudentiels ne se conçoit que dans la mesure où le législateur n'a pas dévolu compétence à l'un ou l'autre ordre de juridiction, explicitement ou implicitement, en indiquant quel est le droit applicable. Néanmoins, la volonté du législateur doit elle-même, le cas échéant, être interprétée et l'œuvre du Conseil constitutionnel ne doit pas être négligée en la matière, pas plus que celle du Tribunal des conflits.

SECTION 2

LES PARTAGES JURISPRUDENTIELS DE COMPÉTENCE ENTRE LES DEUX ORDRES

55. Bien que le législateur, voire le constituant, ait attribué, dans certaines matières, compétence à l'un ou l'autre ordre, c'est à la jurisprudence qu'il est le plus souvent revenu de déterminer la compétence juridictionnelle.

En vertu d'un principe fondamental reconnu par les lois de la République, à l'exception des matières réservées par nature à l'autorité judiciaire, relève en dernier ressort de la compétence de la juridiction administrative l'annulation ou la réformation des décisions prises par les autorités détenant le pouvoir exécutif dans l'exercice des prérogatives de puissance publique. Il s'agit là du « noyau dur » de compétence de la juridiction administrative, de la compétence minimale reconnue au juge administratif par le Conseil constitutionnel. En l'absence de disposition législative expresse dérogeant à ce principe, il appartient à cette juridiction de connaître de la légalité des actes pris pour l'application de l'article L. 430-9 du Code de commerce (C.E., 7 nov. 2005, Cie gén. des eaux : *Rec.*, p. 489).

Le partage des compétences entre les deux ordres de juridiction répond à des règles d'une grande complexité. Seules quelques illustrations en seront fournies dans ce cadre.

Sous-section 1 Les attributions législatives de compétence au juge judiciaire

56. Les principales attributions de compétence en faveur des tribunaux judiciaires sont relatives au droit des personnes, aux impôts indirects et redevances, au fonctionnement du service public de la justice judiciaire et à divers cas de responsabilité de la puissance publique.

§ 1. L'état des personnes, la nationalité et l'électorat

57. Les tribunaux judiciaires sont traditionnellement seuls compétents pour statuer sur les réclamations d'état. L'état des personnes recouvre l'ensemble des règles déterminant l'existence juridique et la situation familiale d'une personne physique (état civil, filiation, nationalité, mariage, domicile...). Ces matières relèvent par nature de l'autorité judiciaire, compétente pour apprécier la faute dans le fonctionnement du service de l'état civil (T. confl., 14 févr. 2005, Remigius : *A.J.D.A.*, 2005, p. 740), pour connaître d'un refus de délivrance d'un certificat de nationalité française (C.E., 27 juil. 2005, Mme Ghenim : *Rec.*, p. 803). Le juge judiciaire connaît encore des difficultés relatives à l'état des personnes : capacité électorale, rectification d'état civil, décision prise par le préfet en tant que tuteur légal d'un enfant assisté. La responsabilité de l'État peut être engagée devant les tribunaux judiciaires pour refus illégal d'un maire de célébrer un mariage, dont il soupçonne l'absence de sincérité (Cass., 1re civ., 6 févr. 2007, Mme de Panafieu ès qualités : *A.J.D.A.*, 2008, p. 503). Le refus prolongé de délivrer un certificat de nationalité française peut engager la responsabilité de l'État, qui doit être recherchée devant le juge judiciaire (C.E., 2 juil. 2008, Mouzee-Amady : *Rev. fr. dr. admin.*, 2008, p. 1084).

Les recours des parents contre un arrêté préfectoral prononçant l'immatriculation de leur enfant comme pupille de l'État relèvent, en vertu de la loi du 6 juin 1984, des seuls tribunaux judiciaires (C.E., sect., 11 juil. 1988, Min. Aff. soc. et Emploi c/ Mlle Remadnia : *Rec.*, p. 293). Relèvent de la juridiction administrative le recours en opposition en matière de changement de nom (C.E., 9 juin 1978, Cts de Saint-Martin : *A.J.D.A.*, 1978, p. 572) et le contentieux de l'autorisation de changer de nom (C.E., ass., 19 mai 2004, Cts Bourbon : *A.J.D.A.*, 2005, p. 1351).

Enfin, si le juge civil intervient pour statuer sur les litiges liés à la liberté du mariage, saisi d'un arrêté de reconduite à la frontière visant un étranger marié avec un ressortissant français, le juge administratif peut apprécier la réalité des liens conjugaux sans saisir le juge civil si la fraude au mariage est évidente (C.E., 2 déc. 1992, Souab : *Rec.*, p. 433).

A. État civil

58. Relève du juge judiciaire le contentieux du service de l'état civil : litiges provoqués par les décisions ou comportements des officiers de l'état civil, du président de la République et des ministres s'agissant de certaines autorisations de mariage, actions contre l'État visant à la réparation des préjudices causés par ces décisions ou comportements (C.E., sect., 25 oct. 1963, Compan : *Rec.*, p. 504), contentieux du livret de famille (T. confl., 17 juin 1991, Mme Maadjel : *Rec.*, p. 465), recours contre la décision d'irrecevabilité opposée par le greffier du tribunal d'instance à une déclaration conjointe d'un pacs (C.E., 23 mai 2003, Baudry : *Rec.*, p. 238), demande d'annulation de la décision du président de la République refusant d'autoriser un mariage dérogatoire (C.E., 12 oct. 2005, Mlle Pallavi et Saint-Hubert : *Rec.*, p. 803).

La juridiction administrative connaît encore des recours dirigés contre un refus de changement de nom (C.E., 11 juil. 1990, Salle, n° 95746) et des litiges portant sur l'authenticité des titres nobiliaires (C.E., 6 avr. 1979, Chillou Saint-Albert : *Rec.*, p. 148 ; 27 juil. 2005, X., n° 265340).

Une requête tendant à la condamnation d'une commune à réparer les dommages résultant d'une faute commise dans le cadre du fonctionnement des services de l'état civil, lesquels sont placés sous le contrôle de l'autorité judiciaire, ressortit à la compétence des tribunaux judiciaires (T. confl., 14 févr. 2005, Remigius c. Cne Saint-Quentin : *Rec.*, p. 650).

B. Tutelle et assistance éducative

59. Il en est de même des litiges provoqués par l'activité des services de la tutelle légale exercée par les préfets après admission des enfants dans les services de l'aide sociale à l'enfance, les services de l'assistance éducative ou le service de la tutelle des majeurs (T. confl., 7 oct. 1991, Mlle Remadnia : *Rec.*, p. 471 ; 5 avr. 1993, Épx Demoulin : *Rec.*, p. 397 ; 17 déc. 2001, Truchet *Rec.*, p. 762 ; 13 janv. 1992, Mme Richaud : *Rec.*, p. 475).

C. Nationalité

60. La juridiction civile de droit commun a seule compétence pour connaître des contestations sur la nationalité des personnes physiques (C. nat., art. 124). Elle peut apprécier la validité des certificats de nationalité délivrés par le juge d'instance agissant comme autorité administrative, pour statuer sur la légalité des refus d'enregistrement des déclarations de nationalité et des refus de délivrance de certificats de nationalité (C.E., sect., 17 mars 1995, Soilihi : *Rec.*, p. 135), et connaître des actions en dommages et intérêts y relatives.

Il n'appartient pas au juge administratif de connaître des requêtes dirigées contre des décisions implicites de rejet de demandes de certificat de nationalité adressées à tort à l'autorité consulaire, qui soulèvent une contestation relative à la nationalité du demandeur (C.E., 27 juil. 2005, Mme Ghenim : *Rec.*, p. 803).

Relèvent de la compétence judiciaire les actes accomplis par le directeur des services fiscaux en qualité de curateur à une succession vacante, selon les voies de droit commun (T. confl., 20 janv. 2003, Malet-Plicque : *Rec.*, p. 569).

D. Électorat

61. Le juge d'instance connaît du contentieux de la qualité d'électeur (C. élect., art. L. 25). Les décisions des commissions administratives chargées de la révision annuelle des listes électorales peuvent être déférées dans les dix jours au tribunal d'instance. Il se prononce, en outre, sur les réclamations, qui peuvent être présentées jusqu'au jour du scrutin, de personnes prétendant avoir été omises des listes électorales par suite d'une erreur purement matérielle ou irrégulièrement radiées.

§ 2. L'incapacité des personnes

A. Internement d'office

62. Le contentieux relatif à l'internement d'office ou au placement volontaire des malades mentaux (C. santé publ., art. L. 343 et s. ; lois des 30 juin 1838 et 27 juin 1990) relève des tribunaux judiciaires, compétents pour apprécier le bien-fondé de ces mesures et décider de leur cessation (T. confl., 16 avr. 1946, Machinot c. Préf. Police : *Rec.*, p. 326 ; C.E., sect., 1er avr. 2005, Mme L. : *Rec.*, p. 134), ainsi que pour statuer sur les conséquences dommageables de l'ensemble des irrégularités entachant une mesure de placement d'office quelle qu'en soit la nature, et ce, même si l'illégalité a affecté la régularité formelle de la décision et a été constatée par le juge administratif (T. confl., 17 févr. 1997, Préf. Rég. Île-de-France, Préf. Paris c. Menvielle : *Rec.*, p. 524 ; C.E., 14 oct. 2004, A. T. : *Rec.*, p. 625). Mais le juge judiciaire se borne à apprécier la nécessité d'une mesure de placement d'office en hôpital psychiatrique (T. confl., 30 mars 1992, Préf. Ille-et-Vilaine c. Saulnier : *Rec.*, p. 481 ; 22 mars 2004, Deshayes c. CH spécialisé de la Sarthe : *Rec.*, p. 515). Il peut également, lorsque la juridiction administrative s'est prononcée sur la régularité de la décision administrative de placement, statuer sur l'ensemble des conséquences dommageables de cette décision, y compris celles qui découlent de son irrégularité (T. confl., Deshayes ; Préf. Paris c. Menvielle, préc.).

En revanche, la juridiction administrative est compétente pour connaître de la régularité des décisions d'internement ou de placement volontaire et des fautes du service public (C.E., 10 févr. 1984, Dme Dufour : *Rec.*, p. 59) et de la décision d'ordonner des sorties d'essai (T. confl., Préf. Ille-et-Vilaine, préc.). Il contrôle les considérations de droit et de fait qui justifient un placement en hôpital psychiatrique (C.E., 11 juin 2003, Pouzin, nos 249086 et 251973).

La mainlevée d'une hospitalisation d'office, mesure de police administrative, relève de la compétence de la juridiction administrative. S'il appartient à cette juridiction d'apprécier la régularité de la décision administrative ordonnant l'hospitalisation d'office, prise par le préfet en application des dispositions de l'article L. 3213-1 du Code de la santé publique, et aux tribunaux judiciaires d'apprécier la nécessité d'une telle mesure, la décision par laquelle le préfet met fin à une hospitalisation d'office a le caractère d'une mesure de police administrative qui ne porte pas atteinte à la liberté individuelle, dont il appartient à la juridiction administrative d'apprécier tant la régularité que le bien-fondé (T. confl., 26 juin 2006, Président du Conseil de Paris c. Préf. Police de Paris : *Rec.*, p. 634).

Saisi d'une action en responsabilité, le juge administratif apprécie le bien-fondé d'une absence d'internement comme une mesure mettant fin à un internement psychiatrique (C.E., ass., 23 janv. 1931, Dme et Dlle Garcin c. Min. Int. : *Rec.*, p. 91 ; 16 janv. 1979, Bourgaux : *Rec.*, p. 30). La juridiction administrative se reconnaît compétente pour connaître de la responsabilité de l'État du fait de l'absence fautive par le préfet d'user de ses pouvoirs d'hospitalisation d'office (C.E., 31 déc. 1976, Hôpital psychiatrique de Saint-Égrève : *Rec.*, p. 583).

Le contentieux de la tutelle des majeurs incapables relève des tribunaux judiciaires (T. confl., 31 janv. 1992, Mme Richard : *Rec.*, p. 475).

L'action en responsabilité du fait des fautes d'un gérant de tutelle relève du seul juge judiciaire. Si les directeurs des établissements publics de santé choisissent, conformément aux dispositions du décret du 15 février 1969, parmi leurs préposés, les personnes qui seront, le cas échéant, désignées comme gérant de tutelle ou mandataire de personnes placées sous sauvegarde de justice, les actes accomplis par ces préposés en cette qualité sont exclusivement soumis au contrôle du juge des tutelles qui les désigne et fixe leurs missions, leurs attributions relevant des règles du Code civil, de sorte que l'action en responsabilité intentée contre l'État ou l'établissement public de soins, en raison de fautes commises par leurs préposés dans l'exécution de leur mission de protection, ressortit à la compétence des tribunaux de l'ordre judiciaire (Cass., 1re civ., 9 janv. 2007, AP-HP : n° 06-13.138).

Sous-section 2
La sécurité sociale

§ 1. Gestion des régimes de sécurité sociale

63. Le contentieux de la gestion des régimes de sécurité sociale relève des tribunaux judiciaires, sauf dans le cas où les actes litigieux relèveraient par leur nature du contentieux administratif (CSS, art. L. 142-1 ; T. confl., 11 oct. 1993, Mme Allard et a. : *A.J.D.A.*, 1994, p. 80).

§ 2. Litiges d'ordre individuel

64. Les tribunaux judiciaires connaissent des litiges d'ordre individuel intéressant la législation de la sécurité sociale (affiliation, cotisations, prestations) ainsi que des litiges entre les organisations de sécurité sociale et les praticiens (T. confl., 6 juil. 1957, Lasry : *Rec.*, p. 817 ; 23 nov. 1992, Lavigne : *Rec.*, p. 493). Les recours contre les décisions des commissions reconnaissant la qualité de handicapé relèvent du juge administratif (T. confl., 14 mars 1988, Préf. Saône-et-Loire : *Rec.*, p. 485).

Le contentieux opposant les caisses à leur personnel constitue une sorte de « bloc de compétence » judiciaire (T. confl., 19 mai 1958, Dlle Albault : *Rec.*, p. 794). En ce domaine, les cas de compétence administrative sont exceptionnels.

Les tribunaux des affaires de sécurité sociale sont compétents pour connaître des recours formés après le 21 décembre 2011 contre les décisions prononçant des sanctions en application de l'article L. 114-17 du Code de la sécurité sociale (T. confl., 13 oct. 2014, Boulemkhali, n° 3961 : contestation d'une pénalité financière).

Sous-section 3
Les impôts et les redevances

§ 1. Impôts indirects

65. Le contentieux des impôts indirects (contributions indirectes, monopoles fiscaux, droits d'enregistrement, de mutation et de succession, publicité foncière, timbres, taxes en matière de douane, droits sur les spectacles, impôt de solidarité sur la fortune) et tout le contentieux relatif à la régularité des voies d'exécution en matière fiscale relèvent de la compétence des juridictions judiciaires.

La taxe de séjour a le caractère d'une contribution indirecte au sens de l'article L. 199 du Livre des procédures fiscales (L.P.F.). Si la délibération par laquelle le conseil municipal décide, en application de l'article L. 1333-26 du Code général des collectivités territoriales, d'instituer cet impôt dans la commune est un acte administratif susceptible d'être déféré au juge de l'excès de pouvoir, le contentieux né de l'institution de la taxe de séjour par la commune relève des juridictions de l'ordre judiciaire. Le recours contre la décision par laquelle le maire demande à un établissement hospitalier de collecter la taxe de séjour auprès des personnes hébergées en son sein, qui n'est pas détachable de la procédure d'imposition, relève de la compétence des tribunaux judiciaires (C.E., 21 déc. 2006, Hospices civils de Lyon : *Rec.*, p. 782).

§ 2. Redevances

66. Un service d'enlèvement des ordures ménagères financé au moyen d'une redevance, instituée en application de l'article L. 2333-76 du Code général des collectivités territoriales, doit être regardé comme revêtant un caractère industriel ou commercial. Il n'appartient par suite qu'aux tribunaux judiciaires de connaître des litiges relatifs au paiement des redevances qui sont réclamées aux usagers de ce service (T. confl., 12 févr. 2007, Bonnin c. Cté de cnes du Pays thénezéen : *A.J.D.A.*, 2007, p. 653).

Sous-section 4
Poste et télécommunications

67. Les relations entre la Poste et France Télécom et leurs usagers, leurs fournisseurs et les tiers sont régies par le droit commun. Les litiges auxquels elles donnent lieu doivent être portés devant les tribunaux judiciaires (contentieux des envois postaux avec valeur déclarée, envois recommandés et colis postaux et litiges soulevés par les demandes tendant à l'annulation des mesures d'organisation de la distribution des formulaires d'envoi de lettres recommandées dans un bureau de poste), à l'exception de ceux qui relèvent par leur nature de la juridiction administrative (L. 2 juil. 1990, art. 25). En revanche, les actes unilatéraux édictés en vertu de prérogatives de puissance publique par les organes de ces institutions, sont des actes administratifs (T. confl., 22 nov. 1983, Matisse : *Rec.*, p. 410).

Sous-section 5
Enseignement

68. La responsabilité de l'État est substituée à celle des membres de l'enseignement public et de l'enseignement privé sous contrat d'association en cas de dommages causés soit par les élèves, soit aux élèves placés sous leur surveillance (C. éduc., art. L. 911-4, issu de L. 5 avr. 1937 ; T. confl., 31 mars 1950, D^lle^ Gavillet : *Rec.*, p. 658 ; 15 févr. 1999, M. et Mme Martinez : *Rev. fr. dr. admin.*, 1999, p. 1109). La compétence est judiciaire. Est compétent le tribunal civil du lieu du dommage.

Cependant, les règles normales de compétence retrouvent leur empire lorsque le préjudice doit être regardé comme indépendant du fait d'un agent, qu'il ait son origine dans un dommage afférent à un travail public ou dans un défaut d'organisation du service public de l'enseignement. La compétence est, dans ce cas, administrative (T. confl., 6 mars 1989, Yvon : *Rec.*, p. 911).

Le régime de la loi du 5 avril 1937 ne trouve à s'appliquer qu'aux membres de l'enseignement public, qualité qui nécessite que l'activité exercée ait une fin éducative. Ne sont pas des membres de l'enseignement public les personnes dont l'activité se limite à la prise en charge des enfants en vue de les nourrir ou de les détendre (T. confl., 30 juin 2008, Préf. Alpes-Maritimes c. Caisse rég. Alpes-Maritimes Groupama, n° 3671). Ce régime est applicable aux établissements d'enseignement privé sous contrat d'association (T. confl., 26 mars 1991, Jaffre : *R.D.P.*, 1991, p. 559).

Sous-section 6
Le fonctionnement du service public de la justice judiciaire

69. Doivent être portées devant le juge judiciaire les actions engageant la responsabilité de l'État à raison du fonctionnement du service public de la justice judiciaire (L. 5 juil. 1972 ; C. org. jud., art. L. 141-1 et s.) : réparation des dommages résultant d'une détention provisoire suivie d'une décision de non-lieu, d'acquittement ou de relaxe (C. proc. pén., art. 149) ;

réparation des dommages suivant la révision d'un jugement comportant une erreur judiciaire (C. proc. pén., art. 626) ; réparation des dommages causés par les personnes condamnées à un travail d'intérêt général (C. pén., art. 131-24). Les tribunaux judiciaires sont seuls compétents pour connaître de la responsabilité que peut encourir l'administration en raison de fautes commises au cours de la procédure d'exécution des poursuites judiciaires. Ils connaissent des recours en responsabilité formés par les victimes de préjudices corporels résultant d'une infraction (C. proc. pén., art. 706-3).

Sous-section 7
Domaine

§ 1. Domaine privé

70. Le contentieux des biens composant le domaine privé des collectivités territoriales et des organismes publics relève par nature de la compétence judiciaire (T. confl., 25 juin 1973 ONF c. Béraud : *Rec.*, p. 847 ; 24 oct. 1994, Duperay : *Rec.*, p. 606 ; 14 janv. 1998, Épx Formwald : *Rec.*, p. 817), tout du moins lorsque la décision litigieuse a été prise pour les besoins de la gestion quotidienne du domaine privé. Le juge judiciaire connaît ainsi des litiges relatifs à la gestion des biens du domaine privé forestier géré à seule fin de procéder à des ventes de bois (T. confl., 19 janv. 2004, Pierrart et Cne Wildenstein : *Rec.*, p. 510) ou les forêts domaniales de l'État (T. confl., 24 janv. 1952, Conservatoire des eaux et forêts de la Corse : *Rec.*, p. 613 ; C.E., sect., 20 juil. 1971, Cts Bolusset : *Rec.*, p. 457).

La loi n° 88-13 du 5 janvier 1988 attribue au juge administratif le contentieux des baux emphytéotiques des collectivités territoriales et de leurs établissements publics, même lorsqu'ils portent sur le domaine privé.

L'agent recruté par une personne publique pour participer à la gestion de son domaine immobilier privé est un agent de droit privé (T. confl., 15 janv. 2007, Mme Ourahmoune c. V. Paris : *Rec.*, p. 591).

Le mandat de vente d'un bien du domaine privé, conclu en vue de la fourniture d'une prestation de service à titre onéreux à la commune, entre dans les prévisions de l'article 1er du Code des marchés publics, et la juridiction administrative est compétente pour en connaître (T. confl., 14 mai 2012, SARL La Musthyere c. Cne Egry : *Rec.*, p. 513).

Il existe des exceptions à la compétence du juge judiciaire : la juridiction administrative connaît des litiges dus à des travaux publics réalisés sur le domaine privé (T. confl., 8 févr. 1965, Martin : *Rec.*, p. 811), la notion de travaux publics étant, dans ce cas, entendue restrictivement (C.E., 5 nov.

1975, Pélissier : *Rec.*, p. 537), les contrats portant sur le domaine privé relèvent de la juridiction administrative lorsqu'ils contiennent des clauses exorbitantes du droit commun (T. confl., 17 nov. 1975, Leclert : *Rec.*, p. 800 ; 20 févr. 2008, M. et Mme V. c. Courly, n° 3623, *a contrario*), enfin, la juridiction administrative connaît des actes unilatéraux détachables de la gestion du domaine privé (C.E., sect., 17 oct. 1980, Gaillard : *Rec.*, p. 378 ; T. confl., 6 juil. 1981, Eysseric c. Préf. Drôme : *Rec.*, p. 505), l'acte détachable étant, ici encore, entendu de façon restrictive (C.E., sect., 19 oct. 1990, Assoc. Saint Pie V et Saint Pie X de l'Orléanais : *Rec.*, p. 285).

En outre, il appartient au juge administratif de connaître des litiges relatifs aux contrats de vente de biens immobiliers du domaine privé de l'État (C.E., sect., 8 nov. 1974, Épx Figueras : *Rec.*, p. 545 ; T. confl., 6 janv. 1975, Cts Apap : *A.J.D.A.*, 1975, II, 241 ; 6 juin 2011, Préf. Seine-et-Marne c. Sté Participations premières, n° 3806 ; CG3P, art. L. 3231-1).

Mais la juridiction judiciaire est compétente pour connaître de la contestation par une personne privée des actes se rapportant à un contrat relatif à la gestion du domaine privé, dès lors que le contrat ne met en cause que des rapports de droit privé. Relève ainsi du juge judiciaire la connaissance de la contestation par une personne privée de l'acte, délibération ou décision du maire, par lequel une commune ou son représentant, gestionnaire du domaine privé, initie avec cette personne, conduit ou termine une relation contractuelle, qu'elle qu'en soit la forme, dont l'objet est la valorisation ou la protection de ce domaine et qui n'affecte ni son périmètre ni sa consistance, qui ne met en cause que des rapports de droit privé. Il en va de même de la contestation concernant des actes s'inscrivant dans un rapport de voisinage. Les actes unilatéraux de gestion du domaine privé ne constituent pas des actes détachables du contrat de droit privé auquel ils se rapportent et le juge judiciaire est compétent pour apprécier la validité du refus de renouvellement de l'autorisation d'occupation du domaine privé.

Toutefois, le juge administratif reste compétent pour connaître des actes de disposition et des décisions portant sur le contrat de gestion du domaine privé lorsque celui-ci contient des clauses exorbitantes du droit commun (T. confl., 22 nov. 2010, SARL Brasserie du Théâtre c. Cne Reims, n° 3764).

§ 2. Domaine public et travaux publics

71. La juridiction administrative a compétence pour connaître de l'ensemble des litiges relatifs aux biens appartenant au domaine public (T. confl., 22 avr. 1985, Belouet et a. : *Rec.*, p. 404). Cette juridiction est en principe exclusivement compétente pour statuer sur les litiges relatifs à l'appartenance d'un bien au domaine public, ainsi que sur la consistance et les limites de ce domaine (C.E., 14 juin 1972, Eidel : *Rec.*, p. 442 ; 23 févr. 1979, Gourdain : *Rec.*, p. 78). La juridiction administrative connaît également des litiges relatifs à l'expulsion des occupants sans titre du domaine public (C.E., 13 juil. 1961, Cie fermière du casino municipal de Constantine : *Rec.*, p. 487).

Mais le juge administratif compétemment saisi au fond d'une question domaniale ne peut trancher le litige avant que la question de propriété ne soit résolue. Il doit donc renvoyer cette question préjudicielle au tribunal judiciaire (C.E., 6 nov. 1970, Cts Bertrand c. Cne La Crau : *Rec.*, p. 655).

A. Atteintes au domaine public routier

72. L'article 116-1 du Code de la voirie routière attribue le contentieux de la répression des infractions à la préservation de l'intégrité ou des conditions d'utilisation du domaine public routier au juge judiciaire. Cette compétence ne concerne que les cas dans lesquels une contravention à la police de la conservation de ce domaine était constituée, qu'elle ait été poursuivie ou non (T. confl., Cne Ormesson, préc.). Cette jurisprudence a rompu avec une interprétation très large de l'article L. 116-1 qui attribuait un bloc de compétence au juge judiciaire quant à la connaissance de tous les litiges relatifs à la préservation de l'intégrité ou des conditions d'utilisation du domaine public routier, prévalant même sur le bloc de compétence administrative que constituent les travaux publics (T. confl., 25 avr. 1994, Morelli : *Rec.*, p. 595 ; 3 juin 1996, Cne Villevieille : *Rec.*, p. 868).

L'action introduite par une société afin de contester des commandements émis par une collectivité publique ayant pour objet la réparation d'un préjudice que cette collectivité impute à cette entreprise à la suite de travaux publics exécutés par elle, sans qu'aucune contravention à la police de la conservation du domaine soit constituée, ne se rattache pas au contentieux de la répression des infractions à cette police. Le litige relève, dès lors, de la compétence de la juridiction administrative (T. confl., 24 avr. 2006, Sté Bouygues bâtiment, préc.).

B. Exécution de travaux publics

73. Traditionnellement, les litiges nés de l'exécution de travaux publics ressortissent à la compétence de la juridiction administrative, sauf si les parties en cause sont unies par un contrat de droit privé (T. confl., 24 nov. 1997, Sté de Castro : *CJEG*, 1998, p. 100, concl. Abraham ; 15 févr. 1999, EURL Girod : *Rec.*, p. 440 ; 26 juin 2006, Sté Perriol c. SA Autogrill Côté France : *Rec.*, p. 633).

Ainsi, la compétence est judiciaire si le litige est relatif à l'exécution d'un contrat conclu entre une entreprise titulaire d'un marché de travaux publics et son fournisseur (T. confl., 7 juin 1999, Cne Ceyzeriat : *Rec.*, p. 453). En effet, si l'entreprise, ou son sous-traitant (EURL Girod, préc.), participe à l'exécution du travail public, il n'en va pas de même pour le simple fournisseur, dont le lien avec le travail est très ténu.

La nature des contrats qui concourent à la réalisation d'un marché de travail public a été précisée par le Tribunal des conflits dans son arrêt *Société Favilor c. Deslaugiers, Société Socotec et a.* (22 mai 2006, n° 3484). À propos d'un litige qui opposait le fournisseur non à l'entrepreneur de travaux publics avec lequel il avait contracté, mais au maître d'œuvre et à la société de contrôle, avec lesquels il n'avait aucun lien contractuel, le Tribunal a considéré que les liens contractuels unissant le fournisseur à l'entrepreneur, d'une part, et le fournisseur à la société de contrôle, d'autre part, étaient des liens de droit privé. Le fournisseur n'étant pas considéré comme un participant à l'exécution de ces travaux, le juge judiciaire a été reconnu compétent pour connaître du litige.

Sous-section 8
Compétence judiciaire à divers titres

74. Responsabilité de l'État à l'égard des victimes d'actes de terrorisme et d'autres infractions pénales (C. proc. pén., art. 706-3 à 706-15) et des victimes d'actes de terrorisme (C. assur., art. L. 126-1). Un fonds de garantie des victimes des actes de terrorisme alimenté par des prélèvements sur les contrats d'assurance de biens est chargé d'indemniser les victimes.

75. Réparation des dommages dus à la production, le stockage, le transport et l'exploitation de l'énergie nucléaire : responsabilité des exploitants privés et publics de centrales et navires nucléaires (L. 12 nov. 1965). Certaines dispositions sont codifiées aux articles L. 5122-2 et suivants du Code des transports.

Lorsque l'accident est survenu sur le territoire de la République française ou si, en application de la Convention de Paris, compétence est attribuée à un tribunal français, le Tribunal de grande instance de Paris est seul compétent. Les victimes d'essais nucléaires français peuvent être indemnisées sur le fondement de la loi du 5 janvier 2010.

76. Responsabilité de l'administration pour les dommages causés par ses véhicules (L. 31 déc. 1957).

La juridiction judiciaire est compétente pour connaître de la question portant sur un dommage causé par un véhicule lorsque l'accident a eu lieu lors de la réalisation de travaux publics. En principe, un dommage qui survient lors de l'exécution de travaux publics relève de la compétence administrative, mais il est fait exception à ce principe lorsque ce dommage est imputable à l'utilisation d'un véhicule doté d'un dispositif lui permettant de se déplacer de façon autonome, selon la loi du 31 décembre 1957. Pour que le juge judiciaire soit reconnu compétent, le dommage doit avoir pour cause déterminante l'utilisation du véhicule (T. confl., 12 févr. 2001, Cne Courdimanche : *Rec.*, p. 735 ; 20 juin 2005, Mme Dufrausse : *Rec.*, p. 661 ; 12 déc. 2005, France Télécom ; 23 janv. 2006, France Télécom c. PPE, n° 3213 ; 26 juin 2006 GAEC Campoussin c. SNCF : *Rec.*, p. 631). Ainsi en est-il lorsque le dommage est causé par un engin de chantier dit « trancheuse », qui sectionne des câbles appartenant à France Télécom, installés sous la chaussée, engin doté d'un dispositif lui permettant de se déplacer de façon autonome, qui répond à la notion de véhicule et se trouve être en lui-même la cause déterminante du dommage (T. confl., 23 janv. 2006, France Télécom c. TPE, n° 3481).

Si le dommage trouve sa cause déterminante dans la conception, l'organisation (T. confl., 2 déc. 1991, Préf. Haute-Loire c. Trib. corr. Puy-en-Velais : *Rec.*, p. 770) ou les conditions d'exécution de l'opération de travail public prise dans son ensemble (T. confl., 20 juin 2005, Kyrilis : *Rec.*, p. 661 ; 12 déc. 2005, Gaz de France c. Sté Jean Lefebvre Picardie : *Rec.*, p. 665), le juge administratif sera compétemment saisi du litige. Il en est ainsi lorsqu'un dommage impliquant un véhicule survient lors d'une opération de travaux publics (T. confl., 14 nov. 1960, Allagnat : *J.C.P. G*, 1960, II, 11874).

77. Marques de fabrique, de commerce ou de service (C. propr. int., art. L. 521-3-1), mesures conservatoires prises en matière de propriété littéraire et artistique, actions civiles relatives aux marques (T. confl., 5 juin 2000, Peyrinet : *Rev. fr. dr. admin.*, 2000, p. 1142).

Il existe un partage de compétence dans le domaine de la propriété littéraire et artistique. Le Tribunal des conflits a décidé que « le législateur a entendu, par dérogation aux principes gouvernant la responsabilité des personnes morales de droit public, faire relever de la compétence des tribunaux de l'ordre judiciaire la recherche de la responsabilité des personnes morales de droit public en raison d'une contrefaçon de dessins et modèles qui leur serait imputée » (T. confl., 2 mai 2011, Cne de O., n° 3770). Mais la juridiction administrative est compétente pour connaître d'une diffamation reprochée à un professeur d'université dans un ouvrage relatif au plagiat (Cass., 1re civ., 23 févr. 2011, n° 09-72.059). Elle connaît également des conflits en matière de logiciel et de droits d'auteur des agents publics.

Les demandes tendant au prononcé, même contre l'administration, de mesures conservatoires prévues en matière de propriété littéraire et artistique relèvent de l'ordre judiciaire.

78. Litiges portant sur la propriété, l'utilisation, la portée ou la validité des brevets d'invention (C. propr. int., art. L. 331-1 et L. 615-17).

79. L'ensemble du contentieux né de cette loi est attribué aux tribunaux de grande instance et cours d'appel, à l'exception des recours formés contre les décrets et décisions de nature administrative (T. confl., 6 mai 1989, Sté Losfeld : *J.C.P. G*, 1989, IV, 308).

80. Communication audiovisuelle : compétence judiciaire pour connaître du refus opposé par une société exploitant un service de télévision à une demande de droit de réponse et sur les mesures préparatoires qui ne sont pas détachables de ce refus (L. 29 juil. 1982 mod. 21 juin 2004).

81. Concurrence. La loi du 6 juillet 1987 relative aux décisions du Conseil de la concurrence prévoyait qu'en cas de litige, la compétence appartenait à la Cour d'appel de Paris. La répartition des compétences est complexe en matière de concurrence (T. confl., 6 juin 1989, Préf. Rég. Île-de-France, aff. V. de Pamiers : *Rev. fr. dr. admin.*, 1989, p. 457), de même que s'agissant des décisions du Conseil de la Bourse des valeurs (L. 22 janv. 1988 ; T. confl., 24 oct. 1994, Institut privé de gestion et Roger : *Rev. fr. dr. admin.*, 1995, p. 407). La loi du 4 août 2008 et l'ordonnance du 13 novembre 2008 ont transformé le Conseil de la concurrence en Haute Autorité de la concurrence. Le Conseil d'État est compétent pour les recours dirigés contre ses décisions et celles du ministre, y compris lorsque la Haute Autorité se prononce sur l'exécution des décisions prises précédemment par le ministre (C.E., ass., 21 déc. 2012, Sté Groupe Canal Plus : *Rev. fr. dr. admin.*, 2013, p. 55).

La Cour d'appel de Paris est compétente, sauf exception, pour connaître des décisions prises par la Commission des opérations de Bourse (L. 2 août 1989 ; C.E., 6 juil. 1990, Delcourt : *E.D.C.E.*, 1990, p. 32 ; T. confl., 22 juin 1992, Maître Mizon : *Rev. fr. dr. admin.*, 1992, p. 768) et de certaines décisions de l'Autorité de régulation des télécommunications (L. 26 juil. 1996 ; Paris, 28 avr. 1998, SA France Télécom c. sté Paris TV Câbles : *A.J.D.A.*, 1998, p. 833).

82. L'article L. 621-30 du Code monétaire et financier réserve à l'autorité judiciaire compétence pour connaître des recours formés contre les décisions individuelles de l'Autorité des marchés financiers autres que celles relatives aux personnes et entités mentionnées au II de l'article L. 621-9 du même code. Il en va de même des actions tendant à la réparation des conséquences dommageables nées de telles décisions. En revanche, les actions mettant en cause le fonctionnement défectueux des services de l'Autorité des marchés financiers, qui est une autorité publique, relèvent de la compétence de la juridiction administrative (T. confl., 2 mai 2011, Sté Europe Finance et Industrie c. A.M.F. : *Rec.*, p. 685).

83. La Cour d'appel de Paris connaît des recours dirigés contre les décisions prises en matière de règlement des différends par l'Autorité de régulation des communications électroniques et des postes (L. 26 juil. 1996 mod. 20 mai 2005) et par la Commission de régulation de l'énergie (L. 10 févr. 2000 mod. 3 janv. 2003).

84. Réparation de dommages occasionnés par les troupes dans leurs cantonnements en temps de paix (L. 24 juil. 1873, L. 3 juil. 1877 partiellement abrogée et codifiée au Code de la défense, ord. 20 déc. 2004) ou lors de manœuvres et exercices de tir (L. 17 avr. 1901). La compétence est judiciaire.

85. Le Code du travail prévoit expressément que l'ordre judiciaire connaît d'un litige relatif à un contrat par lequel une collectivité publique gérant un service public administratif engage un artiste du spectacle en vue de sa participation à un spectacle vivant (T. confl., 17 juin 2013, Mme Olteanu c. V. Saint-Étienne, n° 3910). La jurisprudence *Berkani* (T. confl., 25 mars 1996 : *Rec.*, p. 535) ne s'applique pas dans ce cas.

86. Contentieux en matière de responsabilité pour détention provisoire (L. 17 juil. 1970) ou pour fonctionnement défectueux du service de la justice judiciaire (L. 5 juil. 1972), réparation des dommages subis par certaines victimes de préjudices corporels résultant d'une infraction (L. 3 juin 1977, L. 2 févr. 1981, L. 8 juil. 1983).

87. Contentieux du service civique (L. 10 mars 2010).

SECTION 3
RÉPARTITION JURISPRUDENTIELLE DE COMPÉTENCE

88. Lorsqu'un organisme se trouve à la frontière du droit privé et du droit public, le juge recherche s'il existe un faisceau d'indices plus important en faveur de son caractère privé ou public. Il existe quatre indices essentiels : l'origine de l'établissement, le but de l'activité qu'il poursuit, l'organisation des rapports avec l'autorité publique et l'existence de prérogatives exorbitantes.

Sous-section 1
Acte unilatéral

89. Lorsqu'un acte unilatéral est en cause, il suffit qu'une personne privée tienne une compétence de la loi, du règlement ou d'une convention pour que le litige relève de la juridiction administrative (C.E., 23 mars 1983, SA Bureau Veritas : *Rec.*, p. 134). Ceci vaut pour les personnes morales de droit privé assumant une mission de service public, en disciplinant les membres de l'activité qu'elles représentent (Éts Vezia ; Monpeurt ; Bouguen : préc.). Cette jurisprudence s'applique aux sociétés d'aménagement foncier et d'exploitation rurale, aux groupements de défense contre les ennemis des cultures (T. confl., 8 déc. 1969, SAFER de Bourgogne c. Soyer et Valla : *Rec.*,

p. 685 ; C.E., sect., 13 janv. 1961, Magnier : *Rec.*, p. 33 ; sect., 22 nov. 1974, FIFAS : *Rec.*, p. 577 ; 7 juil. 1980, Peschaud : *Rec.*, p. 510), aux fédérations sportives bénéficiaires d'une délégation des pouvoirs publics (FIFAS) et au Comité national olympique et sportif français (C.E., sect., 16 mars 1984, Moreteau : *Rec.*, p. 107).

L'application du critère de la mission de service public aboutit à une trop grande extension de la compétence du juge administratif, aussi la jurisprudence maintient la compétence judiciaire dès lors que, pour l'exercice de sa mission de service public, la personne privée ne met en œuvre aucune prérogative de puissance publique (T. confl., 25 janv. 1982, Mme Cailloux c. Consuel : *Rec.*, p. 449).

L'interprétation jurisprudentielle de principes d'essence constitutionnelle confère une compétence de principe à l'autorité judiciaire afin de protéger les libertés et le droit de propriété. Le principe de séparation des autorités justifie, quant à lui, la compétence de la juridiction judiciaire pour ce qui concerne le fonctionnement de la juridiction judiciaire.

Sous-section 2
Contrats

90. Un certain nombre de textes précisent la compétence juridictionnelle en matière de contrats ou, ce qui aboutit au même résultat, qualifient le contrat d'administratif ou de droit commun. Sont, par exemple, des contrats administratifs par détermination de la loi les marchés de travaux publics, les marchés de fournitures et de transport et les contrats portant occupation du domaine public. De même, l'article 2 de la loi du 11 décembre 2001, dite loi MURCEF, dispose que tous les contrats passés en application du Code des marchés publics sont des contrats administratifs.

Dans le silence de la loi, l'application du critère organique conduit à décider qu'un contrat entre deux personnes publiques est présumé administratif (T. confl., 21 mars 1983, UAP : *Rec.*, p. 537) et qu'à l'inverse, les relations entre deux personnes privées sont présumées de droit privé et relever de la compétence judiciaire (T. confl., 23 nov. 1992, Préf. Yonne c. Gendreau : *Rec.*, p. 493), notamment lorsqu'aucune de ces personnes privées n'est concessionnaire de service public. Il en va ainsi d'une convention conclue par une société d'économie mixte, autorisée à occuper temporairement un terrain appartenant au domaine public de l'État pour y implanter une piste de karting, avec une association, pour la mise à disposition du site et de ses équipements pendant plusieurs années. La société d'économie mixte n'étant pas concessionnaire d'un service public, le litige qui l'oppose à l'association relève de la compétence du juge judiciaire, quand bien même la convention liant ces deux personnes comportait occupation du domaine public (T. confl., 12 déc. 2005, Assoc. sportive de karting semurois c. SEM Auxois Bourgogne DAGS : *Rec.*, p. 668).

En revanche, la juridiction administrative est compétente pour connaître des litiges relatifs à l'exécution du contrat par lequel un délégataire de service public, gestionnaire d'une base nautique installée sur le domaine public, confie à une autre personne la gestion du restaurant de la base (T. confl., 12 déc. 2005, Préf. Seine-Maritime c. Trib. gr. inst. Rouen et a. : *Rec.*, p. 669).

91. Ces principes souffrent exception lorsque l'opération relève par nature du droit public (T. confl., 8 juil. 1963, Sté Entr. Peyrot : *Rec.*, p. 787 ; 4 nov. 1996, Mme Espinosa c. Sté Escota : *Rec.*, p. 553) et lorsque la personne privée agit en vertu d'un mandat, même implicite, d'une personne publique (C.E., 30 mai 1975, Sté d'équip. de la rég. montpelliéraine : *Rec.*, p. 326 ; T. confl., 7 juil. 1975, Cne Agde : *Rec.*, p. 798 ; 20 févr. 2008, CRAM Sud-Est c. Centre hosp. de Menton : *Rec.*, p. 647). La présence de personnes publiques au contrat n'empêche pas de rechercher celle de clauses exorbitantes du droit commun ou d'une mission de service public (C.E., 1er mars 2000, Cne Morestel : *Rec.*, p. 899).

Un marché passé entre un architecte, un bureau d'études techniques et une société immobilière d'économie mixte, personne morale de droit privé agissant pour son propre compte, et non pour le compte d'une personne morale de droit public, est un contrat de droit privé. Le marché litigieux n'ayant pas été passé en application du Code des marchés publics, dès lors que la société d'économie mixte n'était pas au nombre des personnes morales soumises à ce code, et, en tout état de cause, le litige relatif à ce marché avait été porté devant le juge judiciaire avant la date d'entrée en vigueur de la loi du 11 décembre 2001, les dispositions de l'article 2 de cette loi ne lui sont pas applicables. Le litige relatif à l'exécution de ce contrat relève de la compétence des juges judiciaires (T. confl., 20 févr. 2006, Duval c. Bureau d'études techniques BERIM, n° 3498).

Le litige né de la décision par laquelle Gaz de France, société commerciale exploitant un service public industriel et commercial, rejette la demande d'une commune tendant à la conclusion de contrats dits « réglementés », met en cause les droits nés des rapports entre un service public industriel et commercial et un usager. Ces rapports étant de droit privé, la juridiction administrative n'est pas compétente pour en connaître (C.E., 4 nov. 2005, V. Dijon : *Rec.*, p. 801). L'application du critère de la mission de service public aboutit à une trop grande extension de la compétence du juge administratif, aussi la jurisprudence maintient la compétence judiciaire, dès lors que, pour l'exercice de sa mission de service public, la personne privée ne met en œuvre aucune prérogative de puissance publique (T. confl., 25 janv. 1982, Mme Cailloux c. Consuel : *Rec.*, p. 449).

L'interprétation jurisprudentielle de principes d'essence constitutionnelle confère une compétence de principe à l'autorité judiciaire afin de protéger les libertés et le droit de propriété. Le principe de séparation des autorités justifie, quant à lui, la compétence de la juridiction judiciaire pour ce qui concerne le fonctionnement de la juridiction judiciaire.

Sous-section 3 Les atteintes à la liberté individuelle ou à la propriété privée

§ 1. Voie de fait

92. L'introduction du référé liberté a conduit à un important revirement de jurisprudence en matière de voie de fait.

La voie de fait est une mesure manifestement insusceptible de se rattacher à l'exercice d'un pouvoir appartenant à l'administration. L'acte ou l'opération administratif est dénaturé, ce qui justifie que l'administration perde son privilège de juridiction.

La voie de fait est constituée dans deux hypothèses : l'administration soit a procédé à l'exécution forcée, dans des conditions irrégulières, d'une décision, même régulière, portant atteinte à la liberté individuelle ou aboutissant à l'extinction d'un droit de propriété, soit a pris une décision qui a les mêmes effets d'atteinte à la liberté individuelle ou d'extinction d'un droit de propriété et qui est manifestement insusceptible d'être rattachée à un pouvoir appartenant à l'autorité administrative (T. confl., 17 juin 2013, Bergoend c. Sté ERDF Annecy Léman, n° 3911).

Pour qu'il y ait voie de fait, il faut désormais qu'il y ait atteinte à une liberté individuelle, dont le champ d'application est plus restreint que celui de liberté fondamentale, et l'atteinte à la propriété privée doit être d'une gravité telle qu'elle aboutit à l'extinction de ce droit, on se rapproche ainsi de la compétence du juge judiciaire en matière d'expropriation pour cause d'utilité publique.

Le juge judiciaire a seul compétence pour procéder à la réparation des conséquences dommageables de la voie de fait et écarter un règlement gravement illégal.

§ 2. Emprise

93. L'emprise consiste soit en la prise de possession par l'administration d'une propriété privée immobilière, soit en l'atteinte irrégulière portée à un droit réel immobilier, tel qu'une servitude de passage (T. confl., 23 avr. 2007, Mme Desdions c. Cté d'agglo. de Bourges, n° 3590). Il s'agit d'une véritable mainmise sur la propriété, privant le propriétaire de la jouissance de son immeuble. Elle entraîne l'extinction du droit de propriété, du fait de la démolition d'un immeuble ou de la destruction d'un titre de propriété, lorsque ce titre est indissociable de la situation du bien.

Dans le cas où une décision administrative porterait atteinte à la propriété privée, la juridiction administrative, compétente pour statuer sur le recours en annulation d'une telle décision et, le cas échéant, pour adresser des injonctions à l'administration, l'est également pour connaître de conclusions tendant à la réparation des conséquences dommageables de cette décision administrative. Mais seul le juge judiciaire est compétent dans le cas où une telle décision aurait pour effet l'extinction d'un droit de propriété (T. confl., 9 déc. 2013, M. et Mme Panizzon c. Cne Saint-Palais-sur-Mer : *A.J.D.A.*, 2013, p. 2519).

§ 3. Expropriation d'utilité publique

94. Le juge judiciaire est compétent pour se prononcer, en cas d'expropriation pour cause d'utilité publique, sur l'indemnité et le transfert des biens (L. 8 mars 1810, ord. 1958). Le juge judiciaire statue sur les litiges concernant l'exécution du jugement (T. confl., 14 mai 1984, Mme Aqualina : *Dr. adm.*, 1984, n° 375). En revanche, des dommages causés par l'administration qui ne sont pas la conséquence directe de l'expropriation sont réparés par le juge administratif.

§ 4. Police des étrangers

95. Si l'article 66 de la Constitution fait de l'autorité judiciaire la gardienne de la propriété privée et des libertés fondamentales, il ne lui réserve pas la connaissance ou le prononcé de toutes les mesures portant atteinte à la liberté individuelle. Le juge administratif connaît des recours dirigés contre les mesures de police administrative et les mesures d'éloignement ou de rétention des étrangers. Mais le juge judiciaire peut apprécier si une rétention administrative doit être prolongée au-delà de la durée pour laquelle l'autorité administrative a le droit de la décider et doit intervenir lorsqu'une personne tombe sous le coup d'une mesure la plaçant dans une situation assimilable à une détention (Cons. const., 28 juil. 1989, préc. ; 25 févr. 1992 : *Rec.*, p. 48). L'article 66 justifie la compétence judiciaire pour apprécier la régularité des mesures de rétention auxquelles peuvent être soumis les étrangers. Les conditions de la rétention administrative peuvent être appréciées par le juge judiciaire (Cass. civ. 2e, 28 juin 1995, Préf. rég. Midi-Pyrénées c. Bechta : *Bull. civ.*, II, n° 221 ; T. confl., 29 déc. 2004, Préfet des Deux-Sèvres : *A.J.D.A.*, 2004, p. 1011 ; Préf. police et Trib. gr. inst. Paris, préc.). Cependant, ce juge est incompétent pour adresser des injonctions à l'administration, hormis le cas de voie de fait.

§ 5. Article 136 du Code de procédure pénale

96. L'article 136, alinéas 3 et 4, du Code de procédure pénale dispose que les tribunaux judiciaires sont toujours exclusivement compétents pour statuer sur les actions civiles (en dommages et intérêts) exercées contre les fonctionnaires personnellement ou contre les collectivités publiques dont ils relèvent, en raison d'atteintes arbitraires à la liberté individuelle (arrestations arbitraires, assignations à résidence, violation de domicile). Le conflit ne peut être élevé dans ces hypothèses. L'article 136, dérogeant au principe de séparation des autorités, est d'interprétation stricte : si les tribunaux judiciaires ont seuls compétence pour déterminer le montant des indemnités, ils ne peuvent apprécier si elles sont dues. Le juge civil est incompétent pour se prononcer sur la légalité des actes administratifs qui sont à l'origine de l'atteinte à la liberté et pour interpréter les décisions individuelles (C.E., sect., 11 févr. 1972, Sté d'agglomérés et de moulages Orfila : *Rec.*, p. 129 ; T. confl., 16 nov. 1960, Clément : *Rec.*, p. 796 ; C.E., sect., 2 juil. 1965, Voskresensky : *Rec.*, p. 279).

Sous-section 4
Le service public de la justice judiciaire

§ 1. Fonctionnement du service

97. En principe, le juge judiciaire est seul compétent pour connaître des litiges relatifs au fonctionnement des services judiciaires (actes de procédure, d'instruction, de police judiciaire, instance et mesures d'exécution des jugements). Mais la juridiction administrative est compétente pour statuer sur la responsabilité de l'État du fait d'un arrêt temporaire du fonctionnement de certains tribunaux (T. confl., 27 nov. 1952, Préf. Guyane, affaire dite des officiers ministériels de Cayenne : *Rec.*, p. 642), sur la légalité d'un décret supprimant un tribunal (C.E., sect., 23 mai 1952, V. Saint-Dié : *Rec.*, p. 278) ou opérant une réforme d'ensemble des tribunaux (C.E., 19 févr. 2010, Molline et a. : *Rec.*, p. 20).

Relève de la compétence judiciaire tout ce qui se rattache à l'activité juridictionnelle des tribunaux judiciaires.

Il en va ainsi des actes juridictionnels et des actes préparatoires à ceux-ci : apposition de scellés, perquisitions et tous actes de police judiciaire (C.E., sect., 11 mai 1951, Cts Baud : *Rec.*, p. 205), décret de renvoi d'un inculpé devant une juridiction d'exception (C.E., sect., 11 mai 1962, Salan : *Rec.*, p. 317), accident mortel causé par des inspecteurs à la recherche de malfaiteurs (T. confl., 15 janv. 1968, Cts Tayeb : *Rec.*, p. 791), saisies administratives suivies de transmission au parquet à fin de poursuites pénales (C.E., sect., 10 févr. 1984, Min. Agric. c. Sté « Les Fils de

Henri Ramel : *Rec.*, p. 54), mise en mouvement de l'action publique et mesures qui en constituent le préalable (T. confl., 19 déc. 1988, Rey : *Rec.*, p. 496), coups de feu tirés par un officier de paix sur un suspect dont la faute lui a fait croire qu'il s'agissait d'un délinquant (C.E., 13 janv. 1992, Grasset : *Rec.*, p. 16) ou décision par laquelle un juge d'instruction suspend ou supprime le permis de visite qu'il avait accordé à un prévenu placé en détention provisoire (C.E., 15 avr. 2011, Garde des Sceaux, min. Justice et Libertés c. Mme Ribailly : *A.J.D.A.*, 2011, p. 1507).

Il en va ensuite ainsi des actes d'exécution des jugements rendus par les tribunaux judiciaires : décisions du chef de l'État en matière de grâce (C.E., 28 mars 1947, Gombert : *Rec.*, p. 138), mesures d'exécution des peines dont l'examen impliquerait une appréciation sur le fonctionnement des tribunaux judiciaires (C.E., sect., 18 mai 1951, D^me^ v^ve^ Moulis : *Rec.*, p. 277), exécution d'un individu condamné à mort par une cour martiale illégale, dissoute avant le prononcé du verdict, dont le jugement a ultérieurement été cassé par la Cour de cassation dans l'intérêt de la loi et du condamné (C.E., sect., 3 janv. 1958, Cts Touron : *Rec.*, p. 4), décision du juge de l'application des peines d'accorder une réduction d'une peine privative de liberté (C.E., sect., 9 nov. 1990, Théron : *Rec.*, p. 313) ou fixant la durée d'un placement sous surveillance électronique (C.E., 26 oct. 2011, Beaumont : *Rec.*, p. 838).

Il n'appartient pas à la juridiction administrative de connaître des litiges relatifs à la nature et aux limites d'une peine infligée par un juge judiciaire et dont l'exécution est poursuivie à la diligence du ministère public. Il résulte au demeurant des dispositions de l'article 710 du Code de procédure pénale que les incidents contentieux relatifs à l'exécution des peines doivent être portés devant le tribunal ou la cour qui a prononcé la sentence ou dans le ressort duquel le condamné est détenu. Un litige portant sur le calcul d'une réduction de peine n'est donc pas au nombre de ceux dont il appartient à la juridiction administrative de connaître (C.E., 23 nov. 2005, Monne : *Rec.*, p. 802).

La juridiction administrative ne peut connaître de litiges relatifs à la nature et aux limites d'une peine infligée par une juridiction judiciaire et dont l'exécution est poursuivie à la diligence du ministère public, tels l'octroi ou la révocation d'une mesure de libération conditionnelle (C.E., sect., 4 nov. 1994, Korber : *Rec.*, p. 489) ou l'octroi ou le refus d'une permission de sortir (C.E., 9 févr. 2001, Malbeau : *Rec.*, p. 54).

La compétence judiciaire n'exclut pas l'application du droit administratif (Cass. civ., 23 nov. 1956, Trésor public c. Giry : *Bull. civ.*, II, 407).

S'il n'appartient qu'aux tribunaux judiciaires de connaître d'actions mettant en cause la responsabilité pour faute de l'État du fait du fonctionnement du service public de la justice judiciaire, il appartient à la juridiction administrative, sauf dispositions législatives contraires, de connaître des actions fondées sur la responsabilité sans faute de l'État. La juridiction administrative est compétente pour connaître de l'action recherchant la responsabilité sans faute de l'État en raison du préjudice résultant d'un crime commis par un ancien détenu qui a bénéficié d'une mesure de libération avant le terme prévu par sa condamnation (C.E., 15 févr. 2006, Garde des Sceaux, min. Justice c. Cts Maurel-Audry : *Rec.*, p. 75).

Le Conseil d'État accepte également de connaître de la légalité des décrets individuels d'amnistie, en se fondant sur le critère organique (C.E., ass., 24 nov. 1961, Électricité de Strasbourg c. Schaub : *Rec.*, p. 660 ; sect., 22 nov. 1963, Dalmas de Polignac : *Rec.*, p. 565), et d'apprécier la légalité d'un arrêté du ministre de l'Intérieur fixant la liste des lieux où s'applique une interdiction de séjour (C.E., ass., 2 mars 1979, Linné : *Rec.*, p. 89).

§ 2. Organisation du service

98. Le juge administratif connaît des litiges relatifs à l'organisation des services judiciaires, œuvre du pouvoir exécutif (Préf. Guyane, préc. ; C.E., 28 juin 2002, Magiera : *Rec.*, p. 247). Si le litige porte sur l'aménagement interne des juridictions, le juge administratif est incompétent.

Relèvent du juge administratif les litiges relatifs à la nomination (C.E., ass., 27 mai 1949, Véron-Réville : *Rec.*, p. 246), ou au défaut de nomination, la révocation, l'avancement (C.E., ass., 5 nov. 1976, Lyon-Caen : *Rec.*, p. 472 ; sect., 10 mars 2006, Carre Pierrat : *Rec.*, p. 136), la notation (C.E., ass., 31 janv. 1975, Volff et Exertier : *Rec.*, pp. 70 et 74), la rémunération des magistrats, l'élection au Conseil supérieur de la magistrature (C.E., ass., 17 avr. 1953, Falco et Vidaillac : *Rec.*, p. 175), les sanctions disciplinaires prises à l'encontre des magistrats, contrôle ne s'exerçant pleinement qu'à l'égard des magistrats du siège (C.E., sect., 1er déc. 1972, Dlle Obrego : *Rec.*, p. 751 ; sect., 20 juin 2003, Stilinovic : *Rec.*, p. 258, concl. LAMY ; ass., 12 juil. 1969 ; L'Étang : *Rec.*, p. 388), ou encore à l'application du régime des primes modulables (C.E., 8 juil. 2005, de Montgolfier : *Rec.*, p. 232) ou à la réforme de la carte judiciaire (C.E., 19 févr. 2010, Molline et a. : *Rec.*, p. 20).

La juridiction administrative est également compétente pour connaître des demandes tendant à la mise en cause de la responsabilité des établissements publics hospitaliers à raison des dommages causés par leur activité médicale et des actes qui s'y rattachent. La transmission au procureur de la République des informations recueillies à l'occasion de cette activité, telle que prévue par l'article 40 du Code de procédure pénale n'a pas par elle-même pour effet d'ouvrir une des procédures relevant du service public de la justice. Il en résulte que la responsabilité d'un hôpital public à raison des dommages causés par la transmission par ce dernier à l'autorité judiciaire d'informations médicales erronées sur les risques encourus par le fils d'une requérante, qui avait, à la suite de ce signalement, été l'objet d'une mesure de placement par le juge des enfants, doit être recherchée devant le juge administratif (T. confl., 23 avr. 2007, Mme B. c. CHU de Dijon, n° 3451).

Mais relèvent exclusivement de la compétence judiciaire les actes qui se rapportent à l'aménagement interne des juridictions, telles les décisions relatives au rang des magistrats (C.E., sect., 14 févr. 1936, Darracq : *Rec.*, p. 203) ou la décision du Premier président d'une cour d'appel répartissant les juges entre les chambres et services de la juridiction (C.E., 23 juil. 2010, Synd. de la magistrature et Mme Trébucq : *Rec.*, p. 337).

§ 3. Auxiliaires de justice

99. Les mêmes règles s'appliquent aux décisions relatives à la désignation (C.E., sect., 13 juil. 1960, Jobard : *Rec.*, p. 489 ; T. confl., 2 avr. 2012, Proyart c. Ordre des avocats du barreau de Lille : *Rec.*, p. 509 : refus du bâtonnier de désigner un nouvel avocat au titre de l'aide juridictionnelle), à l'application du statut (T. confl., 2 mai 1977, Hénin et a. : *Rec.*, p. 666) et à la discipline aux auxiliaires de justice (C.E., 21 nov. 1941, Raux : *Rec.*, p. 195 ; 7 déc. 1960, Jardin : *Rec.*, p. 681 ; sect., 5 nov. 1976, Hénin et a. : *Rec.*, p. 474), qui relèvent de la compétence judiciaire. Il en va de même des conséquences de leur activité.

Relève cependant de la juridiction administrative le recours dirigé contre un acte de portée générale pris par le Conseil national des barreaux, relatif à l'organisation de la profession (T. confl., 18 juin 2001, Ordre des avocats au barreau de Tours : *Rec.*, p. 745).

Alors que la plupart des litiges relatifs à la profession d'avocat relèvent de la juridiction judiciaire, le contentieux de l'examen d'accès à la formation des avocats ressortit à compétence de la juridiction administrative. La loi du 11 février 2004 ayant modifié l'article 12 de la loi du 31 décembre 1971, le Tribunal des conflits en est revenu à la compétence de la juridiction administrative pour connaître des contestations relatives aux examens d'accès aux Centres régionaux de formation professionnelle des avocats (CRFPA) qui sont organisés par les Instituts d'études judiciaires, composantes des universités, établissements publics à caractère administratif (T. confl., 18 déc. 2006, Hellal c. université Paris 1 : *Rec.*, p. 642).

§ 4. Service pénitentiaire

100. Sont considérées comme détachables de la fonction juridictionnelle, ce qui justifie la compétence administrative, les décisions relatives à l'organisation et au fonctionnement du service pénitentiaire, que la mesure concerne les condamnés (T. confl., 22 févr. 1960, Fargeaud d'Epied : *Rec.*, p. 855 ; C.E., 5 févr. 1971, Garde des Sceaux c. D^me^ v^ve^ Picard : *Rec.*, p. 101) ou les prévenus placés en détention provisoire (C.E., ass., 27 janv. 1984, Caillol : *Rec.*, p. 28). La même solution est retenue à propos de la décision de soumettre un détenu à une fouille corporelle intégrale, alors même qu'elle est opérée à l'occasion de son extraction judiciaire sur ordre du procureur de la République (C.E., 14 nov. 2008, El Shennawy : *Rec.*, p. 417).

En revanche, si la mesure modifie les limites de la peine, elle relève du juge judiciaire (C.E., sect., 9 nov. 1990, Théron : *Rec.*, p. 313 ; 9 févr. 2001, Malbeau : *Rec.*, p. 54).

Sous-section 5
La police judiciaire

101. Les actes qui ressortissent à la police judiciaire relèvent normalement de la compétence des juridictions judiciaires.

Schématiquement, on peut affirmer que la police judiciaire est chargée de constater les infractions à la loi pénale, d'en rassembler les preuves et d'en rechercher les auteurs, tant qu'une information n'est pas ouverte, d'exécuter les délégations des juridictions d'instruction et de déférer à leurs réquisitions, lorsqu'une information est ouverte. L'opération consistant à interpeller et appréhender un individu en application de l'article 12 du Code de procédure pénale relève de l'exercice de la police judiciaire. Les litiges relatifs aux dommages que peuvent causer les fonctionnaires de police dans de telles circonstances, et sans même qu'il soit besoin de déterminer si le dommage trouve son origine dans une faute personnelle détachable du service, relèvent de la compétence des tribunaux judiciaires (T. confl., 9 juil. 1953, D[me] v[ve] Grange c. Nardon et a. : *Rec.*, p. 591 ; 7 juin 1999, Tardiff : *Rec.*, p. 454 ; 26 sept. 2005, Chauvel c. min. int., sécurité int. et libertés locales : *Rec.*, p. 802).

La mission de la police administrative est de maintenir l'ordre, la tranquillité et la salubrité publique.

La distinction entre la police judiciaire et la police administrative est délicate, car les mêmes autorités et agents peuvent les exercer et une opération peut changer de nature. Ainsi, l'interpellation par un agent de police d'un individu, en vue de vérifier son identité, est un acte de police administrative, mais l'appréhension de l'individu en vertu d'un mandat d'arrêt est un acte de police judiciaire. Le placement en garde à vue relève du juge judiciaire, de même que l'action en responsabilité dirigée contre des policiers qui se sont livrés, alors qu'ils agissaient à l'occasion de la commission d'une infraction qui leur avait été signalée, à des sévices sur l'individu suspecté d'avoir commis cette infraction (T. confl., 22 mars 2004, Stoffel : *Rec.*, p. 514 ; 17 mai 2010, Dominguez : *Rec.*, p. 693, 936).

Il y a parfois succession, voire concomitance, d'opérations de police administrative et judiciaire. Le moment où la prévention se mue en répression et le gardien de la paix en agent de police judiciaire est quasiment insaisissable (T. confl., 5 déc. 1977, D[lle] Motsch : *Rec.*, p. 671 ; 12 juin 1978, Sté Le

Profil : *Rec.*, p. 649 ; Chauvel, préc.). Afin de qualifier l'acte ou l'opération, le juge recherche l'intention dans laquelle a agi l'agent (C.E., sect., 11 mai 1951, Cts Baud : *Rec.*, p. 265 ; T. confl., 7 juin 1951, Cts Noualek : *Rec.*, p. 636).

Afin d'éviter à la victime d'avoir à intenter deux actions juridictionnelles, en cas de concomitance d'actions de police administrative et de police judiciaire, le Tribunal des conflits détermine la compétence en fonction de l'origine « essentielle » du préjudice (T. confl., 12 juin 1978, Sté Le Profil : *Rec.*, p. 649 ; 23 janv. 2006, Préf. rég. Champagne-Ardenne, n° 3494).

Sous-section 6
Les services publics industriels et commerciaux

§ 1. Principes

102. Les litiges que suscitent les services publics industriels et commerciaux, gérés dans les mêmes conditions que les entreprises ordinaires, relèvent en principe des tribunaux judiciaires.

Ce principe connaît certaines exceptions, en ce qui concerne l'organisation du service et son fonctionnement. Il est surtout fait exception au principe pour les activités qui, tels la réglementation, la police ou le contrôle, ressortissent par leur nature aux prérogatives de puissance publique (T. confl., 29 déc. 2004, Épx Blanckeman c. Voies navigables de France : *Rec.*, p. 524 ; T. confl., 16 oct. 2006, Caisse centrale de réassurance c. Mutuelle des architectes français : *Rec.*, p. 640, concl. Stahl).

La juridiction administrative connaît des litiges relatifs à la création du service, c'est-à-dire aux contrats par lesquels une personne publique charge une autre personne d'assurer l'exécution du service public (C.E., sect., 20 avr. 1956, Épx Bertin : *Rec.*, p. 167). Ces contrats sont administratifs par leur objet ; la règle s'applique, que le service soit administratif ou industriel et commercial (T. confl., 4 févr. 1974, Épx Di Vita c. Mayet : *Rec.*, p. 789). Le juge administratif connaît ainsi des actes relatifs aux contrats de concession de service public pris par les personnes publiques, y compris les actes réglementaires concernant le personnel du service (C.E., 4 déc. 1936, De Roche du Teilloy : *Rec.*, p. 1061 ; 21 déc. 1906, Synd. des propriétaires et contribuables du quartier Croix de Seguey Tivoli : *Rec.*, p. 962 ; T. confl., 7 juin 1982, Préf. Paris c. Conseil de prud'hommes Paris : *Rec.*, p. 562) et les décisions particulières prises par des autorités administratives à l'égard des dirigeants ou du personnel d'un service public industriel et commercial, même si les intéressés sont placés dans une situation de droit privé (C.E., ass., 18 avr. 1947, Jarrigion : *Rec.*, p. 148).

Mais si l'acte émane d'une personne privée, la compétence est judiciaire.

§ 2. Personnel

103. Les litiges relatifs au personnel relèvent en principe du juge judiciaire (C.E., sect., 15 déc. 1967, Level : *Rec.*, p. 501 ; T. confl., 20 mars 2006, Mme Charmot c. synd. interco. pour l'équipement du massif des Brasses : *Rec.*, p. 785 et 910), que l'agent ait été nommé par acte administratif ou non, que son contrat contienne ou non des clauses exorbitantes du droit privé et quelles que soient les fonctions exercées (10 nov. 1961, Missa : *Rec.*, p. 636).

Même dans ce cas pourtant, la compétence est administrative lorsque le règlement constitue la mise en œuvre de prérogatives de puissance publique conférées à la personne privée et si les dispositions litigieuses concernent l'organisation du service (T. confl., 15 janv. 1968, Cie Air France c.Épx Barbier : *Rec.*, p. 789 ; voy., cependant, 15 déc. 2008, Voisin c. RATP : *Rec.*, p. 563). Le principe souffre exception en ce qui concerne le comptable public et le directeur du service, quel que soit son titre (C.E., 26 janv. 1923, de Robert Lafrégeyre : *Rec.*, p. 67 ; sect., 8 mars 1957, Jalenques de Labeau : *Rec.*, p. 15). Pour ces derniers, la compétence est présumée administrative, présomption qui peut être écartée du fait du statut de l'ensemble du personnel ou de leur contrat.

§ 3. Biens

104. Les biens du service peuvent être soumis au droit public du fait de leur appartenance au domaine public (Sté Le Béton, préc. ; C.E., 14 févr. 1958, Ranchon : *Rec.*, p. 131).

§ 4. Usagers

105. Les relations des services publics industriels et commerciaux avec leurs usagers relèvent toujours du droit privé. Les litiges qu'elles suscitent ressortissent à la compétence du juge judiciaire, même si l'usager est une personne publique (C.E., 4 nov. 2005, V. Dijon : *Rec.*, p. 772).

Les contrats conclus entre le service et l'usager sont des contrats de droit commun, quelles que soient leurs clauses (C.E., sect., 13 oct. 1961, Ets Campanon-Rey : *Rec.*, p. 657 ; T. confl., 17 déc. 1962, D[me] Bertrand : *Rec.*, p. 831, concl. Chardeau). La compétence judiciaire et le droit privé prévalent même lorsqu'un candidat usager s'est vu refuser la possibilité d'utiliser le service (C.E., 20 janv. 1988, SCI La Colline : *Rec.*, p. 21).

Les litiges relatifs au fonctionnement du service ressortissent à la compétence judiciaire, qu'ils soient contractuels (Éts Companon-Rey, préc.) ou extracontractuels, même si un ouvrage public ou des travaux publics ont joué un rôle dans la réalisation du dommage (T. confl., 17 oct. 1966, D^me^ v^ve^ Canasse c. SNCF : *Rec.*, p. 834), à l'exception de certains litiges avec les usagers et les tiers.

L'usager ou le candidat usager peut former un recours pour excès de pouvoir contre les actes détachables du contrat et contre les clauses réglementaires contenues dans celui-ci (C.E., ass., 10 juil. 1996, Cayzeele : *Rec.*, p. 274).

Le juge judiciaire connaît des litiges opposant un service public industriel et commercial aux usagers du service, tel celui relatif au paiement du « prix » réclamé à ces derniers. La compétence est judiciaire pour connaître du contentieux relatif aux redevances, faisant l'objet d'états exécutoires recouvrés par le Trésor public, réclamées par un syndicat intercommunal en charge de la gestion d'un réseau de distribution d'eau aux fins d'irrigation, qui constitue un service public industriel et commercial (T. confl., 16 oct. 2006, Monteil c. synd. interco. d'études, de travaux et de gestion d'irrigation du canton de Montignac : *Rec.*, p. 637).

Un service d'enlèvement des ordures ménagères qu'une collectivité territoriale décide de financer par une redevance calculée en fonction de l'importance du service rendu, en application de l'article L. 2333-76 du Code général des collectivités territoriales, est un service public industriel et commercial et les litiges relatifs au paiement de cette redevance ressortissent à la compétence de la juridiction judiciaire. La circonstance qu'une telle redevance soit contestée par le moyen d'une mise en cause de la légalité d'une délibération réglementaire qui l'a instituée ne doit pas conduire le juge judiciaire à décliner sa compétence, mais à poser une question préjudicielle en présence d'une difficulté sérieuse (T. confl., 16 oct. 2006, SA Camping les Grosses Pierres c. cté de cnes de l'île d'Oléron : *Rec.*, p. 637).

La gestion et l'exploitation des abattoirs municipaux présentent le caractère d'un service industriel et commercial. Le litige relatif à la réparation des préjudices matériels et commerciaux dont se prévaut un usager de ce service, même s'il est par ailleurs titulaire d'une convention d'occupation du domaine public, ressortit à la compétence des juridictions de l'ordre judiciaire, les liens existant entre les services publics industriels et commerciaux et leurs usagers étant des liens de droit privé (T. confl., 14 févr. 2005, SA Maison de Domingo : *Rec.*, p. 649).

Ne fait pas obstacle à la compétence judiciaire « la circonstance que le montant des redevances à la charge des bénéficiaires ne représenterait qu'une faible partie du coût du service » (T. confl., 21 mars 2005, Mme Alberti-Scott c. Cne Tournefort : *Rec.*, p. 651).

§ 5. Tiers

106. Les relations des services publics industriels et commerciaux avec les tiers, et en particulier la responsabilité extracontractuelle qu'ils peuvent encourir à leur égard, sont régis par le droit privé et relèvent de la compétence du juge judiciaire (T. confl., 11 juil. 1933, D^me^ Mélinette : *Rec.*, p. 1237, concl. Rouchon-Mazerat ; 19 janv. 1998, Union fr. de l'Express c. La Poste : *Rec.*, p. 434).

Relèvent du juge administratif les litiges avec les tiers, nés, par exemple, des contrats avec les fournisseurs, qui sont administratifs si les critères habituels sont réunis, et les actions en responsabilité, lorsque le dommage causé au tiers trouve son origine dans un ouvrage ou un travail public. La compétence est judiciaire si la victime avait l'intention d'utiliser le service lui-même, elle est administrative si la victime entendait utiliser non le service, mais l'ouvrage public (C.E., 6 mars 1966, Min. Trav. publ. c. Latu : *Rec.*, p. 198 ; T. confl., 13 déc. 1976, Épx Zaoui : *Rec.*, p. 706). La compétence judiciaire est admise à propos des faits d'exploitation du service public industriel et commercial qui ont causé aux tiers des dommages dans lesquels l'ouvrage public n'a joué qu'un rôle indirect et limité (C.E., 21 mai 1954, SNCF : *Rec.*, p. 293). Le juge judiciaire considère comme un fait d'exploitation celui où l'ouvrage public a joué un rôle actif dans la réalisation du dommage, celui qui est étranger au fonctionnement normal de l'ouvrage, qui correspond à une faute, intellectuellement ou matériellement détachable de l'ouvrage. Relèvent, en revanche, de la compétence administrative les dommages causés par des négligences ou imprudences inséparables de la conception de l'ouvrage ou inséparables par leur nature même des conditions d'exécution d'un travail public ou des conditions de fonctionnement d'un ouvrage public. Le Conseil d'État est compétent pour connaître des dommages résultant du mauvais fonctionnement d'un ouvrage, qu'il soit ou non la conséquence d'une faute du personnel chargé de le faire fonctionner (C.E., sect., 25 avr. 1958, D^me^ v^ve^ Barbaza : *Rec.*, p. 228).

§ 6. Établissements publics

107. De façon générale, lorsqu'un établissement public tient de la loi la qualité d'établissement industriel et commercial, les contrats conclus pour les besoins de ses activités relèvent de la compétence de la juridiction judiciaire (Caisse centrale de réassurance c. Mutuelle des architectes français, préc.).

Le juge judiciaire est compétent pour connaître des litiges nés de l'activité d'un établissement public qualifié par la loi d'industriel et commercial, à l'exception de ceux relatifs à celles de ses activités qui, telles que la réglementation, la police ou le contrôle, ressortissent par leur nature de prérogatives de puissance publique. Il est donc, en principe, compétent pour connaître des litiges nés de l'activité de Voies navigables de France, établissement public qualifié d'industriel et commercial par la loi. Il l'est notamment pour connaître des litiges nés de l'activité d'exploitation et d'entretien des voies navigables, dès lors que cette dernière ne ressortit pas à des prérogatives de puissance publique. Ainsi, et alors même que le dommage est imputable à un travail ou un ouvrage public, le juge judiciaire est compétent pour connaître des actions indemnitaires engagées par des usagers du service de navigation de cet établissement (T. confl., 24 juin 1954, D^me^ Galland : *Rec.*, p. 717 ; Épx Blanckeman, préc. ; 12 déc. 2005, EURL Croisières lorraines « La Bergamote » c. Voies navigables de France : *Rec.*, p. 670).

La qualification d'établissement public industriel et commercial s'impose en principe. Néanmoins, le juge s'octroie la faculté de renverser cette présomption, en dissociant la nature de l'établissement public et celle de tout ou partie des services gérés par cet établissement.

Des difficultés surgissent dans le cas des établissements publics à visage inversé, comme le FORMA (T. confl., 24 juin 1968, Sté Distilleries bretonnes : *Rec.*, p. 801) ou des établissements publics mutants, telle la Caisse nationale des marchés de l'État (C.E., ass., 29 janv. 1965, L'Herbier : *Rec.*, p. 60).

Les deux compétences juridictionnelles coexistent parfois. Tel est le cas des services publics « à double visage », comme les ports autonomes, qui ont pour fonction la police du port et la mise à la disposition des usagers de matériels, donc une activité publique et une activité privée (C.E., sect., 17 avr. 1959, Abadie : *Rec.*, p. 239 ; T. confl., 11 juin 1972, Spathis c. Port autonome Bordeaux : *Rec.*, p. 950), ou l'Office national de la navigation, l'Office national interprofessionnel des céréales (T. confl., 10 janv. 1983, ONIC : *R.D.P.*, 1984, 1082), l'Office national des forêts (T. confl., 9 juin 1986, Cne Kintzheim : *Rec.*, p. 565), les aéroports (T. confl., 15 mars 1999, Mme Pristupa, n° 3027).

Chapitre 2

Le Tribunal des conflits

1 L'organisation paritaire du Tribunal des conflits ... 88
2 Le conflit positif d'attribution ... 91
3 Le conflit négatif et les procédures de renvoi ... 97
4 Les conflits au fond ... 101

108. Le Tribunal des conflits règle les désaccords entre les deux ordres de juridiction. Il est le remède aux divergences d'interprétation de la règle de séparation des autorités. La conception du conflit est concentrée sur les questions de compétence.

L'ordonnance du 1er juin 1828 détermine pour la première fois avec précision dans quels cas et selon quelles modalités les conflits peuvent être élevés. L'article 89 de la Constitution du 4 novembre 1848 institue un Tribunal des conflits composé de membres des deux hautes juridictions, mis en place par la loi organique du 3 mars 1849. Un règlement d'administration publique du 26 octobre 1849 fixe les règles applicables aux conflits négatifs et la loi du 4 février 1850 pose les règles de procédure. Supprimé par le décret organique du 25 février 1852 qui rend au chef de l'État le droit de régler les conflits, le Tribunal des conflits est rétabli par la loi du 24 mai 1872, qui maintient en vigueur les textes de 1828 et 1849. Le chef de l'État se trouvait dessaisi de la justice retenue et il fallait un arbitre pour départager les deux ordres de juridiction.

Il existe deux sortes de conflits, le conflit de compétence ou d'attribution, ou conflit positif, qui survient lorsque l'ordre judiciaire se veut compétent pour juger un litige intéressant l'administration, et le conflit négatif, qui se produit lorsque les deux ordres déclinent leur compétence pour connaître d'un même litige. Le Tribunal des conflits règle aussi certains conflits de décisions.

SECTION 1
L'ORGANISATION PARITAIRE DU TRIBUNAL DES CONFLITS

109. Le Tribunal des conflits est organisé et fonctionne de façon strictement paritaire, sa mission rendant cette parité indispensable.

Sous-section 1
La composition du Tribunal

110. Le Tribunal des conflits comprend neuf membres titulaires – le garde des Sceaux, qui le préside, et huit membres élus : trois conseillers d'État et trois conseillers à la Cour de cassation élus par leurs pairs pour trois ans, auxquels s'ajoutent un conseiller d'État et un conseiller à la Cour de cassation, élus par les sept précédents – et deux suppléants. Les membres sont indéfiniment rééligibles.

Le ministère public est composé de deux commissaires du gouvernement titulaires et de deux suppléants, maîtres des requêtes au Conseil d'État et avocats généraux près la Cour de cassation, nommés par décret au début de chaque année judiciaire.

Le ministre de la Justice ne préside le plus souvent que lors des élections triennales et pour vider un partage (on dénombre onze cas de partages depuis 1872). Cependant, il peut toujours assister aux séances.

Le vice-président, issu alternativement de chaque ordre, est élu par les membres au scrutin secret.

À compter d'une date fixée par décret en Conseil d'État et au plus tard du 1er janvier 2015, le Tribunal des conflits comprendra deux formations : la formation ordinaire, formation de droit commun, et la formation élargie, appelée à siéger lorsque les membres de la formation ordinaire n'auront pu se départager afin d'adopter une solution.

La formation ordinaire comprendra huit membres : quatre conseillers d'État en service ordinaire élus par l'assemblée générale du Conseil d'État et quatre magistrats du siège hors hiérarchie de la Cour de cassation élus par les magistrats du siège hors hiérarchie de la Cour de cassation pour trois ans, auxquels s'ajouteront deux suppléants élus, l'un par l'assemblée générale du Conseil d'État parmi les conseillers d'État en service ordinaire et les maîtres des requêtes, l'autre par l'assemblée générale des magistrats du siège de la Cour de cassation élus parmi les conseillers hors hiérarchie et référendaires.

Les membres seront rééligibles deux fois.

Lorsqu'un membre titulaire ou suppléant cessera définitivement d'exercer ses fonctions, il sera procédé à son remplacement jusqu'à la fin du mandat en cours. Le remplaçant sera élu dans les mêmes conditions que la personne qu'il remplacera.

Le garde des Sceaux ne présidera plus le Tribunal des conflits.

Les huit membres titulaires choisiront parmi eux un président, issu alternativement de chaque ordre, élu au scrutin secret à la majorité des voix. Ce président sera élu pour trois ans.

En cas d'empêchement provisoire du président, le Tribunal sera présidé par le membre le plus ancien appartenant au même ordre de juridiction.

En cas de cessation définitive des fonctions du président, le Tribunal, complété dans les conditions indiquées ci-dessus, un nouveau président sera élu, parmi les membres du même ordre que celui auquel appartenait le précédent président, pour la durée du mandat restant à courir.

Le ministère public sera composé de quatre rapporteurs publics, deux membres du Conseil d'État, élus par l'assemblée générale du Conseil d'État parmi les rapporteurs publics et deux membres du parquet général de la Cour de cassation, élus pour trois ans par l'assemblée générale des magistrats hors hiérarchie du parquet général parmi eux.

Ils seront rééligibles deux fois.

La formation élargie du Tribunal des conflits sera composée, outre des membres de la formation ordinaire, de deux conseillers d'État en service ordinaire et de deux magistrats du siège hors hiérarchie de la Cour de cassation élus dans les mêmes conditions et en même temps que les membres de la formation ordinaire.

Les nouvelles modalités de désignation entreront en vigueur au premier renouvellement des membres du Tribunal des conflits suivant l'entrée en vigueur de la loi future. Jusqu'à ce renouvellement, le vice-président précédemment élu exercera les fonctions de président.

Les règles de suppléance seront applicables.

Le président du Tribunal des conflits formera, conjointement avec le membre le plus ancien appartenant à l'autre ordre de juridiction, une formation de jugement qui pourra statuer par voie d'ordonnance, dans les cas prévus par décret en Conseil d'État, lorsque la solution de la question soumise au Tribunal s'imposera avec évidence.

Sous-section 2
Le fonctionnement du Tribunal

111. Le Tribunal des conflits siège au Palais royal. Sa méthode de travail est très proche de celle du Conseil d'État. Il statue sur le rapport écrit de l'un de ses membres, un conseiller d'État et un conseiller à la Cour de cassation alternativement.

Les requêtes déposées au greffe (celui du Conseil d'État) sont confiées à un rapporteur pris alternativement parmi les conseillers d'État et les conseillers à la Cour de cassation. Le rapport écrit est transmis au commissaire du gouvernement, qui n'appartient pas au même ordre de juridiction que le rapporteur.

Le *quorum* est de cinq membres. Dans les faits, les huit titulaires siègent le plus souvent. Le vice-président dirige les débats ; il n'a pas voix prépondérante. Les avocats inscrits dans l'affaire peuvent développer, en des observations orales, les arguments contenus dans leur mémoire. Le commissaire du gouvernement rend des conclusions orales. La délibération a lieu à huis clos.

Les jugements portent le nom de décisions et sont lus en audience publique. Ils bénéficient d'une totale autorité de la chose jugée, y compris dans leurs motifs qui en sont le soutien nécessaire et ne sont passibles d'aucun recours, sauf en rectification. Lorsqu'une décision du Tribunal des conflits est entachée d'une erreur matérielle, la partie intéressée peut introduire devant le Tribunal un recours en rectification de cette erreur, hors le cas où elle est elle-même à l'origine de l'erreur qu'elle entend dénoncer (T. confl., 13 oct. 2014, Ets Lamoine, n° 3975). L'expédition des décisions est faite au seul garde des Sceaux, chargé d'en assurer la diffusion et l'exécution.

En formation ordinaire, le Tribunal ne pourra délibérer que si cinq membres au moins sont présents.

En formation élargie, il ne pourra siéger que si tous les membres sont présents ou suppléés.

Le président dirigera les débats, qui ont lieu en audience publique après une instruction contradictoire. Les avocats inscrits dans l'affaire peuvent développer, en des observations orales, les arguments contenus dans leur mémoire. Le rapporteur public rend des conclusions orales, par lesquelles il expose publiquement et en toute indépendance son opinion sur les questions que présentent à juger les affaires. La délibération a lieu à huis clos. La loi future rappelle que le délibéré des juges est secret.

SECTION 2
LE CONFLIT POSITIF D'ATTRIBUTION

112. En théorie, il y a conflit lorsqu'une juridiction veut juger un litige qui ressortit normalement à la compétence de l'autre ordre. En pratique, aucune procédure de règlement de conflit n'existe lorsque l'ordre administratif s'apprête à empiéter sur la compétence judiciaire. Le conflit de compétence se restreint à l'hypothèse où l'autorité judiciaire se dit compétente, en méconnaissance de la règle de séparation. Cette procédure est au service de l'interdiction faite aux juges judiciaires de troubler les opérations des corps administratifs.

Il y a conflit positif d'attribution lorsqu'un tribunal judiciaire affirme sa compétence, en empiétant sur la frontière que constitue la règle de séparation et sur la compétence des juridictions administratives. Ce mécanisme sert quelquefois à protéger le droit pour l'Exécutif à faire échapper au juge judiciaire la connaissance d'actes placés hors de tout contentieux, ou actes de gouvernement (T. confl., 2 févr. 1950, Radiodiffusion française : *Rec.*, p. 652).

Pouvoir est donné au préfet de veiller au respect de la règle de séparation et de saisir le Tribunal des conflits. Le préfet territorialement compétent est celui dans le département duquel siège le tribunal judiciaire primitivement saisi de l'affaire. Sont également compétents, pour leurs attributions matérielles, les préfets de police, maritimes ou de défense (T. confl., 19 avr. 1982, Préf. Gironde c. Conseil des prud'hommes de Limoges : *Rec.*, p. 537). Lorsqu'il est informé de l'affaire, par l'agent public poursuivi pour faute ou par l'administration, le préfet s'efforce de dessaisir l'autorité judiciaire. Il élève le conflit par arrêté.

Le refus du préfet de saisir le parquet général d'un déclinatoire de compétence n'est pas détachable de la procédure judiciaire à laquelle elle se rapporte ; il n'appartient donc pas à la juridiction administrative d'en connaître (C.E., 20 avr. 2005, Régie dptale des transports de l'Ain : *Rec.*, p. 150).

Le conflit peut être élevé devant toutes les juridictions judiciaires, le procureur près le tribunal de grande instance pouvant exercer le ministère public devant toutes les juridictions de premier degré établies dans son ressort.

Sous-section 1
L'impossibilité d'élever le conflit

113. Le conflit ne peut être élevé à tout moment ni en toute matière.

§ 1. À cause du moment

114. La procédure d'élévation du conflit est inapplicable devant la Cour de cassation. Elle brisera en principe d'elle-même la décision déférée pour incompétence du juge judiciaire. En revanche, le conflit peut être élevé après cassation, devant le juge de renvoi (T. confl., 12 déc. 1942, Sté méditerranéenne de combustibles : *Rec.*, p. 1943, p. 320). Il n'est pas nécessaire de présenter un nouveau déclinatoire de compétence devant la cour de renvoi, si un précédent déclinatoire l'a été devant la première cour d'appel (T. confl., 12 oct. 1992, Préf. Essonne : *Rec.*, p. 489).

Pour que le conflit puisse être élevé, un procès doit être en cours. Avant toute instance, il ne saurait y avoir empiétement. Après une décision juridictionnelle, on se heurte au principe de l'autorité de la chose jugée (T. confl., 5 déc. 1983, Préf. Gironde c. Conseil des prud'hommes de Bordeaux : *Rec.*, p. 841). Le conflit peut être élevé tant que le tribunal judiciaire n'a pas statué au fond et peut l'être « en tout état de la procédure, aussi longtemps que l'autorité judiciaire ne s'est pas prononcée sur la compétence par un jugement ou un arrêt devenu définitif » (T. confl., 25 oct. 1937, Cts du Terrail : *Rec.*, p. 115 ; 15 janv. 1990, Chamboulive : *Rec.*, p. 386).

Le Tribunal des conflits prononce un non-lieu à statuer lorsqu'un ordre s'est définitivement reconnu compétent (T. confl., 18 oct. 2010, Cne Draveil, n° 3762).

Le conflit est possible si le déclinatoire intervient au cours du délibéré judiciaire, ou si c'est pour une cause non imputable à l'administration que le déclinatoire, remis à temps, n'a pas été effectivement reçu par le tribunal avant sa décision (T. confl., 2 avr. 1973, Préf. Paris c. Épx Chapoulaud : *Rec.*, p. 846 ; 4 juil. 1983, Préf. Co. Rép. Haute-Corse c. Cour de Bastia : *Rec.*, p. 540). Le conflit peut être élevé en cause d'appel s'il ne l'a pas été ou l'a été irrégulièrement en première instance.

Un jugement devenu définitif ne met pas toujours fin à la possibilité pour le préfet d'élever le conflit lorsqu'une autre personne est en cause (T. confl., 18 févr. 2013, Sté Locam, n° 3894, l'État n'ayant pas été régulièrement représenté dans l'instance judiciaire, l'arrêt de la cour d'appel n'est pas revêtu à son égard de l'autorité de chose jugée).

§ 2. À cause de la matière

115. Le conflit ne peut en principe être élevé ni en matière criminelle ni en matière de police correctionnelle, dans les instances intéressant la liberté du citoyen. La liberté individuelle étant en cause, il faut éviter tout incident de procédure retardant le cours de l'affaire. L'article 1er de l'ordonnance du 1er juin 1828 interdit formellement le conflit en matière criminelle. La jurisprudence a interprété ce texte comme prohibant le conflit sur tout ce qui concerne l'exercice de l'action publique : poursuite et répression de faits qualifiés crimes par la loi, mais non sur l'action civile qui peut être jointe à l'action publique. L'article 2 de l'ordonnance ne permet le conflit en matière de police correctionnelle que dans deux hypothèses : lorsqu'il s'agit d'un délit dont la répression est attribuée à l'autorité administrative par une loi ou lorsque le jugement à rendre dépend d'une question préjudicielle. Toutefois, il ne peut y avoir question préjudicielle sur le point de savoir si une faute a été commise, que l'inculpé ait agi ou non dans le cadre d'une mission de service public, et sur sa qualification pénale. Le conflit est impossible sur l'action publique. De plus, le conflit, en tant qu'il vise l'action civile, ne peut être élevé devant une juridiction d'instruction (T. confl., 6 oct. 1989, Préf. rég. PACA, Préf. Bouches-du-Rhône c. Mme Laplace : *Rec.*, p. 295).

L'article 136 du Code de procédure pénale énumère les cas où le conflit ne peut jamais être élevé, même dans les instances civiles dirigées contre l'administration ou ses agents, la liberté individuelle étant en jeu. Les juges judiciaires sont toujours compétents sur ces actions ; cependant, les juridictions civiles ne peuvent apprécier la légalité d'actes administratifs ni interpréter les décisions individuelles. Il y a alors lieu à question préjudicielle devant le juge administratif. En principe, le conflit est impossible devant les tribunaux répressifs, mais le Tribunal des conflits a pourtant considéré que l'article 136, qui édicte une dérogation, est d'interprétation stricte. En conséquence, les tribunaux judiciaires sont compétents pour statuer au fond sur toute action tendant à la réparation de dommages causés par les faits visés à cet article, que l'action soit dirigée contre les agents publics qui se sont rendus coupables de telles infractions, ou contre une personne morale de droit public. En revanche, ils sont incompétents pour se prononcer sur la légalité d'actes administratifs et pour interpréter les décisions administratives individuelles. Il y a lieu, dans ce cas, à question préjudicielle, sauf s'il y a voie de fait. La décision *Préfet de police* de 1997, indiquant que les instances civiles visées par l'article 136 sont représentées par les actions en dommages et intérêts exercés par les victimes d'atteintes à la liberté individuelle, fondées sur l'illégalité des mesures dommageables, peut être interprétée comme abandonnant la jurisprudence *Clément*. De deux choses l'une, si cette jurisprudence continue à s'appliquer, la juridiction judiciaire est incompétente pour apprécier la légalité de la mesure, mais elle peut évaluer le préjudice et condamner à réparation ; si cette jurisprudence est abandonnée, la juridiction judiciaire est compétente en toute hypothèse.

La loi future dispose que le conflit d'attribution ne pourra être élevé en matière pénale et qu'il pourra être élevé en toute autre matière, sauf sur l'action civile dans les cas mentionnés à l'article 136 du Code de procédure pénale.

Sous-section 2
La procédure de conflit

116. Le tribunal judiciaire doit avoir manifesté sa volonté de juger le procès, bien que l'administration lui ait signalé son incompétence en vertu de la règle de séparation. Le préfet va créer, puis, le cas échéant, élever le conflit.

L'article 13 de la loi du 24 mai 1872 issu de la loi future dispose que, lorsque le préfet estime que la connaissance d'un litige ou d'une question préjudicielle portée devant une juridiction de l'ordre judiciaire relève de la compétence de la juridiction administrative, il peut, alors même que l'administration ne serait pas en cause, demander à la juridiction saisie de décliner sa compétence.

§ 1. La phase de création du conflit

117. Le préfet adresse au procureur de la République un déclinatoire de compétence, mémoire dans lequel il affirme l'incompétence des juridictions judiciaires en indiquant les textes sur lesquels il se fonde (la plupart du temps, la loi des 16-24 août 1790 et le décret du 16 fructidor de l'an III), et demande à la juridiction judiciaire de statuer sur la question de compétence par un jugement séparé. Le déclinatoire doit viser formellement les textes utiles, mais non obligatoirement la disposition législative attribuant compétence au juge administratif. Il n'a pas à indiquer devant quelle juridiction il demande que l'affaire soit portée (T. confl., 7 juin 1982, Préf. Pas-de-Calais c. Trib. gr. inst. Boulogne-sur-Mer : *Rec.*, p. 457 ; T. confl., 28 mai 1979, Synd. d'aménagement de la ville nouvelle de Cergy-Pontoise : *Rec.*, p. 860 ; Chamboulive, préc.).

Le déclinatoire transmis au tribunal par le ministère public oblige la juridiction judiciaire à réexaminer sa compétence par un jugement portant exclusivement sur cette question. Soit la juridiction décline sa compétence, il n'y a pas de conflit ; soit elle affirme sa compétence, créant le conflit positif d'attribution. Le rejet du déclinatoire doit être notifié au préfet dans les cinq jours qui suivent le prononcé du jugement. Dans ce délai, le procureur doit envoyer au préfet, par lettre recommandée, copie du jugement et de ses réquisitions. Ce délai n'est pas assorti de sanction.

A. La phase d'élévation du conflit

118. Tant que le déclinatoire de compétence n'a pas été rejeté par la juridiction judiciaire, le préfet ne peut élever le conflit (T. confl., 23 juin 2003, Préf. Essonne c. Paris : *Rec.*, p. 966).

À la réception du jugement rejetant son déclinatoire, le préfet dispose d'un délai de quinze jours pour élever le conflit. Passé ce délai, le tribunal judiciaire peut juger l'affaire au fond. Si le point de départ du délai est incertain, l'avis de la Poste ne mentionnant pas la date de réception des pièces par le préfet, la recevabilité de l'arrêté est admise, même si le délai était expiré depuis un jour (T. confl., 12 oct. 1992, Synd. CGT d'EDF : *Rec.*, p. 490).

Pour élever le conflit, le préfet prend un arrêté de conflit, déposé ou envoyé par télécopie au greffe du tribunal, qui le transmet au procureur de la République, qui le transmet, à son tour, au président du tribunal et au tribunal réuni en chambre du conseil.

Par l'arrêté, le préfet somme le tribunal judiciaire de surseoir à statuer jusqu'à la décision du Tribunal des conflits. Si le tribunal judiciaire passe outre et tranche l'affaire au fond, son jugement sera déclaré nul et non avenu par le Tribunal des conflits. Le rejet de l'exception d'incompétence est assimilé à un rejet implicite du déclinatoire de compétence et admet en conséquence la recevabilité de l'arrêté de conflit (T. confl., 28 avr. 1980, Préf. Seine-Saint-Denis c. Président Trib. gr. inst. Bobigny SCIF Résidence des Perriers : *A.J.D.A.*, 1980, p. 607). L'irrégularité de la décision judiciaire n'affecte pas la recevabilité de l'arrêté de conflit.

Sous-section 3
Le jugement du conflit

119. Le Tribunal des conflits ne juge que la question de compétence. Il décide seulement si l'affaire était ou non de la compétence des juridictions judiciaires. Il juge aussi l'arrêté de conflit du préfet. Il doit donc s'assurer de la régularité de la procédure de conflit et vérifier si l'arrêté de conflit a bien été pris dans le délai légal (T. confl., 10 janv. 1983, Co. Rép. Picardie c. Amiens : *Rec.*, p. 536). Le jugement est précédé d'une instruction contradictoire, avec intervention éventuelle d'un avocat aux Conseils.

§ 1. La procédure

120. Après que le tribunal judiciaire en a reçu communication, l'arrêté de conflit, accompagné des pièces, revient au greffe où il reste quinze jours afin que les parties, prévenues par le procureur, puissent en prendre communication et remettre au parquet, dans ce même délai de quinze jours, leurs observations sur la question de compétence, avec tous documents à l'appui. Le procureur informe le garde des Sceaux de l'accomplissement de ces formalités et lui transmet l'arrêté du préfet, ses propres observations et celles des parties, s'il y a lieu, avec toutes pièces jointes. Ces documents sont immédiatement enregistrés au secrétariat du Tribunal des conflits. Les arrêtés et pièces sont communiqués, dans les cinq jours de leur arrivée, au ministre dans les attributions duquel se trouve placé le service auquel se rapporte le conflit, qui dispose de quinze jours pour fournir des observations et documents et restituer les pièces au Tribunal. Le rapporteur dépose son rapport au secrétariat dans les vingt jours suivant la rentrée des pièces. Les avocats des parties peuvent être autorisés à prendre connaissance des pièces au secrétariat.

Un commissaire du gouvernement prononce des conclusions au cours d'une séance publique. Le jugement, délibéré à huis clos, doit être rendu dans les trois mois à compter du jour de la saisine du Tribunal des conflits.

En droit, le tribunal judiciaire peut juger l'affaire au fond s'il n'a pas reçu notification de la décision dans le mois suivant l'expiration du délai imparti au Tribunal des conflits pour se prononcer. En fait, il attend la décision, car, s'il statue avant le Tribunal des conflits, celui-ci tiendra son jugement pour nul et non avenu.

§ 2. La décision du Tribunal des conflits

121. Trois sortes de décisions peuvent être prises.

L'arrêté de conflit est déclaré irrecevable, pour vice de forme ou tardiveté (Co. Rép. Picardie : préc.).

L'arrêté de conflit est confirmé. L'autorité judiciaire est dessaisie de la connaissance du litige (les parties reprendront éventuellement le procès devant la juridiction administrative, qui ne s'en trouve jamais directement saisie).

L'arrêté de conflit est annulé. Le juge judiciaire reprend le cours du procès. Aucune nouvelle procédure de conflit n'est possible dans la même affaire.

Le Tribunal des conflits ne détermine en aucun cas la juridiction compétente à l'intérieur de l'ordre qu'il désigne. Il a, exceptionnellement, désigné le Conseil constitutionnel ou prononcé un non-lieu (T. confl., 20 nov. 1961, Sté grainetière marocaine : *Rec.*, p. 879).

Le conflit positif a traditionnellement constitué la principale fonction du Tribunal des conflits ; ce n'est plus aujourd'hui qu'un de ses titres d'intervention parmi d'autres.

SECTION 3
LE CONFLIT NÉGATIF ET LES PROCÉDURES DE RENVOI

122. L'autorité administrative et l'autorité judiciaire se sont respectivement déclarées incompétentes sur la même question (D. 26 oct. 1849). Or l'un des ordres est compétent. Le justiciable ne doit pas être privé de l'accès au juge à raison d'une lecture contradictoire des règles de répartition des compétences contentieuses. Le Tribunal des conflits résout ces litiges sur requête de l'un des plaideurs, présentée, sans condition de délai (T. confl., 1er juil. 2002, Le Coat c. CPAM Val-d'Oise, n° 3299), par le ministère d'un avocat aux Conseils. Le Tribunal des conflits, saisi des deux décisions, annulera celle qui a été prononcée à tort.

Sous-section 1
La double déclaration d'incompétence

123. L'existence du conflit négatif est subordonnée à la réunion de trois conditions.

- Le même procès doit avoir été successivement déféré aux deux ordres. La double déclaration d'incompétence doit être relative à la même question à juger ou au même litige, ou encore à la même demande, ce qui signifie qu'il doit y avoir identité d'objet, de cause et de parties. Quand il le peut, le Tribunal des conflits ne s'arrête pas à la présentation formelle des litiges et retient uniquement la réalité contentieuse. Il considère qu'il y a identité de parties alors que les actions successives de la victime d'un dommage sont dirigées l'une contre l'agent qui l'a causé, l'autre contre la personne publique qui emploie cet agent. De même, lorsque la juridiction judiciaire a statué sur une demande tendant à voir ordonner une mesure d'instruction avant tout procès sur la responsabilité susceptible d'être encourue par un médecin anesthésiste et la juridiction administrative sur des conclusions tendant à faire déclarer responsable l'administration générale de l'Assistance publique à raison des fautes lourdes qui auraient été commises par ce médecin (T. confl., 5 juin 1972, D^{me} Saillard : *Rec.*, p. 948 ; 7 mars 1994, Damez : *Rec.*, p. 593 ; 19 févr. 1990, Hervé : *Rec.*, p. 390).

- Un tribunal de chaque ordre doit s'être déclaré incompétent au profit de l'autre ordre de juridiction (T. confl., 26 oct. 1987, Sté mutuelle du bâtiment et des trav. publ. : *Rec.*, p. 455).
- L'un des deux jugements d'incompétence doit être considéré comme non fondé. Il n'y a pas conflit négatif si la compétence n'appartient ni au juge administratif ni au juge judiciaire, mais, par exemple, au Conseil constitutionnel (T. confl., 19 févr. 1990, Préf. Corse du Sud c. Wallez : *Rec.*, p. 44).

Le mécanisme du conflit négatif oblige le plaideur à épuiser les voies de recours internes aux deux ordres de juridiction. Aussi le décret du 25 juillet 1960 a-t-il instauré une procédure de prévention des conflits négatifs. Le conflit négatif se produit encore s'il y a persistance dans l'affirmation d'incompétence de la part du second ordre saisi ou si, au sein du premier ordre saisi, la juridiction d'appel ou de cassation persiste dans l'affirmation d'incompétence en dépit du fait que le deuxième ordre saisi a décidé de même dans l'intervalle. Dans ces hypothèses, le décret de 1960 est méconnu. Tant qu'il existe au sein du premier ordre saisi une voie de recours permettant de remédier à l'éventuelle opposition négative de compétence créée par l'ordre saisi en second, il est impossible de recourir au Tribunal des conflits. L'article 34 du décret de 1849 ne permet au second ordre saisi de créer opposition négative de compétence que si la déclaration d'incompétence de la juridiction du premier ordre saisie est encore, au sein de celui-ci, susceptible de recours au moment où lui-même statue. Le conflit négatif se rencontre donc encore (T. confl., 24 nov. 1997, SA De Castro c. Bourcy et Sole : *Rec.*, p. 540).

En application de l'article 12, 3°, de la loi du 24 mai 1872 issu de la loi future, toute juridiction de l'un ou l'autre ordre pourra renvoyer au Tribunal des conflits une question de compétence soulevée dans un litige. Cette faculté ne sera plus réservée au Conseil d'État et à la Cour de cassation. Cette solution favorisera en amont la prévention d'un conflit et, partant, évitera tout retard dans le traitement du fond d'un litige.

Sous-section 2
Les procédures de renvoi

124. Le Tribunal des conflits est saisi alors qu'il n'y a pas encore conflit au sens traditionnel du terme. Il intervient à la demande d'une juridiction pour régler une difficulté sérieuse de compétence.

§ 1. Le renvoi facultatif

125. Lorsque le Conseil d'État statuant au contentieux, la Cour de cassation ou toute autre juridiction statuant souverainement et échappant ainsi au contrôle tant du Conseil d'État que de la Cour de cassation, est saisi d'un litige qui présente à juger, soit sur l'action introduite, soit sur une exception, une question de compétence soulevant une difficulté sérieuse et mettant en jeu la séparation des autorités administratives et judiciaires, la juridiction saisie peut, par décision ou arrêt motivé qui n'est susceptible d'aucun recours, renvoyer au Tribunal des conflits le soin de décider sur cette question de compétence (D. 26 oct. 1849, art. 35).

Cette faculté est réservée aux juridictions suprêmes, qui interviennent de façon unilatérale et facultative, épargnant ainsi au plaideur plusieurs stades de la procédure.

§ 2. Le renvoi obligatoire

126. Lorsqu'une juridiction de l'ordre judiciaire ou de l'ordre administratif a, par une décision qui n'est plus susceptible de recours, décliné la compétence de l'ordre de juridiction auquel elle appartient au motif que le litige ne ressortit pas à cet ordre, toute juridiction de l'autre ordre, saisie du même litige, si elle estime que ledit litige ressortit à l'ordre de juridiction primitivement saisi, doit par un jugement motivé qui n'est susceptible d'aucun recours même en cassation, renvoyer au Tribunal des conflits le soin de décider sur la question de compétence ainsi soulevée et surseoir à toute procédure jusqu'à la décision de ce tribunal (D. 26 oct. 1849, art. 34).

Ces dispositions supposent qu'un premier ordre a été saisi et a décliné sa compétence par une décision devenue définitive ou qui n'est plus susceptible que d'un pourvoi en cassation. À défaut, le Tribunal des conflits prononce un non-lieu en l'état (T. confl., 22 mars 2004, Deshayes c. CH spécialisé de la Sarthe : *Rec.*, p. 515 ; 27 juin 1966, D^{me} Périou c. D^{me} Bouvet : *Rec.*, p. 832). Le second ordre saisi doit soit retenir sa compétence, soit, s'il persiste à penser que le premier ordre saisi s'est à tort déclaré incompétent, renvoyer le problème au Tribunal des conflits. Il ne peut se déclarer incompétent à son tour et créer de ce fait un conflit négatif.

Le renvoi s'effectue par décision motivée. Le tribunal saisi en second lieu attend la décision du Tribunal des conflits. Cette prévention n'est permise qu'autant qu'il n'existe plus, au sein du premier ordre saisi, de voies de recours permettant de remédier à un jugement d'incompétence (T. confl., 9 juin 1986, Gres : *R.D.P.*, 1987, 1684).

§ 3. La portée et les effets des décisions de renvoi

127. Qu'il s'agisse du renvoi obligatoire ou du renvoi facultatif, une expédition du jugement, de la décision ou de l'arrêt prononçant le renvoi est adressée par le secrétaire ou le greffier de la juridiction saisie au secrétaire du Tribunal des conflits avec l'ensemble des pièces de la procédure dans les huit jours du prononcé du jugement, de la décision ou de l'arrêt. Les parties sont en même temps avisées, par lettre recommandée avec demande d'avis de réception, de cette transmission, qui saisit le Tribunal des conflits (D. 1849, art. 37).

La décision de renvoi doit être motivée afin de faciliter la compréhension de l'affaire par le Tribunal des conflits et l'éclairer sur les raisons qui pousseraient à admettre l'incompétence de la juridiction de renvoi. Elle est insusceptible de recours. Il est sursis à toute procédure jusqu'à la décision du Tribunal des conflits.

§ 4. La portée et les effets de la décision du Tribunal des conflits

128. En vertu de l'article 36 du décret de 1849, le Tribunal des conflits peut :

- déclarer le renvoi irrecevable, si les conditions posées par le décret ne sont pas remplies ;
- décider un non-lieu à statuer : par exemple, lorsque le demandeur s'est désisté de son action devant la juridiction de renvoi, lorsque le jugement déclinant la compétence était frappé d'appel et a été à tort qualifié de définitif, lorsqu'il y a eu arrangement amiable ou lorsque le requérant a obtenu satisfaction sur le fond (T. confl., 27 juil. 1966, Sté La Mutuelle gén. fr. accident c. Sté entr. Monin : *Rec.*, p. 831 ; 20 janv. 1986, Jicquel c. Ansquer : *Rec.*, p. 681 ; 29 juin 1987, Ponzevera : *Rec.*, p. 887) ;
- estimer que la juridiction qui a prononcé le renvoi était compétente. Il lui renvoie l'affaire ;
- estimer que la juridiction qui a ordonné le renvoi n'était pas compétente. Il déclare nuls et non avenus tous les jugements et actes de procédure intervenus devant les juridictions de l'ordre auquel appartient cette juridiction, à l'exception de la décision de renvoi, et tout jugement d'incompétence qui aurait été rendu dans le même litige par une juridiction de l'autre ordre et dont la coexistence avec la décision du Tribunal des conflits donnerait lieu, à défaut de cette annulation, à un conflit négatif. En général, le Tribunal des conflits se borne à déclarer quel est l'ordre compétent, mais il précise parfois la juridiction compétente à l'intérieur de celui-ci. Lorsqu'il statue dans une hypothèse de

renvoi obligatoire, sa décision admettant le bien-fondé de la décision d'incompétence de la juridiction qui l'a saisi fait naître une contradiction entre la solution de compétence qu'il dégage et la déclaration d'incompétence formulée par la juridiction initialement saisie. C'est pourquoi il doit, dans la même décision et, au besoin, d'office, déclarer nul et non avenu le jugement de la juridiction qui a décliné à tort sa compétence, et lui renvoyer l'examen du litige.

La décision du Tribunal des conflits s'impose à toutes les juridictions et à l'administration active. Le conflit d'attribution ne peut plus être élevé à propos du même litige, en application du principe de la chose jugée.

SECTION 4

LES CONFLITS AU FOND

129. Le Conseil d'État et la Cour de cassation, placés à la tête des deux ordres de juridiction, sont souverains et peuvent statuer sans se préoccuper des positions prises par l'autre. Chacun interprète comme il l'entend les règles juridiques, notamment la règle de séparation. Cette situation peut aboutir à des dénis de justice.

Ainsi, dans l'affaire *Rosay*, qui a donné lieu à la première décision rendue au titre de la loi du 20 avril 1932 (T. confl., 8 mai 1933 : *Rec.*, p. 1236). Blessé au cours d'une collision entre un véhicule privé dont il était passager et un véhicule militaire, Rosay fut successivement débouté de son action en réparation par les deux ordres de juridiction, chacun d'eux estimant responsable de l'accident le conducteur qu'il ne pouvait condamner en raison de la séparation des autorités. Chaque tribunal avait statué au fond, sans dénier sa compétence. Il n'y a pas conflit négatif, mais déni de justice : chaque ordre reconnaît le droit à réparation, mais refuse de l'engager sur son terrain.

La loi du 20 avril 1932 confère au Tribunal des conflits le rôle de juge du fond, afin de remédier à l'inconvénient des dénis de justice. Elle ouvre un recours devant le Tribunal des conflits contre les décisions définitives rendues par les tribunaux judiciaires et les tribunaux administratifs, lorsqu'elles présentent une contradiction aboutissant à un déni de justice. Le Tribunal des conflits ne peut statuer que sur recours des parties.

Les conditions de la saisine sont rigoureuses. La requête doit être présentée dans les deux mois du jour où la dernière en date des deux décisions contradictoires n'est plus susceptible de recours (T. confl., 21 déc. 1987, SCI Le Milano c. Sté des eaux de Marseille : *Rec.*, p. 878). Le ministère d'un avocat aux Conseils est obligatoire.

Les décisions contestées doivent émaner des deux ordres.

Ces deux décisions contraires doivent être définitives, c'est-à-dire ne plus être susceptibles d'appel. Elles ne doivent pas obligatoirement avoir été rendues en dernier ressort. Les voies de recours n'ont pas à être épuisées devant les deux ordres de juridiction (T.C., 16 juin 2014, SCI Lou c/ Sté Total Caraïbes SA, Cne du Lamentin, n° 3941).

Les deux décisions doivent être relatives au même objet, bien que les litiges qui les ont provoquées soient distincts. Il n'y a pas déni de justice s'il n'y a que contrariété partielle de motifs entre les deux décisions juridictionnelles. Dans l'affaire *Rosay*, il y a identité d'objet (demandes en dommages et intérêts), mais les litiges sont distincts, les défendeurs et les moyens invoqués devant les deux ordres diffèrent.

La contrariété de décisions doit conduire à un déni de justice, expression ici utilisée hors de son acception ordinaire. Les deux solutions doivent constituer les deux termes d'une alternative et, par suite, s'exclure mutuellement. Chaque ordre renvoie à l'autre le soin de satisfaire le droit du plaideur. La contrariété fait obstacle à la satisfaction d'un droit également reconnu (T. confl., 14 févr. 2000, Ratinet : *Rec.*, p. 750 ; 4 nov. 1985, Bouché c. État : *Rec.*, p. 408 ; 19 déc. 1988, Mme Noël : *Rec.*, p. 495).

La contrariété entre les deux jugements doit être relative au fond. En cas de jugements d'incompétence, il y a conflit négatif. Pour apprécier ce point, le Tribunal des conflits s'attache au sens du jugement, et non au libellé de son dispositif, et rectifie parfois la qualification donnée par le juge en déclarant jugement sur le fond un jugement présenté comme portant sur la compétence.

Ainsi, le Tribunal a-t-il admis qu'il y a conflit négatif lorsque, du rapprochement d'une décision d'incompétence et d'une décision au fond, résulte une contrariété, bien qu'en principe, les dispositions de l'article 1er de la loi du 30 avril 1932 ne trouvent pas à s'appliquer lorsqu'un des deux ordres se borne à décliner sa compétence (T. confl., 6 juil. 2009, B. c. Apeilor, n° 3692).

Le déni de justice peut résulter d'appréciations inconciliables portant sur des questions de fait (Rosay), ou du caractère inconciliable des doctrines jurisprudentielles des deux ordres, de la qualification juridique des faits (T. confl., 14 janv. 1980, Falanga : *Rec.*, p. 503 ; 8 juil. 1944, Massein : *Rec.*, p. 336 ; 12 déc. 1955, Thomasson : *Rec.*, p. 626).

Cette condition n'est pas reprise par l'article 15 de la loi du 24 mai 1872 relative au Tribunal des conflits, issu de la loi future.

Les solutions adoptées par les deux ordres doivent s'exclure et ne laisser place à aucune autre solution. La contrariété de décisions peut ne pas conduire à un déni de justice. Toute responsabilité peut être exclue parce que l'accident est dû à la force majeure ou à la faute de la victime (T. confl., 12 déc. 1942, D^me^ Derouineau : *Rec.*, p. 1943, p. 321). Une personne ne saurait se prévaloir d'un déni de justice au sens de la loi de 1932 que si elle est mise dans l'impossibilité d'obtenir une satisfaction à laquelle elle a droit.

Au fond, le Tribunal des conflits juge souverainement, avec les pouvoirs les plus étendus, et connaît de toutes les questions posées. Il peut reprendre l'affaire dans tous ses éléments et fournir la solution la plus appropriée, comme un juge d'appel. Il peut procéder à des constatations différentes de celles des premiers juges. Il est libre de la décision et des conséquences à en tirer. Ses décisions sont souveraines et insusceptibles de recours, quel qu'il soit ; elles ont l'autorité de la chose jugée.

On dénombre une quarantaine de saisines du Tribunal des conflits par an. Les plus fréquentes sont des saisines sur renvoi ; suivent, loin derrière, les conflits positifs, puis les conflits négatifs et, enfin, ceux de la loi de 1932.

L'article 16 de la loi du 24 mai 1872 issu de la loi future donne compétence au seul Tribunal des conflits pour connaître d'une action en indemnisation du préjudice découlant d'une durée totale excessive des procédures afférentes à un même litige et conduites entre les mêmes parties devant les juridictions des deux ordres en raison des règles de compétence applicables et, le cas échéant, devant lui.

Chapitre 3

Les renvois et questions préjudiciels

1 La notion de la question préjudicielle 106

2 La pratique des renvois préjudiciels 109

3 Les conséquences de la question préjudicielle 115

130. La pratique des renvois et des questions préjudiciels sont des incidents de procédure, dont la solution implique une collaboration entre les deux ordres de juridiction. Ils ralentissent le cours du procès, ce pourquoi les juridictions freinent leur multiplication. Ces deux impératifs doivent être conciliés. En principe, les pouvoirs du juge judiciaire statuant en matière non répressive sont plus limités que ceux du juge judiciaire statuant en matière répressive, car, dans ce dernier cas, prévaut le principe selon lequel le juge de l'action est juge de l'exception.

Rappelons qu'en principe, l'autorité de la chose jugée au pénal ne s'impose aux autorités et juridictions administratives qu'en ce qui concerne les constatations de fait que les juges répressifs ont retenues et qui sont le support nécessaire de leurs décisions. Il en est autrement lorsque la légalité d'une décision administrative est subordonnée à la condition que les faits qui servent de fondement à cette décision constituent une infraction pénale. Dans cette hypothèse, l'autorité de la chose jugée s'étend exceptionnellement à la qualification juridique donnée aux faits par le juge pénal (C.E., 10 oct. 2012, SARL Le Madison : *Rec.*, p. 757).

SECTION 1

LA NOTION DE LA QUESTION PRÉJUDICIELLE

131. Il y a question préjudicielle au cours d'un procès lorsqu'un juge du fond saisi d'un litige rencontre une difficulté sérieuse qui commande l'issue du procès et relève d'un autre ordre de juridiction.

Il importe de distinguer la question préjudicielle de la question préalable. Ces deux types de questions doivent être résolus préalablement à l'examen du litige, afin de permettre de lui apporter une solution. Mais la connaissance de la question préalable appartient au juge saisi au principal, qui doit la résoudre avant d'examiner l'affaire au fond. En revanche, la réponse à la question préjudicielle appartient à une autre juridiction que celle saisie de l'affaire au fond.

Deux grands principes s'affrontent en une telle occurrence : celui selon lequel le juge de l'action est juge de l'exception et celui de la séparation entre autorités juridictionnelles.

En droit privé prévaut le principe selon lequel « le juge de l'action est juge de l'exception ». Ce principe s'efface cependant lorsque la question préjudicielle se pose à propos de deux ordres de juridiction différents. Le principe de séparation des pouvoirs devrait contraindre le juge judiciaire à renvoyer au juge administratif la résolution de la question préjudicielle, à moins que l'acte administratif en cause ne soulève aucune difficulté.

De même, lorsque la juridiction administrative se trouve confrontée à une question de droit privé soulevant une difficulté sérieuse, il la considère comme préjudicielle et la renvoie au juge judiciaire, que le requérant saisira (C.E., 4 juil. 1980, Zemma : *Rec.*, p. 299 : état des personnes; 20 janv. 1988, Sogapex : *Rev. fr. dr. admin.*, 1988, p. 727 : interprétation d'un contrat de travail).

Ces règles ont reçu exception. Le Tribunal des conflits a rappelé, dans sa décision *SCEA du Chéneau et a.* (T. confl., 17 oct. 2011 : *GAJA*, 19e éd., n° 117), « qu'en vertu du principe de séparation des autorités administratives et judiciaires [...] il n'appartient qu'à la juridiction administrative de connaître des recours tendant à l'annulation ou à la réformation des décisions prises par l'administration dans l'exercice de ses prérogatives de puissance publique ; que, de même, le juge administratif est en principe seul compétent pour statuer, le cas échéant par voie de question préjudicielle, sur toute contestation de la légalité de telles décisions, soulevée à l'occasion d'un litige relevant à titre principal de l'autorité judiciaire ;

[...] que les dispositions de l'article 55 de la Constitution conférant aux traités, dans les conditions qu'elles définissent, une autorité supérieure à celles des lois ne prescrivent ni n'impliquent aucune dérogation aux principes, rappelés ci-dessus, régissant la répartition des compétences entre ces juridictions, lorsqu'est en cause la légalité d'une disposition réglementaire, alors même que la contestation porterait sur la compatibilité d'une telle disposition avec les engagements internationaux ;

[...] toutefois, [...] que ces principes doivent être conciliés tant avec l'exigence de bonne administration de la justice qu'avec les principes généraux qui gouvernent le fonctionnement des juridictions, en vertu desquels tout justiciable a droit à ce que sa demande soit jugée dans un délai raisonnable ; qu'il suit de là que si, en cas de contestation sérieuse portant sur la légalité d'un acte administratif, les tribunaux de l'ordre judiciaire statuant en matière civile doivent surseoir à statuer jusqu'à ce que la question préjudicielle de la légalité de cet acte soit tranchée par la juridiction administrative, il en va autrement lorsqu'il apparaît manifestement, au vu d'une jurisprudence établie, que la contestation peut être accueillie par le juge saisi au principal ;

[...] que, s'agissant du cas particulier du droit de l'Union européenne, [...] il résulte du principe d'effectivité [...] que le juge national chargé d'appliquer le droit de l'Union a l'obligation d'en assurer le plein effet en laissant au besoin inappliquée, de sa propre autorité, toute disposition contraire ; [...] qu'à cet effet, il doit pouvoir, en cas de difficulté d'interprétation de ces normes, en saisir lui-même la Cour de justice à titre préjudiciel ou, lorsqu'il s'estime en état de le faire, appliquer le droit de l'Union, sans être tenu de saisir au préalable la juridiction administrative d'une question préjudicielle, dans le cas où serait en cause devant lui, à titre incident, la conformité d'un acte administratif au droit de l'Union européenne [...] ».

S'emparant de la jurisprudence *SCEA du Chéneau*, le Conseil d'État a décidé qu'il appartient au juge administratif d'accueillir la contestation d'un acte de droit privé, si le bien-fondé de cette contestation apparaît manifeste au vu d'une jurisprudence établie (C.E., sect., 23 mars 2012, Féd. Sud Santé Sociaux : *Rec.*, p. 102, concl. LANDAIS ; absence en l'espèce de « jurisprudence établie »). Le juge administratif tient compte des exigences d'une bonne administration de la justice et des principes généraux gouvernant le fonctionnement des juridictions. Le juge saisi au principal peut se saisir immédiatement de l'affaire, sans renvoi, s'il apparaît qu'il peut mettre en œuvre une jurisprudence établie. Cette faculté se transforme en obligation s'il apparaît que le principe d'effectivité du droit communautaire est en jeu.

La Cour de cassation a fait de même (Cass., 1re civ., 24 avr. 2013, n° 12-18.180) et statué elle-même sur le degré de gravité de l'irrégularité entachant un contrat administratif, en application de la jurisprudence *Béziers I* (voy. *infra*).

Sous-section 1
La saisine d'une juridiction du fond

132. Une question préjudicielle ne se pose en principe que devant le juge du fond d'un litige. Le juge de cassation, face à une telle question, doit annuler la décision qui lui est déférée et renvoyer aux juges du fond, qui décideront le renvoi préjudiciel (C.E., sect., 26 juin 1964, SA de l'industrie textile : *Rec.*, p. 360).

Cependant, le juge de cassation doit opérer le renvoi préjudiciel devant la CJUE s'il s'agit d'interpréter les traités institutifs et les actes pris pour leur application, ou d'en apprécier la validité (C.E., sect., 26 juin 1964, SA de l'industrie textile : *Rec.*, p. 360 ; sect., 10 juil. 1970, Synd. nat. du commerce extérieur des céréales : *Rec.*, p. 477).

Sous-section 2
L'existence d'une difficulté sérieuse

133. Une réelle question doit se poser. L'existence d'une question préjudicielle suppose celle d'une réelle difficulté, soulevée par les parties ou par le juge de son propre chef (T. confl., 8 déc. 1969, SAFER de Bourgogne c. Épx Soyer et Valla : *Rec.*, p. 685). Si l'acte est clair, il ne saurait y avoir question préjudicielle. L'interprétation doit avoir un rôle déterminant pour la solution du procès (C.E., 17 janv. 2007, Banque fédérative du Crédit mutuel, n° 262967).

Sous-section 3
La question commandant l'issue du procès

134. La question à résoudre doit préjuger la solution au fond. Cette exigence se comprend aisément.

Ceci conduit le juge, lorsqu'un seul des moyens invoqués peut donner lieu à une question préjudicielle, à statuer d'abord sur les autres moyens. La question préjudicielle ne sera soulevée que si ces autres moyens ne permettent pas de trancher le litige.

Il n'y a pas lieu à renvoi préjudiciel au cas où est invoqué devant le juge administratif un acte de droit privé frauduleux. En effet, ces actes sont inopposables à l'administration, sous le contrôle du juge de l'excès de pouvoir. Peu importe donc que la juridiction judiciaire ne se soit pas prononcée sur leur validité (C.E., 10 juin 2013, Min. Int., Outre-mer, Coll. terr. et Immigration, n° 358835).

Sous-section 4
La question relevant d'un autre ordre de juridiction

135. La question doit relever, pour l'ordre administratif, de l'ordre judiciaire ou communautaire. Il n'y a pas question préjudicielle à l'intérieur du même ordre de juridiction.

L'appréciation de la légalité des actes administratifs ne relève jamais de la compétence du juge civil, qu'il s'agisse d'un règlement ou d'un acte individuel (T. confl., 12 janv. 1985, Préf. Pays de la Loire, n° 2365 : décision administrative relative à l'organisation d'une élection professionnelle ; Cass. civ., 27 févr. 1995 : *J.C.P.*, 1995, II, 22442 : appréciation de la légalité d'un acte administratif afin de fixer une indemnité d'expropriation).

SECTION 2
LA PRATIQUE DES RENVOIS PRÉJUDICIELS

136. Il est possible de dresser une liste des principales questions qui relèvent, pour certaines d'entre elles, du juge administratif, et, pour les autres, du juge judiciaire.

Sous-section 1
Les renvois préjudiciels devant le juge judiciaire

137. Ils portent essentiellement sur la nationalité des personnes physiques ou morales (C.E., ass., 4 févr. 1966, Godek : *Rec.*, p. 79 ; 25 mars 1994, Gueye : *Rec.*, p. 160), la propriété (C.E., ass., 11 mai 1959, Dauphin : *Rec.*, p. 294 ; 16 nov. 1960, Cne du Bugue : *Rec.*, p. 627 ; 27 févr. 1995, Chapelle : *Rec.*, p. 107), l'expropriation (C.E., 28 oct. 1994, Pouilhes : *Rec.*, p. 474 ; 25 mai 1998, Lefevre c. Dpt Bouches-du-Rhône : *Rec.*, p. 538), L'interprétation d'actes de droit privé, tels que, pour des cas fréquents, des arrêtés ministériels étendant une convention collective (C.E., sect., 4 mars 1960, Sté Le peignage de Reims : *Rec.*, p. 168), des conventions ou accords professionnels (C.E., sect., 19 févr. 1982, Féd. parisienne du bâtiment et des activités annexes : *Rec.*, p. 78), la légalité des autorisations administratives de licenciement (C.E., 9 mai 1981, Min. Travail c. Hertel et SA Sodeteg : *A.J.D.A.*, 1981, p. 374 ; 21 mai 2008, Sormar : *Rec.*, p. 652), des brevets d'invention (C.E., sect., 1er avr. 1960, Cts Lecallenec : *Rec.*, p. 252) ou la délibération de l'assemblée générale d'une société coopérative (T. confl., 20 nov. 1961, Assoc. synd. de reconstruction de Saint-Nazaire c. Acremann : *Rec.*, p. 874), ainsi que le droit des personnes, les successions, les questions d'électorat, la validité de perquisitions ou les saisies liées à une instance répressive.

L'appréciation de la légalité d'un contrat administratif relève en principe du seul juge administratif (T. confl., 16 mars 1998, SAHLM Carpi : *R.D.P.*, 1999, p. 249 ; 7 juin 1998, Préf. Essonne : *Dr. soc.*, 1999, p. 762).

Dans un litige dont il est saisi au principal, le juge judiciaire doit surseoir à statuer et saisir la juridiction administrative d'une question préjudicielle si la légalité d'un acte administratif est contestée par voie d'exception (T. confl., 16 juin 1923, Septfonds : *Rec.*, p. 498 ; SCEA du Chéneau, préc.). L'arrêt *SCEA du Chéneau* indique clairement que l'article 55 de la Constitution n'induit aucune modification dans la répartition des compétences juridictionnelles lorsque la légalité des actes réglementaires est remise en cause à titre incident devant le juge civil, au regard d'une norme internationale. Il condamne ainsi la solution retenue par la Cour de cassation dans sa décision *France Télécom c. Communication Média Service* (6 mai 1996, *Bull. civ.*, IV, n° 125). L'arrêt consacre la plénitude de juridiction du juge civil pour exercer un contrôle de légalité des actes réglementaires par la voie de l'exception au regard du droit communautaire, chaque juge ayant l'obligation d'assurer l'effectivité du droit communautaire. Il admet qu'il n'y a pas lieu de poser une question préjudicielle au juge administratif lorsqu'il apparaît manifestement, au vu d'une jurisprudence établie, que la contestation peut être accueillie par le juge saisi du principal.

Par son arrêt *Société Green Yellow c. EDF* (12 déc. 2011 : *Rec.*, p. 705), le Tribunal des conflits a précisé la notion de « jurisprudence établie ».

Celle-ci recouvre les cas dans lesquels la jurisprudence administrative est suffisamment engagée et fixée pour que son application par le juge civil conduise sans difficulté au constat de la légalité ou de l'illégalité de l'acte administratif querellé. En l'espèce, il s'agissait de la jurisprudence *Société du journal* L'Aurore (préc.).

Sous-section 2
Les renvois préjudiciels devant le juge administratif

138. Les juridictions répressives échappent à l'obligation de renvoi préjudiciel (C. pén., art. 111-5).

Les autres juridictions judiciaires peuvent interpréter les actes réglementaires, mais pas les décisions individuelles ou non réglementaires, ni apprécier la légalité des actes administratifs, sauf en cas de voie de fait (T. confl., 30 oct. 1947, Barinstein : *Rec.*, p. 511). Ces principes valent pour les contrats (T. confl., 6 janv. 1975, Office français des techniques modernes d'éducation : *Rec.*, p. 791).

Les questions préjudicielles concernent principalement le domaine public, qui relève de la compétence exclusive du juge administratif (C.E., sect., 17 mars 1967, Ranchon : *Rec.*, p. 131 ; sect., 29 janv. 1990, Cts Marquassuzaa : *Rec.*, p. 188 ; sect., 26 juil. 1991, Cts Lecuyer : *Rec.*, p. 306) et la responsabilité administrative, particulièrement les définitions des notions d'accident non dépourvu de tout lien avec le service (C.E., 28 févr. 1969, Perico : *Rec.*, p. 126), d'exercice des fonctions (C.E., sect., 5 nov. 1976, Min. Armées c. Cie d'ass. la Prévoyance et Sté des Laboratoires Bertier-Derol : *Rec.*, p. 476) ou de faute personnelle (C.E., sect., 28 oct. 1960, Grima : *Rec.*, p. 577).

Le Conseil d'État a fait application « en miroir » de la jurisprudence *SCEA du Chéneau* en affirmant qu'il appartient au juge administratif d'accueillir la contestation d'un acte de droit privé, si le bien-fondé de cette contestation apparaît manifeste au vu d'une jurisprudence établie (2012, Féd. Sud Santé Sociaux, préc., à propos de la validité d'un arrêté d'extension ou de l'agrément d'une convention ou d'un accord collectif). Il rappelle le principe selon lequel lorsqu'une contestation sérieuse s'élève sur la validité d'un accord collectif ou l'interprétation de ses clauses, la juridiction administrative, compétemment saisie d'un recours pour excès de pouvoir dirigé contre l'arrêté ministériel d'extension est, eu égard au caractère de contrat de droit privé que présente l'avenant, tenue de renvoyer devant l'autorité judiciaire l'examen de cette question préjudicielle jusqu'à ce que celle-ci se soit prononcée sur la question dont il s'agit (C.E., sect., 4 mars 1960, SA Le Peignage de Reims : *Rec.*, p. 168). Il apporte ensuite au principe deux exceptions, renvoyant à l'exigence d'une bonne administration de la justice et aux principes généraux qui gouvernent le fonctionnement des juridictions. Tout d'abord, le juge administratif, saisi au principal, a la faculté de se prononcer et même d'accueillir la contestation s'il apparaît manifestement qu'il peut le faire au vu d'une jurisprudence établie. Ensuite, cette faculté se transforme en obligation eu égard au principe d'effectivité du droit communautaire.

Le Conseil d'État s'était déjà reconnu compétent pour examiner les vices propres dont serait entaché un arrêté étendant une convention collective (C.E., sect., 30 avr. 2003, Synd. prof. des exploitants indép. des réseaux d'eau et d'assainissement : *Rec.*, p. 189).

S'agissant des accords collectifs dont le législateur a subordonné l'entrée en vigueur à l'intervention préalable d'un arrêté ministériel d'extension, le juge administratif, saisi d'un recours pour excès de pouvoir dirigé contre cet arrêté, a plénitude de juridiction pour se prononcer sur la validité ou l'interprétation de l'accord ainsi étendu. Le juge administratif est dans ce cas toujours compétent eu égard à la nature particulière d'un tel accord qui intervient pour permettre l'application de la loi. Le Conseil d'État contrôle la validité des clauses de l'accord étendu.

Sous-section 3
La question prioritaire de constitutionnalité (Q.P.C.)

139. Lorsqu'à l'occasion d'une instance en cours devant une juridiction, il est soutenu qu'une disposition législative porte atteinte aux droits et libertés que la Constitution garantit, le Conseil constitutionnel peut être saisi de cette question sur renvoi du Conseil d'État ou de la Cour de cassation qui se prononce dans un délai déterminé (Const., art. 61-1). Ce dispositif est limité aux droits et libertés garantis par la Constitution. La loi organique du 10 décembre 2009 en précise les modalités d'application. La question doit être posée par le juge ordinaire lorsque les conditions requises sont réunies, avant l'examen de toute question au fond.

Un mémoire distinct est nécessaire (C.E., 9 avr. 2010, Matelly : *A.J.D.A.*, 2010, p. 763).

Si la question est posée devant un tribunal administratif ou une cour administrative d'appel, cette juridiction apprécie si les conditions requises pour la transmission sont réunies. Elle doit transmettre la question si trois conditions sont réunies : la disposition contestée est applicable au litige, elle n'a pas déjà été déclarée conforme à la Constitution par le Conseil constitutionnel, sauf changement de circonstances, elle n'est pas dépourvue de caractère sérieux.

Le requérant dont le juge du fond a rejeté la question prioritaire de constitutionnalité (Q.P.C.) est recevable à présenter une nouvelle Q.P.C.

devant le juge de cassation, à condition qu'il la fonde sur d'autres moyens (C.E., 17 juil. 2012, M. et Mme Rodriguez : *Rec.*, p. 959).

Le Conseil d'État joue le rôle de filtre supplémentaire et décide de renvoyer ou non la question au Conseil constitutionnel. Une fois la question transmise, le Conseil d'État dispose de trois mois pour se prononcer sur le renvoi au Conseil constitutionnel. À défaut, la question est transmise automatiquement à ce dernier.

Le Conseil d'État examine la question dans la limite des dispositions législatives dont la conformité à la Constitution a fait l'objet de la transmission (C.E., 26 nov. 2010, Cachard : *Rec.*, p. 952). Il est saisi de l'ensemble des motifs d'inconstitutionnalité invoqués dans le mémoire produit à l'encontre des dispositions législatives en question (C.E., 26 juil. 2011, Zaman : *Rec.*, p. 1123).

Si la question est posée devant le Conseil d'État, les deux premières conditions sont les mêmes, mais pas la troisième : il y a lieu à renvoi si la question est nouvelle ou présente un caractère sérieux.

Doit impérativement être regardée comme nouvelle toute question conduisant à l'interprétation d'une disposition constitutionnelle dont le Conseil constitutionnel n'a pas encore eu l'occasion de faire application. Mais une Q.P.C. ne peut être nouvelle au seul motif que les dispositions législatives contestées n'ont pas déjà été examinées par le Conseil constitutionnel (Cons. const., 3 déc. 2009, n° 2009-595 DC, LO relative à l'application de l'art. 61-1 de la Const. : *Rec.*, p. 206).

Aucun délai ne s'impose au Conseil d'État pour statuer sur la contestation du refus de transmission d'une Q.P.C. (C.E., 17 oct. 2012, Sté Parimall Ulis2 : *Rec.*, p. 964).

Lorsque le Conseil constitutionnel, après avoir abrogé une disposition inconstitutionnelle, use du pouvoir que lui confèrent les dispositions de l'article 61-1 de la Constitution, soit de déterminer lui-même les conditions et limites dans lesquelles les effets que la disposition a produits sont susceptibles d'être remis en cause, soit de décider que le législateur aura à prévoir une application aux instances en cours des dispositions qu'il aura prises pour remédier à l'inconstitutionnalité constatée, il appartient au juge, saisi d'un litige relatif aux effets produits par la disposition déclarée inconstitutionnelle, de les remettre en cause en écartant, pour la solution de ce litige, le cas échéant d'office, cette disposition, dans les conditions et limites fixées par le Conseil constitutionnel ou le législateur (C.E., ass., 13 mai 2011, Mme M'Rida : *Rec.*, p. 211). La circonstance que le Conseil constitutionnel déclare, postérieurement à une décision du Conseil d'État écartant l'application d'une loi pour inconventionalité, ces dispositions contraires à la Constitution et renvoie au législateur la détermination des conditions et limites de la remise en cause des effets passés de ces dispositions ne conduit pas le juge de cassation à remettre en cause cet arrêt (C.E., 20 juin 2012, Mme Ouarie : *Rec.*, p. 950).

La modification ou l'abrogation ultérieure d'une disposition n'ôte pas son effet utile à la procédure et ne saurait faire obstacle par elle-même à la transmission d'une Q.P.C. (Cons. const., 23 juil. 2010, 2010-16 Q.P.C. : *Rec.*, p. 164).

Dans l'hypothèse où le Conseil constitutionnel userait de son pouvoir de déterminer lui-même les conditions et limites dans lesquelles les effets que la disposition a produits sont remis en cause, le juge du litige a le devoir de ne pas faire application de la disposition déclarée inconstitutionnelle, en l'absence de décision de justice irrévocable (C.E., 26 juil. 2011, Cie agric. de la Crau : *Rec.*, p. 1124).

Les juridictions administratives et judiciaires, à qui incombe le contrôle de la compatibilité des lois avec le droit de l'Union européenne ou les engagements internationaux de la France, peuvent déclarer que les dispositions législatives incompatibles avec le droit de l'Union ou ces engagements sont inapplicables au litige qu'elles ont à trancher. Il appartient au juge du litige, s'il n'a pas fait droit à l'ensemble des conclusions du requérant en tirant les conséquences d'une déclaration d'inconstitutionnalité d'une disposition législative prononcée par le Conseil constitutionnel, d'examiner, dans l'hypothèse où un moyen en ce sens serait soulevé devant lui, s'il doit, pour statuer sur les conclusions qu'il n'a pas déjà accueillies, écarter la disposition législative en cause du fait de son incompatibilité avec une stipulation conventionnelle ou, le cas échéant, une règle du droit de l'Union européenne dont la méconnaissance n'aurait pas été préalablement sanctionnée (*idem*).

Les dispositions de l'ordonnance du 7 novembre 1958 ne font pas obstacle à ce que le juge administratif assure l'effectivité du droit de l'Union européenne, soit en l'absence de Q.P.C., soit au terme de la procédure d'examen d'une telle question, soit à tout moment de cette procédure, lorsque l'urgence le commande, pour faire cesser immédiatement tout effet éventuel de la loi contraire au droit de l'Union. Le juge administratif dispose en outre de la possibilité de poser à tout instant, dès qu'il y a lieu de procéder à un tel renvoi, en application de l'article 267 du TFUE, une question préjudicielle à la Cour de justice des Communautés européennes (C.E., 14 mai 2010, Rujovic : *Rec.*, p. 165). Ceci permet d'assurer la conciliation du caractère prioritaire de la question de constitutionnalité avec les exigences liées à l'application du droit communautaire.

Une Q.P.C. présentée devant le Tribunal des conflits est irrecevable (T. confl., 4 juil. 2011, Bidalou : *Rec.*, p. 695).

La Q.P.C. a rencontré un succès considérable. Entre le 1er mars 2010 et le 31 mars 2013, le Conseil constitutionnel a rendu 255 décisions sur des Q.P.C. Au 31 décembre 2012, la Cour de cassation a rendu 1 208 décisions de transmission, ou de refus de transmission de Q.P.C., et le Conseil d'État, 616.

Sous-section 4
Le renvoi préjudiciel à la Cour de justice de Luxembourg

140. La procédure de renvoi préjudiciel est définie à l'article 267 TUE dont les stipulations sont d'application directe, visant les « juridictions nationales dont les décisions ne sont pas susceptibles d'un recours juridictionnel de droit interne », donc le Conseil d'État, la Cour de cassation et le Tribunal des conflits. Le renvoi est une faculté pour les tribunaux administratifs et les cours administratives d'appel.

Le Conseil d'État ne procède à un renvoi préjudiciel en interprétation que lorsqu'il estime qu'une difficulté sérieuse d'interprétation se pose (C.E., 26 oct. 1990, Féd. nat. du commerce ext. des produits alimentaires : *Rec.*, p. 290). Il fait application de la théorie de « l'acte clair » en l'absence de difficulté sérieuse (C.E., ass., 19 juin 1964, Sté pétroles Shell-Berre : *Rec.*, p. 344) ou lorsqu'une jurisprudence communautaire lui permet de régler la question (C.E., sect., 10 févr. 1967, Sté Ét. Petitjean : *Rec.*, p. 63).

Le Conseil d'État ne s'estime tenu au renvoi en cas de recours en appréciation de validité que dans le cas où la validité de l'acte serait contestable et eu égard au caractère sérieux de la contestation soulevée (C.E., 22 avr. 1988, Assoc. gén. des producteurs de blé : *Rec.*, p. 151). Dans le cas où la validité de l'acte ne serait pas douteuse, il peut statuer lui-même et rejeter la demande éventuelle de renvoi préjudiciel, ce qu'il fait en l'absence de difficulté sérieuse quant à la validité de l'acte querellé (C.E., 18 sept. 1998, Sté Demesa : *Rec.*, p. 335).

L'arrêt *SCEA du Chéneau* (préc.) consacre la compétence plénière du juge judiciaire pour exercer un contrôle des actes réglementaires par voie d'exception au regard du droit communautaire. Chaque juge a l'obligation d'assurer l'effectivité du droit communautaire « qui implique que le juge national ait effectivement le pouvoir d'appliquer de son propre chef et immédiatement le droit de l'Union, le cas échéant en écartant l'application d'une règle nationale qui serait incompatible » avec celui-ci.

SECTION 3
LES CONSÉQUENCES DE LA QUESTION PRÉJUDICIELLE

141. La question préjudicielle ralentit la solution du litige et entraîne pour les plaideurs des frais supplémentaires. Elle a des effets sur le tribunal saisi, sur la juridiction de renvoi et les plaideurs.

Sous-section 1
Les effets sur la juridiction saisie au fond

142. Le juge saisi au principal doit fixer aux parties le délai au terme duquel elles devront avoir saisi le juge compétent pour résoudre la question préjudicielle, qu'il ne peut pas désigner et encore moins saisir lui-même.

Il doit surseoir à statuer, attendre que le juge de renvoi se prononce et que sa réponse lui soit communiquée, puis appliquer la solution de celui-ci, lorsqu'elle est passée en force de chose jugée.

La décision de sursis à statuer est irrévocable.

Le juge administratif est tenu, en cas de renvoi préjudiciel au juge judiciaire, d'attendre que ce dernier ait statué sur l'appel formé contre le jugement rendu sur la question préjudicielle (C.E., 27 avr. 2007, Cne Bailleval, n° 288979). En cas d'appel, le juge du principal doit attendre soit l'expiration du délai d'appel, soit que l'arrêt d'appel soit rendu, avant d'en tirer les conséquences dans le cadre du litige dont il est saisi (C.E., 2 oct. 1970, Guiot : *Rec.*, p. 550 ; Cass., 1re civ., 12 juil. 2001, n° 99-14.427.

Le juge de renvoi est saisi par la partie la plus diligente (C.E., 10 avr. 1964, Cne Sagues-et-Gondoulet : *Rec.*, p. 208) et non par le juge du fond (C.E., 11 avr. 1986, Couache et Lefort : *Rec.*, p. 526). Le juge de renvoi ne peut sanctionner la négligence de cette juridiction, même s'il peut sanctionner celle des parties à la saisir (C.E., 14 avr. 1948, Huisman : *Rec.*, p. 663). En pratique, il attend pendant un délai raisonnable, qui peut aller jusqu'à vingt ans... (C.E., 9 nov. 1937, Épx Guillerat : *Rec.*, p. 914, pour la décision de renvoi, la réponse ayant été donnée en 1959, la décision finale est intervenue le 1er octobre 1958).

Le juge administratif n'est cependant pas tenu d'attendre la réponse à la question préjudicielle lorsqu'il se propose de statuer en recourant à un moyen de droit autre et qui ne soulève aucune question préjudicielle.

Le jugement rendu sur l'envoi revêt l'autorité de chose jugée. L'interprétation ou la réponse qu'il contient s'impose absolument au juge administratif (C.E., 27 janv. 1922, Cie des tramways de Shanghai : *Rec.*, p. 87).

Le renvoi préjudiciel devant la Cour de justice de Luxembourg entraîne le sursis à statuer sur la question renvoyée. Dans l'hypothèse où seulement une partie des conclusions de la requête nécessiterait le renvoi, le Conseil d'État sursoit à statuer sur ces conclusions et statue sur le surplus par une décision définitive (C.E., 25 janv. 2002, Ligue pour la protection des oiseaux : *Rec.*, p. 19).

Sous-section 2
Les effets sur les parties et sur la juridiction de renvoi

143. Il revient aux seules parties devant le juge *a quo* de saisir la juridiction de renvoi (C.E., ass., 12 févr. 1971, Fillaire : *Rec.*, p. 122).

La juridiction de renvoi doit statuer, sauf si elle n'est pas compétente (C.E., sect., 27 mars 2000, Brodbeck : *Rec.*, p. 129 : 26 juil. 2006, Sté Brasserie Heinecken, n° 290951) ou si les parties ont étendu la question préjudicielle (C.E., sect., 11 juin 1982, Mme Coudracq : *Rec.*, p. 228). Elle doit connaître l'objet précis du sursis à statuer (C.E., 24 juin 1953, Cne Lacanau : *Rec.*, p. 316). La juridiction de renvoi ne doit examiner que la question posée par le sursis à statuer, dans le cadre duquel doivent rester les parties (C.E., 29 juin 1956, Bellon : *Rec.*, p. 283).

Le juge du fond doit parfois réinterpréter la question posée (C.E., 10 janv. 2007, SCP de médecins Reichheld et Sturtzer, n° 262964).

En principe, il n'existe pas de délai pour saisir le juge de renvoi (C.E., 27 sept. 1985, Sté Usinor : *R.D.P.*, 1986, p. 842).

Les réserves d'interprétation dont le Conseil constitutionnel assortit la déclaration de conformité à la Constitution d'un article de loi sont revêtues de l'autorité absolue de la chose jugée (C.E., 15 mai 2013, Cne Gurmençon : *Rec.*, p. 741). Elles s'imposent au juge administratif dans tous les litiges où il doit faire application de cet article (C.E., 22 mars 2012, Mme Dana : *Rec.*, p. 129).

Sur les effets de la déclaration d'illégalité d'une délibération fixant le montant d'une redevance pour service rendu, prononcée sur recours en appréciation de légalité (C.E., sect., 28 avr. 2014, Mme Anchling et a. : *Rec.*, p. 97, concl. NICOLAZO DE BARMON).

TITRE 2

Les juridictions administratives

Chapitre 1
Le Conseil d'État 121

Chapitre 2
Les juridictions administratives territoriales 139

Chapitre 3
Les juridictions administratives spéciales 153

144. La juridiction administrative française tire ses origines de l'Ancien Droit. Le Conseil d'État est l'héritier du Conseil du roi, qui assistait le monarque dans l'exercice de ses attributions d'administration et de juridiction.

Le Conseil d'État institué en l'an VIII ne jouit d'aucune indépendance et ne peut que proposer des arrêts au chef de l'État. C'est le système de la justice retenue. Le ministre est juge de première instance, le Conseil d'État statue en appel de ce jugement. Rapidement apparaît une synthèse, refusant à la fois le contrôle de l'administration par le juge judiciaire et le système de l'administrateur-juge. Le contentieux administratif se sépare du contentieux judiciaire et de l'administration active.

L'évolution est consacrée par la loi du 24 mai 1872, instituant la justice déléguée et affirmant l'indépendance juridictionnelle du Conseil d'État, dont l'indépendance institutionnelle s'amorce. L'arrêt *Cadot* du 13 décembre 1889 abandonne toute référence à la doctrine du ministre-juge, au bénéfice d'une dissociation nette des fonctions juridictionnelles et des fonctions actives au sein de l'administration. La juridiction administrative naît véritablement.

Deux exigences se trouvent satisfaites : l'administration est jugée, ce qui est normal dans un régime démocratique et libéral ; elle a la garantie de l'être par « son » juge, plus proche d'elle que le juge judiciaire. De nos jours, l'existence de la juridiction administrative n'est plus guère contestée. Son existence a contribué au développement d'un droit original, le droit administratif, qui, en retour, renforce sa légitimité. Le juge administratif, qui connaît bien l'administration, se montre largement aussi sévère envers elle que ne le serait le juge judiciaire. Il est souvent mieux à même de la juger, car il la connaît mieux.

145. Un collège de déontologie de la juridiction administrative, chargé d'apporter un éclairage à l'ensemble des membres de la juridiction administrative sur l'application des principes et bonnes pratiques rappelés par la Charte de déontologie des membres de la juridiction administrative (à consulter sur le site du Conseil d'État), a été installé le 22 mars 2012. Il peut être saisi par tout membre du Conseil d'État ou tout magistrat des tribunaux administratifs et des cours administratives d'appel d'une question déontologique le concernant personnellement, et sollicité par le vice-président, les présidents de section et le secrétaire général du Conseil d'État, le chef de la Mission d'inspection des juridictions administratives, les chefs de juridiction et le Conseil supérieur des tribunaux administratifs et des cours administratives d'appel. Il peut émettre des recommandations de sa propre initiative.

Chapitre 1

Le Conseil d'État

1 Historique 122
2 L'organisation du Conseil d'État 126
3 La structure interne du Conseil d'État 129

146. Le Conseil d'État, qui a longtemps représenté à lui seul la juridiction administrative, est un mélange de puissante tradition et d'innovation permanente. Héritier d'une volonté d'autonomie et d'autorité administrative, il est devenu le symbole d'un État contrôlé et de la défense des droits individuels contre les excès de l'administration. Il a conservé certains traits du passé, ainsi participe-t-il à l'administration active ; c'est pourquoi on ne peut l'assimiler pleinement à une Cour juridictionnelle.

De l'an VIII à nos jours, le Conseil d'État n'a cessé d'évoluer et de se transformer, parfois à l'occasion de crises qui ont menacé son existence même.

L'histoire du droit administratif s'identifie largement avec celle de la jurisprudence du Conseil d'État, qui le crée. Le Conseil d'État a longtemps été composé d'une élite administrative et jouissait d'une autorité et de moyens exceptionnels pour élaborer une construction délicate, subtile, équilibrant nécessités administratives et droits des citoyens.

La concentration presque totale de la juridiction administrative entre les mains du Conseil d'État a occasionné pour lui un problème de survie. De plus en plus sollicité par les plaideurs, il ne pouvait plus faire face à ses tâches. Il fallut alléger ses fonctions contentieuses. Tel fut l'objet des réformes de 1953 et 1987.

SECTION 1
HISTORIQUE

147. De sa création à nos jours, le Conseil d'État a connu des crises, qui ont permis sa transformation. Le Conseil a su évoluer, afin de mieux répondre à ses missions, tout en élaborant un droit subtil et sans cesse adapté aux circonstances. Conçu à l'origine en l'an VIII comme « le » juge de l'administration, il est devenu la juridiction suprême de l'ordre administratif.

Sous-section 1
Les origines

148. L'article 52 de la Constitution du 22 frimaire an VIII (13 décembre 1799) crée officiellement, sous la direction des consuls, un Conseil d'État « chargé de rédiger les projets de loi et les règlements d'administration publique et de résoudre les difficultés qui s'élèvent en matière administrative ». Sa filiation profonde est plus ancienne. L'article 2 du règlement du 5 nivôse an VIII dispose : « Le Conseil d'État prononce [...] sur les affaires contentieuses dont la décision était précédemment remise aux ministres. » La structure du Conseil d'État prendra forme au travers des arrêts grâce auxquels il s'imposera, aux lois qui dessineront ses traits et aux crises qu'il traversera.

Sous le Premier Empire prévaut le système de la justice retenue. Cette expression signifie que le Conseil d'État statue sous la sanction du chef de l'État, qui signe les projets d'arrêt que le Conseil prépare à son intention. Certes, cette signature apparaît comme une formalité, qui ne fut que rarement refusée ou retardé, mas le symbole est fort. Pourtant, fût-ce sous cette forme mineure, le Conseil d'État possède néanmoins déjà les bases du pouvoir juridictionnel.

Les cadres de la procédure contentieuse sont fixés par le décret du 22 juillet 1806 « contenant règlement sur les affaires contentieuses portées au Conseil d'État ». Selon Cormenin, membre du Conseil d'État et homme politique (1788-1868), « les dispositions de ce règlement ont été tirées de l'ancien règlement du Conseil de 1738, rédigé par d'Aguesseau ».

La jurisprudence prend forme rapidement, de même que les méthodes de contrôle du Conseil. Dans les années 1840 se développe le moyen de vice de forme celui de détournement de pouvoir apparaît sous le Second Empire. Sous les deux Empires, le Conseil d'État reste un instrument du pouvoir, auquel il participe très directement, notamment parce qu'il contribue à la rédaction des lois et des décrets. En outre, l'article 53 de la Constitution de l'an VIII, repris par l'article 51 de la Constitution de 1852, dispose : « C'est parmi les membres du Conseil d'État que sont toujours pris les orateurs chargés de porter la parole au nom du gouvernement devant le corps législatif. » Ses membres dépendent de la faveur du pouvoir, qui les nomme et les destitue librement (on lira avec profit *Son Excellence Eugène Rougon*, d'Émile Zola). Le Conseil d'État subira le contrecoup de l'instabilité politique. Les régimes se succédant, les règles d'organisation, la composition et aussi la puissance du Conseil d'État varient. Très influent sous les deux Empires, il apparaît en retrait sous la Restauration. Sa légitimité et sa constitutionnalité sont contestées.

La IIe République en fait une institution de l'État, prévue par le chapitre VI de la Constitution de 1848, assure son indépendance vis-à-vis de l'Exécutif en décidant que ses membres seront désormais élus par l'Assemblée nationale. L'article 6 de la loi organique du 2 mai 1849 dispose que « le Conseil d'État statue en dernier ressort sur le contentieux administratif », lui attribuant l'autonomie juridictionnelle, qui lui sera cependant retirée dès le début du Second Empire par le décret organique du 25 janvier 1852.

1870 est une « année noire » pour le Conseil, victime d'une épuration et remplacé le 15 septembre par une commission provisoire. Le Palais du quai d'Orsay où il siégeait depuis 1840 est détruit par un incendie. Il déménage pour s'installer au Palais royal, face au Louvre, qu'il n'a plus quitté.

Deux ans plus tard, on assiste à sa seconde naissance. Le Conseil d'État rénové prend sa revanche. L'article 9 de la loi du 24 mai 1872 dispose : « Le Conseil d'État statue souverainement sur les recours en matière contentieuse et sur les demandes d'annulation pour excès de pouvoir formées contre les actes des diverses autorités administratives. » La justice déléguée est instaurée. Le Conseil obtient la pleine indépendance juridictionnelle et l'indépendance institutionnelle s'ébauche. Un concours de l'auditorat est instauré comme première voie d'accès au Conseil. Peu à peu, des garanties de carrière sont consacrées, même si, à l'origine, la nomination des conseillers reste discrétionnaire, opérée par l'Assemblée nationale en vertu de la loi de 1872, puis par l'Exécutif à compter de 1875 et, en 1879, il est procédé à un renouvellement général des conseillers. Pourtant, le Conseil d'État reste toujours organiquement proche des pouvoirs publics ; il est autant le conseiller de l'État que son censeur.

Sous-section 2
La réforme de 1953

149. Le Conseil d'État a enregistré environ 100 000 requêtes au cours du XIXe siècle, en d'autres termes une « série » allant des requêtes nos 000 001 à 999 999, le cachet apposé sur celles-ci n'allant pas au-delà de six chiffres. S'achèvent une deuxième série en 1927, une troisième en 1948, la quatrième en 1975...

L'encombrement du Conseil d'État, déjà très important avant la Seconde Guerre mondiale, s'aggrave en raison du contentieux que provoquent les législations de guerre et d'après-guerre. L'intervention sans cesse croissante de l'État et de ses démembrements entraîne une énorme masse de litiges. Le Conseil d'État était, selon le mot de son vice-président René Cassin, « accablé par la confiance des justiciables ». Rien qu'en 1946, en effet, le Conseil a enregistré dix fois plus de recours que de sa création à 1874. La situation était critique pour le Conseil d'État et pour la justice administrative. « Le retard dans l'adoption de la réforme du contentieux administratif donne une véritable prime aux illégalités sciemment commises par trop d'administrations et il facilité l'inexécution par elles d'arrêts de justice rendus après de trop longs délais », écrit René Cassin en 1952.

Le Conseil rendait au mieux 5 000 arrêts par an, alors que plus de 6 000 requêtes nouvelles étaient enregistrées chaque année. Au 1er août 1952, 23 390 pourvois se trouvaient en instance, ce qui représentait plus de quatre années de jugement. La nécessité d'une réforme s'avérait impérieuse.

Un projet de loi fut déposé, dont l'objet était d'améliorer, de déconcentrer et de démocratiser la justice administrative. Il ne fut pas voté, car survint une crise ministérielle.

L'article 7, alinéa 3, de la loi du 11 juillet 1953 confia au gouvernement le soin de réaliser cette réforme, qui fit l'objet du décret du

30 septembre 1953, complété par un décret portant règlement d'administration publique le 28 novembre 1953. Jusqu'en 1953, le Conseil d'État était par principe seul juge des procès administratifs, sous réserve des quelques compétences de premier ressort dévolues aux conseils de préfecture, dont les jugements relevaient du Conseil par la voie de l'appel, et de rares juridictions spéciales placées sous son contrôle de cassation. Il fallait que le Conseil d'État demeure compétent pour statuer sur tous les recours en cassation et en appel de toutes les décisions des juridictions administratives inférieures, afin d'assurer l'unité de la jurisprudence. Corrélativement, il importait d'alléger sa tâche en en transférant une partie en premier ressort à d'autres tribunaux, juges de droit commun.

Les conseils de préfecture, réunis à plusieurs, prennent le nom de tribunaux administratifs et deviennent juges de droit commun à part entière, contrôlés par voie d'appel par le Conseil d'État.

Tout le contentieux administratif n'est pas transféré aux tribunaux administratifs. Le Conseil d'État conserve certaines attributions en premier ressort sur certains actes en raison de leur importance ou pour des raisons de compétence territoriale.

La réforme occasionne de graves difficultés. La clarté et la simplicité antérieures ont été abandonnées au profit d'autres impératifs. Surgissent des questions de frontière matérielle entre la compétence du Conseil d'État, devenu juge d'attribution, et les tribunaux administratifs, juges de droit commun, et de frontière territoriale entre tribunaux administratifs.

Grâce à la réforme, le stock d'affaires en instance au Conseil décroît de 26 000 à 4 800 en 1968. 8 428 dossiers furent transférés du Conseil d'État aux tribunaux administratifs et 10 000 résorbés en une quinzaine d'années.

La création des tribunaux administratifs fut un incontestable succès, notamment en raison du principe du recrutement des conseillers à la sortie de l'École Nationale d'Administration (ENA). Pourtant, le jour même de la publication du décret du 30 septembre 1953, la réforme était déjà grosse d'une nouvelle crise, car seulement un tiers des 26 000 dossiers à l'instruction au Conseil fut transféré aux tribunaux administratifs. L'arriéré du Conseil d'État restait de 15 700 dossiers et le tribunal administratif de Paris fut immédiatement engorgé, en recevant, dès sa création, 2 420 dossiers du Conseil d'État sur les 8 428 transférés. Ce tribunal enregistra, en outre, en 1954 environ 6 666 nouvelles requêtes. La crise qui survient en 1980 apparaissait d'ores et déjà inéluctable en 1954 !

150. Les dispositions relatives à l'aménagement interne du Conseil d'État figurent aux articles L. 121-1 à L. 136-2 et R. 121-1 à R. 137-4 du Code de justice administrative.

L'organisation interne du Conseil d'État est relativement complexe, ainsi que sa structure et celles de ses formations de jugement.

SECTION 2
L'ORGANISATION DU CONSEIL D'ÉTAT

151. Le Conseil d'État exerce des attributions consultatives et juridictionnelles. Ses membres siègent, suivant les besoins du service, indifféremment dans les sections administratives ou à la Section du contentieux. Recrutés principalement au concours, ils se répartissent en trois grades : conseillers, maîtres des requêtes et auditeurs. Les textes ne leur reconnaissent pas l'inamovibilité, dont ils bénéficient de fait.

Sous-section 1
La composition du Conseil d'État

152. Le Conseil relève du Premier ministre, qui peut présider son assemblée générale (C.J.A., art. L. 121-1, al. 2), le garde des Sceaux pouvant le suppléer dans cette fonction. En fait, le Conseil est présidé par son vice-président, nommé par décret en Conseil des ministres, au sein du corps (M. Jean-Marc Sauvé depuis 2006). Les ministres ont rang et séance à l'assemblée du Conseil d'État.

Le Conseil d'État se compose du vice-président, des présidents de section, de conseillers d'État en service ordinaire, de conseillers d'État en service extraordinaire (12), de maîtres des requêtes et d'auditeurs (14). En 2012, le Conseil d'État comptait 209 membres, auxquels s'ajoutaient 418 agents et 10 assistants de justice.

Des fonctionnaires sont mis à disposition ou détachés au Conseil d'État au titre de la mobilité, et des officiers et assimilés en situation hors cadre exercent temporairement des fonctions normalement dévolues aux maîtres des requêtes et aux auditeurs, à l'exclusion de toute fonction juridictionnelle.

Sous-section 2
Les membres du Conseil d'État

153. On accède au Conseil en principe par la voie du concours de l'ENA, mais une partie des emplois de maîtres des requêtes et de conseillers d'État est réservée au tour extérieur.

§ 1. Le vice-président du Conseil d'État

154. Nommé par décret en Conseil des ministres, sur proposition du garde des Sceaux, il est choisi parmi les présidents de section ou les conseillers d'État en service ordinaire (C.J.A., art. L. 133-1). Il fixe par arrêté toutes mesures d'ordre intérieur non prévues par le livre Ier de la partie réglementaire du Code de justice administrative (C.J.A., art. R. 121-7). Il est en principe suppléé, en cas d'absence ou d'empêchement, par le président de section présent le premier inscrit au tableau (C.J.A., art. R. 121-8). Il préside la commission consultative, qui peut être saisie pour avis de tous problèmes intéressant l'organisation et le fonctionnement du Conseil (C.J.A., art. L. 132-3) et le Conseil supérieur des tribunaux administratifs et cours administratives d'appel, assure la gestion du corps des membres des tribunaux administratifs et des cours administratives d'appel (C.J.A., art. L. 232-1 et L. 232-2). Il ordonnance les dépenses du Conseil d'État (C.J.A., art. R. 121-14). Il conclut les marchés et contrats passés par le Conseil d'État.

Il peut donner délégation au secrétaire général et aux secrétaires généraux adjoints du Conseil d'État, ainsi qu'aux chefs de service du Conseil et aux fonctionnaires du secrétariat général pour signer tous actes et arrêtés concernant la gestion administrative et budgétaire et l'exécution du budget du Conseil, des tribunaux administratifs et des cours administratives d'appel (C.J.A., art. R. 121-11).

Il lui appartient d'assurer la gestion du corps des magistrats des cours administratives d'appel et des tribunaux administratifs. Ses compétences s'exercent sous réserve de celles que la loi confère au président de la République, qui détient le pouvoir de nomination et décide des promotions, et de celles conférées au garde des Sceaux, auquel incombe la prise des décisions relatives aux affectations et aux mutations. Toutefois, s'agissant des premières affectations dans le corps, le garde des Sceaux a délégué ses attributions au vice-président du Conseil d'État, qui les exerce par arrêté.

§ 2. Les conseillers d'État en service ordinaire

155. Ils sont nommés en Conseil des ministres (C.J.A., art. L. 121-4) sur proposition du garde des Sceaux. Nul ne peut être nommé, en dehors des maîtres des requêtes, s'il n'est âgé de 45 ans accomplis. Les deux tiers des emplois vacants de conseillers d'État sont réservés aux maîtres des requêtes. Les conseillers, maîtres des requêtes et auditeurs sont affectés soit à une, soit à deux sections. Toutefois, les maîtres des requêtes et les auditeurs qui comptent moins de trois années de service dans une juridiction administrative sont affectés uniquement à la Section du contentieux. Les présidents adjoints et les présidents des sous-sections de la Section du contentieux sont également affectés uniquement à cette section (C.J.A., art. R. 121-3).

§ 3. Les conseillers d'État en service extraordinaire

156. Choisis parmi les personnalités qualifiées dans les différents domaines de l'activité nationale, ils sont nommés par décret en Conseil des ministres, sur proposition du garde des Sceaux, pour une durée de cinq ans non renouvelable avant l'expiration d'un délai de deux ans. Ils ne peuvent être affectés à la Section du contentieux (C.J.A., art. L. 121-4 à L. 121-8).

§ 4. Les maîtres des requêtes

157. Ils sont nommés par décret, sur proposition du garde des Sceaux. Les trois quarts au moins des emplois vacants sont réservés aux auditeurs de 1re classe. Nul ne peut être nommé, en dehors de ces derniers, s'il n'est âgé de 30 ans et ne justifie de dix ans de services publics (C.J.A., art. L. 133-4).

Des fonctionnaires appartenant à un corps recruté par la voie de l'ENA, des magistrats judiciaires, des professeurs et maîtres de conférences titulaires des universités, des administrateurs des assemblées parlementaires ou des postes et télécommunications, des fonctionnaires civils ou militaires des trois fonctions publiques appartenant à des corps ou à des cadres d'emplois de niveau équivalent et des fonctionnaires de l'Union européenne de niveau équivalent peuvent être nommés en qualité de maîtres des requêtes en service extraordinaire par le vice-président du Conseil d'État pour exercer les fonctions dévolues aux maîtres des requêtes pour une durée qui ne peut excéder quatre ans.

§ 5. Les auditeurs

158. Deux auditeurs de 1re classe au moins sont nommés chaque année par décret, sur proposition du garde des Sceaux, parmi les auditeurs de 2e classe, eux-mêmes nommés parmi les anciens élèves de l'ENA (C.J.A., art. L. 133-5 et L. 133-6).

§ 6. Le secrétaire général du Conseil d'État

159. Un conseiller d'État ou un maître des requêtes est chargé des fonctions de secrétaire général du Conseil d'État. Nommé par décret du président de la République sur proposition du garde des Sceaux, il dirige, sous l'autorité du vice-président, les services du Conseil, prend les mesures nécessaires à la préparation de ses travaux, à leur organisation et à la gestion du corps des membres des tribunaux administratifs et des cours administratives d'appel (C.J.A., art. R. 121-9). Le secrétaire général est assisté et, en cas d'absence ou d'empêchement, suppléé par des membres chargés des fonctions de secrétaire général adjoint par arrêté du vice-président du Conseil d'État (C.J.A., art. R. 121-10).

§ 7. Les assistants de justice

160. Des assistants de justice peuvent être recrutés pour apporter leur concours aux travaux préparatoires réalisés par les membres du Conseil d'État pour l'exercice de leurs attributions (C.J.A., art. L. 122-2, R. 122-30 et s.). Ces fonctions ne peuvent être exercées par les membres des professions libérales juridiques et judiciaires, ou par les personnes qui sont employées à leur service. Ils sont nommés pour une durée de deux ans renouvelable deux fois et tenus au secret professionnel.

Sous-section 3
Le statut des membres du Conseil d'État

161. Les membres du Conseil d'État sont des fonctionnaires, auxquels s'appliquent les dispositions du livre Ier de la partie législative du Code de justice administrative et le statut de la fonction publique de l'État. La commission consultative peut être consultée sur toutes les questions intéressant le statut des membres du Conseil d'État. Elle doit donner son avis, notamment sur les mesures individuelles concernant la discipline et l'avancement des membres du Conseil (C.J.A., art. L. 132-2).

Les membres du Conseil d'État remplissent de nombreuses fonctions à l'extérieur du Conseil. Ils participent à des conseils, des commissions consultatives ou juridictionnelles et enseignent fréquemment. Cependant, des activités administratives de plein exercice font obstacle au maintien d'une participation aux activités contentieuses et l'exercice de certaines fonctions nécessite une suspension de l'activité au Conseil d'État.

SECTION 3
LA STRUCTURE INTERNE DU CONSEIL D'ÉTAT

162. Le Conseil d'État est divisé en sept sections, six sections administratives (intérieur, finances, travaux publics, sociale, de l'administration, du rapport et des études) et une Section du contentieux, qui juge les affaires relevant de la juridiction contentieuse du Conseil d'État. La Section du contentieux est subdivisée en dix sous-sections ; chacune a son président.

Sous-section 1
Le Conseil d'État dans sa fonction consultative

163. L'absence de publicité des avis rendus à ce titre ne saurait faire oublier que les sections administratives ont créé une jurisprudence (p. ex., régime de la tutelle).

§ 1. Les formations administratives

164. Chaque section comprend, outre son président, au moins six conseillers d'État en service ordinaire, des conseillers d'État en service extraordinaire, des maîtres des requêtes et des auditeurs (C.J.A., art. R. 123-6). Le *quorum* est de quatre membres. Un ou plusieurs conseillers d'État affectés à la section sont nommés présidents adjoints de celle-ci.

Chaque section administrative se réunit en formation plénière lorsque son président estime que l'importance des affaires le justifie. Dans les autres cas, elle se réunit en formation ordinaire, dans une composition fixée par son président, comprenant au moins sept membres (C.J.A., art. R. 123-6-1).

L'examen d'une proposition de loi est attribué par le vice-président du Conseil d'État à l'une des sections administratives (hors la section du rapport et des études).

Les affaires sont réparties entre ces cinq sections administratives conformément aux dispositions d'un arrêté du Premier ministre et du garde des Sceaux pris sur proposition du vice-président du Conseil d'État.

165. L'assemblée générale se réunit en formation plénière ou en formation ordinaire. L'assemblée générale plénière se réunit au moins douze fois par an et deux fois par trimestre. Elle comprend, avec voix délibérative, le vice-président du Conseil d'État, les présidents de section et les conseillers d'État. Y ont accès les maîtres des requêtes et les auditeurs. L'assemblée générale ordinaire comprend : 1° le vice-président du Conseil d'État et les présidents de section ; 2° un des présidents adjoints de la Section du contentieux ; 3° les présidents adjoints des sections administratives ; 4° dix conseillers d'État désignés chaque année par le vice-président du Conseil d'État parmi les conseillers affectés à la Section du contentieux. Deux suppléants sont désignés pour chaque conseiller d'État prévu aux 3°, 4° et 5°. Y ont accès avec voix consultative les autres membres du Conseil. Le *quorum* de l'assemblée générale est de la moitié des membres ayant voix délibérative. Il est du quart des membres pour la formation plénière et en période de vacances annuelles pour l'assemblée générale.

Sont portés à l'ordre du jour de l'assemblée générale ordinaire, ou, sur décision du vice-président, à l'ordre du jour de l'assemblée générale plénière, les projets de loi et d'ordonnance, les projets de décret pris en vertu de l'article 37 de la Constitution, les affaires qui, en raison de leur importance, sont renvoyées à l'examen de l'assemblée générale.

166. La commission permanente comprend : 1° le vice-président du Conseil d'État, qui la préside ; 2° le président de l'une des sections administratives désigné par arrêté du Premier ministre sur proposition du garde des Sceaux ; 3° deux conseillers d'État par section désignés par arrêté du vice-président du Conseil d'État après avis du président de la section intéressée et deux suppléants pour chaque conseiller prévu au 3°.

La commission est chargée de l'examen des projets de loi et d'ordonnance lorsque l'urgence est signalée par le ministre compétent et expressément constatée par une décision spéciale du Premier ministre mentionnée dans les visas. Quand la lettre par laquelle le président de l'Assemblée nationale ou du Sénat saisit le Conseil d'État d'une demande d'avis sur une proposition de loi constate l'urgence, la proposition peut être soumise à l'examen de la commission permanente sur décision du vice-président du Conseil d'État. Dans chaque cas, elle peut décider, après instruction, de renvoyer une affaire à l'assemblée générale.

Le projet est examiné du point de vue de sa régularité juridique, mais aussi en opportunité. En règle générale, les avis ne lient pas le gouvernement. Toutefois, si un texte impose de recueillir l'avis du Conseil d'État, l'absence de consultation entache l'acte d'incompétence (C.E., sect., 25 janv. 1957, Keinde Serigne : *Rec.*, p. 63 ; 3 avr. 2003, Élection des conseillers régionaux : *Rec. Cons. constit.*, p. 325.). Le Conseil d'État participe ainsi à l'établissement de la législation et de la réglementation, est associé à la tutelle de certaines personnes morales (associations, fondations, établissements religieux) et intervient préalablement à des décisions administratives de portée individuelle.

Le Premier ministre, ainsi que chaque ministre, peut saisir le Conseil d'État d'une demande d'avis (C.J.A., art. L. 112-2). Seul le Premier ministre a le pouvoir de le saisir d'une demande d'interprétation de la Constitution et des lois organiques. Le Conseil d'État refuse cependant de formuler un avis sur une difficulté qui fait l'objet d'un recours contentieux.

Les projets de « loi du pays » de Nouvelle-Calédonie sont soumis pour avis au Conseil d'État avant leur adoption (C.J.A., art. L. 112-6).

Le Conseil d'État est consulté pour trancher les questions d'interprétation posées par les propositions d'actes communautaires comportant des dispositions de nature législative.

§ 2. Section du rapport et des études

167. Elle élabore les propositions que le Conseil d'État adresse aux pouvoirs publics en exécution de l'article L. 112-3 du Code de justice administrative et procède à des études à la demande du Premier ministre ou à l'initiative du vice-président.

Elle règle les difficultés auxquelles peut donner lieu l'exécution des décisions du Conseil d'État statuant au contentieux et des juridictions administratives.

Elle prépare le rapport d'activités annuel du Conseil d'État, qui mentionne les réformes sur lesquelles le Conseil d'État a appelé l'attention du gouvernement et peut contenir des propositions nouvelles et signale, le cas échéant, les difficultés rencontrées dans l'exécution des décisions du Conseil d'État statuant au contentieux et des autres juridictions administratives. Ce rapport est remis au président de la République.

Un conseiller d'État ou un maître des requêtes, nommé par le vice-président, exerce les fonctions de rapporteur général de cette section, à laquelle il est uniquement affecté. Des maîtres des requêtes et auditeurs peuvent lui être adjoints.

Sous-section 2
Le Conseil d'État statuant au contentieux

168. La Section du contentieux comprend, à titre permanent, sous l'autorité d'un président de section, assisté de trois présidents adjoints, des conseillers d'État en service ordinaire, des maîtres des requêtes et des auditeurs (C.J.A., art. R. 122-2). Dix conseillers exercent les fonctions de président de sous-section, les autres sont chargés des fonctions de rapporteur ou de rapporteur public.

La Section du contentieux est essentiellement chargée de l'instruction et du jugement des requêtes contentieuses. Elle statue en chambre du conseil sur les avis émis par le conseil de l'Ordre des avocats au Conseil d'État et à la Cour de cassation, à la suite de plaintes formulées contre ces derniers en raison de l'exercice de leurs fonctions auprès des juridictions administratives.

Elle est juge de toutes les affaires qui relèvent de la juridiction du Conseil d'État (C.J.A., art. R. 122-1). Elle donne également des avis sur des questions de droit nouvelles, présentant une difficulté sérieuse et se posant dans de nombreux litiges, que peuvent lui poser les tribunaux administratifs et les cours administratives d'appel (C.J.A., art. L. 113-1). Ces avis n'ont pas le caractère de décision et sont, en conséquence, insusceptibles de recours (C.E., sect., 17 nov. 1997, D^{me} v^{ve} Doukouré : *Rec.*, p. 426).

Au sein de la Section du contentieux, l'organe actif de travail est la sous-section, sorte de tribunal en réduction. Elle comprend un président, deux assesseurs (conseillers d'État), des rapporteurs, deux rapporteurs publics. S'y ajoute un secrétaire. Les sous-sections, qui sont au nombre de dix, dirigent l'instruction, préparent le rapport des affaires et peuvent ordonner toute mesure d'instruction.

§ 1. Les juges uniques

169. Le président de la Section du contentieux, les présidents adjoints de cette section et les présidents de sous-section peuvent régler par ordonnance les affaires dont la nature ne justifie pas l'intervention d'une formation collégiale (C.J.A., art. L. 122-1). Ils peuvent à ce titre, par ordonnance : 1° donner acte des désistements ; 2° rejeter les requêtes ne relevant manifestement pas de la compétence de la juridiction administrative ; 3° constater qu'il n'y a pas lieu de statuer sur une requête ; 4° rejeter les requêtes irrecevables pour défaut d'avocat, pour défaut de production de la décision attaquée, ainsi que celles qui sont entachées d'une irrecevabilité manifeste non susceptible d'être couverte en cours d'instance ; 5° statuer sur les requêtes qui ne présentent plus à juger des questions autres que la condamnation aux frais irrépétibles ou à la charge des dépens ; 6° statuer sur les requêtes relevant d'une série, qui présentent à juger en droit ou en fait des questions identiques à celles que le Conseil d'État a déjà tranchées ensemble par une même décision du Conseil d'État statuant au contentieux ou examinées ensemble par un même avis contentieux ; 7° rejeter, après l'expiration du délai de recours ou, lorsqu'un mémoire complémentaire a été annoncé, après la production de ce mémoire, les requêtes ne comportant que des moyens de légalité externe manifestement infondés, des moyens irrecevables, des moyens inopérants ou des moyens qui ne sont assortis que de faits manifestement insusceptibles de venir à leur soutien ou ne sont manifestement pas assortis des précisions permettant d'en apprécier le bien-fondé. Ils peuvent, en outre, rejeter des conclusions à fin de sursis à exécution d'une décision juridictionnelle. L'article R. 122-12 énumère à ce titre sept cas : désistement, incompétence manifeste de la juridiction administrative, non-lieu et irrecevabilité manifeste et insusceptible de régularisation, condamnation aux frais irrépétibles ou à la charge des dépens, examen des séries dans lesquelles les questions de droit ont déjà été tranchées par une décision du Conseil d'État et requêtes non fondées (C.J.A., art. R. 122-12).

Il y a, dans ces cas, dispense d'audience publique et d'audition d'un rapporteur public.

§ 2. Le président de la Section du contentieux

170. À la tête de la Section, son président dispose d'attributions propres qui en font le juge suprême de la compétence des juridictions administratives. Il répartit les affaires entre les sous-sections. Avant cette répartition, il peut accomplir les actes d'instruction nécessaires à la mise en état des affaires. Il fixe les honoraires des experts. Il liquide les dépens. Il est juge des référés pour les litiges relevant de la compétence du Conseil d'État. Lorsqu'il décide de renvoyer une demande en référé à une formation collégiale, il accomplit les actes d'instruction et désigne le rapporteur ainsi que le rapporteur public, à moins qu'il n'attribue l'affaire à une sous-section. Il préside un grand nombre de séances de jugement.

Le président de la Section du contentieux répartit les affaires entre les sous-sections. Il peut, préalablement à cette répartition, accomplir les actes d'instruction nécessaires à la mise en état des affaires. Il peut décider que l'instruction sera confiée à la Section. Il désigne alors le rapporteur et exerce les pouvoirs dévolus à la sous-section chargée de l'instruction (C.J.A., art. R. 611-20).

Il peut, ainsi que les présidents de sous-section, régler par ordonnance les affaires dont la nature ne justifie pas l'intervention d'une formation collégiale (C.J.A., L. 122-1).

§ 3. Les présidents de sous-section

171. Ils désignent le rapporteur pour chaque affaire, après accomplissement des mesures d'instruction prévues à l'article R. 611-27. Ils peuvent régler certaines affaires par ordonnance (voy. *supra*).

Sous-section 3
Les formations collégiales de jugement

172. Le plus grand nombre d'affaires est jugé par une sous-section seule, ou par deux, trois ou quatre sous-sections réunies (en matière fiscale). Le groupement de sous-sections en formation de jugement est fixé par arrêté du vice-président du Conseil d'État, sur proposition de la Section du contentieux (C.J.A., art. R. 122-11).

Le renvoi devant les sous-sections réunies d'une affaire portée devant la sous-section siégeant en formation de jugement ou le renvoi, devant trois ou quatre sous-sections réunies, d'une affaire portée devant deux sous-sections réunies a lieu à la demande soit du président de la formation de jugement, soit de la formation de jugement, soit de la sous-section au rapport de laquelle l'affaire est examinée, siégeant en formation d'instruction, soit du rapporteur public (C.J.A., art. R. 122-17).

Le renvoi à la section ou à l'assemblée du contentieux est demandé par le vice-président du Conseil d'État, par le président de la Section du contentieux, par le président de la formation de jugement, par celui de la sous-section au rapport de laquelle l'affaire est examinée, siégeant en formation d'instruction, ou par le rapporteur public.

§ 1. La sous-section seule

173. La solution proposée par le rapporteur est étudiée et discutée lors d'une des séances hebdomadaires d'instruction que tient chaque sous-section, en présence d'un rapporteur public. Après quoi, celui-ci propose l'inscription de l'affaire au rôle d'une des formations de jugement, qui ne peuvent statuer qu'en nombre impair.

La sous-section ayant instruit l'affaire peut se transformer en formation de jugement. Elle ne délibère valablement que si son président et l'un des assesseurs ou, à défaut, les deux assesseurs, sont présents. Sinon, elle est complétée par l'appel de conseillers d'État. En formation de jugement, elle ne peut délibérer que si trois membres au moins ayant voix délibérative sont présents.

§ 2. Les sous-sections réunies

174. Les sous-sections réunies se réunissent en formation de jugement sous la présidence d'un des présidents adjoints de la Section du contentieux, parfois sous celle du vice-président du Conseil d'État ou du président de la Section du contentieux. Le *quorum* des sous-sections réunies est de cinq membres ayant voix délibérative, sept lorsque les sous-sections réunies sont au nombre de trois ou quatre. Elles ne peuvent statuer qu'en nombre impair.

La formation de jugement comprend, outre son président et le rapporteur : 1° les présidents des sous-sections ; 2° les assesseurs des sous-sections, ou, lorsque les sous-sections réunies sont au nombre de quatre, l'assesseur le plus ancien de chaque section ; 3° lorsque les sous-sections réunies sont au nombre de deux ou de quatre, un conseiller d'État appartenant à la Section du contentieux désigné par le président de celle-ci, pris en dehors des sous-sections qui siègent, selon un tour de rôle établi deux fois par an.

§ 3. La section

175. La section est exceptionnellement un organe d'instruction et fréquemment un organe de jugement des affaires dont la solution pose une question juridique délicate ou nouvelle. Elle statue de façon régulière pour le jugement des affaires difficiles, instruites par les sous-sections. Chaque rapporteur public est appelé à constituer un rôle de section une fois par semestre. Présidée par le président de la Section du contentieux, la section se compose des trois présidents adjoints de cette section, des présidents de sous-section et du rapporteur. S'y adjoint, sans voix délibérative, le rapporteur public qui a déposé le rôle et présente ses conclusions. Elle ne peut statuer qu'en nombre impair. Le *quorum* est de neuf membres ayant voix délibérative (C.J.A., art. R. 122-18).

§ 4. L'assemblée du contentieux

176. Instance la plus élevée, l'assemblée se tient quatre à six fois par an en moyenne pour trancher les affaires dont l'importance juridique ou politique paraît la plus grande. Elle comprend le vice-président du Conseil d'État, qui la préside, les présidents de section, les trois présidents adjoints de la Section du contentieux, le président de la sous-section sur le rapport de laquelle l'affaire est jugée ou celui de la sous-section à laquelle l'affaire a été attribuée initialement si l'instruction a été effectuée par la section, les quatre présidents de sous-section les plus anciens dans leurs fonctions en dehors du précédent et le rapporteur. Le *quorum* est de neuf membres. Elle ne peut statuer qu'en nombre impair.

Sous-section 4
Le rapporteur public

177. Maître des requêtes ou auditeur, parfois conseiller d'État, désigné par arrêté du vice-président du Conseil d'État pris sur proposition du président de la Section du contentieux, sa mission est d'éclairer la juridiction en présentant des conclusions dans le sens de la solution qu'en chaque affaire lui dictent le droit et sa conscience. Son rôle a été analysé dans les arrêts *Gervaise* (C.E., 10 juil. 1957 : *Rec.*, p. 466) et *Mme Esclatine* (C.E., 29 juil. 1998 : *Rec.*, p. 320). L'indépendance du rapporteur public est incompatible avec toute structure hiérarchisée. Il prépare les rôles de chaque séance en proposant l'inscription des affaires sur lesquelles il est en état de conclure. Il peut proposer le renvoi du dossier devant la section ou l'assemblée. Il a pour mission d'exposer les questions que présente à juger le recours sur lequel il conclut et de faire connaître, en toute indépendance, son appréciation, qui doit être impartiale, sur les circonstances de fait de l'espèce et les règles de droit applicables, ainsi que son opinion sur les solutions qu'appelle, suivant sa conscience, le litige soumis à la juridiction à laquelle il appartient. Il prononce ses conclusions après clôture de l'instruction à laquelle il a été procédé contradictoirement (C.E., sect., 21 juin 2013, Cté d'agglo. du pays de Martigues : *Rec.*, p. 167). Il appartient au rapporteur public de préciser, en fonction de l'appréciation qu'il porte sur les caractéristiques de chaque dossier, les raisons qui déterminent la solution qu'appelle, selon lui, le litige, et notamment d'indiquer, lorsqu'il propose le rejet de la requête, s'il se fonde sur un motif de recevabilité ou sur une raison de fond, et de mentionner, lorsqu'il conclut à l'annulation d'une décision, les moyens qu'il propose d'accueillir. La communication de ces informations n'est toutefois pas prescrite à peine d'irrégularité de la décision. Ses conclusions sont de nature à permettre aux parties de percevoir les éléments décisifs du dossier, de connaître la lecture qu'en fait la juridiction et de saisir la réflexion de celle-ci durant son élaboration, tout en disposant de l'opportunité d'y réagir avant que la juridiction n'ait statué, leur offrant ainsi l'opportunité d'y répondre avant que les juges n'aient statué (Cour eur. D.H., 4 juin 2013, Marc-Antoine c. France, n° 54984/09).

Il ne prend pas part au vote des formations d'instruction ni de jugement.

178. En 2013, le Conseil d'État a enregistré 9 480 affaires en données brutes, 9 235 en données nettes, soit 2,2 % de plus qu'en 2012. Toujours en données brutes, le nombre d'affaires définitivement réglées a atteint 10 019 et 9 685 en données nettes, ce qui traduit une légère augmentation par rapport à 2012. Le nombre d'affaires en stock était de 6 436 en données brutes, 6 320 en données nettes. Le Conseil d'État se recentre sur son rôle de juge de cassation, le nombre de pourvois enregistrés représentant 69 % du total. Le nombre de saisines en premier ressort a, en revanche, baissé de 20,5 %. Le délai prévisible moyen de jugement des affaires en stock est de sept mois et vingt-cinq jours.

Chapitre 2

Les juridictions administratives territoriales

1 Les tribunaux administratifs 140

2 Les cours administratives d'appel 148

179. Les conseils de préfecture, institués par la loi du 28 pluviôse an VIII, ont reçu en 1953 la dénomination de tribunaux administratifs et sont devenus juges de droit commun du contentieux administratif. En 1987 furent instituées les cours administratives d'appel, auxquelles ont été transférées presque toutes les compétences d'appel du Conseil d'État.

Outre leurs activités juridictionnelles, les tribunaux administratifs et les cours administratives d'appel ont, comme le Conseil d'État, des activités extrajuridictionnelles. Ils donnent leur avis sur les questions qui leur sont soumises par les préfets, de département pour les tribunaux administratifs, de région pour les cours administratives d'appel. Cette consultation *a priori* consultative est souple dans son régime, bien que les attributions administratives soient obligatoirement exercées en formation collégiale, comprenant le président du tribunal.

Ils disposent de pouvoirs de conciliation. La décision par laquelle un tribunal administratif refuse d'exercer une mission de conciliation n'est pas une décision juridictionnelle mais une décision administrative insusceptible de recours (C.E., 1er août 2012, SNCF : *Rec.*, p. 894).

Les membres des tribunaux participent à des instances administratives (commission départementale des impôts directs et des taxes sur le chiffre d'affaires, commission de contrôle des élections universitaires...).

180. Les présidents des tribunaux administratifs ou les magistrats délégués par eux prennent aussi des décisions proprement administratives (désignation des commissaires enquêteurs pour les opérations susceptibles d'affecter l'environnement). L'exercice de ces fonctions administratives crée des difficultés lorsque l'affaire à laquelle elles ont donné lieu suscite un litige porté devant le tribunal. Ayant participé à une décision, un magistrat ne peut participer au jugement sur sa validité, y compris comme rapporteur public. En revanche, un président de tribunal administratif consulté sur un acte n'est pas de ce fait empêché de statuer ultérieurement sur sa légalité (C.E., sect., 25 janv. 1980, Gadiaga : *Rec.*, p. 44).

Même liés à la fonction juridictionnelle, certains actes des présidents de tribunal administratif se voient reconnaître la nature d'actes administratifs, telle la liquidation des frais d'expertise (C.E., sect., 17 juin 1983, Lassalette : *Rec.*, p. 260).

SECTION 1

LES TRIBUNAUX ADMINISTRATIFS

181. Les tribunaux administratifs comptaient, en 2012, 843 magistrats, auxquels s'ajoutaient 1 084 agents de greffe et 112 assistants de justice.

Ils sont en crise, malgré de grands efforts de productivité. Le stock d'affaires en attente de jugement reste excessif dans de nombreux tribunaux, bien que l'on ait constaté, en 2013, une baisse de 4,8 % du nombre d'affaires en stock. Les tribunaux ont enregistré, en 2013, 181 200 affaires en données brutes, 175 762 en données nettes. En 2013, ils ont rendu 188 205 jugements en données brutes, 183 182 en données nettes, ce qui représente une baisse de 3,8 % des affaires jugées par rapport à 2012. Le délai moyen prévisible de jugement au 31 décembre 2013 était de neuf mois et vingt-cinq jours.

Sous-section 1
L'organisation des tribunaux administratifs

182. Il existe trente et un tribunaux administratifs en métropole et onze outre-mer (Amiens, Bastia, Besançon, Bordeaux, Caen, Cergy-Pontoise, Châlons-en-Champagne, Clermont-Ferrand, Dijon, Grenoble, Lille, Limoges, Lyon, Marseille, Melun, Montpellier, Montreuil, Nancy, Nantes, Nice, Nîmes, Orléans, Paris, Pau, Poitiers, Rennes, Rouen, Strasbourg, Toulon, Toulouse, Versailles ; Basse-Terre, Cayenne, Fort-de-France, Mayotte, Mata-Utu, Nouvelle-Calédonie, Polynésie française, Saint-Barthélemy, Saint-Denis de La Réunion, Saint-Martin et Saint-Pierre-et-Miquelon).

Leur activité est inégale. En 2012, le Tribunal de Nantes a rendu 15 544 jugements, celui de Paris 9 893, celui de Bastia 714 et celui de Mata-Utu 4.

Les tribunaux sont divisés en chambres de trois juges. Ceux d'outre-mer peuvent comprendre un membre choisi parmi les magistrats de l'ordre judiciaire.

Un greffier en chef et au moins un greffier constituent le secrétariat du greffe du tribunal. Le greffier en chef est l'auxiliaire de tous les instants du président, ainsi que des conseillers rapporteurs lorsque l'instruction des affaires leur est confiée. Il tient le registre d'ordre sur lequel sont inscrites les requêtes à leur arrivée. Il délivre aux parties qui le demandent un certificat constatant cette arrivée et celle des différents mémoires produits. Il signe la minute du jugement avec le président de la formation de jugement et le rapporteur, la conserve avec la correspondance et les pièces relatives à l'instruction. Il appose la formule exécutoire sur les expéditions qu'il délivre et notifie les jugements.

Des assistants de justice, nommés par le vice-président du Conseil d'État sur proposition du chef de juridiction, apportent leur concours aux travaux préparatoires réalisés par les magistrats du tribunal pour l'exercice de leurs attributions (C.J.A., art. R. 227-1 et s.).

Le tribunal se compose d'un président et de plusieurs autres membres appartenant au corps des tribunaux administratifs et des cours administratives d'appel ou détachés dans ce corps.

Sous-section 2
Les membres des tribunaux administratifs

§ 1. Le président du tribunal administratif

183. En tant que chef de juridiction, le président du tribunal assure la direction des services du tribunal et le maintien de sa discipline intérieure et fixe les règles relatives au fonctionnement du tribunal. Au début de chaque année judiciaire, il établit la liste des conseillers appelés à statuer par délégation du président et fixe les règles relatives à leur remplacement en cas d'empêchement. Il procède à l'établissement du tableau des experts près son tribunal. Il émet des propositions pour la désignation du ou des conseillers devant être chargés des fonctions de rapporteur public, l'avancement des membres du tribunal, la nomination et l'avancement du personnel du greffe. Il adresse chaque année au ministre de la Justice un compte rendu relatif au fonctionnement des services de la juridiction pendant l'année écoulée et une statistique des affaires en instance en ce qui concerne les affaires introduites depuis plus d'un an. Il peut y mentionner toutes observations utiles concernant les questions d'intérêt général se rapportant aux travaux de la juridiction.

Il statue sur les recours dirigés contre les décisions du bureau d'aide juridictionnelle placé auprès du tribunal et désigne les commissaires enquêteurs en application de la loi du 12 juillet 1983 sur la démocratisation des enquêtes publiques.

Il est aussi président d'une formation de jugement et intervient à ce titre à tous les stades de l'instruction. Il prend des initiatives ou intervient dans les procédures relatives aux questions de connexité et de règlement des questions de compétence. Il désigne le rapporteur de chaque affaire. Il assure le respect du caractère contradictoire de la procédure, signe les mises en demeure, décide si une affaire doit être jugée sans instruction, commet un conseiller pour procéder à certaines mesures d'instruction, prononce la clôture de l'instruction en fixant la date à laquelle l'instruction sera close, arrête les rôles et fixe le montant des frais d'enquête et des honoraires des experts. En cas d'urgence, il peut réduire le délai de convocation à l'audience. Il assure la police de l'audience, possède, concurremment avec le tribunal, le pouvoir de liquider les dépens et signe la minute du jugement.

Il peut siéger en tant que juge unique.

En cas d'absence ou d'empêchement, le président, autre que celui du tribunal de Paris, est remplacé par le premier vice-président ou par le vice-président le plus ancien dans l'ordre du tableau ou, à défaut de vice-président, par le magistrat le plus ancien dans l'ordre du tableau.

Le président du tribunal administratif de Paris est remplacé par le vice-président du tribunal ou, à défaut, par le président de section le plus ancien dans l'ordre du tableau et chaque président de section par le vice-président de section ou, à défaut, par le magistrat de cette section le plus ancien dans l'ordre du tableau (C.J.A., art. R. 222-22).

§ 2. Le statut des membres des tribunaux administratifs

184. Les conseillers des tribunaux administratifs et des cours administratives d'appel constituent un corps distinct de celui des membres du Conseil d'État, indifférencié entre juges siégeant aux tribunaux et aux cours. Le statut figure aux articles L. 231-1 à L. 231-9 du Code de justice administrative. Ils sont principalement issus de l'ENA. Il existe un tour extérieur auquel peuvent être nommés un tiers des conseillers de 2e classe, parmi des fonctionnaires civils ou militaires des magistrats de l'ordre judiciaire et un septième des conseillers de 1re classe, des fonctionnaires magistrats de l'ordre judiciaire répondant à certaines conditions. Il existe, en outre, un recrutement complémentaire, qui s'effectue par concours, dont le jury est présidé par le chef de la mission permanente d'inspection des juridictions administratives.

L'indépendance des magistrats administratifs est consacrée en droit par l'article L. 231-3 du Code de justice administrative, qui leur reconnaît l'inamovibilité. Cette indépendance est aussi à assurer, au besoin, contre toute pression et menace extérieure, avec un droit à protection comme pour tout agent public. Le conseil supérieur des tribunaux administratifs et des cours administratives d'appel, présidé par le vice-président du Conseil d'État, dispose du pouvoir de proposition sur le tour extérieur, les nominations des présidents de tribunaux, les mesures disciplinaires et les désignations aux fonctions de rapporteur public (C.J.A., art. L. 232-1 et s.). Le ministre de la Justice assume la responsabilité gouvernementale de l'organisation et du fonctionnement des deux ordres de juridiction.

§ 3. Le rapporteur public

185. Dans chaque tribunal administratif, selon ses besoins, sont nommés, par arrêté du vice-président du Conseil d'État pris sur proposition du président de la juridiction et après avis conforme du Conseil supérieur des tribunaux administratifs et des cours administratives d'appel, un ou plusieurs rapporteurs publics, choisi parmi les premiers conseillers ou conseillers (C.J.A., art. R. 222-23).

Il expose publiquement et en toute indépendance à la formation de jugement son opinion sur les questions que présentent à juger les requêtes et sur les solutions qu'elles appellent (C.J.A., art. L. 7), c'est-à-dire sur les circonstances de fait et les règles de droit applicables. Ses conclusions, publiques, sont prononcées oralement (voy. *supra*).

Sous-section 3 Les formations de jugement

186. La formation normale est la chambre, composée de trois membres. Néanmoins, la formation de jugement ou le président du tribunal peuvent, à tout moment de la procédure, décider d'inscrire une affaire au rôle du tribunal statuant dans une formation plus élevée (C.J.A., art. R. 222-19). En outre, il existe de nombreux domaines dans lesquels la décision peut être rendue par un magistrat statuant seul.

§ 1. Les formations collégiales

A. La chambre

187. Les jugements des tribunaux administratifs sont en principe rendus par la chambre, en formation de trois membres, dont son président (C.J.A., art. R. 222-18).

B. Les chambres réunies

188. Les tribunaux composés de plus de deux chambres, excepté celui de Paris, peuvent siéger dans une formation de chambres réunies, présidée par le président du tribunal ou, dans les tribunaux administratifs dotés d'un premier vice-président et sur délégation du président du tribunal, par le premier vice-président et comprenant, en outre, le président de la chambre à laquelle appartient le rapporteur de l'affaire et, selon le cas, le président d'une autre chambre et un magistrat assesseur affecté dans cette chambre ou les présidents de deux autres chambres et deux magistrats assesseurs affectés dans ces chambres, ainsi que le rapporteur (C.J.A., art. R. 222-19-1).

Le groupement des chambres en formation de jugement est fixé chaque année par le président du tribunal.

Si les membres se présentent en nombre pair, un autre magistrat de l'une des chambres concernées, pris dans l'ordre du tableau, la complète.

Pour ces mêmes tribunaux, les jugements peuvent être rendus par une formation élargie présidée par le président du tribunal et comprenant, en outre, le président de la chambre à laquelle est affecté le rapporteur, les autres vice-présidents du tribunal, dans la limite de trois, choisis dans l'ordre du tableau, un magistrat assesseur de la chambre à laquelle est affecté le rapporteur, choisi dans l'ordre du tableau, et le rapporteur. Pour assurer l'imparité, il est fait appel, le cas échéant, à un autre magistrat pris dans l'ordre du tableau.

C. La formation plénière

189. À titre exceptionnel, le tribunal peut se réunir en formation plénière. Pour assurer l'imparité, le dernier conseiller pris dans l'ordre du tableau ne siège pas, le cas échéant pas (C.J.A., art. R. 222-20, al. 1er).

D. La formation élargie

190. Pour les tribunaux composés de plus de deux chambres, à l'exception du Tribunal administratif de Paris, les jugements peuvent être rendus par une formation élargie présidée par le président du tribunal, et comprenant, en outre, le président de la chambre à laquelle est affecté le rapporteur, les autres vice-présidents du tribunal choisis, s'il y a lieu, dans l'ordre du tableau, dans la limite de trois, d'un magistrat assesseur de la chambre à laquelle est affecté le rapporteur, choisi dans l'ordre du tableau, ainsi que le rapporteur.

Lorsque la composition ainsi définie ne permet pas d'assurer l'imparité de la formation élargie, elle est complétée par un autre magistrat pris dans l'ordre du tableau (C.J.A., art. R. 222-20).

Les formations élargies du Tribunal administratif de Paris sont la formation plénière, la formation de sections réunies et la formation de section (C.J.A., art. R. 222-21).

§ 2. Le président juge unique

191. Le président du tribunal est juge des référés (C.J.A., art. L. 511-2). Il intervient dans le règlement des questions de connexité et des conflits de compétence à l'intérieur de la juridiction administrative.

Il statue en audience publique et après audition du rapporteur public, sous réserve de l'application de l'article R. 732-1-1 :

1. sur les litiges relatifs aux prestations, allocations ou droits attribués au titre de l'aide ou de l'action sociale, du logement ou en faveur des travailleurs privés d'emploi, mentionnés à l'article R. 772-5 ;

2. sur les litiges relatifs à la notation ou à l'évaluation des fonctionnaires ou agents publics, ainsi qu'aux sanctions disciplinaires prononcées à leur encontre qui ne requièrent pas l'intervention d'un organe disciplinaire collégial.

   Une mesure n'intervenant pas dans le cadre d'une procédure disciplinaire ne saurait être regardée comme concernant la discipline au sens de ces dispositions, alors même qu'elle constitue en fait une sanction disciplinaire concernée (C.E., 29 nov. 2004, CH de La Vaur : *Rec.*, p. 637). En revanche, est au nombre des litiges concernant la discipline au sens de ces dispositions la contestation d'une mesure prononçant à titre conservatoire, en cas de faute grave, la suspension d'un agent dans l'attente qu'il soit statué sur les poursuites pénales ou disciplinaires engagées à son encontre (C.E., 9 déc. 2005, Mme Lachaplais : *Rec.*, p. 804), de même que la contestation de la décision fixant le poste d'affectation d'un agent faisant l'objet d'un déplacement d'office à titre de sanction disciplinaire, laquelle fait partie intégrante de la mesure disciplinaire, même si elle est matériellement distincte de la décision prononçant le déplacement d'office (C.E., 9 juin 2010, Mme Dornet, n° 313323) ;

3. sur les litiges en matière de pensions.

   Relèvent de la compétence du juge unique la contestation d'une décision ministérielle refusant la révision d'une pension (C.E., 16 juin 2004, Dufau : *Rec.*, p. 638) et la contestation par un fonctionnaire du refus de la faire bénéficier de la jouissance immédiate de sa pension civile de retraite (C.E., 29 déc. 2004, Theureau : *Rec.*, p. 638).

   Les tribunaux administratifs sont compétents pour statuer en premier et dernier ressort sur la revalorisation d'une pension de retraite du combattant (C.E., 13 déc. 2006, Min. Déf. c. Diop : *Rec.*, p. 978) ;

4. sur les litiges en matière de consultation et de communication de documents administratifs ou d'archives publiques ;

5. sur les litiges relatifs aux impôts locaux et à la contribution de l'audiovisuel public, à l'exception des litiges relatifs à la contribution économique territoriale.

   Sous l'empire de la rédaction précédente de cette disposition, l'expression « recours relatifs aux taxes syndicales et impôts locaux autres que la taxe professionnelle » revêtait une portée générale et recouvrait aussi bien les recours relatifs à l'assiette de ces prélèvements que ceux relatifs à leur recouvrement (C.E., 9 nov. 2005, Danglegant : *Rec.*, p. 805) ;

6. sur les litiges relatifs aux refus de concours de la force publique pour exécuter une décision de justice ;

7. sur les requêtes contestant les décisions prises en matière fiscale sur des demandes de remise gracieuse ;

8. sur les litiges relatifs aux bâtiments menaçant ruine ou aux immeubles insalubres ;

Les litiges relatifs aux bâtiments menaçant ruine comprennent non seulement les différends relatifs aux arrêtés de péril, mais aussi ceux relatifs aux états exécutoires émis pour recouvrer, auprès du propriétaire, les créances nées des travaux exécutés d'office en application de la législation sur les immeubles menaçant ruine (C.E., 30 juin 2004, Cté urb. Lille et Verheyde : *Rec.*, p. 638) ;

9. sur les litiges relatifs au permis de conduire ;

10. sur toute action indemnitaire ne relevant pas des dispositions précédentes, lorsque le montant des indemnités demandées est inférieur au montant déterminé par les articles R. 222-14 et R. 222-15 (10 000 € depuis le 1er janvier 2007, en vertu de l'article R. 222-14, ce montant étant déterminé par la valeur totale des sommes demandées dans la requête introductive d'instance en application de l'article R. 222-15) (C.J.A., art. R. 222-13).

Ne peuvent être regardées comme tendant au versement d'une somme supérieure à celle fixée par ces dispositions les actions indemnitaires dont les conclusions n'ont pas donné lieu à une évaluation chiffrée dans la requête introductive d'instance devant le tribunal administratif. Elles entrent dans le champ de ces dispositions (C.E., sect., 5 mai 2006, Mme Bisson : *Rec.*, p. 231). Toutefois, ces dispositions ne sauraient trouver à s'appliquer lorsque le requérant, dans sa requête introductive d'instance, a expressément demandé qu'une expertise soit ordonnée afin de déterminer l'étendue de son préjudice, en se réservant de fixer le montant de sa demande au vu du rapport de l'expert. Le juge unique est alors incompétent (*idem*).

Une demande tendant au règlement de sommes dont le versement est prévu par un contrat ne revêt pas un caractère indemnitaire au sens de ces dispositions (C.E., 8 juin 2011, Sté Ateliers constructions métalliques Gibard : *Rec.*, p. 885).

Dans les litiges énumérés à l'article R. 778-1 (contentieux du droit au logement) et aux 1°, 4°, 5°, 6°, 7°, 8° et 9° de l'article R. 222-13, le tribunal administratif statue en premier et dernier ressort. Il en va de même pour les litiges visés aux 2° et 3° de cet article, sauf pour les recours comportant des conclusions tendant au versement ou à la décharge de sommes d'un montant supérieur au montant déterminé par les articles R. 222-14 et R. 222-15. Cette disposition ne fait pas obstacle à l'application des articles R. 533-1 et R. 541-3. Par dérogation à ces dispositions, en cas de connexité avec un litige susceptible d'appel, les décisions portant sur les actions visées au 7° peuvent, elles-mêmes, faire l'objet d'un appel.

Les actions indemnitaires qui se rapportent aux litiges énumérés aux 1° à 6° et 8° et 9° de l'article R. 222-13 relèvent de la compétence d'un magistrat statuant seul quel que soit le montant demandé (C.E., 10 oct. 2012, Mme Cadar : *Rec.*, p. 926).

Le juge unique est compétent pour connaître de conclusions dont est saisi le tribunal à l'occasion des mêmes litiges et qui tendent au prononcé d'une injonction ou d'une astreinte sur le fondement des articles L. 911-1 à L. 911-3, ainsi que pour liquider, ultérieurement, l'astreinte prononcée, le cas échéant (C.E., avis, 29 déc. 2000, Clouzeau : *Rec.*, p. 669).

Il est de principe qu'une compétence juridictionnelle dévolue à un juge unique peut toujours être renvoyée par ce dernier à une formation collégiale de la juridiction à laquelle il appartient, sans que cette faculté soit prévue par un texte (C.E., sect., 13 juil. 1956, Secr. d'État à la reconstruction c. Piéton-Guibout : *Rec.*, p. 338, concl. Chardeau ; ass., 24 juil. 1974, Gaulier : *Rec.*, p. 453).

SECTION 2
LES COURS ADMINISTRATIVES D'APPEL

192. La loi du 31 décembre 1987 portant réforme du contentieux administratif a créé les cours afin de désengorger le Conseil d'État. Leurs arrêts sont susceptibles d'un pourvoi en cassation devant le Conseil d'État.

Les cours comptaient, en 2012, 288 magistrats, auxquels s'ajoutaient 329 agents de greffe et 32 assistants de justice.

Sous-section 1
La compétence des cours

193. Les cours connaissent en appel des jugements rendus en premier ressort par les tribunaux administratifs, à l'exception de ceux énumérés à l'article R. 222-13, sous réserve des compétences que l'intérêt d'une bonne administration de la justice conduit à attribuer au Conseil d'État et de celles définies aux articles L. 552-1 et L. 552-2 (C.J.A., art. L. 321-1).

Leur échappent les appels formés contre les jugements des tribunaux administratifs rendus sur les référés en matière fiscale, sur renvoi de l'autorité judiciaire, ainsi que les litiges relatifs aux élections municipales et cantonales.

Elles peuvent donner des avis aux préfets de région. Leurs membres peuvent participer à certains travaux des administrations publiques.

Sous-section 2
L'organisation des cours

194. Les cours sont présidées par un conseiller d'État, éventuellement nommé directement comme tel à cet effet au sein du corps des conseillers des tribunaux administratifs et des cours administratives d'appel. Leurs membres proviennent de ce corps.

Le président est remplacé, en cas d'absence ou d'empêchement, par le premier vice-président ou, à défaut, par le président de chambre le plus ancien dans l'ordre du tableau (C.J.A., art. R. 222-31). Il peut déléguer certaines de leurs attributions au premier vice-président.

195. Des assistants de justice peuvent être nommés pour apporter leur concours aux travaux préparatoires réalisés par les magistrats pour l'exercice de leurs attributions (C.J.A., art. R. 227-1).

§ 1. Nombre et ressort

196. Les cours sont au nombre de huit : Bordeaux (ressorts des tribunaux administratifs de Bordeaux, Limoges, Pau, Poitiers, Toulouse, Basse-Terre, Cayenne, Fort-de-France, Mayotte, Saint-Barthélemy, Saint-Martin, Saint-Denis de La Réunion et Saint-Pierre-et-Miquelon), Douai (Amiens, Lille et Rouen), Lyon (Clermont-Ferrand, Dijon, Grenoble et Lyon), Marseille (Bastia, Marseille, Montpellier, Nice, Nîmes et Toulon), Nancy (Besançon, Châlons-en-Champagne, Nancy et Strasbourg), Nantes (Caen, Nantes, Orléans et Rennes), Paris (Mata-Utu, Melun, Paris, Nouvelle-Calédonie et Polynésie française) et Versailles (Cergy-Pontoise, Montreuil et Versailles).

Le nombre de chambres de chaque cour est fixé par arrêté du vice-président du Conseil d'État.

§ 2. Le statut des membres

197. Chaque cour est présidée par un conseiller d'État en service ordinaire.

Les grades sont ceux de président, premier conseiller et conseiller.

§ 3. Les formations de jugement

198. Les affaires sont jugées soit par une chambre siégeant en formation de jugement, soit par une formation de chambres réunies, soit par la cour en formation plénière. Les formations de jugement délibèrent en nombre impair (C.J.A., art. R. 222-25). Il existe au moins un rapporteur public par chambre.

Les audiences sont publiques.

Le président de la cour peut présider une chambre siégeant en formation de jugement (C.J.A., art. R. 222-28). Lorsque la chambre en formation de jugement est présidée par le président de la cour, elle peut siéger sans que le président de la chambre, absent ou empêché, soit présent (C.E., 8 févr. 1999, Beaune, n° 168382).

A. La chambre

199. La chambre en formation de jugement est présidée par son président ou, en cas d'absence ou d'empêchement, d'un magistrat désigné à cet effet par le président de la cour et ayant au moins le grade de président, et comprend, en outre, un magistrat affecté à la chambre, désigné selon l'ordre du tableau parmi les magistrats présents et le magistrat rapporteur. Lorsque la nature ou la difficulté de l'affaire le justifie, la chambre en formation de jugement s'adjoint un autre magistrat affecté à la chambre, pris dans l'ordre du tableau, et un magistrat affecté à une autre chambre, pris dans l'ordre du tableau, autre qu'un président de chambre (C.J.A., art. R. 222-26).

B. La formation élargie

200. Le président de chambre peut, lorsque la nature ou la difficulté de l'affaire le justifie, proposer au président de la cour que la chambre siégeant en formation de jugement comprenne, outre les magistrats qui composent la chambre, un autre magistrat affecté à la chambre, désigné en suivant l'ordre du tableau parmi les magistrats présents et un magistrat affecté à une autre chambre, désigné en suivant l'ordre du tableau parmi les magistrats présents autres que les présidents de chambre (C.J.A., art. R. 222-27).

C. La formation de chambres réunies

201. La formation de chambres réunies, présidée par le président de la cour ou, sur délégation de ce dernier, par le premier vice-président, comprend, en outre, le président et un président assesseur de la chambre à laquelle est affecté le rapporteur et, selon le cas, le président d'une autre chambre et un président assesseur affecté dans cette chambre ou les présidents de deux autres chambres et des présidents assesseurs de ces chambres, ainsi qu'un magistrat désigné, dans l'ordre du tableau, parmi les magistrats affectés dans la deuxième et, le cas échéant, dans la troisième chambre, et le rapporteur. Elle siège en nombre impair.

Le groupement des chambres en formation de jugement est fixé chaque année par le président de la cour.

Lorsque la composition ainsi définie ne permet pas d'assurer l'imparité de la formation de chambres réunies, elle est complétée par un autre magistrat de l'une des chambres concernées, choisi dans l'ordre du tableau (C.J.A., art. R. 222-29-1).

D. La formation plénière

202. La formation plénière, présidée par le président de la cour ou, à défaut, par le premier vice-président, comprend en outre le premier vice-président, les présidents de chambre, remplacés en cas d'absence ou d'empêchement par un magistrat de la même chambre, ayant au moins le grade de président, désigné en suivant l'ordre du tableau, le magistrat rapporteur, s'il y a lieu, un magistrat départageur ayant le grade de président, désigné suivant l'ordre du tableau (C.J.A., art. R. 222-30).

E. Le juge unique

203. Outre les pouvoirs qu'ils détiennent à l'instar des présidents de tribunaux administratifs, les présidents des cours et les présidents de formation de jugement des cours peuvent, par ordonnance, rejeter les conclusions à fin de sursis à exécution d'une décision juridictionnelle frappée d'appel et les requêtes dirigées contre les ordonnances prises en application des 1° à 6° de l'article R. 222-1 du Code de justice administrative. Ils peuvent, de même, annuler une ordonnance prise en application des 1° à 5° du même article à condition de régler l'affaire au fond par application de ces dispositions (C.J.A., art. R. 222-1).

204. Les cours ont enregistré 29 034 affaires en données brutes, 28 885 en données nettes en 2013, ce qui représente une légère augmentation, de 1,4 %, et en ont jugé 29 172 en données brutes, 19 015 en données nettes, ce qui fait très légèrement baisser le nombre d'affaires en stock, de 4,4 % par rapport à 2012. Le nombre d'affaires en stock est de 27 648 en données brutes, de 27 549 en données nettes. Le délai moyen prévisible de jugement était, en 2013, de onze mois et douze jours.

Chapitre 3

Les juridictions administratives spéciales

1 La notion de juridiction spéciale 154

2 Les conséquences du caractère de juridiction administrative 156

205. Il existe une nébuleuse de juridictions administratives spéciales, ou spécialisées, dont la compétence est limitée à des litiges déterminés. Leur institution est motivée par le souci d'une bonne administration de la justice, afin de réserver l'examen de certaines affaires à des spécialistes, de ne pas surcharger les juridictions de droit commun de contentieux temporaires, ou de confier l'exercice du pouvoir disciplinaire qui s'exerce sur les membres de certaines professions à des juridictions au sein desquelles les intéressés sont représentés. Il paraît, par ailleurs, parfois opportun de donner compétence à une juridiction plutôt qu'à l'autorité administrative pour prendre des décisions mettant en cause des droits particulièrement importants, appelant des garanties fortes pour les individus.

Leur organisation est souvent originale, notamment parce qu'y participent des magistrats non professionnels et qu'elles ont des règles de fonctionnement propres.

Ces juridictions sont au nombre d'une cinquantaine. On citera les juridictions financières (Cour des comptes, chambres régionales des comptes...), les sections disciplinaires des Conseils des ordres professionnels, les chambres nationales de discipline, les sections des assurances sociales des ordres professionnels, le Conseil supérieur de l'ordre des géomètres experts, la Cour nationale de tarification sanitaire et sociale, la Commission centrale d'aide sociale, la Cour nationale du droit d'asile, le Haut Conseil du commissariat aux comptes, les juridictions financières et universitaires, les juridictions des pensions (C.E., 19 oct. 2012, Kessabi : *Rec.*, p. 665)... Très différentes les unes des autres, elles sont tantôt composées de magistrats professionnels, jouissant de l'inamovibilité, tantôt de représentants des professions intéressées, tantôt mêlent les deux catégories. La présence de fonctionnaires en leur sein ne peut, par elle-même, être de nature à faire naître un doute objectivement justifié sur leur impartialité. Mais il en va autrement lorsque, sans que des garanties appropriées assurent son indépendance, les fonctions exercées par le fonctionnaire appelé à siéger dans une juridiction le font participer à l'activité des services en charge des questions soumises à celle-ci (C.E., 6 déc. 2002, Trognon, Aïn Lhout : *Rec.*, p. 430).

Certaines sont des instances de recours contre des actes publics, d'autres des instances de sanction, d'autres participent, sous forme juridictionnelle, à l'action administrative en reconnaissant directement des droits à des individus. Leur activité est également variable. En 2013, la Cour nationale du droit d'asile a rendu 38 540 jugements, elle a été saisie de 34 752 affaires, chiffre en baisse par rapport à 2012.

SECTION 1

LA NOTION DE JURIDICTION SPÉCIALE

206. La question du critère de la juridiction en droit administratif se pose ici.

Sous-section 1
L'enjeu de la qualification

207. Les juridictions sont soumises à des règles de fonctionnement différentes de celles de l'administration active, notamment aux obligations d'examen contradictoire du dossier et de motivation des décisions. L'existence légale des juridictions dépend parfois de leur nature même de juridiction, car seul le législateur peut créer un nouvel ordre de juridiction en vertu de l'article 34 de la Constitution. En application de la jurisprudence du Conseil constitutionnel et du Conseil d'État, seul le législateur peut instituer une juridiction d'un type nouveau, la supprimer et en fixer les règles constitutives.

Parfois, le régime de l'institution est défini complètement par son texte fondateur ; mais ce texte peut être muet ou obscur. On recourt alors à la nature de l'institution pour déterminer son régime. La nature de juridiction ou d'organisme administratif est discutée maintes fois, à propos d'instances professionnelles, de commissions d'indemnisation ou d'instances scolaires.

Sous-section 2
Le critère de la juridiction administrative spéciale

208. Qualifier une instance de juridiction administrative spéciale suppose de reconnaître le caractère de juridiction, puis celui de juridiction administrative spéciale.

Chaque fois que l'intention du législateur est certaine, en raison de la formulation même de la loi ou de son éclairage par les travaux préparatoires, le Conseil d'État se borne à prendre acte de la qualification conférée par le législateur. Si le texte est imprécis, le juge recourt à des critères organiques et formels, prenant en compte les caractéristiques de l'instance litigieuse et les formes dans lesquelles la décision doit être rendue, et à des critères matériels, se référant à l'objet et à la nature de la décision prise.

La jurisprudence fait aujourd'hui référence à des critères formels, soit simultanément à des critères matériels, soit de façon surabondante (C.E., 1er mars 1961, Dme Frank : *Rec.*, p. 151 ; ass., 12 juil. 1969, L'Étang : *Rec.*, p. 388). La jurisprudence entend réserver le caractère juridictionnel, en se référant à la nature de la matière et des pouvoirs et à la mission de l'instance, aux organismes ayant clairement pour objet de trancher une contestation et aux organes disciplinaires.

Puis il faut se demander si l'instance appartient à l'ordre administratif ou à l'ordre judiciaire. Cette question est rarement incertaine, car la création d'une juridiction de l'ordre judiciaire ne prête généralement pas à équivoque. En cas de doute, le juge retient le critère de la matière sur laquelle portent les litiges soumis à la juridiction en cause.

Qualifier une institution de juridiction administrative est d'autant moins aisé que des institutions ont un double visage, exerçant tantôt des fonctions exécutives, tantôt des fonctions juridictionnelles. Ce dédoublement fonctionnel touche en particulier les ordres professionnels, dont les décisions relèvent, selon le cas, du recours pour excès de pouvoir ou du recours en cassation, ou les chambres régionales des comptes (C.E., 23 mars 1984, Organisme de gestion des écoles catholiques de Couëron : *Rec.*, p. 126).

SECTION 2
LES CONSÉQUENCES DU CARACTÈRE DE JURIDICTION ADMINISTRATIVE

209. Les juridictions administratives spéciales sont soumises aux règles générales de procédure et aux voies de recours devant la juridiction générale.

Sous-section 1
La soumission aux règles générales de procédure

210. La jurisprudence a complété le régime des juridictions administratives spéciales et conforté la qualité et les garanties parfois incomplètement assurées par ces règles. L'existence de l'obligation de motivation a souvent constitué l'enjeu de la qualification, de même que le respect du principe du contradictoire (C.E., 22 oct. 2012, Martazanov : *Rec.*, p. 367 : la Cour nationale du droit d'asile ne peut pas fonder ses décisions sur des documents non soumis au contradictoire), l'impartialité et de façon générale, la protection des droits de la défense (C.E., 16 juin 2008, Vadepied et Abraham : *A.J.D.A.*, 2008, p. 2086 ; sect., 12 mai 1961, Sté La Huta : *Rec.*, p. 313).

Seuls les avocats peuvent assister ou représenter les parties devant ces juridictions, sauf disposition législative ou réglementaire en vigueur le 5 janvier 1972 en disposant autrement (C.E., 22 févr. 2012, Mme Saint-Sever : *Rec.*, p. 56).

Sous-section 2
La soumission aux voies de recours devant la juridiction générale

211. Le recours en cassation assure au Conseil d'État un possible contrôle sur l'activité des juridictions administratives spéciales. L'ouverture de ce recours constitue un principe général du droit et une garantie pour les justiciables. Il existe parfois un appel, prévu par les textes institutifs et porté, en général, devant une autre juridiction spécialisée de niveau national.

TITRE 3

La ventilation des compétences entre les juridictions administratives

Chapitre 1
La compétence de principe des juridictions administratives 159
Chapitre 2
La résolution des difficultés de compétence interne 183

212. La répartition des compétences obéit à des objectifs précis. Les parties en litige ne sauraient déroger à la compétence des juridictions comme les lois et règlements la posent. La répartition des compétences est d'ordre public. Fondée juridiquement, cette solution n'en comporte pas moins des inconvénients sérieux sur le plan pratique.

Chapitre 1

La compétence de principe des juridictions administratives

1 La compétence de premier ressort 160

2 La compétence en appel 178

3 La compétence en cassation 181

213. La répartition des compétences est d'ordre public.

Les parties ne sauraient déroger à la compétence matérielle du juge telle que les dispositions en vigueur la lui attribuent, qu'il s'agisse de la compétence de droit commun ou de la compétence d'attribution. La compétence d'une juridiction ne peut être étendue ou restreinte par convention (C.E., 17 févr. 1926, Dpt Ain : *Rec.*, Penant, p. 584). Il est également impossible de prévoir par convention l'institution d'une juridiction arbitrale, seul le législateur ayant cette compétence.

La compétence territoriale ne peut faire l'objet de dérogation, même par voie d'élection de domicile ou d'accord entre les parties, sauf en matière de marchés, contrats ou concessions. Si l'intérêt public ne s'y oppose pas, les parties peuvent, soit dans le contrat primitif, soit dans un avenant antérieur à la naissance du litige, convenir que les différends seront soumis à un tribunal administratif autre que celui qui serait compétent en vertu des dispositions de l'alinéa 1er de l'article R. 312-11 du C.J.A. (al. 2). Le tribunal apprécie si l'accord des parties correspond à l'intérêt de la justice, la dérogation doit avoir un fondement rationnel.

Le Conseil d'État est la juridiction administrative suprême. Il statue souverainement sur les recours en cassation dirigés contre les décisions rendues en dernier ressort par les diverses juridictions administratives ainsi que sur ceux dont il est saisi en qualité de juge de premier ressort ou de juge d'appel (C.J.A., art. L. 111-1).

La compétence d'appel se répartit entre le Conseil d'État et les cours administratives d'appel. La compétence de cassation est le monopole du Conseil d'État.

SECTION 1
LA COMPÉTENCE DE PREMIER RESSORT

214. La compétence de premier ressort est partagée entre le Conseil d'État, les tribunaux administratifs et les juridictions administratives spécialisées. Il peut arriver que le Conseil d'État statue successivement comme juge de cassation, juge d'appel et juge de premier ressort (C.E., sect., 7 févr. 2008, Mme Baomar : *Rec.*, p. 29).

Sous-section 1
La compétence ratione materiae

215. Les articles L. 211-1 et L. 311-1 disposent que le tribunal administratif est le juge premier du contentieux administratif. Sauf si une disposition attribue compétence à une autre juridiction, les différends en matière administrative doivent être portés en premier ressort devant un tribunal administratif. Cette compétence recouvre la plupart des recours pour excès de pouvoir, les recours de pleine juridiction, les recours en interprétation et en appréciation de légalité et certains contentieux répressifs.

Il existe des exceptions : le Conseil d'État connaît directement de certains litiges limitativement énumérés. Sa compétence d'attribution résulte des dispositions des articles L. 311-2 à L. 311-5 et R. 311-1 du Code de justice administrative. Cette compétence dépend de l'importance de l'acte attaqué. Les règles de compétence matérielle prévalent sur celles de compétence territoriale.

En outre, la juridiction compétemment saisie du fond peut se prononcer sur l'ensemble des moyens qui lui sont soumis, en application de la règle « juge de l'action, juge de l'exception ».

§ 1. Attributions constitutionnelles de compétence au profit du Conseil d'État

216. L'article 74 de la Constitution attribue compétence au Conseil d'État en premier et dernier ressort pour connaître de certaines catégories d'actes adoptés par les assemblées délibérantes des collectivités d'outre-mer intervenant au titre des compétences qu'elles exercent dans le domaine de la loi. Ces actes restent des actes administratifs (C.E., 27 févr. 1970, Saïd Ali Tourqui : *Rec.*, p. 138 ; 15 janv. 1992, Président du gouvernement du territoire de la Polynésie française : *Rec.*, p. 20).

Le Conseil d'État renvoie au Conseil constitutionnel les questions prioritaires de constitutionnalité (Q.P.C.) que lui transmettent les juridictions administratives, lorsqu'est présenté devant elles un moyen tiré de ce qu'une disposition législative porte atteinte aux droits et libertés garantis par la Constitution et que sont remplies les conditions posées par l'article 23-2 de l'ordonnance du 7 novembre 1958 (C.J.A., art. LO 771-1 et LO 771-2 ; C.E., 14 avr. 2010, Mme et M. Labane : *Rec.*, p. 110 ; Union des Familles en Europe : *Rec.*, p. 107 ; Mme Lazare : *Rev. fr. dr. admin.*, p. 696). Le nombre de Q.P.C. dont le Conseil a été saisi est en baisse en 2013 par rapport à 2012.

(Sur les Q.P.C., voy. *supra* et Conseil d'État, Rapport pour 2010, *E.D.C.E.*, 2011, La Documentation française, p. 195 ; site Internet du Conseil d'État, rubrique « Q.P.C. ».)

§ 2. Attributions législatives de compétence au profit du Conseil d'État

217. En qualité de juge suprême, le Conseil d'État est compétent pour répondre à une demande d'avis d'un tribunal administratif ou d'une cour administrative d'appel sur une question de droit nouvelle, présentant une difficulté sérieuse et se posant dans de nombreux litiges (C.J.A., art. L. 113-1 ; C.E., ass., avis, 7 juil. 1989, Mlle Cale : *Rec.*, p. 159).

Le juge du référé provision ne peut pas former une demande d'avis contentieux. En effet, une obligation dont l'existence soulève une question de droit présentant une difficulté sérieuse ne peut être regardée comme une obligation dont l'existence n'est pas sérieusement contestable (C.E., 3 oct. 2012, Sté Colas Nord-Picardie, avis : *Rec.*, p. 343).

218. Oppositions aux changements de noms prononcés en vertu de l'article 61 du Code civil (C.J.A., art. L. 311-2).

219. Certaines élections : protestations contre l'élection des représentants au Parlement européen et contre les élections aux conseils régionaux, y compris celle de leur président (C.E., 16 janv. 1987, Élect. président Conseil rég. Picardie : *Rec.*, p. 6), à l'assemblée de Corse, aux assemblées de province et au gouvernement de Nouvelle-Calédonie, à l'assemblée de la Polynésie française, à l'assemblée territoriale de Wallis-et-Futuna, aux conseils territoriaux de Saint-Martin et de Saint-Pierre-et-Miquelon et élections des conseillers et délégués consulaires et des conseillers à l'Assemblée des Français de l'étranger (C.J.A., art. L. 311-3).

220. Recours contre les désignations au Conseil économique, social et environnemental (Ord. 29 déc. 1958).

221. Recours de plein contentieux contre les décisions de certaines autorités nationales : Autorité de contrôle prudentiel et de résolution, ministre du Logement, Autorité des marchés financiers, Autorité de régulation des communications électroniques et des postes, Conseil supérieur de l'audiovisuel, Autorité de régulation des activités ferroviaires, Conseil de prévention et de lutte contre le dopage, Commission de régulation de l'énergie (C.J.A., art. L. 311-4).

222. Autorisations de plaider. Le Conseil d'État est juge de premier ressort à l'égard des décisions, non juridictionnelles, rendues par les tribunaux administratifs sur le fondement de l'article L. 212-2 du Code de justice administrative, accordant ou refusant à des contribuables l'autorisation de plaider pour le compte d'une commune ou d'un établissement public de coopération intercommunale (C.G.C.T., art. L. 2132-5 et L. 5211-58 ; C.J.A., art. L. 311-5).

223. Ouvrages intéressant la défense. Le Conseil d'État connaît des recours en annulation et des demandes de suspension introduites par les préfets à l'encontre des décisions des autorités décentralisées qui sont de nature à compromettre le fonctionnement ou l'intégrité d'une installation ou d'un ouvrage intéressant la défense nationale (C.G.C.T., art. L. 1111-7). L'acte en cause peut être ou non au nombre de ceux qui sont soumis à transmission dans le cadre du contrôle de légalité ; la demande de sursis doit normalement être jugée par le président de la Section du contentieux ou son délégué dans les quarante-huit heures.

224. Recours formés contre le règlement intérieur de la Polynésie française, recours juridictionnels spécifiques formés contre les « lois du pays » et les délibérations décidant l'organisation d'un référendum local (C.J.A., art. L. 311-7).

225. Recours contre les délibérations des conseils généraux des DOM et des conseils régionaux des ROM prises sur le fondement de l'article 73 de la Constitution (C.J.A., art. L. 311-8).

226. Recours contre les délibérations des conseils généraux et territoriaux des COM (C.J.A., art. L. 311-9 à L. 311-12).

§ 3. Attributions réglementaires de compétences au profit du Conseil d'État

227. Recours dirigés contre les ordonnances du président de la République et les décrets (C.J.A., art. R. 311-1, 1°).

Relèvent du Conseil d'État tous les décrets, du président de la République ou du Premier ministre. La jurisprudence y assimile les ordonnances de l'article 38 de la Constitution, les ordonnances du président de la République prises en vertu des pouvoirs accordés par une loi référendaire, les décisions prises en application de l'article 16 de la Constitution et les décisions du Premier ministre refusant d'engager la procédure prévue à l'article 37, alinéa 2, de la Constitution pour procéder par décret à la modification d'un texte de forme législative (C.E., ass., 24 nov. 1961, Féd. nat. des synd. de police : *Rec.*, p. 658 ; ass., 19 oct. 1962, Canal : *Rec.*, p. 552 ; ass., 2 mars 1962, Rubin de Servens : *Rec.*, p. 143 ; sect., 3 déc. 1999, Assoc. ornithologique et mammalogique de Saône-et-Loire : *Rec.*, p. 379). Sont également de la compétence directe du Conseil d'État les recours de pleine juridiction tendant à la réparation de dommages imputés à un décret.

Le recours doit être dirigé contre un décret au sens formel. Un arrêté pris à la place d'un décret relève du tribunal administratif, de même que le refus de prendre un décret (C.E., 23 nov. 1966, Féd. nat. des travailleurs des chemins de fer CGT : *Rec.*, p. 906 ; 5 juil. 2006, Assoc. Tchernobyl : *A.J.D.A.*, 2006, p. 1916). Un recours dirigé contre une décision par laquelle il a été refusé de modifier ou de compléter un décret, que ce décret présente ou non un caractère réglementaire, est, en réalité dirigé contre le décret et relève de la compétence en premier ressort du Conseil d'État (C.E., ass., 3 févr. 1989, Cie Alitalia : *Rec.*, p. 44 ; ass., 20 déc. 1995, Mme Vedel et Jannot : *Rec.*, p. 440 ; 26 nov. 2012, Gaye : *Rec.*, p. 389 ; 17 févr. 1965, Cne Saint-Hippolyte : *Rec.*, p. 110).

Les tribunaux administratifs sont cependant compétents pour connaître de la légalité des décrets par voie d'exception. Ils connaissent aussi de toutes les réclamations relatives aux établissements dangereux, incommodes ou insalubres, en vertu de la loi du 19 décembre 1917, même si l'acte attaqué est un décret (C.E., 16 déc. 1955, Sté Morai : *Rec.*, p. 595).

228. Recours dirigés contre les actes réglementaires des ministres et des autres autorités à compétence nationale et contre leurs circulaires et instructions de portée générale (C.J.A., art. R. 311-1, 2°).

Ce chef de compétence intéresse tous les actes réglementaires des ministres, tous ceux qui ont une portée réglementaire, y compris les circulaires, le refus de prendre de telles mesures ou de les faire prendre par décret (C.E., 20 janv. 1989, Féd. fr. de karaté-taekwondo : *Rec.*, p. 954 ; 28 nov. 1983, Bauby : *Rec.*, p. 372 ; 8 juin 1973, Richard : *Rec.*, p. 405). Il intéresse aussi les actes réglementaires des secrétaires d'État (C.E., sect., 18 mars 1977, C.C.I. de La Rochelle : *Rec.*, p. 153) et les actes réglementaires signés au nom des ministres par des personnes ayant reçu délégation régulière de signature (C.E., 16 déc. 1987, CFDT Interco : *Rec.*, p. 653).

L'autorité nationale peut être un organisme de droit privé chargé d'une mission de service public (C.E., 16 nov. 2011, Darties, n° 339582). L'acte peut avoir pour auteur une autorité exécutive non collégiale (C.E., 7 avr. 2011, Synd. médecins Aix et région, n° 339813). Le Conseil d'État connaît en premier et dernier ressort des conclusions dirigées contre la convention concernant la communication électronique entre les juridictions judiciaires ordinaires du premier et du second degré et les avocats en application respectivement des dispositions des articles 748-1 et 748-6 du Code de procédure civile et de celles de l'alinéa 1er de l'article 21-1 de la loi n° 71-1130 du 31 décembre 1971, qui revêtent un caractère réglementaire et ont été prises concomitamment par le ministre de la Justice et les présidents du Conseil national des barreaux dans l'exercice de leurs pouvoirs réglementaires respectifs (C.E., 15 mai 2013, Ordre des avocats du barreau de Marseille et a. : *Rec.*, p. 540).

Un établissement public national ne peut être regardé comme une autorité à compétence nationale au sens de ces dispositions (C.E., 26 juil. 2011, Synd. Snutefi/FSU et a. ; n° 346771), hormis le cas où il aurait été doté d'un pouvoir réglementaire par un texte (C.E., 23 janv. 2012, Berthe et a. : *Rec.*, p. 663).

229. Litiges concernant le recrutement et la discipline des agents publics nommés par décret du président de la République en vertu des dispositions de l'article 13 de la Constitution et des articles 1er et 2 de l'ordonnance n° 58-1136 du 28 novembre 1958 portant loi organique concernant les nominations aux emplois civils et militaires de l'État (C.J.A., art. R. 311-1, 3°).

La compétence du Conseil d'État s'étend aux agents qui occupent des emplois normalement réservés à des corps pourvus par décret présidentiel et ceux qui ont vocation à occuper de tels emplois, même si, en fait, l'agent n'a pas été nommé par décret (C.E., ass., 15 mai 1981, Maurice : *Rec.*, p. 221). Ne sont pas concernés les élèves officiers ou les fonctionnaires nommés par décret du président de la République dans un corps dont les membres ne sont normalement pas nommés par un tel décret (C.E., 17 févr. 1961, Lanson : *Rec.*, p. 130).

Cette compétence inclut les litiges relatifs à un concours d'accès à un corps de fonctionnaires nommés par décret du président de la République ainsi que les litiges indemnitaires à la suite de décisions des autorités administratives prises en matière de recrutement et de discipline de tels agents publics (C.E., sect., avis, 21 juin 2013, Mme Villaume : *Rec.*, p. 170, et Tamru : *Rec.*, p. 173). Elle inclut également un refus d'accès à un corps dont les membres sont nommés par décret du président de la République (C.E., 9 juin 1971, Carricaburu : *Rec.*, p. 428 ; 1er avr. 1996, Peyrard : *Rec.*, p. 925).

La contestation de la décision prononçant, à titre conservatoire, en cas de faute grave, la suspension d'un agent dans l'attente qu'il soit statué disciplinairement ou pénalement sur sa situation, ainsi que de celle refusant de mettre fin à une telle mesure de suspension, relève du Conseil d'État (C.E., 26 juil. 2011, Triquenaux, n° 343837).

230. Recours dirigés contre les décisions prises par les organes de certaines autorités (C.J.A., art. R. 311-1, 4°).

Ce sont : l'Agence française de lutte contre le dopage, l'Autorité de contrôle prudentiel et de résolution, l'Autorité de la concurrence, l'Autorité des marchés financiers, l'Autorité de régulation des communications électroniques et des postes, l'Autorité de régulation des jeux en ligne, l'Autorité de régulation des transports ferroviaires, l'Autorité de sûreté nucléaire, la Commission de régulation de l'énergie, le Conseil supérieur de l'audiovisuel, sous réserve des dispositions de l'article R. 311-2, la Commission nationale de l'informatique et des libertés, la Haute Autorité pour la transparence de la vie publique, la Commission nationale de contrôle des interceptions de sécurité et la Commission nationale d'aménagement commercial.

Par dérogation à ces dispositions, les recours contre les décisions individuelles prises à l'encontre d'une personne physique ou morale par une fédération sportive dans l'exercice de ses prérogatives de puissance publique sont portés devant le tribunal administratif dans le ressort duquel se situe la résidence ou le siège social du requérant à la date des décisions attaquées (C.J.A., art. R. 312-17).

Tous les recours dirigés contre les actes des organes des autorités énumérées par ces dispositions, qu'ils relèvent de l'excès de pouvoir ou du plein contentieux, ressortissent désormais à la compétence de premier ressort du Conseil d'État, sauf texte contraire, le texte actuel du 4° de l'article R. 311-1 ne comportant plus la restriction contenue dans la rédaction que lui donnait le décret du 30 septembre 1953.

Le Conseil d'État connaît en premier ressort des recours contre les décisions du président de l'organisme en cause s'il a agi au nom ou par délégation de celui-ci, dans l'exercice des attributions de ce dernier (C.E., 28 juil. 2000, Dakar, n° 212311 ; 30 juin 2006, Sté Neuf Télécom SA : *Rec.*, p. 309). Le tribunal administratif est, en revanche, compétent en premier ressort lorsque le président a agi en vertu de ses pouvoirs propres (C.E., 10 juil. 1985, Sté Illro : *Rec.*, p. 549 ; 26 juin 1991, SARL Comin : *Rec.*, p. 877).

Lorsque le responsable d'un traitement intéressant la sûreté de l'État, la défense ou la sécurité publique oppose un refus à une demande d'accès indirect ou de rectification, l'indication alors fournie au demandeur par le président de la CNIL selon laquelle il a été procédé aux vérifications nécessaires ne peut être regardée comme l'exercice par la CNIL de l'une de ses compétences, mais comme la simple notification d'une décision de refus d'accès prise par le responsable du traitement. Cette décision relève, en cas de litige, de la compétence du tribunal administratif dans le ressort duquel l'autorité qui l'a prise a son siège (C.E., 3 juin 2013, Roxman : *Rec.*, p. 515).

231. Autres cas

232. Actions en responsabilité dirigées contre l'État pour durée excessive de la procédure devant la juridiction administrative (C.J.A., art. R. 311-1, 5°).

233. Recours en interprétation et recours en appréciation de légalité des actes dont le contentieux relève en premier et dernier ressort du Conseil d'État (C.J.A., art. R. 311-1, 6°).

234. Recours dirigés contre les décisions ministérielles prises en matière de contrôle des concentrations économiques (C.J.A., art. 311-1, 7° ; C.E., 11 juil. 2001, Synd. CGT de la Sté Clemessy : *Rec.*, p. 385). Le Conseil d'État est compétent en premier et dernier ressort à l'égard des décisions prises par le ministre chargé de l'Économie sur le fondement de l'article L. 430-7-1 du Code de commerce et des décisions ministérielles, prises dans le cadre de pouvoirs de contrôle autres que ceux qui sont prévus à cet article et autorisant ou refusant d'autoriser une prise de participation qui relève d'une opération de concentration notifiée à une autorité de concurrence au titre du contrôle des concentrations économiques (C.E., 23 déc. 2011, Sté Groupe Partouche, n° 340834).

235. Contestations sur la validité des opérations électorales tendant à la désignation des représentants des magistrats au Conseil supérieur des tribunaux administratifs et des cours administratives d'appel (C.J.A., art. R. 232-16).

236. En dehors de tout texte, le Conseil d'État s'est reconnu compétent pour connaître des recours dans l'intérêt de la loi – il peut, à ce titre, être saisi par un ministre d'un recours contre un jugement entaché d'erreur, aux fins de préciser l'état du droit (C.E., 1er oct. 1997, Min. Déf. : *Rec.*,

p. 324 ; C.E., 10 juil. 1981, Retail : *Rec.*, p. 303). De même, il connaît des protestations dirigées contre les élections aux Conseils nationaux et régionaux de l'Ordre des architectes (C.E., 29 juil. 1994, Perin-Dureau : *Rec.*, p. 864), des recours contre le refus du président de l'Ordre des avocats au Conseil d'État et à la Cour de cassation de désigner un avocat aux Conseils à la demande d'un requérant qui ne parvient pas à obtenir l'assistance de l'un d'eux (C.E., sect., 22 avr. 2005, Magerand : *Rec.*, p. 158), des recours dans l'intérêt de la loi et des requêtes en référé présentées sur le fondement de l'article L. 521-2 du Code de justice administrative lorsque le litige principal auquel elles sont susceptibles de se rattacher relève de la compétence du Conseil d'État.

237. Relèvent également du Conseil d'État en premier et dernier ressort les requêtes en référé présentées sur le fondement de l'article L. 521-2 du Code de justice administrative pour lesquelles le litige principal auquel elles sont susceptibles de se rattacher relève de cette même compétence du Conseil d'État (C.E., sect., 22 avr. 2005, Magerand : *Rec.*, p. 158).

238. Il répond aux demandes d'avis des tribunaux administratifs et des cours administratives d'appel sur une question de droit nouvelle, présentant une difficulté sérieuse se posant dans de nombreux litiges (C.J.A., art. L. 113-1).

Sous-section 2
Compétence territoriale

239. Chaque tribunal administratif a un ressort géographique. La règle de principe est que le tribunal compétent est celui dans le ressort duquel a son siège légal l'autorité qui, soit en vertu de son pouvoir propre, soit par délégation, a pris la décision attaquée ou a signé le contrat litigieux (C.J.A., art. R. 312-1), mais le Code prévoit de nombreuses exceptions à ce principe.

Lorsque l'acte a été signé par plusieurs autorités, le tribunal administratif compétent est celui dans le ressort duquel a son siège la première des autorités dénommées dans cet acte.

Sous les mêmes réserves, en cas de recours préalable à celui qui a été introduit devant le tribunal administratif, la décision à retenir pour déterminer la compétence territoriale est celle qui a fait l'objet du recours administratif ou du pourvoi devant une juridiction incompétente.

En application de l'alinéa 2 de l'article R. 312-1, c'est la décision initiale, et non la décision prise sur recours administratif, qui détermine le tribunal administratif compétent pour connaître du litige (C.E., sect., 21 févr. 1958, Min. Budg. c. Assoc. des viticulteurs de la Côte-d'Or : *Rec.*, p. 119 ; 2 oct. 1959, Office parisien de compensation : *Rec.*, p. 484).

En matière indemnitaire, lorsqu'aucune disposition spéciale ne trouve à s'appliquer, le tribunal administratif compétent est celui dans le ressort duquel a son siège l'autorité administrative dont la décision a lié le contentieux (C.E., 12 janv. 1968, Ginon : *Rec.*, p. 901 ; sect., 4 déc. 1970, Min. Déf. et min. Équip. c. Starr et a. : *Rec.*, p. 733). Lorsqu'aucune décision n'a lié le contentieux, le tribunal administratif compétent est celui dans le ressort duquel a son siège l'autorité qui aurait été compétente pour lier le contentieux (C.E., 4 juil. 1962, Thirion de Briel : *Rec.*, p. 451).

240. Sauf en matière de marchés, contrats ou concessions, la compétence territoriale ne peut faire l'objet de dérogations, même par voie d'élection de domicile ou d'accord entre les parties (C.J.A., art. R. 312-2, al. 1er). Lorsque l'acte a été signé par plusieurs autorités, le tribunal administratif compétent est celui dans le ressort duquel a son siège la première des autorités dénommées dans cet acte.

Lorsqu'il n'a pas été fait application de la procédure de renvoi prévue à l'article R. 351-3 et que le moyen tiré de l'incompétence territoriale du tribunal administratif n'a pas été invoqué par les parties avant la clôture de l'instruction de première instance, ce moyen ne peut plus ultérieurement être soulevé par les parties ou relevé d'office par le juge d'appel ou de cassation (*idem*, al. 2).

Ces dernières dispositions, introduites par le décret du 19 avril 2002, limitent les possibilités de contestation de la compétence territoriale des tribunaux administratifs. Il a ainsi été jugé qu'une demande initialement enregistrée au greffe d'un tribunal administratif, ayant été transmise à un tribunal administratif nouvellement créé, l'article R. 312-2 fait obstacle à ce que le moyen tiré de ce que le tribunal administratif nouvellement créé n'était pas le tribunal territorialement compétent pour connaître du tribunal ne peut, faute d'avoir été invoqué en première instance, qu'être écarté devant le juge d'appel et le juge de cassation (C.E., 20 mai 2011, Cne Lavandou et Biver, nos 828338 et 328642).

Le tribunal administratif territorialement compétent pour connaître d'une demande principale l'est également pour connaître de toute demande accessoire, incidente ou reconventionnelle ressortissant à la compétence des tribunaux administratifs. Il est également compétent pour connaître des exceptions relevant de la compétence d'une juridiction administrative (C.J.A., art. R. 312-3).

Les recours en interprétation et les recours en appréciation de légalité relèvent de la compétence du tribunal territorialement compétent pour connaître de l'acte litigieux (C.J.A., art. R. 312-4).

La règle de la décision préalable donne par définition le rôle de défendeur à l'administration dans la plupart des instances, le principe étant celui de la compétence du tribunal dans le ressort duquel siège l'auteur de la décision attaquée (C.J.A., art. R. 312-1). Mais cette disposition ne joue qu'en dernière analyse ; les exceptions sont telles que la jurisprudence du Conseil d'État leur fait prendre le pas sur le principe.

241. Le tribunal compétent est en principe celui dans le ressort duquel a légalement son siège l'autorité qui a pris la décision attaquée ou signé le contrat litigieux.

Il n'y a pas à rechercher si l'autorité a agi ou non par délégation. L'autorité à considérer est celle qui a pris la décision, soit en vertu de son pouvoir propre, soit par délégation. En cas de recours administratif préalable, la décision à retenir est celle qui a fait l'objet de ce recours, même si l'autorité inférieure n'a pas, en fait, pris de décision et que seule est attaquée la décision du supérieur hiérarchique (C.E., sect., 21 févr. 1958, Secr. État budg. c. Assoc. des viticulteurs de la Côte d'Or : *Rec.*, p. 119). Il faut donc se référer à la première décision intervenue au niveau le moins central possible. Ce critère de principe ne joue que si aucune des exceptions prévues par le Code ne peut jouer.

242. Les litiges relatifs aux législations régissant les activités professionnelles ressortissent au tribunal du lieu de l'application de la décision et, plus généralement encore, du lieu d'exercice de la profession (C.J.A., art. R. 312-10). La notion d'activité professionnelle doit s'entendre dans un sens large (professions libérales, agricoles, commerciales et industrielles, réglementations des prix et du travail, protection ou représentation des salariés, litiges concernant les sanctions administratives intervenues en application des législations régissant ces professions).

Si, pour ces mêmes catégories de litiges, la décision contestée a un caractère réglementaire et ne s'applique que dans le ressort d'un seul tribunal administratif, ce dernier est compétent pour connaître du litige.

Ce chef de compétence s'applique à un litige relatif à la nomination d'un notaire (C.E., 21 juil. 1970, Morin : *Rec.*, p. 979 : tribunal du lieu de l'office notarial) ou d'un commissaire-priseur (C.E., 18 juin 1971, Min. Justice c. Vannière : *Rec.*, p. 449), à l'agrément d'un croupier par le ministre de l'Intérieur, qui est relatif à l'exercice d'une profession (C.E., 14 juin 1967, Santucci : *Rec.*, p. 741), à un agrément fiscal (C.E., sect., 10 mars 1967, Sté Samat : *Rec.*, p. 112 ; sect., 26 janv. 1968, Sté Maison Genestal : *Rec.*, p. 62), à la délivrance d'une carte professionnelle (C.E., sect., 14 avr. 1972, Premier min. c. Marion de Procé : *Rec.*, p. 287 : carte d'identité de journaliste professionnel : tribunal du lieu d'exercice de la profession). Il s'applique également aux recours en matière d'autorisation de licenciement de salariés protégés (C.E., sect., 22 mai 1981, Haas : *Rec.*, p. 238 ; 2 févr. 1996, Sté suburbaine de canalisations et de grands travaux : *Rec.*, p. 796), aux recours formés contre un arrêté préfectoral ordonnant la fermeture d'un débit de boissons (Min. Int. c. D^{me} Desamis, préc.), contre un état exécutoire émis par l'agent comptable de l'Institut national de l'audiovisuel (C.E., 19 nov. 1999, Radio Dreyeckland Antenne Sud Alsace, n° 197358 : tribunal du siège de la société à l'encontre de laquelle l'état a été émis), contre le retrait d'une autorisation de transport automobile de voyageurs (C.E., 22 nov. 1957, Regué : *Rec.*, p. 638 : tribunal du siège de la société).

La notion de litige relatif aux législations régissant les activités professionnelles n'est pas claire. Une décision peut présenter le double caractère de mesure régissant les activités professionnelles et de mesure individuelle de police : l'autorisation d'ouvrir un débit de boissons est prise en application de la législation régissant une activité professionnelle, alors que la fermeture d'un débit de boissons, décidée en raison de la personne de l'exploitant, constitue une mesure de police. Les litiges concernant l'agrément d'un croupier sont relatifs à une législation régissant les activités professionnelles (C.E., 14 juin 1967, Santucci : *Rec.*, p. 251), comme toutes les décisions infligeant des sanctions pour infraction à la législation économique.

Le tribunal administratif compétent est déterminé en fonction de la décision attaquée. S'il s'agit d'une décision individuelle, le tribunal administratif est celui dans le ressort duquel se trouve l'établissement ou l'exploitation dont l'activité est à l'origine du litige, ou le lieu d'exercice de la profession. Lorsqu'une personne morale est établie en de multiples lieux, elle sera assignée au lieu de celui de ses établissements dont l'activité donne lieu à contestation, même si elle s'exerce en dehors du ressort d'un seul tribunal administratif. Si les mesures mettent en cause l'ensemble de l'activité d'entreprises travaillant dans toute la France, le tribunal administratif sera celui du siège de l'entreprise. Un acte individuel n'est susceptible de recevoir application qu'au lieu où se trouve la personne physique ou le siège de la personne morale. Si la mesure est réglementaire, le Conseil d'État est compétent si elle s'applique dans le ressort de plusieurs tribunaux administratifs ; si elle s'applique dans le ressort d'un seul tribunal administratif, celui-ci est compétent.

Une décision ministérielle prise sur le fondement de l'article 3 du décret du 19 août 2004 n'a pas un caractère réglementaire et ne produit pas d'effets directs au-delà du ressort du tribunal administratif dans lequel se trouve l'installation en cause. Le litige portant sur le rejet du recours administratif contre cette décision relève du tribunal administratif territorialement compétent en application de l'article R. 312-10 (C.E., 30 mai 2007, Sté Lesaffre Frères, n° 287280).

Par dérogation aux dispositions de l'alinéa 1er de l'article R. 312-10, les recours contre les décisions prises par les autorités administratives en matière de composition et d'élection des institutions représentatives du personnel, sur le fondement des dispositions des titres Ier, II et III du Livre III de la partie 2 du Code du travail, sont portés devant le tribunal administratif dans le ressort duquel se situe le siège de l'entreprise.

243. Les litiges concernant la responsabilité extracontractuelle de la puissance publique ressortissent à la compétence du tribunal administratif du lieu du fait dommageable ou du domicile du requérant (C.J.A., art. R. 312-14, 3°). Si le dommage est imputable à une décision, le tribunal est celui qui serait compétent pour statuer sur la légalité de celle-ci (C.J.A., art. 312-14, 1°) ; s'il est dû à des travaux publics ou à un accident de la circulation, à un fait ou à un agissement administratif, celui du lieu où s'est produit le fait générateur du dommage (C.J.A., art. R. 312-14, 2°) ; dans les autres cas, celui de la résidence du requérant. Pour tous les autres dommages, le tribunal administratif compétent est celui où se trouvait la résidence de l'auteur, ou du premier des auteurs, de la demande s'il s'agit d'une personne physique, ou de celui de son siège, s'il s'agit d'une personne morale, au moment de l'introduction de la demande (C.J.A., art. R. 312-14, 3°).

Relèvent du tribunal administratif du lieu du fait générateur :

- la mise en cause de la responsabilité de l'État, à la suite de l'attaque d'un camion par un groupe organisé, en raison de la carence des services de police, qui relève du tribunal dans le ressort duquel l'attaque a eu lieu (C.E., 25 mars 1992, Cie d'assurances Mercator : *Rec.*, p. 846) ;
- le litige relatif aux conditions de placement d'un mineur et la mise en cause de la responsabilité du service d'aide sociale à l'enfance dans l'exercice de sa mission de surveillance administrative et sanitaire, qui relève du tribunal dans le ressort duquel le mineur séjournait durant la période en cause (C.E., 31 janv. 1975, Cts Fichon-Lavaud : *Rec.*, p. 77).

Lorsque les dommages résultent de plusieurs événements, qui se sont produits dans le ressort de tribunaux différents, chaque tribunal est en principe compétent pour connaître du litige survenu dans son ressort (C.E., 17 mars 1971, Mezzar : *Rec.*, p. 220). Il en est différemment lorsqu'il existe un lien de connexité entre les différents litiges.

Si le dommage survient à l'étranger, le tribunal compétent est déterminé en fonction du lieu où a son siège l'autorité qui a pris la décision attaquée ou qui a lié le contentieux (C.E., sect., 7 déc. 1956, D^me^ v^ve^ Loret : *Rec.*, p. 464 ; 3 juin 2002, Mme Hénault : *Rec.*, p. 660).

Relève du tribunal administratif de la résidence du requérant la demande de réparation d'un dommage résultant de l'application d'un décret (C.E., sect., 26 oct. 1962, Cts Olivier et a. : *Rec.*, p. 569 ; 2 déc. 1970, D^me^ Coursières-Berthezène : *Rec.*, p. 722) ou d'une décision d'une autorité française ayant son siège à l'étranger (C.E., 15 nov. 2000, Épx El Ghani, n° 199781).

244. En vertu de l'article R. 312-6 du Code de justice administrative, les litiges relatifs à la reconnaissance d'une qualité : déporté, résistant (C.E., 18 oct. 1961, Abada : *Rec.*, p. 573), combattant, évadé, apatride (C.E., sect., 9 oct. 1981, Subramaniam : *Rec.*, p. 362) ou rapatrié (C.E., 7 nov. 1990, Bardelli : *Rec.*, p. 648 ; 7 nov. 1990, Clément : *Rec.*, p. 648 ; 10 oct. 1994,

Mme Bideau : *Rec.*, p. 861) et les litiges relatifs aux avantages liés à cette qualité, à l'obtention d'une décoration (C.E., 1er oct. 1958, Noguès : *Rec.*, p. 462 ; 30 avr. 1969, Morel : *Rec.*, p. 233) ou d'un emploi réservé ressortissent à la compétence du tribunal du lieu de résidence du requérant, à la date de la décision. Toutefois, les pourvois dirigés contre une nomination critiquée comme intervenue en violation des droits d'un bénéficiaire de la législation sur les emplois réservés relèvent de la compétence du tribunal administratif dans le ressort duquel l'agent nommé est affecté, sans préjudice des dispositions du dernier alinéa de l'article R. 312-12 (relatives aux recours contre des décisions collectives intéressant les fonctionnaires et agents de l'État).

Ces dispositions ne concernent pas les qualités telles que celles de cas social grave (C.E., sect., 31 janv. 1969, Gardarein : *Rec.*, p. 55, concl. Rigaud) ou de soutien de famille (C.E., 10 déc. 1969, Bouriau : *Rec.*, p. 778), de naturalisé (C.E., 26 avr. 1985, Min. Aff. soc. c. Manouk : *Rec.*, p. 548) ou d'objecteur de conscience.

245. Les litiges relatifs aux marchés, contrats, quasi-contrats ou concessions relèvent de la compétence du tribunal administratif dans le ressort duquel ceux-ci sont exécutés (C.J.A., art. R. 312-11 ; C.E., ass., 2 févr. 1987, Sté France 5 : *Rec.*, p. 28).

Seul le plein contentieux est intéressé (C.E., ass., 16 avr. 1986, Cie luxembourgeoise de télévision : *Rec.*, p. 96 ; ass., 2 févr. 1987, Sté France 5 : *Rec.*, p. 28 ; ass., 8 janv. 1988, Min. Plan c. Cté urb. Strasbourg : *Rec.*, p. 3).

Ces dispositions ne soulèvent pas de difficultés si le contrat s'exécute dans le ressort d'un seul tribunal (lieu d'exécution mentionné au contrat : C.E., 29 janv. 1958, Sté nat. de construction : *Rec.*, p. 48). S'il s'exécute au-delà du ressort d'un seul tribunal ou si le lieu d'exécution n'est pas désigné, on retient comme critère le lieu de sa conclusion, autrement dit le siège de l'autorité publique contractante (C.E., 3 juil. 1987, Min. Déf. c. Sté Cofiroute : *Rec.*, p. 245) ou de la première des autorités publiques dénommées dans le contrat.

Lorsque l'exécution et la signature du contrat ont lieu hors des territoires soumis à la juridiction des tribunaux administratifs, le Conseil d'État est compétent en premier et dernier ressort pour connaître du litige contractuel (C.E., 7 oct. 1970, Lavigne : *Rec.*, p. 979).

Toutefois, si l'intérêt public ne s'y oppose pas, les parties peuvent, soit dans le contrat primitif, soit dans un avenant antérieur à la naissance du litige, convenir que leurs différends seront soumis à un tribunal administratif autre que celui qui serait compétent en vertu des dispositions de l'article R. 312-11, alinéa 2 (C.E., sect., 21 mai 1957, Roger : *Rec.*, p. 223 ; 12 juin 1963, Cts Pinse : *Rec.*, p. 357). Une note unilatérale de l'autorité administrative ne saurait régulièrement donner compétence pour connaître d'un litige relatif à un marché à un autre tribunal administratif que celui dans le ressort duquel le marché est exécuté (C.E., 14 oct. 1959, D^{me} Vogel Chat : *Rec.*, p. 504). Des stipulations entre parties ne sauraient permettre de modifier la répartition des compétences entre le Conseil d'État et les tribunaux administratifs. Est nulle la clause attribuant compétence au tribunal administratif de Paris alors que le litige relève de la compétence de premier ressort du Conseil d'État (C.E., 5 janv. 1972, Sté Unitchadienne : *Rec.*, p. 4).

246. Les actions engagées contre le rejet par l'ONIAM d'une demande d'indemnisation ou contre une offre d'indemnisation estimée insuffisante : est compétent le tribunal du lieu de résidence du demandeur (C.J.A., art. R. 312-14-1).

247. Les litiges relatifs aux décisions mentionnées au III de l'article 4 de la loi n° 2010-2 du 5 janvier 2010 relative à la reconnaissance et à l'indemnisation des victimes des essais nucléaires français relèvent de la compétence du tribunal administratif du lieu de résidence du demandeur au moment de l'introduction de la demande (C.J.A., art. R. 312-14-2).

248. Les litiges d'ordre individuel, y compris ceux relatifs aux questions pécuniaires, intéressant les fonctionnaires et agents justiciables du tribunal administratif, ainsi que les agents ou employés de la Banque de France, relèvent du tribunal administratif du lieu d'affectation de l'intéressé (C.J.A., art. R. 312-12).

Si la décision concerne une nomination ou une nouvelle affectation, elle relève du tribunal du lieu de celle-ci. En principe, l'application de ces dispositions fonde la compétence du tribunal administratif dans le ressort duquel se situe, à la date de la décision attaquée, le lieu d'affectation du fonctionnaire (C.E., 16 févr. 1973, Min. Santé publ. c. Barat : *Rec.*, p. 147). Il faut prendre en considération le lieu d'affectation administrative de l'agent et non l'endroit où il exerce effectivement ses fonctions (C.E., 27 avr. 2006, Frisson, n° 282377). Si la décision est annulée, il convient de se référer à l'affectation antérieure (C.E., 8 févr. 1961, Rousset : *Rec.*, p. 85 ; 17 juin 1966, Clary : *Rec.*, p. 907). Le litige relatif à une sanction de déplacement d'office relève du tribunal administratif du lieu de la nouvelle affectation, dès lors que celle-ci est connue à la date d'introduction du recours, alors même que cette nouvelle affectation procéderait d'une décision distincte de la sanction disciplinaire (C.E., 19 sept. 2003, Arsène : *Rec.*, p. 719).

Si elle concerne une révocation (C.E., 6 mars 1985, Raioho : *Rec.*, p. 548) ou une cessation d'activité (C.E., 4 oct. 1967, D^{lle} Baudo : *Rec.*, p. 741 : admission à la retraite), ou concerne un ancien fonctionnaire ou agent, ou un agent sans affectation à la date de la décision, elle relève du tribunal du lieu de la dernière affectation. Même si un fonctionnaire refuse de rejoindre son poste, ce qui conduit à sa radiation des cadres pour abandon de poste, ce poste constitue sa dernière affectation et détermine la compétence territoriale du tribunal administratif appelé à connaître d'un litige relatif à sa réintégration (C.E., 10 mai 1972, Dufond : *Rec.*, p. 351).

Si la décision est un refus de nomination d'un fonctionnaire dans un autre corps de la fonction publique, le tribunal est celui de la dernière affectation (C.E., ass., 27 avr. 1988, Mme Marabuto : *Rec.*, p. 167).

S'agissant d'un acte collectif, visant des agents affectés dans les ressorts de plusieurs tribunaux, qui comporte une comparaison des situations respectives des intéressés, on retient le siège de l'auteur de la décision (C.E., 7 avr. 1967, Dennielou : *Rec.*, p. 741 ; 3 mai 1968, D^lle^ Bonneau : *Rec.*, p. 901 ; réf., 21 mars 2001, Synd. de lutte pénitentiaire de l'union rég. Antille-Guyane, n° 231087). Ne constitue pas, en raison de son caractère divisible, une décision à caractère collectif, l'arrêté ministériel qui retire certaines affectations d'internes en médecine reçus aux épreuves nationales. La contestation de cet arrêté par l'un des internes concernés par le retrait qu'il prévoit relève donc du tribunal administratif dans le ressort duquel l'agent avait été affecté, conformément aux dispositions de l'alinéa 1er de l'article R. 312-1 (C.E., 15 nov. 2010, Hanifi, n° 319541).

249. Les litiges relatifs aux pensions ressortissent, pour les fonctionnaires territoriaux, à la compétence du tribunal où a son siège légal la collectivité publique dont relevait le requérant lors de sa mise à la retraite et, à défaut, du lieu d'assignation du paiement de la pension et, pour les fonctionnaires de l'État, du lieu d'assignation du paiement de la pension et, à défaut, de la résidence du demandeur. Si la pension n'est pas encore mise en paiement ou si le litige concerne un refus de pension, le tribunal est celui de la résidence du demandeur. Le tribunal administratif compétent pour connaître d'un litige relatif à l'annulation de l'allocation temporaire d'invalidité versée à un agent de l'État, qui a le caractère d'un litige de pleine juridiction soumis aux règles applicables aux pensions, est celui dans le ressort duquel se trouve la résidence du comptable public sur la caisse duquel était assigné le paiement de cette allocation (C.J.A., art. R. 312-13). Un litige relatif à l'allocation temporaire d'invalidité présente le caractère d'un litige de plein contentieux soumis, en matière de contentieux, aux règles applicables aux pensions. Est compétent pour connaître de ce litige le tribunal administratif dans le ressort duquel se trouve la résidence du comptable public sur la caisse duquel est assigné le paiement de l'allocation (C.E., 6 nov. 1998, Rigaud, n° 195674).

250. Les litiges relatifs aux immeubles – déclaration d'utilité publique, affectation d'immeubles, remembrement (C.E., 18 déc. 1991, Pagès : *Rec.*, p. 782), décision d'urbanisme, permis de construire, d'aménager ou de démolir, contrat portant occupation du domaine public, permission de voirie, réquisition, classement de monuments et de sites – et, de manière générale, aux décisions concernant des immeubles doivent être portés devant le tribunal du lieu de l'immeuble objet du litige. Il en est de même des litiges en matière de réquisition d'un bien mobilier ou immobilier, qui relèvent du tribunal administratif dans le ressort duquel se trouvait ce bien au moment de la réquisition (C.J.A., art. R. 312-7).

Ces dispositions sont applicables aux litiges relatifs au recouvrement de sommes indûment versées au titre de l'aide personnalisée au logement : est compétent le tribunal administratif du lieu du logement ayant donné lieu au versement de l'aide (C.E., 10 oct. 1986, Min. Urb. c. Mme Cox : *Rec.*, p. 603), à l'établissement de la redevance perçue à l'occasion de la construction de bureaux et de locaux à usage industriel dans la région parisienne (C.E., 23 janv. 1974, SA Aciéries et fonderies de l'Est : *Rec.*, p. 54 : lieu de l'immeuble), aux subventions accordées aux abattoirs (C.E., 18 févr. 1983, Cté urb. Lyon, n° 31623).

La requête formée contre un arrêté ministériel visant à incorporer une parcelle dans le domaine public fluvial relève du tribunal dans le ressort duquel se situe cette parcelle (C.E., 12 juil. 1995, Comité de défense des intérêts du quartier d'Orgemont, n° 141298).

Les litiges relatifs au domaine privé des collectivités publiques, lorsqu'ils relèvent de la compétence de la juridiction administrative, suivent ces mêmes règles (C.E., 14 mars 1958, Min. Construction c. Cts Hué : *Rec.*, p. 174).

Une requête dirigée contre la décision statuant sur la demande de reconnaissance de l'état de catastrophe naturelle présentée par une commune relève du tribunal administratif dans le ressort duquel se situe cette commune (C.E., 24 févr. 2006, Cne Mourenx, n° 89640).

Les litiges portant sur des contrats d'occupation du domaine public relèvent en principe de la compétence du tribunal administratif dans le ressort duquel se situent les dépendances du domaine objet des litiges. Cependant, les parties ont la faculté, si l'intérêt public ne s'y oppose pas, de convenir, avant la naissance du litige, que les différends seront soumis à un autre tribunal administratif, en vertu de l'article 55 du Code des tribunaux administratifs (C.J.A., art. R. 312-11) (C.E., 15 oct. 1971, Klein : *Rec.*, p. 974).

251. Les litiges relatifs aux décisions individuelles prises à l'encontre de personnes par les autorités administratives dans l'exercice de leurs pouvoirs de police relèvent du tribunal administratif du lieu de résidence des personnes intéressées à la date de la décision (arrêté d'expulsion, suspension de permis de conduire, interdiction d'accès aux salles de jeux ou champs de courses, décision en matière de détention ou de port d'arme) (C.J.A., art. R. 312-8, al. 1er).

Cette dérogation n'est pas applicable aux litiges relatifs aux décisions ministérielles prononçant l'expulsion d'un ressortissant étranger, fixant le pays de renvoi de celui-ci ou assignant à résidence l'étranger qui a fait l'objet d'une décision ministérielle d'expulsion, ainsi qu'aux décisions ministérielles assignant à résidence un étranger ayant fait l'objet d'une décision d'interdiction du territoire prononcée par une juridiction judiciaire et qui ne peut déférer à cette mesure (*idem*, al. 2).

Ce chef de compétence est relatif à l'interdiction d'accès à un hippodrome faite à un entraîneur ou à un jockey (C.E., 13 juin 1975, Beaumé et Cimmino : *Rec.*, p. 352), mais non à la fermeture d'un débit de boissons, car une telle décision concerne l'établissement et non la personne de son propriétaire (C.E., 16 avr. 1969, Min. Int. c. D^{me} Desamis : *Rec.*, p. 778 : compétence du tribunal administratif dans le ressort duquel est situé l'établissement et non celui dans le ressort duquel se trouve le lieu de résidence du propriétaire).

252. Le contentieux de la désignation, soit par voie d'élection, soit par nomination, des membres des assemblées, corps ou organismes administratifs ou professionnels relève du tribunal où l'organisme en cause a son siège. Toutefois, le contentieux des opérations préliminaires aux élections parlementaires est, lorsqu'il ressortit à la juridiction administrative, de la compétence du tribunal administratif dans le ressort duquel se trouve le département où a lieu l'élection (C.J.A., art. R. 312-9).

Si la détermination est malaisée, on rattache l'organisme à un ministère, c'est donc le Tribunal administratif de Paris qui est compétent.

253. Les litiges relatifs aux décisions mentionnées au III de l'article 4 de la loi n° 2010-2 du 5 janvier 2010 relative à la reconnaissance et à l'indemnisation des victimes des essais nucléaires français relèvent du tribunal du lieu de résidence du demandeur au moment de l'introduction de la demande (C.J.A., art. R. 312-14-2).

254. Les litiges relatifs à l'organisation ou au fonctionnement de toute collectivité publique autre que l'État et de tout organisme public ou privé, notamment en matière de contrôle administratif ou de tutelle, relèvent de la compétence du tribunal administratif dans le ressort duquel a son siège la collectivité ou l'organisme objet des décisions attaquées. Ces dispositions s'appliquent sous réserve de l'application des articles R. 312-6 à R. 312-14 (C.J.A., art. R. 312-15).

Ce chef de compétence concerne le recours dirigé contre la décision par laquelle le ministre de l'Intérieur a suspendu un maire de ses fonctions (C.E., 27 avr. 1984, Charron, n° 51243), un litige portant sur une opposition par l'autorité de tutelle à une délibération du conseil d'administration d'un organisme de sécurité sociale (C.E., 24 oct. 1986, Min. Budg. c. Féd. des employés cadres CGT-FO : *Rec.*, p. 243 : tribunal du siège de l'auteur de la délibération en cause), le recours dirigé contre le refus d'approuver les tarifs d'honoraires prévus par une convention conclue entre une union départementale des sociétés mutualistes et une caisse régionale de sécurité sociale pour le remboursement de soins dentaires (C.E., 20 janv. 1971, Union dptale des Stés mutualistes du Jura : *Rec.*, p. 45 : tribunal du siège de l'union mutualiste), le recours d'une association contre la décision du ministre de la Santé refusant d'agréer un protocole qu'elle avait signé (C.E., 28 mars 1980, CFDT : *Rec.*, p. 173) ou le recours contre une convention d'une agence régionale de l'hospitalisation, qui a le caractère d'une convention relative à l'organisation du service public (C.E., 14 janv. 1998, Synd. nat. des personnels des affaires sanitaires et sociales FO : *Rec.*, p. 9 : tribunal du siège de l'agence).

255. Les contestations relatives à l'application de la contribution spéciale instituée par les articles L. 8253-1 et L. 8253-7 du Code du travail et de la contribution forfaitaire instituée par l'article L. 626-1 du Code de l'entrée et du séjour des étrangers et du droit d'asile (CESEDA) relèvent de la compétence du tribunal dans le ressort duquel l'infraction a été constatée (C.J.A., art. R. 312-16).

256. Les recours formés contre les décisions individuelles prises à l'encontre d'une personne physique ou morale par une fédération sportive dans l'exercice de ses prérogatives de puissance publique sont portés devant le tribunal administratif dans le ressort duquel se situe la résidence ou le siège social du requérant à la date des décisions attaquées (C.J.A., art. R. 312-17).

257. Les litiges relatifs au rejet des demandes de visa d'entrée sur le territoire de la République française relevant des autorités consulaires et les recours dirigés contre les décisions du ministre chargé des naturalisations prises en application de l'article 45 du décret n° 93-1362 du 30 décembre 1993 ressortissent à la compétence du Tribunal administratif de Nantes (C.J.A., art. R. 312-18).

Les litiges qui ne relèvent de la compétence d'aucun tribunal administratif par application des dispositions des articles R. 312-1 et R. 312-6 à R. 312-18 sont attribués au Tribunal administratif de Paris.

258. Le Tribunal administratif de Nancy est compétent pour connaître des recours des requérants placés au centre de rétention de Metz (C.J.A., art. R. 776-16).

259. Un litige doit d'abord faire l'objet d'une tentative de rattachement au tribunal déterminé en fonction d'une des dérogations prévues aux articles R. 312-6 à R. 312-18 du Code de justice administrative ou par une autre disposition, puis, à défaut, à celui indiqué par l'article R. 312-1, qui pose la règle générale. À défaut de pouvoir faire application des dispositions spéciales des articles R. 312-6 à R. 312-16, il convient de faire application des dispositions de l'article R. 312-1, qui renvoie au ressort du tribunal administratif dans lequel a son siège l'auteur de la décision administrative attaquée (C.E., ass., 10 oct. 1958, Blanchard et Pol : *Rec.*, p. 482 ; sect., 31 janv. 1969, Gardarein : *Rec.*, p. 55, concl. Rigaud ; 28 juil. 2000, Cts Demir : *Rec.*, p. 357). La subsidiarité de la disposition de l'article R. 312-1 ne lui retire pas sa portée générale : si la décision attaquée a été prise par une autorité siégeant dans le ressort d'un tribunal administratif, l'article R. 312-1 pourra s'appliquer nonobstant le fait que l'acte n'est applicable qu'en dehors du territoire métropolitain (C.E., 29 janv. 1960, Cté nat. de la meunerie : *Rec.*, p. 69).

Les litiges qui ne relèvent de la compétence d'aucun tribunal administratif par application des dispositions des articles R. 312-1 et R. 312-6 à R. 312-18 sont attribués au tribunal administratif de Paris (C.J.A., art. R. 312-19).

Il a été décidé que ce n'est que, lorsque l'application de l'article R. 312-1 ne permet pas, à défaut des règles contenues dans les articles R. 312-6 à R. 312-16, de déterminer un tribunal administratif compétent que le litige doit être regardé comme étant né hors des territoires soumis à la juridiction des tribunaux administratifs et entrant, à ce titre, dans la compétence de premier ressort du Conseil d'État (C.E., 9 nov. 1955, Chauveau : *Rec.*, p. 528 ; 21 avr. 2000, Ramadan, n° 188548). Depuis l'entrée en vigueur du décret du 22 février 2010, cette solution conduit à attribuer la compétence au tribunal administratif de Paris.

SECTION 2
LA COMPÉTENCE EN APPEL

Sous-section 1
La compétence *ratione materiae*

260. Les cours administratives d'appel sont juges d'appel de droit commun. Elles connaissent des jugements rendus en premier ressort par les tribunaux administratifs, sous réserve de compétences que l'intérêt d'une bonne administration de la justice conduit à attribuer au Conseil d'État et de celles définies aux articles L. 532-3 et L. 532-4 (C.J.A., art. L. 321-1). Par ailleurs, dans tous les cas où la loi n'en dispose pas autrement, le Conseil d'État connaît des appels formés contre les décisions rendues en premier ressort par les autres juridictions administratives (C.J.A., art. L. 321-2). Seul le législateur peut donner compétence aux cours administratives d'appel pour connaître de décisions qui ne sont pas rendues par un tribunal administratif (C.E., 28 déc. 2005, Union synd. des magistrats adm. : *Rec.*, p. 951).

Les matières qu'une bonne administration de la justice conduit à réserver au Conseil d'État sont énumérées par l'article L. 321-1. Le Conseil d'État est compétent pour statuer sur les appels formés contre les jugements des tribunaux administratifs rendus sur les recours sur renvoi de l'autorité judiciaire ainsi que sur les litiges relatifs aux élections municipales et cantonales et des demandes de référé liberté (C.J.A., art. L. 523-1, al. 2).

Ce chef de compétence recouvre les appels contre les jugements rendus en matière d'appréciation de légalité et en matière d'interprétation ; les litiges contre les élections municipales et cantonales proprement dites : révision des listes électorales (C.E., ass., 3 févr. 1989, Maire Paris : *Rec.*, p. 47), institution des bureaux de vote, élection de l'exécutif, questions d'incompatibilité, d'inéligibilité et démission d'office qui peuvent en découler. S'y ajoutent le contentieux des élections des représentants des conseils issus de ces élections dans d'autres organismes, tels que les délégués du conseil municipal dans un établissement public de coopération intercommunale (C.E., 20 juin 1990, Philippe et a. c. Rossot : *Rec.*, p. 166 ; 16 juin 2003, Cne Longuyon : *Rec.*, p. 721), les recours contre une délibération mettant fin aux fonctions d'un représentant d'une commune dans l'organe délibérant d'un établissement public de coopération intercommunale (C.E., 5 oct. 2005, Cne Saint-Martin-de-Nigelles : *Rec.*, p. 810), le recours en annulation d'un arrêté, pris sur le fondement de l'article L. 247 du Code électoral, convoquant les électeurs en vue de renouveler un conseil municipal (C.E., 17 nov. 2010, Min. Int., Outre-mer et Coll. terr. c. Hugon et a., n° 339489).

Relèvent encore en appel du Conseil d'État la contestation de la proclamation d'un conseiller municipal appelé à siéger afin de pourvoir un siège vacant (C.E., 28 janv. 1994, Brunet : *Rec.*, p. 37), le litige relatif au refus du maire de convoquer aux réunions du conseil municipal le suivant de liste afin de pourvoir un siège vacant (C.E., 16 janv. 1998, Ciré : *Rec.*, p. 15), la réclamation dirigée contre une décision déclarant, ou refusant de déclarer, un conseiller municipal ou général démissionnaire d'office en application du Code électoral (C.E., 5 févr. 1990, Copel : *Rec.*, p. 801 ; 29 juil. 1994, Avrillier et Mme Jonot : *Rec.*, p. 963), la requête tendant à l'annulation d'un arrêté préfectoral instituant des bureaux de vote (C.E., 2 déc. 1998, Legrand : *Rec.*, p. 455)

Ce chef de compétence est également relatif aux déférés préfectoraux formés contre des actes de nature à compromettre l'exercice d'une liberté publique ou individuelle (C.G.C.T., art. L. 2131-6, al. 5 ; C.E., 11 mars 2005, Min. Int. c. Cne Avion : *Rec.*, p. 101) ; au référé liberté (C.J.A., art. L. 523-1, al. 2) ; aux déférés préfectoraux formés contre des actes de nature à compromettre l'exercice d'une liberté publique ou individuelle (C.G.C.T., art. L. 2131-6, al. 5, L. 2131-6, al. 5) et aux déférés préfectoraux formés contre des actes de nature à compromettre l'exercice d'une liberté publique ou individuelle (C.G.C.T., art. L. 2131-6, al. 5 ; Min. Int. c. Cne Avion, préc.).

261. Les cours administratives d'appel sont compétentes pour connaître de tous les autres appels.

Relèvent notamment de leur compétence les recours contre les élections aux chambres de métiers (C.E., 8 nov. 1993, Marguin et a. : *Rec.*, p. 310), les élections de résidents étrangers associés aux travaux du conseil municipal (C.E., 12 avr. 1995, Cne Portes-lès-Valence : *Rec.*, p. 7709) ou contre la désignation des représentants d'une commune dans les organes délibérants du centre communal d'action sociale, de collèges ou de sociétés d'économie mixte (Cne Longuyon, préc.). En relèvent également la contestation d'une consultation de la population locale organisée par une commune, qu'elle ait été organisée sans base légale (C.E., 19 juin 1992, Assoc. « Avenir de Bouvron » : *Rec.*, p. 792) ou qu'elle trouve son fondement dans les dispositions du Code général des collectivités territoriales (C.E., 29 juil. 1994, de Caumont : *Rec.*, p. 863 ; sect., 29 déc. 1995, Géniteau : *Rec.*, p. 463), et l'appel contre un jugement de tribunal administratif ayant statué sur un recours direct en interprétation, qui n'a pas été précédé d'un renvoi de l'autorité judiciaire (C.E., 12 mai 2004, Blondiau et EARL de la Neuville : *Rec.*, p. 640).

Il faut signaler que les appels contre les décisions rendues par le Conseil des prises restent régis par ces dispositions qui leur sont propres, en vertu de l'article R. 321-2 du Code de justice administrative.

§ 1. La compétence territoriale

262. La compétence territoriale des cours administratives d'appel est d'ordre public (C.J.A., art. R. 322-2). Elle ne souffre en principe pas de dérogation.

La cour administrative d'appel territorialement compétente pour connaître d'un appel formé contre un jugement d'un tribunal administratif ou une décision d'une commission du contentieux de l'indemnisation des Français d'outre-mer est celle dans le ressort de laquelle a son siège ce tribunal ou cette commission (C.J.A., art. R. 322-1, al. 1er).

La compétence territoriale des cours s'étend à tous les jugements susceptibles d'appel devant une cour, rendus par les tribunaux administratifs dont le siège est situé dans le ressort de la cour (C.E., sect., 4 nov. 1994, Korber : *Rec.*, p. 489).

Lorsque le président de la Section du contentieux du Conseil d'État a attribué à un tribunal administratif le soin de juger un litige en première instance, cette attribution de compétence s'impose, en ce qui concerne la compétence territoriale, au tribunal administratif, qui ne peut décliner sa compétence. Cette attribution de compétence détermine *ipso facto* la compétence territoriale en appel. Est compétente pour connaître de l'appel la cour administrative d'appel dans le ressort de laquelle se situe le siège du tribunal administratif qui a statué en première instance (C.E., 10 juil. 1996, Dody : *Rec.*, p. 282). En dehors de cette hypothèse, si un jugement de tribunal administratif est entaché d'incompétence, il appartient à la cour administrative d'appel dans le ressort de laquelle se situe ce tribunal administratif d'annuler ce jugement en appel. Si le litige ressortissait à un autre tribunal administratif de son ressort, la cour peut ensuite statuer par la voie de l'évocation. En revanche, si le litige relevait d'un tribunal administratif qui n'est pas situé dans le ressort de la cour, celle-ci ne peut pas évoquer un litige qui ne relève pas de sa compétence et doit transmettre le litige au président de la Section du contentieux du Conseil d'État qui désignera le tribunal compétent (C.E., 17 déc. 1990, Fournier : *Rec.*, p. 365).

Une difficulté surgit lorsque le tribunal qui a rendu le jugement frappé d'appel était incompétent. Si le tribunal compétent se situe dans le ressort de la cour, celle-ci peut annuler le jugement pour incompétence et statuer par la voie de l'évocation. Mais si le tribunal compétent est situé en dehors du ressort de la cour, celle-ci doit annuler pour incompétence le jugement déféré et transmettre le dossier au président de la Section du contentieux du Conseil d'État, qui désignera le tribunal compétent.

263. Lorsqu'une cour administrative d'appel est saisie d'un litige relevant de sa compétence dans lequel est en cause un membre de la cour, le président de celle-ci transmet le dossier au président de la Section du contentieux du Conseil d'État, qui désigne la juridiction compétente. Le président de la cour agit de même s'il estime qu'il existe une autre raison objective de mettre en cause l'impartialité de la cour (C.J.A., art. R. 322-3).

SECTION 3
LA COMPÉTENCE EN CASSATION

264. Le Conseil d'État est seul compétent pour statuer sur les recours en cassation dirigés contre les décisions rendues en dernier ressort par toutes les juridictions administratives (C.J.A., art. L. 331-1).

Le Conseil d'État vérifie si l'organisme dont émane la décision qui fait l'objet d'un pourvoi en cassation revêt bien un caractère juridictionnel, conféré par un acte émanant de l'autorité compétente. À défaut, il y a requalification du recours (C.E., sect., 31 janv. 1958, Brunet : *Rec.*, p. 54 ; sect., 19 déc. 1980, Hechter : *Rec.*, p. 488).

L'article L. 821-1, retranscrivant le principe général du droit posé par l'arrêt *d'Aillières*, confirme que les arrêts rendus par les cours administratives d'appel et, de manière générale, toutes les décisions rendues en dernier ressort par les juridictions administratives peuvent être déférés au Conseil d'État par la voie du recours en cassation.

265. Le Conseil d'État connaît des recours en cassation formés contre les arrêts des cours administratives d'appel, les jugements rendus en dernier ressort par les tribunaux administratifs – jugements rendus pour des affaires de faible importance (C.J.A., art. R. 811-1, renvoyant aux matières énumérées à l'art. R. 222-13), jugements du juge des référés (C.J.A., art. L. 521-1) et décisions des juridictions administratives spécialisées.

266. La compétence de premier et dernier ressort des tribunaux administratifs ne cesse de s'accroître. Le tribunal administratif statue aujourd'hui à ce titre, en vertu des dispositions de l'article R. 811-1 du Code de justice administrative : 1° sur les litiges relatifs aux prestations, allocations ou droits attribués au titre de l'aide ou de l'action sociale, du logement ou en faveur des travailleurs privés d'emploi, mentionnés à l'article R. 772-5, y compris le contentieux du droit au logement défini à l'article R. 778-1 ; 2° sur les litiges en matière de consultation et de communication de documents administratifs ou d'archives publiques ; 3° sur les litiges relatifs aux refus de concours de la force publique pour exécution d'une décision de justice ; 4° sur les litiges relatifs aux impôts locaux et à la contribution de l'audiovisuel public, à l'exception des litiges relatifs à la contribution économique territoriale ; 5° sur les requêtes contestant les décisions prises en matière fiscale sur des demandes de remise gracieuse ; 6° sur les litiges relatifs au permis de conduire ; 7° sur les litiges en matière de pensions ; 8° sur toute action indemnitaire ne relevant pas des dispositions précédentes, lorsque le montant des indemnités demandées est inférieur au montant déterminé par les articles R. 222-14 et R. 222-15 (10 000 € en 2014).

Sont également rendues en premier et dernier ressort les ordonnances prises au titre du référé provision lorsque l'obligation dont le requérant se prévaut pour obtenir le bénéfice d'une provision porte sur un litige énuméré aux alinéas précédents et les ordonnances prises sur le fondement du 6° de l'article R. 222-1 (jugement d'une série).

Chapitre 2

La résolution des difficultés de compétence interne

1 La connexité 184

2 Le règlement des questions de compétence 188

3 Le règlement de juges 192

267. En raison de la complexité des règles de compétence, des erreurs peuvent se produire. Des recoupements ou chevauchements entre affaires relevant de différentes juridictions administratives sont possibles. Des mécanismes régulateurs ont été mis en place pour y parer.

SECTION 1
LA CONNEXITÉ

268. En vertu d'une jurisprudence traditionnelle, toute conclusion soumise à la juridiction administrative doit être jugée par le seul juge habilité à en connaître. Ce système peut entraîner des contrariétés de décisions lorsque deux juridictions sont appelées à juger deux affaires distinctes, mais connexes. Si un seul tribunal est compétent pour juger de l'ensemble des conclusions ou demandes accessoires à la demande principale, de tels risques sont évités. Les articles R. 341-1 à R. 344-3 du Code de justice administrative règlent ces problèmes de compétence.

Sous-section 1
La notion de connexité

269. La jurisprudence garde volontairement cette notion imprécise, afin d'en dégager les éléments en fonction des nécessités pratiques. Il a longtemps été exigé, pour qu'il y ait connexité entre deux litiges, que la solution de l'un d'eux dépende directement et nécessairement de la solution donnée à l'autre. Cela exclut des demandes semblables ou tendant au même objet (C.E., 13 juil. 1961, Sté des Laboratoires Biosedra : *Rec.*, p. 484). Le Conseil d'État a ensuite admis la connexité de demandes tendant l'une à l'annulation d'une décision pour excès de pouvoir et l'autre à l'indemnisation du préjudice causé par cette décision et fondée sur l'illégalité de la décision (C.E., ass., 7 déc. 1962, D^{me} Coursières-Berthezène : *Rec.*, p. 662, concl. Nicolaÿ ; 2 oct. 1981, Min. Envir. C. Cloâtre : *Rec.*, p. 351). Le sort des deux demandes n'était pas nécessairement lié l'un à l'autre. En 1976, le Conseil d'État a admis l'existence : de la connexité lorsque les demandes se rapportent à une même opération juridique, qui sera ainsi jugée comme un tout (C.E., sect., 8 oct. 1976, Le Blant : *Rec.*, p. 398 ; ass., 26 nov. 1976, Soldani : *Rec.*, p. 508 ; 7 avr. 1993, Sté d'exploitation immobilière et agricole du midi : *Rec.*, p. 101) : actions en responsabilité seulement parallèles, mais impliquant le même fait dommageable. Sont connexes le recours pour excès de pouvoir et le recours de plein contentieux présentés par des requérants différents, mais dirigés contre le même acte (C.E., ass., 2 févr. 1987, Sté TV6 : *Rec.*, p. 29 : conclusions de tiers en plein contentieux sollicitant réparation du dommage causé par le décret résiliant une concession et conclusions du concessionnaire en excès de pouvoir contre le même décret). Sont connexes des recours dirigés contre un acte d'homologation de tarifs et contre la décision fixant ces tarifs (C.E., 27 juil. 2001, Épx Millet, n° 199262), voire des recours formés contre des décisions distinctes, mais liées l'une à l'autre (C.E., sect., 16 oct. 1981, Guillaume : *Rec.*, p. 370 ; 9 nov. 1990, V. Perpignan : *Rec.*, p. 649).

Deux demandes, dont le jugement de l'une est nécessairement subordonné au jugement de l'autre, sont connexes (C.E., 13 mai 1964, Carron : *Rec.*, p. 289 ; sect., 5 déc. 1980, Serrat : *Rec.*, p. 463, concl. LATOURNERIE). Tel est le cas lorsque l'une des demandes est exclusivement fondée sur l'illégalité de l'acte contesté par l'autre demande (C.E., 12 avr. 1967, Sté nouvelle d'entreprises d'hôtels : *Rec.*, p. 154) ou lorsque la seconde décision attaquée a été prise sur recours administratif préalable contre la première (Serrat, préc. ; C.E., 28 janv. 2011, Mme Latrasse, n° 338513).

Il peut y avoir connexité entre des conclusions d'appel contre un jugement statuant sur renvoi de l'autorité judiciaire et des conclusions d'appel contre un jugement rendu en excès de pouvoir (C.E., 5 mai 2010, Le Palud : *Rec.*, p. 696). La connexité continue certes d'être reconnue lorsque le jugement d'une des demandes est nécessairement subordonné à celui de l'autre.

En revanche, il n'y a pas connexité entre un recours tendant à l'annulation d'un acte réglementaire et celui tendant à l'annulation d'une décision individuelle prise sur le fondement de ce règlement (C.E., 14 juin 1961, Min. Éduc. : *Rec.*, p. 984 ; 28 juil. 2000, Tameze et Girard, n° 188494).

Sous-section 2
La procédure de règlement de la connexité

270. Le président de la Section du contentieux du Conseil d'État est compétent pour résoudre les cas de connexité. Il peut donner délégation, par arrêté, à l'un des présidents adjoints de la Section du contentieux et, en cas d'absence ou d'empêchement de ceux-ci, à un conseiller d'État affecté à cette section, pour statuer sur ces questions. Actes de bonne administration de la justice, les ordonnances prises en ce domaine n'ont pas de caractère juridictionnel.

§ 1. En premier ressort

271. Demandes relevant de la compétence du Conseil d'État en premier et dernier ressort et d'un tribunal administratif

Trois cas de connexité peuvent se présenter.

- Le Conseil d'État est saisi de demandes connexes qui relèvent les unes de sa compétence de premier ressort et les autres de la compétence de premier ressort d'un tribunal administratif. Il est compétent pour connaître de l'ensemble de ces conclusions (C.J.A., art. R. 341-1).

– Un tribunal administratif a été saisi de conclusions relevant de sa compétence, mais connexes à des conclusions présentées devant le Conseil d'État et relevant de la compétence de celui-ci en premier et dernier ressort. Le président du tribunal renvoie au Conseil d'État les conclusions dont son tribunal est saisi. Dans le même cas, le président de la Section du contentieux du Conseil d'État, saisi par la sous-section intéressée, ordonne le renvoi au Conseil d'État de la demande soumise au tribunal administratif (C.J.A., art. R. 341-2).

– Un tribunal administratif est saisi de conclusions distinctes, mais connexes, qui relèvent les unes de sa compétence et les autres de la compétence du Conseil d'État en premier et dernier ressort. Son président renvoie l'ensemble des conclusions au Conseil d'État (C.J.A., art. R. 341-3).

Dans ces deux dernières hypothèses, il est fait application des dispositions des articles R. 351-2, R. 351-6 et R. 351-7.

272. Demandes relevant de la compétence de deux tribunaux administratifs.

Deux hypothèses se rencontrent :

– si un tribunal a été saisi d'une demande relevant de sa compétence territoriale, il est également compétent pour connaître d'une demande connexe à la précédente, qui relève normalement de la compétence territoriale d'un autre tribunal administratif (C.J.A., art. R. 342-1) ;

– si deux tribunaux sont simultanément saisis de demandes distinctes, mais connexes, relevant normalement de leur compétence territoriale respective, chacun des deux présidents intéressés saisit le président de la Section du contentieux du Conseil d'État et lui adresse le dossier de la demande.

L'ordonnance de renvoi est notifiée au président de l'autre tribunal administratif, qui transmet au président de la Section du contentieux le dossier de la demande soumise à son tribunal (C.J.A., art. R. 342-2). Le président de la Section du contentieux se prononce sur l'existence du lien de connexité et détermine la ou les juridictions compétentes pour connaître des demandes (C.J.A., art. R. 342-3).

§ 2. En appel

273. Pour des exemples de connexité en appel (voy. C.E., sect., 29 déc. 1995, Géniteau : *Rec.*, p. 463 ; 5 mai 2010, Le Palud, n° 327239).

Il n'y a, en revanche, pas de lien de connexité entre un appel dirigé contre le jugement se prononçant sur la demande de sursis à exécution d'un acte et un appel dirigé contre le jugement se prononçant sur la demande d'annulation (C.E., 5 déc. 1994, Cne la Roque-sur-Pernes et a. : *Rec.*, p. 537), ni entre des conclusions dirigées contre un arrêté de reconduite à la frontière et des conclusions dirigées contre un refus de titre de séjour (C.E., 27 juil. 2005, Aloui : *Rec.*, p. 810).

Plusieurs cas de figure peuvent se présenter.

- Demandes relevant de la compétence d'une cour administrative d'appel et de la compétence d'appel du Conseil d'État.

Le Conseil d'État saisi de conclusions relevant de sa compétence comme juge d'appel est également compétent pour connaître de conclusions connexes relevant de la compétence d'une cour administrative d'appel (C.J.A., art. R. 343-1).

Une cour administrative d'appel est saisie de conclusions relevant normalement de sa compétence, mais connexes à des conclusions présentées devant le Conseil d'État et relevant de la compétence d'appel de celui-ci : son président renvoie lesdites conclusions au Conseil d'État. Dans le même cas, le président de la Section du contentieux du Conseil d'État, saisi par la sous-section intéressée, ordonne le renvoi des conclusions au Conseil d'État (C.J.A., art. R. 343-2).

Si une cour administrative d'appel est saisie de conclusions distinctes, mais connexes, relevant les unes de sa compétence et les autres de la compétence d'appel du Conseil d'État, son président renvoie l'ensemble des conclusions au Conseil d'État (C.J.A., art. R. 343-3).

Le règlement de la question de compétence s'effectue en vertu des articles R. 351-2 et R. 351-4 à R. 351-7.

- Demandes relevant de la compétence de deux cours administratives d'appel.

La cour administrative d'appel saisie d'une demande relevant de sa compétence territoriale connaît d'une demande connexe à la précédente relevant en principe d'une autre cour (C.J.A., art. R. 344-1).

Lorsque deux cours administratives d'appel sont simultanément saisies de demandes distinctes, mais connexes, relevant normalement de leur compétence territoriale respective, chacun des deux présidents intéressés saisit le président de la Section du contentieux du Conseil d'État et lui adresse le dossier de la demande. L'ordonnance de renvoi est notifiée au président de l'autre cour administrative d'appel qui transmet au président de la Section du contentieux le dossier de la demande soumise à sa cour (C.J.A., art. R. 344-2). Le président de la Section du contentieux se prononce sur l'existence d'un lien de connexité et détermine la juridiction ou les juridictions compétentes pour connaître des demandes (C.J.A., art. R. 344-3).

La procédure instaurée aux articles R. 344-2 et R. 344-3 est identique à celle des articles R. 342-2 et R. 342-3.

SECTION 2
LE RÈGLEMENT DES QUESTIONS DE COMPÉTENCE

274. Une juridiction administrative ne peut rejeter une requête pour incompétence lorsque le litige relève de la compétence d'une autre juridiction administrative.

Sous-section 1
Conclusions manifestement et définitivement irrecevables

275. Lorsque tout ou partie des conclusions dont est saisi un tribunal administratif, une cour administrative d'appel ou le Conseil d'État relève de la compétence d'une juridiction administrative, cette juridiction est néanmoins compétente pour rejeter les conclusions entachées d'une irrecevabilité manifeste insusceptible d'être couverte en cours d'instance, ou pour constater qu'il n'y a pas lieu de statuer sur tout ou partie des conclusions (C.J.A., art. R. 351-4). Toutefois, seul le Conseil d'État peut opérer un tel rejet lorsque le litige relève de la compétence d'une juridiction administrative spécialisée (C.J.A., art. R. 351-5).

L'irrecevabilité manifeste ne peut concerner, s'agissant d'une requête présentée devant une cour administrative d'appel, que les conclusions présentées devant cette cour. En l'absence d'une telle irrecevabilité manifeste, les dispositions de l'article R. 351-4 du Code de justice administrative ne permettent pas à une cour administrative d'appel de s'affranchir, au motif de l'irrecevabilité, même manifeste, de la demande de première instance, du respect des règles de répartition des compétences entre juridictions administratives (C.E., 25 janv. 2012, Piasco : *Rec.*, p. 661).

Par ailleurs, si une cour administrative d'appel peut prononcer un non-lieu en vertu des dispositions de l'article R. 351-4, elle ne peut statuer sur l'appel formé contre un jugement prononçant lui-même un non-lieu à statuer sur des conclusions ne relevant pas normalement de la compétence d'appel de cette cour (C.E., 30 juil. 1997, Rodes, n° 157265).

L'irrecevabilité est parfois facile à constater : dépassement du délai, absence de décision préalable ou saisine du juge sans recours préalable obligatoire en l'espèce, mais l'évidence de l'irrecevabilité fait parfois l'objet de débats.

Sous-section 2
Les procédures de règlement et de renvoi

§ 1. Attribution de compétence par le président de la Section du contentieux du Conseil d'État

276. Lorsque des considérations de bonne administration de la justice l'imposent, le président de la Section du contentieux du Conseil d'État, de sa propre initiative ou sur la demande d'un président de tribunal administratif ou de cour administrative d'appel, attribue, par une ordonnance motivée qui n'est pas susceptible de recours, le jugement d'une ou plusieurs affaires à la juridiction qu'il désigne (C.J.A., art. R. 351-8).

§ 2. La saisine erronée d'un tribunal administratif ou d'une cour administrative d'appel

277. Deux hypothèses peuvent se présenter.

- Le président de cette juridiction estime que le litige relève de la compétence du Conseil d'État. Il transmet le dossier directement et sans délai à ce dernier qui poursuit l'instruction de l'affaire. Si celle-ci montre que le litige relève en tout ou en partie de la compétence d'une autre juridiction, la sous-section d'instruction saisit le président de la Section du contentieux, qui règle la question de compétence et attribue, le cas échéant, le jugement de tout ou partie des conclusions à la juridiction qu'il déclare compétente (C.J.A., art. 351-2).

  Ces dispositions n'interdisent pas à une cour administrative d'appel qui s'estime saisie à tort de transmettre le dossier au Conseil d'État par un arrêt motivé qui n'est pas susceptible de recours (C.E., 9 juil. 2010, Arethas et a., n° 314942).

  Saisi d'une demande de suspension d'une décision, dont le contentieux relève de la compétence du Conseil d'État en premier et dernier ressort, le président d'un tribunal administratif peut soit la rejeter comme présentée devant une juridiction incompétente pour en connaître, soit la transmettre au Conseil d'État en application de l'article R. 351-2 (C.E., réf., 19 juin 2001, Mme Barège, n° 234360). Voy., également, ci-après, pour les pouvoirs du juge des référés : art. R. 522-8-1.

- Une cour administrative d'appel ou un tribunal administratif estime que le litige relève de la compétence d'une juridiction administrative autre que le Conseil d'État. Son président transmet le dossier sans délai à la juridiction qu'il estime compétente (C.J.A., art. R. 351-3, al. 1er). En cas de difficultés particulières, il peut transmettre le dossier sans délai au président de la Section du contentieux du Conseil d'État, qui règle la question de compétence et attribue le jugement de tout ou partie de l'affaire à la juridiction qu'il déclare compétente (C.J.A., art. 351-3, al. 2).

- Toutefois, seul le Conseil d'État peut opérer un tel rejet lorsque le litige relève de la compétence d'une juridiction administrative spécialisée (C.J.A., art. R. 351-5).

Lorsque le président de la cour administrative d'appel ou du tribunal administratif auquel un dossier a été transmis en application de ces dispositions estime que cette juridiction n'est pas compétente, il transmet le dossier, dans le délai de trois mois suivant la réception de celui-ci, au président de la Section du contentieux du Conseil d'État, qui règle la question de compétence et attribue le jugement de tout ou partie de l'affaire à la juridiction qu'il déclare compétente (C.J.A., art. R. 351-6, al. 2).

Lorsque le président d'une juridiction administrative, autre qu'une cour administrative d'appel ou un tribunal administratif, à laquelle un dossier a été transmis en application de ces mêmes dispositions, estime que cette juridiction n'est pas compétente, il transmet le dossier, dans le même délai de trois mois, au président de la Section du contentieux, qui règle la question de compétence et attribue le jugement de tout ou partie de l'affaire à la juridiction qu'il déclare compétente (C.J.A., art. R. 351-6, al. 3).

Le renvoi peut être effectué par jugement d'une formation collégiale plutôt que par ordonnance. Ce jugement, tout comme l'ordonnance, est insusceptible de recours (C.E., 30 mars 1984, Sté Coignet Pacifique : *Rec.*, p. 715 ; 28 juin 1985, Office nat. des forêts : *Rec.*, p. 872).

Il n'appartient pas au président de la Section du contentieux ni à une formation collégiale du Conseil d'État, saisis dans le cadre du règlement des questions de compétence au sein de la juridiction administrative, de se prononcer sur la demande, même pour constater qu'elle est entachée d'une irrecevabilité manifeste. Dans un tel cas, il y a lieu de renvoyer à la juridiction compétente, sans pouvoir faire application de l'article R. 351-4 (C.E., 21 sept. 1990, Dpts Doubs c. Bouillot : *Rec.*, p. 650 ; voy. aussi sect., 7 janv. 1994, Roth, Élect. cantonales de Sainte-Geneviève-des-Bois : *Rec.*, p. 5).

Lorsqu'en application des articles R. 351-1 et suivants, le président de la Section du contentieux du Conseil d'État a attribué à un tribunal administratif le soin de juger un litige en première instance, cette attribution de compétence s'impose, en ce qui concerne la compétence territoriale, au tribunal administratif, qui ne peut décliner sa compétence. Cette attribution de compétence détermine *ipso facto* la compétence territoriale en appel. Est compétente pour connaître de l'appel la cour administrative d'appel dans le ressort de laquelle se situe le siège du tribunal administratif qui a statué en premier ressort (C.E., 10 juil. 1996, Dody : *Rec.*, p. 282 ; 10 nov. 1999, SCA du Briénon : *Rec.*, p. 351).

§ 3. La saisine erronée du Conseil d'État

278. La sous-section en charge de l'instruction estime, au cours de celle-ci, que la requête relève de la compétence d'une autre juridiction administrative. Elle saisit le président de la Section du contentieux afin que celui-ci règle la question de compétence (C.J.A., art. R. 351-1). Une juridiction administrative de droit commun ne pouvait plus, depuis l'entrée en vigueur du décret du 22 février 1972, rejeter pour incompétence les requêtes qui leur sont adressées et qui relèvent de la compétence d'une autre juridiction administrative. Elle doit transmettre le dossier au président de la Section du contentieux du Conseil d'État, qui attribuera à une juridiction le soin de juger le litige (C.E., sect., Ben Ziane ould Boualem : *Rec.*, p. 358). Les juridictions de droit commun peuvent désormais transmettre elles-mêmes le dossier à la juridiction qu'elles estiment compétente.

Ayant annulé, en qualité de juge d'appel statuant sur le fondement de l'article L. 821-2 du Code de justice administrative, un jugement rendu en première instance au motif que la juridiction saisie n'était pas compétente, le Conseil d'État peut soit faire application des dispositions de l'article R. 351-1 et attribuer le jugement de l'affaire à la juridiction administrative compétente en première instance, soit évoquer et statuer immédiatement sur la demande (C.E., sect., 7 févr. 2008, Mme Baomar, n° 267744).

Dans la plupart des cas, il revient au président de la Section du contentieux de se prononcer sur la juridiction compétente et de lui attribuer le dossier de l'affaire.

L'ordonnance de renvoi est notifiée sans délai aux parties, elle n'est ni motivée ni susceptible de recours (C.J.A., art. R. 351-6). Elle n'est pas revêtue de l'autorité de chose jugée.

279. Lorsqu'une juridiction à laquelle une affaire a été transmise en application de l'alinéa 1er de l'article R. 351-3 n'a pas eu recours aux dispositions de l'alinéa 2 de l'article R. 351-6 ou lorsqu'elle a été déclarée compétente par le président de la Section du contentieux du Conseil d'État, sa compétence ne peut plus être remise en cause ni par elle-même, ni par les parties, ni d'office par le juge d'appel ou de cassation, sauf à soulever l'incompétence de la juridiction administrative (C.J.A., art. R. 351-9). Le tribunal administratif déclaré compétent par le président de la Section du contentieux du Conseil d'État ne peut décliner sa compétence dès lors qu'il appartient à la juridiction administrative de connaître du litige (C.E., 9 juil. 2010, Sté Poweo, n° 324311).

Les actes de procédure régulièrement accomplis devant la juridiction incompétente demeurent valables devant la juridiction de renvoi, sous réserve, le cas échéant, des régularisations imposées par les règles de procédure propres à cette juridiction (C.J.A., art. R. 351-7).

SECTION 3

LE RÈGLEMENT DE JUGES

280. Le Conseil d'État résout depuis 1932 (C.E., 15 janv. 1932, Rambaud : *Rec.*, p. 61 et D^{me} v^{ve} Reynes, n° 10101) les conflits à l'intérieur de la juridiction administrative.

Le règlement de juges joue :

- lorsque le justiciable saisit le Conseil d'État sur le fond alors que la juridiction s'était déclarée à tort incompétente (C.E., 3 avr. 1936, Sudre : *Rec.*, p. 452) ;
- lorsque des décisions juridictionnelles rendues toutes deux par le Conseil d'État révèlent une contrariété conduisant à un déni de justice (C.E., 11 mai 1959, Miret : *Rec.*, p. 295) ;
- en cas de contrariété de jugements résultant d'une contradiction entre une décision non attaquée d'un tribunal et une décision du Conseil d'État (C.E., 5 mai 1950, Hounicheren : *Rec.*, p. 266).

Dans ces hypothèses de règlement de juges, le Conseil d'État annule le jugement erroné et renvoie l'affaire devant la juridiction qui l'avait rendu. Il ne peut évoquer l'affaire.

PARTIE II

La détermination du différend

Titre 1

La prévention et la préparation du recours juridictionneL 195

Titre 2

Les différents recours contentieux 277

281. Le règlement d'une difficulté opposant un administré à l'administration ne suppose pas toujours la saisine du juge. Le législateur et le pouvoir réglementaire ont d'ailleurs mis en place des procédures alternatives de règlement des conflits et cherché à éviter le recours au juge par l'instauration d'une plus grande transparence de l'administration et de son action.

Cependant, le procès apparaît parfois à l'administré comme l'unique solution pour faire valoir ses droits. Encore faut-il, pour recourir au juge, que certaines conditions soient remplies.

TITRE 1

La prévention et la préparation du recours juridictionnel

Chapitre 1
La procédure administrative non contentieuse 197

Chapitre 2
Les conditions tenant à l'introduction de la requête 205

Chapitre 3
Les conditions tenant au délai de recours 243

282. La procédure administrative non contentieuse poursuit plusieurs objectifs. Elle permet d'éviter les recours juridictionnels tantôt en prévenant leur apparition, notamment en informant l'administré sur les raisons de la prise de tel ou tel acte ou en l'associant à l'action de l'administration, tantôt en offrant des modes de règlement des litiges alternatifs au recours contentieux. Mieux informé de l'activité administrative, convaincu du bien-fondé de son intervention ou ayant trouvé auprès de l'administration une solution à son litige, l'administré ne formera pas de recours.

Néanmoins, ces solutions alternatives ne sont pas toujours possibles et peuvent également se révéler inefficaces. Il importe en tout état de cause de s'entourer de garanties lors de leur exercice si l'on souhaite s'offrir ultérieurement la possibilité de saisir le juge, garanties qui constituent autant de conditions s'ajoutant à celles déjà exigées de quiconque entend former un recours devant la juridiction administrative.

Chapitre 1

La procédure administrative non contentieuse

1 **L'administration explique** 198

2 **L'administration se concerte avec les administrés** 201

283. Sauf pour les décisions infligeant une sanction, aucune règle ni aucun principe de valeur constitutionnelle n'imposent la motivation des décisions administratives. Il est cependant loisible au législateur d'instituer une obligation de motivation, dans les hypothèses qu'il définit (Cons. const., 27 nov. 2001, n° 2001-451 DC : *JO*, 1er déc. 2001, p. 19112). Le législateur a également estimé qu'il était possible d'obliger l'administration à écouter les intéressés avant de prendre une décision.

SECTION 1
L'ADMINISTRATION EXPLIQUE

284. La motivation est l'expression formelle des motifs d'une décision. Le principe est que l'administration n'a pas à motiver ses décisions, sauf texte contraire, ce qui n'a pas empêché le juge administratif d'obliger l'administration à lui faire connaître ses motifs (C.E., 30 avr. 1880, Harouel et Morin : *Rec.*, p. 419 ; 30 mai 1954, Barel : *Rec.*, p. 308 ; 26 janv. 1968, Sté Maison Genestal : *Rec.*, p. 62), portés, par l'effet du caractère contradictoire des débats, à la connaissance du requérant. Le Conseil d'État a imposé la motivation des décisions de certains organismes, puis, de façon générale, d'organismes, en raison de leur nature, de leur composition et de leurs attributions (C.E., sect., 27 janv. 1950, Billard : *Rec.*, p. 58 ; sect., 27 nov. 1970, Agence maritime Marseille-Fret : *Rec.*, p. 704 ; 11 janv. 2002, Laboratoires Besins International : *Rec.*, p. 1).

Des textes ont rendu obligatoire la motivation de décisions, défavorables le plus souvent, intervenant dans certains domaines (sanctions disciplinaires ou licenciement d'agents publics, droit du travail, aménagement foncier et urbanisme, police administrative, comptabilité publique, droit des collectivités territoriales). La loi du 11 juillet 1979 (art. 1er) donne aux personnes physiques et morales le droit d'être informées des motifs des décisions administratives individuelles intervenues à leur encontre. Cette loi ne s'applique qu'en l'absence de dispositions législatives particulières donnant un autre fondement à l'obligation de motivation (C.E., sect., 30 juil. 1997, Cne Montreuil-sous-Bois c. Cts Breuille : *Rec.*, p. 309) et le principe reste celui du caractère facultatif de la motivation.

Sous-section 1
Le champ d'application de l'obligation

285. La loi du 11 juillet 1979 n'oblige à motiver que les décisions administratives défavorables ou dérogatoires, ainsi que certaines décisions défavorables émanant d'organismes sociaux. Sont exclues de l'obligation les décisions réglementaires et les décisions *sui generis*. Cependant, l'acte déclaratif d'utilité publique est accompagné d'un document qui expose les motifs et considérations justifiant le caractère d'utilité publique de l'opération ; doit aussi être motivée la décision refusant de déclarer l'utilité publique (L. 27 févr. 2002).

L'article 2 de la loi du 11 juillet 1979 limite l'obligation de motivation à six catégories de décisions, celles qui :

- restreignent l'exercice d'une liberté publique ou, de manière générale, constituent une mesure de police (C.E., 17 juin 1983, Affatigato : *Rec.*, p. 263 ; sect., 23 oct. 1987, Cts Métrat : *Rec.*, p. 320 ; 19 mars 2003, Leclerc : *Rec.*, p. 136) ;
- infligent une sanction (C.E., 10 mai 1985, Sté Wash-Perle International : *Rec.*, p. 467). Sont exclues de cette catégorie les simples punitions, qui n'ont pas le caractère de décisions ;
- subordonnent l'octroi d'une autorisation à des conditions restrictives ou imposent des sujétions. La notion d'autorisation doit être entendue au sens large, comme visant indistinctement les agréments, acquiescements, permis, enregistrements et acceptations, sous la seule réserve qu'ils aient le caractère de décision. Constitue une condition restrictive toute limitation apportée à une autorisation. Entrent dans cette catégorie de nombreuses décisions : réquisition de personnes, placement d'un mineur sous la protection du service de l'aide à l'enfance, assujettissement à l'impôt, actes portant atteinte à l'existence, l'étendue ou l'exercice du droit de propriété (C.E., 11 févr. 1983, Cne Guidel : *Rec.*, p. 54) ;
- retirent ou abrogent une décision créatrice de droits (C.E., 17 juin 1988, ANPE c. Perchoux : *Rec.*, p. 574 ; 3 nov. 2003, Chaumeau : *Rec.*, p. 661 ; sect., 26 févr. 2003, Nègre : *Rec.*, p. 53) ;
- opposent une prescription, une forclusion ou une déchéance (péremption de permis de construire, prescription quadriennale...) ;
- refusent un avantage dont l'attribution constitue un droit pour les personnes qui remplissaient les conditions légales pour l'obtenir (C.E., 11 juin 1982, Le Duff : *Rec.*, p. 220 ; 26 févr. 2001, Honigsberg : *Rec.*, p. 803) ;
- refusent une autorisation, sauf lorsque la communication des motifs serait de nature à porter atteinte à un secret ou un intérêt protégé par les dispositions des alinéas 2° à 7° de l'article 6-I modifié de la loi du 17 juillet 1978.

S'y ajoutent les décisions prises par les organismes de sécurité sociale ou les institutions visées aux articles L. 5427-1 à L. 5427-6 du Code du travail, qui refusent un avantage dont l'attribution constitue un droit pour les personnes qui remplissent les conditions légales pour l'obtenir et les décisions qui refusent l'attribution d'aides ou de subventions dans le cadre de l'action sanitaire et sociale (L. 17 janv. 1986), ainsi que les décisions ordonnant le reversement de prestations sociales indûment perçues (L. 12 avr. 2000).

286. La loi, qui prévoit une dérogation, est d'interprétation stricte. N'ont pas à être motivées les décisions défavorables n'entrant pas dans les catégories prévues par la loi : refus de prendre une mesure de police, rejet du recours formé contre une autorisation, mesure conservatoire, comme la suspension d'un fonctionnaire, délibération d'un jury d'examen ou de concours, décision mettant fin, dans l'intérêt du service, aux fonctions d'une personne occupant un emploi à la discrétion du gouvernement, décision de tutelle.

Le contenu défavorable d'une décision ne s'apprécie que par rapport aux personnes qu'elle concerne directement (C.E., sect., 9 déc. 1983, Vladescu : *Rec.*, p. 497 ; ass., 21 déc. 1990, Assoc. pour l'objection de conscience à toute participation à l'avortement : *Rec.*, p. 369).

287. Doivent également être motivées toutes les décisions administratives individuelles qui dérogent aux règles générales fixées par la loi ou le règlement (L. art. 2), favorables ou défavorables. La motivation d'une décision défavorable permet à l'administré de connaître et, éventuellement, de contester ses motifs. La motivation d'une décision favorable est utile aux tiers.

Sous-section 2
Les exceptions à l'obligation de motivation

288. Lorsque l'urgence absolue a empêché de motiver une décision, le défaut de motivation n'entache pas cette décision d'illégalité. Toutefois, si l'intéressé en fait la demande, l'autorité qui a pris la décision devra, dans un délai d'un mois, lui en communiquer les motifs (L. art. 3 ; C.E., sect., 13 janv. 1988, Abina : *Rec.*, p. 6). L'urgence absolue permet ainsi à l'administration de disposer d'un délai supplémentaire pour formaliser les motifs de sa décision.

289. Les dispositions de la loi ne dérogent pas aux textes législatifs interdisant la divulgation et la publication des faits couverts par le secret (L. art. 4) : secret de la défense nationale, secret professionnel, ou secrets visés par l'article 6 de la loi du 17 juillet 1978 et l'article 39 de la loi du 6 janvier 1978.

290. Une décision implicite intervenue dans le cas où une décision explicite aurait dû être motivée n'est pas illégale du seul fait qu'elle n'est pas assortie de cette motivation. Toutefois, à la demande de l'intéressé, formulée dans les délais du recours contentieux, les motifs de cette décision implicite de rejet devront lui être communiqués dans le mois qui suit cette demande. Le délai de recours contentieux contre ladite décision est alors prorogé jusqu'à l'expiration de deux mois suivant le jour de la communication des motifs (L. art. 5). L'intéressé peut déférer au juge, sans condition de délai, la décision implicite dont il a vainement demandé les motifs, illégale du fait de l'absence de communication de ceux-ci. Le refus de faire connaître les motifs ne constitue pas une décision susceptible de recours pour excès de pouvoir.

Sous-section 3
La portée de l'obligation

291. La motivation doit être écrite et comporter l'énoncé des considérations de droit et de fait qui constituent le fondement de la décision. Elle doit être adaptée à l'espèce, circonstanciée, précise.

L'insuffisance de motivation est sanctionnée au même titre que son absence. Suffit un exposé des motifs dans un document annexé à la décision (rapport, avis, lettre d'accompagnement).

L'administration satisfait à l'exigence de motivation en se référant, pour justifier le prononcé ou le maintien d'une hospitalisation d'office, à un certificat médical circonstancié, à condition de s'approprier le contenu de ce certificat et de joindre ce dernier à sa décision (C.E., 9 nov. 2001, Deslandes : *Rec.*, p. 546). Mais sont irrégulières des motivations stéréotypées, effectuées au moyen d'une lettre type (C.E., sect., 24 juil. 1981, Belasri : *Rec.*, p. 322 ; 18 mai 1990, Assoc. radio panoramas : *Rec.*, p. 127), opérées par référence à un document non porté à la connaissance de l'intéressé, anticipées ou rétroactives. Un arrêté se bornant à compléter un précédent arrêté annulé pour insuffisance de motivation, sans reprendre la totalité de l'acte, est inexistant (Affatigato : préc. ; C.E., 20 mai 1988, Mme Nardin : *Rec.*, p. 198).

Toutefois, l'annulation étant alors prononcée pour vice de forme, l'administration pourra, en règle générale, reprendre une décision identique sous réserve d'en indiquer les motifs.

SECTION 2
L'ADMINISTRATION SE CONCERTE AVEC LES ADMINISTRÉS

292. Divers textes (L. 11 juil. 1979, D. 28 nov. 1983, L. 12 avr. 2000) tentent, à la suite de la jurisprudence, de faciliter le dialogue entre l'administration et ses usagers, d'assurer une meilleure protection des administrés en instituant, dès le stade de la procédure non contentieuse, les éléments d'un débat contradictoire dans l'élaboration de la décision administrative, ainsi qu'une meilleure prise en considération du dossier individuel et des avis des organes collégiaux dont l'administration s'entoure.

Sous-section 1
La règle de l'examen particulier du dossier

293. Sauf en cas de compétence liée, une autorité administrative ne saurait légalement édicter une décision non réglementaire sans avoir préalablement procédé à un examen complet et réel des données spécifiques à la situation qui doit donner lieu à la décision. Elle doit apprécier, au vu de l'examen particulier du dossier, ce que doit être sa décision (C.E., 7 août 1920, Secrétant : *Rec.*, p. 853). L'administration doit mettre l'intéressé à même de faire valoir sa position et de présenter des observations (adage *audi alteram partem*). La procédure contradictoire se réalise au travers du respect des droits de la défense, qui constitue un principe fondamental reconnu par les lois de la République et un principe général du droit (Cons. const., 2 déc. 1976 : *Rec.*, p. 39 ; C.E., sect., 5 mai 1944, D^me^ v^ve^ Trompier-Gravier : *Rec.*, p. 133).

Sous-section 2
Les modalités du débat contradictoire

294. Les décisions défavorables qui doivent être motivées ne peuvent légalement intervenir qu'après que l'intéressé a été mis à même de présenter des observations écrites (L. 11 juil. 1979, art. 18). « Intéressé » signifie littéralement quiconque a intérêt à agir contre la décision. La loi vise, pour la procédure orale, toute personne concernée (L. art. 18, al. 2). Les tiers doivent être mis à même de présenter leurs observations.

Toute personne visée a le droit d'être entendue si elle en fait la demande. Elle peut se faire assister ou représenter par un mandataire de son choix.

Ces dispositions valent pour les mesures prises en considération de la personne et pour celles qui ont le caractère de sanction, mais non pour les mesures de gestion du domaine public, comme les décisions de résilier un contrat portant occupation du domaine public (C.E., 23 juin 1986, Thomas : *Rec.*, p. 167 ; Cons. const., 2 déc. 1976 : *Rec.*, p. 39 ; C.E., sect., 5 mai 1944, D^me^ v^ve^ Trompier-Gravier : *Rec.*, p. 133).

L'autorité administrative est tenue de suivre une procédure contradictoire avant de prendre l'une des décisions devant être motivées en vertu de la loi du 11 juillet 1979, autrement dit une décision défavorable à son destinataire ou une décision dérogatoire (D. 28 novembre 1983, art. 8). La même obligation vise les décisions dont la motivation est prévue par d'autres textes, dès lors qu'elles entrent dans les catégories de décisions relevant des dispositions de la loi de 1979 (décisions émanant des services administratifs de l'État et de ses établissements publics, à l'exception de celles des services placés sous l'autorité du ministre de la Justice). Ces règles s'appliquent aux décisions concernant les administrés, sauf celles prises sur demande de l'intéressé, mais non aux relations entre le service et ses agents.

295. L'urgence, les circonstances exceptionnelles, les nécessités de l'ordre public et la conduite des relations internationales dispensent du respect de cette procédure contradictoire.

Les décisions visées ne peuvent intervenir qu'après que l'intéressé a été mis à même de présenter des observations écrites et qu'il a été entendu, sur sa demande, par un agent habilité à recueillir ses observations orales, sous réserve de demandes répétitives ou manifestement abusives (D. art. 8). Ces dispositions sont respectées si l'administration se prononce au terme du délai, qui doit être suffisant, qu'elle a accordé à l'intéressé pour présenter ses observations écrites.

Elles ne s'appliquent pas lorsque l'administration est en situation de compétence liée, ni lorsqu'une procédure contradictoire, offrant des garanties analogues, est prévue par un texte spécial (C.E., ass., 8 mars 1985, Deveylder : *Rec.*, p. 70).

La loi du 12 avril 2000 reprend en grande partie ces dispositions dans son article 24.

Sous-section 3
L'amélioration de l'administration consultative

296. L'administration consultative se compose de conseils ou commissions, comprenant des personnalités compétentes ou des représentants du personnel nommés, dont l'administration s'entoure pour avis. La demande d'avis est tantôt facultative, tantôt obligatoire. L'administrateur n'est pas lié par l'avis sauf si un texte prévoit que sa décision doit être prise sur avis conforme.

L'organisme dont une disposition législative ou réglementaire prévoit la consultation avant l'intervention d'une décision doit être mis à même d'exprimer son avis sur l'ensemble des questions soulevées par cette décision. Dans le cas où, après avoir recueilli son avis, l'administration lui apporterait des modifications qui posent des questions nouvelles, elle doit le consulter à nouveau (C.E., ass., 2 mai 1958, Synd. autonome des greffiers de l'État : *Rec.*, p. 252). L'organisme consulté doit avoir une existence légale et avoir été institué régulièrement.

Les membres des organes collégiaux doivent être convoqués et recevoir un ordre du jour et les documents nécessaires à l'examen des affaires inscrites cinq jours au moins avant la réunion. Leur information doit être régulièrement assurée. Les règles relatives à la convocation de l'organisme, sa composition et le *quorum* doivent être respectées (C.E., ass., 18 avr. 1969, Meunié : *Rec.*, p. 208). Lorsque le *quorum* n'est pas atteint, la décision peut être prise sans *quorum* lors d'une seconde réunion, après convocation sur le même ordre du jour. Les personnes ayant un intérêt personnel dans l'affaire en discussion ne peuvent participer à la délibération, à peine de nullité de celle-ci.

Afin d'éviter la paralysie de l'administration du fait de la carence d'un organisme à délivrer son avis, l'administration peut passer outre à celui-ci, dans un délai raisonnable et après avoir mis le président de l'organisme en demeure d'inscrire l'affaire à l'ordre du jour, et informé les membres de cette procédure.

Le procès-verbal doit indiquer le nombre des participants, les questions discutées et le sens des avis émis. Lorsqu'une décision doit être motivée, sa notification est accompagnée des mentions du procès-verbal de la délibération de l'organisme consulté se rapportant à la question (*idem*).

Chapitre 2

Les conditions tenant à l'introduction de la requête

1 La capacité à agir des personnes privées 206

2 La représentation des plaideurs 207

3 Les conditions tenant au requérant : qualité et intérêt lésé 216

4 La forme et la signature de la requête 230

297. Le Conseil constitutionnel a reconnu le droit d'agir en justice (Cons. const., 2 déc. 1980 : *Rec.*, p. 74). Le requérant doit avoir une existence légale, condition qui intéresse surtout les groupements, associations et syndicats.

Outre la capacité, le requérant doit avoir qualité et intérêt à agir en justice. En principe, il ne peut agir lui-même devant le juge administratif, mais doit se faire représenter.

SECTION 1
LA CAPACITÉ À AGIR DES PERSONNES PRIVÉES

Sous-section 1
Les personnes physiques

298. Les règles de capacité à agir sont celles du droit commun. Les recours sont ouverts aux étrangers comme aux nationaux.

Le mineur, à moins d'être émancipé, est représenté par la, ou l'une des personnes, exerçant l'autorité parentale. Les parents ne sont plus représentants de leur enfant devenu majeur. La circonstance que l'enfant atteigne la majorité durant l'instance n'interdit pas la poursuite normale de celle-ci, sans nécessité d'une reprise d'instance ou d'un mandat de l'intéressé.

Le majeur incapable, placé sous tutelle, ne peut agir que par l'intermédiaire de son tuteur (C. civ., art. 492). Le majeur sous curatelle agit avec l'assistance de son curateur (C. civ., art. 510, al. 2).

Le failli, la personne en liquidation de biens ou en règlement judiciaire ne peut former d'actions à caractère pécuniaire, qui peuvent l'être par le syndic ou le liquidateur. Le failli peut agir lui-même si l'action intéresse sa personne (C.E., 8 mai 1968, Thorel : *Rec.*, p. 285). Un condamné frappé d'interdiction légale est recevable à attaquer les décisions susceptibles d'affecter la régularité de sa condamnation.

Une personne placée en hôpital psychiatrique conserve sa capacité à agir, sauf si ce droit lui a été retiré en application de la loi du 3 janvier 1968. Même dans ce cas, elle a capacité pour former un recours pour excès de pouvoir contre la décision d'internement (C.E., 23 juin 1976, D^{me} Duffau : *Rec.*, p. 335 ; 10 juin 1959, D^{me} Poujol : *Rec.*, p. 355).

Dans certains cas, le mari peut agir pour le compte de son épouse, en particulier lorsque l'action concerne le couple ou les biens de la communauté conjugale. La réciproque devrait être admise. Mais un conjoint ne peut agir comme mandataire de son épouse si le litige concerne les biens propres de celle-ci. Seule la femme fonctionnaire peut agir lorsque le litige est relatif à sa carrière (C.E., sect., 27 juil. 1990, Min. Agric. c. Beaufils : *Rec.*, p. 240 ; 17 mai 1946, Marolleau : *Rec.*, p. 140).

Le locataire peut agir contre l'arrêté municipal ordonnant des mesures provisoires en cas de péril imminent affectant l'immeuble où il a son domicile.

Les héritiers succèdent aux actions engagées par le requérant décédé en cours d'instance, lorsqu'elles présentent pour eux un intérêt. Par ailleurs, ils peuvent faire valoir le préjudice que leur cause le décès de leur auteur.

Sous-section 2
Les personnes morales

299. Un groupement de personnes n'a capacité à agir en justice que s'il a la personnalité juridique. Les associations déclarées sont recevables en tous domaines. Les associations non déclarées ne peuvent défendre en justice des intérêts patrimoniaux, mais peuvent contester par la voie du recours pour excès de pouvoir les décisions portant atteinte aux intérêts qu'elles ont pour but de défendre (C.E., ass., 31 oct. 1969, Synd. de défense des canaux de la Durance et Blanc : *Rec.*, p. 462). Une association dissoute peut former un recours contre l'acte de dissolution. Sinon, il y aurait atteinte à la liberté d'association (C.E., ass., 21 juil. 1970, Krivine : *Rec.*, p. 499).

SECTION 2
LA REPRÉSENTATION DES PLAIDEURS

Sous-section 1
La représentation des personnes privées

300. L'obligation d'avocat est le principe, mais il existe des dispenses. L'avocat n'a pas à produire de mandat pour représenter les parties devant les tribunaux administratifs et les cours administratives d'appel et signer en leur nom les requêtes et mémoires (C.E., sect., avis, 29 nov. 1991, Synd. des commerçants non sédentaires de la Savoie : *Rec.*, p. 414 ; 26 mars 2008, Sté Gestion Hôtels Cahors Vitrolles : *Rec.*, p. 848 : L.P.F., art. R. 197-4 en matière fiscale). Mais si l'action est présentée au nom d'une personne morale, la présentation d'une action par un avocat ou un avocat au Conseil d'État ne dispense pas la juridiction de s'assurer que le représentant de la personne morale justifie d'une qualité pour engager l'action au nom de cette personne morale (Synd. des commerçants non sédentaires de la Savoie, préc.).

Le monopole des avocats s'applique à toutes les personnes privées et publiques, sauf à l'État (C.J.A., art. 431-7, R. 811-10). Ainsi, un établissement public de l'État doté de la personnalité morale n'est pas dispensé du ministère d'avocat devant les juridictions administratives (C.E., 19 mai 1965, Et. nat. des invalides de la Marine et Sarotte : *Rec.*, p. 1015).

Les requérants ne peuvent se faire représenter par d'autres mandataires que ceux visés à l'article R. 431-2, même dans les cas où ils peuvent agir seuls devant le tribunal administratif (C.E., sect., 31 janv. 1964, Min. Agric. c. D[lles] Bourgon : *Rec.*, p. 74 ; sect., 27 juil. 1990, Min. Agric. c. Beaufils : *Rec.*, p. 240). Cette règle connaît une dérogation en matière fiscale et en matière électorale sur le fondement des textes spéciaux qui régissent ces contentieux (C.E., ass., 2 mai 1958, Assoc. nat. des avocats : *Rec.*, p. 253).

Un requérant exerçant la profession d'avocat ne peut, dans une instance à laquelle il est personnellement partie, assurer sa propre représentation (C.E., 22 mai 2009, Manseau, n° 301186).

Avant d'opposer une fin de non-recevoir tirée du défaut de ministère d'avocat, le juge doit inviter le requérant à régulariser son pourvoi (C.E., sect., 27 janv. 1989, Chrun : *Rec.*, p. 37). Une fin de non-recevoir tirée du défaut d'avocat en première instance ne peut être retenue pour la première fois en appel, dès lors qu'aucune demande de régularisation n'est intervenue en première instance (C.E., 21 sept. 1990, Sté de concours techniques : *Rec.*, p. 249).

Une partie peut être assistée par plus d'un avocat, mais ne peut être représentée que par un seul d'entre eux, auquel doivent être transmis les actes de procédure (C.E., 21 févr. 2000, V. Annecy : *Rec.*, p. 68). Lorsqu'au cours d'une même procédure sont présentés des mémoires au nom d'une même partie, mais par des mandataires différents, le juge doit, si un doute existe sur l'identité du mandataire ayant seul qualité pour représenter la partie, inviter celle-ci à lui faire connaître quel est le mandataire habilité à la représenter, faute de quoi le jugement rendu est irrégulier (C.E., 24 févr. 1999, SCP d'avocats André Cellard et Françoise Choisel de Monti : *Rec.*, p. 34).

Le justiciable peut remettre en cause le mandat qu'il a donné de le représenter (C.J.A., art. R. 635-2 et R. 635-3).

§ 1. Devant les tribunaux administratifs

301. Les parties doivent être représentées par un avocat ou un avocat au Conseil d'État et à la Cour de cassation lorsque les conclusions de la demande tendent au paiement d'une somme d'argent, à la décharge ou à la réduction de sommes dont le paiement est réclamé au requérant ou à la solution d'un litige né d'un contrat. La signature des requêtes et mémoires par l'un de ces mandataires vaut constitution et élection de domicile chez lui (C.J.A., art. 431-2).

Le monopole d'avocat connaît des exceptions : litiges en matière de travaux publics, de contrats relatifs au domaine public, de contravention de grande voirie ; en matière de contributions directes, de taxes sur le chiffre d'affaires et de taxes assimilées ; litiges d'ordre individuel concernant les fonctionnaires ou agents de l'État et des autres personnes ou collectivités publiques, ainsi que les agents ou employés de la Banque de France ; en matière de pensions, d'aide sociale, d'aide personnalisée au logement, d'emplois réservés et d'indemnisation des rapatriés ; litiges dans lesquels le défendeur est une collectivité territoriale ou un établissement public relevant de l'une de ces collectivités ; demandes d'exécution d'un jugement définitif (C.J.A., art. R. 431-3) ; recours pour excès de pouvoir et contentieux électoral et fiscal ; demandes tendant à ce que le juge des référés prescrive une mesure nécessaire à la sauvegarde d'une liberté fondamentale (C.J.A., art. R. 522-5).

Les requêtes tendant à ce que le juge des référés prescrive une mesure en application de l'article L. 521-2 (référé liberté) sont dispensées de ministère d'avocat si elles se rattachent à des litiges dispensés de ce ministère. Les mêmes règles s'appliquent aux mémoires en défense ou en intervention (C.J.A., art. R. 522-5).

Dans les affaires dispensées du ministère d'avocat, les requêtes et mémoires doivent être signés par leur auteur et, dans le cas d'une personne morale, par une personne justifiant de sa qualité pour agir (C.J.A., art. R. 431-4).

§ 2. Devant les cours administratives d'appel

302. Les parties doivent de même être représentées par un avocat ou un avocat au Conseil d'État et à la Cour de cassation. Lorsque la notification de la décision soumise à la cour ne mentionne pas que l'appel ne peut être présenté que par l'un de ces mandataires, le requérant est invité à régulariser sa requête dans les conditions fixées à l'article R. 612-1.

Sont dispensés du ministère d'avocat : 1° les requêtes dirigées contre les décisions des tribunaux administratifs statuant sur les recours pour excès de pouvoir formés par les fonctionnaires ou agents de l'État et des autres personnes ou collectivités publiques, ainsi que par les agents ou employés de la Banque de France contre les actes relatifs à leur situation personnelle ; 2° les litiges en matière de contraventions de grande voirie mentionnés à l'article L. 774-8. Les demandes d'exécution d'un arrêt de la cour administrative d'appel ou d'un jugement rendu par un tribunal administratif situé dans le ressort de la cour et frappé d'appel devant celle-ci sont également dispensées de ministère d'avocat (C.J.A., art. R. 811-7).

Lorsqu'une disposition spéciale a prévu une dispense d'avocat en appel, les parties peuvent agir et se présenter elles-mêmes ou se faire représenter par un mandataire.

§ 3. Devant le Conseil d'État

303. Les avocats au Conseil d'État et à la Cour de cassation, dits avocats aux Conseils, ont le monopole de représentation et de plaidoirie devant le Conseil d'État.

Sont dispensés du ministère d'avocat en premier et dernier ressort les recours pour excès de pouvoir formés contre les actes des diverses autorités administratives, les recours en appréciation de légalité, les litiges en matière électorale et les litiges concernant la concession ou le refus de pension (C.J.A., art. R. 432-2), les demandes d'astreinte et les demandes d'aide à l'exécution d'une décision rendue par une juridiction administrative (C.J.A., art. R. 931-5), ainsi que les recours prévus aux articles 113, 116, 130 et 197 de la loi organique du 19 mars 1999 relative à la Nouvelle-Calédonie.

S'ils relèvent du contentieux de l'excès de pouvoir : les recours contre les actes administratifs dont le champ d'application s'étend au-delà du ressort d'un seul tribunal administratif ; les litiges nés hors des territoires soumis à la juridiction des tribunaux administratifs, les litiges d'ordre administratif, autres que ceux relevant du contentieux local, nés dans le territoire des îles Wallis-et-Futuna.

Si la requête principale l'est également, l'opposition, la tierce opposition, le recours en rectification d'erreur matérielle et la production d'observations sur une demande d'avis transmise par un tribunal administratif ou une cour administrative d'appel (C.J.A., art. R. 113-2).

Sont également dispensés du ministère d'avocat :

- en appel, les appels contre les jugements des tribunaux administratifs statuant en excès de pouvoir ; les appels des jugements rendus sur recours en appréciation de légalité ou en déclaration d'inexistence ; les appels contre les jugements statuant sur les protestations contre les élections municipales et cantonales ;
- en cassation, les recours contre les décisions de la Commission centrale d'aide sociale et des juridictions de pensions (C.J.A., art. R. 821-3).

De façon générale, l'État est dispensé du ministère d'avocat au Conseil d'État soit en demande, soit en défense, soit en intervention (C.J.A., art. R. 432-4).

Dans une matière dispensée de l'obligation du ministère d'avocat au Conseil d'État, une requête peut être présentée par un avocat n'appartenant pas à l'ordre des avocats aux Conseils. Toutefois, ce dernier doit justifier d'un mandat spécial l'habilitant à agir au nom du requérant (C.E., 20 nov. 1991, Assoc. Valbonne Environnement : *Rec.*, p. 1112 ; 28 oct. 1998, Satrod, n° 169405).

Sous-section 2
La représentation des personnes morales

304. Lorsqu'il n'y a pas dispense d'avocat, les requêtes et les mémoires doivent être signés, dans le cas d'une personne morale, par une personne justifiant de sa qualité pour agir. L'avocat est dispensé de produire mandat (L.P.F., art. R. 197-4 ; C.E., 26 mars 2008, Sté Gestion Hôtels Cahors Vitrolles, n° 294449).

§ 1. Les personnes morales de droit privé

305. Les personnes morales à but lucratif

Les sociétés sont représentées par leurs administrateurs (C. com., art. L. 231-7). Lorsque les dispositions législatives régissant une société commerciale pour le compte de laquelle agit l'avocat désignent elles-mêmes le représentant de cette société, le juge ou l'autorité administrative est dispensé, en l'absence de circonstances particulières, de s'assurer de la qualité pour agir du représentant de cette société (Sté Gestion Hôtels Cahors Vitrolles, préc.).

Le liquidateur d'une société civile a tous pouvoirs, en l'absence de dispositions expresses contraires, pour agir en son nom et notamment pour poursuivre les instances judiciaires qui la concernent, même après que la société a été radiée du registre du commerce (C.E., 20 déc. 2000, Cie d'assurances Zurich international et a., : *Rec.*, p. 632).

Les associations syndicales autorisées sont représentées par la personne habilitée par l'assemblée générale (C.E., 14 nov. 1997, Assoc. synd. libre de la zone artisanale du Cap Ferrat : *Rec.*, p. 991).

Le syndic d'un immeuble n'est pas recevable à agir au nom des copropriétaires si le syndicat des copropriétaires ne lui a pas donné mandat d'agir en justice (C.E., 11 janv. 1978, V. Marseille : *Rec.*, p. 14 ; 31 janv. 1990, SCI du 267, boulevard Pereire : *Rec.*, p. 914).

Les caisses d'assurance-maladie sont valablement engagées par délibération de leur conseil d'administration (CSS, art. L. 121-1). Une requête présentée par le directeur d'une caisse d'assurance-maladie sans qu'aucune délibération du conseil d'administration de la caisse n'ait autorisé le directeur à former de pourvoi est irrecevable (C.E., 16 juin 1989, Malinge : *Rec.*, p. 837).

Une mutuelle est de plein droit représentée en justice par son président en vertu de l'article L. 125-11 du Code de la mutualité (C.E., 10 juil. 1996, Mutuelle du min. Justice : *Rec.*, p. 1075). Le représentant local d'une mutuelle n'a pas à justifier de sa qualité pour agir au nom de la mutuelle (C.E., 28 févr. 1997, Mme Rajaobelison et MACIF : *Rec.*, p. 71).

La validité de l'action des personnes morales étrangères s'apprécie au regard de la législation de l'État dont elles ont la nationalité (C.E., 28 juil. 1999, Sté Red Bull GmbH : *Rec.*, p. 940).

306. Les associations et syndicats professionnels

La requête présentée au nom d'une association est irrecevable faute de produire les statuts de celle-ci et l'acte habilitant l'auteur de la requête à introduire l'instance au nom de l'association, alors qu'une demande de régularisation en ce sens avait été faite par la juridiction (C.E., 15 juin 1998, Assoc. pour le maintien de l'élevage en Bretagne, n° 95999). Est de même irrecevable une requête présentée au nom d'une association sans que ne soient produits ses statuts, ni de procès-verbal de l'assemblée générale constitutive, ni la composition du conseil d'administration, ni de délibération de ce dernier habilitant le signataire de la requête à saisir la juridiction (C.E., 21 juil. 1989, Bertin : *Rec.*, p. 837). Il appartient à la juridiction saisie, qui en a toujours la faculté, de s'assurer que le représentant de cette personne morale justifie de sa qualité pour agir au nom de cette partie (C.E., 19 juin 2013, SCI Ugari : *Rec.*, p. 450).

En l'absence de stipulation réservant expressément à un autre organe la capacité de décider de former une action devant le juge administratif, celle-ci est régulièrement engagée par l'organe tenant des statuts le pouvoir de représenter en justice ce syndicat ou cette association (C.E., sect., 3 avr. 1998, Féd. de la plasturgie : *Rec.*, p. 127), sauf stipulation de ces statuts réservant expressément à un autre organe la capacité de décider de former une action devant le juge administratif.

Si les statuts ne contiennent aucune disposition relative à l'organe habilité à agir en justice, il appartient soit à l'assemblée générale, soit au congrès de désigner au cas par cas la personne qui en sera chargée (C.E., 3 févr. 1993, Assoc. En avant Saint-Laurent : *Rec.*, p. 943). Lorsque l'habilitation à représenter la personne morale ne résulte pas directement des textes, le juge administratif peut demander qu'il soit justifié de cette habilitation par la production de la délibération du conseil d'administration, des statuts et de l'autorisation donnée par l'organe désigné par ceux-ci. À défaut, la requête est irrecevable.

§ 2. Les personnes morales de droit public

A. L'État

307. L'État est dispensé du ministère d'avocat soit en demande, soit en défense, soit en intervention (C.J.A., art. R. 431-7).

308. L'État est en principe représenté, devant les juridictions judiciaires et, dès lors que le litige a un caractère pécuniaire, par l'agent du Trésor (L. 3 avr. 1955, art. 38). Ce principe souffre de nombreuses exceptions : instances domaniales et fiscales, douanières, instances tendant à la réparation des dommages causés ou subis par les élèves des écoles publiques, instances se rattachant à la procédure d'expropriation, en matière de sites, monuments historiques et de fouilles, instances auxquelles les assemblées parlementaires sont partie, etc.

309. Devant les juridictions administratives, l'État est en principe représenté par le ou l'un des ministres intéressés (C.J.A., art. R. 431-9, R. 811-10 et R. 432-4). Le ministre peut déléguer sa signature, dans les conditions du droit commun (C.E., 23 mars 1962, Sté paloise immobilière de l'Aragon : *Rec.*, p. 210). Par dérogation aux dispositions de l'article R. 811-10, le trésorier-payeur général présente les mémoires et observations devant la cour administrative d'appel en réponse aux requêtes relatives au recouvrement des impôts directs et taxes assimilées dont le recouvrement est assuré par les comptables du Trésor, des amendes et condamnations pécuniaires et des créances de l'État étrangères à l'impôt et au domaine (C.J.A., art. R. 811-10-2).

La compétence des ministres peut, en outre, être déléguée, par décret, aux chefs des services déconcentrés des administrations civiles de l'État dans les matières énumérées à l'article 33 du décret n° 2004-374 du 29 avril 2004 au préfet de zone, au préfet de région et au préfet dans les autres cas.

Les ministres intéressés par le litige sont ceux qui exercent des attributions en la matière (C.E., 13 mars 1961, Min. Aff. éco. c. Vve Josset : *Rec.*, p. 179). Si plusieurs départements ministériels sont intéressés, l'un quelconque des ministres peut se pourvoir devant le Conseil d'État (C.E., sect., 13 janv. 1961, Premier ministre c. Bestaux : *Rec.*, p. 35). Une requête ou un pourvoi formé au nom de l'État peut, y compris après l'expiration du délai de recours, être régularisé par le ministre intéressé, qui s'en approprie les moyens et conclusions (C.E., ass., 5 janv. 1934, min. intérieur c. D^{me} Bossier : *Rec.*, p. 23 ; sect., 28 févr. 2001, Préfet Alpes-Maritimes et Sté Sud-Est Assainissement : *Rec.*, p. 109).

310. Le principe souffre de nombreuses exceptions.

Si le litige est né de l'activité des administrations civiles de l'État dans le département ou la région, à l'exception des actions et missions mentionnées à l'article 33 du décret du 29 avril 2004, l'État est représenté en défense par le préfet ou le préfet de région (C.J.A., art. R. 431-10, al. 1er), ou le préfet de police à Paris, pour les actes relevant de sa compétence. Outre-mer, l'État est représenté par le ministre ou, selon le cas, le haut commissaire ou le représentant du gouvernement ou son délégué.

Le préfet est seul compétent pour déférer au tribunal administratif, au nom de l'État, les opérations relatives à l'élection des membres des conseils généraux et des conseils municipaux (C. élect., art. L. 222 et L. 248) et pour entamer les poursuites en matière de contravention de grande voirie. Le préfet représente l'État en défense aux recours formés par les étrangers faisant l'objet d'un arrêté préfectoral de reconduite à la frontière (C.J.A., art. R. 776-8).

Devant la cour administrative d'appel, le préfet a compétence pour interjeter appel des jugements rejetant un déféré préfectoral ou défendre aux recours formés par les collectivités territoriales contre ces jugements. Il représente l'État dans les litiges nés de l'activité des services de la préfecture en matière d'entrée et séjour des étrangers en France, d'expulsion des ressortissants étrangers, de mise en jeu de la responsabilité de l'État du fait des dommages causés par les attroupements et rassemblements, d'agrément et armement des agents de police municipale, d'exercice des activités de surveillance, de gardiennage ou de transport de fonds, de réglementation des armes, d'exercice de l'activité de conducteur et de la profession d'exploitant de taxi, de police des débits de boissons, d'hospitalisation sous contrainte. Ces dispositions ne s'appliquent pas dans la collectivité départementale de Mayotte (C.J.A., art. R. 811-10-1).

Le préfet représente l'État en appel des jugements de tribunaux administratifs rendus en matière de contrôle de la légalité des actes des collectivités territoriales (C.E., sect., 2 mars 1990, Cne Boulazac : *Rec.*, p. 57, cette compétence ne vaut pas en cassation, seul le ministre intéressé pouvant introduire le pourvoi : C.E., sect., 28 janv. 1998, Préfet Var c. Ferran : *Rec.*, p. 22) et des jugements rendus sur recours contre les arrêtés de reconduite à la frontière (C.J.A., art. R. 776-19).

Le préfet dispose d'un pouvoir propre pour déférer au juge administratif les actes des collectivités territoriales qu'il estime irréguliers et ne peut, pour l'exercice de cette compétence, déléguer sa signature aux agents en fonction dans les préfectures. Il peut, en revanche, donner délégation à ces agents pour signer les recours gracieux adressés aux auteurs des actes soumis à son contrôle (C.E., ass., 15 oct. 1999, Min. Int. : *Rec.*, p. 310). Dans les cas de vacance, d'absence ou d'empêchement du préfet visés par l'article 2 du décret du 24 juin 1950, le secrétaire général exerce le pouvoir de déférer au tribunal administratif les actes qu'il estime contraires à la légalité (C.E., 16 nov. 2001, Préf. Réunion : *Rec.*, p. 1083).

Le directeur des services fiscaux représente l'État dans les litiges relatifs à l'assiette et au recouvrement des impôts directs et taxes assimilées et en matière de T.V.A. (L.P.F., art. R. 281-1 et R. 281-4).

L'État est représenté par le président de l'assemblée intéressée dans les instances auxquelles donnent lieu les dommages de toute nature causés par les services des assemblées parlementaires (Ord. 17 nov. 1958, art. 8) et celles relatives à la passation de contrats par ces assemblées (C.E., ass., 5 mars 1999, Président Ass. nat. : *Rec.*, p. 42).

B. Les collectivités territoriales

311. Par principe, les collectivités territoriales sont représentées par leur exécutif, sur autorisation de l'organe délibérant. L'organe délibérant de la collectivité doit, pour toute action en justice, autoriser l'exécutif soit à agir, soit à défendre au nom de la collectivité (C.E., 23 janv. 1959, Cne Huez : *Rec.*, p. 67). Normalement, l'autorisation donnée en première instance ne vaut pas pour relever appel (C.E., 21 juin 1961, Maire de Thionville : *Rec.*, p. 422). Il en est autrement lorsque l'autorisation initiale l'avait prévu expressément (C.E., 2 juin 1938, Cne Vico : *Rec.*, p. 506).

La commune est représentée par le maire (C.G.C.T., art. L. 2122-21-8, L. 2132-1 et L. 2132-2), sur autorisation ou par délégation du conseil municipal (C.G.C.T., art. L. 2132-1). La délégation peut être générale et donnée pour toute la durée du mandat du maire (C.E., 27 juil. 1988, Épx Gohin : *Rec.*, p. 948 ; 30 juil. 1997, Cne Montrouge c. Parmentier : *Rec.*, p. 1081) ou au cas par cas. L'autorisation doit être communiquée à la juridiction, à peine d'irrecevabilité. La production en cours d'instance de la délibération du conseil municipal autorisant l'action intentée au nom de la commune régularise la requête introduite par le maire, même si la réunion du conseil municipal est postérieure à l'introduction de la requête (Cne Huez, préc. ; C.E., sect., 10 mars 1978, Cne Roquefort-les-Pins : *Rec.*, p. 126 ; sect., 25 févr. 1985, V. Rodez : *Rec.*, p. 57), peu important que le conseil municipal ait été renouvelé entre la date de l'introduction de la requête et celle de l'adoption de la délibération autorisant l'action en justice (C.E., 29 nov. 2000, Cne des Ulis : *Rec.*, p. 1148).

La commune de Paris est représentée, en matière de police municipale, par le préfet de police (C.G.C.T., art. L. 2512-13), qui, placé sous l'autorité directe du ministre de l'Intérieur et du gouvernement, n'a pas à être autorisé à agir en justice par le conseil de Paris.

Le département est représenté par le président du conseil général (C.G.C.T., art. L. 3221-10), le département de Paris par le maire et le préfet de Paris pour les litiges relatifs aux personnels de la commune et du département de Paris, la région par le président du conseil régional (C.G.C.T., art. L. 4231-7), les collectivités d'outre-mer par leur autorité exécutive, la collectivité territoriale de Corse par le président du conseil exécutif (C.G.C.T., art. L. 4422-29).

Si une commune, un département, une région ou un établissement public de coopération intercommunale s'abstient d'exercer une action en justice lui appartenant, les contribuables de ceux-ci peuvent, après y avoir été autorisés par le tribunal administratif, agir pour leur compte à leurs frais et risques devant toutes juridictions. Pour être autorisée, l'action doit présenter un intérêt suffisant pour la collectivité territoriale intéressée et avoir une chance de succès (C.E., ass., 26 juin 1992, Mme Lepage, Huglo : *Rec.*, p. 246). Préalablement, le contribuable doit avoir saisi l'exécutif de la collectivité d'une demande d'agir, qui doit avoir été rejetée.

C. Les établissements publics

312. Les établissements publics, administratifs ou industriels et commerciaux, sont représentés par l'organe désigné par leurs statuts : en général, le président du conseil d'administration ou le directeur, sur autorisation ou sous le contrôle de l'assemblée délibérante.

En l'absence, dans les statuts d'un établissement public, de disposition réservant expressément à un autre organe la capacité de décider de former une action devant le juge administratif, celle-ci est régulièrement engagée par l'organe tenant des statuts le pouvoir de représenter en justice cet établissement (C.E., 29 déc. 1999, Ét. publ. d'aménagement du secteur IV de Marne-la-Vallée, n° 195046).

Le président d'un établissement public de l'État ne peut agir en justice au nom de l'État (C.E., 9 janv. 1985, Sillinger : *Rec.*, p. 724).

Les groupements de communes, les sections de communes, les établissements publics de coopération interdépartementale ou interrégionale et les syndicats mixtes sont représentés par leur président élu, à ce autorisé par délibération de l'organe délibérant.

SECTION 3

LES CONDITIONS TENANT AU REQUÉRANT : QUALITÉ ET INTÉRÊT LÉSÉ

313. Le contentieux de l'annulation vise à garantir la légalité de l'action administrative et à sanctionner la violation de la règle de droit. Il revêt un caractère objectif. Dès lors, la recevabilité des recours dirigés contre l'administration est largement admise, la légalité – et elle seule – étant en cause. Pourtant, le Conseil d'État a toujours refusé d'ériger le citoyen en procureur de la légalité. Le juge n'admet pas l'action populaire.

Sous-section 1
Les exigences requises

314. Le requérant doit, pour être recevable à demander l'annulation d'un acte administratif, exciper d'une qualité et justifier d'un intérêt. C'est une application de l'adage « Pas d'intérêt, pas d'action ». L'acte doit atteindre le requérant à un titre particulier, en tant qu'il appartient à une catégorie définie et limitée. Le requérant doit justifier d'un intérêt individuel, propre et spécial, ou collectif, propre à toute la catégorie visée par l'acte.

Tout individu se trouve dans une situation de fait et/ou de droit, dans laquelle il peut être concerné ou atteint par des actes de la puissance publique et peut, donc, se prévaloir de certaines qualités : titulaire d'un droit, contribuable, habitant, cocontractant, usager d'un service public... Ces qualités donnent « intérêt » pour agir en justice.

Qualité et intérêt sont deux notions différentes. Ainsi, en se prévalant de sa seule qualité de propriétaire, le requérant ne justifie pas d'un intérêt de nature à lui permettre de former un recours pour excès de pouvoir contre le refus d'installer dans son immeuble une officine de pharmacie, condition mise à sa location par le preneur (C.E., 29 juil. 1983, Boutin : *Rec.*, p. 4). Mais l'intérêt donne qualité à agir. Constatant un intérêt lésé, le Conseil d'État forge ensuite la qualité à agir et indique que le requérant « a intérêt et, par suite, a qualité pour »... Il faut donc que la décision attaquée lèse le requérant matériellement ou moralement, qu'elle ait pour lui des conséquences fâcheuses sur l'un ou l'autre plan. L'acte attaqué doit être en rapport circonstancié avec la ou les qualités invoquées par le requérant. Par exemple, l'article 2 de la Charte de l'environnement ne saurait conférer à toute personne l'invoquant intérêt pour former un recours pour excès de pouvoir à l'encontre de tout acte administratif qu'elle entreprend de contester (C.E., 3 août 2011, Buguet : *Rec.*, p. 1067).

§ 1. La qualité

315. Le plaideur doit montrer que l'acte a, ou aura, pour lui des conséquences dommageables, mais aussi qu'elles l'atteignent en tant que membre d'une catégorie donnée, qui peut être très vaste, sans toutefois aller jusqu'aux dimensions de la communauté nationale. La qualité de citoyen n'ouvre pas le recours (C.E., 11 févr. 1949, Faveret : *Rec.*, p. 74). Une mère ne justifie pas en cette seule qualité d'un intérêt lui permettant de contester la légalité d'un refus de visa opposé à son enfant majeur.

Reprenant la distinction classique depuis son arrêt du 28 décembre 1906, *Syndicat des patrons-coiffeurs de Limoges* (*Rec.*, p. 977, concl. Romieu), le Conseil d'État décide ainsi qu'une union fédérale est sans qualité pour introduire un recours pour excès de pouvoir contre le rejet d'une demande formée à l'effet d'obtenir le paiement, aux agents non titulaires du laboratoire central des ponts et chaussées et des centres d'études techniques de l'équipement, de rémunérations qui leur seraient dues, eu égard au caractère collectif de cette demande (C.E., 22 janv. 2007, Union fédé. équipement-CFDT, n° 288568). La jurisprudence tend néanmoins, depuis 2003, à élargir la recevabilité de l'action des fédérations syndicales (C.E., ass., 12 déc. 2003, USPAC-CGT, Synd. CGT des personnels des aff. culturelles : *Rec.*, p. 508).

Pour éviter d'opposer l'irrecevabilité à un requérant ne pouvant justifier d'aucune qualité ou appartenance à une catégorie, mais auquel l'acte entrepris cause un grief lui donnant manifestement intérêt à en poursuivre l'annulation, le Conseil d'État a retenu la qualité de campeur, pour attaquer un arrêté municipal restreignant la pratique du camping et celle d'hôtelier, pour agir contre un arrêté ministériel échelonnant les vacances scolaires (C.E., 11 févr. 1949, Faveret : *Rec.*, p. 74 ; 18 juil. 2008, Mme Boutiche : *Rec.*, p. 846 ; 14 févr. 1958, Abisset : *Rec.*, p. 98 ; 28 mai 1971, Damasio : *Rec.*, p. 391).

La recevabilité repose sur le seul grief subi par le requérant. Une personne n'est pas recevable à attaquer une décision administrative qui lui donne entière satisfaction (C.E., 27 oct. 2005, Greysse et a. : *A.J.D.A.*, 2005, p. 2094) ni une décision qui n'emporte sur elle aucun effet.

Le Conseil d'État évite à l'opposé d'élargir exagérément le cercle des requérants potentiels.

Un syndicat de pharmaciens hospitaliers est sans qualité et, partant, sans intérêt pour contester le prix de médicaments (C.E., 27 sept. 2006, Synd. nat. des pharmaciens praticiens hospitaliers et praticiens hospitaliers universitaires, n° 277941). Sont, de même, sans qualité et, par suite, sans intérêt pour agir contre une délibération du conseil d'un établissement public de coopération intercommunale qui n'affecte ni leur condition juridique ni leurs droits statutaires, les conseillers municipaux d'une commune membre de cet organisme de coopération intercommunale, qui ne sont pas membres du conseil de ce dernier (C.A.A. Lyon, 9 nov. 2006, SIVOM du lac de Marcenay et Larrey : *A.J.D.A.*, 2007, p. 44, concl. Besle). La seule qualité d'étranger ne permet pas de demander l'annulation d'une circulaire relative aux attestations d'accueil qu'ont à fournir les étrangers en vue de courts séjours en France (C.E., 26 avr. 2006, Me Ouattara : *A.J.D.A.*, 2006, p. 1519).

Mais il arrive que tout administré puisse agir contre une mesure à la fois générale et nationale (C.E., sect., 12 févr. 1960, Sté Eky : *Rec.*, p. 101 ; ass., 31 oct. 1980, Féd. des jeunes avocats : *Rec.*, p. 394). Il en va ainsi d'un recours contre la décision par laquelle le président de la République aurait refusé de mettre un terme à l'état d'urgence (C.E., 20 déc. 2005, Meyet : *Rec.*, p. 586), contre le décret du 29 juin 2004 relatif aux modalités et effets de la publication sous forme électronique de certains actes au *Journal officiel de la République française* (C.E., 9 nov. 2005, Meyet : *Rec.*, p. 1063) ou contre la décision du Premier ministre de constituer une commission consultative chargée de l'éclairer sur le bon fonctionnement du service public de la justice et d'autres services publics dont le gouvernement a la charge (C.E., sect., 25 févr. 2005, Synd. magistrature : *Rec.*, p. 80).

§ 2. L'intérêt

316. L'intérêt pour agir est une certaine qualité de la personne concernée par une décision administrative.

L'intérêt à agir résulte d'une construction jurisprudentielle, même si le législateur a parfois lui-même créé cet intérêt à agir. C'est le cas du préfet, qui tient de la loi son pouvoir de déférer devant le tribunal administratif les actes des collectivités territoriales qu'il estime illégaux. Son intérêt à agir est une conséquence de la mission constitutionnelle qui lui incombe d'assurer « la charge des intérêts nationaux, du contrôle administratif et du respect des lois » (Const., art. 72, al. 6). Il en résulte qu'aucune irrecevabilité ne saurait être opposée à un déféré préfectoral au motif de l'engagement, prévu par la loi, que le préfet aurait pris de ne pas déférer un acte d'une autorité locale (C.E., 24 avr. 1985, V. Aix-en-Provence : *Rec.*, p. 522).

Il est possible d'assimiler à un intérêt légal à agir celui de l'administré qui utilise la procédure du déféré provoqué, en d'autres termes qui demande au préfet de saisir, à sa place, le tribunal administratif d'un recours contre un acte d'une autorité territoriale (C.E., sect., 25 janv. 1991, Brasseur : *Rec.*, p. 23, concl. Stirn).

L'intérêt pour agir est la mesure de la lésion supportée par le requérant du fait d'un acte administratif ; il a pour fait générateur l'acte illégal. Le requérant a un intérêt à l'action et à son résultat : l'annulation de l'acte. Il faut donc que l'application de l'acte comporte pour lui des conséquences que supprimerait l'annulation de l'acte. Sont, par conséquent, irrecevables les recours dirigés contre un acte qui améliore la situation du requérant, dont l'annulation le priverait d'un avantage ou le laisserait dans la même situation (C.E., 24 févr. 1954, Gouzy : *Rec.*, p. 24 ; 7 janv. 1949, Matis : *Rec.*, p. 1 ; 14 mars 1956, Féd. des locataires et usagers du gaz et de l'électricité de la région parisienne : *Rec.*, p. 120). L'intérêt à agir s'apprécie au regard de l'objet des dispositions attaquées par le requérant et non du contenu de ces dispositions (C.E., 30 juil. 2014, Assoc. La CIMADE, n° 375 430).

317. L'intérêt pour agir s'apprécie à la date de l'introduction de la requête, qui n'est cependant pas déclarée irrecevable si l'intérêt disparaît en cours d'instance (C.E., sect., 1er juil. 1955, Charles : *Rec.*, p. 379 ; sect., 22 nov. 1963, Dalmas de Polignac : *Rec.*, p. 565 ; 5 oct. 1977, Secr. État à la culture : *A.J.D.A.*, 1978, p. 106), bien que certains événements privent la requête d'objet – amnistie, retrait ou péremption de l'acte, validation législative...

– et entraînent un non-lieu à statuer. Il en va de même lorsque la qualité donnant intérêt disparaît entre le jugement de première instance et l'appel formé contre ce jugement. Cependant, l'intérêt qui donne à l'employeur d'un salarié protégé qualité pour demander l'annulation du refus opposé par l'inspecteur du travail ou par le ministre à sa demande d'autorisation de licenciement de ce salarié tient à la qualité d'employeur de ce salarié à la date d'introduction de sa demande d'annulation devant le juge de la légalité. Le changement d'employeur n'affecte pas rétroactivement la recevabilité de la requête (C.E., sect., 11 févr. 2005, Marcel : *Rec.*, p. 56).

318. L'intérêt s'apprécie au regard des conclusions de la requête et non de ses moyens. Aucun des moyens articulés à l'appui d'une requête recevable ne saurait être rejeté pour défaut d'intérêt à l'invoquer (C.E., ass., 22 juin 1963, Albert : *Rec.*, p. 385 ; 13 déc. 1974, de Gratet du Bouchage : *Rec.*, p. 629). L'intérêt s'apprécie au vu du dispositif de l'acte attaqué. Enfin, la recevabilité de la requête ne s'apprécie qu'au regard du seul intérêt invoqué par le requérant, mais celui-ci peut, en cours d'instance, se prévaloir d'un intérêt autre que celui invoqué initialement (C.E., 3 mai 1993, Sté ind. de construction : *Rec.*, p. 941). En revanche, le juge ne peut substituer un autre intérêt, dont il estime que ce requérant aurait pu l'invoquer avec quelque chance de sucès, à celui invoqué par le requérant.

319. Lorsque le juge constate le défaut d'intérêt à agir du requérant, il doit l'inviter à rechercher un autre intérêt afin qu'il puisse, le cas échéant, être reconnu recevable en son action (C.J.A., art. R. 612-1).

320. L'intérêt doit également être pertinent. Une association d'étudiants n'a pas intérêt à agir contre des circulaires relatives au contentieux de la reconduite des étrangers à la frontière (C.E., 10 janv. 1992, UNEF : *Rec.*, p. 1196). Une association de défense de la profession d'avocat fiscaliste n'a pas intérêt à agir contre une mesure relative à un impôt qui ne concerne pas les membres de cette profession (C.E., 23 mars 2007, Institut des avocats-conseils fiscaux : *CJEG*, 2007, p. 301, concl. VALLÉE). Une organisation à vocation essentiellement politique à laquelle ses statuts assignent en des termes très généraux la mission « de promouvoir les valeurs humanistes et écologistes en replaçant les questions liées à la citoyenneté, à la démocratie participative et au développement durable au cœur du débat politique et de l'activité économique » ne justifie pas d'un intérêt pour agir à l'encontre d'un arrêté ayant pour objet, dans l'intérêt de la santé publique et à titre de précaution, d'interdire la vente de certaines catégories de denrées d'origine végétale susceptibles d'être contaminées par des résidus d'un insecticide interdit depuis 1993, lorsqu'elles présentent une teneur en cette substance supérieure à certaines limites (C.E., 27 juin 2007, Mouvement Cap 21, n° 289692).

321. L'intérêt à agir du requérant n'est pas le même dans tous les types de contentieux. Très largement ouvert dans le contentieux de l'excès de pouvoir, où est en jeu la défense de la légalité, il est entendu plus strictement dans les contentieux objectifs.

A. Intérêt direct et personnel

322. L'intérêt ne doit pas se confondre avec l'intérêt général qu'a tout administré à ce que l'administration respecte le droit. Le requérant doit être concerné personnellement par la décision qu'il conteste, parce que son application serait de nature à modifier sa situation.

En excès de pouvoir, le requérant conteste le plus souvent certaines normes qu'il estime illégales. Ces normes concernent fréquemment toute une « collectivité ». L'exigence d'un intérêt direct et personnel permet de réduire le nombre de recours. Cependant, la jurisprudence a étendu autant que possible la notion afin d'ouvrir un accès suffisant au juge et de conserver au recours pour excès de pouvoir son rôle de moyen de sauvegarder la légalité.

Le requérant doit se trouver dans une situation découlant d'une qualité juridique. C'est ainsi que se manifeste le caractère personnel de l'intérêt. De plus, l'acte doit, à raison de son objet, atteindre la situation propre du requérant. Ainsi se manifeste le caractère direct de l'intérêt. Ainsi, une commune n'a-t-elle pas intérêt à agir contre l'arrêté préfectoral agréant une association en qualité d'association pour la protection de l'environnement, quand bien même cette commune serait incluse dans le périmètre d'action de cette association (C.E., sect., 13 déc. 2006, Cne Issy-les-Moulineaux : *Rec.*, p. 556). La simple qualité d'étranger ne donne pas intérêt à demander l'annulation d'une circulaire relative aux attestations d'accueil des étrangers (Mme Ouattara, préc.). Un tiers n'a pas intérêt à agir contre une sanction, qu'il estime trop peu sévère, infligée à un fonctionnaire en raison d'une faute ayant gravement porté préjudice aux intérêts de ce tiers (C.E., 17 mai 2006, Bellanger : *Rec.*, p. 207).

Un candidat à un examen peut contester la délibération du jury en tant qu'elle prononce son ajournement, mais ne justifie d'aucun intérêt personnel, direct et certain à l'annulation de l'ensemble de l'examen attaqué (C.E., 20 juin 1990, Souibgui : *Rec.*, p. 167).

En plein contentieux, il existe souvent un lien entre l'intéressé et le service public, lien contractuel, lien physique et/ou intellectuel dans le contentieux de la responsabilité extracontractuelle, lien préexistant au litige dans le contentieux fiscal ou électoral. Il suffit de caractériser ceux qui sont liés au service public par un tel lien pour déterminer ceux qui ont intérêt à agir.

Le grief doit émaner directement de l'acte incriminé, condition tout spécialement exigée en ce qui concerne l'intérêt moral. Le fils d'un étranger ne peut attaquer l'arrêté d'expulsion frappant son père, ne pouvant exciper que d'un intérêt moral résultant indirectement de l'acte, mais un père a intérêt à former opposition contre le décret autorisant son fils à changer de nom (C.E., 21 déc. 1966, Guazava : *Rec.*, p. 1046 ; 9 déc. 1983, Vladescu : *Rec.*, p. 497). Un notaire ne justifie pas, en cette qualité, d'un intérêt à former un recours pour excès de pouvoir contre un certificat d'urbanisme négatif (C.E., 17 janv. 1990, Trotel : *Rec.*, p. 912).

Un tiers n'a pas intérêt à agir contre une sanction infligée à un fonctionnaire. La victime d'un dommage causé par un agent public dans l'exercice de ses fonctions a la possibilité d'engager une action en réparation en recherchant soit la responsabilité de l'administration pour faute de service, devant le juge administratif, soit, en cas de faute personnelle détachable de l'exercice des fonctions, la responsabilité de l'agent concerné, devant le juge judiciaire, soit les deux responsabilités (T. confl., 19 mai 2014, Mme Bertet c. Filippi, n° 3939). Au cas où une action pénale serait intentée à l'encontre de l'agent, la victime peut, en outre, se constituer partie civile.

En revanche, la décision par laquelle une autorité administrative inflige, dans l'exercice de son pouvoir disciplinaire, une sanction à un agent placé sous ses ordres a pour seul objectif de tirer, en vue du bon fonctionnement du service, les conséquences que le comportement de cet agent emporte sur sa situation vis-à-vis de l'administration. Dès lors, un tiers est dépourvu d'intérêt à déférer une telle mesure au juge administratif (Bellanger, préc.).

B. Intérêt légitime et conforme aux principes juridiques

323. Le requérant ne peut agir pour la sauvegarde d'une situation irrégulière ou immorale. L'occupant sans titre d'un hôtel ne peut agir contre l'autorisation de transformation de cet immeuble (C.E., 27 févr. 1985, SA « Grands Travaux et constructions immobilières » : *Rec.*, p. 723). Une entreprise ne saurait invoquer la création d'une concurrence, qui serait parfaitement légitime (C.E., sect., 13 mars 1987, Sté albigeoise de spectacles : *Rec.*, p. 97). Un professeur d'université n'a pas intérêt à contester l'organisation d'une session spéciale d'examen provoquée par son propre comportement, à savoir des notations sans rapport avec les prestations des étudiants (C.E., 22 sept. 1993, Université de Nancy II : *Rec.*, p. 939).

C. Intérêt certain, né et actuel

324. Le grief doit, en principe, être né et actuel. La jurisprudence, comme le juge judiciaire, assimile les notions de « litige né et actuel » et d'« intérêt né et actuel », bien qu'en théorie, ces deux notions soient distinctes. Une personne peut avoir intérêt à ce qu'une action contentieuse donnée soit formée, sans que le litige soit déjà né. Mais la jurisprudence est assez souple dans l'appréciation des caractères « né et actuel » de l'intérêt et n'exige pas, de façon absolue, que l'intérêt soit déjà effectivement constitué. L'existence d'un préjudice futur, mais certain, satisfait la condition d'intérêt né et actuel. N'est exclu que l'intérêt simplement éventuel. Sa réalisation étant incertaine, il ne peut être considéré comme « né et actuel ».

Pourtant, la jurisprudence admet même l'intérêt éventuel, s'il est hautement probable. L'intérêt d'une personne pratiquant habituellement le camping suffit pour attaquer un arrêté réglementant cette activité dans une commune où elle a coutume de se rendre ; une veuve a intérêt à demander l'annulation d'un arrêté préfectoral ayant mis fin au stage de son mari pour insuffisance professionnelle ; un avocat est recevable à demander l'annulation d'un décret modifiant l'organisation et le fonctionnement d'une juridiction (Abisset : préc. ; C.E., 6 mars 1964, D^me^ v^ve^ Roguet : *Rec.*, p. 962 ; 13 déc. 1968, Assoc. synd. des propriétaires de Champigny-sur-Marne et Musso : *Rec.*, p. 645). Ont intérêt à agir des salariés d'une entreprise qui sollicitent l'annulation de l'arrêté plaçant un fonctionnaire en position de disponibilité pour exercer des fonctions au sein de cette entreprise (C.E., 30 juil. 2003, Synd. nat. CFTC des personnels des caisses d'épargne et a. et Aguirre : *Rec.*, p. 903).

Mais une association n'a pas d'intérêt né et actuel pour agir contre l'octroi de primes à la construction à une société immobilière en estimant que, grâce à des fonds, la société va construire et porter atteinte à la qualité de la vie dans le secteur qu'elle s'est donné pour but de défendre. En effet, la cause de la construction n'est pas l'octroi de primes, mais la délivrance du permis de construire, que l'association n'a pas attaqué (C.E., 6 oct. 1978, Assoc. du quartier « La Corvée-La Roche aux fées » : *Rec.*, p. 908).

D. Intérêt matériel ou moral

325. Les ministres du culte de même que les fidèles d'une religion (C.E., 8 févr. 1908, Abbé Déliard : *Rec.*, p. 127 ; 28 juil. 1911, Rougegre : *Rec.*, p. 908) peuvent attaquer les actes administratifs lésant leurs convictions spirituelles. Un groupement peut agir pour défendre les aspirations de certains de ses membres : une association de parents d'élèves peut défendre la liberté de l'enseignement, les anciens élèves d'une grande école ont intérêt au maintien du prestige de cette école (C.E., 22 mars 1941, Réunion nat. des parents d'élèves de l'enseignement libre : *Rec.*, p. 49 ; 13 juil. 1948, Sté des amis de l'École polytechnique : *Rec.*, p. 330). Il suffit que l'acte influe sur les intérêts matériels ou moraux du requérant et qu'il y ait un lien direct entre l'acte et la qualité dont le requérant se prévaut pour agir.

Un fonctionnaire a qualité et intérêt à agir afin de protéger sa réputation (C.E., 21 mai 1948, Clausi : *Rec.*, p. 225).

Sous-section 2
L'intérêt privé

326. L'intérêt individuel ne peut être invoqué que par l'intéressé lui-même. Cependant, un individu ou un groupement peut défendre un intérêt collectif.

§ 1. L'intérêt individuel

327. Le recours n'est recevable que si son auteur a un intérêt suffisant à l'annulation de l'acte attaqué. En outre, les conséquences de l'acte doivent atteindre le requérant en une qualité, à un titre considéré par le juge comme figurant au nombre de ceux qui justifient la recevabilité de la requête. La jurisprudence a constamment élargi la notion d'intérêt individuel. On citera quelques qualités ouvrant le recours.

A. Contribuable local

328. Le contribuable communal peut contester la légalité de délibérations d'un conseil municipal entraînant des dépenses (C.E., 29 mars 1901, Casanova : *Rec.*, p. 333). Est admise la qualité de contribuable départemental, mais non celle de contribuable de l'État (C.E., 27 janv. 1911, Richemond : *Rec.*, p. 105 ; C.E., 23 nov. 1988, Dumont : *Rec.*, p. 418). Cependant, en se prévalant de cette qualité, un contribuable ne peut attaquer des mesures dépourvues d'incidence financière. L'issue du recours doit aboutir à diminuer les dépenses, non à les augmenter (C.E., 23 févr. 1934, Cornet, 3e esp. : *Rec.*, p. 261). L'acte attaqué doit avoir une répercussion budgétaire réelle, même minime (C.E., 8 mars 1933, Bourguignon : *Rec.*, p. 277 ; 22 janv. 1988, Laügt : *Rec.*, p. 946).

B. Habitant et propriétaire

329. Ces qualités, qui se doublent presque toujours de celle de contribuable local, permettent d'attaquer des actes qui touchent des personnes géographiquement. Pour les actes d'urbanisme, la jurisprudence retient essentiellement l'intérêt de voisinage, la condition de proximité (C.E., 13 mai 1996, V. Limoges : *Rec.*, p. 767). L'habitant d'une commune peut, en cette qualité, attaquer les actes de police (C.E., 11 mars 1925, Vanlaer : *Rec.*, p. 252). Se rattachent à ces qualités celles de sinistré et d'usufruitier (C.E., 10 févr. 1950, Gicquel : *Rec.*, p. 100 ; 20 juin 1969, Wambergue : *Rec.*, p. 324).

Ni la qualité de voisin riverain de 3 000, 300 ou 200 m d'un projet de construction, ni celle de conseiller municipal ou d'architecte auteur de l'aménagement d'une esplanade de garde ne suffit à faire naître un intérêt donnant qualité pour agir contre le permis de construire une verrière sur cette esplanade (C.E., 27 oct. 2006, Mme Dreysse et a. : *A.J.D.A.*, 2007, p. 316).

C. Membres d'un corps délibérant ou d'une assemblée locale

330. Il est possible de contester en cette qualité la légalité de décisions méconnaissant les droits, compétences et prérogatives de ce corps ou de cette assemblée. Les élus locaux peuvent défendre le libre exercice de leur mandat (C.E., 24 juin 1970, Min. Anciens Combattants : *Rec.*, p. 430 ; 29 juil. 1925, Grifeuille : *Rec.*, p. 763 ; 31 juil. 1996, Tête : *Rec.*, p. 325).

La qualité de parlementaire n'autorise que la défense de prérogatives institutionnelles (C.E., ass., 25 nov. 1981, Schwartz : *Rec.*, p. 437). Un parlementaire n'a pas, en cette qualité, intérêt pour agir contre le refus du pouvoir réglementaire d'édicter le décret d'application d'une loi (C.E., 23 nov. 2011, Masson : *Rec.*, p. 580 ; 26 juil. 2011, Sroussi : *Rec.*, p. 1066).

D. Électeur

331. La qualité d'électeur permet de défendre la régularité des élections et de contester, par exemple, un arrêté de sectionnement électoral ou les résultats d'une élection (C.E., 7 août 1903, Chabot : *S.*, 1904, 3, 1 ; 28 sept. 1983, Bierge : *Rec.*, p. 387).

E. Usager d'un service public

332. Cette qualité est admise pour des litiges concernant le fonctionnement du service public depuis 1906 (C.E., 21 déc. 1906, Synd. des propriétaires et contribuables du quartier Croix de Séguey Tivoli : *Rec.*, p. 962). Sont admises notamment les qualités d'usager du service public des transports, de l'enseignement public ou des postes et télécommunications, mais non celle d'usager du service des archives pour contester la légalité de l'autorisation donnée à une société de reproduire sur microfilm les registres de l'état civil (C.E., 4 déc. 1936, de Roche du Teilloy : *Rec.*, p. 1061 ; ass., 1er avr. 1949, Chaveneau : *Rec.*, p. 161 ; 19 déc. 1979, Meyet : *Rec.*, p. 475 ; 28 juil. 1995, Assoc. Sauv'archives et Bertin : *Rec.*, p. 333).

F. Fonctionnaire

333. Les fonctionnaires peuvent défendre la valeur technique et les prérogatives de leur corps, entendues au sens large (C.E., 11 déc. 1903, Lot : *Rec.*, p. 780), et leur statut. La recevabilité semble aujourd'hui ne concerner que les grands corps et les emplois importants, sauf en cas d'atteinte aux droits et prérogatives statutaires (C.E., 17 janv. 1964, Mailhol : *Rec.*, p. 23 ; 8 nov. 1964, Savarit : *Rec.*, p. 232). Le fonctionnaire peut aussi défendre ses intérêts de carrière, même si son intérêt n'est qu'éventuel (Savarit, préc.). Il peut attaquer certains actes concernant la carrière de ses collègues, la légalité de toute nomination, dès lors qu'il en résulte pour lui une aggravation de la concurrence au sein de la fonction publique (C.E., 26 déc. 1925, Rodière : *Rec.*, p. 1065 ; 18 oct. 1968, Vacher-Desvernais : *Rec.*, p. 494).

S'ils ont intérêt à attaquer toutes les décisions qui ont une incidence négative sur leur traitement, à condition qu'elle soit la répercussion directe de l'acte attaqué (C.E., 22 févr. 1957, de Chardon : *Rec.*, p. 123), les fonctionnaires demeurent irrecevables à agir contre les ordres et instructions de leurs supérieurs relatifs à l'exécution du service dont ils sont chargés, car ils sont soumis à l'obligation d'obéissance hiérarchique, et les actes réglementaires organisant, réorganisant ou modifiant la structure du service (C.E., 29 sept. 1961, D[lle] Gander et a. : *Rec.*, p. 529 ; ass., 26 oct. 1956, Assoc. des administrateurs civils : *Rec.*, p. 391).

G. Autres qualités ouvrant le recours

334. Le Conseil d'État admet de nombreuses qualités : partie civile, salarié, parent, campeur, chroniqueur judiciaire, assuré social, affilié d'une caisse d'assurance-vieillesse ou candidat à un appel d'offres (C.E., 22 nov. 1963, Dalmas de Polignac : *Rec.*, p. 565 ; ass., 2 juil. 1965, Synd. indép. des cadres, ingénieurs et agents de maîtrise d'Air France : *Rec.*, p. 398 ; ass., 30 juin 2000, Assoc. « Choisir la vie » et a. : *Rec.*, p. 249 ; Abisset : préc. ; ass., 4 oct. 1974, D[me] David : *Rec.*, p. 464 ; 19 déc. 1980, Féd. des chirurgiens-dentistes de France : *Rec.*, p. 829 ; 14 janv. 1983, Marty : *Rec.*, p. 815 ; 15 févr. 1996, Sté Aubettes : *Rec.*, p. 45), etc.

§ 2. L'intérêt collectif ou le recours des personnes morales

335. La préoccupation de l'intérêt collectif s'est exprimée dès 1906 (concl. ROMIEU sur C.E., 28 déc. 1906, Synd. des patrons-coiffeurs de Limoges : *Rec.*, p. 977). Il s'agit d'admettre le recours des groupements contre les décisions réglementaires et celles des décisions individuelles qui portent atteinte aux intérêts collectifs, moraux ou matériels de leurs membres, tout en évitant que leur action ne se substitue à celle des individus, ce qui violerait le principe de procédure selon lequel « Nul ne plaide par procureur » et le principe de spécialité des personnes morales.

La personne morale ne peut défendre que des intérêts entrant dans son objet social tel que ses statuts le définissent (C.E., 11 janv. 2006, Assoc.

fam. des victimes du saturnisme : *Rec.*, p. 11). Une association dont le champ d'action est national ne peut agir contre des délibérations aux effets exclusivement locaux (C.E., 23 févr. 2004, Cté de communes du pays loudunais : *Rec.* 803 et 851 ; 5 nov. 2004, Assoc. Bretagne littoral environnement urbanisme « bleu », n° 264819).

Le groupement peut agir pour défendre les intérêts collectifs de ses membres, mais non l'intérêt particulier d'un d'entre eux (C.E., 8 juil. 1959, Section de la Corrèze du synd. nat. de l'apprentissage : *Rec.*, p. 437), sauf s'il a reçu mandat de l'intéressé ou forme un recours en intervention à l'appui d'un recours individuel. En revanche, il peut contester une mesure purement individuelle si, à travers elle, il est porté atteinte aux intérêts collectifs qu'il représente ou défend, ou si elle soulève une question de principe de nature collective entrant dans son objet statutaire (C.E., 5 mai 2006, Synd. CFDT du min. Aff. étrangères : *Rec.*, p. 234, 274).

Un syndicat de copropriétaires peut agir en réparation d'un préjudice collectif causé par des nuisances sonores (C.E., 9 mai 2005, Synd. des copropriétaires des 63-69, rue de Longchamp et 17-21, avenue Raymond Poincaré : *Rec.*, p. 1014). Un syndicat professionnel est recevable à demander l'annulation de l'autorisation de licenciement d'un délégué du personnel (C.E., ass., 10 avr. 1992, Sté Montalev : *Rec.*, p. 170 ; sect., 18 janv. 2013, Synd. magistrature : *Rec.*, p. 5). Une association est recevable à attaquer toute décision administrative portant atteinte aux intérêts collectifs pour la défense desquels elle est constituée. Ceci concerne les décisions frappant l'ensemble des membres de l'association, mais aussi celles concernant une fraction seulement, même minoritaire, de ces membres, hormis le cas où cette minorité a constitué au préalable un groupement *ad hoc*, dès lors seul recevable à agir (C.E., 7 mai 1948, Ch. synd. propriété bâtie de La Baule : *Rec.*, p. 202 ; 28 déc. 2005, Union synd. des magistrats administratifs : *Rec.*, p. 591 ; 24 avr. 1964, Synd. nat. médecins des établissements pénitentiaires : *Rec.*, p. 241 ; 1er juil. 1960, Section technique de Beyrouth : *Rec.*, p. 445 ; 17 nov. 1938, Sté de secours minière d'Auchel : *Rec.*, p. 577). Compte tenu, d'une part, de ce que la défense des intérêts professionnels des membres des syndicats ou union de syndicats qui la composent ne figure pas au nombre des missions d'une fédération de syndicats et, d'autre part, de la portée du décret attaqué par elle, concernant les seuls ouvriers et techniciens à statut ouvrier du ministère de la Défense, et non l'ensemble des membres des syndicats regroupés dans les syndicats ou union qui la composent, cette fédération n'a pas intérêt à agir contre ce décret (C.E., 12 mars 2012, Féd. CFTC fonctionnaires et agents de l'État : *Rec.*, p. 825).

La jurisprudence a admis l'action d'une personne morale contre une mesure à caractère réglementaire, alors même qu'elle n'a fait l'objet que d'applications individuelles, puis qu'un groupement peut contester une mesure purement individuelle si, à travers elle, il est porté atteinte aux intérêts collectifs que représente et/ou défend le groupement ou si elle soulève une question de principe de nature collective entrant dans l'objet statutaire du groupement. Ainsi un syndicat a-t-il intérêt pour agir en annulation du contrat de recrutement d'un agent public (C.E., 5 mai 2006, Synd. CFDT du ministère des affaires étrangères : *Rec.*, p. 234). Un syndicat regroupant plusieurs catégories d'agents publics peut agir en vue de la défense des intérêts de l'une seulement des catégories qu'il représente (C.E., ass., 21 avr. 1972, Synd. chrétien du corps des officiers de police, 2 esp., n°s 75188 et 75707 et a.). La jurisprudence admet qu'une union de syndicats a le droit d'agir dans l'intérêt d'une seule des organisations adhérentes (USPAC-CGT, préc.).

Le recours peut encore être dirigé contre une mesure individuelle, pourvu que celle-ci soit créatrice de droits, car seuls les actes individuels à contenu positif peuvent léser les intérêts généraux du groupement ou porter atteinte aux droits de ses membres.

Dans tous les cas, le respect du principe de spécialité s'impose.

Sous-section 3
L'intérêt des personnes publiques

336. Chaque personne publique peut agir en justice afin de défendre ses intérêts propres. Cependant, une collectivité publique est irrecevable à demander au juge de prononcer une mesure qu'il lui appartient de prendre elle-même (C.E., 30 mai 1913, Préfet Eure : *Rec.*, p. 538 ; sect., 13 juil. 1956, OPHLM Seine : *Rec.*, p. 338, concl. CHARDEAU ; 21 juil. 1970, Min. Équip. c. Socotap : *Rec.*, p. 1110 ; 31 janv. 1973, Wuest : *Rec.*, p. 89 ; 2 juil. 2007, Cne Lattès, n° 294393).

§ 1. L'État

337. Malgré les principes de l'unité de l'État et de la solidarité ministérielle, un ministre est recevable à demander l'annulation des décisions d'un autre ministre (C.E., 10 mars 1933, Min. Fin. : *Rec.*, p. 307). La solution ne vaut pas entre autorités hiérarchisées (préfet et ministre) ; il y a défaut d'intérêt. Le supérieur peut toujours annuler l'acte du subordonné (C.E., 4 févr. 1955, Marcotte : *Rec.*, p. 70) ; quant à ce dernier, il est irrecevable à se pourvoir contre les décisions de son supérieur. Néanmoins, le subordonné peut agir dans le cas de violation de ses compétences, par exemple si son supérieur se substitue illégalement à lui. Inversement, le supérieur peut attaquer les actes de l'autorité inférieure s'il ne dispose d'aucun pouvoir d'annulation à leur encontre.

L'autorité de tutelle peut adresser un recours gracieux à l'autorité subordonnée (C.E., 16 mai 1984, Cne Vigneux-sur-Seine : *Rec.*, p. 822).

La plupart des actes des collectivités territoriales sont susceptibles de déféré préfectoral.

§ 2. Les collectivités territoriales

338. Il est, dans la logique même de la décentralisation, d'admettre que les collectivités territoriales puissent défendre leur pouvoir propre de décision, au besoin contre l'État lui-même. Les collectivités décentralisées sont recevables à former un recours contre les actes qui affectent leurs prérogatives, leurs compétences ou leurs finances, pris ou non dans le cadre du pouvoir de tutelle (C.E., 10 mars 1978, Cne Roquefort-les-Pins : *Rec.*, p. 126 ; 18 avr. 1902, Cne Néris-les-Bains : *Rec.*, p. 275).

Une commune est irrecevable à demander l'annulation de la décision par laquelle le préfet accorde son agrément à une association œuvrant principalement pour la protection de l'environnement (C.E., sect., 13 déc. 2006, Cne Issy-les-Moulineaux : *Rec.*, p. 556).

Il a été décidé qu'une commune qui se borne à faire état de l'atteinte qu'un projet, faisant l'objet d'un permis de construire délivré par la commune limitrophe, porte à l'environnement visuel de ses habitants, sans se prévaloir d'une incidence sur sa propre situation ou sur les intérêts dont elle a la charge, ne justifie pas d'un intérêt lui donnant qualité pour demander l'annulation de ce permis de construire (C.A.A. Douai, 11 juil. 2013, Cne Étalondes, n° 12DA00923).

L'exécutif local est admis à attaquer les actes de l'autorité supérieure. Pour ce qui reste de tutelle (inscription d'office de dépenses au budget), l'action des assemblées délibérantes devrait être recevable, comme par le passé (C.E., 10 mars 1911, Cne Boujailles : *Rec.*, p. 289).

Un membre d'une assemblée délibérante locale peut attaquer une délibération contraire à la loi et faisant obstacle à l'exécution de son mandat. Les conseillers municipaux se sont vu reconnaître le droit de demander l'annulation de toute délibération violant les règles auxquelles la loi subordonne la validité des délibérations (C.E., 1er mai 1903, Bergeon : *Rec.*, p. 234 ; 23 juin 1911, Arnal : *Rec.*, p. 710).

L'arrêt *Département de Tarn-et-Garonne* (C.E., ass., 4 avr. 2014 : *Rec.*, p. 70, concl. DACOSTA) ouvre aux membres de l'organe délibérant de la collectivité territoriale ou du groupement de collectivités territoriales concerné un recours de pleine juridiction en contestation de validité des contrats passés par cette collectivité ou ce groupement de collectivités, qui leur permet de contester la légalité du choix du cocontractant, la délibération autorisant la conclusion du contrat et la décision de le signer. Compte tenu des intérêts dont ils ont la charge, ils peuvent invoquer tout moyen à l'appui de ce recours. Ils peuvent éventuellement assortir leur recours d'une demande tendant, sur le fondement de l'article L. 521-1 du Code de justice administrative, à la suspension de l'exécution du contrat.

Les membres d'une section de communes justifient, en tant que tels, d'un intérêt leur donnant qualité pour agir individuellement contre une délibération du conseil municipal décidant la vente d'un terrain de la section (C.E., 7 févr. 2007, Cne Laval-du-Tarn, n° 287741).

§ 3. Les établissements publics

339. Les membres de l'organe délibérant d'un établissement public sont recevables à agir contre les décisions prises par cet organisme (C.E., 22 mars 1996, Mme Paris et Mme Roignot : *Rec.*, p. 99).

SECTION 4
LA FORME ET LA SIGNATURE DE LA REQUÊTE

340. La requête indique les nom et domicile des parties. Une requête présentée par un requérant qui a refusé de déclarer son identité exacte et complète, malgré la demande qui lui avait été faite par le tribunal, est irrecevable (C.E., 5 juil. 1993, Clément : *Rec.*, p. 948).

Elle doit être signée par le requérant ou son mandataire et, dans les affaires où le ministère d'avocat est obligatoire, par un avocat. La signature doit être manuscrite. Une requête non signée est irrecevable. Le défaut de signature peut être régularisé avant l'intervention du jugement (C.E., 18 déc. 1987, Abbate : *Rec.*, p. 879). En cas de requête collective, le défaut de signature par l'un des requérants ne rend pas cette requête irrecevable. La personne qui ne l'a pas signée ne pourra se voir rembourser les frais exposés par elle et non compris dans les dépens (C.E., 8 juil. 2005, Cté d'agglomération de Moulins : *Rec.*, p. 1014).

Cette exigence de signature ne s'applique pas aux requêtes dirigées contre des arrêtés de reconduite à la frontière (C.E., 28 juil. 1999, El Aryani : *Rec.*, p. 944).

Une protestation électorale doit être authentifiée à tout le moins par un courrier adressé au tribunal administratif par le protestataire (C.E., 28 déc. 2001, Élect. mun. d'Entre-deux-Monts, n° 235784).

Une requête adressée par télécopie doit être authentifiée par la production ultérieure d'un exemplaire dûment signé du mémoire adressé par télécopie ou par l'apposition de la signature du requérant sur la télécopie au greffe de la juridiction (C.E., 13 mars 1996, Diraison : *Rec.*, p. 78). Faute d'être régularisée par la production d'un exemplaire dûment signé, alors qu'une demande en ce sens avait été adressée au requérant par le tribunal, la requête est irrecevable (C.E., 27 mai 1998, Min. Santé c. SARL IRM Sud, n° 165612).

Le requérant peut déposer immédiatement un recours et un mémoire, dans lesquels sont exposés en détail tous les éléments de fait et de droit sur lesquels est fondé le recours. S'il formule toutes ses conclusions, la requête est parfaite. Plus fréquemment, le requérant dépose un recours pour éviter la forclusion en matière de délai et indique succinctement les éléments de droit et de fait et ses conclusions, qu'il développera dans un mémoire complémentaire ultérieur.

Sous-section 1
Présentation des requêtes

341. La requête contient l'exposé des faits et moyens, ainsi que l'énoncé des conclusions soumises au juge (C.J.A., art. R. 411-1, al. 1er). La saisine de la juridiction administrative suppose la rédaction d'un mémoire écrit, contenant au minimum ces éléments, ainsi qu'on l'a vu, les nom, prénom et domicile des parties. Elle doit être accompagnée de la décision attaquée.

§ 1. La production de la décision attaquée

342. Les requêtes et mémoires doivent être accompagnés, sauf impossibilité justifiée, de la décision attaquée ou, dans le cas mentionné à l'article R. 421-2, c'est-à-dire en cas de décision implicite, de la pièce justifiant de la date de dépôt de la réclamation. Cette décision ou cette pièce doit être accompagnée de copies en nombre égal à celui des autres parties en cause, augmenté de deux (C.J.A., art. R. 412-1). Sinon, il est enjoint aux parties de les produire, à peine d'irrecevabilité (C.J.A., art. R. 612-1).

Une requête qui n'est pas accompagnée de la production de la décision attaquée est irrecevable.

Les dispositions de l'article R. 412-1 constituent une application de la règle de la décision préalable. En excès de pouvoir, le respect de la règle présente peu de difficultés en cas d'acte positif, le requérant déférant cet acte pour obtenir son annulation. La difficulté survient en cas d'abstention de l'administration à prendre un acte ou une mesure sollicitée par un administré. En l'absence de décision préalable, des conclusions à fins d'annulation sont irrecevables. Pour lier le contentieux, il faut adresser une demande à l'administration. Le silence gardé sur celle-ci pendant deux mois vaudra décision implicite de rejet.

La jurisprudence interprète la règle avec libéralisme, elle admet la recevabilité d'une requête à laquelle la décision attaquée n'est pas jointe, si celle-ci n'a été ni publiée ni notifiée et que l'administration refuse d'en donner copie. Le contentieux est lié même si la demande initiale a été mal dirigée par l'administré, qui a saisi une autorité incompétente (L. 12 avr. 2000). Lorsque le requérant a formé, postérieurement à l'introduction de son recours juridictionnel, une demande auprès de l'administration sur laquelle le silence gardé par celle-ci a fait naître une décision implicite de rejet avant que le juge de première instance ne statue, cette décision lie le contentieux (C.E., 11 avr. 2008, Ét. fr. du sang : *Rec.*, p. 168).

Le juge recherche si l'absence de la décision entreprise n'est pas imputable à une erreur du greffe ; il admet que le vice puisse être couvert en cours d'instance par la production de l'acte. L'absence de production de l'acte n'est pas une fin de non-recevoir soulevée d'office par le juge, qui doit inviter le requérant à régulariser le pourvoi. La demande de régularisation doit mentionner que la requête peut être rejetée comme irrecevable à défaut de production dans le délai indiqué. S'il y a urgence, le requérant peut aussi demander au juge des référés d'ordonner à l'administration la production de la décision.

343. La règle de la décision préalable ne s'applique pas aux procédures d'urgence (constat d'urgence de l'art. R. 531-1 du C.J.A. et référé instruction de l'art. R. 532-1). Elle ne s'applique pas dans le cas où une requête, présentée par un tiers, serait dirigée contre un permis de construire tacite (C.E., 4 mars 1987, Istin : *Rec.*, p. 879).

Elle ne s'applique pas davantage à l'administration agissant contre un particulier, mais vaut si une personne publique agit contre une autre personne publique.

344. Cette irrecevabilité est soulevée d'office par le tribunal, qui ne peut cependant l'opposer qu'après avoir invité le requérant à régulariser sa requête en produisant la décision attaquée (C.E., 11 févr. 1966, Denis : *Rec.*, p. 104). La solution est identique en cas de décision implicite pour défaut de production de la pièce justificative de la date du dépôt de la demande (C.E., 27 oct. 1989, Margaix : *Rec.*, p. 843). La demande de régularisation du défaut de production de la décision attaquée doit mentionner que la requête peut, faute de régularisation dans le délai imparti, être rejetée comme irrecevable (C.E., 10 mai 1995, Lacoste : *Rec.*, p. 965).

La régularisation doit intervenir avant la clôture de l'instruction, sinon la requête est irrecevable (C.E., 26 oct. 1984, Delhay : *Rec.*, p. 703). Toutefois, une production avant la clôture de l'instruction régularise le pourvoi, même si la production n'est pas intervenue dans le délai fixé par la mise en demeure adressée au requérant (C.A.A. Paris, 11 mars 1993, Mme Piette c. Caisse des dépôts et consignations : *Rec.*, p. 948).

345. En appel, la requête doit être accompagnée d'une copie du jugement attaqué, faute de quoi elle est irrecevable.

§ 2. Les conclusions

346. Les conclusions doivent être formulées de manière suffisamment précise, faute de quoi elles sont irrecevables (C.E., 19 févr. 1965, Féd. des synd. CFTC des travaux publics : *Rec.*, p. 123 ; 22 oct. 1980, Min. Éduc. c. Mme Moracchini : *Rec.*, p. 833).

Des conclusions indemnitaires doivent être chiffrées (C.E., 26 nov. 1975, Riter : *Rec.*, p. 595). Elles doivent l'être devant le juge, mais pas obligatoirement au stade de la demande préalable adressée à l'administration pour lier le contentieux (C.E., 30 juil. 2003, AP-HP c. Benoit : *Rec.*, p. 899). Lorsque la demande tend à l'application de textes législatifs ou réglementaires, l'exigence de chiffrage des conclusions indemnitaires peut être satisfaite par l'indication des textes dont l'application est demandée (C.E., 23 févr. 2001, Mme Brun : *Rec.*, p. 1149).

Une requête ne contenant l'exposé d'aucun moyen ne peut être régularisée par le dépôt d'un mémoire exposant un ou plusieurs moyens que jusqu'à l'expiration du délai de recours. Est irrecevable le pourvoi introduit par une requête sommaire ne comportant ni exposé des faits ni énoncé des moyens, quand bien même ces faits et moyens ont été exposés, après l'expiration du délai de recours, dans un mémoire complémentaire (C.E., 1er juin 1953, Vasnier : *Rec.*, p. 254 ; sect., 26 oct. 1973, Héritiers Manivel : *Rec.*, p. 595 ; 31 mars 1999, Sté Malet et Sté Grégory, n° 178397), et ce, même si la production tardive d'un mémoire modifié ferait suite à une demande de régularisation adressée au-delà de l'expiration du délai (C.E., 15 mai 2013, Deschamps : *Rec.*, p. 757).

Une requête non motivée avant l'expiration du délai est entachée d'une irrecevabilité manifeste qui habilite la juridiction saisie à tort à la rejeter, même si elle n'est pas compétente, au sein de la juridiction administrative, pour connaître de cette requête (C.E., sect., 29 oct. 1976, Assoc. des délégués et auditeurs du CNAM : *Rec.*, p. 460). Cette irrégularité n'est pas susceptible d'être couverte après l'expiration du délai de recours et le juge n'est donc pas tenu d'inviter le requérant à régulariser ses conclusions (C.E., 4 oct. 1999, Martin : *Rec.*, p. 981 ; 21 mars 2003, Secr. État logement c. Gaillardin : *Rec.*, p. 957).

Le requérant ne peut pas se borner, pour critiquer utilement la décision administrative qu'il attaque, à renvoyer aux écritures qu'il a présentées lors de la procédure contradictoire préalable à la décision (C.E., 30 déc. 2011, Thannberger : *Rec.*, p. 789).

Le fondement juridique de la demande doit être formulé de façon suffisamment précise (C.E., 30 déc. 2002, Me Chavinier : *Rec.*, p. 847), même si l'article R. 411-1 n'exige pas que les faits et moyens soient exposés de manière distincte (C.E., 8 déc. 2000, Szmaja : *Rec.*, p. 1153).

§ 3. Copies et autres formalités

347. La requête doit être accompagnée de copies, en nombre égal à celui des autres parties en cause, augmenté de deux (C.J.A., art. R. 411-3). Chaque requête doit donc être déposée en quatre exemplaires au moins.

Elle doit, à peine d'irrecevabilité, être rédigée en français (C.E., sect., 22 nov. 1985, Quillevère : *Rec.*, p. 333). Cependant, cette irrecevabilité ne peut être opposée que si le requérant, invité à régulariser sa requête par la production d'une traduction par une personne assermentée, s'est abstenu de donner suite à cette invitation (C.E., 18 oct. 2000, Sté Max-Planck-Gesellschaft : *Rec.*, p. 432).

Toutes ces formalités sont exigées à peine d'irrecevabilité, mais la jurisprudence les interprète souvent libéralement.

Les avocats au Conseil d'État peuvent introduire, par la voie électronique, des pourvois en cassation pour les affaires relevant du contentieux fiscal de l'assiette. Il est prévu que cette procédure se généralise.

348. Les auteurs de recours, administratifs ou contentieux, contre un document d'urbanisme ou une décision relative à l'occupation ou l'utilisation du sol régies par l'article R. 600-1 du Code de l'urbanisme (certificat d'urbanisme, décision de non-opposition à une déclaration préalable ou un permis de construire, d'aménager ou de démolir), ont l'obligation de notifier ceux-ci à l'auteur de la décision et à son bénéficiaire (C.J.A., art. R. 411-7). La même obligation pèse sur le préfet en cas de déféré contre l'un de ces documents ou décisions.

Une copie du texte intégral du recours ou du déféré doit être notifiée, et non une simple lettre en mentionnant l'existence (C.E., sect., avis, 1er mars 1996, Assoc. Soisy Etiolles Environnement : *Rec.*, p. 60). N'est pas valable une notification par voie électronique sans qu'il puisse être établi qu'une copie du recours a été jointe et qu'un accusé de réception est parvenu (C.E., 3 mars 2008, Mme Laporte et a., n° 278168). La présentation d'un nouveau recours administratif assorti des formalités de notification après l'expiration du délai de quinze jours ne pallie pas le défaut de notification d'un premier recours administratif. Elle ne proroge pas le délai de recours contentieux, mais ne fait pas obstacle à ce que soit formé un recours contentieux dans le délai de droit commun de deux mois (C.E., avis, 6 juil. 2005, Mme Corcia et assoc. des riverains des Hespérides et du Mourre Rouge « À la Pointe » : *Rec.*, p. 307).

Le requérant, ou le préfet, doit adresser au greffe de la juridiction une copie du certificat de dépôt de la lettre recommandée par laquelle il a notifié son recours ou son déféré et, le cas échéant, celle du certificat de dépôt de la lettre recommandée par laquelle il a notifié le recours administratif qui conserve le délai de recours contentieux. Le juge doit, au besoin, d'office, rejeter le recours ou le déféré comme irrecevable si son auteur, après y avoir été invité, n'a pas justifié de l'accomplissement des formalités de notification par la production de ces documents ou de documents présentant des garanties équivalentes (C.E., sect., avis, 6 mai 1996, Andersen : *Rec.*, p. 150). Le juge a l'obligation d'inviter l'auteur du recours à justifier de l'accomplissement de la formalité, sauf si une fin de non-recevoir tirée de son inobservation a été opposée en défense par un mémoire communiqué à l'auteur de la requête (C.E., avis, 20 févr. 2002, SCI Sedemathoge : *Rec.*, p. 838).

Lorsque l'auteur du recours a été invité à le régulariser par le greffe du tribunal administratif et adresse au tribunal, en réponse à cette invitation, une lettre annonçant les justificatifs demandés, il appartient au greffe du tribunal, si ces justificatifs ne figurent pas dans l'enveloppe reçue du requérant, d'en aviser ce dernier (C.E., 26 mai 2009, Mme Kyung A Min, épse Loiseau, n° 316252).

§ 4. Les pièces jointes

349. Lorsque des pièces sont jointes à l'appui de la requête ou d'un mémoire, les parties en joignent un inventaire détaillé qu'elles établissent (C.J.A., art. R. 412-2). Sauf lorsque leur nombre, leur volume ou leurs caractéristiques y font obstacle, ces pièces sont accompagnées de copies en nombre égal à celui des autres parties augmenté de deux (C.J.A., art. R. 412-2).

Est irrecevable une requête qui n'est pas accompagnée du nombre de copies requis par l'article R. 412-2 et dont l'auteur, invité à produire ces copies, n'a pas donné suite à cette demande de régularisation (C.E., 1er juin 1994, Marangoni : *Rec.*, p. 280).

Au Conseil d'État, lorsque leur nombre, leur volume ou leurs caractéristiques font obstacle à la production de copies des pièces jointes, les pièces sont communiquées aux parties au secrétariat du contentieux ou à la préfecture. À l'expiration du délai assigné aux ministres et aux parties pour la production des défenses et observations, le Conseil d'État peut statuer au vu desdites copies. Les avocats des parties peuvent prendre communication des productions de l'instance, au secrétariat, sans frais (C.J.A., art. R. 412-3).

Les pièces en langue étrangère doivent être accompagnées d'une traduction certifiée conforme. Le juge n'est tenu ni de tenir compte des pièces non traduites ni d'inviter le requérant à produire leur traduction (C.E., 24 oct. 1984, Sauthakumar : *Rec.*, p. 335 ; 27 sept. 1985, Avakian : *Rec.*, p. 736 ; 27 févr. 1987, Callejo Madrigal : *Rec.*, p. 885).

Le juge peut toutefois régulièrement se fonder sur une pièce en langue étrangère qui n'est pas accompagnée d'une traduction (C.E., sect., 15 déc. 2000, SA Polyclad Europe, n° 194696 ; 17 déc. 2010, Leostic : *Rec.*, p. 893). Cependant, dans tous les cas, le respect du contradictoire doit être assuré (C.E., 24 sept. 1999, Préfet Indre-et-Loire c. Imtiaz, n° 201968).

Sous-section 2
Le mémoire complémentaire

350. Le mémoire complémentaire, ou ampliatif, ne peut être produit que si la requête introductive d'instance du requérant – ou le recours du ministre – mentionne l'intention de son auteur de le présenter et d'y développer ses moyens. Faute de cette mention, la procédure d'instruction est immédiatement engagée. Le mémoire complémentaire doit parvenir au juge dans un délai de trois mois (un mois en matière électorale et pour les demandes de sursis à exécution d'une décision juridictionnelle, quinze jours pour les pourvois en cassation contre une décision prise par le juge des référés) à compter de l'enregistrement de la requête.

Au Conseil d'État, ces délais peuvent être réduits par décision du président de la sous-section en raison de l'urgence (C.J.A., art. R. 611-24) (C.E., sect., 5 nov. 1993, SCI du Marais : *Rec.*, p. 307). Si ce délai n'est pas respecté, le requérant ou le ministre est réputé s'être désisté à la date de son expiration (C.J.A., art. R. 611-22). Cependant, le requérant peut déclarer renoncer à son mémoire complémentaire. Dans ce cas, il n'y aura pas désistement d'office (C.E., sect., 26 juil. 1996, Sté entrepositaire parisienne : *Rec.*, p. 312).

Devant les tribunaux administratifs et les cours administratives d'appel, le demandeur qui ne produit pas le mémoire avant le terme du délai fixé par la mise en demeure qui lui est adressée est réputé s'être désisté (C.J.A., art. R. 612-5), et ce, même s'il produit un mémoire avant la clôture de l'instruction (C.E., sect., 19 nov. 1993, Sté Le Noroît : *Rec.*, p. 326).

La mise en demeure de produire le mémoire complémentaire annoncé n'est obligatoire que si le juge entend prononcer un désistement. Si le juge estime que l'instruction contradictoire peut être utilement engagée sans attendre la production de ce mémoire, il lui appartient seulement, afin d'assurer le respect du contradictoire, de communiquer ultérieurement au demandeur le premier mémoire en défense produit, le cas échéant, par le défendeur (C.E., 25 oct. 2010, Sté civile d'exploitation agricole du domaine de Haute-Grée : *Rec.*, p. 910).

La mise en demeure prévue par l'article R. 612-5, à la différence de celle prévue par l'article R. 612-3, peut régulièrement intervenir sans avoir été précédée d'une invitation à produire dans un délai déterminé (C.E., 17 mai 2006, Mallein, n° 272327).

La mise en demeure doit comporter une mention explicite de la sanction encourue par le requérant s'il ne produit pas de mémoire complémentaire. Une lettre se bornant à donner la référence de l'article R. 152 [R. 612-5] sans le citer ni préciser la sanction qu'il prévoit, ne peut être regardée comme une mise en demeure et ne saurait justifier la mise en œuvre du désistement d'office (C.E., 30 déc. 1998, Dpt Aisne, n° 165372).

La circonstance que la requête introductive d'instance, qui annonçait la production d'un mémoire complémentaire, a été communiquée aux défendeurs ne fait pas obstacle à ce que le requérant soit réputé s'être désisté, faute pour lui d'avoir produit le mémoire annoncé en dépit de la mise en demeure qui lui a été adressée (C.E., 10 oct. 1986, Varin : *Rec.*, p. 665).

Le délai imparti par la mise en demeure pour produire un mémoire complémentaire est un délai franc (C.E., 25 janv. 1985, Kanda : *Rec.*, p. 733 ; 3 nov. 1989, Mme William : *Rec.*, p. 855).

Ce délai n'est assorti d'aucun délai de distance (C.E., 14 févr. 2007, Azri, n° 293523 : 13 janv. 1984, Conseil de l'ordre des avocats de la Polynésie française : *Rec.*, p. 709). Il est, en revanche, interrompu par la formation d'une demande d'aide juridictionnelle et ne court à nouveau en cette occurrence qu'à compter de la notification de la décision du bureau d'aide juridictionnelle (C.E., 7 juin 1985, Muracciole : *Rec.*, p. 733 ; 16 juin 1995, Sylvestre-Brac : *Rec.*, p. 251).

Le requérant qui renonce expressément à déposer le mémoire complémentaire initialement annoncé lorsqu'il a été mis en demeure de le produire ne peut être réputé s'être désisté d'office de sa requête (C.A.A. Lyon, 22 sept. 1992, Tissinie : *Rec.*, p. 1224). Le désistement d'office est regardé désormais, ainsi que tout désistement dont le juge administratif donne acte sans précision, comme ayant en principe le caractère d'un désistement d'instance, et non plus comme un désistement d'action (C.E., sect., 1er oct. 2010, M. et Mme Rigat, n° 314297).

En matière électorale, le délai de production du mémoire complémentaire est d'un mois (C.E., 29 nov. 1989, Préfet Val-d'Oise c. Valette : *Rec.*, p. 856). Ce même délai s'applique en ce qui concerne les conclusions tendant au sursis à exécution de la décision juridictionnelle attaquée (C.E., 29 oct. 1988, Corouge : *Rec.*, p. 961 ; C.J.A., art. R. 611-23).

En cas de dépôt à la préfecture d'une protestation annonçant la production d'un mémoire complémentaire, le délai d'un mois ne court qu'à compter de l'enregistrement au Conseil d'État de la protestation transmise par la préfecture (C.E., sect., 22 déc. 1989, Élect. mun. de Cannes : *Rec.*, p. 269, concl. CHAHID-NOURAÏ). Ce délai s'applique aux contestations relatives aux déclarations de candidatures (Préf. Val-d'Oise c. Valette, préc.), aux élections aux ordres professionnels (14 févr. 1986, Chauveau : *Rec.*, p. 665), aux élections professionnelles, consulaires et universitaires (C.E., sect., 13 déc. 2006, Mme Dupuis, n° 283134), lorsque le Conseil d'État statue comme juge de l'élection, en appel dans le contentieux des élections municipales et cantonales et en premier ressort dans le contentieux des autres élections régies par le Code électoral et de l'élection des membres du Parlement européen.

Le délai est de quinze jours lorsque le pourvoi en cassation est dirigé contre une décision prise par le juge des référés (C.E., 17 mai 1999, Mme Lombois : *Rec.*, p. 948 ; 26 nov. 2004, Épx Carmichael : *Rec.*, p. 810), sauf en matière de référés fiscaux (C.J.A., art. R. 611-23).

Les auteurs de recours, administratifs ou contentieux, contre un document d'urbanisme ou une décision relative à l'occupation ou l'utilisation du sol régies par l'article R. 600-1 du Code de l'urbanisme ont l'obligation de notifier ceux-ci à l'auteur de la décision et à son bénéficiaire (C.J.A., art. R. 411-7).

Sous-section 3
Les requêtes collectives

351. Les requêtes présentées par plusieurs personnes physiques ou morales doivent comporter, sauf si elles sont signées par un avocat, la désignation d'un représentant unique. À défaut, le premier dénommé est averti par le greffe qu'il est considéré comme le représentant des autres requérants, sauf à provoquer de la part des autres signataires la désignation d'un autre représentant unique choisi par eux et d'en avertir la juridiction (C.J.A., art. R. 411-5). Les actes de procédure, à l'exception de la notification de la décision de la juridiction, sont valablement accomplis à l'égard du mandataire ou du représentant unique, selon le cas.

Si le Conseil d'État a omis d'aviser le premier requérant dénommé de sa qualité de représentant unique, cette circonstance n'est pas de nature à rendre recevable un recours en révision, dès lors que les dispositions de l'article R. 411-5 ne sont pas « relatives à la tenue des audiences » au sens du 3° de l'article R. 834-1 (C.E., 16 févr. 2007, Assoc. En Toute Franchise, n° 292114).

352. Lorsqu'une même personne forme une ou plusieurs requêtes comportant des conclusions suffisamment liées entre elles, la juridiction l'invite à régulariser son pourvoi par la présentation de requêtes distinctes. Elle oppose l'irrecevabilité en l'absence de régularisation.

Sous-section 4
Les régularisations

353. Les règles de représentation sont édictées à peine d'irrecevabilité. Cependant, une requête irrecevable peut parfois être régularisée. En cas de requête prématurée, par l'intervention de la décision attaquée, par appropriation par une personne ayant qualité, capacité ou mandat, d'une requête présentée par un auteur sans qualité, par la rectification d'une requête imparfaitement présentée.

§ 1. Le défaut de motivation de la requête

354. Il résulte des dispositions de l'article R. 411-1 du Code de justice administrative que l'irrecevabilité tenant au défaut de motivation de la requête n'est pas au nombre des irrecevabilités susceptibles d'être couvertes et qui ne peuvent être relevées d'office qu'après que le requérant a été invité à régulariser sa requête (2013, Deschamps, préc.). Le fait que le requérant a été mis en demeure de produire un mémoire motivé alors que le délai de recours était expiré demeure sans effet sur la solution du litige. L'irrecevabilité dont cette requête se trouvait dès lors entachée et qui, en application des dispositions de l'alinéa 2 de l'article R. 411-1 du Code de justice administrative, n'était plus régularisable, n'a pu être couverte par la production tardive d'un mémoire motivé, à la suite de la mise en demeure adressée par le greffe de la juridiction, après l'expiration de ce délai, à l'avocat du requérant qui avait annoncé un mémoire complémentaire dans sa requête.

§ 2. L'obligation d'inviter le requérant à régulariser

355. Lorsque des conclusions sont entachées d'une irrecevabilité susceptible d'être couverte après l'expiration du délai de recours, la juridiction doit inviter leur auteur à les régulariser (C.J.A., art. R. 612-1). Le juge a l'obligation d'inviter le requérant à régulariser sa requête non rédigée en langue française avant de pouvoir, en l'absence de suite donnée à cette invitation, opposer l'irrecevabilité (C.E., 18 oct. 2000, Sté Max-Planck-Gesellschaft : *Rec.*, p. 432). Toutefois, la juridiction d'appel ou de cassation peut rejeter de telles conclusions sans demande de régularisation préalable en cas d'irrecevabilité tirée de la méconnaissance d'une obligation mentionnée dans la notification de la décision attaquée conformément à l'article R. 751-5 (absence de copie de la décision frappée d'appel ou de cassation, absence de ministère d'avocat au Conseil d'État obligatoire en cas de pourvoi).

La juridiction doit inviter le requérant à constituer avocat, quand ce ministère est obligatoire ; à régulariser lorsque, le ministère d'avocat n'étant pas obligatoire, la requête ou le mémoire est signé par un mandataire qui n'a pas produit mandat ou n'a pas qualité pour intervenir.

Le juge d'appel ou de cassation ne peut rejeter, sans demande de régularisation préalable, des conclusions entachées d'une irrecevabilité susceptible d'être couverte après l'expiration du délai de recours, en relevant d'office cette irrecevabilité, qu'après avoir invité leur auteur à les régulariser.

Toutefois, la juridiction d'appel ou de cassation peut rejeter de telles conclusions sans demande de régularisation préalable pour les cas d'irrecevabilité tirés de la méconnaissance d'une obligation mentionnée dans la notification de la décision attaquée conformément à l'article R. 751-5 (obligation de joindre un copie de la décision attaquée, obligation de recourir au ministère d'un avocat).

La demande de régularisation mentionne qu'à défaut de régularisation, les conclusions pourront être rejetées comme irrecevables dès l'expiration du délai imparti qui, sauf urgence, ne peut être inférieur à quinze jours. La demande de régularisation tient lieu de l'information prévue à l'article R. 611-7 (C.J.A., art. R. 612-1).

Dès lors que le requérant a été invité à régulariser sa requête et à couvrir ainsi une irrecevabilité dont elle est entachée, la juridiction n'est pas tenue de prévenir à nouveau ce requérant, en application de l'article R. 153-1 [R. 611-7], avant de se fonder sur cette irrecevabilité pour rejeter la requête (C.E., 16 févr. 1994, Territoire de la Nouvelle-Calédonie : *Rec.*, p. 1102 ; 28 janv. 1998, Épx Merrain : *Dr. adm.*, mai 1998, p. 9, concl. ABRAHAM).

Ces dispositions sont interprétées libéralement par la jurisprudence.

Le juge d'appel ou de cassation ne peut rejeter, sans demande de régularisation préalable, des conclusions entachées d'une irrecevabilité tirée de la méconnaissance d'une obligation mentionnée dans la notification du jugement attaqué que s'il est établi que le requérant a reçu notification régulière du jugement comportant l'indication requise. L'indication ne doit pas être ambiguë : la seule reproduction des termes de l'article R. 811-7 ne suffit pas (C.E., 13 déc. 2005, Sté civile des Canadiens : *Rec.*, p. 1018 ; 27 févr. 2006, Casseron, n° 269589).

Les présidents des cours administratives d'appel peuvent rejeter par ordonnance les requêtes pour défaut de production du jugement attaqué sans avoir à en demander la régularisation préalable, lorsque l'obligation de cette formalité a été mentionnée dans la notification du jugement. Cette possibilité est cependant exclue dès lors qu'une copie du jugement a été jointe au dossier d'appel à l'occasion de la transmission à la Cour, sur sa demande, du dossier de première instance (C.E., sect., 3 déc. 2004, Cne Rots : *Rec.*, p. 450). Dans le cas où le requérant produirait, à l'appui de sa requête, la copie, non pas du jugement attaqué, mais d'un autre jugement, également rendu sur sa demande, le même jour et par le même tribunal, le juge d'appel ne peut rejeter la requête sans avoir informé au préalable le requérant de l'erreur matérielle ainsi commise afin de lui permettre de la rectifier par la production du jugement qu'il entend contester (C.E., 13 déc. 2006, Sté Atout Cœur Holande, n° 269096).

La communication au requérant par lettre simple d'un mémoire en défense soulevant une fin de non-recevoir ne saurait, en principe, dispenser le juge d'inviter le requérant à régulariser sa requête, à moins qu'il ne soit établi qu'il a bien reçu ce mémoire en défense (C.E., 14 nov. 2011, Alloune : *Rec.*, p. 1084).

Il doit être procédé à la régularisation dans le délai imparti par la juridiction qui ne peut, sauf urgence, être inférieur à quinze jours (C.J.A., art. R. 612-1, al. 3).

Dans le cas où la notification de la décision attaquée ne mentionnerait pas l'obligation de recourir au ministère d'un avocat au Conseil d'État et à la Cour de cassation, le Conseil d'État doit inviter l'auteur du pourvoi à la régulariser. Tel est en particulier le cas lorsque, par suite des indications erronées portées sur la notification d'un jugement rendu en premier et dernier ressort, un requérant a formé, dans les deux mois de cette notification, un appel motivé devant la cour administrative d'appel et que le président de celle-ci a transmis son recours au Conseil d'État. En pareille hypothèse, le requérant doit être regardé comme ayant régulièrement formé un pourvoi en cassation contre ce jugement, sous réserve qu'il ait donné suite à l'invitation à faire régulariser son pourvoi par un avocat au Conseil d'État et à la Cour de cassation. Le délai de deux mois à l'issue duquel il n'est plus recevable à invoquer une cause juridique distincte court alors à compter de la réception de cette demande de régularisation (C.E., 1er mars 2010, Mme Elijalat : *AJFP*, 2010, p. 226).

La juridiction peut inviter la partie à régulariser sa requête ou son mémoire lorsque l'irrecevabilité de la requête est expressément soulevée par le défendeur dans un mémoire qui a été communiqué au requérant et lorsqu'il s'agit d'un recours en révision, qui doit être présenté par le ministère d'avocat au Conseil d'État, même si la décision attaquée est intervenue sur un pourvoi pour la présentation duquel ce ministère n'est pas obligatoire (C.J.A., art. R. 834-3).

La demande de régularisation peut prendre la forme d'une mise en demeure s'agissant des irrecevabilités tenant à l'irrespect du délai de production des mémoires (C.J.A., art. R. 612-3). À l'expiration du délai, qui ne peut être inférieur à un mois, fixé dans la mise en demeure par le président de la formation de jugement ou, au Conseil d'État, par le président de la sous-section chargée de l'instruction, ces irrecevabilités ne sont plus susceptibles d'être couvertes. La mise en demeure le mentionne. La requête peut alors être rejetée par ordonnance (C.E., avis, 28 juil. 1995, Mme Tourteaux : *Rec.*, p. 334).

Chapitre 3

Les conditions tenant au délai de recours

1 La règle du délai et ses exceptions 244

2 Le point de départ du délai 249

3 Le report du point de départ du délai 260

4 La computation et le terme du délai 269

5 Les effets de l'irrespect du délai 271

356. L'intérêt général exige que la stabilité des situations administratives ne puisse être mise en cause que pendant un délai bref, mais les justiciables ont besoin d'un délai suffisant pour leur permettre, après qu'ils ont eu connaissance d'une décision, de se faire une opinion sérieuse sur la valeur juridique de celle-ci et leurs chances d'en obtenir l'annulation. Le point d'équilibre entre ces tendances contradictoires consiste à accorder aux administrés un délai suffisant pour qu'ils fassent valoir leurs droits, sans être trop long, afin de ne pas gêner l'action administrative.

SECTION 1
LA RÈGLE DU DÉLAI ET SES EXCEPTIONS

357. Sauf en matière de travaux publics, la juridiction administrative ne peut être saisie que par voie de recours formé contre une décision, et ce, dans le délai de deux mois à partir de la notification ou de la publication de la décision attaquée (C.J.A., art. R. 421-1, al. 1er).

Cependant, dans le contentieux contractuel, le délai est de deux mois, même si l'objet du contrat porte sur des travaux publics (C.E., ass., 16 juil. 2007, Sté Tropic Travaux Signalisation : *Rec.*, p. 360, concl. Casas ; Dpt de Tarn-et-Garonne, 2014, préc.).

358. La publication, sous forme électronique, au *Journal officiel de la République française* fait courir le délai du recours ouvert aux tiers contre les décisions individuelles : 1° relatives au recrutement et à la situation des fonctionnaires et agents publics, des magistrats ou des militaires ; 2° concernant la désignation, soit par voie d'élection, soit par nomination, des membres des organismes consultatifs mentionnés à l'article 12 de la loi n° 84-16 du 11 janvier 1984 portant dispositions statutaires relatives à la fonction publique de l'État ; 3° prises par le ministre chargé de l'Économie dans le domaine de la concurrence ; 4° émanant d'autorités administratives indépendantes ou d'autorités publiques indépendantes dotées de la personnalité morale (C.J.A., art. R. 21-1, al. 2).

Sous-section 1
La durée du délai

359. Le délai de recours est en principe de deux mois. Seule une disposition expresse instituant un délai différent, ou dispensant le recours de la condition de délai (C.J.A., art. R. 421-4), peut écarter cette règle. Le juge peut néanmoins tenir compte de délais anormaux d'acheminement du courrier.

Pour vérifier le respect de la condition, le juge se place à la date de l'enregistrement de la requête au greffe ou au secrétariat de la juridiction.

La juridiction est valablement saisie par télécopie avant l'expiration du délai, à condition que l'original soit ensuite transmis à la juridiction, même après l'expiration du délai, et surtout que le requérant justifie que la télécopie est effectivement parvenue au greffe pour y être enregistrée en temps utile. La seule production d'un rapport d'émission de télécopie ne suffit pas.

360. Les délais plus longs sont rares : six mois devant la Commission nationale des comptes de campagne (C. élect., art. L. 52-15) et devant les tribunaux départementaux des pensions militaires d'invalidité (D. 20 févr. 1959, art. 5), trois mois devant les tribunaux administratifs de Mayotte, Polynésie française, Mata-Utu et de Nouvelle-Calédonie (C.J.A., art. R. 421-6), quatre ans pour les recours des tiers contre les autorisations d'exploitation des établissements dangereux, incommodes et insalubres lorsque la décision a été prise sur le fondement de la loi du 19 juillet 1976.

361. Il existe des délais plus courts : un mois pour se pourvoir devant le Conseil d'État contre la décision du tribunal administratif statuant sur une demande d'autorisation d'exercer une action appartenant à la commune, au département, à la région ou à un de leurs groupements (C.G.C.T., art. R. 2132-3), quinze jours pour former un référé fiscal en vue d'obtenir un sursis de paiement (L.P.F., art. L. 279), dix jours pour contester devant le Conseil d'État les élections aux conseils régionaux (C. élect., art. L. 361), à l'assemblée de Corse (C. élect., art. L. 381) et au Parlement européen (L. 7 juil. 1977, art. 25), quarante-huit heures contre l'arrêté de reconduite à la frontière d'un étranger faite par voie administrative (C. étrangers, art. L. 512-2 ; Ord. 2 nov. 1945, art. 22*bis*).

362. L'appel devant être formé dans le mois suivant la notification du jugement devant le président de la Section du contentieux du Conseil d'État –, cinq jours pour les réclamations devant le tribunal administratif contre le résultat des élections municipales (C. élect., art. R. 119 et R. 113) et pour contester devant la commission de contrôle les élections aux Conseils d'université et d'UFR, la décision de celle-ci étant susceptible de recours devant le tribunal administratif dans les six jours de son intervention (D. 18 janv. 1985, art. 39).

363. Le délai applicable peut être augmenté d'un délai de distance (C.J.A., art. R. 421-7 et R. 811-5). L'institution de délais de distance ne saurait résulter que d'un texte et non d'un principe de procédure (C.E., sect., 12 déc. 1958, Levoir : *Rec.*, p. 637 ; ass., 30 oct. 1998, Sarran et Levacher : *Rec.*, p. 368).

Un délai d'un mois s'ajoute au délai normal lorsque la demande est portée devant une juridiction qui a son siège en France métropolitaine ou devant le Conseil d'État statuant en premier et dernier ressort, pour les personnes qui demeurent en Guadeloupe, en Guyane, à la Martinique, à La Réunion, à Saint-Barthélemy, à Saint-Martin de La Réunion, à Mayotte, à Saint-Pierre-et-Miquelon, en Polynésie française, dans les îles Wallis-et-Futuna, en Nouvelle-Calédonie et dans les terres australes et antarctiques françaises.

Lorsque la demande est présentée devant le tribunal administratif de Basse-Terre, de Fort-de-France, de Cayenne, de Saint-Denis, de Saint-Barthélemy, de Saint-Martin de La Réunion, de Mayotte, de Saint-Pierre-et-Miquelon, de la Polynésie française, de Mata-Utu ou de Nouvelle-Calédonie, le délai est augmenté d'un mois pour les personnes qui ne demeurent pas dans la collectivité territoriale dans le ressort de laquelle le tribunal administratif a son siège.

Le délai de recours est augmenté de deux mois pour les personnes qui demeurent à l'étranger.

Ne bénéficient pas des délais supplémentaires de distance les requérants qui usent de la faculté prévue par les lois spéciales de déposer leurs requêtes auprès des services du représentant de l'État ou de son délégué dans les arrondissements, les subdivisions ou les circonscriptions administratives (C.J.A., art. R. 421-7).

Le bénéfice du délai de distance est lié au lieu de résidence du requérant à la date de publication ou de notification de la décision attaquée (C.E., ass., 28 avr. 1978, Vorobovia : *Rec.*, p. 197), même si la notification a eu lieu en France (C.E., 17 nov. 1986, Serre : *Rec.*, p. 657). Pour apprécier ces délais, il faut déterminer le lieu où se trouve le requérant au moment de la publication ou de la notification de la décision attaquée. En cas d'expulsion suivie d'une exécution immédiate, l'étranger est censé s'être trouvé hors de France quasi instantanément et bénéficie de la prorogation légale (C.E., sect., 11 déc. 1970, Benz c. Min. Int. : *Rec.*, p. 763).

Les délais de distance sont applicables aux requérants résidant notamment dans la collectivité de Saint-Pierre-et-Miquelon (C.E., 29 nov. 1993, Union dptale des synd. FO de Saint-Pierre-et-Miquelon : *Rec.*, p. 947), Mayotte (C.E., 30 juil. 2003, Schneider : *Rec.*, p. 904) ou à Monaco (C.E., ass., 27 mai 1966, Sté de crédit commercial immobilier : *Rec.*, p. 365 ; 8 juin 2011, Caisse de compensation des services sociaux, dpt Aude : *Rec.*, p. 284). Ils s'appliquent à une société dont le siège social est situé à l'étranger, même si elle a élu domicile auprès d'un mandataire qu'elle a habilité à agir en son nom (C.E., 5 févr. 1986, Sté Hubertus AG : *Rec.*, p. 657).

En revanche, les délais de distance ne sont pas applicables, en matière électorale, aux protestations dirigées, sur le fondement de l'article L. 361 du Code électoral, contre les élections au conseil régional (C.E., 12 janv. 2005, Élect. au Conseil rég. de Guadeloupe : *Rec.*, p. 1016).

Le tribunal devant lequel la requête « est portée » est celui devant lequel la demande devait être portée en application des articles R. 312-1 et suivants (C.E., 22 oct. 2010, Thiver : *Rec.*, p. 893).

Le délai de distance ne peut bénéficier à la production du mémoire complémentaire (C.E., 14 févr. 2007, Azri, n° 293523).

364. En outre, le législateur proroge parfois les délais à raison de certains événements perturbant gravement la vie sociale : grèves prolongées (L. 17 déc. 1953 suspendant les forclusions encourues du fait des longues grèves de l'été 1953), manifestations de longue durée, crise de mai 1968, guerre (à l'orée de la Seconde Guerre mondiale, un décret du 29 novembre 1939, une loi du 19 octobre 1940 et une loi du 19 avril 1941 ont suspendu tous les délais venant à expiration jusqu'à la fin de la guerre, en fait le 31 décembre 1946).

Ces lois, dérogatoires au droit commun du délai de recours, sont d'interprétation stricte. Notamment, lorsque ces délais prorogés s'achèvent un dimanche ou un jour férié, aucun report n'est possible au pemier jour ouvrable suivant, sauf, si la loi ayant disposé que le délai s'achevait un dimanche, l'administration n'a pas pris de mesures pour permettre aux services publics, tels que le greffe d'une juridiction, d'être ouverts ce jour-là (C.E., 3 nov. 1972, Sanna : *A.J.D.A.*, 1973, p. 272).

Sous-section 2
Les cas d'absence de délai

365. Certaines requêtes peuvent être déposées à tout moment :

- contentieux des travaux publics. Les recours en matière de travaux publics peuvent être exercés en l'absence de décision préalable et sans condition de délai (C.J.A., art. R. 421-1). La dérogation est largement entendue. La matière des travaux publics est interprétée extensivement et s'applique aux dommages de travaux publics, au contentieux contractuel, à celui de l'occupation temporaire et aux demandes dirigées contre les ordres de versement et les états exécutoires, dès lors qu'une opération de travaux publics est directement en cause.

  Il résulte des termes mêmes de l'article R. 421-1 que le délai de deux mois qu'il fixe ne s'applique pas aux demandes présentées en matière de travaux publics, même lorsqu'elles sont dirigées contre une décision notifiée au demandeur (C.E., sect., 6 févr. 1970, Préfet de police : *Rec.*, p. 87 ; sect., 13 nov. 1981, Plunian : *Rec.*, p. 413 ; sect., 22 oct. 1976, Sté Cie française Thomson-Houston-Hotchkiss-Brandt : *Rec.*, p. 437). La dérogation joue quand l'administration a pris une décision provoquée par l'intéressé, régulièrement notifiée et que le recours est formé contre cette dernière (C.E., 17 févr. 1971, Cie d'assurances « La Nationale » : *A.J.D.A.*, 1971, p. 306 ; Sté Cie française Thomson-Houston-Hotchkiss-Brandt, préc.).

  Un recours relatif à une créance née de travaux publics entrant dans le champ de cette exception, la notification d'une décision par laquelle l'autorité compétente rejette une réclamation relative à une telle créance ne fait pas courir de délai pour saisir le juge. La circonstance qu'une telle décision est fondée sur la prescription de la créance est sans incidence à cet égard (C.E., sect., 6 déc. 2013, Cne d'Étampes : *Rec.*, p. 304) ;

– recours contre certaines décisions implicites de rejet.

La forclusion n'est encourue qu'après un délai de deux mois à compter de la notification d'une décision expresse de rejet :

- en matière de plein contentieux (C.J.A., art. R. 421-3, 1° ; C.E., 7 mars 1973, D^me^ Khader Mohamed Ben Cheirk : *Rec.*, p. 1071).

- dans le contentieux de l'excès de pouvoir, quand le silence de l'administration fait naître une décision qui ne pouvait être prise que par ou sur avis d'une assemblée locale ou de tout autre organisme collégial (C.J.A., art. R. 421-3, 2° ; C.E., 1er juil. 1970, Teboul : *Rec.*, p. 452). Sont des organismes collégiaux, au sens de cet article, un conseil municipal (C.E., 26 janv. 1990, Munos : *Rec.*, p. 915), le conseil d'administration de l'établissement public Aéroports de Paris (C.E., 13 oct. 1999, Cie nat. Air France : *Rec.*, p. 304) ou une fédération départementale d'associations de pêche et de pisciculture (C.E., sect., 25 avr. 1975, Assoc. des propriétaires riverains du bassin de la Nive : *Rec.*, p. 261).

  En cas de recours gracieux contre une décision prise après avis d'un organisme collégial, l'administration n'est pas tenue de consulter à nouveau l'organisme avant de rejeter le recours. Le délai de recours court à compter de la naissance de la décision implicite de rejet du recours gracieux (C.E., 21 avr. 1971, Frede : *Rec.*, p. 1143 ; 14 avr. 1999, Groupe France agricole SA, n° 196504). La solution diffère lorsque la décision initiale émane d'un organisme collégial (Munos, préc. : recours gracieux dirigé contre une délibération de conseil municipal).

  Cette règle connaît une dérogation pour le cas du déféré préfectoral. Le silence gardé par un maire sur un recours gracieux du préfet dirigé contre une délibération du conseil municipal faisant naître une décision implicite de rejet contre laquelle il appartient au préfet de se pourvoir dans un délai de deux mois (C.E., sect., 6 déc. 1995, Préfet Deux-Sèvres c. Cne Neuvy-Bouin : *Rec.*, p. 425) ;

- dans le contentieux de l'accès aux documents administratifs, pour les recours contre la décision implicite résultant du silence gardé par l'autorité compétente pendant plus de deux mois à compter de la saisine de la CADA (D. 30 déc. 2005, art. 19 ; C.E., 11 juil. 1990, Centre hosp. de Neufchâteau : *Dr. adm.*, 1990, n° 421) ;

- dans le cas où la réclamation tendrait à obtenir l'exécution d'une décision d'une juridiction administrative (C.J.A., art. R. 421-3, 3°) ;

- dans le contentieux de l'exécution des décisions des juridictions administratives, pour les recours contre les décisions rejetant une demande tendant à ce que l'administration prenne des mesures nécessaires à l'exécution d'un jugement de tribunal administratif ou d'un arrêt de cour administrative d'appel (C.J.A., art. R. 921-2) et pour les recours en interprétation ou en appréciation de légalité sur renvoi de l'autorité judiciaire.

Dans ces hypothèses toutefois, la notification d'une décision expresse, postérieure à la décision implicite et se substituant à elle, fait courir le délai de deux mois avant l'expiration duquel le recours doit être formé pour être recevable (C.J.A., art. R. 421-2 et R. 921-2).

366. Seule une décision expresse statuant sur une demande d'astreinte contre une décision administrative expresse refusant de prendre les mesures nécessaires à l'exécution d'une décision de la juridiction administrative interrompt le délai de recours contre cette dernière décision jusqu'à la notification de la décision qui statue sur cette demande (C.J.A., art. R. 921-3 et R. 931-9).

367. Les recours formés contre les actes juridiquement inexistants ou nuls et non avenus sont dispensés de toute condition de délai. Le juge peut constater cette inexistence à tout moment à la demande d'un administré.

368. La prescription trentenaire s'applique dans les cas où aucun délai n'est prévu (C.E., 13 mai 1960, Secr. État agric. c. Manière : *Rec.*, p. 328).

369. Le chiffrage de conclusions indemnitaires, auquel est subordonnée leur recevabilité, peut être effectué à tout moment en cours d'instance, et même pour la première fois en appel, en l'absence d'invitation à régulariser et de fin de non-recevoir intervenues en première instance (C.E., 12 janv. 2011, Kejjou : *A.J.D.A.*, 2011, p. 1573).

SECTION 2
LE POINT DE DÉPART DU DÉLAI

370. Le point de départ est en principe le lendemain, à 0 h, du jour où l'existence et le contenu de la décision ont été portés à la connaissance du requérant. Le recours ne peut s'effectuer qu'à partir du moment où l'administré a connaissance de l'acte. Il importe donc de déterminer les modes de publicité des décisions administratives et d'envisager le cas des décisions implicites. L'absence de publicité, ou une publicité erronée ou incomplète, ne saurait faire courir le délai. L'acte pourra toujours être contesté, sans qu'aucune forclusion ne puisse être opposée au requérant. Il en va de même lorsque la mesure est prise sous une condition suspensive qui n'est pas réalisée. Le délai ne commencera à courir que de la réalisation de cette condition (C.E., ass., 24 juin 1977, Astudillo Calleja : *Rec.*, p. 290).

À l'inverse, la publication d'un acte, tel qu'une liste d'avancement de fonctionnaires, constitue le point de départ du délai de recours contentieux, même si l'acte donne lieu ultérieurement à notification à chaque intéressé. Cette notification est confirmative et ne saurait faire naître un nouveau délai (C.E., 27 janv. 2006, Min. Déf. c. Fixot : *Rec.*, p. 735).

371. Les délais de recours contre une décision administrative ne sont opposables qu'à la condition d'avoir été mentionnés, ainsi que les voies de recours, dans la notification de la décision (C.J.A., art. R. 421-5).

Lorsqu'une décision mentionne qu'elle peut faire l'objet d'un recours selon les conditions indiquées dans une annexe jointe, les délais courent à l'égard du destinataire de la décision. Il en va ainsi même si le requérant allègue n'avoir pas reçu cette annexe, car il aurait dû, dans ce cas, faire les diligences nécessaires pour se la procurer. En revanche, le délai ne court pas si l'indication ne figure que dans le procès-verbal de notification et si copie de ce document n'est pas laissée au destinataire de la décision (C.E., 22 juil. 1994, Collini : *Rec.*, p. 1104 ; 8 avr. 1998, Laharache : *Rec.*, p. 1084).

372. Par exception à ces principes, en application de la théorie de la connaissance acquise, un membre d'un organisme collégial ou d'une assemblée délibérante est réputé avoir connaissance des décisions de ceux-ci au plus tard à la date de la séance au cours de laquelle ces décisions ont été adoptées, qu'ils aient participé à cette séance ou non, à condition d'y avoir été convoqués, et ce, même si la décision est relative à une question qui n'était pas inscrite à l'ordre du jour figurant dans la convocation (C.E., 25 juin 1976, Romeyron : *Rec.*, p. 336 ; 3 déc. 1999, Région Guadeloupe, n° 159041). Le délai ne court pas de la date de l'adoption de la délibération à l'égard d'un membre qui n'a pas été convoqué et n'a pas assisté à la séance au cours de laquelle a été adoptée la délibération (27 sept. 2000, Fabre, n° 189006).

Lorsque la décision est ensuite publiée au *Journal officiel*, le délai court à compter de cette publication et non, pour les membres de l'organe délibérant, de la date de la séance (C.E., sect., 14 mai 1993, Union pour la défense des radios locales privées : *Rec.*, p. 155).

Cependant, la connaissance acquise par les délégués des communes qui ont participé à une séance du conseil syndical au cours de laquelle a été adoptée une délibération d'un syndicat de communes ne fait pas courir le délai de recours contre les communes du syndicat (C.E., 31 mars 2008, SIVU pour le plan d'aménagement du Sundgau, n° 297961).

Par ailleurs, de façon générale, le délai est déclenché si l'intéressé a incontestablement eu une connaissance complète de la décision qui n'a été ni publiée ni notifiée (C.E., sect., 27 juil. 2005, Million : *Rec.*, p. 336 ; 25 mai 2005, Cne Banon : *Rec.*, p. 1015 ; 11 avr. 2008, Sté Défi France : *Rec.*, p. 850 ; 27 juil. 2009, Basano : *Rec.*, p. 886).

L'application de la théorie semble désormais écartée dans l'hypothèse où l'administré formerait un recours administratif. Certes, ce faisant, l'administré démontre qu'il a eu connaissance de la décision qu'il a contestée au plus tard à la date à laquelle il a formé ce recours. Mais la circonstance que le requérant a formé un recours administratif contre une décision est par elle-même sans incidence sur l'application des dispositions de l'article R. 104 du CTA-CAA [C.J.A., art. R. 421-5] et, en conséquence, dès lors que ni la décision initiale ni la décision rejetant le recours hiérarchique formé contre elle ne mentionnaient les délais et voies de recours, le délai de recours contentieux n'a pas commencé à courir (C.E., sect., 13 mars 1998, Mme Mauline, AP-HP : *Rec.*, p. 80 et 81).

En revanche, le juge décide que, dans le cas où un tiers auquel une décision individuelle n'a pas à être notifiée avec l'indication des voies et délais de recours formerait un recours administratif, l'exercice d'un tel recours vaut connaissance acquise de la décision et constitue le point de départ du délai de recours contentieux (C.E., 6 oct. 1978, Assoc. du quartier La corvée la Roche aux fées : *Rec.*, p. 909. De même, dans le cas où le requérant, tiers à la décision, produirait lui-même cette dernière devant le tribunal après en avoir obtenu copie, ce tiers est réputé en avoir connaissance acquise à cette date (C.E., 11 avr. 2008, Sté Défi France, n° 307085).

Lorsqu'une décision individuelle impliquant nécessairement qu'une autre décision l'ait précédée est portée à la connaissance d'un tiers, cette circonstance fait courir le délai de recours contentieux contre cette première décision à l'égard de ce tiers (C.E., sect., 25 juin 1954, Sieurs Fabre et Mercier : *Rec.*, p. 383). Toutefois, ce délai est prorogé lorsque ce tiers forme auprès de l'administration une demande de communication de la décision dont il a ainsi eu connaissance indirecte (C.E., 7 août 2008, Peter : *Rec.*, p. 848).

Le juge décide également que l'auteur d'un recours juridictionnel tendant à l'annulation d'une décision administrative doit être réputé avoir eu connaissance de la décision qu'il attaque au plus tard à la date à laquelle il a formé son recours. Dans ce cas, si un premier recours contre une décision notifiée sans mention des voies et délais de recours a été rejeté, son auteur ne peut introduire un second recours contre la même décision que dans un délai de deux mois à compter de la date d'enregistrement du premier au greffe de la juridiction saisie (C.E., 11 déc. 2013, Mme N'Dre Regnault : *Rec.*, p. 311).

Sous-section 1
Les actes réglementaires

373. Les actes réglementaires ainsi que les décisions *sui generis* (déclarations d'utilité publique), doivent être publiés.

Tous les décrets doivent être publiés au *Journal officiel* (D. 5 nov. 1870, art. 1er), sur papier ou sous forme électronique (Ord. 20 févr. 2004).

Pour les actes qui doivent être publiés au *Journal officiel*, seule cette publication fait courir le délai de recours (C.E., ass., 12 avr. 1972, Brier : *Rec.*, p. 272). Tel est le cas des déclarations d'utilité publique prononcées par décret en Conseil d'État, qui produisent effet dès leur publication au *Journal officiel*, indépendamment des publicités d'affichage qu'elles prévoient et qui ne constituent qu'une simple mesure d'information (C.E., 27 févr. 2006, Assoc. Alcaly et a. : *Rec.*, p. 871).

Cette publication fait courir le délai de recours contre les décrets réglementaires. Le délai court de la date de la publication, quelle que soit la date d'entrée en vigueur du règlement (C.E., 3 mars 1995, Mme Memmi et Zimmermann : *Rec.*, p. 120).

Les autres actes réglementaires des autorités centrales doivent être publiés au *Journal officiel* ou dans un recueil administratif, tel le bulletin officiel d'un ministère. Dans ce cas, le délai court uniquement à l'encontre des agents du ministère, à compter de la date à laquelle il parvient dans les services (C.E., sect., 12 nov. 1955, Grip. et a. : *Rec.*, p. 538 ; 30 nov. 1994, Guyot : *Rec.*, p. 517), même à l'égard des fonctionnaires détachés s'agissant de tableaux d'avancement (C.E., 9 mars 1983, Min. Budg. c. Botellas : *Rec.*, p. 817), mais pas à l'égard des tiers, tels que les usagers d'un service public (C.E., 31 janv. 1978, de Barnier : *Rec.*, p. 34).

Les actes réglementaires des collectivités territoriales sont publiés dans les formes prescrites par les textes, s'ils existent. Ainsi, le dispositif des délibérations à caractère réglementaire des régions, départements, communes de plus de 3 500 habitants et des groupements de communes comprenant au moins une commune de plus de 3 500 habitants est publié dans un recueil des actes administratifs tenu à la disposition du public. En l'absence de dispositions contraires, la publicité doit permettre l'information complète des administrés, par exemple par affichage en mairie ou dans un lieu ouvert au public.

La simple publication d'un arrêté préfectoral au recueil des actes administratifs du département n'est pas de nature, sauf dispositions spéciales, à faire courir le délai de recours (C.E., 27 oct. 1972, Depuydt : *Rec.*, p. 683).

L'affichage est le mode de publicité utilisé par exemple pour les permis de construire, les résultats d'examens universitaires ou de baccalauréat. Le juge vérifie si l'affichage a bien eu lieu, la preuve pouvant en être apportée par tout moyen qu'il a été effectué dans des conditions matérielles suffisantes pour permettre à tout intéressé d'en prendre connaissance, dans un lieu adéquat et habituel (C.E., 6 déc. 1967, Exbrayat : *Dr. adm.*, 1968, n° 23).

L'affichage en mairie d'une délibération du conseil municipal fait en principe courir le délai de recours (C.E., 6 déc. 1993, Bon : *Rec.*, p. 945 ; 29 déc. 1993, Cne Agde : *Rec.*, p. 945). La preuve de l'affichage en mairie est rapportée par une déclaration certifiée du maire (C.E., 18 avr. 1969, Bonijol : *Rec.*, p. 917).

La publication d'un arrêté préfectoral au Bulletin municipal de la ville de Paris fait courir le délai de recours à l'égard de toute personne, quelle que soit sa résidence (C.E., 25 oct. 1968, Bertrand : *Rec.*, p. 516).

Le délai de recours contre un arrêté de police pris en matière de circulation ou de stationnement court à compter de sa publication, indépendamment des mesures de signalisation qui doivent être prises pour qu'ils soient opposables aux usagers des voies publiques (C.E., 22 oct. 1980, Fabert : *Rec.*, p. 381).

Si un acte fait l'objet de plusieurs modes de publicité (publication dans un recueil et affichage ; affichage en mairie et sur le terrain pour un permis de construire), la plus tardive d'entre elles déclenche normalement le délai (C.E., 18 févr. 1976, Union des chambres synd. d'affichage et de publicité extérieure : *Rec.*, p. 101 ; 24 juil. 1987, Sté Guichard Perrachon et Cie : *Rec.*, p. 270 ; 16 mai 2011, Assoc. En Toute Franchise des Bouches-du-Rhône et a. : *Rec.*, p. 1069 ; sect., 28 juin 1996, Féd. pour les espaces naturels et l'environnement catalan : *Rec.*, p. 253 ; ass., 25 juil. 1975, SCI les Hortensias : *Rec.*, p. 437).

Lorsqu'un acte réglementaire n'a pas été intégralement publié ou affiché, le délai n'est pas déclenché si aucun des vices entachant sa légalité n'a pu être connu. Le délai n'est déclenché qu'en ce qui concerne les vices qui étaient décelables (C.E., sect., 1er juil. 1955, Charles : *Rec.*, p. 379). C'est l'application de la théorie des vices cachés.

Sous-section 2
Les actes individuels

374. Les délais de recours contre une décision administrative ne sont opposables qu'à la condition d'avoir été mentionnés, ainsi que les voies de recours, dans la notification de la décision (C.J.A., art. R. 421-5). Ces dispositions ne sont applicables ni à la détermination du délai imparti aux tiers pour saisir la juridiction compétente à la suite d'une décision rejetant des recours gracieux ou hiérarchiques formés par eux à l'encontre d'autorisations individuelles créant des droits au profit de leurs bénéficiaires (C.E., avis, 15 juil. 2004, M. et Mme Damon : *Rec.*, p. 331, concl. Stahl) ni au rejet du recours gracieux ou hiérarchique formé par les tiers à l'encontre des délibérations des assemblées délibérantes locales choisissant un délégataire de service public et autorisant la signature du contrat (C.E., 10 déc. 2012, Sté Lyonnaise des eaux France : *Rec.*, p. 857).

Le cas échéant, la notification d'une décision administrative doit mentionner l'existence d'un recours administratif préalable obligatoire, ainsi que l'autorité devant laquelle il doit être porté (C.E., 15 nov. 2006, Toquet, n° 264636).

Une notification comportant des indications erronées quant au délai de recours ne fait pas courir celui-ci (C.E., janv. 1992, Masses : *Rec.*, p. 1204). Cependant, la notification n'a pas à préciser, pour faire courir le délai, la juridiction compétente au sein de l'ordre administratif pour connaître d'un éventuel recours (C.E., 4 nov. 1992, Ben Dhiab : *Rec.*, p. 1205).

§ 1. Les décisions explicites

375. Les actes individuels explicites doivent être notifiés, c'est-à-dire portés à la connaissance de leurs destinataires, le délai courant de cette notification. Pour déclencher le délai, la date de la notification doit être certaine. La notification s'effectue le plus souvent par envoi d'une lettre recommandée avec demande d'avis de réception ou par la remise en mains propres par un fonctionnaire, de police ou de gendarmerie le plus souvent, moyennant signature d'un reçu.

Le refus de recevoir notification n'empêche pas le délai de recours de courir. Si le destinataire refuse de recevoir un pli recommandé ou de signer l'accusé de réception, la notification est réputée faite à la date de son refus (C.E., 31 juil. 1992, Walter : *Rec.*, p. 313 ; 9 nov. 1992, Préf. Bouches-du-Rhône c. Dogan : *Rec.*, p. 1205).

Si le destinataire est absent de son domicile lors du passage du facteur, mais retire le pli dans le délai de quinze jours pendant lequel il est à sa disposition au bureau de poste, le délai court du jour de ce retrait (C.E., 2 mai 1980, Ibaziziene : *Rec.*, p. 831). S'il ne retire pas le pli, le délai court du jour du premier passage du facteur à son domicile (C.E., 21 juil. 1970, D^{me} Perrucot : *Rec.*, p. 536). S'il ne peut recevoir ou retirer le pli faute de pouvoir présenter une pièce d'identité, le délai n'est pas déclenché. Toutefois, il importe que le service des postes ait effectivement conservé le pli pendant le délai de garde de quinze jours prévu par la réglementation postale (C.E., 24 févr. 1999, Avduli, n° 179689).

376. La notification est régulièrement faite à une personne dont on peut raisonnablement penser qu'elle remettra le pli à son destinataire : conjoint ni divorcé ni séparé de corps (C.E., 22 mars 1985, Hugon : *Rec.*, p. 725), parent habitant sous le même toit, enfant suffisamment âgé, concierge ayant reçu procuration du destinataire (C.E., 30 nov. 1977, X. : *Rec.*, p. 923, *a contrario*)... Elle doit être faite au domicile ou à la résidence du destinataire. En cas de changement d'adresse, la notification est régulièrement faite à la dernière adresse connue de l'administration, exception faite si un événement de force majeure a empêché l'intéressé d'informer l'administration de son changement d'adresse. Lorsque l'administré déménage et informe la Poste de sa nouvelle adresse en demandant que son courrier y soit réexpédié, il prend les précautions nécessaires pour que son courrier lui soit adressé à sa nouvelle adresse. Le délai ne court que si la notification est reçue à la nouvelle adresse (C.E., 18 mars 2005, Laurent : *Rec.*, p. 117).

Fait de même courir le délai à l'égard d'un tiers la notification à ce tiers d'une autorisation par son bénéficiaire, par lettre recommandée avec avis de réception (C.E., sect., 15 oct. 1982, Asselin : *Rec.*, p. 342, concl. PAUTI ; 30 juil. 1997, Mme Rousseau : *Rec.*, p. 992).

377. La notification peut également être effectuée par voie administrative. Une telle notification, effectuée par un agent de l'administration à l'adresse indiquée par l'administré, présente des garanties équivalant à celles d'une notification par lettre recommandée avec accusé de réception et fait courir le délai de recours (C.E., 28 janv. 1998, Sté Luminance International : *Rec.*, p. 1084). En l'absence de dispositions spéciales contraires, une notification effectuée le dimanche par un agent non assermenté est régulière et fait courir le délai (C.E., 23 avr. 1975, Marion : *Rec.*, p. 1192). Si l'intéressé, invité à recevoir notification d'une décision administrative et à signer un procès-verbal de notification, refuse de prendre connaissance de la décision et de signer, cette circonstance n'a pas d'incidence sur la validité de la notification. Le délai court de la date de celle-ci (C.E., 10 févr. 1975, D[lle] Vivaudou : *Rec.*, p. 101). Il en est de même si le destinataire refuse de signer un exemplaire de la décision qui lui a été remis en mains propres. La mention apposée sur la décision qu'il se l'est vu remettre en mains propres, mais a refusé d'en signer la notification fait foi jusqu'à preuve contraire, et, dès lors que l'acte comporte l'indication des voies et délais de recours, le délai court (C.E., 25 mars 2013, Ét. publ. d'ingénierie pour l'informatique et les technologies de l'information et de la communication du Val-de-Marne (SIIM94 : *Rec.*, p. 423).

378. La notification doit être complète et contenir les mentions prévues à l'article R. 421-5 du Code de justice administrative : mention du délai de recours contre la décision notifiée et des voies de recours. Ces mentions n'ont pas à figurer dans la décision rejetant un recours gracieux ou hiérarchique, dès lors qu'elles l'ont été dans la décision contre laquelle ce recours était dirigé (C.E., 7 oct. 1988, Assoc. nat. de réadaptation sociale : *Rec.*, p. 949).

Doivent être mentionnés les délais et les voies de recours. Une notification mentionnant le délai de recours, mais ne contenant aucune indication sur les voies de recours est irrégulière (Toquet, préc.). En l'absence dans la notification de toute mention du caractère obligatoire d'un recours administratif préalable, le délai de recours contentieux ne commence pas à courir et l'administré conserve la possibilité de former ce recours administratif préalable sans condition de délai (C.E., 19 mai 2004, Jouve : *Rec.*, p. 234).

Si la lettre de notification n'est pas accompagnée du texte de la décision, il appartient au destinataire d'en demander communication dans le délai de deux mois. S'il ne forme ni un recours gracieux ni un recours contentieux dans ce délai, il n'est pas recevable à demander l'annulation des décisions postérieures, qui sont purement confirmatives de la décision initiale (C.E., 6 déc. 1972, Tyrek : *Rec.*, p. 777).

Une notification verbale accompagnée de l'indication des voies et délais de recours déclenche le délai (C.E., 11 mars 1991, Mme Brunet : *Rec.*, p. 1115).

379. Le point de départ du délai contre un arrêté préfectoral fixant le classement d'un meublé est l'affichage en préfecture, et non dans l'établissement intéressé (C.E., 17 févr. 1965, D^lle^ Bernard : *Rec.*, p. 110).

En revanche, ne fait pas courir le délai à l'égard des tiers l'insertion au registre des délibérations du conseil municipal d'un arrêté titularisant un agent communal (C.E., 23 juil. 1976, Pauillac : *Rec.*, p. 1053). Ne vaut pas accomplissement des formalités d'affichage prévues par le Code de l'urbanisme la circonstance que le requérant ait pris connaissance en mairie du dossier d'un permis de construire, et même que l'on en ait pris copie (C.E., 18 déc. 2002, Haagen et Mme Stocky : *Rec.*, p. 846).

Ne fait pas courir le délai à l'égard des tiers la diffusion par un serveur télématique de la liste des candidats déclarés admissibles à un concours (C.E., 18 févr. 1994, Min. Éduc. nat. c. Mme Wrobel : *Rec.*, p. 1105).

380. L'administration doit, en cas de contestation, établir avoir régulièrement notifié sa décision (C.E., sect., 14 mai 1971, D^me^ Morlet : *Rec.*, p. 364 ; 23 juin 1986, Sté Plawag : *Rec.*, p. 173). La photocopie d'un accusé de réception postal a valeur de peuve dès lors que sa conformité à l'original n'est pas contestée (C.E., 31 mars 1989, Cne Renescure : *Rec.*, p. 838). La preuve d'une notification régulière doit être regardée comme apportée au vu d'une lettre recommandée non retirée portant mention sur l'enveloppe d'un seul avis d'instance (depuis les nouvelles règles de présentation des lettres recommandées supprimant le second avis d'instance ; C.A.A. Nancy, 9 juil. 1992, Lequain : *Rec.*, p. 1204). Lorsque le pli contenant la notification est retourné à l'administration, la preuve de la régularité de la notification peut résulter soit des mentions précises, claires et concordantes portées sur l'enveloppe, soit, à défaut, d'une attestation de l'administration postale ou d'autres éléments de preuve établissant la délivrance par le préposé du service postal, conformément à la réglementation en vigueur, d'un avis d'instance (C.E., 23 juin 2000, Fabris : *Rec.*, p. 1149).

381. L'administration peut ne pas publier certaines décisions en raison des circonstances : état d'urgence, état de siège, circonstances exceptionnelles... Cette possibilité est prévue par les textes.

La publicité peut n'être pas réalisée en raison de la nature de l'acte : décision verbale, décision implicite en plein contentieux.

L'administration peut aussi ordonner l'entrée en vigueur immédiate d'actes en raison de leur objet ou de leur contenu, qui exige une action urgente, telle que la mise en vigueur immédiate de l'état d'urgence par le décret du 8 novembre 2005, en son article 2, ou d'arrêtés de police limitant ou interdisant la circulation de certains véhicules durant une certaine période.

La théorie de la formalité impossible trouve application en la matière. Lorsque ces hypothèses se réalisent, sous le contrôle du juge, le délai ne s'applique pas.

§ 2. Les décisions implicites

382. Sauf disposition législative ou réglementaire contraire, le silence gardé par l'autorité compétente pendant plus de deux mois sur une réclamation vaut décision de rejet. Les intéressés disposent, pour se pourvoir contre cette décision implicite, d'un délai de deux mois à compter du jour de l'expiration de ce délai de deux mois. Néanmoins, lorsqu'une décision explicite de rejet intervient dans ce délai, elle fait à nouveau courir le délai. La date du dépôt de la réclamation à l'administration, constatée par tous moyens, doit être établie à l'appui de la requête (C.J.A., art. R. 421-2). Toutefois, l'intéressé n'est forclos qu'après un délai de deux mois à compter du jour de la notification d'une décision expresse de rejet : 1° en matière de plein contentieux ; 2° dans le contentieux de l'excès de pouvoir, si la mesure sollicitée ne peut être prise que par décision ou sur avis des assemblées locales ou de tous autres organismes collégiaux ; 3° dans le cas où la réclamation tendrait à obtenir l'exécution d'une décision de la juridiction administrative (C.J.A., art. R. 421-3).

383. En cas de demande adressée à l'administration, celle-ci doit envoyer à l'auteur de cette demande un accusé de réception, avant même toute prise de décision (L. 12 avr. 2000, art. 19). L'obligation s'applique aux administrations de l'État, aux collectivités territoriales, aux établissements publics à caractère administratif, aux organismes de sécurité sociale et aux autres organismes chargés de la gestion d'un service public administratif (*idem*, art. 1er), sauf dans leurs relations avec leurs agents (*idem*, art. 18, al. 2).

L'accusé de réception doit préciser : la date de réception de la demande et la date à laquelle, à défaut d'une décision expresse, celle-ci sera réputée acceptée ou rejetée ; la désignation, l'adresse postale et, le cas échéant, l'adresse électronique, ainsi que le numéro de téléphone du service chargé du dossier (D. 6 juin 2001, art. 1er). Il doit, en outre, indiquer si la demande est susceptible de donner lieu à une décision implicite de rejet ou à une décision implicite d'acceptation. Dans le premier cas, l'accusé de réception mentionne les délais et les voies de recours à l'encontre de la décision. Dans le second, il mentionne la possibilité offerte au demandeur de se voir délivrer l'attestation prévue à l'article 22 de la loi du 12 avril 2000.

Le cas échéant, il doit aussi indiquer au demandeur les pièces manquantes dont la production est indispensable à l'instruction de la demande et celles des pièces rédigées dans une langue autre que le français dont la traduction et, le cas échéant, la légalisation sont requises, et lui fixer un délai pour la réception de ces pièces, à l'expiration duquel commence à courir le délai au terme duquel, à défaut de décision expresse, la demande est réputée acceptée ou rejetée. Dans cette seconde hypothèse toutefois, la production des pièces avant la date fixée par l'administration fait courir ce délai (D. 6 juin 2001, art. 2). Le délai n'est pas déclenché si ces indications sont incomplètes ou erronées ou si aucun accusé de réception n'est envoyé à l'auteur de la demande (C.E., 8 janv. 1992, Masses : *Rec.*, p. 1204).

Sont considérées comme des « demandes [...] les demandes et réclamations, y compris les recours gracieux ou hiérarchiques, adressés aux autorités administratives » (L. 12 avr. 2000, art. 18).

L'administration est dispensée d'accuser réception des demandes abusives, notamment par leur nombre, leur caractère répétitif ou systématique (L. 12 avr. 2000, art. 19), et l'accusé de réception n'est pas délivré : 1° lorsqu'une décision implicite ou expresse est acquise en vertu des lois et règlements au profit du demandeur, au terme d'un délai inférieur ou égal à quinze jours à compter de la date de réception de la demande ; 2° lorsque la demande tend à la délivrance d'un document ou au service d'une prestation prévue par les lois et règlements pour laquelle l'autorité administrative ne dispose d'aucun pouvoir que celui de vérifier si le demandeur remplit les conditions légales pour l'obtenir (D. 6 juin 2001, art. 3). Si l'administration a accusé réception, alors même qu'elle n'était pas tenue de le faire, en indiquant une date erronée, plus tardive que celle de la réception de la demande, le délai ne commence à courir qu'à compter de la date indiquée (C.E., 29 mars 2000, Gluck : *Rec.*, p. 1150). Lorsqu'une demande adressée à une autorité administrative est affectée par un vice de forme ou de procédure faisant obstacle à son examen et que ce vice est susceptible d'être couvert dans les délais légaux, l'autorité invite son auteur à la régulariser en lui indiquant le délai imparti pour ce faire, les formalités ou procédures à respecter, ainsi que les dispositions légales et réglementaires qui les prévoient. Lorsque la réponse de l'administration ne comporte pas ces indications, les délais de recours ne sont pas opposables à l'auteur de la demande (L. 12 avr. 2000, art. 19-1).

384. En règle générale, le délai de recours ne court pas à la suite du rejet d'un recours administratif si le dépôt de ce recours n'a pas fait l'objet d'un accusé de réception comportant l'indication des voies et délais de recours (C.E., 19 févr. 2003, Préf. Hérault c. Mme Lahmar-Chérif : *Rec.*, p. 904 ; 19 févr. 2003, Préf. Hérault c. Houdane : *Rec.*, p. 904), sauf si le recours administratif, formé par un tiers, met en cause une autorisation administrative individuelle créatrice de droits au profit de son bénéficiaire (C.E., sect., avis, 15 juil. 2004, M. et Mme Damon : *Rec.*, p. 331, concl. STAHL).

Lorsqu'une décision administrative fait l'objet, dans le délai imparti pour l'introduction d'un recours contentieux, d'un recours gracieux sur lequel il est statué par une décision notifiée avant l'expiration du délai de deux mois suivant la date à laquelle une décision implicite de rejet est réputée intervenir, le délai de recours contentieux court de nouveau, pour sa totalité, à compter de la notification de la décision statuant sur le recours. Il en est ainsi quel que soit le sens de cette dernière décision (C.E., 8 juil. 2011, Botella : *Rec.*, p. 323).

385. Aux termes de la loi du 11 juillet 1979, si une décision implicite, évidemment non motivée et prise dans un cas où une décision explicite devrait obligatoirement être motivée, n'est pas illégale de ce fait, l'intéressé peut en réclamer les motifs et le délai du recours contentieux contre la décision ne courra que du jour où les motifs lui auront été communiqués.

Une décision expresse intervenant avant l'expiration du délai contentieux contre le refus implicite fait à nouveau courir le délai (C.E., sect., 6 juil. 1979, Auclair : *Rec.*, p. 295). Mais l'administré ne dispose d'un nouveau délai de deux mois pour se pourvoir contre cette décision expresse qu'à la condition que cette dernière décision lui soit notifiée avant l'expiration du délai de deux mois courant de la naissance de la décision implicite (C.E., sect., 1er mars 1996, Habib : *Rec.*, p. 65).

386. Les tiers peuvent attaquer sans condition de délai les autorisations tacites, qui ne sont pas portées à leur connaissance. Le délai court du moment où le tiers est en mesure de connaître l'existence et le contenu de l'acte. Il en va autrement si les textes qui prévoient l'existence de telles autorisations organisent une forme de publicité (permis de construire tacite, permis de démolir, autorisations tacites de défrichement, autorisations de cumul d'exploitations agricoles).

Si l'administration a accusé réception de la demande, alors même qu'elle n'était pas tenue de le faire, en indiquant une date erronée, plus tardive que celle de la réception de la demande, le délai contre la décision implicite résultant du silence gardé par l'administration sur cette demande ne commence à courir qu'à compter de la date ainsi indiquée (C.E., 29 mars 2000, Gluck : *Rec.*, p. 1150).

387. En plein contentieux, le requérant n'est forclos qu'après un délai de deux mois à compter du jour de la notification d'une décision expresse de rejet (C.J.A., art. R. 421-3, 1°). Cette voie de recours présente donc un regain d'intérêt lorsque celle de l'excès de pouvoir est fermée (C.E., sect., 15 janv. 1966, Dlle Gacon : *Rec.*, p. 4). Pour faire courir les délais de recours en contentieux indemnitaire, il est nécessaire de former une demande expresse auprès de l'administration (C.E., 14 mars 1973, Dme Lagarde : *Rec.*, p. 221 ; 8 janv. 1992, C.C.I. Marseille c. Léonard : *Rec.*, p. 8).

SECTION 3
LE REPORT DU POINT DE DÉPART DU DÉLAI

388. Certains événements intervenant pendant le cours du délai prorogent celui-ci. Il arrive que le législateur proroge les délais (guerre, longues grèves postales, Mai 1968...). D'autres prorogations sont instituées dans le but de ne pas pénaliser le requérant qui sollicite l'aide juridictionnelle ou commet une erreur, ou afin de permettre la recherche d'une solution non contentieuse par un recours administratif.

Sous-section 1
La prise en compte des recours administratifs

389. Afin de ne pas retirer son intérêt au recours administratif, gracieux, hiérarchique ou de tutelle, ce qui se produirait si, l'administration tardant à répondre, la forclusion était encourue, la jurisprudence a décidé que ce recours conserve le délai. La prorogation du délai de recours contentieux en raison de la formation d'un recours administratif préalable, gracieux ou hiérarchique, existe depuis 1917 (C.E., 12 janv. 1917, Marchelli : *Rec.*, p. 12). Le refus ou le silence de l'administration constitue un acte administratif nouveau faisant revivre le délai (C.E., 13 avr. 1881, Bansais : *Rec.*, p. 29). La loi du 12 avril 2000 reprend ces solutions, sans viser toutefois les recours de tutelle.

Interrompt également le délai une demande d'expertise présentée devant le juge des référés du tribunal administratif, le délai courant à nouveau à compter de la notification au requérant du rapport de l'expert ou de l'ordonnance rejetant la demande d'expertise (C.E., 13 mars 2009, Mme Vera : *Rec.*, p. 103). Mais n'interrompt pas le délai de recours contre un acte un premier recours contentieux tendant à l'annulation du même acte, dont le requérant s'est désisté (C.E., 9 juin 2010, Vintzel : *Rec.*, p. 893).

§ 1. L'exercice d'un recours administratif

390. Toute décision administrative peut faire l'objet, dans le délai imparti pour l'introduction d'un recours contentieux, d'un recours gracieux ou hiérarchique qui interrompt le cours dudit délai (C.E., sect., 10 juil. 1964, Centre médico-pédagogique de Beaulieu : *Rec.*, p. 399). Le point de départ du délai est reporté à la date de la réponse, expresse ou implicite, de l'administration.

Le recours administratif ne proroge le délai de recours contentieux que s'il parvient à l'administration avant l'expiration de ce délai. Il doit avoir été formé dans les deux mois de la décision de l'administration. Ce délai n'est jamais franc (C.E., 11 févr. 2004, SARL « Centre de jardinage Castelli Nice » : *Rec.*, p. 64).

Il doit s'agir d'un véritable recours administratif, c'est-à-dire tendre à l'annulation ou à la réformation de l'acte entrepris. Ne proroge pas le délai une protestation, une plainte ou une demande d'information.

Si le délai dans lequel un demandeur doit introduire un recours contentieux peut être prorogé par un recours administratif formé dans ce délai par une personne qu'il mandate à cet effet, c'est à la condition que ce mandat soit exprès. L'existence d'un tel mandat ne peut être présumée en raison des seuls termes d'un recours administratif présenté par un syndicat et faisant état de l'assistance apportée au demandeur avant l'introduction de ce recours (C.E., 22 janv. 2013, Cne Cran-Gevrier : *Rec.*, p. 671).

Il doit être adressé à l'autorité administrative compétente – l'auteur de l'acte pour un recours gracieux, son supérieur hiérarchique pour un recours hiérarchique (C.E., sect., 16 nov. 1960, Ducousso : *Rec.*, p. 623). Cependant, une autorité administrative – au sens de l'article 1er de la loi du 12 avril 2000 (administrations de l'État, collectivités territoriales, établissements publics administratifs, organismes de sécurité sociale et autres organismes chargés de la gestion d'un service public administratif) – incompétente saisie d'un tel recours a l'obligation de le transmettre à l'autorité compétente.

Le recours administratif doit être dirigé contre un acte susceptible de faire l'objet d'un tel recours, c'est-à-dire être susceptible de retrait rétroactif. Le requérant ne doit pas se trouver dans un cas où toute prolongation du délai du fait de la formation d'un tel recours est exclue par un texte exprès (p. ex., en matière de police des installations classées pour la protection de l'environnement : L. 19 juil. 1976, art. 14 ; C.E., 3 déc. 2003, Roels : *Rec.*, p. 874).

Le recours contentieux doit être introduit dans les deux mois de la réponse de l'administration, explicite ou implicite, sur le recours administratif préalable. Une décision expresse intervenant dans les deux mois suivant cette réponse ne rouvre pas le délai (C.E., ass., 4 févr. 1952, Gerbaud : *Rec.*, p. 211).

Le recours administratif ne proroge le délai du recours contentieux que dans la limite des conclusions de la demande faite à l'administration (C.E., 9 mai 1980, Veyrier : *Rec.*, p. 221).

Lorsque, dans le délai initial du recours contentieux ouvert à l'encontre d'une décision administrative, sont exercés contre celle-ci un recours gracieux et un recours hiérarchique, le délai du recours contentieux, prorogé par l'exercice de ces recours administratifs, ne recommence à courir à l'égard de la décision initiale que lorsqu'ils ont été l'un et l'autre rejetés (C.E., 11 mars 2009, Cantat, n° 294765 ; 7 oct. 2009, Ouahrirou, n° 322581).

Lorsqu'une décision administrative fait l'objet, dans le délai imparti pour l'introduction d'un recours contentieux, d'un recours gracieux sur lequel il est statué par une décision notifiée avant l'expiration du délai de deux mois suivant la date à laquelle une décision implicite de rejet est réputée intervenir, le délai de recours contentieux court de nouveau, pour sa totalité, à compter de la notification de la décision statuant sur le recours. Il en est ainsi, quel que soit le sens de cette dernière décision (C.E., 8 juil. 2011, Botella : *Rec.*, p. 323).

Proroge le délai de recours contentieux l'exercice par le préfet, auprès d'une collectivité territoriale, d'un recours administratif précédant l'éventuel usage de son déféré (C.E., 16 mai 1984, Cne Vigneux-sur-Seine : *Rec.*, p. 182), tout comme la demande faite par une personne privée au préfet d'exercer son déféré (C.E., sect., 25 janv. 1991, Brasseur : *Rec.*, p. 23).

En revanche, ne proroge pas le délai de recours contentieux le recours administratif préalable prévu en droit de l'urbanisme, quand il n'a pas fait l'objet de la notification prévue à l'article L. 600-3 du Code de l'urbanisme.

§ 2. L'exercice d'un recours préalable

391. Certains textes imposent de saisir l'administration, avant tout recours contentieux, d'un recours administratif, qui constitue une condition de recevabilité de ce dernier (C.E., 28 sept. 2005, Louis : *Rec.*, p. 401). L'irrecevabilité tenant à l'absence d'exercice du recours administratif préalable est d'ordre public. Cependant, l'irrecevabilité n'est pas encourue si la notification de la décision initiale ne mentionne pas l'existence et le délai du recours préalable – notification qui n'a toutefois pas à mentionner le caractère obligatoire de ce recours.

Ces recours administratifs préalables obligatoires (RAPO) se multiplient. Le juge, favorable à cette solution, étend le champ d'application des textes instituant de tels recours, faisant jouer l'obligation au-delà des termes des textes (Louis, préc.), à l'exclusion, néanmoins, de tiers extérieurs aux catégories de personnes énumérées par le texte (C.E., sect., 10 mars 2006, Sté Leroy-Merlin : *Rec.*, p. 118, concl. Struillou).

Lorsqu'un texte a subordonné le recours contentieux tendant à l'annulation d'un acte administratif à un recours administratif préalable, une personne soumise à cette obligation n'est, sauf disposition contraire, recevable à présenter un recours contentieux contre la décision rendue par l'autorité saisie à ce titre, qui confirme la décision initiale en se substituant à celle-ci, que si elle a elle-même exercé le recours préalable (C.E., sect., 28 juin 2013, SAS Coutis : *Rec.*, p. 184).

Les recours préalables constituent des demandes au sens de l'article 16 de la loi du 12 avril 2000 (C.E., 27 juil. 2005, Mme Houdelette : *Rec.*, p. 355).

Des régimes de recours préalable concernent notamment la communication des documents administratifs et les militaires (D. 7 mai 2001, C.E., 8 août 2008, Gatinois : *Rec.*, p. 844, 27 nov. 2002, Bourrel, Assoc. de défense des droits des militaires : *Rec.*, p. 412), les litiges portant sur les élections universitaires (recours porté devant les commissions de contrôle des opérations électorales, D. 18 janv. 1985, art. 39), les décisions d'une fédération sportive dont relève une association sportive (recours préalable porté devant le Comité national sportif et olympique français, L. 16 juil. 1984, art. 19-IV et C.J.A., art. R. 351-4 ; C.E., 22 nov. 2006, Assoc. Squash rouennaise : *Rec.*, p. 998), les décisions préfectorales relatives aux demandes d'autorisation de création ou d'extension d'établissements hospitaliers privés (C.E., sect., 1er févr. 1980, Clinique Ambroise Paré : *Rec.*, p. 62) et d'acquisition de certains appareillages (recours devant le ministre de la Santé), les décisions en matière de déontologie médicale prises par le Conseil de l'ordre (C.E., sect., 30 mai 1973, Gen : *Rec.*, p. 269), la contestation des actes d'établissement de l'impôt, tels que le contentieux de l'assiette (L.P.F., art. R. 190-1) ou des actes de recouvrement de l'impôt (L.P.F., art. L. 281 et R. 281-1), les ordres de recettes émis sous forme d'états exécutoires pour le recouvrement des créances de l'État étrangères à l'impôt et au domaine (recours porté devant le comptable public, D. 29 déc. 1992, art. 7), en matière de droit au logement opposable à l'État (L. 5 mars 2007, CCH, art. L. 441-2-3-1, I, C.J.A., art. L. 778,1).

Dans le cas où, au vu de l'avis exprimé par la CADA, l'autorité administrative compétente confirmerait son refus de communiquer le document litigieux, l'intéressé peut déférer ce refus au juge de l'excès de pouvoir jusqu'à l'expiration du délai de recours contentieux décompté de la notification de la confirmation explicite du refus de communication (C.E., 19 févr. 1982, Mme Commaret : *Rec.*, p. 78). En cas de silence gardé par l'administration après saisine de la CADA, une décision implicite de refus de communication est constituée deux mois après cette saisine et doit être attaquée dans les deux mois suivant sa survenance (C.E., 11 févr. 1983, Alureli : *Rec.*, p. 56).

Le militaire est soumis, avant de former un recours contentieux contre un acte intéressant sa situation personnelle, à une procédure d'examen préalable instaurée par l'article 23 de la loi n° 2000-595 du 30 juin 2000. Le décret du 7 mai 2001 modifié précise les conditions de ce recours préalable et instaure une commission d'examen préalable des recours.

Relèvent de l'obligation de recours administratif préalable la mutation d'office d'un officier ou le recours présenté par un officier au ministre afin qu'il considère le renouvellement pour la troisième fois de son congé d'office de longue durée pour maladie (C.E., 14 juin 2004, Moniez : *Rec.*, p. 251 ; 5 avr. 2006 ; A., n° 251732). En revanche, n'en relèvent pas les mesures concernant le recrutement, la discipline militaire et les pensions militaires d'invalidité (C.E., 19 mai 2004, 5 esp., n° 248175 et a.).

Ici encore, en cas d'absence de formation du recours administratif préalable, le recours pour excès de pouvoir, tout comme le recours de pleine juridiction, est irrecevable (C.E., 14 juin 12004, X., n° 248355).

Certains recours préalables obligatoires sont prévus contractuellement. Tel est le cas des cahiers types en matière de marchés publics. Une telle obligation contractuelle doit être respectée à peine d'irrecevabilité absolue du recours contentieux (C.E., 21 janv. 1966, V. Avignon : *Rec.*, p. 1025). Mais la formalité du recours préalable ne revêt pas de caractère d'ordre public. Elle résulte de la volonté des parties contractantes, et le juge n'a pas le pouvoir de relever cette irrecevabilité d'office. En revanche, le défendeur de première instance peut invoquer l'omission de cette formalité pour la première fois en appel (C.E., 17 janv. 1962, Archimède : *A.J.D.A.*, 1962, p. 174 ; 15 oct. 1976, Sté Nord-Travaux et Banque Dupont : *Rec.*, p. 423).

La formation de ce recours préalable ne peut être exigée contre la décision résiliant le contrat, car, ce dernier n'existant par définition plus, aucune clause contractuelle ne saurait plus fonder valablement le caractère obligatoire d'un tel recours (C.E., 27 sept. 1999, Huillon : *BJCP*, 2000, p. 147). Ce recours est également écarté lorsque le litige est régi par des dispositions législatives, ainsi en matière de mise en jeu de la garantie décennale de travaux (C.E., 16 mars 1992, Sometra : *Rec.*, p. 1119).

Pour décider sur recours préalable, l'autorité administrative doit se placer à la date à laquelle elle décide, et non à la date du recours dont elle est saisie (C.E., 29 nov. 1993, Garelli : *Rec.*, p. 1072). La formation de ce recours dessaisit l'autorité auteur de la décision initiale de tout pouvoir sur celle-ci (C.E., 8 juil. 2005, Min. Santé c. ARH de PACA : *Rec.*, p. 1011).

Le recours préalable proroge le délai du recours contentieux, à condition d'être exercé conformément aux règles applicables à la matière considérée.

Si le recours préalable est prévu par un texte, l'exigence est d'ordre public. Aucune régularisation ultérieure n'est possible (C.E., 1er avr. 1992, Abit : *Rec.*, p. 144), même si l'obligation de recours préalable n'a pas été mentionnée dans la notification de la décision (C.E., 9 févr. 1996, Ragot : *Rec.*, p. 32). Si l'exigence de ce recours résulte d'un contrat, elle n'est pas d'ordre public. Cependant, aucune régularisation n'est possible dès lors que l'irrecevabilité est opposée.

La décision prise sur ce recours préalable se substitue dans tous les cas à la décision initiale, quels qu'en soient le sens ou la forme (explicite ou implicite), et même si les deux décisions sont conformes l'une à l'autre. Le recours contentieux doit donc être formé contre cette décision et non contre la décision initiale. Le délai court de la réponse faite au recours préalable et n'est pas conservé du fait de l'éventuelle formation postérieure d'un recours gracieux ou hiérarchique (C.E., 1er avr. 1992, Clinique des Maussins : *Rec.*, p. 144 ; 13 févr. 2006, Hinopay, n° 281840). Le moyen tiré d'une irrégularité affectant la décision initiale, et que la décision prise sur le recours préalable ne comporte pas (C.E., sect., 19 nov. 1965, Épx Delattre-Floury : *Rec.*, p. 623 ; sect., 13 déc. 2006, Mme Lacroix : *Rev. fr. dr. admin.*, 2007, p. 6, concl. Guyomar), est irrecevable, parce que seule la dernière décision peut être contestée devant le juge. Cependant, un moyen tiré de l'irrégularité de la procédure ayant précédé la décision initiale peut être invoqué devant le juge contre le rejet du recours préalable (C.E., sect., 18 nov. 2005, Houlbreque : *Rec.*, p. 513).

Le recours préalable « gèle » le cadre du litige et les termes du débat contentieux, mais le juge admet l'invocation dans le recours juridictionnel d'autres moyens que ceux du recours préalable (C.E., 21 mars 2007, Garnier : *Rec.*, p. 128).

Sous-section 2
La saisine d'une juridiction incompétente

392. La saisine d'une juridiction incompétente interrompt la prescription, dès lors que cette juridiction a été saisie dans les délais applicables à la juridiction compétente (C.E., 25 mai 1928, Reynaud : *Rec.*, p. 688), ce qui explique que la prorogation joue rarement. Le juge administratif doit être saisi dans le délai de recours applicable au litige en cause, qui court de la date à laquelle le requérant est avisé de son erreur (notification du jugement d'incompétence ou de la décision du Tribunal des conflits en cas de dessaisissement, signification à l'administration du désistement devant le juge judiciaire, notification de la décision donnant acte du désistement devant le juge administratif). Un délai de deux mois s'ouvre alors pour saisir le juge compétent (Reynaud, préc. ; C.E., ass., 21 avr. 1961, Mailhol : *Rec.*, p. 254).

Le juge a considéré, de façon libérale, que la saisine successive d'un tribunal de grande instance, puis d'une cour d'appel constitue un recours devant une seule juridiction incompétente et conserve le délai de recours, pourvu que le juge administratif soit saisi dans les deux mois de la signification de l'arrêt d'appel (C.E., 22 nov. 1961, Min. Agric. : *Rec.*, p. 1160). Conserve également le délai la saisine d'une juridiction incompétente succédant à un recours administratif, si la juridiction administrative est saisie dans les deux mois du jugement d'incompétence (C.E., sect., 24 janv. 1958, Méallet : *Rec.*, p. 43).

Sous-section 3
La demande d'aide juridictionnelle

393. Une demande d'aide juridictionnelle proroge le délai à condition d'être présentée dans le délai de recours et de contenir les conclusions du requérant (C.E., 7 févr. 1902, D^me^ v^ve^ Berti : *Rec.*, p. 92 ; 4 févr. 1938, de Barbaris : *Rec.*, p. 130). La requête doit être présentée dans les deux mois suivant la notification de la décision du bureau d'aide juridictionnelle, que l'aide soit accordée ou refusée (C.E., 23 oct. 1981, Vayer : *Rec.*, p. 865 ; D. 19 déc. 1991, art. 38 et 39 ; C.E., 22 mars 2006, Esnault, n° 278974). En cas de décision d'admission ou de rejet du bureau d'aide juridictionnelle, le délai recommence à courir le jour où cette décision devient définitive, c'est-à-dire le jour où il n'est plus possible d'exercer contre elle l'un des recours prévus à l'article 23 de la loi du 10 juillet 1991dans les délais prévus à l'article 56 du décret du 19 décembre 1991 ou, si un tel recours est exercé, le jour où il est statué sur ce recours. En cas d'admission à l'aide et si la désignation de l'auxiliaire de justice intervient postérieurement au jour où la décision statuant sur la demande d'aide juridictionnelle devient définitive, le délai de recours contentieux ne recommence à courir que le jour où l'auxiliaire de justice est désigné. Ces délais ne sont pas des délais francs (C.E., sect., 28 juin 2013, avis, Davodi : *Rec.*, p. 185).

La date de la demande adressée à un bureau d'aide juridictionnelle par voie postale est celle d'expédition de la lettre (celle figurant sur le cachet du bureau d'émission). Le recours contre la décision du bureau d'aide juridictionnelle refusant l'aide ne provoque pas une nouvelle prorogation du délai de recours contentieux, mais une demande d'expertise formée après une demande d'aide juridictionnelle proroge ce délai (C.E., sect., 8 nov. 1996, Villechenoux : *Rec.*, p. 443 ; 13 mars 2009, Mme Vera : *Rec.*, p. 103).

En cas d'appel, une demande tendant au bénéfice de l'aide juridictionnelle interrompt le délai de recours contre le jugement entrepris jusqu'à la notification de la décision du bureau d'aide juridictionnelle (C.E., 13 mars 2006, El Ajmi : *Rec.*, p. 1004).

Une demande d'aide juridictionnelle a pour effet d'interrompre le délai prescrit par une juridiction pour la régularisation d'une requête. Mais une demande d'aide juridictionnelle introduite après l'expiration du délai prescrit pour régulariser une requête n'interrompt pas le délai (C.E., 26 janv. 2007, Mme Calvin, n° 276185).

En cas de rejet de la demande d'aide juridictionnelle, un nouveau délai de régularisation court à compter de la notification de ce rejet. Durant ce délai, dont la durée est fixée par la mise en demeure, la juridiction ne peut, sans méconnaître les règles générales de procédure applicables devant elle, statuer sur la requête dont elle a été saisie (C.E., 11 oct. 2006, Mme Étienne : *Rec.*, p. 1005).

La demande adressée, avant l'expiration du délai de recours contentieux, au président de l'Ordre des avocats au Conseil d'État et à la Cour de cassation par une personne qui n'a obtenu l'accord d'aucun avocat pour présenter une requête devant le Conseil d'État et qui sollicite qu'un avocat lui soit désigné, interrompt le délai de recours (C.E., sect., 22 avr. 2005, Magerand : *Rec.*, p. 158).

Sous-section 4
Le report jusqu'au dernier acte d'une opération complexe

394. Il y a opération complexe chaque fois qu'une « série nécessaire de décisions concourent pour aboutir à une décision finale » (R. Odent). Cette exception à la règle d'après laquelle l'illégalité d'une décision non réglementaire ne peut plus être invoquée une fois le délai expiré s'explique par le fait que l'administration, dans une procédure par hypothèse longue, peut toujours renoncer à son but. Le juge réserve le recours contre la décision réalisant l'essentiel du grief.

Les requérants qui n'ont pas contesté chacune des décisions prises au cours de la procédure sont recevables à critiquer la légalité de celles-ci lors d'un recours formé contre la dernière mesure, ce même après l'expiration du délai imparti pour les attaquer isolément (ainsi, la légalité d'une déclaration d'utilité publique peut être critiquée à l'occasion d'une demande d'annulation formée contre un arrêté de cessibilité, un candidat à un concours ou un examen peut invoquer, à l'occasion d'un pourvoi contre la décision proclamant les résultats, l'illégalité de toutes les décisions ayant précédé l'établissement de ces résultats).

395. Une demande d'expertise proroge également le délai de recours contentieux (C.E., avis, 22 juil. 1992, Cne Marcilly-sur-Eure : *Rec.*, p. 305).

Sous-section 5
L'éventuel cumul des causes de prorogation

396. Les prorogations légales peuvent théoriquement s'ajouter à d'autres.

En principe, les autres prorogations ne sont ouvertes qu'une fois (C.E., 13 avr. 1881, Bansais : *Rec.*, p. 29). Le délai n'est pas conservé si le requérant intente successivement deux recours gracieux ou hiérarchiques, ce qui constitue une démarche dilatoire ou sans intérêt (C.E., 1er févr. 1980, Min. Trav. et Sté Peintures Corona : *Rec.*, p. 59).

Lorsque le recours gracieux constitue un préalable obligatoire, l'intéressé peut en outre former un recours hiérarchique avant de saisir le juge.

Un recours gracieux suivi d'un recours hiérarchique proroge le délai. Mais un recours gracieux succédant à un recours hiérarchique ne préserve pas le délai, même si ce dernier est le préalable obligatoire du recours contentieux (Ouahrirou, préc. ; C.E., 16 mai 1980, SA Clinique Sainte-Croix : *Rec.*, p. 231).

Le délai est conservé en cas d'exercice d'un recours gracieux suivi d'un recours devant une juridiction incompétente (C.E., 24 janv. 1958, Méallet : *Rec.*, p. 43).

Le recours devant une juridiction incompétente ne prolonge le délai qu'une fois (C.E., 11 avr. 1930, Sté des Moulins à seigle : *Rec.*, p. 458). On retient la date d'enregistrement de la requête au secrétariat de la juridiction incompétemment saisie pour apprécier sa recevabilité (C.E., 4 mai 1977, Rondeau : *Rec.*, p. 126).

Si la prorogation résultant d'une demande d'aide juridictionnelle peut s'ajouter à celle ayant son origine dans la saisine d'un juge incompétent, un recours administratif postérieur à une demande d'aide juridictionnelle ne peut autoriser une nouvelle prorogation (C.E., 23 janv. 1956, D^{me} Rabilas : *Rec.*, p. 725 ; 4 juil. 1969, Cadarcet : *Rec.*, p. 364).

Proroge le délai une demande d'aide juridictionnelle suivie d'une demande d'expertise (C.E., 13 mars 2009, Mme Vera, n° 317567).

Sous-section 6
Les cas de réouverture du délai

397. La réouverture du délai de recours est impossible lorsqu'à l'expiration de ce délai, aucun recours n'a été introduit (C.E., sect., 28 mars 1952, Martin, Piteau et Lhuillier : *Rec.*, p. 198). La nouvelle décision éventuellement prise par l'administration saisie de la même demande – décision confirmative – ne saurait faire revivre le délai de recours contentieux expiré. Mais, si l'administration prend une nouvelle décision différente de la première, le recours contre cette seconde décision est possible dans le délai de deux mois, contre la nouvelle décision uniquement. En outre, la théorie de la décision confirmative ne s'applique pas aux refus d'abrogation d'un acte réglementaire (C.E., 27 avr. 2011, Assoc. pour une formation médicale indépendante : *Rec.*, p. 168).

Lorsque la réglementation applicable à un avantage demandé par l'intéressé a changé, la seconde décision, prise au vu de la réglementation nouvelle, est susceptible de recours, même si elle confirme un rejet, explicite ou implicite, intervenu sous l'empire de la réglementation antérieure (C.E., sect., 13 mai 1977, Secr. État équip. (log.) c. Bergon : *Rec.*, p. 220). En outre, lorsque le délai de deux mois pour contester un acte réglementaire par la voie du recours pour excès de pouvoir est expiré, un recours pour excès de pouvoir peut être intenté contre chacun de ses actes individuels d'application dans les deux mois de la notification de chacun d'eux (C.E., 15 févr. 1978, Plantureux : *Rec.*, p. 73).

398. Par ailleurs, l'exécution tardive d'actes administratifs devenus définitifs (décisions de reconduite à la frontière, assignations à résidence...) constitue une décision nouvelle faisant courir à nouveau le délai du recours contentieux (C.E., 1er avr. 1998, Préf. Yvelines c. Mme Nsonde : *Rec.*, p. 120 ; 8 janv. 1998, Mhadi : *Quot. jur.*, 1998, n° 52, 15), sauf lorsque le retard dans l'exécution est dû uniquement au mauvais vouloir de l'intéressé (C.E., 18 févr. 1998, Préf. Alpes-Maritimes c. Fati Fodé Caramo : *Gaz. Pal.*, 1998, n° 217-218, 36).

399. Enfin, en application de la théorie du changement de circonstances de droit ou de fait, lorsque les circonstances qui ont présidé à la prise de la décision ont disparu ou ont été bouleversées, les intéressés peuvent demander l'abrogation totale ou partielle de cette réglementation dans les deux mois de ces changements (C.E., sect., 10 janv. 1930, Despujol : *Rec.*, p. 30 ; ass., 10 janv. 1964, Synd. nat. des cadres des bibliothèques : *Rec.*, p. 17, et Min. Agric. c. Simonnet : *Rec.*, p. 19).

SECTION 4

LA COMPUTATION ET LE TERME DU DÉLAI

400. En contentieux administratif, les délais sont en principe des délais francs (C.E., sect., 4 juin 1954, Cne Décines-Charpieu : *Rec.*, p. 336).

Les délais exprimés en années ou en mois expirent le jour du dernier mois ou de la dernière année portant le même quantième que celui qui suit la publication ou la notification de la décision attaquée. On ne tient compte, pour la computation du délai, ni du jour de son déclenchement (*dies a quo*), ni du jour de son terme (*dies ad quem*).

Le délai commence à courir à 0 h et expire à 24 h. Si une décision explicite est notifiée le 1er juin, le délai court du 2 juin à 0 h pour expirer le 2 août à 24 h.

Si une demande est reçue par l'administration le 1er juin, le délai de deux mois au terme duquel une décision implicite est constituée court du 2 juin à 0 h. La décision implicite est acquise le 1er octobre à 24 h, le délai ayant commencé à courir le 2 août à 0 h, et doit être attaquée avant le 2 octobre à 24 h.

Cependant, si le mois de l'expiration du délai ne comporte pas de quantième identique à celui de son point de départ, le délai expire le dernier jour du mois de son terme (p. ex., le 28 février, dernier du mois, au lieu du 29, du 30 ou du 31, si le délai a commencé à courir le 29, le 30 ou le 31 décembre).

Si le délai expire théoriquement un samedi, un dimanche ou un jour férié, son terme est reporté au premier jour ouvré suivant.

Pour les délais exprimés en jours, le jour de la publication ou de la notification de la décision attaquée ne compte pas. Ainsi, le délai de cinq jours pour contester le résultat d'élections proclamé le dimanche avant 24 h expire le vendredi à 24 h, mais si le résultat est proclamé après 24 h dans la nuit du dimanche au lundi, le délai expire le lundi suivant à 24 h.

Le délai exprimé en heures n'est pas un délai franc. Il expire dès que le nombre d'heures prévu est révolu. Un délai de quarante-huit heures expire, par exemple, à 11 h 2 le mercredi si la décision a été notifiée à 11 h 2 le lundi précédent.

401. Le recours doit être reçu par le greffe du tribunal avant le terme du délai (C.E., 6 janv. 1995, Nurnabi : *Rec.*, p. 14), sauf pour le juge à tenir compte d'un retard anormal dans l'acheminement du courrier. La requête doit avoir été expédiée en temps utile pour être normalement enregistrée au greffe avant l'expiration du délai de recours (C.E., 20 févr. 1970, Min. Agric. C. Delort : *Rec.*, p. 130 ; 16 mai 2001, Féd. nat. des accidentés du travail et des handicapés et a., n° 222313 ; 14 juin 1980, X. : *Rec.*, p. 832). Lorsque la requête est adressée par lettre recommandée avec demande d'avis de réception, la recevabilité de la requête est appréciée par rapport à la date de première présentation au greffe de la juridiction (C.E., 30 déc. 1998, Épx Serot : *Rec.*, p. 1087 ; 30 juil. 2003, Mme Chenilco épse Boudre : *Rec.*, p. 905).

N'est pas tardive la requête empêchée d'être reçue par une panne du télécopieur de la juridiction (C.E., 20 juin 2006, Krib : *Rec.*, p. 901). La date prise en considération pour apprécier la recevabilité de la requête au regard de la règle du délai est sa date d'enregistrement, alors même que la requête serait irrecevable en la forme, et non la date à laquelle elle a été régularisée (C.E., 18 nov. 1998, Cne Roscoff : *Rec.*, p. 1160).

La requête peut être introduite par télécopie ou par courriel à condition d'être régularisée par la suite par un courrier sur papier signé (C.E., 13 mars 1996, Diraison : *Rec.*, p. 78). La transmission d'une protestation électorale à la préfecture par voie électronique conserve les délais et la protestation est recevable dès lors que le protestataire confirme ultérieurement en être l'auteur, par lettre adressée à la juridiction (C.E., 28 déc. 2001, Élect. mun. d'Entre-deux-Monts : *Rec.*, p. 1086). Un simple rapport d'émission de télécopie, qui ne permet pas d'identifier la teneur du document transmis, ne permet pas d'apporter la preuve d'une transmission régulière au greffe avant l'expiration du délai de recours et ne peut prévaloir sur les mentions figurant au registre de la juridiction (C.E., 27 avr. 1994, Raynal : *Rec.*, p. 202).

SECTION 5
LES EFFETS DE L'IRRESPECT DU DÉLAI

402. Lorsque le délai est arrivé à son terme, le requérant est forclos. Il ne peut plus saisir le juge de son action.

Une requête prématurée, formée avant la prise de décision par l'autorité administrative n'est pas davantage recevable. Néanmoins, il arrive que des délais ressuscitent ou qu'une satisfaction puisse être obtenue grâce à une voie de recours différente de celle qui apparaît la plus classique et la plus efficace au premier abord.

L'irrespect du délai entraîne des effets sur les recours contentieux et sur les pouvoirs de l'administration.

Sous-section 1
Sur le recours contentieux

403. La requête formée hors délai, qu'elle soit prématurée ou tardive, est irrecevable.

§ 1. La requête prématurée

404. La requête est irrecevable si elle a été formée avant l'intervention d'une décision, c'est la règle de la décision préalable. Toutefois, il y a régularisation si l'administration prend une décision avant que la juridiction ait statué ou si elle ne soulève pas l'irrecevabilité en défense et conclut au rejet de la requête au fond, ou encore si elle n'invoque l'irrecevabilité de la requête qu'à titre subsidiaire (C.E., ass., 23 avr. 1965, D^{me} v^{ve} Ducroux : *Rec.*, p. 231). En outre, aucune fin de non-recevoir tirée du défaut de décision préalable ne peut être opposée à un requérant ayant introduit devant le juge administratif un contentieux indemnitaire à une date où il n'avait présenté aucune demande en ce sens devant l'administration lorsqu'il a formé, postérieurement à l'introduction de son recours juridictionnel, une demande auprès de l'administration sur laquelle le silence gardé par celle-ci a fait naître une décision implicite de rejet avant que le juge de première instance ne statue, et ce, quelles que soient les conclusions du mémoire en défense de l'administration. Lorsque ce mémoire en défense conclut, à titre principal, à l'irrecevabilité faute de décision préalable et, à titre subsidiaire seulement, au rejet au fond, ces conclusions font seulement obstacle à ce que le contentieux soit lié par ce mémoire lui-même (C.E., 11 avr. 2008, Ét. fr. du sang, n° 281374).

§ 2. La requête tardive

405. L'irrecevabilité est, en ce cas, irrégularisable. Elle constitue un moyen d'ordre public qui peut être soulevé à tout moment par le défendeur ou d'office par le juge.

Ne peut faire l'objet d'un recours une décision confirmative d'une décision qui n'a pas été attaquée dans le délai. Ne sont pas recevables, même si la décision a été attaquée dans le délai, des conclusions nouvelles, non articulées dans le délai.

A. Les décisions confirmatives

406. Est irrecevable le recours formé contre un acte identique à une décision devenue définitive et qui n'est que confirmatif de celle-ci. Tel est le cas lorsque le requérant réitère auprès de l'administration une demande ayant le même objet qu'une demande précédente rejetée par l'administration et que l'administration rejette à nouveau, sans qu'aucune circonstance nouvelle ne soit intervenue, même si ce rejet a été précédé d'une nouvelle instruction du dossier (Martin, Piteau et L'Huillier, préc.). De même, la survenance postérieure d'une décision purement confirmative ne rouvre pas le délai, la forclusion entachant la première décision se transmet à la décision confirmative (C.E., 18 mai 1877, Banque de France : *S.*, 1878, 3, 28).

En revanche, constitue une nouvelle décision celle rendue sur une demande présentée à l'administration, comportant un élément nouveau par rapport à une décision précédente, parce que, par exemple, les textes applicables ont été modifiés entre-temps ou qu'un changement est intervenu dans la situation de droit (C.E., 6 févr. 1976, Secr. État transp. c. SCI Miramar : *Rec.*, p. 89).

B. Les conclusions nouvelles

407. Lorsque la requête a été formée dans le délai du recours contentieux, l'expiration du délai rend irrecevables les conclusions nouvelles.

Si le requérant peut réduire ses prétentions, il ne peut les augmenter ni substituer une nouvelle demande à sa demande initiale. Dans le contentieux de la responsabilité, la demande d'indemnité doit être chiffrée définitivement avant l'expiration du délai de recours (C.E., sect., 19 déc. 1984, Mlle Boehrer : *Rec.*, p. 433). Cependant, le requérant peut se réserver le droit de n'évaluer l'indemnité qu'au vu d'un rapport d'expertise ou s'en remettre à la future évaluation de l'expert. En ce cas, si la juridiction ne prescrit pas l'expertise demandée, elle doit inviter le requérant à chiffrer le montant de sa demande (C.E., sect., 6 janv. 1989, Mlle Guerrault : *Rec.*, p. 1).

Le requérant peut aussi augmenter le montant de l'indemnité si le préjudice dont il poursuit la réparation s'aggrave en cours d'instance, ou réclamer le paiement des intérêts moratoires, au taux légal, des sommes qui lui sont dues (C.E., sect., 16 janv. 1987, Ribot : *Rec.*, p. 9).

408. Le délai de recours en cassation est de deux mois en vertu des dispositions de l'article R. 821-1 du Code de justice administrative, ce délai courant à compter de la notification de la décision juridictionnelle attaquée. Le requérant qui, dans ce délai, a contesté tant la régularité de cette décision que son bien-fondé et a ainsi invoqué les deux causes juridiques susceptibles de fonder un pourvoi en cassation, est recevable à développer, après l'expiration de ce délai, tout moyen de cassation se rattachant à l'une ou l'autre de ces causes (1er mars 2012, Mme A., préc.).

C. Les demandes nouvelles

409. Toute demande nouvelle, présentée après l'expiration du délai, est irrecevable.

Il y a demande nouvelle quand le requérant invoque un ou des moyens nouveaux relevant d'une cause juridique distincte de celle à laquelle se rattachent les moyens invoqués avant le terme du délai. Par exception, les moyens d'ordre public sont invocables à tout moment.

Dans le contentieux de l'excès de pouvoir, il n'existe que deux causes juridiques : la légalité externe et la légalité interne (C.E., sect., 20 févr. 1953, Sté Intercopie : *Rec.*, p. 88). Si le requérant a invoqué dans le délai au moins un moyen de légalité externe et un de légalité interne, il peut, passé ce délai, soulever tout autre moyen. En revanche, s'il n'a invoqué dans le délai qu'un ou des moyens de légalité interne, il ne peut soulever hors délai un ou des moyens de légalité externe, et réciproquement. Cependant, lorsqu'un recours préalable précède le recours contentieux, d'autres moyens que ceux invoqués dans ce recours préalable peuvent l'être à l'appui du recours contentieux. En effet, si l'exercice d'un recours préalable a pour but de permettre à l'autorité administrative, dans la limite de ses compétences, de remédier aux illégalités dont pourrait être entachée la décision initiale, sans attendre l'intervention du juge, la décision prise sur le recours n'en demeure pas moins elle-même soumise au principe de légalité. Le requérant qui entend contester cette dernière décision peut invoquer devant le juge, jusqu'à la clôture de l'instruction, tout moyen de droit nouveau, alors même qu'il n'aurait pas été invoqué à l'appui du recours administratif contre la décision initiale, dès lors que ces moyens sont relatifs au même litige que celui dont l'autorité administrative avait été saisie (C.E., 21 mars 2007, Garnier : *Rec.*, p. 128).

Le Conseil d'État a réaffirmé ce principe. Après l'expiration du délai de recours contre un acte administratif, sont irrecevables, sauf s'ils sont d'ordre public, les moyens présentés par l'appelant qui ne se rattachent pas à l'une ou l'autre des deux causes juridiques, tirées de la régularité de la décision attaquée et de son bien-fondé, invoquée dans la requête avant l'expiration de ce délai. Pour l'application de ce principe, ce délai de recours doit être regardé comme commençant à courir soit à compter de la publication ou de la notification complète et régulière de l'acte attaqué, soit, au plus tard, à compter, pour ce qui concerne un requérant donné, de l'introduction de son recours contentieux contre cet acte (C.E., 21 nov. 2012, Chartier : *Rec.*, p. 901).

L'administration peut, en outre, invoquer devant le juge de nouveaux motifs au soutien de la décision attaquée et il revient en ce cas au juge d'apprécier, d'une part, si le nouveau motif est de nature à fonder valablement la décision, et, d'autre part, si la décision administrative eût été la même en présence de ce motif, s'il avait été le motif initial (C.E., sect., 6 févr. 2004, Hallal : *Rec.*, p. 48). Cette substitution ne peut être opérée que si elle ne prive pas le requérant d'une garantie procédurale légale (C.E., 12 janv. 2005, SARL Bar Brasserie du Parvis : *A.J.D.A.*, 2005, p. 1077). Lorsque l'acte repose sur plusieurs motifs, les uns légaux et les autres illégaux, le juge n'annule l'acte que si le, ou les motifs déterminants, ceux à défaut desquels l'administration n'aurait pas pris la même décision, sont illégaux.

En plein contentieux, la notion de cause juridique varie suivant la matière : constituent des causes juridiques distinctes, en contentieux de la responsabilité, le fondement de la responsabilité pour faute et celui de la responsabilité sans faute (C.E., ass., 10 févr. 1961, Min. Int. c. Cts Chauche : *Rec.*, p. 108) ; en contentieux contractuel, la faute dans l'exécution du contrat, la nullité du contrat et l'imprévision (C.E., 16 mai 1924, Jourda de Vaux : *Rec.*, p. 483) ; en contentieux électoral, presque chaque grief ; en contentieux fiscal, tout au moins celui de l'imposition, il n'existe qu'une seule cause juridique, dès lors que la demande est chiffrée (L.P.F., art. L. 199 C), il n'en va pas de même dans le contentieux du recouvrement.

La décision administrative non contestée devient définitive, le juge ne peut plus l'annuler.

Sous-section 2
Conséquences sur l'administration

410. L'administration ne peut plus faire disparaître rétroactivement de l'ordonnancement juridique une décision devenue définitive, à la double condition qu'elle n'ait pas été déférée au juge dans le délai de recours ou, si elle l'a été, que le juge n'ait pas encore statué sur le recours, et qu'elle ait créé des droits. Peuvent, en revanche, être retirées à tout moment, y compris après l'expiration du délai de recours contentieux (C.E., sect., 30 juin 1950, Quéralt : *Rec.*, p. 413), les décisions réglementaires qui n'ont fait l'objet d'aucune application (C.E., sect., 15 avr. 1988, Sté civ. Le Tahiti :

Rec., p. 140), les décisions individuelles non créatrices de droits et les décisions obtenues par fraude, qui sont insusceptibles de conférer des droits.

Mais, à la demande d'un administré justifiant d'un intérêt lui donnant qualité pour ce faire, l'administration est tenue d'abroger un règlement illégal, qu'il ait été illégal dès sa signature ou le soit devenu à la suite d'un changement de circonstances de droit ou de fait (C.E., ass., 20 déc. 1995, Mme Vedel et Jannot : *Rec.*, p. 440 ; C.E., ass., 3 févr. 1989, Cie Alitalia : *Rec.*, p. 44).

La même obligation vaut pour les décisions illégales non réglementaires qui n'ont pas créé de droits et sont devenues illégales à la suite d'un changement de circonstances, mais non pour celles qui sont illégales *ab initio* (C.E., sect., 30 nov. 1990, Assoc. Les Verts : *Rec.*, p. 339).

L'administration doit faire droit à la demande d'abrogation dans le cas où les circonstances qui ont pu motiver légalement un règlement [...] ont disparu, c'est-à-dire en cas de changement de circonstances et lorsque le règlement était illégal dès sa signature (C.E., sect., 10 janv. 1930, Despujol : *Rec.*, p. 30 ; ass., 10 janv. 1964, Min. Agric. c. Simonnet : *Rec.*, p. 19 ; ass., *idem*, Synd. nat. des cadres des bibliothèques : *Rec.*, p. 17 ; ass., 22 janv. 1982, Butin et Ah Won : *Rec.*, pp. 27 et 33 ; Cie Alitalia, préc. ; 9 juil. 1997, Picard : *Rec.*, p. 294).

L'administration peut aussi abroger spontanément un règlement illégal.

Sous-section 3 La résurgence des recours

411. Certaines circonstances ont pour effet non de permettre de faire naître un nouveau délai de recours contre une décision, mais d'écarter l'application de la décision dans une espèce donnée, ce qui peut avoir des effets équivalents pour l'intéressé.

§ 1. L'exception d'illégalité

412. Même définitif, un acte administratif réglementaire peut être contesté par le biais de l'exception d'illégalité, qu'il soit illégal *ab initio* ou le soit devenu du fait d'un changement dans les circonstances de droit ou de fait.

L'exception d'illégalité d'un règlement est perpétuelle (C.E., 29 mai 1908, Poulin : *Rec.*, p. 581), elle peut être soulevée devant le juge à tout moment à l'appui d'un recours formé contre une décision prise sur son fondement (C.E., sect., 18 févr. 1949, Denayer : *Rec.*, p. 80).

La solution connaît d'importantes atténuations en droit de l'urbanisme. L'article L. 600-1 du Code de l'urbanisme limite très fortement les possibilités d'exception d'illégalité dans de nombreux cas.

L'illégalité d'un acte administratif, qu'il soit ou non réglementaire, ne peut être utilement invoquée à l'appui de conclusions dirigées contre une décision administrative que si cette dernière a été prise pour son application ou s'il en constitue la base légale (C.E., 17 oct. 2012, ADFE-PTT 2012 : *Rec.*, p. 825).

L'exception d'illégalité des actes non réglementaires devenus définitifs ne peut être invoquée, aussi bien dans le plein contentieux que dans le contentieux de l'excès de pouvoir. Il existe une exception à cette interdiction. Les actes en réparation du préjudice causé par un acte non réglementaire illégal qui n'a pas été déféré au juge dans les délais sont toujours possibles (C.E., 3 déc. 1952, Dubois : *Rec.*, p. 555 ; sect., 30 avr. 1976, Siméon : *Rec.*, p. 225). En revanche, l'exception d'illégalité peut être soulevée sur la base d'actes non réglementaires non définitifs, autrement dit encore susceptibles de faire l'objet d'un recours pour excès de pouvoir (C.E., sect., 9 nov. 1966, Tombouros : *Rec.*, p. 593).

Elle est également possible contre une décision qui n'est pas encore devenue définitive (C.E., 15 oct. 2004, Feddal : *Rec.*, p. 726). L'acte non réglementaire peut cependant faire l'objet d'une exception d'illégalité, s'il s'inscrit dans le cadre d'une opération complexe.

La recevabilité d'un moyen s'apprécie, en excès de pouvoir, à la date à laquelle il est présenté au juge, et non au jour où le juge statue. Il en résulte que l'exception d'illégalité soulevée à l'encontre d'une décision alors que le recours dirigé contre celle-ci est encore pendant devant le juge reste recevable après le rejet dudit recours par un jugement définitif, si celui-ci n'a pas été frappé d'appel (C.E., sect., 20 juin 1997, Kessai : *Rec.*, p. 251).

§ 2. Action en réparation du préjudice résultant d'un acte illégal

413. L'acte individuel illégal peut être contesté, après l'expiration du délai de recours contentieux, par la voie du plein contentieux. La victime peut demander réparation du dommage causé par l'acte, en arguant de son illégalité, sur le fondement de la responsabilité pour faute (C.E., 3 déc. 1952, Dubois : *Rec.*, p. 555).

Cette possibilité est exclue pour les décisions dont l'objet est purement pécuniaire (refus d'un traitement, d'une subvention, d'une prime à la construction...), car, dans ce cas, elle est devenue définitive à l'expiration du délai de recours, avec toutes les conséquences pécuniaires qui en sont inséparables. Si un fonctionnaire est forclos pour intenter un recours pour excès de pouvoir contre une décision, il l'est aussi pour intenter une action pécuniaire fondée sur l'acte qui n'a pas été attaqué dans les délais.

TITRE 2

Les différents recours contentieux

Chapitre 1
Les référés et procédures d'urgence 279

Chapitre 2
Le recours pour excès de pouvoir 333

Chapitre 3
Les recours de plein contentieux 369

414. Différentes voies de recours sont ouvertes devant la juridiction administrative. Elles se distinguent notamment par la question posée au juge et les pouvoirs dont celui-ci dispose.

On distingue traditionnellement les recours en annulation, ou pour excès de pouvoir, et les recours de plein contentieux, ou de pleine juridiction, qui sont les plus fréquents. Usuellement, les expressions « contentieux de l'excès de pouvoir » et « contentieux de l'annulation » sont utilisées comme des synonymes. En réalité, l'excès de pouvoir est plus large que l'annulation. Il englobe les recours en déclaration d'inexistence et le contentieux de l'appréciation de légalité.

Il existe, en outre, une catégorie particulière de recours pour excès de pouvoir, le « déféré », exercé par le préfet, auquel il est réservé, contre certaines décisions des autorités locales.

Des procédures d'urgence, nombreuses, sont ouvertes au justiciable. Certaines ne peuvent qu'être accessoires à un recours principal, d'autres, en revanche, sont autonomes et peuvent être exercées indépendamment de toute procédure au fond. C'est pourquoi il en sera traité dans ce titre.

Chapitre 1

Les référés et procédures d'urgence

1 Les règles communes à tous les référés 280
2 Les référés généraux 282
3 Les référés particuliers 314
4 Les régimes spéciaux de suspension 325

415. Les procédures de référé concernent en principe toutes les procédures tendant au prononcé de mesures provisoires. Elles sont soumises à un régime dérogatoire du droit commun, justifié par la prise en compte de l'urgence. Le terme « référé » évoque l'urgence, mais il existe des référés qui ne sont pas commandés par l'existence d'une situation d'urgence.

La matière a été profondément remaniée par la loi n° 2000-597 du 30 juin 2000 relative au référé.

416. Les référés généraux sont le référé suspension, le référé liberté, le référé conservatoire, le référé constat, le référé instruction et le référé provision. S'y ajoutent des référés particuliers : les référés précontractuel et contractuel en matière de contrats et marchés publics, le référé fiscal et le référé communication audiovisuelle. Il existe également de nombreuses procédures spécifiques de suspension des actes administratifs.

417. Sont juges des référés les présidents des tribunaux administratifs et des cours administratives d'appel, les magistrats que ceux-ci désignent et qui, sauf absence ou empêchement, ont une ancienneté minimale de deux ans et ont atteint au moins le grade de premier conseiller, et le président de la Section du contentieux du Conseil d'État et les conseillers d'État désignés par lui à cet effet (C.J.A., art. L. 511-2 ; C.E., réf., 17 mai 2006, Cne Wissous : *Rec.*, p. 253).

SECTION 1
LES RÈGLES COMMUNES À TOUS LES RÉFÉRÉS

418. Le juge des référés n'est pas saisi du principal et se prononce dans les meilleurs délais (quarante-huit heures pour le référé liberté) par des mesures qui présentent un caractère provisoire (C.J.A., art. L. 511-1). L'exigence de statuer rapidement n'est pas assortie de sanction.

Sous-section 1
La recevabilité

419. La demande de référé ne doit pas être manifestement insusceptible de se rattacher à la compétence de la juridiction administrative de droit commun (T. confl., 14 janv. 1880, Frères des écoles chrétiennes : *Rec.*, p. 19 ; 23 janv. 1888, Serra et D'Ortoli : *Rec.*, p. 952 ; 25 mars 1957, Hospices civils du Puy : *Rec.*, p. 817 ; 19 févr. 1996, Cts Rattagi : *Rev. fr. dr. admin.*, 1997, p. 185). Les juridictions administratives refusent de connaître en référé des affaires relevant de la compétence de l'autorité judiciaire (C.E., 13 févr. 1959, Ets Dubonnet : *A.J.D.A.*, 1959, II, 128). Néanmoins, un litige relatif à une demande de communication de documents auprès d'un organisme de droit privé chargé d'une mission de service public administratif relève des juridictions administratives

(C.E., sect., 9 juil. 1997, Agence nat. pour la participation des employeurs à l'effort de construction : *A.J.D.A.*, 1997, p. 701, concl. Arrighi de Casanova).

420. À l'intérieur de l'ordre administratif, la compétence du juge administratif des référés est limitée aux litiges dont la connaissance appartient au fond à une juridiction administrative (C.E., sect., 15 juil. 1957, V. Royan : *Rec.*, p. 499, concl. Lasry).

L'acte doit relever de la compétence territoriale du tribunal dont dépend le juge des référés (C.E., 3 juin 1988, Diallo : *Rec.*, p. 228). Le juge des référés qui entend décliner la compétence de la juridiction rejette les conclusions dont il est saisi par ordonnance (C.J.A., art. R. 522-8-1). S'il méconnaît ces règles de compétence territoriale, son ordonnance doit être annulée.

421. Le juge des référés du Conseil d'État ne peut être saisi de conclusions à fin de suspension d'un acte que si le Conseil d'État est compétent pour connaître de l'affaire comme juge du fond. S'il est saisi directement d'une demande de suspension d'une décision relevant de la compétence en premier et dernier ressort du juge des référés du tribunal administratif, il la rejette comme portée devant une juridiction incompétente pour en connaître.

Sous-section 2
Les pouvoirs du juge

422. Avant tout procès et avant même que puisse être déterminée la compétence sur le fond du litige, et dès lors que ce dernier est de nature à relever, fût-ce pour partie, de l'ordre de juridiction auquel il appartient, le juge des référés a compétence pour ordonner une mesure d'instruction sans que soit en cause le principe de séparation des autorités administratives et judiciaires. Il n'en va autrement que lorsqu'il lui est demandé d'ordonner une mesure d'instruction qui porte à titre exclusif sur un litige dont la connaissance au fond n'appartient manifestement pas à l'ordre de juridiction dont il relève (T.C., 13 oct. 2014, EURL Pharmacie Cornuel, n° 3964). Le juge des référés ne prend que des mesures provisoires. Sa décision ne tranche aucune contestation au sens de l'article 6 de la CEDH ; sont en conséquence inopérants les moyens fondés sur la violation de cette stipulation (C.E., sect., 28 févr. 2001, Casanovas : *Rec.*, p. 107). Sa décision est dépourvue de toute autorité de la chose jugée, tant vis-à-vis du juge du fond (C.E., sect., 9 déc. 1983, V. Paris et a. : *Rec.*, p. 499) que de lui-même.

Néanmoins, les décisions du juge des référés sont exécutoires et obligatoires (C.E., sect., 5 nov. 2003, Assoc. Convention vie et nature pour une écologie radicale et a. : *Rec.*, p. 444).

423. Dans le cadre des référés d'urgence, saisi par toute personne intéressée, au vu d'un élément nouveau, il peut modifier sa décision antérieure, étendre ou restreindre les mesures prises initialement, ou y mettre fin

(C.J.A., art. L. 521-4). Une telle demande ne peut intervenir que si la décision initiale du juge édictait une mesure. Ce pouvoir du juge ne peut plus être exercé dès lors qu'un appel a été formé contre l'ordonnance, mais le juge d'appel peut, le cas échéant, le mettre en œuvre (C.J.A., art. L. 523-1).

424. Le juge des référés se prononce dans les meilleurs délais, au terme d'une procédure qui obéit aux exigences de la contradiction, adaptées toutefois à celles de l'urgence (C.J.A., art. L. 5 ; C.E., 28 mai 2001, Sté Codiam : *Rec.*, p. 1091), et sans conclusions du rapporteur public, sauf dispositions contraires (C.J.A., art. L. 522-1). Le juge des référés doit se déterminer au vu de l'instruction menée devant lui, sans que la charge de la preuve incombe plus particulièrement au demandeur (C.E., réf., 19 nov. 2010, Mme Edisultanova : *Rec.*, p. 908). L'audience n'est pas obligatoire en toutes matières.

425. L'ordonnance du juge des référés mentionne le nom des parties, analyse les conclusions et vise les dispositions législatives ou réglementaires dont elles font application (C.J.A., art. R. 742-2). Elle contient l'analyse des moyens ou arguments développés par les parties, sauf si l'ordonnance se fonde sur l'absence d'urgence. L'ordonnance ou le procès-verbal dressé à l'issue de l'audience publique doivent, à peine d'irrégularité, en cas de référé suspension ou de référé liberté, mentionner la convocation des parties à l'audience. L'ordonnance fait apparaître la date à laquelle elle est signée (C.J.A., art. R. 742-2) et indique, à la suite de la mention « Au nom du peuple français », la qualité de son signataire (C.J.A., art. R. 742-3).

L'ordonnance n'est signée que par le magistrat qui rend la décision (C.J.A., art. R. 742-5), elle n'est pas prononcée en audience publique (C.J.A., art. R. 742-6). Le dispositif, divisé en deux articles, est précédé du mot « ordonne » (C.J.A., art. R. 742-4).

SECTION 2
LES RÉFÉRÉS GÉNÉRAUX

426. Les référés suspension, liberté et conservatoire sont soumis à une condition d'urgence ; les autres en sont dispensés.

Sous-section 1
Les référés d'urgence

§ 1. Les règles de procédure communes

427. Certaines règles sont communes à la demande de référé, au jugement et à ses suites.

A. La présentation de la requête

428. La demande est introduite par une requête présentée dans les formes ordinaires.

Sauf en matière de référé suspension, la requête peut être formée « même en l'absence d'une décision préalable », pour satisfaire aux exigences de l'urgence. La condition est appréciée libéralement par le juge. Ainsi, la seule réalisation de travaux, en l'absence de décision ayant une existence matérielle, révèle à elle seule l'existence d'une décision, dont la suspension peut être demandée en référé (C.E., 12 mars 1986, Min. Culture c. Cusenier et a. : *Rec.*, p. 661).

La demande est dispensée du ministère d'avocat si elle porte sur un référé liberté et à condition de se rattacher à un litige qui en est dispensé pour le référé suspension et le référé conservatoire (C.J.A., art. R. 522-5).

Le ministère d'avocat est obligatoire si la demande au fond porte sur une matière qui nécessite ce ministère (C.E., 12 oct. 1956, Saporta : *Rec.*, p. 366).

La demande et, le cas échéant, l'enveloppe qui la contient doivent porter la mention « référé » (C.J.A., art. R. 522-3). Cette règle n'est pas édictée à peine d'irrecevabilité de la requête. Une demande adressée par voie postale doit l'être par lettre recommandée. Elle ne doit tendre qu'au prononcé de mesures provisoires (C.J.A., art. L. 511-1).

Elle doit contenir l'exposé au moins sommaire des faits et moyens et justifier de l'urgence de l'affaire (C.J.A., art. R. 522-1). À défaut, elle peut être rejetée selon la procédure de tri des requêtes, sans instruction (C.J.A., art. L. 522-3) ou sans examen des autres conditions exigées pour les référés d'urgence (C.E., sect., 14 mars 2001, Min. Int. c. Mme Ameur : *Rec.*, p. 124). La demande doit indiquer clairement le fondement choisi, qui doit être unique. On ne peut présenter dans la même requête une demande de référé suspension et une demande de référé liberté. Sont rejetées comme irrecevables des conclusions présentées à titre subsidiaire (C.E., sect., 28 févr. 2001, Philippart et Lesage : *Rec.*, p. 111).

B. L'instruction

429. La requête est soumise à une procédure de tri. Lorsque la demande ne présente pas un caractère d'urgence ou lorsqu'il apparaît manifeste, au vu de la demande, que celle-ci ne relève pas de la compétence de la juridiction administrative, qu'elle est irrecevable ou qu'elle est mal fondée, le juge des référés peut la rejeter par une ordonnance motivée sans qu'il y ait lieu d'appliquer les deux premiers alinéas de l'article L. 522-1 (C.J.A., art. L. 522-3). Il n'y a donc pas de respect du caractère contradictoire de la procédure ni convocation des parties à l'audience.

Cette procédure de tri s'applique à la requête par laquelle il est fait appel d'une ordonnance rendue sur le fondement de l'article L. 521-2 (C.E., réf., 16 mars 2001, Commission de propagande du canton de Grimaud, n° 231336).

Elle est, en revanche, inapplicable à une demande de suspension présentée par le représentant de l'État sur le fondement de l'article L. 2131-6 du Code général des collectivités territoriales (C.E., 11 mars 2005, Min. Int., Sécu. int. et Libertés locales c. Cne Avion, n° 276181).

Ne relève pas de la compétence de la juridiction administrative une demande de suspension d'un acte de gouvernement et peut être rejetée selon la procédure de tri (C.E., réf., 10 avr. 2003, Cté contre la guerre en Irak, n° 2559058 ; 22 févr. 2005, Hoffer, n° 277842).

Sont manifestement irrecevables des conclusions à fin d'annulation présentées dans le cadre d'une instance de référé (C.E., réf., 22 févr. 2001, Moret, n° 230408).

Est manifestement mal fondée une demande tendant à ce qu'il soit enjoint au Premier ministre de laisser toute latitude aux membres du gouvernement pour exercer des fonctions de maire, dès lors qu'en exprimant le souhait que les ministres ne cumulent pas de telles fonctions, le Premier ministre n'a édicté aucune règle de droit positif et porté atteinte à aucune liberté fondamentale (C.E., réf., 22 mars 2001, Meyet, n° 231601), de même qu'une demande assortie d'aucun moyen propre à créer un doute sérieux (C.E., réf., 16 nov. 2001, Aubry, n° 239977).

S'il ressort à la fois des visas de l'ordonnance et de ses motifs que le juge des référés a nécessairement fait usage de la procédure de tri pour rejeter la demande, la circonstance qu'il n'a pas cité ni même mentionné spécifiquement l'article L. 522-3 n'est pas de nature à entacher d'irrégularité son ordonnance (C.E., 23 avr. 2003, SARL Siminvest : *Rec.*, p. 178). Motive suffisamment son ordonnance sans être tenu d'expliciter davantage pourquoi il estime la demande mal fondée, le juge qui vise les mémoires produits, analyse les moyens invoqués, cite les dispositions dont il fait application et relève qu'aucun moyen ne paraît propre à créer un doute sérieux quant à la légalité de la décision dont la suspension est demandée (C.E., 19 nov. 2003, Mlle Guillot et M. Le Dudal : *Rec.*, p. 914).

L'ordonnance par laquelle le juge des référés rejette une demande en faisant usage de la procédure de tri ne peut faire l'objet que d'un pourvoi en cassation (Casanovas, préc.). Le juge de cassation ne contrôle pas, en l'absence de dénaturation, l'appréciation souveraine des circonstances de l'espèce à laquelle se livre le juge des référés pour considérer qu'il apparaît manifeste que la requête est mal fondée (C.E., 16 févr. 2001, Breucq, n° 229246).

Lorsque le juge des référés, au vu de la demande dont il était saisi, a estimé qu'il y avait lieu non de la rejeter en l'état pour l'une des raisons mentionnées à l'article L. 522-3, mais d'engager la procédure de l'article L. 522-1, il lui incombe de poursuivre cette procédure et, notamment, de tenir une audience publique (C.E., sect., 26 févr. 2002, Sté « Les belles demeures du Cap Ferrat », n° 249264). La même solution s'impose lorsque le juge des référés statue en appel (C.E., 23 avr. 2003, Cne Roquebrune-Cap-Martin, n° 251946).

430. Lorsque la demande est mise à l'instruction, elle est notifiée aux défendeurs. Les délais les plus brefs sont donnés aux parties pour présenter leurs observations, ils doivent être observés rigoureusement, faute d'être passé outre sans mise en demeure.

Lorsque la demande concerne un référé suspension ou un référé liberté, le juge des référés doit établir sans délai un calendrier de procédure, informant les parties de la date et de l'heure de l'audience publique (C.J.A., art. L. 522-1). Cette information peut se faire par tous moyens (C.J.A., art. R. 522-6). Une audience publique doit être tenue en cas de demande de référé suspension, de référé liberté ou de modification ou de suppression de telles mesures, sous réserve de l'application de la procédure de tri des requêtes. Dans ces cas, il n'y a pas de conclusions du rapporteur public. L'instruction est en principe close à l'issue de l'audience (C.J.A., art. R. 522-8). Le juge peut statuer, renvoyer l'affaire à une formation collégiale ou à une autre audience. Il doit citer les textes qui fondent sa décision (SARL Siminvest, préc.) sans devoir analyser les moyens présentés à l'appui des conclusions (C.E., 4 oct. 2004, Roels : *Rec.*, p. 874, 905).

Sauf lorsqu'il est fait application de la procédure de tri des requêtes, le juge des référés doit communiquer aux parties par tous moyens, avant la clôture de l'instruction, les mémoires et pièces soumis au débat contradictoire qui servent de fondement à sa décision et qui comportent des éléments de fait ou de droit dont il n'a pas antérieurement été fait état au cours de la procédure.

C. La procédure

431. Le juge des référés statue au terme d'une procédure contradictoire écrite ou orale (C.J.A., art. L. 522-1, al. 1er).

L'article L. 522-1 du Code de justice administrative exige la tenue d'une audience publique en cas de demande de référé suspension (C.J.A., art. L. 521-1), de référé liberté (C.J.A., art. L. 521-2), de modification ou de suppression de telles mesures sous réserve de l'application de la procédure de tri des requêtes. Les mesures prises le sont dans ces cas sans conclusions du rapporteur public.

Sauf dans le cas où il ferait application de l'article L. 522-3, le juge des référés doit communiquer aux parties avant la clôture de l'instruction, par tous moyens, notamment en les mettant à même d'en prendre connaissance à l'audience publique, les pièces et mémoires soumis au débat contradictoire qui servent de fondement à sa décision et qui comportent des éléments de fait ou de droit dont il n'a pas été antérieurement fait état au cours de la procédure (C.E., 28 mai 2001, Sté Codiam, n° 230692). La communication des mémoires peut avoir lieu à l'audience (C.E., 5 nov. 2004, Assoc. pour la sauvegarde du patrimoine martiniquais : *Rec.*, p. 816). Le juge des référés apprécie au cas par cas, lorsque des observations sont produites au cours de l'audience, ou peu de temps avant, en tenant compte notamment de ce que lui demande l'autre partie, qui peut souhaiter faire valoir des éléments nouveaux qu'elle n'était pas en mesure d'invoquer précédemment, s'il y a lieu soit de suspendre l'audience ou de différer la clôture de l'instruction à une date postérieure à celle-ci, soit au contraire de ne pas le faire (C.E., 18 oct. 2006, Synd. des copropriétaires de l'immeuble « Les jardins d'Arago » : *Rec.*, p. 434).

Le juge des référés est tenu, lorsqu'il statue en urgence à l'issue d'une procédure contradictoire, de communiquer le moyen d'ordre public soulevé d'office sur lequel il entend fonder sa décision. Toutefois, il peut procéder à cette communication au cours de l'audience, en la mentionnant dans son ordonnance lorsqu'il n'est pas dressé de procès-verbal de l'audience (C.E., 27 juil. 2001, Sté foncière MFC, n° 233718).

Les parties ont la possibilité d'invoquer des moyens nouveaux de droit ou de fait lors de l'audience. Il appartient dans ce cas au juge de faire mention de ces moyens soit dans le procès-verbal de l'audience, soit dans le texte de son ordonnance (C.E., 20 janv. 2005, Cne Saint-Cyprien, n° 276475).

Lorsque le juge des référés est saisi, après la clôture de l'instruction, d'une pièce nouvelle, intitulée ou non « note en délibéré », il lui appartient d'en prendre connaissance avant de rendre son ordonnance. Il peut, dans ce cas, rouvrir l'instruction, mais n'est tenu de le faire que si la pièce nouvelle contient soit l'exposé d'une circonstance de fait dont la partie qui l'invoque n'était pas en mesure de faire état plus tôt et que le juge ne pourrait ignorer sans fonder sa décision sur des faits matériellement inexacts, soit d'une circonstance de droit nouvelle ou que le juge devrait relever d'office (C.E., 14 nov. 2003, Mme Rouger-Pelatan : *Rec.*, p. 913). Lorsque le juge des référés soumet au débat contradictoire une note en délibéré, il doit différer la clôture de l'instruction et fixer pour cette dernière une nouvelle date de clôture. Est entachée d'irrégularité une ordonnance qui rejette une demande de suspension pour absence de moyen propre à créer un doute sérieux, alors que la note en délibéré soumise au débat contradictoire comportait un moyen qui n'est mentionné ni dans les visas ni dans les motifs de l'ordonnance (C.E., 5 déc. 2007, Assoc. Transparence, n° 304799).

432. À l'issue de l'audience, l'instruction est close (C.J.A., art. R. 522-8). Le juge peut alors statuer. Il peut renvoyer l'affaire à une formation collégiale. Dans ce cas, un procès-verbal de l'audience est établi, signé par lui et le greffier, et versé au dossier (C.J.A., art. R. 522-11), et il est statué sur la demande après des conclusions du rapporteur public (C.J.A., art. L. 522-1). Il peut également renvoyer l'affaire à une autre audience, il doit alors rouvrir l'instruction (C.J.A., art. R. 522-8).

433. L'ordonnance ou le procès-verbal doivent mentionner la convocation des parties à l'audience et les moyens invoqués au cours de l'audience publique qui ne figuraient pas dans les écritures des parties.

L'ordonnance est notifiée sans délai et par tous moyens aux parties (C.J.A., art. R. 522-12). Son caractère exécutoire peut intervenir à des dates différentes (C.J.A., art. R. 522-13). Normalement, elle prend effet à partir du jour où la partie qui doit s'y conformer en reçoit notification, mais le juge peut décider qu'elle sera exécutoire dès qu'elle aura été rendue. Si l'urgence le commande, le dispositif de l'ordonnance, assorti de la formule exécutoire (C.J.A., art. R. 751-1), peut être communiqué sur place aux parties, qui en accusent réception.

D. La modification ou la suppression des mesures ordonnées par le juge

434. Saisi par toute personne intéressée, le juge des référés peut, à tout moment, au vu d'un élément nouveau, modifier les mesures qu'il avait ordonnées ou y mettre fin (C.J.A., art. L. 521-4).

Ces dispositions s'appliquent aux pouvoirs du juge des référés statuant en urgence, notamment ceux définis aux articles L. 521-1 et L. 521-2 (C.E., réf., 7 nov. 2003, SAHLM Trois-Vallées : *Rec.*, p. 911).

La circonstance que les éléments produits devant le juge auraient déjà été à la disposition de la personne intéressée lors de l'instruction de la demande et n'auraient pas été invoqués en temps utile ne fait pas obstacle à ce qu'ils soient invoqués ultérieurement au soutien d'une demande présentée sur le fondement de l'article L. 521-4 (C.E., 10 avr. 2002, Mlle Réby, n° 241039). Il en est de même pour un moyen qui aurait pu être soumis au juge des référés dans sa première saisine (C.E., 26 juin 2002, Min. Éduc. nat. c. Mme Charlois-Duméril, n° 242703).

Lorsqu'une première demande a été rejetée, une demande invoquant un élément nouveau et présentée sur le fondement de l'article L. 521-4 doit être regardée comme une nouvelle demande de suspension (C.E., réf., 13 oct. 2004, Hoffer : *Rec.*, p. 816).

Constitue un élément nouveau le fait que le Conseil supérieur de la magistrature ait donné un avis favorable à la nomination de l'intéressé et qu'un emploi de magistrat situé à La Réunion soit devenu vacant après que le juge a, dans un premier temps, suspendu le refus de nomination d'un magistrat dans ce département (C.E., réf., 20 sept. 2002, Garde des Sceaux c. Ozoux, n° 498994). L'irrecevabilité de la demande au fond peut être soulevée devant le juge des référés dans le cadre de la procédure de l'article L. 521-4 afin qu'il soit mis fin à la suspension qui avait été ordonnée (C.E., 1er mars 2004, Socquet-Juglard : *Rec.*, p. 818).

Le juge des référés, à nouveau saisi de moyens déjà examinés par lui dans l'ordonnance prise en application de l'article L. 521-1, peut se prononcer sur ces moyens par référence à sa première ordonnance sans entacher cette ordonnance d'insuffisance de motivation, dès lors que la motivation de la première ordonnance était elle-même suffisante et que l'argumentation présentée dans l'instance aux fins de réexamen n'appelait pas de nouvelles précisions (C.E., 2 juil. 2008, Synd. des copropriétaires de la résidence Le rond-point des pistes 1 et synd. des copropriétaires de la résidence Le rond-point des pistes 3 : *Rec.*, p. 858).

Les ordonnances qui modifient des mesures ordonnées en vertu de l'article L. 521-2 sont susceptibles d'appel (SAHLM Trois vallées, préc.), les autres d'un pourvoi en cassation. Le juge de cassation ne contrôle pas, en l'absence de dénaturation, l'appréciation souveraine à laquelle se livre le juge des référés en considérant comme nouveau un élément produit devant lui (Mlle Réby, préc.).

E. Les voies de recours

435. Les ordonnances rendues au titre du référé suspension, du référé conservatoire et celles rendues selon la procédure de tri des requêtes peuvent faire l'objet d'un pourvoi en cassation (C.J.A., art. L. 523-1), présenté dans les quinze jours de leur notification (C.J.A., art. R. 523-1). Ce délai est un délai franc (Sté Codiam, préc.). Le ministère d'avocat au Conseil d'État est obligatoire.

L'ordonnance ne peut être contestée au fond que pour erreur de droit ou pour dénaturation. Le juge de cassation doit relever d'office l'erreur de droit commise par le juge des référés qui n'a pas fait droit à un moyen d'ordre public (C.E., 5 déc. 2005, Mann Singh : *Rec.*, p. 544).

436. Sous réserve du contrôle de l'erreur de droit et de la dénaturation, le juge de cassation ne contrôle pas l'appréciation des faits à laquelle se livre le juge des référés pour considérer que la condition d'urgence est ou non remplie (C.E., 6 avr. 2001, France Télécom, n° 230338 ; sect., 25 avr. 2001, Assoc. des habitants du littoral du Morbihan, n° 230025 ; sect., 22 févr. 2002, Sté des pétroles Shell, n° 235345). Il ne contrôle l'erreur de droit commise par le juge des référés dans la désignation du moyen propre à créer un doute sérieux sur la légalité de la décision qu'en tenant compte de la nature de l'office attribué au juge des référés par les articles L. 511-1 et L. 521-1 (C.E., sect., 29 nov. 2002, Cté d'agglomération Saint-Étienne Métropole : *A.J.D.A.*, 2003, p. 278).

437. Après avoir cassé une ordonnance rendue par le juge des référés en méconnaissance de sa compétence territoriale, le Conseil d'État peut statuer lui-même sur la demande sans la renvoyer au juge des référés du tribunal administratif normalement compétent (C.E., 12 juil. 2002, Min. Éco., Fin. et Ind. C. Bodin, n° 245436).

L'ordonnance par laquelle le juge des référés rejette une demande en faisant usage du pouvoir que lui donne l'article L. 522-3 ne peut faire l'objet que d'un pourvoi en cassation devant le Conseil d'État, sans qu'il y ait lieu de distinguer si cette demande a été présentée sur le fondement de l'article L. 521-1 ou de l'article L. 521-2 (C.E., sect., 28 févr. 2001, Casanovas : *A.J.D.A.*, 2001, p. 971).

438. Les ordonnances rendues dans le cadre du référé liberté relèvent de l'appel, qui doit être formé dans le délai de quinze jours suivant leur notification (C.J.A., art. L. 523-1). Ce délai est un délai franc (C.E., 23 mai 2001, Baudouin, n° 232498). Le délai d'appel d'une ordonnance du juge du référé liberté court à compter de la notification régulière de cette ordonnance à l'adresse à laquelle le requérant a élu domicile, même si celui-ci n'en a pas eu personnellement connaissance (C.E., ord., 9 avr. 2013, Mme Timirboulatova : *Rec.*, p. 767).

Ce délai court à l'encontre de l'État, quand bien même l'ordonnance de référé a été notifiée à l'État en la personne d'un ministre qui n'est pas celui dont relève l'administration intéressée au litige (C.E., 19 nov. 2003, Min. Agric. c. Assoc. Puy-de-Dôme Nature Environnement : *Rec.*, p. 933). En revanche, le délai ne court pas lorsque l'ordonnance de référé n'est notifiée qu'au préfet (C.E., réf., 28 oct. 2010, Min. Immigration, Intégration, Identité nat. et Dév. solidaire c. M. et Mme Youssoupov : *Rec.*, p. 903).

Une personne dont la qualité d'intervenant ne lui a pas conféré celle de partie à l'instance devant le premier juge n'est pas recevable à faire appel de l'ordonnance de ce juge (C.E., réf., 3 janv. 2003, Mme Belmina et a. : *Rec.*, p. 933), mais l'intervenant de première instance qui aurait eu intérêt à saisir lui-même le juge des référés du premier degré des conclusions au soutien desquelles il est intervenu a qualité pour faire appel (C.E., réf., 22 déc. 2012, Section fr. de l'Observatoire international des prisons et a. : *Rec.*, p. 496).

Le maire peut faire appel au nom de la commune d'une ordonnance rendue sur le fondement de l'article L. 521-2 sans avoir à demander l'autorisation du conseil municipal (C.E., sect., 18 janv. 2001, Cne Venelles et Morbelli, n° 229247).

L'appel est dispensé du ministère d'avocat.

Eu égard au délai dans lequel le juge des référés du Conseil d'État doit se prononcer, la circonstance que la requête d'appel annonce la production d'un mémoire complémentaire ne fait pas obstacle à ce qu'il soit statué sans attendre cette production (Mme Belmina, préc.).

§ 2. Le référé suspension

439. Quand une décision administrative, même de rejet, fait l'objet d'une requête en annulation ou en réformation, le juge des référés, saisi d'une demande en ce sens, peut ordonner la suspension de l'exécution de cette décision ou de certains de ses effets, lorsque l'urgence le justifie et qu'il est fait état d'un moyen propre à créer, en l'état de l'instruction, un doute sérieux quant à la légalité de la décision (C.J.A., art. L. 521-1, al. 1er).

L'institution de cette procédure en lieu et place du sursis à exécution cherche à remédier aux insuffisances de celui-ci.

A. La recevabilité de la demande

440. Elle est subordonnée à la triple condition de l'existence d'une décision administrative, d'un recours en annulation ou en réformation de cette décision, lui-même recevable, d'un objet à la date où elle est présentée.

Elle doit être présentée par une requête distincte (Philippart et Lesage, préc. ; C.E., 26 janv. 2007, Assoc. La Providence, n° 297991).

Seule la suspension d'une décision administrative peut être sollicitée. Cette décision peut être de rejet (C.E., sect., 20 déc. 2000, Ouatah : *Rec.*, p. 643).

Ne peuvent être présentées simultanément deux types de demandes dans une même requête : référé suspension et référé liberté, ou référé suspension et demande de provision. De telles requêtes sont irrecevables (Phillippart et Lesage, préc. ; C.E., réf., 12 août 2004, Appiah : *Rec.*, p. 810).

Un recours au fond doit avoir été présenté antérieurement (C.E., réf., 31 janv. 2001, Assoc. Promouvoir, n° 229484) ou l'être concomitamment. Lorsqu'un texte impose l'exercice d'un recours administratif préalable, cette circonstance ne fait pas obstacle à la saisine du juge des référés avant que l'administration n'ait statué sur ce recours préalable. Le requérant doit justifier de la formation du recours préalable (C.E., sect., 12 oct. 2001, Sté Produits Roche : *Rec.*, p. 463).

La demande de référé suspension n'est pas recevable si le recours au fond a un effet suspensif (opposition aux titres de perception, recours contre une décision de reconduite à la frontière...) ou si la décision est entièrement exécutée à la date d'introduction du recours. Dans ce cas, il y a non-lieu (C.E., 15 mars 2002, Min. Int. c. Benkhira : *Rec.*, p. 773 : 27 nov. 2002, Région Centre, n° 248050 ; 27 juin 2005, Assoc. Et. régional Léo Lagrange de Rhône-Alpes-Auvergne : *Rec.*, p. 1024 : autorisation de transfert de contrat de travail notifiée). Il en va de même lorsqu'il apparaît au cours de l'audience publique que l'administration a pris des mesures devant être regardées comme donnant satisfaction au requérant (C.E., réf., 31 oct. 2001, Mme Dourel, n° 239050 ; réf., 30 avr. 2002, Mlle Amarti, n° 245125) ou lorsque l'administration a pris, après réexamen du dossier, une nouvelle décision de refus, qui se substitue à la précédente (C.E., 16 déc. 2008, Conseil rég. de l'ordre des architectes de Provence-Alpes-Côte d'Azur et a., n° 312325).

La demande de suspension doit être présentée par demande séparée du recours en annulation (C.J.A., art. R. 522-1).

B. Les conditions d'octroi de la suspension

441. La suspension ne peut être ordonnée que si deux conditions cumulatives sont réunies : une urgence justifiée et un moyen propre à créer un doute sérieux quant à la légalité de la décision : l'auteur de la demande doit justifier l'urgence de l'affaire (C.J.A., art. R. 522-1). En l'absence d'urgence, la demande peut être rejetée sans instruction, au titre de la procédure de tri (C.J.A., art. L. 522-3). La condition d'urgence doit être regardée comme remplie lorsque la décision administrative contestée préjudicie de manière suffisamment grave et immédiate à un intérêt public, à la situation du requérant ou aux intérêts qu'il entend défendre (C.E., sect., 19 janv. 2001, Conféd. nat. des radios libres : *Rec.*, p. 100). La règle vaut alors même que la décision n'aurait un objet ou des répercussions que purement financiers et qu'en cas d'annulation, ses effets pourraient être effacés par une réparation pécuniaire.

442. Le risque de préjudice caractérisant l'urgence doit être immédiat. Le juge considère le délai restant à courir, au jour où il statue, avant l'entrée en vigueur ou l'exécution de la décision.

Le préjudice doit être porté à un intérêt public, à la situation de l'auteur de la demande ou aux intérêts qu'il entend défendre. Le requérant doit se trouver dans une situation juridiquement protégée.

443. La condition d'urgence a remplacé l'ancienne condition, qui voulait que l'exécution de la décision risquât d'entraîner des conséquences difficilement réparables. La condition d'urgence à laquelle est subordonné le prononcé d'une mesure de suspension doit être regardée comme remplie lorsque la décision administrative contestée préjudicie de manière suffisamment grave et immédiate à un intérêt public, à la situation du requérant ou aux intérêts qu'il entend défendre ; qu'il en va ainsi alors même que cette décision n'aurait un objet ou des répercussions que purement financiers et qu'en cas d'annulation, ses effets pourraient être effacés par une réparation pécuniaire.

Le juge doit apprécier la condition d'urgence *in concreto* et de manière objective et globale (C.E., sect., 19 janv. 2001, Conféd. nat. des radios libres : *Rec.*, p. 29). Il lui appartient d'apprécier concrètement, compte tenu des justifications fournies par le requérant, si les effets de la décision sur la situation du demandeur ou, le cas échéant, des personnes concernées sont de nature à caractériser une urgence justifiant que, sans attendre le jugement de la requête au fond, l'exécution de la décision soit suspendue, et de dresser un bilan de l'urgence. Lorsqu'il apprécie si la condition d'urgence est remplie, le juge des référés doit tenir compte du délai restant à courir, à la date à laquelle il statue, avant l'entrée en vigueur des dispositions dont la suspension est demandée (C.E., ord., 21 juin 2013, Assoc. AS Monaco football club et Sté AS Monaco football club, n° 368629). L'urgence s'appréciant objectivement et compte tenu de l'ensemble des circonstances de chaque espèce, le juge doit faire apparaître dans sa décision tous les éléments qui, eu égard notamment à l'argumentation des parties, l'ont conduit à considérer que la suspension demandée revêtait un caractère d'urgence (C.E., sect., 28 févr. 2001, Préf. Alpes-Maritimes, Sté Sud-Est Assainissement : *Rec.*, p. 109).

L'urgence n'est pas subordonnée au caractère irréversible de la situation. Le risque d'annulation ne constitue pas l'urgence (C.E., 26 oct. 2005, Sté des crématoriums de France : *Rec.*, p. 447 ; 13 juin 2005, Cne Saint-Amand-les-Eaux : *Rec.*, p. 243).

Est censurée la décision qui écarte l'urgence à suspendre une décision d'opposition à une déclaration préalable de travaux relatifs à l'édification d'une antenne de téléphonie mobile en se fondant sur la couverture du territoire par d'autres opérateurs (C.E., 2 mars 2012, Sté Organge France : *A.J.D.A.*, 2012, p. 465). A été suspendue la décision ordonnant d'abattre deux éléphantes pour cause de « tuberculose » (C.E., 27 févr. 2013, Sté Promogil : *Rec.*, p. 766).

444. Il existe des présomptions d'urgence, par exemple en cas de refus de renouvellement ou de retrait du titre de séjour d'un étranger, de permis de construire, de dissolution d'une personne morale ou de délibération décidant de vendre un terrain sectionnal à une commune (Min. Int. c. Mme Ameur, préc. ; C.E., 27 juil. 2001, Cne Tulle : *Rec.*, p. 382 ; 28 déc. 2005, Synd. intercnal Lens-Avion : *Rec.*, p. 1029 ; 7 févr. 2007, Cne Laval-du-Tarn : *Rec.*, p. 1010). Cependant, la condition d'urgence n'est pas remplie dans le cas d'un permis de construire, dès lors qu'à la date à laquelle le juge statue, la construction est achevée, à l'exception de l'enduit extérieur (C.E., 26 juin 2002, Mlle Demblas et a., n° 240487). Elle ne l'est pas davantage, sauf circonstances particulières, en cas de retrait du permis de construire ou de sursis à statuer (C.E., 30 juil. 2003, Min. Équip. c. Thenault : *Rec.*, p. 923 ; 12 juin 2013, Cne Lambesc : *Rec.*, p. 765).

445. Le moyen propre à créer un doute sérieux doit être invoqué dans le recours en annulation de l'acte, sauf s'il est d'ordre public, et pas seulement dans la demande de suspension. Le juge des référés ne peut suspendre un acte administratif pour incompatibilité de la loi sur laquelle il repose avec le droit international que si l'inconventionalité est certaine, en raison notamment d'une décision juridictionnelle antérieure (C.E., 30 déc. 2002, Min. Aménag. territ. c. Carminati : *Rec.*, p. 510).

Sont par exemple de nature à créer un doute sérieux sur la légalité d'une décision d'autorisation de travaux autoroutiers le fait que les modifications apportées au projet de construction d'une section d'autoroute étaient telles qu'elles affectaient substantiellement les caractéristiques essentielles de l'opération (C.E., 3 juil. 2002, Cne Beauregard-de-Terrasson : *E.D.C.E.*, 2003, p. 47) ou la décision ministérielle posant une condition de nationalité pour les enseignants du privé, sans prévoir de dérogations (C.E., 19 nov. 2013, Assoc. Sauvons l'Université : *A.J.D.A.*, 2013, p. 2407).

Le moyen sérieux peut être un moyen d'ordre public soulevé d'office par le juge (C.E., 16 mai 2001, Duffaut : *E.D.C.E.*, 2002, p. 47).

C. La décision du juge

446. Même lorsque les conditions... sont remplies, il appartient au juge des référés d'apprécier si, à titre exceptionnel, il convient néanmoins de ne pas ordonner la suspension de l'exécution de la décision attaquée ou de certains de ses effets. L'exercice de ce pouvoir tient à l'existence de considérations d'intérêt général (C.E., 15 juin 2001, Sté Robert Nioche et ses fils, n° 230637).

447. Le juge peut ordonner une suspension pour une durée limitée (C.E., 15 juin 2001, Tonguino, n° 230623). Il peut moduler l'étendue et la durée de la suspension qu'il prononce (C.E., réf., 26 avr ; 2001, Fondation Lenval, n° 231870 ; réf., 30 nov. 2001, SARL LP Diffusion et a., n° 239811 ; 23 juil. 2003, Sté Atlantique Terrains, n° 254837). Il peut aussi décider que la suspension d'une décision de préemption qu'il prononce ne fera pas obstacle à ce que l'autorité communale prenne sur la propriété en cause les mesures conservatoires qui pourraient s'imposer, par exemple qu'elle poursuive les travaux de confortation des berges d'une rivière traversant la propriété en cause (C.E., 18 juil. 2006, Mme Bessac et a., n° 291569).

448. Lorsque le juge ordonne la suspension d'une décision de rejet, il doit indiquer les obligations qui en découlent pour l'administration. Il peut adresser une injonction à l'administration. Le juge des référés peut procéder à la substitution de motifs dans les conditions posées par la jurisprudence *Mme Hallal* (C.E., 15 mars 2004, Cne Villasavary : *Rec.*, p. 132).

Si la décision entreprise n'est pas une décision de rejet, le juge doit être saisi de conclusions à fin d'injonction. S'il lui apparaît que la suspension implique nécessairement que l'auteur de la décision prenne une mesure dans un sens déterminé, il assortit sa décision de l'indication des obligations provisoires qui en découleront pour l'administration (C.E., sect., 20 déc. 2000, Ouatah : *Rec.*, p. 643 ; 15 avr. 2005, Sté Socrate : *Rec.*, p. 1024). Ces injonctions ne peuvent avoir des effets identiques à ceux de l'exécution de l'annulation de la décision.

Une substitution de motifs est possible (Cne Villasary, préc.).

Le juge peut assortir sa décision de prescriptions, par exemple ordonner un suivi médicamenteux d'un demandeur d'asile malade (C.E., ord., 5 avr. 2013, Mme D. et T. : *A.J.D.A.*, 2013, p. 768).

D. Les devoirs du juge

449. Le juge doit rechercher si la demande d'annulation de l'acte dont la suspension est sollicitée n'est pas entachée d'une irrecevabilité insusceptible d'être couverte en cours d'instance.

Il doit, au besoin, relever d'office le moyen d'ordre public propre à créer un doute sérieux sur la légalité de la décision. Sa décision doit être motivée sur l'urgence et le doute sérieux.

Le juge méconnaît le principe d'impartialité en indiquant par avance la solution qui pourrait être réservée à une nouvelle demande de suspension. Il ne saurait substituer sa propre appréciation à celle de l'administration, ni ordonner des mesures irréversibles et non provisoires (C.E., 2 nov. 2005, M. et Mme Fayant : *Rec.*, p. 466 ; 4 oct. 2004, Garde des Sceaux c. Lépouzé : *A.J.D.A.*, 2004, p. 2182).

E. Les conséquences de la suspension

450. Si les décisions du juge des référés n'ont pas, au principal, l'autorité de la chose jugée, elles sont néanmoins obligatoires et exécutoires. Lorsque le juge des référés a prononcé la suspension d'une décision et tant qu'il n'a pas été mis fin à cette suspension, l'administration ne saurait légalement reprendre une même décision sans qu'il ait été remédié au vice que le juge des référés avait pris en considération pour prononcer la suspension (C.E., sect., 5 nov. 2003, Assoc. convention vie et nature pour une écologie radicale et Assoc. pour la protection des animaux sauvages : *Rec.*, p. 444).

L'exécution de la décision doit être supendue dans les vingt-quatre heures de la notification à son auteur de l'ordonnance du juge. La suspension court jusqu'à l'expiration du délai éventuellement fixé par le juge ou jusqu'à la survenance de la décision au fond.

451. La suspension de l'exécution d'une décision administrative n'a pas de portée rétroactive. Elle ne prend effet qu'à la date à laquelle l'ordonnance est notifiée à l'auteur de la décision. Lorsque la décision avait pour objet l'éviction d'un agent public, l'administration doit réintégrer cet agent à la date de la notification et tirer toutes les conséquences de cette réintégration, sans préjudice des conséquences qui devront être tirées de la décision par laquelle il sera statué sur la requête au fond (C.E., 13 juin 2003, Mlle Chakir : *Rec.*, p. 253).

Une décision prise à la suite d'un réexamen ordonné en référé a un caractère provisoire jusqu'à ce qu'il ait été statué sur le recours en annulation dirigé contre la décision initiale et présenté parallèlement à la demande de suspension (C.E., 11 août 2005, Mme Baux : *Rec.*, p. 1030). Les conclusions tendant à l'annulation de la décision initiale conservent donc un objet après l'intervention de la décision sur la demande de référé (C.E., 26 sept. 2005, Barritault : *Rec.*, p. 1030).

À tout moment, le juge des référés peut, au vu d'un élément nouveau, modifier les mesures qu'il a ordonnées ou y mettre fin, mais uniquement lorsqu'il est saisi par toute personne intéressée.

Seul le recours en cassation est ouvert contre les décisions du juge des référés suspension.

§ 3. Le référé liberté

452. Saisi d'une demande en ce sens justifiée par l'urgence, le juge des référés peut ordonner toutes mesures nécessaires à la sauvegarde d'une liberté fondamentale à laquelle une personne morale de droit public ou un organisme de droit privé chargé de la gestion d'un service public aurait porté, dans l'exercice d'un de ses pouvoirs, une atteinte grave et manifestement illégale. Le juge des référés se prononce dans un délai de quarante-huit heures (C.J.A., art. L. 521-2)

L'institution par un texte législatif ou réglementaire d'un recours administratif préalable avant de saisir le juge de l'excès de pouvoir n'interdit pas de saisir directement le juge des référés d'une demande fondée sur l'article L. 521-2 tendant à ce que soit prononcée une des mesures de sauvegarde qui peuvent être ordonnées sur ce fondement (C.E., réf., 9 août 2004, Épx Yilmaz : *Rec.*, p. 816).

A. Les conditions d'octroi

453. Le juge ne peut ordonner cette mesure que si trois conditions cumulatives (C.E., réf., 12 janv. 2001, Mme Hyacinthe : *Rec.*, p. 12) sont réunies : une demande justifiée par l'urgence, une liberté fondamentale et une atteinte grave et manifestement illégale portée à cette liberté.

454. Il appartient au demandeur de justifier concrètement de l'urgence à obtenir les mesures sollicitées (C.J.A., art. R. 522-1). Il y a, par exemple, urgence à restituer à leurs titulaires les titres d'identité propres à leur permettre les actes de la vie courante, dont ils avaient été dépossédés. L'urgence ne doit pas être imputable au demandeur qui a tardé, sans raison, à agir. L'urgence doit s'apprécier au regard du délai de quarante-huit heures imparti au juge du référé liberté pour statuer. Le demandeur ne doit pas s'être lui-même placé dans la situation à propos de laquelle il se prévaut de l'urgence (C.E., réf., 2 avr. 2001, Cts Marcel : *Rec.*, p. 167 ; 13 oct. 2003, Sté Ekima : *Rec.*, p. 918 ; 28 févr. 2003, Cne Pertuis : *Rec.*, p. 68 ; réf., 3 janv. 2003, Sté Kerry : *Rec.*, p. 928).

455. La notion de liberté fondamentale recouvre toutes les grandes libertés, mais ne s'y cantonne pas : le principe de libre administration des collectivités territoriales, énoncé par l'article 72 de la Constitution, est au nombre de ces libertés (C.E., sect., 18 janv. 2001, Cne Venelles, Morbelli : *Rec.*, p. 18). Le juge prend en considération le caractère éminent ou non de la liberté ou du droit en cause. Sont, par exemple, des libertés fondamentales au sens de l'article L. 521-2 du Code de justice administrative, la liberté d'aller et venir, le droit constitutionnel d'asile et son corollaire, le droit de solliciter le statut de réfugié, le principe du caractère pluraliste de l'expression des courants de pensée et d'opinion, le droit de grève, le libre exercice du suffrage, la libre disposition de ses biens, le secret des correspondances, la liberté d'entreprendre et la liberté du travail, la présomption d'innocence, le droit au respect de la vie privée, la liberté des cultes, le droit à l'hébergement d'urgence, le droit à la vie et celui de ne pas subir un traitement traduisant une obstination déraisonnable (C.E., 9 janv. 2001, Deperthes : *Rec.*, p. 1 ; Mme Hyacinthe : préc. ; réf., 24 févr. 2001, Tiberi : *Rec.*, p. 85 ; 9 déc. 2003, Mme Aguillon : *Rec.*, p. 497 ; sect., 28 févr. 2001, Casanovas : *Rec.*, p. 107 ; réf., 23 mars 2001, Sté Lidl : *Rec.*, p. 154 ; 9 avr. 2004, Vast : *Rec.*, p. 173 ; 4 oct. 2004, Sté Mona Lisa Investissements : *Rec.*, p. 362 ; réf., 14 mars 2005, Gollnisch : *Rec.*, p. 103 ; ord. réf., 25 oct. 2007, Mme Y : *Rec.*, p. 1013 ; ord. réf., 25 août 2008, Cne Massat : *Rec.*, p. 386 ; 10 févr. 2012, Fofana : *A.J.D.A.*, 2012, p. 716 ; ass., 14 févr. 2014, Mme Lambert : *Rec.*, p. 32, concl. Keller).

456. Ne constituent, en revanche, pas des libertés fondamentales au sens de cet article le droit à la santé, le principe d'égalité des usagers devant le service public, le droit d'accéder à une formation de troisième cycle de l'enseignement supérieur, le droit au bon fonctionnement du service public de l'enseignement (C.E., réf., 8 sept. 2005, Garde des Sceaux : *Rec.*, p. 388 ; 31 janv. 2001, Cne Saint-Laurent-du-Var : *Rec.*, p. 465 ; 24 janv. 2001, Université Paris VIII, n° 229501 ; 3 avr. 2001, Mlle Soriano et a., n°s 232025 et 232030). Ne révèlent pas une atteinte à une liberté fondamentale une mesure d'exclusion d'un élève d'un lycée pour motif disciplinaire, des chevauchements d'horaires d'enseignements optionnels dans un lycée, la méconnaissance par l'autorité administrative de son obligation d'assurer la sécurité publique, le refus du droit de pratiquer un sport et de participer à des compétitions sportives, l'exclusion d'un agent public pour motif disciplinaire, le refus de restituer le permis de conduire d'un chauffeur-livreur (C.E., 29 nov. 2002, Arakino, n° 247518 ; réf., 5 oct. 2001, Min. Éduc. nat., n° 238676 ; réf., 20 juil. 2001, Cne Mandelieu-la-Napoule, n° 236196 ; réf., 22 oct. 2001, Caillat et a., n° 238204 ; réf., 27 juin 2002, CH gén. de Troyes, n° 248076 ; réf., 15 mars 2002, Delaplace, n° 244078).

457. L'atteinte grave et manifestement illégale portée à la liberté doit être directe et personnelle à l'auteur de la demande, qui doit établir son existence. Le comportement administratif mis en cause doit porter atteinte à l'exercice d'une liberté fondamentale. L'appréciation de l'existence de cette atteinte s'effectue au regard des motifs et de l'objet de la décision.

L'illégalité constatée doit présenter un lien direct avec la gravité de ses effets au regard de la liberté fondamentale en cause (C.E., ord., 12 nov. 2001, Cne Montreuil-Bellay, n° 239840 ; ord., 27 oct. 2011, Min. Int. c. Sultanyan : *Rec.*, p. 532). Le juge apprécie la gravité de l'atteinte en fonction des données de l'espèce et de la finalité de la législation au regard de la liberté en cause.

L'atteinte doit être manifestement illégale. Tel n'est pas le cas du refus opposé à un agent public de s'absenter afin qu'il puisse fréquenter un lieu de culte à des horaires où sa présence est nécessaire au fonctionnement normal du service public, qui ne porte donc pas atteinte à la liberté de culte (CE, réf., 16 févr. 2004, Benaissa : *Rec.*, p. 826), du refus d'admettre en classe une élève portant un foulard en raison de ses convictions religieuses (C.E., réf., 7 avr. 2004, Épx Kilicikesen, n° 266085). De même, le respect de la liberté de manfestation ne fait pas obstacle à ce que l'autorité investie du pouvoir de police interdise une activité si une telle mesure est seule de nature à prévenir un trouble à l'ordre public. En interdisant plusieurs rassemblements liés à la distribution sur la voie publique d'aliments contenant du porc, le préfet de police n'a pas, eu égard au fondement et au but de la manifestation et à ses motifs, portés à la connaissance du public par le site Internet de l'association, porté une atteinte grave et manifestement illégale à la liberté de manifestation (C.E., réf., 5 janv. 2007, Min. d'État, min. Int. et Aménag. territoire c. L'Assoc. Solidarité des Français, n° 200311).

458. En revanche porte une atteinte manifestement illégale à la liberté de réunion des partis politiques légalement constitués le refus de la réunion d'un parti politique au centre des congrès de la ville, alors que les autorités de police pourraient faire face par des mesures appropriées aux risques à l'ordre public (C.E., réf., 19 août 2002, Front national, Institut de formation des élus locaux, n° 249666), ou le refus opposé à une association cultuelle de lui louer une salle municipale, consécutif à d'autres refus de même nature opposés à des associations identiques et précédemment annulés par le juge administratif, dès lors que la commune ne fait état d'aucune menace à l'ordre public, mais seulement de considérations relatives au caractère sectaire de l'association, ni d'aucun motif tiré des nécessités de l'administration des propriétés communales ou du fonctionnement des services (C.E., 30 mars 2007, V. Lyon, n° 304053).

En refusant de prendre les mesures nécessaires pour que l'une des parties à une action en reconnaissance de filiation puisse venir en France afin de se soumettre aux examens ordonnés par l'autorité judiciaire, les autorités consulaires portent une atteinte grave et manifestement illégale à la liberté fondamentale que constitue le droit au recours, qui impose aux autorités administratives de prendre les mesures qu'implique le respect des décisions de l'autorité judiciaire (C.E., réf., 4 mars 2010, Mme Soignet et Mlle Belezout : *Rec.*, p. 613).

459. Lorsque les conditions sont remplies, le juge prend toutes les mesures nécessaires, de nature à faire disparaître les effets de l'atteinte à la liberté.

Ces mesures doivent en principe présenter un caractère provisoire, s'appréciant au regard de leur objet et de leurs effets, en particulier de leur caractère réversible (C.E., réf., 1er mars 2001, Paturel : *Rec.*, p. 965).

B. Les pouvoirs du juge

460. Le juge ne prend que des mesures provisoires (C.J.A., art. L. 511-1). Si le seul critère qui doit présider aux mesures ordonnées par le juge est leur caractère provisoire, il peut s'affranchir de cette contrainte lorsqu'aucune autre mesure ne peut sauvegarder l'exercice effectif de la liberté fondamentale (C.E., 1er juin 2007, Synd. CFDT : *A.J.D.A.*, 2007, p. 1237 : cessation de mettre un local à la disposition d'un syndicat).

Il doit respecter le caractère contradictoire de la procédure, en communiquant immédiatement à l'auteur de la demande le mémoire en défense produit au début de l'audience publique, à laquelle les parties étaient présentes, quel qu'ait été le délai imparti au défendeur pour produire.

Il doit statuer dans un délai de quarante-huit heures (C.J.A., art. L. 521-2), délai simplement indicatif.

Il peut adresser des injonctions à l'administration pour assurer la sauvegarde de la liberté fondamentale en cause. Il peut lui enjoindre d'instruire sans délai, dès la présentation d'un dossier complet, la demande de passeport de l'intéressé (C.E., réf., 4 déc. 2002, du Couëdic de Kerérant, n° 252051). Il peut ordonner à un maire d'informer les populations des attaques de requins (C.E., 13 juil. 2013, Min. Int., n° 370902).

Il peut connaître de conclusions tendant au prononcé d'une injonction ou d'une astreinte et, s'il y a lieu, liquider ultérieurement l'astreinte prononcée (C.E., réf., 19 févr. 2009, Synd. autonome de la fonction publique territoriale de La Réunion, n° 324864).

Il peut ordonner à l'autorité administrative de restituer aux intéressés leurs documents d'identité dans l'attente des suites données aux démarches entreprises par le requérant en vue d'établir sa nationalité (C.E., réf., 2 avr. 2001, Min. Int. c. Cts Marcel, n° 231965).

Le juge du référé liberté est compétent pour faire cesser une voie de fait (C.E., 23 janv. 2013, Cne Chirongui : *Rec.*, p. 6).

En revanche, le juge du référé liberté ne peut annuler une décision administrative, ni enjoindre à l'autorité administrative de retirer sa décision, ce qui reviendrait au même, ni ordonner une mesure qui aurait des effets en tous points identiques à ceux qui résulteraient de l'exécution par l'autorité administrative d'un jugement annulant une décision administrative (CE réf., 24 janv. 2001, Université Paris VIII Vincennes Saint-Denis, n° 229501 ; réf., 3 juil. 2003, Cne Collioure : *Rec.*, p. 933 ; C.E., réf., 1er mars 2001, Paturel, n° 230794).

§ 4. Le référé mesures utiles

461. En cas d'urgence et sur simple requête qui sera recevable même en l'absence de décision administrative préalable, le juge des référés peut ordonner toutes autres mesures utiles sans faire obstacle à l'exécution d'aucune décision administrative (C.J.A., art. L. 521-3)

Cette procédure tend au prononcé de mesures préservant l'avenir.

Ce référé est largement ouvert. Il l'est sans recours principal, est possible en toutes matières et même du seul fait que le litige n'est pas manifestement étranger à la compétence du tribunal saisi (C.E., 10 mai 1957, Cne Saint-Brévin-les-Pins : *Rec.*, p. 306) ou si le litige se rattache à un litige relevant au fond de la juridiction administrative de droit commun (C.E., 16 oct. 1981, Min. Déf. c. Lasus : *A.J.D.A.*, 1981, p. 612), mais pas si le litige relève d'une juridiction spéciale (C.E., 13 oct. 1982, Roujansky : *R.D.P.*, 1983, p. 885).

Le Tribunal des conflits juge cependant que, même si le litige ne ressortit que partiellement à la compétence du juge administratif, le juge des référés ne peut dénier partiellement sa compétence (T. confl., 23 janv. 1989, Cts Kuntz et a., n° 2553).

La demande ne doit pas être manifestement insusceptible de se rattacher à un litige relevant de la compétence du juge administratif. Elle doit être introduite par le ministère d'un avocat, sauf si la requête principale n'en nécessite pas.

Ne peuvent être formées dans une même requête une demande fondée sur l'article L. 521-3 et une requête fondée sur l'article L. 521-2, qui doivent être présentées, instruites, jugées et susceptibles de recours selon des règles distinctes (C.E., 8 oct. 2001, Sanches Cardoso, n° 233638). La même règle s'applique à des requêtes fondées sur l'article L. 521-3 et l'article R. 541-1 (C.E., 21 mai 2003, SARL Pico : *Rec.*, p. 911). Le moyen tiré de l'incompétence du juge des référés pour se prononcer simultanément sur ces deux catégories de conclusions est d'ordre public (C.E., 17 mars 2008, Najjar, n° 306461).

A. Le champ d'application

462. Deux domaines sont principalement concernés par cette procédure, qui peut néanmoins être utilisée dans d'autres hypothèses : la communication de décisions et documents administratifs et l'expulsion d'occupants sans titre du domaine public ou de locaux d'un service public administratif.

La décision du juge se traduit par la mise en œuvre d'un pouvoir d'injonction à l'encontre de l'administration.

1. *Demandes présentées par un administré*

463. Le juge peut enjoindre à l'administration de communiquer à un administré des documents administratifs, par exemple enjoindre à l'administration de communiquer au demandeur une décision qui le concerne (C.E., 26 mars 1982, Min. Int. c. Aboudou Mzé : *Rec.*, p. 137), afin notamment de le mettre à même d'exercer un recours pour excès de pouvoir contre cet acte. Cette communication porte sur tous les documents annexes nécessaires pour apprécier la portée et la légalité de la décision dont le demandeur entend solliciter l'annulation (C.E., 5 déc. 1990, Assoc. Te Pohue La Metai Ote Henua : *Rec.*, p. 919).

La demande de communication ne doit pas être manifestement insusceptible de se rattacher à un litige dont le juge administratif serait compétent pour connaître, elle ne doit pas avoir été précédée d'une décision de l'autorité administrative refusant de communiquer les actes ou documents en cause (C.E., 22 oct. 1983, Min. Agric. c. Touzan : *Rec.*, p. 422) et doit précéder l'instance sur le fond, lorsqu'elle est motivée par la perspective d'un recours en annulation.

464. Le juge des référés peut prescrire au maire, à titre conservatoire, de prendre les mesures mentionnées aux articles L. 480-1 et L. 480-2 du Code de l'urbanisme dans les cas où des travaux de construction se poursuivent en dépit de la suspension d'un permis de construire, en d'autres termes de faire dresser procès-verbal d'infraction, édicter un arrêté interruptif de travaux et saisir le procureur de la République (C.E., sect., 6 févr. 2004, Masier : *Rec.*, p. 45).

Il peut, en l'absence de contestation sérieuse, enjoindre à une commune, à la demande d'un voisin, de prendre les mesures conservatoires, consistant notamment en des travaux d'urgence prescrits par le maire dans l'exercice des pouvoirs de police que lui confère le Code de la construction et de l'habitation, tel le péril résultant d'un bâtiment menaçant ruine (C.E., 8 mars 2010, Djoudar : *Rec.*, p. 69).

2. *Mesures prononcées à la demande de l'administration*

465. Ce référé permet au juge administratif d'adresser des injonctions à des personnes privées. Il peut, par exemple, enjoindre à un constructeur de réaliser des travaux conservatoires en cas d'urgence, ordonner de cesser des extractions irrégulières de graviers dans le lit d'un cours d'eau domanial (C.E., 9 févr. 1962, Vivien : *Rec.*, p. 100), ordonner à un concessionnaire de service public de mettre à la disposition de la commune la benne permettant d'assurer la continuité du ramassage des ordures ménagères (C.E., 30 oct. 1963, SARL Sonetra : *Rec.*, p. 520), ordonner la restitution par un entrepreneur de travaux publics des matériels retirés du chantier où il travaillait, pour éviter son interruption, par son concessionnaire de service public (C.E., sect., 25 janv. 1980, Sté des terrassements mécaniques (Sotem) et Mariani : *Rec.*, p. 49 ; C.E., sect., 13 juil. 1956, OPHLM dpt Seine c. Revert : *Rec.*, p. 343), ordonner de procéder à la dépose et à l'enfouissement d'un réseau câblé, dès lors que l'obligation dont l'accomplissement est demandé découle d'une disposition légale ne prévoyant aucun dispositif ou mesure d'exécution et que les travaux demandés ont vocation à s'exécuter dans de brefs délais afin de remédier à une situation d'urgence (C.E., 9 juil. 2008, Sté Rhône Vision Câble, n° 309878). Il peut encore enjoindre à un cocontractant de l'administration, à l'encontre duquel celle-ci ne dispose pas de moyen de contrainte, de restituer des archives (C.E., 29 juil. 2002, CH Armentières : *Rec.*, p. 307).

En cas de dommages liés à un ouvrage ou à des travaux publics, le juge des référés peut prononcer une injonction à l'égard de l'administration, par exemple lui enjoindre de réaliser tous les travaux indispensables à la mise en sécurité d'un bâtiment (C.E., sect., 18 juil. 2006, Labat : *Rec.*, p. 369).

466. Le juge des référés peut également, à la demande de l'administration, ordonner l'expulsion des occupants sans titre du domaine public ou de locaux d'un service public administratif. Cette procédure peut concerner des occupants du domaine public tels que des personnes privées, comme une entreprise (C.E., sect., 28 nov. 1980, V. Paris c. Éts Roth : *Rec.*, p. 446 ; 26 juin 2002, Everaert : *Rec.*, p. 225), un particulier ou une personne chargée d'une mission de service public (C.E., 25 janv. 2006, Cne de la Souche c. M. et Mme Claite, n° 284878). Elle peut aussi concerner des occupants de locaux d'un service public administratif, tel un pensionnaire d'une maison de retraite exclu de celle-ci, l'occupant pouvant cependant se prévaloir de l'illégalité de la décision de retrait ou de non-renouvellement du titre qu'il détenait ou un agent occupant un logement de fonctions, ou une société occupant des locaux dans l'enceinte d'un hôpital (C.E., ass., 3 mars 1978, Lecoq : *Rec.*, p. 116 ; 17 mars 1993, Tortajada : *Rec.*, p. 716 avr. 2001, Min. Éduc. nat. c. Cros Decam et Mme Michel : *Rec.*, p. 180 ; sect., 2 mars 1990, Mme Peugnez : *Rec.*, p. 59 ; 9 févr. 2000, Rég. Bourgogne, n° 188954 ; Sté Codiam, préc.).

Le juge des référés peut également ordonner l'expulsion d'une dépendance du domaine privé si cette dépendance est occupée en vertu d'un contrat de droit public comportant une clause exorbitante du droit commun (T. confl., 28 févr. 1977, Cne Chamonix-Mont-Blanc c. D^me^ Cano : *Rec.*, p. 740 ; 12 déc. 2003, Cne du Lamentin : *Rec.*, p. 934).

L'utilité et l'urgence d'ordonner l'expulsion peuvent résulter de la nécessité d'assurer le bon fonctionnement du service public (C.E., 1er oct. 2007, Agence foncière et technique de la Région parisienne, n° 299464). On comprend aisément, par exemple, que l'ancien concierge d'un établissement accueillant un service public doive quitter son logement de fonctions, occupé par nécessité de service, afin que son successeur l'occupe.

Situation plus originale, il peut ordonner l'expulsion d'élus occupant irrégulièrement des locaux d'une collectivité territoriale (C.E., réf., 24 nov. 2004, Flosse : *Rec.*, p. 829).

Le juge ne peut accorder de délai pour l'exécution de l'expulsion, mais peut, en revanche, assortir sa décision d'une astreinte.

3. *Autres cas*

467. Le référé mesures utiles peut servir à donner force exécutoire à une décision administrative qui en est dépourvue, faute de disposition en ce sens (C.E., ass., 4 mars 1991, Sté des bourses françaises : *Rec.*, p. 78 ; C.E., sect., 9 juil. 1997, Agence nat. pour la participation des employeurs à l'effort de construction (ANPEEC) : *Rec.*, p. 299 ; C.E., réf., 10 mars 2005, Fonds de garantie des dépôts : *Rec.*, p. 99 ; 18 juil. 2011, Fathi : *Rec.*, p. 266 : mesure ordonnant à l'OFPRA de statuer sur une demande d'asile).

Le juge des référés peut, en l'absence de contestation sérieuse, enjoindre à une commune de prendre les mesures conservatoires de nature à faire cesser un dommage grave et immédiat imputable à la carence du maire dans l'exercice des pouvoirs de police qui lui sont confiés par le Code de la construction et de l'habitation pour faire cesser le péril résultant d'un bâtiment menaçant ruine (C.E., 8 mars 2010, Djoudar, n° 331115). Il peut également ordonner au cocontractant de l'administration, éventuellement sous astreinte, de prendre à titre provisoire toute mesure nécessaire pour assurer la continuité du service public ou son bon fonctionnement, à condition que cette mesure soit utile, justifiée par l'urgence, ne fasse obstacle à l'exécution d'aucune décision administrative et ne se heurte à aucune contestation sérieuse. Les obligations du cocontractant doivent être appréciées à partir du contrat, mais également en tenant compte, le cas échéant, de l'exercice par l'autorité administrative du pouvoir de modification unilatérale dont elle dispose en vertu des règles générales applicables aux contrats administratifs (C.E., 5 juil. 2013, Sté Veolia transport Valenciennes Transvilles : *Rec.*, p. 770).

B. Les conditions d'octroi

468. L'article L. 522-3 du Code de justice administrative prévoit trois conditions : l'urgence, l'utilité et l'absence d'obstacle à l'exécution d'une décision administrative. La jurisprudence y ajoute celle de l'absence de toute contestation sérieuse : l'auteur de la demande doit justifier de l'urgence de la mesure sollicitée (C.J.A., art. R. 522-1).

469. Le prononcé des mesures de référé par application de l'article L. 521-3 est subordonné à une condition d'urgence (C.E., 30 oct. 1963, SARL Sonetra, n° 59403 ; Sté Ets Roth, préc. ; 17 janv. 1996, SARL Le jardin des Pyrénées : *Rec.*, p. 1085).

L'urgence s'apprécie à la date de la décision du juge des référés et en fonction des données de fait de chaque espèce. Le juge des référés commet une erreur de droit en refusant d'ordonner une mesure conservatoire au motif que la situation d'urgence n'est pas satisfaite, puisque la situation créée n'est pas irréversible (C.E., 26 oct. 2005, Sté des crématoriums de France : *A.J.D.A.*, 2006, p. 161).

Cette condition d'urgence n'est pas requise en cas de requête relative à une occupation non autorisée de la zone des cinquante pas géométriques. En cas d'évacuation forcée, l'autorité chargée de l'exécution de la décision du juge s'efforce par tous moyens de proposer un relogement aux occupants sans titre en situation régulière sur le territoire national. Dès lors qu'une proposition adaptée de relogement a été faite, le juge peut ordonner la démolition de la construction illégale (C.J.A., art. L. 521-3-1).

470. La mesure doit présenter une utilité pour l'auteur de la demande. La condition joue particulièrement pour les demandes de communication de documents administratifs (C.E., 11 oct. 1989, Wade : *Rec.*, p. 849 ; ord., 9 avr. 1998, Crédit commercial de France : *Rec.*, p. 176). Présentent un caractère d'utilité une injonction de restitution d'archives, nécessaire à la continuité et au bon fonctionnement du service public hospitalier et qui vise à garantir l'accès des patients à leurs dossiers médicaux (C.E., 29 juil. 2002, CH Armentières : *Rec.*, p. 307), de même que le prononcé d'une décision revêtue de la formule exécutoire ordonnant à une personne qui a fait l'objet d'une sanction pécuniaire prononcée par une autorité ne disposant pas du pouvoir de poursuivre le paiement forcé de la sanction de verser la somme due (C.E., réf., 10 mars 2005, Fonds de garantie des dépôts : *Rec.*, p. 99). L'existence d'une procédure d'accès aux documents administratifs ne prive pas d'utilité une demande en référé tendant à la mise à la disposition du dossier, encore faut-il, pour que la demande de référé soit recevable, que le requérant n'ait pas provoqué une décision de refus de communication de la part de l'autorité administrative, ni saisi le juge au fond.

En revanche est sans utilité une mesure ordonnant une expertise sur un licenciement collectif cinq jours avant la fin des consultations (C.E., 16 janv. 1981, Sté Les Câbles de Lyon : *Rec.*, p. 21 ; 16 juin 1989, Mme Le Bihan : *A.J.D.A.*, 1989, p. 783). Il en est de même de la demande de communication de pièces dans le cadre de l'appel interjeté à l'encontre d'une ordonnance de référé provision, eu égard aux pouvoirs généraux d'instruction du juge des référés saisi de la demande de provision (C.E., 3 mars 2008, Min. Déf. c. Cne Aiguines, n° 308275).

471. La mesure ne saurait faire obstacle à l'exécution d'une décision administrative (C.E., 25 oct. 1978, Min. Fin. c. Mme Madre : *Rec.*, p. 391 ; 10 mars 1995, Min. Enseignement sup. c. Colasse : *Rec.*, p. 967).

Le juge ne peut prescrire l'interruption de la procédure d'élaboration d'une décision administrative ni faire obstacle à l'exécution d'une décision (C.E., 21 févr. 1986, Cie des architectes en chef des monuments historiques et a. : *Rec.*, p. 45). Il ne saurait ordonner à un maire d'interrompre les travaux de démolition entrepris par la commune sur un bien de son domaine public, faisant ainsi obstacle à l'exécution d'une décision administrative révélée par l'engagement des travaux (C.E., 30 déc. 2002, Cne Pont-Audemer c. Assoc. de sauvegarde des patrimoines de la Basse-Seine, n° 248787 : *Rec.*, p. 876). Il ne saurait prescrire l'interruption de la procédure d'élaboration d'une décision administrative (C.E., 2 juin 1995, Revol : *Rec.*, p. 967), ni enjoindre à l'autorité administrative de prendre un arrêté suspendant l'ouverture d'un crématorium autorisé par arrêté préfectoral (Sté des crématoriums de France, préc.).

Le juge des référés, pour prévenir ou faire cesser un dommage dont l'imputabilité à des travaux publics ou à un ouvrage public ne se heurte à aucune contestation sérieuse, peut, sur le fondement des dispositions de l'article L. 521-3, enjoindre au responsable du dommage de prendre des mesures conservatoires destinées à faire échec ou mettre un terme aux dangers immédiats présentés par l'état de l'immeuble. Le rejet implicite par une collectivité territoriale d'une demande tendant à ce qu'elle prenne à sa charge les travaux de mise en sécurité d'un bâtiment ne constitue pas, au sens de l'article précité, une décision administrative à l'exécution de laquelle il serait interdit au juge des référés de faire obstacle (C.E., sect., 18 juil. 2006, Mme Elissondo : *Rec.*, p. 369).

472. Le juge y ajoute l'absence de toute contestation sérieuse (C.E., sect., 16 mai 2003, SARL Icomatex : *Rec.*, p. 228 ; 22 juil. 2011, Rég. Île-de-France : *A.J.D.A.*, 1854 ; 23 sept. 2005, Cne Cannes c. Sté immob. du second port de Cannes : *A.J.D.A.*, 2308).

C. La procédure

473. Le juge doit être effectivement saisi d'une demande en référé. Un requérant ne peut présenter dans une même requête des conclusions au titre du référé conservatoire et du référé liberté ou du référé suspension.

474. La procédure est contradictoire, mais le juge ne doit pas établir de calendrier de procédure. Le juge doit communiquer aux parties, par tous moyens, avant la clôture de l'instruction, les pièces et mémoires soumis au débat contradictoire servant de fondement à sa décision et comportant des éléments de fait ou de droit dont il n'a pas déjà été fait état au cours de la procédure.

Il n'est pas tenu de convoquer les parties à une audience publique. S'il décide de le faire, il doit en aviser les parties par tous moyens utiles, dans le respect du caractère contradictoire de la procédure (C.E., 15 mars 2004, Sté Dauphin Adshel *Rec.*, p. 829).

Lorsqu'il statue sur une demande d'expulsion d'un occupant du domaine public, il doit, eu égard au caractère quasi irréversible de la mesure qu'il peut être conduit à prendre, aux effets de celle-ci sur la situation des personnes concernées et dès lors qu'il se prononce en dernier ressort, mettre les parties à même de présenter, au cours d'une audience publique, des observations écrites (C.E., 24 nov. 2006, Wuister : *Rec.*, p. 494 ; 1er oct. 2007, Agence foncière et technique de la Région parisienne, n° 299464).

Le juge doit, à peine d'irrégularité de son ordonnance, faire apparaître dans les motifs de celle-ci les motifs de droit et de fait pour lesquels il considère que l'urgence justifie la mesure ordonnée (C.E., 28 mars 2003, Assoc. Maison des jeunes et de la culture de Méru : *Rec.*, p. 934).

Les pouvoirs confiés au juge des référés peuvent toujours être exercés par une formation collégiale de la juridiction à laquelle l'affaire aura été renvoyée (C.E., sect., 13 juil. 1956, Min. Reconstruction c. Piéton-Guibout : *Rec.*, p. 338, concl. CHARDEAU ; 30 janv. 1974, Sté Cottin Jonneaux : *Rec.*, p. 1104).

Sous-section 2
Les autres référés généraux

475. Ces référés ne sont pas soumis à la condition d'urgence.

§ 1. Le référé constat

476. S'il n'est rien demandé de plus que la constatation de faits, le juge des référés peut, sur simple requête qui peut être présentée sans ministère d'avocat et même en l'absence d'une décision administrative préalable, désigner un expert pour constater sans délai les faits qui seraient susceptibles de donner lieu à un litige devant la juridiction. Il peut, à cet effet, désigner une personne figurant sur l'un des tableaux établis en application de l'article R. 221-9. Il peut, le cas échéant, désigner toute autre personne de son choix.

Avis en est donné immédiatement aux défendeurs éventuels.

Par dérogation aux dispositions des articles R. 832-2 et R. 832-3, le délai pour former tierce opposition est de quinze jours (C.J.A., art. R. 531-1).

Ce référé permet de faire constater des faits à un moment déterminé afin de constituer des éléments de preuve.

A. La recevabilité de la demande

477. Sans condition de délai, la demande peut être présentée sans ministère d'avocat et sans exigence d'une décision administrative préalable. Elle doit intervenir dans une matière qui relève de la compétence du juge administratif. L'introduction d'une instance principale au fond n'y fait pas obstacle.

La demande doit exclusivement tendre à la constatation de faits, qui doivent être suffisamment décrits. Seules des constatations matérielles peuvent être sollicitées, à l'exclusion de constatations de situations juridiques ou de toutes appréciations.

B. Les conditions d'octroi

478. La prise par le juge d'une ordonnance prescrivant à un expert de dresser un constat est subordonnée à deux conditions cumulatives : l'expert doit être missionné pour constater des faits et la mesure doit être utile.

479. La mission confiée dans le cadre du constat d'urgence ne peut porter que sur la constatation matérielle de faits, d'une situation de fait. Il peut s'agir de décrire l'état de la chaussée d'une voie publique à l'endroit où s'est produit un accident, l'état matériel des lieux ou d'un bien meuble endommagé (C.E., 18 nov. 1959, Dpt de Constantine : *Rec.*, p. 610), les conditions dans lesquelles un malade a été hospitalisé et soigné et l'état dans lequel il se trouve (C.E., sect., 7 févr. 1969, M'Barek : *Rec.*, p. 87), les conditions de rétention d'étrangers en situation irrégulière (Trib. adm. Amiens, 13 août 1994, Mozrag : *Rev. fr. dr. admin.*, 1995, p. 143), la réception de matériels.

Est rejetée une demande de constat qui ne se borne pas à faire constater des faits, mais vise à relever les conséquences qui pourraient découler de l'existence d'un barrage ou à apprécier la nécessité de supprimer ou d'aménager ce barrage (C.E., 6 juil. 1966, Min. Équip. c. Sté Soustre : *Rec.*, p. 453).

480. Le constat demandé doit être utile. La mesure sollicitée ne doit pas être superflue, parce qu'il existe déjà un document procédant aux constatations sollicitées ou que les faits peuvent être constatés par un huissier de justice, comme une occupation d'usine. Ne présente pas de caractère utile une demande se rapportant à des faits révolus, dont les conséquences ne peuvent plus être appréciées à la date du constat (C.E., 28 sept. 2011, Garde des Sceaux c. Lévêque, n° 347585 ; *idem*, Garde des Sceaux c. Gallois, n° 345309).

En revanche, l'article R. 531-2 n'exige pas que la demande soit justifiée par l'urgence, contrairement à la jurisprudence antérieure.

C. La procédure

481. La demande doit intervenir dans une matière relevant de la compétence de la juridiction administrative et de la compétence territoriale de la juridiction dont relève le litige (C.E., sect., 12 janv. 1934, Port autonome Bordeaux et préf. Gironde c. D^{me} v^{ve} Lacoste : *Rec.*, p. 68), au moins pour partie.

Le juge n'a pas l'obligation de communiquer la demande de constat au défendeur éventuel avant de statuer (C.E., 21 déc. 1979, Cne Arnouville-lès-Gonesse : *Rec.*, p. 487). Ce dernier reçoit un avis de l'ordonnance rendue par le juge (C.J.A., art. R. 531-1). Cet avis n'est pas nécessaire en cas de rejet de la demande. Cependant, cette possibilité est ouverte au juge et, s'il l'utilise, les personnes ainsi appelées à la cause ont qualité pour interjeter appel de la décision (C.E., 21 mars 2012, Garde des Sceaux c. Assafar, n° 353511).

Le constat ordonné par le juge doit avoir lieu contradictoirement, en présence des parties ou de leurs représentants, si aucune circonstance ne s'y oppose (M'Barek, préc.).

Le juge statue sans audience publique et sans conclusions du rapporteur public. Il en est de même du juge d'appel d'une ordonnance de référés rendue sur le fondement de l'article R. 5311 (C.E., 24 juin 2002, Dpt Seine-Maritime, n° 240271).

Les pouvoirs confiés au président du tribunal administratif en matière de constat d'urgence peuvent toujours être exercés par une formation collégiale de la juridiction à laquelle l'affaire aura été renvoyée (C.E., sect., 13 juil. 1956, Min. Reconstruction c. Piéton-Guibout : *Rec.*, p. 338, concl. CHARDEAU ; 15 juil. 1964, de Pollak : *Rec.*, p. 409).

Le juge apprécie au cas par cas l'utilité du recours à la procédure du référé constat. Il statue seul, sans conclusions du rapporteur public et sans avoir à tenir une audience.

D. Pouvoirs du juge

482. Le président du tribunal administratif dispose d'un pouvoir d'appréciation pour décider d'ordonner ou de refuser de faire procéder à un constat d'urgence, lorsque les conditions posées par l'article R. 531-1 sont remplies. Le constat peut être refusé lorsque le demandeur dispose de la possibilité de faire constater les faits par un huisier de justice (C.E., 26 juil. 1982, SA Sous-traitants associés de l'électronique : *Rec.*, p. 312).

E. Voies de recours

483. Les ordonnances rendues en première instance sur les demandes de constats sont susceptibles d'appel devant la cour administrative d'appel, quelle que soit la nature du litige auquel la mesure demandée peut se rattacher (C.E., 16 juin 2004, Sté Sumo : *Rec.*, p. 812).

Est recevable à former tierce opposition contre une ordonnance de référé constat une personne tierce à une instance engagée sur le fondement de l'article R. 531-2, dès lors qu'à la suite de l'exécution de l'ordonnance prescrivant le constat, sa responsabilité est susceptible d'être mise en jeu (C.E., 28 sept. 2011, Garde des Sceaux c. Gallois : *Rec.*, p. 1076).

§ 2. Le référé instruction

484. Le juge des référés peut, sur simple requête et même en l'absence de décision administrative préalable, prescrire toute mesure utile d'expertise ou d'instruction.

Il peut notamment charger un expert de procéder, lors de l'exécution de travaux publics, à toutes constatations relatives à l'état des immeubles susceptibles d'être affectés par des dommages, ainsi qu'aux causes et à l'étendue des dommages qui survendraient effectivement pendant la durée de sa mission.

Les demandes présentées en application du présent chapitre sont dispensées du ministère d'avocat si elles se rattachent à des litiges dispensés de ce ministère (C.J.A., art. R. 532-1).

Cette procédure de référé instruction tend au prononcé de mesures d'expertise ou d'instruction. Elle est particulièrement utile dans les contentieux de la responsabilité hospitalière, des dommages de travaux publics ou de désordres constatés sur des constructions.

A. La recevabilité de la demande

485. La demande peut être présentée, sans condition de délai, même en l'absence de décision administrative préalable. Son auteur n'a pas l'obligation de mettre préalablement en œuvre les recours administratifs prévus par un texte ou un contrat. Elle est soumise au ministère d'avocat si elle se rattache à un contentieux qui n'en est pas dispensé (C.E., sect., 12 oct. 1956, Saporta : *Rec.*, p. 366).

La demande ne doit pas être manifestement insusceptible de se rattacher à un litige relevant de la compétence du juge administratif de droit commun, litige qui peut n'être qu'éventuel (T. confl., 13 oct. 2014, EURL Pharmacie Cornuel, préc.).

Une nouvelle demande peut être présentée après le rejet d'une demande antérieure, dès lors qu'elle se fonde sur des circonstances nouvelles.

B. La condition d'octroi

486. Cette condition est unique : la mesure sollicitée doit être utile. Tel est le cas d'une mesure sollicitée aux fins d'évaluer le préjudice corporel subi par un fonctionnaire à la suite de l'accident de service dont il a été victime aux fins d'une indemnisation complémentaire à la pension forfaitaire d'invalidité (C.E., 9 févr. 2004, Min. Équip., Transp., Log., Tourisme et Mer c. Mme La Calmette : *Rec.*, p. 810).

La mesure sollicitée ne doit pas se rattacher aux pouvoirs du juge du fond déjà saisi, avoir le même objet que celle prescrite par la législation ou pouvoir être obtenue par le demandeur par ses propres moyens. Elle ne doit pas porter sur des éléments connus et établis.

Sont inutiles des mesures visant à caractériser une situation de fait établie ou suffisamment connue (C.E., 21 févr. 1958, Synd. interco. pour l'alimentation en eau potable de la région de Breuillet : *Rec.*, p. 120 ; ass., 17 déc. 1976, Férignac : *Rec.*, p. 533, concl. LATOURNERIE), des mesures que le requérant peut établir par lui-même (C.E., 13 déc. 1995, V. Aulnay-sous-Bois : *Rec.*, p. 439), ou ne présentent pas un caractère d'utilité différent de celui de la mesure que pourrait ordonner le juge de l'excès de pouvoir, s'il l'estime nécessaire, dans le cadre de l'instruction de la requête à fin d'annulation dont le requérant l'a saisi (C.E., ord., 30 sept. 1998, Assoc. 3M France : *Rec.*, p. 1092), ou une expertise relative à l'évaluation d'un préjudice alors que l'action au fond est irrecevable (C.E., 7 juin 2004, AP à Marseille : *Rec.*, p. 810 ; 13 juil. 2011, Office nat. d'indemnisation des accidents médicaux, des affections iatrogènes et des infections nosocomiales : *Rec.*, p. 362).

La seule circonstance qu'une expertise ait déjà été réalisée ne dispense pas le juge d'apprécier l'utilité d'une nouvelle expertise qu'il lui est demandé d'ordonner (C.E., 4 oct. 2010, M. et Mme Jeljeli, n° 332836).

487. Il n'est pas nécessaire qu'il y ait urgence ni que la mesure prescrite ne préjudicie pas au principal (C.E., 11 mars 1996, SCI du domaine des Figuières : *Rec.*, p. 71).

Cependant, la mission confiée à l'expert ne peut porter sur des questions de fait et non sur des questions de droit (SCI du domaine des Figuières, préc.), et un expert ne peut se voir confier pour mission d'interpréter les stipulations d'un contrat (C.E., 12 janv. 2011, Sté OTV France, n° 337889).

C. Les mesures susceptibles d'être ordonnées

488. La mission confiée à l'expert, dans la limite des conclusions soumises au juge, doit permettre au juge qui sera éventuellement saisi du principal de trancher le litige. Le juge des référés peut, à la demande de l'une des parties formée dans le délai de deux mois qui suit la première réunion d'expertise, ou à la demande de l'expert formée à tout moment, étendre l'expertise à des personnes autres que les parties initialement désignées par l'ordonnance, ou mettre hors de cause une ou plusieurs des personnes ainsi désignées. Il peut aussi étendre la mission de l'expert à l'examen de questions techniques qui se révélerait indispensable à la bonne exécution de cette mission, ou réduire l'étendue de la mission si certaines des recherches envisagées apparaissent inutiles (C.J.A., art. R. 532-3). Les parties et, le cas échéant, les personnes auxquelles l'expertise doit être étendue doivent être mises en mesure de présenter leurs observations sur l'utilité de l'extension ou de la réduction demandée (C.J.A., art. R. 532-4).

Les enquêtes et vérifications administratives consistent par des exemples dans des auditions de témoins d'un dommage ou le fait de confier à un trésorier-payeur général le soin de recueillir auprès d'un concessionnaire du service de distribution de l'eau les renseignements utiles pour déterminer le montant des consommations d'eau.

L'expert peut aussi recevoir mission de concilier les parties, si faire se peut, à l'issue des opérations d'expertise (C.E., sect., 11 févr. 2005, Organisme de gestion du cours du Sacré Cœur : *Rec.*, p. 65).

D. La procédure

489. Les pouvoirs confiés au président du tribunal administratif en matière de référé instruction peuvent toujours être exercés par une formation collégiale de la juridiction à laquelle l'affaire aura été renvoyée (Piéton-Guibout, préc.).

Le juge statue sans audience publique et sans conclusions du rapporteur public. Il en est de même du juge d'appel d'une ordonnance de référé rendue sur le fondement de l'article R. 532-1 (C.E., 24 juin 2002, Dpt Seine-Maritime : *Rec.*, p. 851).

490. Le principe du contradictoire doit être respecté, mais il est aménagé en raison de la nature de la demande et de la nécessité d'assurer une décision rapide. La demande doit être notifiée immédiatement au défendeur éventuel, avec fixation d'un délai de réponse (C.J.A., art. R. 532-2), mais le juge n'est pas tenu de communiquer au demandeur les observations produites par le défendeur ou les mémoires en intervention présentés par des tiers.

Le juge statue seul, sans conclusions du rapporteur public. Il n'est pas tenu de convoquer les parties ni de tenir une audience.

E. La décision du juge

491. Le juge des référés doit rejeter pour incompétence toute demande de référé instruction qui se rattache à un litige manifestement insusceptible de relever de la compétence de la juridiction administrative de droit commun, mais il est compétent dès lors que le fond du litige peut se rattacher, fût-ce pour partie, à la compétence de la juridiction administrative. Il n'a compétence que si la demande n'est pas manifestement insusceptible de se rattacher à un litige relevant de la compétence territoriale de la juridiction à laquelle il appartient.

Le juge ne prend que des mesures provisoires (SCI du domaine des Figuières, préc.). Il ne peut confier à un expert une mission portant sur des questions de droit, ni se prononcer sur les critiques formulées par le demandeur sur les conditions dans lesquelles une première expertise s'est déroulée, ni ordonner une mesure excédant les pouvoirs du juge administratif.

F. Les suites de la décision du juge

492. Le juge des référés peut, à la demande de l'une des parties formée dans le délai de deux mois qui suit la première réunion d'expertise, ou à la demande de l'expert formée à tout moment, étendre l'expertise à des personnes autres que les parties initialement désignées par l'ordonnance, ou mettre hors de cause une ou plusieurs des parties ainsi désignées.

Il peut, dans les mêmes conditions, étendre la mission de l'expertise à l'examen de questions techniques qui se révélerait indispensable à la bonne exécution de cette mission ou, à l'inverse, réduire l'étendue de la mission si certaines des recherches envisagées apparaissent inutiles (C.J.A., art. R. 532-3).

Le juge ne peut faire droit à une demande d'extension ou de réduction de l'expertise qu'après avoir mis les parties et, le cas échéant, les personnes auxquelles l'expertise doit être étendue en mesure de présenter leurs observations sur l'utilité de l'extension ou de la réduction demandée.

Il peut, s'il l'estime opportun, débattre des questions soulevées par cette demande lors d'une séance organisée en vue de veiller au bon déroulement des opérations d'expertise, prévue à l'article R. 621-8-1 (C.J.A., art. R. 532-4).

G. Voies de recours

493. L'ordonnance est susceptible d'appel devant la cour administrative d'appel dans le délai de quinze jours suivant sa notification (C.J.A., art. R. 533-1). Ce délai est un délai franc.

Les ordonnances rendues en première instance sur les demandes de constat sont toujours susceptibles d'appel devant la cour administrative d'appel, quelle que soit la nature du litige auquel la mesure demandée peut se rattacher, c'est-à-dire même si ce litige ne peut plus faire l'objet d'un appel (C.E., 16 juin 2004, Sté Sumo : *Rec.*, p. 812).

Lorsqu'appel est interjeté d'une ordonnance rendue sur une demande de référé instruction, le président de la cour administrative d'appel, ou le magistrat désigné par lui, peut immédiatement et à titre provisoire suspendre l'exécution de cette ordonnance si celle-ci est de nature à préjudicier gravement à un intérêt public ou aux droits de l'appelant (C.J.A., art. R. 533-2).

À l'occasion des litiges dont la cour administrative d'appel est saisie, le président de la cour ou le magistrat désigné par lui dispose des pouvoirs dont disposent le juge du référé constat et celui du référé instruction.

L'ordonnance rendue par le président de la cour ou le magistrat désigné par lui est susceptible de recours en cassation dans la quinzaine de sa notification (C.J.A., art. R. 533-3).

§ 3. Le référé provision

494. Le juge des référés peut, même en l'absence d'une demande au fond, accorder une provision au créancier qui l'a saisi lorsque l'existence de l'obligation n'est pas sérieusement contestable. Il peut, même d'office, subordonner le versement de la provision à la constitution d'une garantie (C.J.A., art. R. 541-1).

L'objet de cette procédure est de permettre le versement rapide d'une provision, assortie, le cas échéant, d'une garantie, lorsque la créance invoquée par le demandeur n'apparaît pas sérieusement contestable. Entre dans le champ de cette procédure une créance détenue par un assujetti sur l'État au titre du droit au remboursement de crédits de T.V.A. (C.E., sect., 10 juil. 2002, SARL Grey Diffusion, n° 244411).

A. La recevabilité de la demande

495. La demande est soumise au ministère d'avocat. Elle interrompt le cours de la prescription quadriennale.

Sont irrecevables des demandes contenues dans une même requête et visant simultanément à l'octroi d'une provision en référé et des demandes de référé mesures utiles (C.E., 21 mai 2003, SARL Pico : *Rec.*, p. 911), ou tendant à la fois à la suspension d'une décision administrative et à l'octroi d'une provision (C.E., réf., 8 déc. 2004, Appiah : *Rec.*, p. 810). Le moyen tiré de l'incompétence du juge des référés pour se prononcer simultanément sur ces deux catégories de conclusions est d'ordre public (C.E., 17 mars 2008, Najjar, n° 306461).

Une personne à qui une provision a déjà été allouée, sur le fondement de l'article R. 541-1, en réparation des conséquences dommageables d'une faute de l'administration peut saisir le juge des référés d'une nouvelle demande de provision au titre du même dommage, au vu, notamment, d'un changement dans les éléments de droit ou de fait, ou d'un nouveau document (C.E., 20 déc. 2006, SNC Cannes Estérel et M. et Mme Picolo : *Rec.*, p. 1006).

Des appels en garantie peuvent être présentés devant le juge du référé provision (C.E., 16 janv. 2012, Cne Oléron, n° 352122).

B. La compétence du juge

496. La juridiction administrative de droit commun n'est pas compétente pour connaître de conclusions tendant au versement d'une provision à valoir sur l'indemnisation d'un préjudice se rattachant à un litige au fond ressortissant à la compétence d'une juridiction spéciale. Il en va ainsi alors même que la procédure de référé provision n'existe pas devant cette juridiction spéciale (C.E., 11 janv. 2008, Assoc. Les Parentèles, n° 304476).

C. La condition d'octroi

497. L'obligation au fond ne doit pas être sérieusement contestable. Tel est le cas de victimes de dommages imputables à un hôpital (C.E., sect., 10 avr. 1992, CH gén. Hyères : *Rec.*, p. 169), de fonctionnaires affectés outre-mer qui se voient refuser l'indemnité d'éloignement à laquelle ils ont droit ou de victimes de préjudices dus à une faute commise par l'une des parties dans l'exécution d'un marché (C.E., 2 juin 2004, Cne Cluny : *Rec.*, p. 767). Est sérieusement contestable l'obligation posant une question de droit qui soulève une difficulté sérieuse (C.E., 22 oct. 2010, Cne Strasbourg : *Rec.*, p. 932).

Lorsque l'ordonnance accorde une provision au demandeur, celui-ci peut se prévaloir des règles prévues pour l'ordonnancement des sommes par l'article L. 911-1 du Code de justice administrative.

Lorsque le juge des référés a accordé une provision moyennant la constitution d'une garantie à un créancier qui fait le choix de s'en tenir exclusivement à cette seule action en référé et que le débiteur de la provision ne conteste pas l'ordonnance ni n'introduit de requête tendant à la fixation définitive du montant de sa dette en application de l'article R. 541-4, l'obligation de constituer la garantie devient caduque à l'expiration du délai mentionné par cet article, sans qu'il soit nécessaire que le juge des référés ait préalablement mentionné cette caducité dans son ordonnance (C.E., 20 déc. 2006, Mme Bès : *Rec.*, p. 573).

La notification de l'ordonnance fait courir le délai de deux mois dont dispose la personne condamnée au paiement de la provision, pour saisir le juge du fond en l'absence de demande au fond présentée par le créancier dans les conditions de droit commun (C.J.A., art. R. 541-4).

D. La procédure

498. Les règles qui valent pour le référé instruction sont transposables. La procédure doit être contradictoire. La requête est immédiatement notifiée au défendeur éventuel, avec fixation d'un délai de réponse (C.J.A., art. R. 541-2). C'est la seule obligation du juge.

Le juge statue seul, sans conclusions du rapporteur public et sans audience publique (mais s'il y a audience, elle doit être publique).

Le montant de la provision allouée par le juge peut être égal à la totalité de la créance invoquée par le demandeur. Le juge peut subordonner, même d'office, le versement de la provision à la constitution d'une garantie (C.J.A., art. R. 541-1). Le juge peut refuser la provision, même si l'obligation n'est pas sérieusement contestable. Il peut condamner solidairement les débiteurs au versement de la provision.

Le juge doit indiquer dans sa décision les éléments sur lesquels il s'est fondé pour accorder ou refuser la provision.

L'ordonnance est susceptible d'appel dans les quinze jours de sa notification devant la cour administrative d'appel (C.J.A., art. R. 541-3).

Le juge peut assortir le paiement d'une provision d'intérêts moratoires (C.E., 2 avr. 2004, Sté Alstom Power turbomachines : *Rec.*, p. 150).

SECTION 3
LES RÉFÉRÉS PARTICULIERS

499. De nombreuses procédures, dans des domaines variés, obéissent chacune à leur logique propre. Certains de ces référés ont un caractère définitif.

Sous-section 1
Les référés et suspensions à caractère définitif

500. Il s'agit du référé précontractuel, du référé communication audiovisuelle et de l'annulation des arrêtés de reconduite des étrangers à la frontière.

§ 1. Le référé précontractuel

501. Ce référé, régi par les articles L. 551-1 à L. 551-12 du Code de justice administrative, a été introduit en droit français par la loi du 4 janvier 1992, transposant des directives communautaires. Le juge lui donne un large champ d'application (C.E., sect., 20 mai 1990, Cté de cnes du Piémont-de-Barr : *Rec.*, p. 201).

502. Une procédure spécifique de référé a été instituée en matière de passation de contrats et de marchés soumis à publicité et à concurrence (C.J.A., art. L. 551-1 à L. 551-12). Peuvent saisir le juge les personnes qui ont un intérêt à conclure le contrat et sont susceptibles d'être lésées par le manquement invoqué (C.E., sect., 3 oct. 2008, Smirgeomes : *Rec.*, p. 324, concl. Dacosta), ainsi que le représentant de l'État lorsque le contrat doit être conclu par une collectivité territoriale ou un établissement public local, et, sauf si la demande porte sur des marchés ou contrats passés par l'État, lorsque la Commission européenne lui a notifié les raisons pour lesquelles elle estime qu'une violation grave des obligations de publicité et de mise en concurrence applicables a été commise.

Le juge entend largement la qualité de « candidat évincé », qu'il reconnaît à « tout requérant qui aurait eu intérêt à conclure le contrat, alors même qu'il n'aurait pas présenté sa candidature, qu'il n'aurait pas été admis à présenter une offre ou qu'il aurait présenté une offre inappropriée, irrégulière ou inacceptable ».

Le choix de l'offre d'un candidat irrégulièrement retenu est susceptible d'avoir lésé le candidat qui invoque ce manquement, à moins qu'il ne résulte de l'instruction que sa candidature devait elle-même être écartée ou que l'offre qu'il présentait ne pouvait qu'être éliminée comme inappropriée, irrégulière ou inacceptable (C.E., 11 avr. 2012, Synd. Ody 1218 Newline du Lloyd's de Londres : *Rec.*, p. 858).

Le juge doit être saisi avant la conclusion du contrat.

503. Le juge peut ordonner au pouvoir adjudicateur ou à l'entité adjudicatrice de se conformer à ses obligations et suspendre l'exécution de toute décision qui se rapporte à la passation du contrat, sauf s'il estime, en considération de l'ensemble des intérêts susceptibles d'être lésés et notamment de l'intérêt public, que les conséquences négatives de ces mesures pourraient l'emporter sur leurs avantages. Il peut annuler les décisions qui se rapportent à la passation du contrat et supprimer les clauses ou prescriptions destinées à figurer dans le contrat et méconnaissant lesdites obligations. Le contrat ne peut être signé à compter de la saisine du tribunal administratif et jusqu'à la notification au pouvoir adjudicateur de la décision juridictionnelle.

504. Si le contrat a été passé par une entité adjudicatrice, le président du tribunal administratif peut être saisi en cas de manquement aux obligations de publicité et de mise en concurrence auxquelles est soumise la passation par ces entités de contrats administratifs ayant pour objet l'exécution de travaux, la livraison de fournitures ou la prestation de services, avec une contrepartie économique constituée par un prix ou un droit d'exploitation ou la délégation d'un service public. Le juge peut ordonner à l'auteur du manquement de se conformer à ses obligations en lui fixant un délai à cette fin. Il peut lui enjoindre de suspendre l'exécution de toute décision se rapportant à la passation du contrat et aussi prononcer une astreinte provisoire courant à l'expiration des délais impartis.

§ 2. Le référé contractuel

505. Les personnes qui ont un intérêt à conclure le contrat et qui sont susceptibles d'être lésées par des manquements aux obligations de publicité et de mise en concurrence, ainsi que le représentant de l'État dans le cas des contrats passés par une collectivité territoriale ou un établissement public local, peuvent saisir le président du tribunal administratif une fois le contrat conclu, sauf si elles ont formé un référé précontractuel dès lors que le pouvoir adjudicateur ou l'entité adjudicatrice a respecté la suspension ordonnée par le juge et s'est conformé à la décision juridictionnelle rendue sur ce recours (C.J.A., art. L. 551-13 à L. 551-21). La notion de concurrent évincé est largement entendue. Il s'agit de celui ayant intérêt à conclure le contrat, indépendamment du fait qu'il a effectivement présenté une candidature ou une offre. Ce concurrent évincé peut invoquer tout moyen, sans qu'il ait à apporter la preuve que les vices auxquels ces moyens se rapportent ont été susceptibles de le léser (C.E., avis, 11 avr. 2012, Soc. Gouelle : *Rec.*, p. 148). Ce recours ne peut être exercé à l'égard de tous les contrats.

Ce recours n'est pas ouvert au demandeur ayant formé un référé précontractuel dès lors que le pouvoir adjudicateur ou l'autorité adjudicatrice a respecté la suspension ordonnée par le juge et s'est conformé à la décision juridictionnelle rendue sur ce recours. Ne sont pas davantage recevables les candidats qui n'ont pas engagé de référé précontractuel, mais n'en ont pas été empêchés, ce qui est le cas lorsque le pouvoir adjudicateur ou l'entité ajudicatrice a bien communiqué la décision d'attribution aux candidats non retenus et a observé, avant de signer le contrat, un délai de onze jours après cette communication et, s'agissant des contrats non soumis à publicité préalable et des contrats non soumis à l'obligation de communiquer la décision d'attribution aux candidats non retenus, lorsque le pouvoir adjudicateur ou l'entité adjudicatrice a rendu publique son intention de conclure le contrat et a observé, avant de le signer, ce même délai (C.J.A., art. R. 551-14 ; C.E., 19 janv. 2011, Grand Port maritime du Havre : *Rec.*, p. 11).

La voie du référé contractuel n'est pas fermée, par ces dispositions, au concurrent évincé qui a antérieurement un référé précontractuel, lorsque celui-ci s'est révélé irrecevable en raison d'un manquement du pouvoir adjudicateur aux dispositions de l'article 80 du Code des marchés publics qui prévoient l'obligation de notifier aux candidats le rejet de leurs offres et fixent un délai minimal entre cette notification et la signature du marché (C.E., 10 nov. 2010, Et. publ. nat. des produits de la mer (France Agrimer) : *Rec.*, p. 858). Il en est de même lorsque le pouvoir adjudicateur n'a pas informé le concurrent évincé du délai de suspension qu'il s'imposait entre la date d'envoi de la notification du rejet de l'offre et la conclusion du marché (C.E., 24 juin 2011, OP de l'habitat interdptal de l'Essonne, du Val-d'Oise et des Yvelines et Sté Seni, n° 346665).

Mais le pouvoir adjudicateur doit être regardé comme ayant respecté la suspension prévue à l'article L. 551-14 lorsqu'il a signé le contrat, après l'expiration du délai, alors qu'il était dans l'ignorance de l'existence d'un référé précontractuel en raison de la méconnaissance, par le demandeur, de ses obligations de notification prévues à l'article R. 551-1 (Cne Maizières-lès-Metz, préc.). Ce pouvoir adjudicateur ne saurait toutefois s'abriter derrière l'absence de notification du recours par le demandeur lorsqu'il a été informé de l'existence de ce recours par le greffe du tribunal administratif (C.E., 1er mars 2012, OPAC du Rhône : *Rec.*, p. 859).

L'article L. 551-15 exclut certains contrats de ce recours. Il ne peut être exercé à l'égard des contrats dont la passation n'est pas soumise à une obligation de publicité préalable lorsque le pouvoir adjudicateur ou l'entité adjudicatrice a, avant la conclusion du contrat, rendu publique son intention de le conclure et observé un délai de onze jours après cette publication, ni à l'égard des contrats soumis à publicité préalable auxquels ne s'applique pas l'obligation de communiquer la décision d'attribution aux candidats non retenus lorsque le pouvoir adjudicateur ou l'entité adjudicatrice a accompli la même formalité. La même exclusion s'applique aux contrats fondés sur un accord-cadre ou un système d'acquisition dynamique lorsque le pouvoir adjudicateur ou l'entité adjudicatrice a envoyé aux titulaires la décision d'attribution du contrat et observé un délai de seize jours entre cet envoi et la conclusion du contrat, délai réduit à onze jours si la décision a été communiquée à tous les titulaires par voie électronique (C.J.A., art. L. 551-15).

À l'exception des demandes reconventionnelles en dommages et intérêts fondées exclusivement sur la demande initiale, aucune demande tendant à l'octroi de dommages et intérêts ne peut être présentée à l'occasion du référé contractuel (C.J.A., art. R. 551-16).

506. Le juge peut suspendre l'exécution du contrat, pour la durée de l'instance, sauf s'il estime, en considération de l'ensemble des intérêts susceptibles d'être lésés et notamment de l'intérêt public, que les conséquences négatives de cette mesure pourraient l'emporter sur ses avantages (C.J.A., art. L. 551-17).

Il prononce la nullité du contrat lorsqu'aucune des mesures de publicité requises pour sa passation n'a été prise ou lorsqu'une publication prescrite au *Journal officiel de l'Union européenne* a été omise. Il annule également le contrat lorsqu'ont été méconnues les modalités de mise en concurrence prévues pour la passation de certains contrats (fondés sur un accord-cadre ou un système d'acquisition dynamique) ou lorsque le contrat a été signé avant l'expiration du délai exigé après l'envoi de la décision d'attribution aux opérateurs économiques ayant présenté une candidature ou une offre ou pendant la suspension prévue à l'article L. 551-4 ou à l'article L. 551-9, ordonnée par le juge du référé précontractuel si, en outre, la méconnaissance de ces obligations a privé le demandeur de son droit d'exercer un référé précontractuel, et les obligations de publicité et de mise en concurrence auxquelles sa passation est soumise ont été méconnues d'une manière affectant les chances de l'auteur du recours d'obtenir le contrat (C.J.A., art. L. 551-18).

Le juge peut sanctionner le manquement de plusieurs façons : résiliation du contrat, réduction de sa durée, ou pénalité financière imposée au pouvoir adjudicateur ou à l'entité adjudicatrice.

Dès avant que l'ordonnance du 7 mai 2009, transposant une directive du 11 décembre 2007, n'instaure ce référé contractuel, le Conseil d'État avait créé une nouvelle voie de recours aux tiers évincés de la conclusion d'un contrat, décidant que les concurrents évincés de la conclusion d'un contrat administratif, quel qu'il soit, peuvent former devant le juge du contrat un recours de pleine juridiction contestant la validité du contrat ou celle de certaines de ses clauses, qui en sont indivisibles, après la signature de celui-ci (C.E., ass., 16 juil. 2007, Soc. Tropic Travaux Signalisation, *Rec.*, p. 360, concl. CASAS ; *GAJA*, 19e éd., n° 113). Le recours peut être assorti de demandes indemnitaires. Il doit être exercé, y compris si le contrat est relatif à des travaux publics, dans un délai de deux mois à compter de l'accomplissement des mesures de publicité appropriées, notamment au moyen d'un avis mentionnant à la fois la conclusion du contrat et les modalités de sa consultation dans le respect des secrets protégés par la loi.

Mais, à partir de la conclusion du contrat, le concurrent évincé n'est plus recevable à demander l'annulation pour excès de pouvoir des actes préalables qui en sont détachables.

Saisi de telles conclusions par un concurrent évincé, il appartient au juge, lorsqu'il constate l'existence de vices entachant la validité du contrat, d'en apprécier les conséquences. Il lui revient, après avoir pris en considération la nature de l'illégalité éventuellement commise, soit de prononcer la résiliation du contrat ou de modifier certaines de ses clauses, soit de décider de la poursuite de son exécution, éventuellement sous réserve de mesures de régularisation par la collectivité contractante, soit d'accorder des indemnisations en réparation des droits lésés, soit, enfin, après avoir vérifié si l'annulation du contrat ne porterait pas une atteinte excessive à l'intérêt général ou aux droits des cocontractants, d'annuler, totalement ou partiellement, le cas échéant, avec un effet différé, le contrat. Le juge peut aussi, eu égard à une illégalité d'une particulière gravité, inviter les parties à résoudre leurs relations contractuelles ou, à défaut d'entente sur cette résolution, à saisir le juge du contrat afin qu'il en règle les modalités s'il estime que la résolution peut être une solution appropriée (Soc. Ophrys, préc.). Une requête contestant la validité d'un contrat peut être accompagnée d'une demande tendant, sur le fondement des dispositions de l'article L. 521-1 du Code de justice administrative, à la suspension de son exécution. Les champs d'application de ces deux procédures ne sont pas strictement identiques.

507. Le juge des référés peut être saisi, avant la conclusion du contrat, en cas de manquement aux obligations de publicité et de mise en concurrence auxquelles est soumise la passation par les pouvoirs adjudicateurs, ou les entités adjudicatrices, de contrats administratifs ayant pour objet l'exécution de travaux, la livraison de fournitures ou la prestation de services, avec une contrepartie économique constituée par un prix ou un droit d'exploitation ou la délégation d'un service public.

Il peut ordonner à l'auteur du manquement, s'il s'agit d'un pouvoir adjudicateur, de se conformer à ses obligations et suspendre l'exécution de toute décision qui se rapporte à la passation du contrat, sauf s'il estime, en considération de l'ensemble des intérêts susceptibles d'être lésés et notamment de l'intérêt public, que les conséquences négatives de ces mesures pourraient l'emporter sur leurs avantages. Il peut aussi annuler les décisions qui se rapportent à la passation du contrat et supprimer les clauses ou prescriptions destinées à figurer dans le contrat et qui méconnaissent lesdites obligations (C.J.A., art. L. 551-1 et L. 551-2).

S'il s'agit d'une entité adjudicatrice, il peut ordonner à l'auteur du manquement de se conformer à ses obligations en lui fixant un délai à cette fin. Il peut lui enjoindre de suspendre l'exécution de toute décision se rapportant à la passation du contrat. Il peut prononcer une astreinte provisoire courant à l'expiration des délais impartis. Ici encore, le juge peut ne pas prononcer ces mesures, en considération de l'ensemble des intérêts susceptibles d'être lésés et notamment de l'intérêt public (C.J.A., art. L. 551-5 à L. 551-7). Si le défendeur demande au juge de faire application des dispositions de l'article L. 551-7, le juge, lorsqu'il s'y refuse et prend l'une des mesures prévues à l'article L. 551-6, doit motiver ce refus (C.E., 12 mars 2012, Cté d'agglomération du pays de Montbéliard : *Rec.*, p. 858).

Le juge du référé précontractuel apprécie la régularité de la procédure de passation du marché telle qu'elle est engagée à la date à laquelle il statue (C.E., 16 oct. 2000, Cie méditerranéenne d'exploitation des services d'eau, n° 212054).

508. Le juge du référé précontractuel, dès lors qu'il est régulièrement saisi, dispose de l'intégralité des pouvoirs qui lui sont conférés par les dispositions de l'article L. 551-1 pour mettre fin, s'il en constate l'existence, aux obligations de publicité et de mise en concurrence. Ainsi, eu égard à son office, il lui appartient de prendre toute mesure nécessaire pour assurer le respect de ces obligations, lorsqu'il constate que, par suite de la décision qu'il prend, celles-ci ne peuvent être satisfaites par l'autorité responsable de la personne publique délégante, en cas de poursuite de la procédure de passation du contrat. Eu égard à la nature du vice entachant la procédure de passation d'un contrat, il peut prononcer l'annulation de cette procédure alors que ne lui est demandée que la suspension de celle-ci (C.E., 20 oct. 2006, Cne Andeville : *Rec.*, p. 434). Le juge peut, comme juge de cassation, annuler la totalité d'une procédure de délégation de service public si la partie de cette procédure demeurée intacte après l'intervention du premier juge ne permet pas d'assurer le respect des obligations de mise en concurrence qui pèsent sur l'autorité délégante (C.E., 15 déc. 2006, Sté Corsica Ferries, n° 298618).

Eu égard au principe général de motivation des décisions juridictionnelles, le juge du référé précontractuel ne peut, en l'absence de dispositions l'y autorisant, dissocier dans le temps la notification du dispositif et des motifs d'une ordonnance (C.E., 19 juil. 2010, Région Réunion : *Rec.*, p. 914).

Le juge peut, d'office, prononcer les mesures prévues aux articles L. 551-2 et L. 551-6. Dans ce cas, il en informe préalablement les parties et les invite à présenter leurs observations (C.J.A., art. L. 551-12).

509. Peuvent engager ces recours les personnes qui ont un intérêt à conclure le contrat et sont susceptibles d'être lésées par le manquement, ainsi que le représentant de l'État dans le cas où le contrat devrait être conclu par une collectivité territoriale ou un établissement public local. L'État peut également agir dans certains cas (C.J.A., art. L. 551-10).

Seules peuvent saisir le juge les personnes ayant vocation à conclure le contrat (C.E., 16 déc. 1996, Conseil rég. de l'ordre des architectes de la Martinique : *Rec.*, p. 493). L'entreprise déclarée attributaire d'un contrat à l'issue de la procédure de passation n'est pas susceptible d'être lésée par des manquements aux obligations de publicité et de mise en concurrence auxquelles est soumis ce contrat. Elle n'a donc pas intérêt à agir à l'encontre de cette procédure de passation du contrat et n'est pas habilitée à en demander l'annulation sur le fondement des dispositions de l'article L. 551-1 (C.E., 23 déc. 2011, Dpt Guadeloupe, n° 350231).

Le juge des référés précontractuels doit rechercher si l'entreprise qui le saisit se prévaut de manquements qui, eu égard à leur portée et au stade de la procédure auquel ils se rapportent, sont susceptibles de l'avoir lésée ou risquent de la léser, fût-ce de façon indirecte, en avantageant une entreprise concurrente (C.E., sect., 3 oct. 2008, SMIRGEOMES, n° 305420).

510. Ce référé ne peut s'appliquer en dehors des marchés publics, des délégations de service public et des contrats de partenariat public-privé (C.E., 29 mai 2000, SCP d'architectes Legleye : *Rec.*, p. 190).

Un requérant ne peut demander la mise en œuvre des procédures des articles L. 521-1 et L. 551-1 par la même requête (C.E., 29 juil. 2002, V. Nice, n° 243686).

511. Le juge statue en premier et dernier ressort en la forme des référés (C.J.A., art. L. 551-3).

Le président du tribunal administratif ou son délégué peut toujours renvoyer à une formation collégiale le soin de se prononcer sur une demande en référé (C.E., 19 mars 1997, SA Entreprise générale de terrassements et de travaux publics et a. : *Rec.*, p. 1003).

Le principe du contradictoire doit être respecté. Méconnaît ce principe le juge des référés qui se fonde sur des documents qu'il n'a pas communiqués à l'autre partie et dont il ne s'est pas assuré qu'ils avaient été communiqués à cette dernière, et ce, alors même que ces documents auraient été couverts par le secret industriel et commercial et auraient été communiqués à la partie après la lecture de la décision attaquée (C.E., 10 juin 2009, Sté Baudin Châteauneuf : *Rec.*, p. 841).

Cependant, le respect de ce principe se concilie avec l'urgence. Le juge du référé précontractuel n'est pas tenu de communiquer au demandeur le mémoire en défense de la partie adverse (C.E., 8 mars 1996, Sté CGC Entreprise : *Rec.*, p. 1022). En revanche, il est tenu d'informer les parties, avant la séance, des moyens d'ordre public sur lesquels sa décision est susceptible d'être fondée (C.E., sect., 2 oct. 1996, SARL Entreprise gén. d'électricité Noël Béranger : *Rec.*, p. 379).

Le président du tribunal administratif ou son délégué statue en la forme des référés, mais, eu égard aux pouvoirs dont il est investi et à la circonstance que sa décision n'est pas susceptible d'appel, les parties doivent être mises à même de présenter à l'appui de leurs observations écrites des observations orales au cours d'une audience publique (C.E., ass., 10 juin 1994, Cne Cabourg : *Rec.*, p. 300, concl. LASVIGNES).

Si les parties peuvent présenter en cours d'audience des observations orales à l'appui de leurs écrits, elles doivent, si elles entendent soulever des moyens nouveaux, les consigner dans un mémoire écrit. Le juge doit dans ce cas mettre le défendeur à même de prendre connaissance de ce mémoire et peut, compte tenu de ces nouveaux éléments, décider que la clôture de l'instruction n'interviendra pas à l'issue de l'audience, mais la différer à une date dont il avise les parties par tous moyens. S'il décide de tenir une nouvelle audience, l'instruction est prolongée jusqu'à l'issue de cette dernière (C.E., 19 avr. 2013, Cne Mandelieu-la-Napoule : *Rec.*, p. 107).

La décision du président du tribunal administratif ou de son délégué statuant en la forme des référés n'a pas à être précédée de l'audition de conclusions d'un rapporteur public (C.E., 16 oct. 2000, Sté Stereau, n° 213958).

512. Le contrat ne peut être signé à compter de la saisine du tribunal administratif et jusqu'à la notification au pouvoir adjudicateur ou à l'entité adjudicatrice de la décision juridictionnelle (C.J.A., art. L. 551-4 et L. 551-9). Le pouvoir adjudicateur doit être regardé comme ayant respecté cette suspension lorsqu'il a signé le contrat alors qu'il était dans l'ignorance de l'existence d'un référé précontractuel en raison de la méconnaissance, par le demandeur, de ses obligations de notification prévues à l'article L. 551-1 (C.E., 30 sept. 2011, Cne Maizières-lès-Metz : *Rec.*, p. 450).

513. L'ordonnance du juge est susceptible de faire l'objet d'un pourvoi en cassation devant le Conseil d'État. Le Conseil d'État, statuant comme juge de cassation, examine chacun des motifs retenus par le premier juge pour user du pouvoir d'annulation, dont il dispose et rejette le pourvoi si l'un des moyens accueillis par ce premier juge suffit à justifier également le dispositif de son ordonnance. Il doit, dans ce cas, censurer au préalable les motifs erronés (C.E., 9 août 2008, CH Edmond Garcin : *Rec.*, p. 807).

Le juge de cassation exerce un contrôle de qualification juridique en ce qui concerne l'appréciation du juge du référé précontractuel sur la légalité du recours au dialogue compétitif prévu par l'article 36 du Code des marchés (C.E., 11 mars 2013, Ass. des chambres fr. de commerce et d'industrie et Mutuelle des Chambres de commerce et d'industrie : *Rec.*, p. 702), sur la qualification de critère de sélection des offres (C.E., 25 mars 2013, SAS Cophignon et OP de l'habitat des Ardennes-Habitat 08 : *Rec.*, p. 762), ainsi que sur la question de savoir si un avenant au marché constitue un nouveau marché (C.E., sect., 11 juil. 2008, V. Paris : *Rec.*, p. 270).

L'ordonnance peut également faire l'objet d'une tierce opposition de la part de l'entreprise à laquelle devait être attribué le contrat dont la passation a été suspendue (C.E., 15 juin 2001, Synd. interco. d'assainissement de Saint-Martin-de-Ré et la Flotte-en-Ré, n° 223481).

Sous-section 2
Le référé fiscal

514. Le référé en matière d'impôts directs et de taxes sur le chiffre d'affaires obéit aux règles définies par l'article L. 279 du Livre des procédures fiscales. Cet article dispose : « En matière d'impôts directs et de taxes sur le chiffre d'affaires, lorsque les garanties offertes par le contribuable ont été refusées, celui-ci peut, dans les quinze jours de la réception de la lettre recommandée qui lui a été adressée par le comptable, porter la contestation, par simple demande écrite, devant le juge du référé administratif, qui est un membre du tribunal administratif désigné par le président de ce tribunal. Cette demande n'est recevable que si le redevable a consigné auprès du comptable, à un compte d'attente, une somme égale au dixième des impôts contestés. Une caution bancaire ou la remise de valeurs mobilières cotées en Bourse peut tenir lieu de consignation. Le juge du référé décide dans le délai d'un mois si les garanties offertes répondent aux conditions prévues à l'article L. 277 et si, de ce fait, elles doivent être ou non acceptées par le comptable. Il peut également, dans le même délai, décider de dispenser le redevable de garanties autres que celles déjà constituées. Dans les huit jours suivant la décision du juge, le redevable et le comptable peuvent, par simple demande écrite, faire appel devant le président de la cour administrative d'appel ou le magistrat qu'il désigne à cet effet. Celui-ci, dans le délai d'un mois, décide si les garanties doivent être acceptées, comme répondant aux conditions de l'article L. 277. Pendant la durée de la procédure de référé, le comptable ne peut exercer sur les biens du redevable aucune action autre que les mesures conservatoires prévues à l'article L. 277. Lorsque le juge du référé estime suffisantes les garanties initialement offertes, les sommes consignées sont restituées. Dans le cas contraire, les garanties supplémentaires à présenter sont diminuées à due concurrence » (voy. C.J.A., art. L. 552-1).

Le référé à l'égard des mesures conservatoires prises par le comptable à défaut de constitution par le contribuable de garanties suffisantes obéit aux règles définies par l'alinéa 5 de l'article L. 277 du Livre des procédures fiscales. Cet alinéa 5 dispose : « Lorsque le comptable a fait procéder à une saisie conservatoire en application du quatrième alinéa, le contribuable peut demander au juge du référé prévu, selon le cas, aux articles L. 279 et L. 279 A, de prononcer la limitation ou l'abandon de cette mesure si elle comporte des conséquences difficilement réparables. Les dispositions des troisième et quatrième alinéas de l'article L. 279 sont applicables à cette procédure, la juridiction d'appel étant, selon le cas, le tribunal administratif ou le tribunal de grande instance » (voy. C.J.A., art. L. 552-2).

Les articles L. 552-1 à L. 552-3 s'appliquent respectivement lorsque le comptable a refusé les garanties offertes par le contribuable pour obtenir le sursis de paiement d'impôts directs ou de taxes sur le chiffre d'affaires ou lorsqu'il a pris des mesures conservatoires à défaut de constitution par le redevable de garanties suffisantes. Le contribuable peut, dans les quinze jours de la notification de la décision du comptable, porter la contestation devant le juge du référé administratif. Le redevable doit avoir consigné auprès du comptable une somme égale au dixième des impôts contestés. Le juge du référé décide dans le délai d'un mois si les garanties offertes répondent aux conditions prévues à l'article L. 277 du Livre des procédures fiscales et doivent être acceptées par le comptable. Lorsque le comptable a fait procéder à une saisie conservatoire, le contribuable peut demander au juge du référé de prononcer la limitation ou l'abandon de cette mesure si elle comporte des conséquences difficilement réparables.

Un contribuable est recevable à demander la suspension de la décision d'imposition sur le fondement de l'article L. 521-1 dès lors qu'il n'a pas obtenu le sursis de paiement et alors même qu'il dispose de la possibilité de saisir le juge du référé fiscal (C.E., sect., 25 avr. 2001, Min. Éco., Fin. et Ind. c. SARL Janfin : *Rec.*, p. 197).

Les référés prévus en cas de mise en œuvre de la procédure de flagrance fiscale mentionnée à l'article L. 16-0 BA du Livre des procédures fiscales ou à la suite de mesures conservatoires effectuées en vertu de l'article L. 252 B du même Livre obéissent aux règles définies respectivement à ces articles (C.J.A., art. L. 552-3).

Sous-section 3
Le référé communication audiovisuelle

515. Le référé en matière de communication audiovisuelle obéit aux règles définies par l'article 42-10 de la loi n° 86-1067 du 30 septembre 1986 (C.J.A., art. L. 553-1).

Cet article prévoit qu'en cas de manquement aux obligations résultant des dispositions de la loi du 30 septembre 1986 modifiée et pour l'exécution des missions du Conseil supérieur de l'audiovisuel (C.S.A.), son président peut demander en justice qu'il soit ordonné à la personne responsable du manquement de se conformer à ces dispositions, de mettre fin à l'irrégularité ou d'en supprimer les effets (C.E., réf., 13 déc. 2004, C.S.A. c. Al Manar : *Rec.*, p. 456 ; réf., 3 mars 2005, Sté Eutelsat : *Rec.*, p. 1083). La demande peut avoir pour objet de faire cesser la diffusion, par un opérateur satellitaire, d'un service de télévision relevant de la compétence de la France dont les programmes portent atteinte à l'un au moins des principes mentionnés aux articles 1er, 3-1 ou 15 de la loi du 30 septembre 1986. La demande est portée devant le président de la Section du contentieux du Conseil d'État qui statue en référé et dont la décision est immédiatement exécutoire. Il peut prendre même d'office toute mesure conservatoire et prononcer une astreinte pour l'exécution de son ordonnance.

Toute personne qui y a intérêt peut intervenir à l'action introduite par le président du Conseil supérieur de l'audiovisuel.

La procédure peut être mise en œuvre pour le respect des obligations résultant des engagements pris par un service de télévision et figurant dans sa décision d'autorisation prévue par la loi (C.E., sect., ord., 16 mars 1988, C.N.C.L. c. Sté TF1 : *Rec.*, p. 124), en cas de refus de certains éditeurs de service d'exécuter la décision du C.S.A. modifiant leurs fréquences dans le cadre du déploiement de la télévision numérique terrestre (C.E., ord., 27 mars 2003, C.S.A., n° 254736), ou encore pour des services utilisant des capacités satellitaires relevant de la France (C.E., réf., 20 août 2004, C.S.A. : *Rec.*, p. 357 ; 13 déc. 2004, Président du C.S.A. : *Rec.*, p. 456).

Le président de la C.N.C.L. (devenue le C.S.A.) n'a pas à être invité à produire une délibération de la commission l'habilitant à saisir le président de la Section du contentieux (C.E., ord., 21 juin 1988, C.N.C.L. c. Sté d'exploitation de la cinquième chaîne « La Cinq » : *Rec.*, p. 250).

L'application des dispositions de l'article 42-10 de la loi du 30 septembre 1986 n'est pas subordonnée à une procédure préalable de mise en demeure non suivie d'effet (C.N.C.L. c. Sté TF1, préc.).

516. Le président de la Section du contentieux du Conseil d'État a le pouvoir de constater les manquements aux obligations qui s'imposent au titulaire de l'autorisation (C.N.C.L. c. Sté TF 1, préc.). Il peut lui enjoindre de se conformer à ses obligations, en prévoyant que l'inexécution de son ordonnance donnera lieu à une astreinte (*idem* ; C.E., sect., ord., 20 oct. 1988, C.N.C.L. c. Sté « La Cinq » : *Rec.*, p. 351). Il peut également lui imposer des mesures de programmation avec des échéances intermédiaires, lorsqu'il apparaît que les obligations légales ne seront que très difficilement respectées pour l'exercice en cours (C.N.C.L. c. Sté d'exploitation de la cinquième chaîne « La Cinq », préc.).

En revanche, il ne peut ni lui infliger des sanctions, ni le condamner à réparer pécuniairement tout ou partie des conséquences de ses manquements pour des tiers, ni le condamner à verser une contribution au compte de soutien à l'industrie des programmes (*idem*).

SECTION 4
LES RÉGIMES SPÉCIAUX DE SUSPENSION

517. Il existe deux régimes spéciaux de suspension, la suspension sur déféré préfectoral et la suspension en matière d'urbanisme et de protection de la nature ou de l'environnement

Sous-section 1
La suspension sur déféré

§ 1. La suspension sur déféré « de droit commun »

518. Les demandes de suspension assortissant les requêtes du représentant de l'État dirigées contre les actes des communes sont régies par l'alinéa 3 de l'article L. 2131-6 du Code général des collectivités territoriales, ci-après reproduit :

« Le représentant de l'État peut assortir son recours d'une demande de suspension. Il est fait droit à cette demande si l'un des moyens invoqués paraît, en l'état de l'instruction, propre à créer un doute sérieux quant à la légalité de l'acte attaqué. Il est statué dans le délai d'un mois.

Les demandes de suspension assortissant les requêtes du représentant de l'État dirigées contre les actes d'autres collectivités ou établissements suivent, de même, les règles fixées par les articles L. 2541-22, L. 2561-1, L. 3132-1, L. 4142-1, L. 4411-1, L. 4421-1, L. 4431-1, L. 5211-3, L. 5331-3, L. 5332-1, L. 5421-2, L. 5711-1 et L. 5721-4 du Code général des collectivités territoriales.

Il en va de même pour les actes des collectivités visés aux articles L.O. 6152-1, L.O. 6242-1, L.O. 6342-1 et L.O. 6452-1 du Code général des collectivités territoriales, à l'article L. 121-39-2 du Code des communes de la Nouvelle-Calédonie, à l'article 204 de la loi n° 99-209 du 19 mars 1999 relative à la Nouvelle-Calédonie et à l'article 172 de la loi organique n° 2004-192 du 27 février 2004 portant statut d'autonomie de la Polynésie française. »

519. Lorsque l'ordonnance du juge des référés du tribunal administratif est susceptible d'appel, cet appel doit être porté devant la cour administrative d'appel (C.E., 14 mars 2001, Centre de gestion de la fonction publique territoriale du Vaucluse, n° 230487). Une ordonnance rendue en premier et dernier ressort par le juge des référés du tribunal administratif, en application des dispositions de l'article R. 222-13, est susceptible d'un pourvoi en cassation devant le Conseil d'État (C.E., 6 avr. 2007, Min. État, min. Int. et Aménag. territoire c. Centre de gestion de la fonction publique territoriale des Hautes-Alpes, n° 597812).

Le juge de cassation contrôle l'erreur de droit commise par le juge des référés saisi d'un déféré préfectoral assorti d'une demande de suspension dans la désignation du moyen propre à créer un doute sérieux quant à la légalité de la décision. Il tient cependant compte pour ce faire de la nature de l'office attribué au juge des référés par les articles L. 551-1 et L. 554-1 (C.E., 15 oct. 2004, Cne Pointe-à-Pitre, n° 266496 ; sect., 29 nov. 2012, Cté d'agglomération de Saint-Étienne : *Rec.*, p. 421).

520. Les actes pris par les communes en matière d'urbanisme, de marchés, de contrats de partenariat et de délégation de service public déférés par le représentant de l'État en application de l'article L. 2131-6 du Code général des collectivités territoriales sont suspendus dans les conditions prévues par l'alinéa 4 de l'article L. 2131-6 du même code, ci-après reproduit :

« Jusqu'à ce que le président du tribunal administratif ou le magistrat délégué par lui ait statué, la demande de suspension en matière d'urbanisme, de marchés et de délégation de service public formulée par le représentant de l'État dans les dix jours à compter de la réception de l'acte entraîne la suspension de celui-ci. Au terme d'un délai d'un mois à compter de la réception, si le juge des référés n'a pas statué, l'acte redevient exécutoire.

Il en va de même pour les actes des collectivités visés aux articles L.O. 6152-1, L.O. 6242-1, L.O. 6342-1 et L.O. 6452-1 du Code général des collectivités territoriales, à l'article L. 121-39-2 du Code des communes de la Nouvelle-Calédonie, à l'article 204 de la loi n° 99-209 du 19 mars 1999 relative à la Nouvelle-Calédonie et à l'article 172 de la loi organique n° 2004-192 du 27 février 2004 portant statut d'autonomie de la Polynésie française. »

521. La demande de suspension présentée par le représentant de l'État à l'encontre d'un acte d'une commune, d'un département ou d'une région, de nature à compromettre l'exercice d'une liberté publique ou individuelle obéit aux règles définies par les alinéas 5 et 6 de l'article L. 2131-6, les alinéas 6 et 7 de l'article L. 3132-1, ainsi que les alinéas 5 et 6 de l'article L. 4142-1 du Code général des collectivités territoriales, reproduits ci-après :

« Lorsque l'acte attaqué est de nature à compromettre l'exercice d'une liberté publique ou individuelle, le président du tribunal administratif ou le magistrat délégué à cet effet en prononce la suspension dans les quarante-huit heures. La décision relative à la suspension est susceptible d'appel devant le Conseil d'État dans la quinzaine de la notification. En ce cas, le président de la Section du contentieux du Conseil d'État ou un conseiller d'État délégué à cet effet statue dans un délai de quarante-huit heures.

Il en va de même pour les actes des collectivités visés aux articles L.O. 6152-1, L.O. 6242-1, L.O. 6342-1 et L.O. 6452-1 du Code général des collectivités territoriales, à l'article L. 121-39-2 du Code des communes de la Nouvelle-Calédonie, à l'article 204 de la loi n° 99-209 du 19 mars 1999 relative à la Nouvelle-Calédonie et à l'article 172 de la loi organique n° 2004-192 du 27 février 2004 portant statut d'autonomie de la Polynésie française. »

Sont de nature à compromettre une liberté publique ou individuelle le refus d'un maire d'accueillir dans les classes de l'école primaire de la commune les enfants originaires d'une commune voisine dont l'école fait l'objet d'un regroupement pédagogique avec celle de la commune (C.E., ord., 26 sept. 1987, Cne Mézières, n° 91588), un arrêté municipal interdisant toute circulation et tout stationnement des véhicules lourds sur l'ensemble des voies et chemins communaux et subordonnant l'octroi de dérogations individuelles à des demandes écrites et motivées (C.E., 3 juil. 1998, Cne la Bruguière : *Rec.*, p. 286), un arrêté municipal interdisant la traversée de l'agglomération par les poids lourds (C.E., ord., 13 juil. 1999, Cne du Monétier-les-Bains : *Rec.*, p. 246), des arrêtés municipaux restreignant la liberté de circulation des mineurs (C.E., ord., 9 juil. 2001, Préfet Loiret, n° 235638 ; 27 juil. 2001, V. Étampes, n° 236389).

Tel n'est pas le cas de la décision par laquelle un maire interdit temporairement à un aéroclub de poursuivre ses activités sur un aérodrome (C.E., ord., 23 juil. 1987, Co. Rép. Vaucluse c. Cne Saint-Martin-de-Castillon, n° 89652).

L'observation du délai de quarante-huit heures doit être conciliée avec le respect du contradictoire. Le juge doit assortir la communication du déféré préfectoral à l'auteur de l'acte attaqué de l'indication du délai, compatible avec les dispositions de l'article L. 2131-6 du C.G.C.T. et approprié aux données de l'espèce, qu'il lui impartit pour présenter ses observations. Ce n'est qu'à l'expiration de ce délai qu'il peut, nonobstant l'absence de telles observations, régulièrement statuer (C.E., ord., 13 juil. 1999, Cne du Monétier-les-Bains : *Rec.*, p. 246).

522. On signalera qu'en application des dispositions de l'article L. 554-9, la contestation par le maire des villes de Paris, Marseille et Lyon des délibérations des conseils d'arrondissement, à l'exclusion de celles prises en application des articles L. 2511-36 à L. 2511-45 du C.G.C.T. obéit aux règles définies par le dernier alinéa de l'article L. 2511-23 du même code. Le maire de la commune peut déférer au tribunal administratif une délibération ayant donné lieu à une seconde lecture, dans le délai de deux mois à compter de la date à laquelle il a reçu cette délibération. Si ce recours est assorti d'une demande de suspension et si l'un des moyens invoqués à son appui paraît, en l'état de l'instruction, propre à créer un doute sérieux quant à la légalité de la délibération attaquée, le président du tribunal administratif ou un magistrat délégué par lui prononce la suspension dans les quarante-huit heures. La décision relative à la suspension est susceptible d'appel devant le Conseil d'État dans la quinzaine de sa notification. En ce cas, le président de la Section du contentieux du Conseil d'État ou un conseiller d'État délégué à cet effet statue dans un délai de quarante-huit heures. Ce recours s'exerce sans préjudice du recours dont dispose le représentant de l'État.

§ 2. La suspension sur « déférés spéciaux »

523. Certaines procédures de suspension sont spécifiques à certaines matières.

524. En matière de défense nationale, la décision de suspension obéit aux règles définies par les alinéas 4 et 5 de l'article L. 1111-7 du Code général des collectivités territoriales (C.J.A., art. L. 554-4).

Si le représentant de l'État estime qu'un acte pris par les autorités communales, départementales et régionales, soumis ou non à l'obligation de transmission, est de nature à compromettre de manière grave le fonctionnement ou l'intégrité d'une installation ou d'un ouvrage intéressant la défense, il peut en demander l'annulation par la juridiction administrative pour ce seul motif.

Il défère l'acte en cause, dans les deux mois suivant sa transmission ou sa publication, à la Section du contentieux du Conseil d'État, compétente en premier et dernier ressort, et assortit si nécessaire son recours d'une demande de suspension.

Le président de la Section du contentieux du Conseil d'État ou un conseiller d'État délégué à cet effet statue dans un délai de quarante-huit heures.

525. La décision de suspension des actes des chefs d'établissement d'enseignement pris pour la passation ou l'exécution de conventions, et notamment de marchés, exécutoires quinze jours après leur transmission au représentant de l'État, à la collectivité de rattachement et à l'autorité académique, obéit aux règles définies à l'alinéa 2 de l'article 15-12 II de la loi du 22 juillet 1983 [C. éducation, art. L. 421-14] (C.J.A., art. L. 554-7). Cet alinéa 2 prévoit que, « [p]our ces actes, dans le délai prévu à l'alinéa précédent, et sans préjudice des dispositions prévues par le C.G.C.T. pour le contrôle de légalité du représentant de l'État, la collectivité de rattachement ou l'autorité académique peut assortir son recours d'une demande de suspension soumise aux dispositions du troisième alinéa de l'article L. 2131-3 du C.G.C.T. ».

526. La décision de suspension des actes pris en vertu de la délégation mentionnée à l'article L. 131-14 du Code du sport obéit aux règles définies à l'article L. 131-20 du même code, ci-après reproduit :

« Lorsque le ministre chargé des sports défère à la juridiction administrative les actes pris en vertu de la délégation mentionnée à l'article L. 131-16 qu'il estime contraires à la légalité, il peut assortir son recours d'une demande de suspension.

Il est fait droit à cette demande si l'un des moyens invoqués paraît, en l'état de l'instruction, propre à créer un doute sérieux quant à la légalité de l'acte attaqué.

Il est statué sur cette demande dans un délai d'un mois. »

527. La décision de suspension des délibérations du conseil de surveillance et des décisions du directeur des établissements publics de santé obéit aux règles définies au dernier alinéa de l'article L. 6143-4 du Code de la santé publique (C.J.A., art. L. 554-6).

Sous-section 2
Les référés en matière d'urbanisme et de protection de la nature et de l'environnement

528. Ces référés sont prévus par les articles L. 554-10 à L. 554-12 du Code de justice administrative.

529. La décision de suspension d'un permis de construire dont la demande est présentée par l'État, la commune ou l'établissement public de coopération intercommunale devant le tribunal administratif obéit aux règles définies par l'alinéa 1er de l'article L. 421-9 du Code de l'urbanisme, ci-après reproduit :

« L'État, la commune ou l'établissement public de coopération intercommunale, lorsqu'ils défèrent à un tribunal administratif une décision relative à un permis de construire et assortissent leur recours d'une demande de suspension, peuvent demander qu'il soit fait application des dispositions prévues aux troisième et quatrième alinéas de l'article L. 2131-6 du C.G.C.T. » (C.J.A., art. L. 554-10).

530. La décision de suspension d'une autorisation ou d'une décision d'approbation d'un projet d'aménagement entrepris par une collectivité publique obéit aux règles définies par l'article L. 123-16 du Code l'environnement (C.J.A., art. L. 554-11).

Cette procédure est susceptible de s'appliquer à l'ensemble des autorisations et des décisions d'approbation de projets d'aménagement soumis à étude d'impact, notamment à un permis de construire soumis à étude d'impact (C.E., 13 juil. 2007, Synd. interco. pour l'enlèvement et le traitement des ordures ménagères de la région de Tournan-en-Brie, n° 294603).

Si ces demandes de suspension doivent, sans qu'il y ait lieu de rechercher si la condition tenant à l'urgence est ou non remplie, être accueillies par le juge des référés lorsqu'un moyen tiré de l'absence d'étude d'impact est invoqué et que cette absence est constatée, elles obéissent pour le surplus, et notamment pour leur instruction, leur jugement et les voies de recours, au régime de droit commun des demandes de suspension de l'exécution des décisions administratives. Le juge des référés a la faculté, si le moyen tiré de l'absence d'étude d'impact lui apparaît manifestement mal fondé, de rejeter la demande selon la procédure fixée par l'article L. 522-3 (C.E., 14 mars 2001, Cne Gourens, n° 230134). La décision statuant sur la demande de suspension est rendue en dernier ressort et ne peut faire l'objet que d'un pourvoi en cassation.

531. La décision de suspension d'une décision d'aménagement soumise à une enquête publique préalable obéit aux règles définies par l'article L. 123-16 du Code de l'environnement (C.J.A., art. L. 554-12).

Ce référé permet d'obtenir la suspension de décisions prises après enquête publique en matière d'urbanisme et de protection de la nature et de l'environnement. Lorsqu'une décision est prise après avis défavorable du commissaire enquêteur ou de la commission d'enquête, le juge des référés fait droit à la demande de suspension de la décision dès lors que la requête comporte un moyen propre à créer un doute sérieux quant à la légalité de cette décision.

Cette procédure est applicable lorsqu'un commissaire enquêteur ou une commission d'enquête émet des conclusions défavorables à l'approbation d'un plan local d'urbanisme (C.E., 13 juil. 2007, Sté Carrières et Matériaux, n° 298772) et s'agissant de projets de cartes communales soumis à enquête publique (C.E., 19 mars 2008, Min. Transp., Équip., Tourisme et Mer c. Assoc. pour la sauvegarde du Gers, n° 305593).

Le juge des référés possède un pouvoir d'appréciation en opportunité. Il lui est possible de ne pas faire droit à la demande de suspension alors même que les deux conditions posées par l'article L. 554-12 sont remplies. Une telle solution doit présenter un caractère exceptionnel et être justifiée par une atteinte d'une particulière gravité à l'intérêt général en cas de suspension (C.E., sect., 16 avr. 2012, Cne Conflans-Sainte-Honorine :

Rec., p. 153, en l'espèce, la suspension compromettrait la continuité et la sécurité du trafic aérien).

La condition tenant à l'absence d'étude d'impact n'est pas remplie lorsque l'étude d'impact ne figurait pas dans le dossier joint à la demande de permis de construire, mais a été portée en temps utile à la connaissance de l'autorité chargée d'instruire la demande (*idem*).

Les ordonnances prises par le juge des référés du tribunal administratif sur le fondement de ces dispositions sont susceptibles de faire l'objet d'un pourvoi en cassation devant le Conseil d'État (C.E., 21 nov. 2001, Synd. dptal d'ordures ménagères de l'Aude et a., n° 233329).

Des dispositions particulières s'appliquent dans les collectivités d'outre-mer et en Nouvelle-Calédonie (C.J.A., art. L. 554-13 et L. 554-14).

Chapitre 2

Le recours pour excès de pouvoir

1 **Les conditions de recevabilité tenant à l'acte attaqué** 335

2 **La fin de non-recevoir tenant à l'existence d'un recours parallèle** 349

532. Le recours pour excès de pouvoir est une action en justice par laquelle toute personne y ayant un intérêt peut demander au juge administratif d'annuler toute décision administrative qu'elle estime illégale. Le requérant demande au juge d'assurer le respect du principe de légalité.

Cette voie de droit répond à deux objectifs : permettre aux administrés de s'assurer d'un fonctionnement correct et non arbitraire de l'administration, assurer le gouvernement d'une bonne administration, ce qui explique qu'il revête un caractère d'ordre public.

À l'origine, deux ouvertures pouvaient être articulées à l'appui du recours pour excès de pouvoir, assimilé à une réclamation d'incompétence (C.E., 24 mars 1832, D^{me} v^{ve} Bouillet : *Rec.*, p. 91), l'incompétence et la violation des formes. À partir de 1860, le Conseil d'État accueille les moyens de légalité interne : violation de la loi et des droits acquis, procédant ainsi à un contrôle du fond de l'acte. La loi du 24 mai 1872 institue la justice déléguée et l'arrêt *Cadot* (C.E., 13 déc. 1889 : *Rec.*, p. 1148) marque l'abandon de la théorie du ministre-juge. Le recours pour excès de pouvoir devient complètement distinct du recours hiérarchique. Le Conseil d'État élimine la condition des droits acquis (C.E., 11 déc. 1903, Lot : *Rec.*, p. 780 ; 1er juin 1906, Alcindor : *Rec.*, p. 516) – il n'est plus nécessaire de prouver une atteinte à ses droits pour intenter un recours – et dégage la notion d'intérêt dont il se contente désormais pour admettre la recevabilité du recours.

533. Le recours pour excès de pouvoir est ouvert contre tout acte administratif, même si aucun texte ne le prévoit et même si un texte exclut tout recours (C.E., ass., 17 févr. 1950, Min. Agric. c. D^{me} Lamotte : *Rec.*, p. 110 ; Cons. const., 18 sept. 1986, n° 86-217 DC, Liberté de communication, 23e consid. : *Rec.*, p. 42 ; 17 janv. 1989, n° 88-248 DC, Liberté de communication : *JO*, 18 janv. 1989, p. 754). Toute renonciation par avance à former un recours pour excès de pouvoir est nulle (C.E., 19 nov. 1955, Andréani : *Rec.*, p. 555). On peut estimer qu'une loi l'excluant contre un acte ou une catégorie d'actes serait jugée inconstitutionnelle. Nul ne peut, après avoir formé un recours pour excès de pouvoir, renoncer au bénéfice de l'annulation que le juge prononcera le cas échéant, et ce, en raison de la protection de l'intérêt général qui s'attache à l'action et à son résultat. Cette impossibilité absolue de renonciation expresse (C.E., 13 févr. 1948, Louarn : *Rec.*, p. 79 ; 2 févr ; 1972, Min. Santé publ. et Séc. soc. c. Minuit Balalud de Saint-Jean : *Rec.*, p. 106) est la marque la plus distinctive du caractère d'ordre public du recours pour excès de pouvoir.

Encore faut-il, pour intenter ce recours, que soient remplies des conditions de recevabilité, tenant à l'acte et à la personne du requérant, et qu'existe un moyen d'annulation, ou ouverture.

SECTION 1
LES CONDITIONS DE RECEVABILITÉ TENANT À L'ACTE ATTAQUÉ

534. Le recours pour excès de pouvoir est un procès fait à un acte. Ce recours n'est pas dirigé contre l'auteur de cet acte.

Il est ouvert contre toute décision de l'administration. La recevabilité de ce recours obéit aux règles générales de procédure. La jurisprudence a précisé ces règles, tantôt en les assouplissant, tantôt en les renforçant.

L'acte attaqué doit être un acte unilatéral d'une autorité administrative constituant une décision faisant grief, qui peut être expresse ou tacite.

Sous-section 1
L'exigence d'un acte administratif

535. Le recours pour excès de pouvoir ne pouvant être exercé que contre un acte administratif, il importe de définir celui-ci et notamment de le distinguer des nombreuses mesures prises par l'administration qui ne constituent pas des décisions unilatérales d'une autorité administrative française.

§ 1. La notion d'acte administratif

536. La notion repose en principe sur un critère organique : l'acte est administratif s'il émane d'une autorité administrative ou exécutive. Il en a été ainsi jugé des règlements d'administration publique, des décrets-lois de la IIIe République, des règlements autonomes de l'article 37 de la Constitution de 1958, des ordonnances de l'article 38 de la Constitution, des ordonnances prises en vertu d'une loi d'habilitation référendaire et, parmi les décisions prises au titre de l'article 16 de la Constitution, celles qui portent sur les matières énumérées par l'article 37 – celles portant sur le domaine de l'article 34 échappent au contrôle du juge administratif, car ce sont, en dépit de la qualité administrative de leur auteur, des mesures matériellement législatives – (C.E., 6 déc. 1907, Chemins de fer de l'Est : *Rec.*, p. 307 ; 25 juin 1937, Union des véhicules industriels : *D.*, 333 ; sect., 26 juin 1959, Synd. gén. des ingénieurs-conseils : *Rec.*, p. 394 ; 3 nov. 1961, Damiani : *Rec.*, p. 602 ; 24 nov. 1961, Féd. nat. des synd. de police : *Rec.*, p. 658 ; Canal : préc. ; ass., 2 mars 1962, Rubin de Servens : *Rec.*, p. 143 ; 22 mai 1968, Min. Int. c. Lagrange : *Rec.*, p. 815).

537. Les actes qui n'émanent pas d'autorités administratives ne sont pas, en principe, des actes administratifs. Ils ne sont donc pas susceptibles de recours pour excès de pouvoir. Les actes adoptés par le Parlement échappent à la compétence du juge administratif : lois (C.E., sect., 6 nov. 1936, Arrighi : *Rec.*, p. 966) ou règlements des assemblées. L'acte par lequel le président de l'Assemblée nationale rend public le rapport d'une commission d'enquête parlementaire, indissociable de la fonction parlementaire de contrôle, échappe par nature au contrôle du juge de l'excès de pouvoir (C.E., 16 avr. 2010, Féd. chrétienne des témoins de Jéhovah de France, n° 304176), de même que les litiges relatifs à la pension d'un député (C.E., ass., 4 juil. 2003, Papon : *Rec.*, p. 308) ou aux sanctions frappant les parlementaires (C.E., 28 mars 2011, Gremetz : *D.*, 2011, 1540). Par exception au principe, l'ordonnance du 17 novembre 1958 a attribué aux juridictions compétentes pour en connaître le contentieux de la responsabilité due aux dommages de toute nature causés par les services des assemblées parlementaires et à la juridiction administrative compétence pour connaître de tous les litiges d'ordre individuel concernant les agents des assemblées (C.E., 3 juin 1987, Assemblée nationale : *Rec.*, p. 193 ; C.E., 19 janv. 1966, Escriva : *Rec.*, p. 10).

Le Conseil d'État a qualifié de contrats administratifs les marchés conclus par les assemblées parlementaires en vue de la réalisation de travaux publics et a retenu la compétence administrative pour statuer sur les contestations relatives aux décisions par lesquelles les assemblées procèdent au nom de l'État à leur passation, ainsi que sur les recours formés contre les décisions relatives aux marchés conclus en vue de l'exploitation des installations des assemblées lorsque ces marchés ont le caractère de contrats administratifs (C.E., ass., 5 mars 1999, Président de l'Assemblée nat. : *Rec.*, p. 41).

538. De la même manière, en raison de la séparation des autorités, les décisions des juridictions judiciaires échappent à la compétence du juge administratif, le correctif de l'acte détachable jouant ici encore son rôle (voy. *supra*).

Certains actes pris par des personnes privées sont susceptibles de recours pour excès de pouvoir : les actes réglementaires pris par un service ou un établissement public industriel et commercial y sont de même soumis, les codes de déontologie émis par les ordres professionnels, les règlements qu'ils adoptent (T. confl., 15 janv. 1968, Cie Air France c. Épx Barbier : *Rec.*, p. 789) et même des actes individuels de recouvrement de créances (C.E., sect., 13 janv. 1961, Magnier : *Rec.*, p. 33).

§ 2. Le contenu de l'acte

539. Le recours pour excès de pouvoir est irrecevable contre un contrat et contre les actes d'autorités étrangères ou d'autorités françaises agissant en tant qu'autorités étrangères.

A. Un acte unilatéral

540. Le recours pour excès de pouvoir est en principe exclu contre les contrats. La violation d'un contrat, la violation d'une règle de droit par un contrat relèvent du recours de plein contentieux (C.E., 8 mai 1936, Hospices civils de Strasbourg : *Rec.*, p. 514). Toutefois, le Conseil d'État a désormais ouvert aux tiers au contrat un recours de plein contentieux contre celui-ci ou certaines de ses clauses (voy. Dpt de Tarn-et-Garonne, préc.). En outre, il admet depuis longtemps la recevabilité du recours en annulation contre des actes détachables postérieurs au contrat, contre certaines clauses contractuelles et même certains contrats : contrat par lequel l'État ou une collectivité territoriale recrutent des agents (C.E., sect., 30 oct. 1998, V. Lisieux : *Rec.*, p. 375), acte résiliant toute une série de contrats, refus de résilier, mesures d'exécution du contrat (C.E., ass., 2 mai 1958, Distillerie de Magnac-Laval : *Rec.*, p. 246 ; ass., 2 févr. 1987, Sté TV6 : *Rec.*, p. 29 ; sect., 24 avr. 1964, SA de Livraisons industrielles et commerciales : *Rec.*, p. 239 ; sect., 9 déc. 1983, V. Paris : *Rec.*, p. 499). L'exception de recours parallèle subsiste, en revanche, pour les cocontractants. Pourtant, le cocontractant peut former un recours pour excès de pouvoir contre les mesures à caractère réglementaire dont la portée excède celle du seul contrat en cause, contre le décret modifiant le cahier des charges d'un ensemble de concessions, de même lorsque le cocontractant se trouve dans une situation réglementaire (Distillerie de Magnac-Laval ; Cie des Chemins de fer de l'Est, préc. ; C.E., sect., 25 mai 1979, Mme Rabut : *Rec.*, p. 231).

En revanche, le contrat proprement dit ne peut pas, en principe, faire l'objet d'un recours pour excès de pouvoir. Une exception, importante, concerne les clauses réglementaires du contrat (C.E., sect., 20 janv. 1978, Synd. nat. de l'enseignement techn. agric. publ. : *Rec.*, p. 22 ; ass., 10 juil. 1996, Cayzeele : *Rec.*, p. 274).

Le déféré préfectoral est recevable contre les contrats des collectivités territoriales ; il relève du plein contentieux (L. 2 mars 1982).

B. Un acte d'une autorité française

541. Le recours pour excès de pouvoir est exclu contre les décisions d'autorités étrangères établies en France, mais aussi contre les actes d'autorités françaises agissant pour le compte de l'étranger ou à titre international (T. confl., 2 févr. 1950, Radiodiffusion fr. c. Sté de gérance et de publicité du poste de radiodiffusion Radio Andorre : *Rec.*, p. 652). Mais le Conseil d'État contrôle, par voie d'exception, la légalité du signalement, grâce au Système d'information Schengen, d'une personne aux fins de non-admission, alors même qu'il a été prononcé par une autorité étrangère (C.E., 9 juin 1999, M. et Mme Forabosco : *Rec.*, p. 965). Sont en revanche susceptibles de recours pour excès de pouvoir les actes des services publics français établis à l'étranger (ambassades, consulats) ou tournés vers l'étranger (coopération).

Sous-section 2
Une décision faisant grief

542. Le recours pour excès de pouvoir doit être dirigé contre les dispositions décisoires de l'acte contesté. La décision faisant grief peut être définie comme un acte ayant un contenu juridique positif, un effet de droit, c'est-à-dire un acte opérant un apport sur le plan du droit et pouvant, par suite, modifier la situation des administrés dans un sens qui leur est dommageable. La méthode de détermination la plus simple consiste à se référer *a contrario* à la liste des actes déclarés par la jurisprudence insusceptibles de faire grief et, dès lors, exclus du champ d'application du recours. Il s'agit des actes sans effet de droit, des actes intégrés à une procédure et des mesures d'ordre intérieur.

§ 1. Les actes sans effets de droit

543. Certains actes ne constituent pas des décisions, soit parce que leur auteur n'a pas entendu leur en faire produire, soit parce qu'ils ne peuvent en être pourvus. En outre, seul le dispositif de l'acte produit des effets juridiques, à l'exclusion de ses éléments non décisoires.

A. Les actes ou éléments d'actes ne pouvant produire d'effets de droit

544. Seul le dispositif d'un acte peut produire des effets de droit. Les autres éléments, non décisoires, doivent être regardés comme insusceptibles de faire grief : visas, exposé des motifs. Ceci n'interdit pas d'invoquer des moyens relatifs aux visas ou à l'exposé des motifs à l'occasion l'un recours dirigé contre le dispositif et de demander l'annulation pour absence de motifs, donc pour vice de forme, dans les cas où cet exposé est requis par un texte.

Sont aussi irrecevables les recours dirigés contre un élément de l'acte qui constitue la simple mention d'une opinion de l'administration ou une constatation de faits ou contre les décisions préparatoires ou les mesures non décisoires (vœux, avis, propositions), même adoptées par délibération d'une assemblée locale, à moins que la loi n'en dispose autrement (C.E., sect., 29 déc. 1997, SARL Enlem : *Rec.*, p. 500 ; ass., 15 avr. 1996, Synd. CGT des hospitaliers de Bédarieux : *Rec.*, p. 130 : possibilité de déféré préfectoral). Les mesures préparatoires ne posent, en effet, aucune règle obligatoire et ne font pas grief.

545. Des actes sont privés d'effets de droit, alors que leur auteur avait entendu leur en donner. Sont irrecevables les recours dirigés contre des actes pris par un agent public dépourvu de pouvoir de décision ou par un organisme purement consultatif, les administrés étant, de toute manière, fondés à n'en tenir aucun compte (C.E., 23 juin 1926, Raymond : *Rec.*, p. 639). En revanche, le juge admet le recours contre un acte inexistant, mais le requalifie en recours en déclaration d'inexistence et constate que l'acte est nul et de nul effet. Cependant, le recours est recevable si la décision a été prise sur la base d'une délégation consentie par l'autorité compétente, en raison de l'apparence de validité que cette dernière a pu conférer à l'acte. Il en va de même dans le cas où la décision pourrait avoir, faute d'être annulée, des suites fâcheuses pour l'administré (C.E., 17 mars 1944, Richepin : *Rec.*, p. 91).

546. Un acte peut aussi être inopérant sur le plan juridique dans certains cas d'incompétence *ratione materiae*. L'incompétence, moyen d'ordre public, entraîne en principe la recevabilité du pourvoi, mais la jurisprudence a parfois adopté la solution inverse lorsque la décision viciée n'est pas de nature à nuire au requérant. Est ainsi insusceptible de recours la décision par laquelle une autorité rejette, au lieu de se déclarer incompétente, une demande visant à lui faire prendre un acte qu'elle n'a pas compétence pour édicter.

547. L'irrecevabilité frappe le recours dirigé contre un acte qui a cessé de produire des effets juridiques, parce qu'il a disparu de l'ordonnancement juridique. Si ses conséquences sont maintenues, autrement dit si cette disparition ne rétroagit pas, le recours demeure recevable. Il s'agit essentiellement des actes abrogés avant l'introduction du recours (C.E., ass., 29 janv. 1960, Susini : *Rec.*, p. 67). L'irrecevabilité prévaut si l'acte abrogé n'a reçu aucune application ou s'il n'était toujours pas applicable au jour de son abrogation. Elle ne souffre aucune exception si les conséquences juridiques de l'acte sont effacées rétroactivement, si des décisions ont supprimé ces conséquences, si l'acte a été retiré ou annulé. La recevabilité demeure néanmoins entière si le retrait ou l'annulation sont postérieurs à l'introduction du recours ou si, lui étant antérieurs, ne sont connus qu'après la saisine du juge ou pour la partie de l'acte incriminé non touchée par le retrait ou l'annulation, quand ceux-ci sont partiels (C.E., 30 juil. 1949, Véry : *Rec.*, p. 408 ; C.E., 26 juil. 1947, D^{me} v^{ve} Jouvion : *Rec.*, p. 672).

B. Les actes non destinés à produire des effets de droit

548. C'est à leur propos que la notion de décision insusceptible de faire grief prend tout son sens. Le contenu de ces actes n'est pas destiné à modifier l'état du droit et leurs conséquences ne sont pas décisoires. Ils sont seulement indicatifs, expriment des intentions, opinions ou prétentions de l'administration. On les regroupe sous la dénomination générique d'actes non décisoires. Le recours contre de tels actes est irrecevable parce que le demandeur au recours pour excès de pouvoir ne saurait se plaindre de simples velléités de l'administration, alléguer une menace plus ou moins réelle.

Cette catégorie comprend les réponses ministérielles aux questions de parlementaires, les réponses faites à des élus locaux ou à des particuliers, les avis donnés par une autorité administrative à une autre, par un organisme consultatif, ou le Conseil économique, social et environnemental, les communiqués destinés à la presse, tel celui du Premier ministre rendant public le tracé retenu pour un TGV, qui est une simple déclaration d'intention, les comptes rendus de réunion, organigrammes, réponses à une demande d'information, la mesure par laquelle la Commission nationale du débat public fixe les modalités de déroulement de ce débat, le fait de donner mandat au président d'un établissement public pour engager des négociations ou, encore, les recommandations que la Haute Autorité de lutte contre les discriminations et pour l'égalité émet sans faire usage de la possibilité dont elle dispose de leur assurer une publicité particulière et qui n'énoncent pas de règles qui s'imposeraient aux personnes privées ou aux autorités publiques, mais recommandent aux personnes concernées des mesures qui lui semblent de nature à remédier à tout fait ou toute pratique qu'elle estime discriminatoires, ou les suggestions qu'elle émet (C.E., sect., 29 déc. 1995, Géniteau : *Rec.*, p. 463 ; 13 juil. 2007, Sté « Editions Tissot » : *Rec.*, p. 335 ; 25 oct. 2004, Sté Santeclair : *Rec.*, p. 858 ; 5 nov. 2004, Assoc. citoyenne intercnale des populations concernées par le projet d'aménagement de Notre-Dame des Landes et a. : *A.J.D.A.*, 2004, p. 2100 ; 13 juil. 2007, SARL Riviera, n° 295761).

549. L'irrecevabilité est aussi encourue si l'avis est contraignant pour l'autorité investie du pouvoir de décision (avis conforme). Mais on peut faire valoir les griefs existants contre l'avis à l'appui d'un recours dirigé contre la décision. Si l'avis est obligatoire, l'autorité est investie d'une compétence liée ; le refus de donner l'avis est susceptible de recours. Le recours est de même recevable contre le refus de faire une proposition ou de donner un renseignement, s'ils sont prévus par les textes.

550. Le recours est, en revanche, accueilli contre la lettre d'un ministre constatant la caducité d'une autorisation (C.E., 12 oct. 1984, Lafon : *Rec.*, p. 331), ou le refus de modifier un état signalétique et des services élaboré par l'autorité militaire. Si l'inscription au répertoire des entreprises tenu par l'INSEE est dépourvue d'effet juridique, le refus de la modifier fait grief. La recevabilité des recours dirigés contre des actes qui n'ont d'avis que le nom, tels les avis aux importateurs, décisions à caractère contraignant publiées au *Journal officiel*, est admise sans difficulté. Le recours est encore recevable contre des actes qui, formellement, constituent des prédécisions. La requête est irrecevable lorsqu'elle est dirigée contre un acte type, un contrat type, un règlement ou un cahier des charges type, mais recevable si l'administration mentionne dans ces actes quelle sera leur utilisation précise, sans qu'il soit possible d'y déroger autrement que sur autorisation spéciale.

C. Les actes intégrés à une procédure

551. Face à une procédure administrative composée d'une succession d'actes distincts, mais liés entre eux, la jurisprudence réserve le recours contre le seul acte principal, qui réalise l'essentiel du grief. Sont insusceptibles de recours les actes antérieurs à l'acte central, après lesquels le grief n'est pas encore pleinement réalisé – la requête est prématurée – et les actes postérieurs à l'acte central, actes de confirmation ou d'exécution qui n'ajoutent rien au grief – la requête est tardive.

D. Les actes préparatoires

552. Ces actes correspondent à la phase d'instruction de la procédure et n'ont pas de rôle essentiel dans la réalisation du grief. L'irrecevabilité est logique dans la mesure où la décision principale peut ne jamais intervenir. Si elle est prise, l'illégalité des actes préparatoires pourra en tout état de cause être invoquée à l'occasion d'un recours dirigé contre l'acte.

La dénomination d'acte préparatoire recouvre un grand nombre de décisions insusceptibles de recours, parce que ne faisant pas grief : constatations de faits, avis recueillis auprès d'organismes consultatifs, propositions, demandes de renseignements, transmissions administratives, offres faites par l'administration aux particuliers, ou constituant des mesures préparatoires proprement dites : invitation faite de participer à une procédure avec injonction de s'y soumettre, citation à comparaître devant un organisme administratif, ouverture de l'enquête préalable en matière d'expropriation, appréciations destinées à préparer une décision, déterminations destinées à permettre la prise d'une décision, document préparatoire à une délibération de conseil municipal, appel à candidatures en vue de l'attribution de fréquences de télévision (C.E., ass., 21 oct. 1988, Synd. CGT des hospitaliers de Bédarieux, SA « TF1 » : *Rec.*, p. 995).

Dans tous ces cas, le recours est recevable lorsque l'acte incriminé se révèle être en fait une décision susceptible par elle-même de faire grief, soit parce qu'il dissimule une décision à caractère réglementaire (C.E., ass., 27 févr. 1942, Sté immob. de Lys-Chantilly : *Rec.*, p. 67 ; 8 févr. 1965, Min. Éduc. nat. c. Savarit : *Rec.*, p. 89), soit parce qu'il préjuge au fond la décision finale. Le juge détache alors l'acte de la procédure pour admettre la recevabilité.

E. Les actes pris à la suite d'une décision

553. Ces mesures ont pour but de mettre la décision en application et, par conséquent, n'ajoutent rien au grief : mesures de publicité ou de notification de la décision, commentaires ou indications relatifs à la décision, ordres de versement ou de reversement, actes d'interprétation... Le seul recours possible est dans ce cas le recours en interprétation, sauf pour les circulaires à caractère réglementaire. La recevabilité du recours en annulation peut néanmoins être admise s'il appert qu'un grief effectif est né d'une décision de ce genre.

554. Les actes confirmatifs et les actes comminatoires méritent examen.

Les actes confirmatifs sont en principe insusceptibles de recours. Admettre une autre solution reviendrait à tolérer la remise en cause de la légalité du premier acte, l'acte confirmé, après l'expiration du délai de recours. Pour corriger la sévérité de cette solution, la jurisprudence retient une définition extrêmement stricte de l'acte confirmatif. L'acte confirmatif, insusceptible de recours, a les mêmes objets, effets et motifs que l'acte confirmé (C.E., 14 oct. 1955, Union de la propriété bâtie de France : *Rec.*, p. 481). Le recours est dès lors recevable contre la prorogation d'un acte antérieur, la nomination à titre définitif d'un agent public préalablement nommé à titre provisoire ou même une décision rigoureusement identique à un acte antérieur, mais se rapportant à des circonstances de fait ou de droit différentes de celles de la première décision.

N'est pas confirmatif du rejet d'une première demande celui d'une seconde demande, fondée sur une cause juridique distincte de la première (C.E., 10 août 2005, Maigret : *Rec.*, p. 1018).

Les actes comminatoires comportent injonction et mise en demeure d'agir en un certain sens adressées aux administrés. Ils ne visent qu'à assurer l'exécution d'une décision. La jurisprudence s'inspire en la matière de considérations empiriques plus que de principes directeurs, admettant le recours lorsque ces actes comminatoires sont assortis de menaces de sanction, mais non lorsqu'ils se bornent à rappeler les termes des textes en vigueur.

§ 2. Les mesures d'ordre intérieur

555. Ces actes, très divers, ont en commun d'être internes à l'administration ou de n'avoir pour destinataire qu'une autorité administrative ou un agent (ordres intérieurs, notes, avis, ordres du jour, instructions de service, circulaires, directives d'organisation et de fonctionnement, etc.). Un avis émis par l'Autorité de la concurrence, portant sur la situation concurrentielle dans le secteur de la distribution alimentaire à Paris et ne formulant pas d'appréciations emportant des effets de droit, ne constitue pas une décision faisant grief (C.E., 11 oct. 2012, Sté Casino Guichard Perrachon, n° 357193).

En principe à usage interne de l'administration, ils sont insusceptibles de recours. Inopposables par définition aux administrés, ne pouvant mettre d'obligations à leur charge, ceux-ci sont irrecevables à les attaquer. Les fonctionnaires qui en sont destinataires n'ont pas intérêt à agir contre eux, en raison du devoir d'obéissance hiérarchique.

A. Les circulaires

556. Les circulaires sont des actes pris par un chef de service en vue de donner des instructions aux agents placés sous son autorité ou leur indiquer comment appliquer une loi ou un règlement, fournir une interprétation ou un commentaire d'une législation ou d'une réglementation. Elles portent divers noms : instructions, notes de service..., mais ont en commun d'être internes à l'administration. Ces « véritables » circulaires ne font pas grief et sont insusceptibles d'être déférées au juge administratif (C.E., 10 juil. 1995, Assoc. « Un Sysiphe » : *Rec.*, p. 292).

Des exceptions au principe d'irrecevabilité ont été introduites par l'arrêt *Fedel*, puis par la construction jurisprudentielle relative aux circulaires à caractère réglementaire. La brèche ainsi ouverte a été élargie par les arrêts *Hardouin* et *Marie* (C.E., 22 juil. 1910 : *Rec.*, p. 620. ; ass., 17 févr. 1995 : *Rec.*, p. 82 et 85), qui admettent le recours contre les punitions d'arrêt dans l'armée et de cellule dans les établissements pénitentiaires, se fondant sur la nature et la gravité de la mesure et sur les effets de la punition sur la liberté d'aller et venir de l'intéressé et sa carrière ultérieure. L'acte ne fait pas grief s'il ne rejaillit pas en dehors du service et ne porte pas atteinte aux libertés ni aux droits statutaires de l'intéressé. Si l'acte crée une règle juridique et fait peser sur les administrés des obligations nouvelles et leur est opposable, le juge le requalifie en décision exécutoire et admet le recours (C.E., ass., 29 janv. 1954, Institution Notre-Dame de Kreisker : *Rec.*, p. 64 ; 13 janv. 1975, Da Silva et CFDT : *Rec.*, p. 169). Le recours contre les dispositions impératives à caractère général d'une circulaire doit être accueilli si l'interprétation qu'elles prescrivent réitère une règle contraire à une norme juridique supérieure (C.E., sect., 18 déc. 2002, Mme Duvignères : *Rec.*, p. 463).

Le Conseil d'État a précisé que l'interprétation que l'autorité administrative donne au moyen de dispositions impératives à caractère général des lois et règlements qu'elle a pour mission de mettre en œuvre n'est susceptible d'être directement déférée au juge de l'excès de pouvoir que si et dans la mesure où cette interprétation méconnaît le sens et la portée des prescriptions législatives ou réglementaires qu'elle se propose d'expliciter ou contrevient aux exigences inhérentes à la hiérarchie des normes juridiques (C.E., 14 juin 2002, Villemain : *Rec.*, p. 229). La juridiction administrative connaît des recours pour excès de pouvoir dirigés contre les instructions ou circulaires par lesquelles l'autorité ministérielle fait connaître, au moyen de dispositions impératives à caractère général, l'interprétation qu'elle entend donner des lois et règlements. Il en va ainsi alors même que ces instructions ou circulaires concernent la procédure pénale, sous réserve toutefois qu'elles ne se rapportent pas directement et exclusivement au déroulement d'une procédure judiciaire (C.E., 24 avr. 2012, Afane-Jacquart : *A.J.D.A.*, 2012, p. 915).

B. Les directives

557. Prise par une autorité administrative, en particulier un ministre, dans le cadre de son pouvoir discrétionnaire pour fixer, à elle-même ou à ses agents, la ligne de conduite à suivre lors de la prise de décisions individuelles, la directive n'a pas de caractère réglementaire. Énonçant une doctrine, elle ne produit pas d'effet à l'égard des administrés, car elle ne modifie pas, par elle-même, leur situation juridique (C.E., sect., 29 juin 1973, Sté Gea : *Rec.*, p. 453 ; 19 mars 2010, Garde des Sceaux c. Mazier : *J.C.P. A*, 2231). Elle n'est donc pas susceptible de recours (C.E., 18 oct. 1991, Union nat. de la propriété immob. : *Rec.*, p. 338). Lors de la prise de chaque décision, l'administration doit procéder à l'examen individuel du dossier. Elle n'est pas tenue au respect de sa directive, mais le juge recherche si la dérogation accordée, pour des motifs d'intérêt général ou en raison des particularités de l'espèce, n'est pas entachée d'une erreur manifeste d'appréciation (C.E., 18 nov. 1977, SA Entr. Marchand : *Rec.*, p. 441). La directive est opposable à l'administration qui ne peut ajouter, lors de la prise d'une décision individuelle, des motifs non prévus par elle (C.E., 12 déc. 1997, Office nat. interprof. des fruits, des légumes et de l'horticulture : *Rec.*, p. 676). Les administrés peuvent revendiquer l'application de la directive et l'invoquer devant le juge à l'appui d'un recours dirigé contre une décision individuelle qui y déroge, ou se prévaloir de leur situation particulière pour contester l'application qui leur est faite de la directive. L'illégalité d'une directive peut être invoquée par voie d'exception afin de contester une décision individuelle qui en fait application (Union nat. de la propriété immob., préc.). Le régime juridique de la directive emprunte donc à celui des règlements et à celui des circulaires interprétatives (C.E., sect., 11 déc. 1970, Crédit foncier de France : *Rec.*, p. 750).

Dans un arrêt A. (C.E., 19 sept. 2014, n° 364385), le Conseil d'État substitue l'expression « lignes directrices » à celle de directive.

Sous-section 3
L'impuissance des recours contre l'acte de gouvernement

558. Tout contrôle juridictionnel est exclu sur les actes de gouvernement, de la part des deux ordres de juridiction (Cass. crim., 21 août 1961, Fohran et Vallauri : *Bull. crim.*, 695 ; Rubin de Servens, préc.), car ils ne sont pas des actes administratifs.

§ 1. La liste des actes de gouvernement

559. On peut classer ces actes en trois catégories.

560. Les actes se rattachant aux rapports de l'État français avec un État étranger ou un organisme international : octroi ou refus de la protection diplomatique, décisions relatives à la défense ou la protection de Français ou d'intérêts français à l'étranger à l'égard d'autorités étrangères, vote d'un ministre au Conseil des Communautés européennes, actes relatifs à l'élaboration, la signature, la ratification ou l'exécution des traités, mise en demeure non détachable de négociations internationales, refus du ministre d'ouvrir des négociations avec un pays étranger pour obtenir l'exécution d'un jugement condamnant une société étrangère à payer des dommages et intérêts à une société française ou décisions destinées à ne recevoir application seulement hors de l'espace soumis à la souveraineté française (C.E., 2 mars 1966, D^{me} v^{ve} Cramencel : *Rec.*, p. 157 ; ass., 23 nov. 1984, Assoc. Les Verts parti écologique : *Rec.*, p. 382 ; 5 févr. 1926, D^{me} Caraco : *Rec.*, p. 125 ; 13 juil. 1979, Coparex : *Rec.*, p. 319 ; 25 mars 1988, Sté Sapvin : *Rec.*, p. 134 ; ass., 11 juil. 1975, Paris de Bollardière : *Rec.*, p. 423). Constituent aussi des actes de gouvernement le décret mettant en œuvre une résolution du Conseil de sécurité de l'ONU, la circulaire du ministre de l'Éducation nationale demandant aux établissements d'enseignement supérieur de suspendre toute coopération scientifique et technique avec l'Irak, la mesure par laquelle le ministre des Affaires étrangères refuse à un membre du personnel d'une mission diplomatique de séjourner en France ou la décision d'engager des forces militaires à l'étranger (C.E., 29 déc. 1997, Sté Héli-Union : *Rec.*, p. 501 ; 23 sept. 1992, GISTI et MRAP : *Rec.*, p. 346 ; 16 nov. 1998, Lombo : *Rev. fr. dr. admin.*, 1999, p. 254 ; 5 juil. 2000, Mégret et Mekhantar : *Rec.*, p. 291). Les actes par lesquels le groupe français de la Cour permanente d'arbitrage propose ou refuse de proposer une candidature à l'élection des juges à la Cour pénale internationale sont des actes de gouvernement (C.E., sect., 28 mars 2014, de Baynast, n° 373064).

561. Les actes concernant les relations entre le pouvoir exécutif et le Parlement : le refus de déposer un projet de loi, le retrait d'un projet de loi déposé, le décret de promulgation d'une loi, la convocation ou le refus de convocation d'une assemblée parlementaire, le décret de dissolution de l'Assemblée nationale, la soumission d'un projet de loi au référendum, les litiges relatifs au remboursement du cautionnement et des frais de propagande électorale et à la proclamation des résultats, la décision de mise en application de l'article 16 de la Constitution, la nomination par le président de la République d'un membre du Conseil constitutionnel (Rubin de Servens : préc. ; C.E., 29 nov. 1968, Tallagrand : *Rec.*, p. 607 ; ass., 19 janv. 1934, Cie marseillaise de navigation à vapeur Fraissinet : *Rec.*, p. 98 ; 3 nov. 1933, Desreumeaux : *Rec.*, p. 993 ; 20 févr. 1989, Allain : *Rec.*, p. 60 ; ass., 19 oct. 1962, Brocas : *Rec.*, p. 553 ; ass., 11 janv. 1963, Rebeuf : *Rec.*, p. 18 ; ass., 9 avr. 1999, Mme Ba : *Rec.*, p. 124), L'acte de convocation du Congrès ou la mise en œuvre de la procédure visant à constater L'empêchement provisoire du président de la République (C.E., 22 févr. 2005, Hoffer : *Rec.*, p. 691 ; réf., 8 sept. 2005, Hoffer : *Rec.*, p. 422).

562. Les actes de guerre, qui se situent en dehors du droit. Il s'agit de décisions ou d'activités se rattachant à la conduite d'opérations de guerre ou qui découlent directement d'événements de guerre : déroutement d'un navire étranger, exercice du droit d'angarie, sabordage de la flotte française à Toulon en 1942 (C.E., 1er mai 1929, Culucundis : *Rec.*, p. 434 ; 22 nov. 1957, Myrtoon Steamship et Cie : *Rec.*, p. 632 ; 17 juil. 1950, Éts Ranisse : *Rec.*, p. 442). Afin de décider s'il y a opération de guerre, le Conseil d'État retient des éléments de fait et recherche si, dans une région donnée, ont lieu des engagements militaires (C.E., 16 déc. 1949, Dme vve Allard : *Rec.*, p. 558). L'activité litigieuse doit se rattacher directement aux opérations de guerre (C.E., ass., 30 mars 1966, Sté Igniazio Messina : *Rec.*, p. 258).

Le refus de restituer une œuvre d'art spoliée, inscrite au répertoire MNR, n'est pas un acte de gouvernement (C.E., ass., 30 juil. 2014, Mme D. et Mme B., n° 349789).

§ 2. Les limites aux conséquences des actes de gouvernement

563. Le juge administratif s'efforce de limiter l'application de la théorie de deux façons.

564. Par le recours à la théorie des actes détachables : certains litiges relatifs aux relations extérieures de la France peuvent faire l'objet de recours, parce qu'ils peuvent être appréciés indépendamment de leurs incidences internationales ou ne posent que des questions de droit interne. Il en est ainsi de la légalité d'un décret d'extradition, du refus opposé à une demande d'extradition, de la répartition entre ayants droit français par le gouvernement français d'indemnités accordées globalement par un gouvernement étranger, de mesures prises à l'égard de coopérants ne mettant en cause que le fonctionnement du service français de la coopération, du permis de construire une ambassade, du décret ratifiant une convention diplomatique, des mesures d'application d'un acte diplomatique, de la décision mettant fin à la mission d'un coopérant technique, des décisions relatives à l'incinération de déchets en haute mer, du refus de renouveler une carte d'identité consulaire ou de l'autorisation d'installer un émetteur de radiodiffusion sur le territoire français (C.E., ass., 30 mai 1952, Dme Kirkwood : *Rec.*, p. 291 ; ass., 15 oct. 1993, Royaume-Uni de Grande-Bretagne et d'Irlande du Nord et Gouverneur de la colonie royale de Hong Kong : *Rec.*, p. 267 ; 16 déc. 1955, Épx Deltel : *Rec.*, p. 512 ; 1er oct. 1966, Aubert : *Rec.*, p. 512 ; 22 nov. 1978, Vo Thanh Nghia : *Rec.*, p. 523 ; 5 févr. 1926, Dme Caracao : *Rec.*, p. 125 ; 28 janv. 1948, Lecanu : *Rec.*, p. 41 ; 13 juil. 1966, Min. Fin. c. Leblanc : *Rec.*, p. 476 ;

5 juin 1981, Min. Culture et Envir. c. Sté Incimer : *Rec.*, p. 244 ; 26 juil. 1982, Guichenne : *Rec.*, p. 494 ; 17 déc. 1982, Sté Radio Monte-Carlo : *Rec.*, p. 418). Il en va de même de la révocation d'un ambassadeur de France en poste à l'étranger et de l'arrêté du préfet de police interdisant une manifestation en faveur du Tibet lors de la venue en France du président de la République populaire de Chine (C.E., 12 déc. 1997, Fessard de Foucault : *Rec.*, p. 899 ; 12 nov. 1997, Min. Int. c. Assoc. La communauté tibétaine en France et ses amis : *Rec.*, p. 417). De même est détachable des rapports entre le pouvoir exécutif et le pouvoir législatif le décret du Premier ministre confiant une mission temporaire à un parlementaire (C.E., sect., 25 sept. 1998, Mégret : *Rec.*, p. 341). En revanche, le Conseil constitutionnel ayant admis sa compétence pour connaître de recours préalablement à la tenue du scrutin contre les décrets portant organisation du référendum et de la campagne référendaire, le Conseil d'État estime irrecevable le recours contre ces mêmes actes devant lui (C.E., ass., 1er sept. 2000, Larrouturou : *Rec.*, p. 365).

565. Par l'admission du recours en indemnité, admis en ce qui concerne les faits de guerre, mais qui sera rejeté en l'absence de texte législatif prévoyant la responsabilité de l'État, car il n'existe pas de responsabilité sans texte. Le recours en indemnité du fait des dommages causés par une convention internationale régulièrement incorporée dans l'ordre juridique interne est recevable. La responsabilité sera engagée si le dommage revêt un caractère grave et spécial (C.E., 30 mars 1966, Cie gén. d'énergie radioélectrique : *Rec.*, p. 257 ; 29 déc. 2004, Almayrac : *Rec.*, p. 465).

L'admission du recours en indemnité n'est pas étendue aux autres actes de gouvernement.

Sous-section 4 L'exclusion du recours pour excès de pouvoir contre les contrats

566. Depuis l'arrêt de principe *Martin* (C.E., 19 déc. 1905 : *Rec.*, p. 749, concl. Romieu), il est admis qu'un contrat ne peut jamais être contesté par la voie du recours pour excès de pouvoir. Cette exclusion se justifie notamment par le fait qu'un recours objectif, ayant pour but de garantir le respect de la légalité générale, ne saurait être utilisé dans le domaine contractuel, le contrat se caractérisant par sa nature subjective. Ceci explique également que l'on ne puisse se fonder, à l'appui d'un recours pour excès de pouvoir, sur la violation d'une clause d'un contrat (C.E., ass., 8 janv. 1988, Min. Plan c. V. Strasbourg : *Rec.*, p. 3).

Le principe connaît quelques inflexions, que le récent arrêt *Département de Tarn-et-Garonne* (préc.) a considérablement restreintes. Cet arrêt décide que les tiers au contrat et les membres de l'organe délibérant de la collectivité territoriale ou du groupement de collectivités territoriales concerné ne peuvent former qu'un recours de pleine juridiction en contestation de la validité du contrat contre la légalité du choix du cocontractant, la délibération autorisant la conclusion du contrat et la décision de le signer. Toutefois, le principe connaît une exception au profit du préfet qui est recevable, dans le cadre du contrôle de légalité, à contester la légalité de ces actes par le biais d'un recours pour excès de pouvoir, ce jusqu'à la conclusion du contrat, date à laquelle les recours déjà engagés et non encore jugés perdent leur objet.

567. Le recours pour excès de pouvoir est ouvert aux tiers contre les actes détachables postérieurs au contrat : actes concernant l'exécution du contrat, positivement (C.E., sect., 9 déc. 1983, V. Paris, Sté des mobiliers urbains pour la publicité et l'information : *Rec.*, p. 499, concl. Genevois) ou négativement, tel le refus de prendre les mesures nécessaires pour assurer l'exécution du contrat (C.E., 21 déc. 1906, Synd. des propriétaires et contribuables du quartier Croix-de-Seguey-Tivoli : *Rec.*, p. 962, concl. Romieu), et actes concernant la fin du contrat, tels que le refus de le résilier (C.E., sect., 24 avr. 1964, SA de livraisons industrielles et commerciales : *Rec.*, p. 239) ou la décision de résiliation (C.E., ass., 2 févr. 1987, Sté TV6 : *Rec.*, p. 29).

Les tiers à un contrat peuvent solliciter du préfet qu'il forme un déféré contre un contrat passé par une collectivité territoriale (C.E., 2 nov. 1988, Co. Rép. Hauts-de-Seine c. OPHLM de Malakoff : *Rec.*, p. 659; sect., 26 juil. 1991, Cne Sainte-Marie : *Rec.*, p. 302; 4 nov. 1994, Dpt Sarthe : *Rec.*, p. 801).

Les tiers peuvent former un recours pour excès de pouvoir contre les contrats de recrutement d'agents publics (C.E., sect., 30 oct. 1998, V. Lisieux : *Rec.*, p. 375, concl. Stahl).

Le recours pour excès de pouvoir est recevable contre les dispositions réglementaires contenues dans un contrat administratif (C.E., ass., 10 juil. 1996, Cayzeele : *Rec.*, p. 274), mais uniquement contre elles (C.E., 14 mars 1997, Cie d'aménagement des Coteaux de Gascogne : *Rev. fr. dr. admin.*, 1997, p. 349), et à condition que ces dispositions soient divisibles du reste du contrat.

Lorsque le cocontractant forme, par erreur, un recours pour excès de pouvoir contre la décision de résiliation du contrat qui le lie à l'administration, laquelle relève du plein contentieux, le juge ne déclare pas son recours irrecevable pour cause d'existence d'un recours parallèle devant le juge du contrat, mais le requalifie en recours de plein contentieux, dans tous les cas où le juge du contrat a le pouvoir de prononcer l'annulation de cette résiliation (tel est le cas des concessions de service public, qui supposent des investissements lourds : C.E., 20 janv. 1905, Cie dptale des eaux : *Rec.*, p. 56, concl. Romieu ; 9 juil. 1997, Sté des eaux de Luxeuil-les-Bains, V. Cannes, 2 esp. : *Rev. fr. dr. admin.*, 1998, p. 535, concl. Bergeal).

SECTION 2
LA FIN DE NON-RECEVOIR TENANT À L'EXISTENCE D'UN RECOURS PARALLÈLE

568. Il y a recours parallèle lorsque le requérant dispose, pour obtenir satisfaction dans le même litige, d'une autre voie que le recours pour excès de pouvoir.

Sous-section 1
La notion de recours parallèle

569. Le recours parallèle interdisant l'exercice du recours pour excès de pouvoir doit être un recours juridictionnel. Il doit s'agir d'une action directe et non d'un moyen de défense. Ainsi, l'article R. 610-5 du Code pénal, qui permet de soulever l'exception d'illégalité d'un acte administratif devant le juge répressif, n'empêche pas de demander au juge administratif l'annulation du même acte. Le recours parallèle doit permettre d'aboutir au même résultat que le recours pour excès de pouvoir (C.E., 1er avr. 1998, Min. Aff. soc. : *Rev. fr. dr. admin.*, 1998, p. 664).

570. En matière contractuelle, la violation des dispositions du contrat ne peut faire l'objet de recours que devant le juge du contrat. Cependant, le juge se reconnaît le pouvoir d'annuler le contrat ou certaines clauses d'un contrat passé entre deux personnes publiques et ayant pour objet l'organisation d'un service public (C.E., sect., 31 mars 1989, Dpt Moselle : *Rec.*, p. 105 ; 13 mai 1992, Cne Ivry-sur-Seine : *Rec.*, p. 198). En outre, le déféré préfectoral est possible même contre un contrat. Ce déféré, assimilé au recours pour excès de pouvoir à ses origines (C.E., 26 juil. 1991, Cne Sainte-Marie-de-la-Réunion : *Rec.*, p. 302), relève aujourd'hui du plein contentieux (C.E., 23 déc. 2011, Min. Int. : *Rec.*, p. 662).

571. En matière électorale, le recours pour excès de pouvoir est exclu en principe, sauf s'il n'existe pas de recours électoral spécial (C.E., ass., 17 avr. 1953, Falco et Vidaillac : *Rec.*, p. 175).

En matière d'immeubles menaçant ruine, le propriétaire ne peut former un recours pour excès de pouvoir contre l'arrêté de péril frappant son immeuble.

En matière fiscale, le recours devant le juge fiscal permet au contribuable d'obtenir la décharge ou la réduction du montant de la dette.

Sous-section 2
Les actes détachables

572. En présence d'une opération comportant plusieurs actes, le recours pour excès de pouvoir est recevable contre les actes détachables de celui qui en est insusceptible.

§ 1. Les actes détachables du contrat

573. En matière contractuelle, le recours pour excès de pouvoir formé par un tiers au contrat est recevable contre les actes postérieurs au contrat lui-même, comme la décision de résilier le contrat. Le décret résiliant un traité de concession est détachable de ce traité à l'égard d'un tiers (C.E., ass., 2 févr. 1987, Sté TV6 : *Rec.*, p. 29), mais non à l'égard du concessionnaire. L'annulation de l'acte détachable du contrat peut conduire le juge à constater la nullité du contrat et même à enjoindre la résiliation du contrat (C.E., 1er oct. 1993, Sté Le Yacht-Club International de Bormes-les-Mimosas : *Rec.*, p. 874 ; sect., 7 oct. 1994, Lopez : *Rec.*, p. 430 ; sect., 26 mars 1999, Sté Hertz-France : *Rec.*, pp. 95 et 107).

En revanche, la voie du recours pour excès de pouvoir contre les actes détachables préalables à la passation du contrat est fermée pour les concurrents évincés de la conclusion d'un contrat, dès lors qu'ils peuvent former un recours contre le contrat sur le fondement de la jurisprudence *Tropic* (C.E., ass., 16 juil. 2007, Sté Tropic Travaux Signalisation : *GAJA*, 19e éd., n° 113). Elle est fermée également aux autres tiers, à l'exception du préfet, depuis l'arrêt *Département de Tarn-et-Garonne*, préc., qui, abandonnant la jurisprudence *Martin* (C.E., 4 août 1905 : *Rec.*, p. 749, concl. Romieu), ouvre aux tiers au contrat, y compris aux élus locaux, un recours en contestation de validité du contrat contre la légalité du choix du cocontractant, la délibération autorisant la conclusion du contrat et la décision de le signer.

574. Le préfet de département est, quant à lui, recevable, dans le cadre du contrôle de légalité, à contester la légalité de ces mêmes actes par la voie d'un recours pour excès de pouvoir, ce jusqu'à la conclusion du contrat, date à laquelle les recours déjà engagés et non encore jugés perdent leur objet.

Un contrat peut être annulé sur déféré préfectoral (C.E., 2 nov. 1988, Co. Rép. Hauts-de-Seine c. OPHLM de Malakoff : *Rec.*, p. 659 ; 4 nov. 1994, Dpt Sarthe : *Rec.*, p. 801). L'absence de transmission avant la date de conclusion du contrat de la délibération autorisant le maire à le signer entraîne l'illégalité de ce contrat. En revanche, la résiliation d'un contrat de concession ne peut faire l'objet d'un recours pour excès de pouvoir (C.E., sect., 20 oct. 2000, Sté Cité câble-Est : *Rec.*, p. 457 ; C.E.,

9 juil. 1997, Sté des eaux de Luxeuil-les-Bains et V. Cannes : *Rev. fr. dr. admin.*, 1998, 535).

Il importe de préciser que tous les tiers peuvent également attaquer tous les actes détachables d'un contrat de droit privé, solution qui s'inscrit dans la continuité de la jurisprudence SARL Brasserie du Théâtre contre commune de Reims (T. confl., 22 nov. 2010 : *Rec.*, p. 590) précisant que les actes détachables d'un contrat de droit privé qui relèvent de la gestion privée ne peuvent être attraits devant la juridiction administrative. Ainsi, une décision relative à une convention ne comportant aucune clause exorbitante et non détachable de la gestion du domaine privé relève de la compétence des juridictions judiciaires.

Par ailleurs, les clauses réglementaires d'un contrat peuvent être attaquées par la voie du recours pour excès de pouvoir (C.E., ass., 10 juil. 1996, Cayzeele : *Rec.*, p. 274), ces clauses étant considérées comme divisibles par nature du reste du contrat (C.E., sect., 8 avr. 2009, Assoc. Alcaly et autres : *Rec.*, p. 112).

Les contrats de recrutement d'agents non titulaires par une collectivité publique peuvent faire l'objet d'un recours pour excès de pouvoir de la part des tiers (C.E., sect., 30 oct. 1998, V. Lisieux : *Rec.*, p. 375).

§ 2. Les actes détachables en matière électorale

575. En contentieux électoral, lorsqu'il s'agit d'élections administratives relevant de la compétence du juge administratif, sont détachables les actes réglementaires préliminaires aux opérations électorales, comme la convocation des électeurs ou la délibération d'un conseil général décidant le sectionnement électoral d'une commune (C.E., 28 janv. 1994, Spada et a., Élect. mun. Saint-Tropez : *Rec.*, p. 39 ; C.E., 7 août 1903, Chabot : *Rec.*, p. 619).

§ 3. Les actes détachables en matière fiscale

576. En contentieux fiscal, il existe de nombreuses hypothèses d'actes détachables, en particulier les actes réglementaires, telle une délibération de conseil municipal créant une taxe (C.E., sect., 21 janv. 1949, Cie agricole La Crau : *Rec.*, p. 26).

SECTION 4

LES CAS D'OUVERTURE OU MOYENS D'ANNULATION

577. Les ouvertures du recours pour excès de pouvoir s'ordonnent autour du contrôle de la régularité formelle et du contrôle de la régularité matérielle de l'acte.

La légalité d'un acte administratif s'apprécie par rapport aux exigences de la légalité, de droit et de fait, telles qu'elles existaient au moment où il a été édicté (C.E., sect., 22 juil. 1949, Sté des automobiles Berliet : *Rec.*, p. 367). En principe, les circonstances postérieures à son édiction restent sans influence sur sa légalité. En cas de modification des textes applicables entre le jour où l'administration prend sa décision et le jour de la demande du requérant, la légalité de la décision s'apprécie par rapport à la légalité existant le jour de l'édiction de l'acte, et non par rapport à la légalité existant le jour de la demande (C.E., sect., 7 mars 1975, Cne de Bordères-sur-l'Echez : *Rec.*, p. 179). Cependant, l'administration peut invoquer devant le juge de l'excès de pouvoir, en première instance comme en appel, de nouveaux motifs au soutien de la décision attaquée. Il revient en ce cas au juge d'apprécier si le nouveau motif est de nature à fonder légalement la décision et si l'administration aurait pris la même décision en présence de ce motif, s'il avait été le motif initial (C.E., sect., 6 févr. 2004, Hallal : *Rec.*, p. 48).

Les illégalités affectant des éléments extérieurs à l'acte postérieurement à son édiction (défaut de publication, publication irrégulière, inapplication de l'acte...) restent sans influence sur sa légalité. Un acte est légal ou illégal à la date de son édiction, il ne saurait le devenir du fait de circonstances postérieures à celle-ci. Il en résulte que, lorsqu'un acte prétendu illégal disparaît postérieurement à l'introduction du recours, ce recours ne devient pas sans objet. Il sera jugé en fonction de l'état du droit qui existait au moment de l'édiction de l'acte. Cette solution est d'autant plus opportune en pratique qu'en cas d'abrogation d'un acte en cours d'instance, l'annulation fera disparaître les effets que l'acte a pu produire entre son édiction et son abrogation.

Le juge prend cependant parfois en compte des éléments postérieurs à l'édiction de l'acte pour apprécier la légalité de celui-ci, mais uniquement lorsque des éléments de fait sont une composante essentielle de sa légalité. Tel est le cas lorsqu'un fait postérieur à la décision révèle l'inexactitude matérielle des faits sur lesquels est fondée la décision ou un détournement de pouvoir.

578. Les moyens de légalité formelle, ou externe, sont l'incompétence et le vice de forme. Le juge ne s'occupe pas du fond, il recherche si l'acte a été pris par l'autorité compétente et dans les formes requises.

La violation de la loi et le détournement de pouvoir relèvent de la régularité matérielle. Ce contrôle du contenu de l'acte, plus poussé que le précédent, s'effectue de deux façons. Du point de vue objectif, le juge recherche si le contenu de l'acte est conforme à la règle de droit, contrôle les motifs de l'acte. Ce moyen, la violation de la loi, s'est considérablement développé. Du point de vue subjectif, le juge vérifie les intentions de l'auteur de l'acte, recherche si ce dernier a bien poursuivi le but légal qui lui était assigné. Il contrôle les mobiles de l'acte, c'est le moyen de détournement de pouvoir.

Si l'acte est annulé pour violation de la légalité externe, le fond de l'acte pouvait être correct. L'administration peut le reprendre, en respectant les formes. En cas d'annulation pour violation de la légalité interne, le fond était contraire à la légalité, l'administration ne peut refaire l'acte avec un contenu identique.

579. Le contrôle du juge et son intensité varient suivant la plus ou moins grande marge de liberté accordée à l'administration. Si l'administration détient un pouvoir discrétionnaire, le juge exerce un contrôle minimum ; si elle dispose d'une compétence liée, l'administration est obligée par les textes mêmes d'agir dans un sens donné, dès lors que certaines circonstances de fait sont réunies et le contrôle du juge est beaucoup plus poussé.

580. Les moyens de légalité externe et les moyens de légalité interne constituent des causes juridiques distinctes. Un requérant qui a fondé initialement sa demande uniquement sur des moyens de légalité externe ne peut, après l'expiration du délai de recours, invoquer un moyen de légalité interne, et réciproquement (C.E., 20 févr. 1953, Sté Intercopie : *Rec.*, p. 88).

Cette règle reçoit exception dans le cas d'un moyen d'ordre public : incompétence de l'auteur de l'acte et violation des formes substantielles (défaut de consultation du Conseil d'État (C.E., 17 juil. 2013, Synd. nat. des professionnels de santé au travail : *Rec.*, p. 219) ou du Conseil constitutionnel), défaut d'application de la loi, au sens d'inapplicabilité de la loi (C.E., 11 mai 1956, Sté fr. des transports Gondrand frères : *Rec.*, p. 203).

Sous-section 1
Les moyens de légalité externe

581. Pour les détecter, il suffit d'examiner les aspects extérieurs de l'acte : signature, visas, procédure.

§ 1. L'incompétence

582. Il y a incompétence lorsque l'acte a été pris par une autorité qui n'avait pas qualité pour ce faire. Ce vice, le plus grave qui puisse entacher un acte administratif, ne peut être couvert. Ce moyen constitue le cas d'ouverture le plus ancien, il est d'ordre public et revêt plusieurs formes.

A. L'incompétence positive

583. Elle peut revêtir elle-même quatre formes.

584. L'usurpation de pouvoir : un individu s'immisce dans l'administration ou une autorité administrative empiète sur le domaine législatif ou juridictionnel (C.E., 10 janv. 1908, Legouez : *Rec.*, p. 9 ; 31 mai 1957, Rosan Girard : *Rec.*, p. 355). La décision est inexistante.

585. L'incompétence *ratione materiae* : une autorité administrative empiète sur les compétences d'une autre. Par exemple, un décret intervient dans le domaine de la loi, le maire prend un règlement à la place de l'autorité supérieure, une autorité usurpe le pouvoir réglementaire, le Premier ministre prend un décret à la place du président de la République (C.E., 23 mars 1994, Cté d'entreprise Renault : *Rec.*, p. 151). Le cas le plus fréquent est la prise d'une mesure réglementaire par un ministre (C.E., ass., 7 juil. 1978, Essaka : *Rec.*, p. 297).

586. L'incompétence *ratione loci* : une autorité prend une décision qui s'applique hors de sa circonscription territoriale. Par exemple, une commission de remembrement inclut dans son plan des parcelles situées dans des communes non concernées, un arrêté de police municipale concerne une partie du territoire d'une commune voisine, un préfet ordonne l'internement administratif d'un individu ayant quitté le département (C.E., 31 janv. 1955, D^me^ v^ve^ Thomas : *Rec.*, p. 36 ; sect., 9 mai 1980, Cne Champagne-de-Blanzac : *Rec.*, p. 221 ; 27 janv. 1950, Perrin : *Rec.*, p. 64).

587. L'incompétence *ratione temporis* : une autorité prend un acte avant d'être nommée ou après la cessation de ses fonctions ou du délai au terme duquel elle n'a plus compétence (C.E., sect., 19 déc. 1952, D^lle^ Mattéi : *Rec.*, p. 594). La théorie du fonctionnaire de fait peut cependant jouer (C.E., sect., 16 mai 2001, Mtimet : *A.J.D.A.*, 647). Un gouvernement démissionnaire ne peut qu'expédier les affaires courantes (C.E., 4 avr. 1952, Synd. rég. des quotidiens d'Algérie : *Rec.*, p. 210 ; ass., 19 oct. 1962, Brocas : *Rec.*, p. 553), c'est-à-dire celles qui, en raison de leur urgence, imposent des décisions immédiates et celles qui constituent l'exécution de la tâche administrative quotidienne, ne présentant aucun choix politiquement ou juridiquement délicat, aucune difficulté particulière. Ces règles valent pour tous les titulaires de fonctions administratives.

Commet de même une illégalité l'autorité qui prend un acte administratif rétroactif, ou par anticipation. Une décision rétroactive est toujours illégale, en ce qu'elle méconnaît la règle de droit. Les actes individuels pris par anticipation, destinés à ne produire d'effets qu'après un certain délai, manifestement excessif, sont illégaux, car l'autorité empiète sur les pouvoirs de l'autorité qui sera en fonction lorsque la situation qu'elle prétend régler se produira (titularisation effectuée à l'avance, nomination prononcée longtemps avant la date où elle prendra effet ou nomination pour ordre).

B. L'incompétence négative

588. Une autorité se déclare à tort incompétente pour prendre un acte ou se croit, à tort, liée par un avis purement consultatif ou laisse sa compétence à un organe consultatif (Quéralt ; C.E., sect., 20 juin 2003, Stilinovic : *Rec.*, p. 258). Le gouvernement, agissant dans le cadre de l'article 38 de la Constitution, reste en deçà de la compétence de l'autorité investie du pouvoir de prendre des mesures relevant du domaine de la loi. L'administration ne peut se prononcer à l'avance sur sa compétence dans un sens négatif (C.E., ass., 3 juil. 1998, Synd. des médecins de l'Ain : *Rec.*, p. 277 ; 9 mars 1951, Cne Villefranche-sur-Saône : *Rec.*, p. 144).

C. Les dérogations aux règles normales de compétence

589. Différents procédés, prévus par des textes ou la jurisprudence, permettent de déroger aux règles normales de compétence, dans le but d'assurer la continuité des services publics.

La suppléance, ou remplacement provisoire d'une autorité ou d'un fonctionnaire empêchés, est prévue par les textes, qui indiquent qui les remplacera (C.E., ass., 25 oct. 1957, Sté du parc à essence de Chambry : *Rec.*, p. 554).

L'intérim est un remplacement à caractère temporaire, non prévu par un texte.

La délégation de pouvoirs ou de compétence consiste, pour une autorité, à se dessaisir d'une partie de ses attributions. Par la délégation de signature, une autorité autorise un ou plusieurs de ses subordonnés à signer certaines décisions à sa place et sous sa responsabilité.

La théorie jurisprudentielle des fonctionnaires de fait aboutit à conférer aux décisions prises par des personnes qui n'ont aucune compétence pour ce faire, qui se sont immiscées dans l'administration, certains effets de droit (Cass. civ., 7 août 1883, Affaire des mariages de Montrouge : *D.*, 1884, I, 5). La théorie du fonctionnaire de fait a été appliquée dans l'affaire *Mtimet* (C.E., sect., 16 mai 2001 : *A.J.D.A.*, 2001, p. 647). Le préfet de police Massoni avait été maintenu dans ses fonctions au-delà de la limite d'âge, décision manifestement illégale. Une de ses décisions avait été attaquée pour « incompétence » par M. Mtimet. Cette requête a été rejetée, le Conseil d'État considérant « qu'un fonctionnaire nommé aux fonctions qu'il occupe doit être considéré comme légalement investi de ces fonctions tant que sa nomination n'a pas été annulée ».

La théorie des circonstances exceptionnelles peut conduire aux mêmes effets.

§ 2. Le vice de forme

590. La jurisprudence cherche à accorder des garanties aux administrés tout en évitant d'annuler tout acte entaché d'un vice de forme. Il y a vice de forme, ou de procédure, lorsqu'un acte a été pris sans qu'aient été respectées, ou correctement respectées, des formalités et procédures prescrites par les textes ou la jurisprudence. La méconnaissance d'une formalité obligatoire n'entache l'acte d'illégalité que si son observation ou son inobservation a pu avoir des conséquences sur le fond de l'acte. Le juge ne censure pas davantage un acte pris sans qu'ait été respectée une procédure impossible à respecter.

Le juge évite d'imposer à l'administration un formalisme excessif. Lorsqu'une loi impose le respect de certaines règles de forme, telle la loi du 11 juillet 1979 relative à la motivation de certains actes administratifs, il vise à conférer à ces obligations un effet utile pour les administrés, sans s'attacher nécessairement à leur lettre. Si les actes administratifs doivent être pris selon les formes et conformément aux procédures prévues par les lois et règlements, un vice affectant le déroulement d'une procédure administrative préalable, suivie à titre obligatoire ou facultatif, n'est de nature à entacher d'illégalité la décision prise que s'il ressort des pièces du dossier qu'il a été susceptible d'exercer, en l'espèce, une influence sur le sens de la décision prise ou qu'il a privé les intéressés d'une garantie. L'application de ce principe n'est pas exclue en cas d'omission d'une procédure obligatoire, à condition qu'une telle omission n'ait pas pour effet d'affecter la compétence de l'auteur de l'acte (C.E., ass., 23 déc. 2011, Danthony : *Rec.*, p. 649).

Le juge annulera donc une décision prise à l'issue d'une procédure administrative préalable affectée d'une irrégularité, si cette procédure est constitutive d'une garantie. Sont, dans ce cadre, considérés comme des garanties, les droits attribués à des individus (droits des fonctionnaires : C.E., 22 févr. 2012, Sarrazin : *A.J.D.A.*, 2012, p. 409) ou un public concerné par un film (C.E., 29 juin 2012, Assoc. Promouvoir : *A.J.D.A.*, 2012, p. 1957), ou la communication préalable du dossier à l'intéressé (C.E., 31 janv. 2014,

X., n° 369718). Un vice mineur n'est pas privatif de garantie et n'entraînera pas l'annulation de l'acte.

S'il n'y a pas « privation de garantie », le juge doit rechercher si le vice a été susceptible d'avoir influencé le sens de la décision. Cette appréciation doit se faire *in concreto*. Seules des irrégularités mineures ne seront pas susceptibles d'entraîner l'annulation de la décision.

La jurisprudence *Danthony* connaît de très nombreuses applications.

La régularité de la procédure de consultation d'un organisme s'apprécie au regard des textes en vigueur à la date à laquelle intervient la décision devant être précédée de cette consultation (C.E., 22 janv. 2013, Synd. nat. CGT des chancelleries et services judiciaires : *Rec.*, p. 426).

En cas de compétence liée, l'omission ou l'illégalité entachant une formalité n'entraîne pas l'annulation de l'acte : son contenu était, en tout état de cause, dicté à l'administration.

Sous-section 2
Les moyens de légalité interne

591. Il existe deux moyens de légalité interne, la violation de la loi et le détournement de pouvoir. Pour les détecter, il faut examiner le contenu de l'acte. Après avoir dégagé le moyen de détournement de pouvoir (C.E., 25 nov. 1875, Pariset : *Rec.*, p. 934), le juge a étendu son contrôle à la qualification juridique des faits (C.E., 4 avr. 1914, Gomel : *Rec.*, p. 488) et à l'exactitude matérielle des faits (C.E., 14 janv. 1916, Camino : *Rec.*, p. 15). Puis le juge a contraint l'administration à faire connaître, dans certains cas, les motifs de ses actes (C.E., 30 mai 1954, Barel : *Rec.*, p. 308 ; 26 janv. 1968, Sté Maison Genestal : *Rec.*, p. 62). Plus récemment, il a entrepris de sanctionner l'erreur manifeste d'appréciation (C.E., 15 févr. 1961, Lagrange : *Rec.*, p. 121) et d'effectuer un bilan coût-avantages de l'acte (C.E., 28 mai 1971, Ville Nouvelle-Est : *Rec.*, p. 409).

L'intensité du contrôle varie. À l'occasion du contrôle normal, le juge procède en théorie à une vérification complète de l'appréciation des faits effectuée par l'administration. En cas de contrôle restreint, il vérifie seulement les erreurs manifestes d'appréciation dans l'exercice du pouvoir discrétionnaire ou d'opportunité, erreurs manifestes qui ne sont pas contrôlées dans le cadre du contrôle minimum. S'aventurant aux confins de l'opportunité, à l'occasion du contrôle maximum, le juge applique la théorie du bilan coût-avantages.

§ 1. La violation de la loi

592. Peut constituer une violation de la loi la méconnaissance de deux principes : le principe de légalité formelle et le principe de légalité matérielle.

Le principe de légalité formelle implique le respect de la hiérarchie des normes juridiques, suivant un critère organique, tiré de la qualité de leur auteur. Le principe connaît quelques atténuations. Ainsi, en matière de police, les autorités municipales peuvent édicter des mesures plus rigoureuses que celles prises par les autorités supérieures, si les circonstances locales le commandent (Cne de Néris-les-Bains ; 18 déc. 1959, Sté Les Films Lutetia : *Rec.*, p. 693). Le juge des référés du Conseil d'État a précisé que les mesures portées, pour des exigences d'ordre public, à l'exercice des libertés d'expression et de réunion, qui sont des libertés fondamentales, doivent être nécessaires, adaptées et proportionnées (C.E., ord., 11 janv. 2014, SARL Les productions de la Plume et M. Dieudonné M'Bala M'Bala, n° 374552).

Le principe de légalité matérielle oblige l'administration, lorsqu'elle élabore un acte individuel, à respecter l'acte réglementaire sur lequel il s'appuie, sans y déroger ni le transgresser (adage *tu patere legem quam fecisti*).

A. Le contenu de la notion

593. Encourt l'annulation l'acte qui a violé toute norme qui lui est supérieure : Constitution (C.E., 23 mai 2008, M. et Mme F. : *Rev. fr. dr. admin.*, 2008, p. 843 : atteinte au droit de propriété), traité international, loi (C.E., 16 avr. 1986, Cie luxembourgeoise de télédiffusion : *A.J.D.A.*, 1987, p. 328 ; 17déc. 1986, Synd. de l'Armagnac : fait pour le gouvernement de libéraliser par cahier des charges approuvé par décret le système législatif relatif à la diffusion des œuvres cinématographiques au profit d'une chaîne de télévision privée ; 23 juin 1989, Bunoz : *Rev. fr. dr. admin.*, 1989, p. 714 : irrespect du Code de la nationalité), principe général du droit (C.E., 23 avr. 1982, V. Toulouse c. Mme Aragnou : *A.J.D.A.*, 1982, p. 476 : violation du principe en vertu duquel la rémunération d'un agent public ne saurait être inférieure au SMIC ; 26 avr. 1985, V. Tarbes : *A.J.D.A.*, 1985, p. 446 : principe d'égalité), chose jugée... ou qui méconnaît un acte administratif hiérarchiquement supérieur, notamment un acte réglementaire. La loi est entendue comme la légalité. Il y a violation directe de la règle de droit lorsque l'administration méconnaît une règle de droit qu'elle aurait dû respecter. Le gouvernement ne peut prolonger l'application d'une mesure dont la loi a prévu qu'elle cesserait à une certaine date (C.E., 10 avr. 1957, Deschodt et a. : *Rec.*, p. 250). Les arrêtés et circulaires mettant en place un enseignement « bilingue » par immersion « à parité horaire » méconnaissent la loi sur l'enseignement du français (C.E., 29 nov. 2002, Conseil nat.

des groupes académiques de l'enseignement public : *E.D.C.E.*, 2003, p. 39 : affaire des écoles « Diwan » et de l'enseignement du breton). Une ordonnance qui remédie, pour le passé, à une éventuelle méconnaissance, par des dispositions législatives, de règles et principes de valeur constitutionnelle ou de traités internationaux méconnaît l'habilitation sur laquelle elle se fonde à codifier ces dispositions à droit constant sous réserve des modifications nécessaires pour assurer le respect de la hiérarchie des normes (C.E., 21 mars 2012, Sté EDF : *Rec.*, p. 96).

B. La mise en œuvre des moyens ou contrôle des motifs

594. Les moyens de l'acte administratif sont les éléments de droit ou de fait qui ont conduit l'administration à agir, dans tel ou tel sens, ou à s'abstenir.

Les motifs de fait, les circonstances de fait qui ont provoqué l'édiction de l'acte (C.E., 19 mai 1933, Benjamin : *Rec.*, p. 541), constituent le premier élément de contrôle.

Les motifs de droit sont le défaut de base légale et l'erreur de droit.

Le défaut de base légale résulte de l'inapplicabilité d'un texte : un acte est pris hors du champ d'application d'une loi (C.E., 23 mai 1947, Mesmer : *Rec.*, p. 218 : application du statut des fonctionnaires à une personne sortie des cadres et qui n'est donc plus fonctionnaire ; 1er févr. 1985, Union dptale, n° 24142 : arrêté conférant à certaines communes des prix de l'électricité plus favorables sur le fondement de l'ordonnance de 1945, qui ne permet l'intervention des pouvoirs publics que pour des motifs économiques et ne saurait recevoir application en un tel cas), une décision est prise sur le fondement d'un texte qui ne peut s'appliquer en l'espèce, ou qui n'est plus, ou pas encore, applicable (C.E., ass., 27 mai 1955, Deleuze : *Rec.*, p. 256 ; ass., 20 janv. 1950, Cne Tignes : *Rec.*, p. 46). Le gouvernement ne peut nommer un fonctionnaire pour occuper un emploi à sa décision que pour autant que les règles statutaires applicables à celui-ci n'y font pas obstacle (C.E., ass., 31 mai 2006, Synd. CFTC du min. aff. étr. : *Rec.*, p. 274).

L'erreur de droit consiste à appliquer un texte sans rapport avec le problème (C.E., ass., 25 juin 1948, Sté d'exploitation des Eaux et Thermes d'Enghien : *Rec.*, p. 301). Le pouvoir réglementaire commet une erreur de droit en refusant d'édicter, au-delà d'un délai raisonnable, les mesures d'application d'une loi pour un motif autre que la nécessité de telles mesures au regard des critères posés par la loi pour leur édiction (C.E., 28 mars 2012, Bergeyron et a. : *Rec.*, p. 134). Est une erreur de droit le fait de se fonder sur l'âge de l'intéressé pour refuser l'accès à un poste de maître de conférences (C.E., 25 nov. 1998, Onteniente : *Rev. fr. dr. admin.*, 1999, p. 260) ou le fait d'appliquer la Convention de Schengen au seul territoire « européen » et non à La Réunion (C.E., 10 janv. 2003, Joorawon : *Rev. fr. dr. admin.*, 2003, p. 420).

L'erreur de fait se subdivise en plusieurs éléments : l'inexactitude matérielle des faits, la qualification juridique des faits, le contrôle de proportionnalité, dont se rapproche le bilan coût-avantages.

L'inexactitude matérielle des faits, ou cause juridique inexistante, consiste à se fonder, pour prendre un acte, sur des faits inexistants ou différents de ceux décrits (C.E., 22 janv. 1926, Lefranc : *Rec.*, p. 48). Une décision administrative ne peut jamais être fondée sur un motif matériellement inexact (C.E., 14 janv. 1916, Camino : *Rec.*, p. 15 : révocation d'un maire pour n'avoir pas veillé à la décence d'un convoi funèbre, ce fait étant inexact). La règle s'applique même lorsque l'administration dispose en principe d'un pouvoir discrétionnaire (C.E., 20 janv. 1922, Trépont : *Rec.*, p. 65 : préfet mis en congé sur sa demande, alors qu'il n'avait pas fait une telle demande ; 27 avr. 1988, Revlon : *A.J.D.A.*, 1988, p. 543 : licenciement pour faute professionnelle alors que la demande reposait sur des causes économiques).

Là s'arrête le contrôle minimum, s'agissant du moyen de violation de la loi. Ce contrôle minimum s'exerce dans les hypothèses où l'administration ne peut se fonder, en raison de la nature des choses, que sur des considérations d'opportunité (naturalisation d'un étranger remplissant les conditions exigées : C.E., 9 oct. 1985, Bayatti : *Rec.*, p. 629), arrêté préfectoral intégrant des communes dans un périmètre d'urbanisation (C.E., 11 févr. 1987, Min. Int., n° 71003), choix de la commune chef-lieu d'un nouveau canton (C.E., 18 déc. 1991, Cne Vergerc, n° 125318)... et dans les hypothèses où le juge estime ne pas avoir les compétences techniques suffisantes pour apprécier les faits : qualité d'une pièce refusée par le comité de lecture de la Comédie française (C.E., 19 janv. 1954, Palaprat : *Rec.*, p. 118), classement de parcelles dans un plan d'occupation des sols (C.E., 28 avr. 1989, Cts Silhol : *R.D.P.*, 1989, p. 1549), détermination par le gouvernement du taux de cotisation sociale (C.E., 26 oct. 1990, Union des stés d'assurances : *R.D.P.*, 1991, p. 546), notation d'un magistrat de l'ordre judiciaire (C.E., 13 mars 1987, Bauhain : *A.J.D.A.*, 1987, p. 402), zonage figurant dans un plan d'occupation des sols (C.E., 9 mars 1979, Cne Bouchemaine : *R.D.P.*, 1985, p. 1365), appréciations portées par les jurys d'examen et de concours, refus de nommer un titulaire à un emploi vacant, octroi d'une gratification.

En cas de contrôle inframinimum, qui ne concerne plus que quelques rares hypothèses, le juge s'arrête là. Ce contrôle se rencontre dans les hypothèses où l'administration dispose d'une totale liberté pour décider : refus de modifier les limites d'une région (C.E., 9 nov. 1984, Assoc. Bretagne-Europe : *Rec.*, p. 354), prise d'un décret d'amnistie (C.E., 31 janv. 1986, Legrand : *A.J.D.A.*, 1986, p. 396), attribution de décorations (C.E., 10 déc. 1986, Loredon : *A.J.D.A.*, 1987, p. 133 : légion d'honneur), choix d'un concessionnaire de télévision (C.E., 17 déc. 1986, Sté Hit-TV : *A.J.D.A.*, 1987, p. 125), choix d'une organisation syndicale parmi les organisations syndicales représentatives (C.E., 11 avr. 1986, Féd. gén. alimentaire CFDT : *A.J.D.A.*, 1987, p. 132) ou notation d'une copie d'examen et appréciation des mérites d'un candidat par un jury (C.E., 20 mars 1987, Gambus : *Rec.*, p. 100).

595. Le contrôle des motifs ne conduit pas automatiquement à une annulation. Diverses techniques permettent au juge de sauver un acte de l'annulation.

Face à un acte ayant eu plusieurs motifs, le juge distingue les motifs déterminants des motifs surabondants. L'acte n'est pas annulé dès lors qu'il aurait été pris à l'identique si l'autorité administrative n'avait retenu que le motif légal (C.E., ass., 13 janv. 1968, Min. Éco. et Fin. c. D^me^ Perrot : *Rec.*, p. 39 ; 17 oct. 1997, Sté Belenos Lorraine : *Rev. fr. dr. admin.*, 1997, p. 1336).

En cas de compétence liée, l'administration ne pouvait prendre d'autre décision que celle qu'elle a prise. Il est, dès lors, inutile de l'annuler, le contrôle du juge n'a plus de raison d'être. Les motifs sont inopérants, ils ne sauraient exercer aucune influence sur le sort de l'acte soumis au juge (C.E., 21 nov. 1956, Lazarini : *Rec.*, p. 443).

La substitution de base légale permet au juge de redresser le texte invoqué par l'administration, de substituer le texte correct au texte invoqué à tort. Elle peut intervenir d'office (C.E., sect., 3 déc. 2003, Préfet Seine-Maritime c. El Bahi : *Rec.*, p. 480). Le juge peut y procéder en dehors des hypothèses de compétence liée (C.E., 9 déc. 1983, Gasparin : *Rec.*, p. 487 ; ass., 8 avr. 1987, Procopie : *A.J.D.A.*, 1987, p. 472 : substitution, dans un décret d'extradition, des stipulations d'une convention internationale à la base légale retenue à tort par le gouvernement).

La substitution de motifs permet au juge de remplacer le motif erroné par un motif légal. À la différence de la substitution de base légale, la substitution de motifs ne peut avoir lieu d'office. L'administration doit prendre l'initiative d'invoquer un nouveau motif. Elle seule peut prendre cette initiative (C.E., 5 févr. 2014, Sté Pludis : *A.J.D.A.*, 2014, p. 315). Ce motif doit être soumis au contradictoire avant d'être adopté par le juge. Il doit être fondé sur la situation existant à la date de la décision attaquée. Ouverte devant le juge du fond, la faculté de substitution de motifs est exclue devant le juge de cassation (C.E., 6 févr. 2004, Mme Hallal : *Rec.*, p. 48 ; 15 mars 2004, Cne Villasary : *Rev. fr. dr. admin.*, 2004, p. 633 ; 12 janv. 2005, SARL Bar brasserie du Parvis : *A.J.D.A.*, 2005, p. 1077). Le juge peut procéder à une substitution de motifs s'il estime que le motif nouveau invoqué par l'administration aurait conduit celle-ci à prendre la même décision. Le juge ne procède à cette substitution qu'en cas de compétence liée, l'administration ne pouvant prendre, quant au fond, un autre acte.

L'annulation d'une décision refusant une autorisation pour plusieurs motifs, dont certains que le juge ne censure pas, implique seulement que l'administration se saisisse à nouveau de la question, mais ne l'oblige pas à accorder l'autorisation demandée (C.E., 27 oct. 2008, Min. Santé et Solidarité : *A.J.D.A.*, 2008, p. 2097).

En cas de circonstances exceptionnelles, les règles normales de compétence, de forme et d'objet des actes administratifs sont modifiées. L'incompétence, le vice de forme et de procédure n'entraînent pas automatiquement l'annulation de la décision qui en est entachée (C.E., 6 août 1915, Delmotte : *Rec.*, p. 215).

C. L'intensité du contrôle

596. Dans le cadre du pouvoir discrétionnaire, l'administration dispose de sa liberté d'appréciation. Tel est le cas dans certaines matières techniques, le juge évitant de revenir sur l'opportunité de l'acte administratif (octroi d'une décoration, obtention d'un examen). Néanmoins, l'administration, ne pouvant décider que, pour des motifs exacts et qu'en vue d'un but légal, le juge administratif contrôle au minimum l'exactitude matérielle des faits, censure l'erreur de droit, parfois l'erreur manifeste d'appréciation, et le détournement de pouvoir. Le juge exerce, dans ce cas, un contrôle restreint.

Mais, même en cas de contrôle restreint, il arrive très souvent au juge de sanctionner les erreurs manifestes d'appréciation. Il n'apprécie pas les motifs de la décision, mais, lorsque le résultat paraît contraire au bon sens, déraisonnable, déréglé, il annule la décision. Il en est ainsi notamment s'agissant d'interdictions de publications étrangères (C.E., 2 nov. 1973, Librairie François Maspero : *A.J.D.A.*, 1973, p. 604 ; 30 janv. 1980, Min. Int. c. SA Librairie François Maspero : *A.J.D.A.*, 1980, p. 242), en matière d'urbanisme (C.E., 19 oct. 1979, Assoc. pour la sauvegarde du pays de Rhuys : *A.J.D.A.*, 1980, p. 110), de valeur thérapeutique d'un médicament (C.E., 23 oct. 1989, Sté de Labo-Lucien, n° 75688), de qualification d'un projet d'intérêt général au regard de la protection de la nature (C.E., 4 juil. 1997, Les Verts Île-de-France et a. : *Rev. fr. dr. admin.*, 1997, p. 1106), en matière de droit de la concurrence et de concentration des entreprises (C.E., sect., 9 avr. 1999, Sté Intrebrew et The Coca-Cola Company : *Rev. fr. dr. admin.*, 1999, p. 787), de mesures prises par la commission d'avancement des magistrats (C.E., 16 nov. 1998, Dubigeon : *Rev. fr. dr. admin.*, 1999, p. 260), de sanction infligée à un magistrat (C.E., sect., 20 juin 2003, Stilinovic : *Rec.*, p. 258), en matière de droit des étrangers (C.E., 11 févr. 2001, Mlle Ouaziz : *Rev. fr. dr. admin.*, 2001, p. 970), d'interdiction d'une boisson (C.E., 7 févr. 2007, Sté PPN SA : *Petites Aff.*, 2007, 13, n° 142), de refus par un maire de mettre en demeure les propriétaires de terrains en friche d'entretenir ceux-ci (C.E., 11 mai 2007, Mme Pierres : *A.J.D.A.*, 2007,

p. 1719), ou, encore, en matière de nominations au choix (C.E., 23 déc. 2011, Synd. parisien des administrations centrales : *Rev. fr. dr. admin.*, 2012, p. 115).

On passe au contrôle normal lorsque le juge contrôle la qualification juridique des faits, autrement dit la relation entre le droit et les faits, entre les faits invoqués par l'administration et la décision qu'elle a prise. Le juge recherche si le fait est de nature à justifier la décision (Gomel, préc.). Le contrôle normal est celui qui s'exerce en principe, autrement dit sur la majeure partie des décisions déférées au juge.

Ce contrôle s'exerce lorsque les textes eux-mêmes subordonnent l'exercice des pouvoirs de l'administration à l'existence de certaines conditions de fait. Le juge contrôle, par exemple, si une revue, ou un film, revêt un caractère pornographique (C.E., 20 déc. 1985, SARL Pharaon : *A.J.D.A.*, 1987, p. 190 ; sect., 30 juin 2000, Assoc. Promouvoir et a. : *A.J.D.A.*, 2000, p. 609), le caractère cultuel d'une secte (C.E., 1er févr. 1985, Témoins de Jéhovah : *A.J.D.A.*, 1986, p. 463), si le port du foulard islamique respecte le principe de laïcité (C.E., 2 nov. 1992, Kherouaa : *A.J.D.A.*, 1992, p. 822 ; sect., 2 mai 2000, Mlle Marteaux : *A.J.D.A.*, 2000, p. 673), dans quelle mesure les élèves sont en droit d'obtenir des autorisations d'absence pour des motifs d'ordre religieux (C.E., ass., 14 avr. 1995, Consistoire central israélite, Koen : *E.D.C.E.*, 1995, p. 344), la compatibilité d'une mesure d'urbanisme avec une autre (C.E., 8 janv. 1992, Mme Gaillard-Schouard : *A.J.D.A.*, 1992, p. 447), le classement d'un site (C.E., ass., 16 déc. 2005, Groupement forestier : *A.J.D.A.*, 2005, p. 2431), si une fédération sportive a porté atteinte au libre accès des activités sportives (XCE, 16 mars 1984, Broadie : *Rec.*, p. 118), la décision d'homologation du championnat de France de football (C.E., sect., 25 juin 2001, Sté Toulouse Football club : *A.J.D.A.*, 2001, p. 887), les règlements intérieurs des entreprises (C.E., 12 juin 1987, Sté Gantois : *A.J.D.A.*, 1988, p. 492), l'attribution de fréquences par le C.S.A. (C.E., 12 déc. 1997, Sté RTL-Édiradio : *Rev. fr. dr. admin.*, 1998, p. 194), le contrôle des faits justifiant une mesure de sanction d'un fonctionnaire (C.E., 15 juin 2005, B. : *A.J.D.A.*, 2005, p. 1689), l'appréciation du handicap d'une personne pour déterminer si elle peut être professeur d'éducation physique (C.E., 30 avr. 2004, Mlle Monnier : *A.J.D.A.*, 2004, p. 1716), les dons en nature devant être intégrés dans les comptes de campagne en matière de financement électoral (C.E., sect., 29 déc. 1995, Codognes et Surinard : *Rev. fr. dr. admin.*, 1996, p. 401), le fait de savoir si un médecin a fixé ses honoraires avec tact et mesure (C.E., 18 févr. 1977, Herrouet : *Rec.*, p. 100), si une personne présente des qualités suffisantes pour adopter un enfant (C.E., 4 nov. 1991, M. et Mme Coulet : *Rev. fr. dr. admin.*, 1992, p. 169). Un contrôle normal s'exerce encore sur le fait de savoir si une association qui a pour objet de promouvoir des mères de substitution en cas de stérilité du couple peut être interdite (C.E., ass., 22 janv. 1988, Assoc. les Cigognes : *Rev. fr. dr. admin.*, 1988, p. 370), sur un refus de délivrance de passeport (C.E., 8 avr. 1987, Peltier : *A.J.D.A.*, 1987, p. 362), sur l'obligation d'utiliser la langue française (C.E., sect., 20 déc. 2000, Géniteu : *A.J.D.A.*, 2001, p. 489), sur l'attribution d'une réparation aux seuls orphelins juifs (C.E., ass., 6 avr. 2001, Pelletier et a. : *A.J.D.A.*, 2001, p. 444), ou sur les décisions en matière d'autorisation de médicaments (C.E., 30 juin 2008, Sté Laboratoires Mavoly Spindler : *Rev. fr. dr. admin.*, 2008, p. 408). Le juge exerce également aujourd'hui un contrôle normal sur la plupart des décisions intéressant les étrangers (C.E., 14 juin 1977, Astudillo Calleja : *Rec.*, p. 290 : obligation de refuser une extradition demandée pour un mobile politique ; ass., 6 nov. 1987, Montumonia Buayi : *Rev. fr. dr. admin.*, 1988, p. 94 : question de savoir si un étranger expulsé peut être reconduit sans danger dans son pays d'origine ; ass., 11 déc. 1991, Min. Int. c. Diouri : *E.D.C.E.*, 1991, p. 136 : existence d'une urgence absolue pour expulser un étranger ; 26 mars 1997, Touré : *A.J.D.A.*, 1997, p. 876 : caractère suffisant des ressources ; existence d'un intérêt légitime à changer de nom patronymique : C.E., 31 janv. 2014, R. : *Rec.*, p. 11, concl. Domino). Le contrôle du juge est de plus en plus poussé en matière d'expulsion et de reconduite des étrangers à la frontière (C.E., 12 févr. 2014, Min. intérieur c/ D. : *Rec.*, p. 30 : contrôle de l'existence d'une menace grave à l'ordre public justifiant une mesure d'expulsion).

Revenant sur la jurisprudence *Lebon* (C.E., sect., 9 juin 1978, *Rec.*, p. 245), le juge exerce un contrôle normal sur la proportionnalité de la sanction infligée à un agent public à la gravité des fautes retenues contre lui depuis l'arrêt *Dahan* (C.E., ass., 13 nov. 2013 : *Rec.*, p. 650).

Le contrôle devient maximum avec le contrôle de la proportionnalité, de l'adéquation entre l'acte et les faits qui le justifient. Ainsi, c'est l'hypothèse classique, en matière de police, le juge vérifie si l'ampleur du désordre possible et la faiblesse des moyens de police justifient l'atteinte à une liberté publique (Benjamin, préc. ; en matière de cinéma : C.E., 18 déc. 1959, Sté les films Lutetia : *Rec.*, p. 693 ; 26 juil. 1985, V. Aix-en-Provence : *Rec.*, p. 236, en matière d'interdiction de projection de films cinématographiques ; 24 janv., 1975, Sté Rome-Paris Films : *Rec.*, p. 57 ; ass., 8 juin 1979, Chabrol : *Rec.*, p. 271, en matière de délivrance des visas). Dans l'arrêt *Commune de Morsang-sur-Orge*, le Conseil d'État a recherché si l'attraction du « lancer de nain » était contraire à la « dignité humaine » (C.E., ass., 27 oct. 1995 : *Rec.*, p. 372, concl. Frydman).

Un contrôle du même type se rencontre avec la théorie du bilan coût-avantages (Ville Nouvelle-Est, préc. ; C.E., 20 oct. 1972, Sté civ. Sainte-Marie de l'Assomption : *Rec.*, p. 657, concl. Morisot ; sect., 26 oct. 1973, Grassin : *Rec.*, p. 598 ; ass., 28 mars 1997, Assoc. contre le projet de l'autoroute transchablaisienne : *Rec.*, p. 121). Une opération ne peut être légalement déclarée d'utilité publique que si les atteintes à la propriété privée, le coût financier et, éventuellement, les inconvénients d'ordre social ou l'atteinte à d'autres intérêts publics qu'elle comporte ne sont pas excessifs eu égard à l'intérêt qu'elle présente. Cette jurisprudence a été étendue aux permis de construire dérogatoires aux règles d'urbanisme (C.E., 18 juin

1973, V. Limoges : *Rec.*, p. 530), à la décision du préfet de faire figurer un projet d'intérêt général dans un plan d'occupation des sols (C.E., sect., 30 oct. 1992, Min. Aff. étr. c. Assoc. de sauvegarde du site Alma Champ-de-Mars : *Rec.*, p. 384), aux servitudes nécessaires à l'établissement d'une ligne électrique (C.E., ass., 24 janv. 1975, Gorlier et Bonifay : *Rec.*, p. 54), à l'approbation d'un plan de servitudes aéronautiques (C.E., 5 mai 1993, Assoc. de défense des riverains de l'aéroport de Deauville-Saint-Gatien : *Rec.*, p. 1057), en matière de préemption (C.E., ass., 5 mars 2003, Aggoun : *Rev. fr. dr. admin.*, 2003, p. 1223) et d'institution de zones de protection en matière de protection des sites (C.E., sect., 8 juil. 1977, D^me^ Rié : *A.J.D.A.*, 1977, p. 620). Ce contrôle s'exerce également en matière de règlement intérieur des entreprises, le juge recherchant si l'atteinte portée à la liberté des salariés était justifiée au regard des finalités légitimes du règlement intérieur (C.E., 1er févr. 1980, Min. Trav. c. Sté Peintures Corona : *A.J.D.A.*, 1980, p. 438 ; 12 oct. 1992, SA Sofrapain Lyon : *A.J.D.A.*, 1993, p. 227).

Aujourd'hui, le juge estime, en matière d'expropriation pour cause d'utilité publique, qu'une opération qui méconnaît les exigences du principe de précaution ne peut légalement être déclarée d'utilité publique (C.E., ass., 12 avr. 2013, Assoc. cord. Intereg. stop THT : *Rec.*, p. 60, concl. LALLET).

Est entachée d'une erreur manifeste d'appréciation une nomination au tour extérieur dans le corps du contrôle général économique et financier, ayant donné lieu à un avis défavorable de la commission d'aptitude au motif que l'intéressé n'avait exercé ni des « responsabilités d'encadrement ou de direction » ni des « fonctions d'analyse et d'expertise approfondies à caractère économique et financier », dès lors qu'aucune pièce du dossier ne permet d'infirmer le constat de la commission et que les défendeurs ne se prévalent pas d'autres éléments, se rattachant à d'autres critères de compétence que ceux examinés par cette dernière, susceptibles de justifier la nomination litigieuse (C.E., 23 déc. 2011, Synd. parisien des administrations centrales, économiques et financières : *Rec.*, p. 655).

Dans un régime de compétence liée, l'administration n'ayant que le choix du moment de sa décision, le juge contrôle au maximum l'acte sur le fond, acte dont le contenu doit être celui que prescrivent la loi et les règlements. Peu importe, en revanche, qu'il y ait violation des formes ou détournement de pouvoir.

Ainsi, le maire a-t-il compétence liée pour s'opposer à une déclaration de travaux concernant une construction édifiée sans autorisation (C.E., 27 juil. 2012, Mme Da Silva Soares : *Rec.*, p. 560). L'administration a, du seul fait qu'un agent a perçu une rémunération en dépit de l'absence de service fait, compétence liée pour procéder à la reprise des rémunérations versées (C.E., 19 déc. 2012, Thiebaut : *Rec.*, p. 560). L'administration a l'obligation de prendre les textes d'application d'une loi dans un délai raisonnable (C.E., 21 nov. 2011, Cne Ploneour-Lanvern : *Rec.*, p. 578).

§ 2. Le détournement de pouvoir ou contrôle des mobiles

597. Il s'agit d'un contrôle de la moralité administrative. Le juge vérifie les intentions de l'auteur de l'acte, qui ne doit pas volontairement utiliser ses pouvoirs dans un but autre que celui pour lequel ils lui sont confiés, pour des motifs étrangers à l'intérêt public en vue duquel ils lui ont été octroyés (but personnel, désir de favoriser certaines personnes, ou de leur nuire, but d'intérêt général autre que celui voulu par la loi). En apparence, l'acte est légal, mais son but n'est pas conforme au but que l'administration devait légalement rechercher en exerçant ses pouvoirs.

L'autorité administrative ne peut agir dans un but étranger à l'intérêt général, tel qu'une hostilité personnelle (C.E., 23 juil. 1909, Fabrègues : *Rec.*, p. 727 : suspension par le maire, par dix arrêtés successifs, pendant dix mois, du garde champêtre avec lequel il s'était brouillé ; 20 avr. 1971, Zimmermann : *Rec.*, p. 269 : fixation par le maire des horaires d'ouverture de la mairie de telle sorte que le secrétaire de mairie, par ailleurs instituteur, ne puisse être présent), ou politique (C.E., 16 nov. 1900, Maugras : *S.*, 1901, 3, 57 ; 3 avr. 1991, Cne Basse-Pointe : *D.*, 1991, 301 : mutation ou licenciement d'un fonctionnaire pour des motifs politiques ; 23 nov. 1962, Camara : *Rec.*, p. 627 : notation d'un fonctionnaire en considération du mandat électoral qu'il exerce, et non de sa valeur professionnelle ; 13 juil. 1962, Bréart de Boisanger : *Rec.*, p. 484 ; 7 nov. 2012, M. et Mme G. : *J.C.P. A*, 2013, 2114 : volonté de faire échec à une annulation contentieuse ; 4 mars 1964, D^{me} v^{ve} Borderie : *Rec.*, p. 157 : expropriation servant des intérêts purement privés, afin d'installer un cercle hippique privé).

L'autorité administrative ne saurait pas davantage agir dans un intérêt général autre que celui en vue duquel elle devait agir. L'intérêt financier ne saurait justifier des mesures de police (C.E., 4 juil. 1924, Beaugé : *Rec.*, p. 641 : interdiction faite par le maire aux baigneurs de s'habiller et de se déshabiller hors des cabines de bains de la commune de Biarritz, mesure prise afin d'obliger les baigneurs à louer ces cabines ; 12 mai 1911, Moreaux Forgeot : *Rec.*, p. 559 ; 12 nov. 1927, de Bellescize : *Rec.*, p. 1048 : interdiction de toute circulation, ou de la circulation de certaines catégories de véhicules définies de façon extrêmement large, sur une voie communale à seule fin d'éviter à la commune les frais de réparation des dommages causés par cette circulation). Une expropriation ne saurait être réalisée afin de faire échec à une spéculation immobilière (C.E., 20 oct. 1961, Cts White : *Rec.*, p. 917), le pouvoir de réquisition ne peut être utilisé afin d'attribuer un local à un organisme privé non chargé d'une mission de service public (C.E., 10 avr. 1946, Sté Labeylonie : *Rec.*, p. 112), une délibération d'une chambre des métiers ne peut avoir pour seul objet de soustraire des agents statutaires aux règles du statut du personnel administratif (C.E., 14 nov. 1997, Synd. CFDT des Services et de commerce de la Somme et a. : *Rev. fr. dr. admin.*, 1998, p. 183), une fédération sportive ne saurait décider de ne pas sélectionner un athlète pour une compétition afin de le sanctionner d'avoir fait une déclaration à la presse (C.E., 25 mai 1996, Féd. fr. d'haltérophilie : *J.C.P.*, 1999, II, 10001), le conseil d'administration d'une université ne peut légalement décider le rejet de la liste établie par la commission de spécialistes dans le but de voir nommer un candidat ne figurant pas sur cette liste (C.E., 4 nov. 2002, Mme Salazar-Orvig : *A.J.D.A.*, 2003, p. 861). Le pouvoir de police ne peut être mis en œuvre afin de trancher un litige entre particuliers (C.E., 8 nov. 1944, Cts Auger : *Rec.*, p. 285), pour reprendre des parcelles du domaine privé cédées à des particuliers (C.E., 9 août 1918, Rossignol : *Rec.*, p. 825), pour interdire la circulation dans l'intérêt d'un particulier (C.E., 11 mai 1984, Maire Calacuccia : *R.D.P.*, 1985, p. 275) ou pour empêcher le déroulement de travaux (C.E., 3 juil. 1998, Cne la Bruguière : *Rev. fr. dr. admin.*, 1998, p. 1062). Il y a détournement de pouvoir lorsqu'une décision est prise afin de faire échec à une décision de justice (C.E., 11 déc. 1991, Assoc. Environnement c. ASFEE, n° 125435 : délivrance par le maire d'un permis de construire identique à celui attaqué devant le tribunal administratif qui en a ordonné le sursis). De même une expropriation ne saurait être réalisée pour faire échec à une spéculation immobilière (C.E., 20 oct. 1961, Cts White : *Rec.*, p. 917) et un décret sur le tour extérieur des fonctionnaires ne peut avoir pour seul objet de faire nommer une personne déterminée (C.E., 15 janv. 1995, Synd. autonome : *Rev. fr. dr. admin.*, 1995, p. 418).

La preuve du détournement de pouvoir résulte de l'ensemble du dossier, d'un faisceau de présomptions non contredites par l'administration. Le juge n'exige certes plus que la preuve du détournement de pouvoir résulte de l'ensemble du dossier ou d'un faisceau de présomptions (C.E., 3 août 1927, Stade olympique chalonnais : *Rec.*, p. 917), mais admet que des présomptions sérieuses non contredites par l'administration suffisent (C.E., 28 mai 1954, Barel : *Rec.*, p. 308 ; 23 oct. 1957, Chailloux : *Rec.*, p. 548). Ce moyen reste difficile à établir.

Le détournement de procédure consiste dans l'utilisation d'une procédure à la place d'une autre, la procédure légale étant plus longue ou plus aléatoire (C.E., 26 nov. 1875, Pariset : *Rec.*, p. 939 : recours aux pouvoirs de police à la place de l'expropriation afin de verser une indemnisation moindre aux propriétaires de fabriques d'allumettes ; ass., 24 juin 1960, Sté Frampar : *Rec.*, p. 412 : saisie de journaux sur le fondement de l'art. 10 du Code de procédure judiciaire assurant une immunité de fait à l'administration, alors qu'il fallait recourir à la procédure administrative, dont l'usage est entouré par le juge administratif de conditions plus difficiles à remplir, le but étant d'empêcher la diffusion d'écrits insérés dans ces journaux ; 23 mars 1988, V. Puteaux : *Rev. fr. dr. admin.*, 1988, p. 732 : institution d'un abattement uniforme sur la taxe d'habitation pour certains habitants, sous couvert d'une aide personnalisée ; 1er févr. 1993, Guillec : *Rec.*, p. 22 : utilisation de dispositions d'urbanisme dans le seul but d'empêcher la cession d'un bien à des personnes extérieures à la commune).

Chapitre 3

Les recours de plein contentieux

1 **Les cas d'ouverture ou moyens d'annulation** 352

2 **Les particularités de procédure et de délai** 372

3 **Particularités de chaque plein contentieux** 383

598. Par le recours de plein contentieux, ou de pleine juridiction, le requérant demande au juge de constater, à son profit, l'existence d'un droit personnel, tel qu'un droit de créance. Le procès présente un caractère objectif. Le juge détient de plus grands pouvoirs que dans le recours en annulation, il peut en particulier condamner l'administration à verser des dommages et intérêts ou réformer un acte. Ainsi, lorsqu'un recours est dirigé contre une décision qui, remettant en cause des paiements déjà effectués, ordonne la récupération de montants d'allocation de RMI que l'administration estime avoir été indûment versés, il appartient au juge d'examiner d'abord les moyens tirés, le cas échéant, des vices propres de cette décision pour en prononcer, s'il y a lieu, l'annulation. Cette éventuelle annulation ne fera toutefois pas obstacle à ce que l'administration, si elle s'y croit fondée et si, en particulier, aucune règle de prescription ne s'y oppose, reprenne régulièrement, sous le contrôle du juge, une nouvelle décision. Dans le cas où, en revanche, aucun vice propre ne serait de nature à justifier l'annulation de la décision attaquée, il appartient au juge d'examiner les droits de l'intéressé sur lesquels l'administration s'est prononcée afin d'y statuer lui-même et d'annuler ou de réformer, s'il y a lieu, la décision (C.E., sect., 27 juil. 2012, Mme Lababiche épse Beldjerrou : *Rec.*, p. 299).

Les exemples les plus topiques sont le contentieux contractuel et le contentieux de la responsabilité.

Les règles générales déjà examinées s'appliquent à ce contentieux, avec certaines particularités, qui seront ici étudiées.

599. Le recours de plein contentieux comprend le contentieux des contrats – le juge peut accorder une indemnité pour imprévision et même annuler le contrat ; les tiers peuvent former un recours de pleine juridiction contre le contrat – (C.E., ass., 16 juil. 2007, Sté Tropic Travaux Signalisation : *Rec.*, p. 361), le contentieux pécuniaire – actions en responsabilité faisant naître un droit de créance en raison d'un préjudice causé par un fait ou une négligence de l'administration, ou par la prise d'une décision illégale – et le contentieux fiscal – impôts directs et T.V.A. : le requérant demande sans doute l'application des lois et règlements fiscaux à son acte d'imposition, mais prétend aussi détenir un droit de créance sur le trop-perçu par l'administration. Il comprend également les recours contre les décisions par lesquelles l'administration entend imposer le recouvrement de ses créances contre les personnes privées (C.E., sect., 27 avr. 1988, M'Bakam : *Rec.*, p. 172 ; sect., 23 déc. 1988, Cadilhac : *Rec.*, p. 465).

Il existe une exception à l'idée que tout ce qui est pécuniaire ressortit au plein contentieux. Lorsqu'une requête ayant un objet pécuniaire conduit le juge à se prononcer sur la légalité d'un acte administratif, le requérant dispose d'une option entre le recours pour excès de pouvoir, il doit alors se borner à demander l'annulation de la décision lui refusant un avantage pécuniaire, et le recours de plein contentieux, par lequel il peut solliciter une indemnité (C.E., 8 mars 1912, Lafage : *Rec.*, p. 348 ; *idem*, Schlemmer : *Rec.*, p. 354). Le fait de demander dans la même instance l'annulation d'une décision et la réparation du préjudice causé par l'illégalité fautive que le requérant estime constituée par cette même décision n'a pas pour effet de donner à l'ensemble des conclusions le caractère d'une demande de plein contentieux. À l'occasion d'un litige portant sur le versement d'une somme d'argent, les conclusions ayant trait au principal et celles ayant trait aux intérêts sont de même nature. Un requérant recevable à demander, par la voie du recours pour excès de pouvoir, l'annulation de la décision administrative qui l'a privé de cette somme l'est également à demander, par la même voie, l'annulation de la décision qui l'a privé des intérêts qui y sont attachés (C.E., sect., 9 déc. 2011, Marcou : *Rec.*, p. 616).

600. Un certain nombre de matières spéciales se rangent aussi dans le plein contentieux, en raison des pouvoirs détenus par le juge, qui peut réformer l'acte, et non pas uniquement l'annuler. Ainsi, le juge de l'élection peut annuler, mais aussi renverser les résultats, proclamer élu un candidat à la place d'un autre. Dans le contentieux des édifices menaçant ruine, le tribunal peut réformer la décision administrative, par exemple ordonner la démolition d'un immeuble dont le préfet a ordonné la confortation. Dans le contentieux des établissements dangereux, incommodes et insalubres, le juge peut refuser l'autorisation d'exploitation d'une usine alors que le préfet l'a autorisée, ou fixer des conditions à cette exploitation. Dans ces contentieux, le juge se comporte comme un administrateur actif. Dans le contentieux des sanctions, le juge peut annuler ou modifier les sanctions infligées par certaines instances.

On note un renforcement du champ du plein contentieux. Ainsi, le contentieux relatif aux sanctions que des autorités administratives infligent aux administrés relève aujourd'hui du plein contentieux (C.E., ass., 16 févr. 2009, Sté ATOM : *Rec.*, p. 29 ; 9 juil. 2010, Berhaud, avis : *Rec.*, p. 287). Cette évolution jurisprudentielle, en relation avec la jurisprudence de la Cour européenne des droits de l'homme, offre davantage de garanties aux administrés. En effet, le juge saisi d'une contestation portant sur une sanction que l'administration inflige à un administré doit prendre une décision qui se substitue à celle de l'administration et, le cas échéant, faire application d'une loi nouvelle plus douce entrée en vigueur entre la date à laquelle l'infraction a été commise et celle à laquelle il statue. Il faut entendre par autorités administratives dotées d'un pouvoir de sanction des autorités insérées dans la hiérarchie administrative, soit des autorités administratives indépendantes, soit des autorités privées investies d'une mission de service public et détentrices de prérogatives de puissance publique.

601. Le déféré préfectoral dirigé contre un contrat est un recours de pleine juridiction (C.E., 23 déc. 2011, Min. Int., Outre-mer, Coll. terr. et Immigration : *Rec.*, p. 662).

602. Le fait de demander, dans la même instance, l'annulation d'une décision et la réparation du préjudice causé par l'illégalité fautive que le requérant estime constituée par cette même décision n'a pas pour effet de donner à l'ensemble des conclusions le caractère d'une demande de plein contentieux. À l'occasion d'un litige portant sur le versement d'une somme d'argent, les conclusions ayant trait au principal et celles ayant trait aux intérêts sont de même nature. Un requérant recevable à demander, par la voie du recours pour excès de pouvoir, l'annulation d'une décision administrative qui l'a privé de cette somme d'argent l'est également à demander, par la même voie, l'annulation de la décision qui l'a privé des intérêts qui y sont attachés (C.E., sect., 9 déc. 2011, Marcou : *Rec.*, p. 616, concl. KELLER).

SECTION 1
LES PARTICULARITÉS DE PROCÉDURE ET DE DÉLAI

603. Pour qu'il y ait litige, le contentieux doit être « lié ». Si l'administration n'en a pris aucune, le requérant doit provoquer la prise d'une décision. En plein contentieux, le délai d'action est enfermé dans un délai spécial de prescription.

Sous-section 1
La liaison du contentieux

604. Le recours ne peut être formé que contre une décision administrative préalable. Il existe deux principales manières de lier le contentieux, sur décision expresse ou par le silence gardé par l'administration pendant un certain délai.

Il n'est pas nécessaire de lier le contentieux dans les cas où la production d'une décision préalable n'est pas exigée ou n'est pas possible – cas de l'administration demanderesse, acquiescement, défense au fond, renvoi en interprétation de l'autorité judiciaire, déféré préfectoral contre un contrat, urgence.

En règle générale, la liaison du contentieux s'opère par une décision expresse. Le contentieux est lié si la décision existe, mais, le plus souvent en plein contentieux, le requérant doit provoquer cette décision, en saisissant l'administration à cette fin. Pour cela, il forme un recours préalable. Cette demande doit le plus souvent être écrite, signée, contenir l'exposé des faits et moyens et les prétentions de son auteur. Elle peut être adressée par la voie postale ou par un procédé télématique ou informatique homologué (L. 12 avr. 200, art. 16). La demande peut aussi être présentée par un mandataire, qui doit détenir à cette fin un mandat exprès et précis, faute de quoi la demande formée par ce mandataire ne saurait lier le contentieux. Il en va différemment lorsque la demande préalable émane d'une personne telle qu'un assureur, qui a de ce fait qualité de mandataire de son client (C.E., 15 juil. 2004, Dumas : *Rec.*, pp. 592 et 805).

Lorsque l'administration répond de façon expresse, dans le délai, le plus souvent de deux mois, et rejette, en tout ou partie, la demande de l'intéressé, celui-ci doit saisir le juge dans les deux mois qui suivent. Lorsque l'administration répond expressément, mais après l'expiration du délai au terme duquel son silence fait naître une décision implicite de rejet, cette décision explicite est, en plein contentieux, seule susceptible de faire courir le délai. Le caractère exprès de la réponse peut aussi résulter d'une réponse au fond à la requête contentieuse contenue dans un mémoire en défense produit par l'administration (C.E., 18 févr. 1959, V. Roubaix : *Rec.*, p. 125). Il faut prendre garde au fait que les réponses d'attente ne conservent pas le délai de recours contentieux.

605. Le contentieux peut exceptionnellement être lié du fait du silence gardé par l'administration sur la demande pendant un certain temps, en général deux mois. Si, en plein contentieux, seule une décision explicite lie le contentieux et oblige le requérant à agir dans le délai, le juge peut néanmoins être saisi en présence d'une décision implicite. L'intéressé doit dans ce cas établir l'existence et la durée du silence gardé par l'administration sur sa demande. La preuve du point de départ du délai de deux mois dont l'écoulement vaut création d'une décision implicite peut être apportée par tous moyens : accusé de réception postal ou administratif, lettre... Ce délai de deux mois n'est pas un délai franc. Il se calcule à compter du jour de la réception de la demande par l'administration, le Conseil d'État ayant jugé que la règle posée par l'article 16 de la loi du 12 avril 2000 selon laquelle la date d'envoi se substitue à la date de la demande n'est pas applicable en matière contentieuse (C.E., 21 mars 2003, Préf. police c. Xiaowei Pan : *Rec.*, p. 905).

Dès lors que la personne publique défenderesse soulève à titre principal l'irrecevabilité des conclusions du requérant, le contentieux n'est pas lié, même si la fin de non-recevoir avancée ne tient pas à l'absence de décision préalable (C.E., 21 févr. 1997, Quille : *Rec.*, p. 57). Sont dispensés de liaison du contentieux, autrement dit de l'obligation de décision préalable, les recours en matière de travaux publics et les recours en responsabilité du fait des lois et règlements, une décision étant à l'origine du dommage. De façon générale, il n'est pas nécessaire de lier le contentieux lorsque la production d'une décision préalable n'est pas exigée ou n'est pas possible : cas où l'administration est demanderesse, acquiescement, défense au fond, renvoi en interprétation de l'autorité judiciaire, déféré préfectoral contre un contrat, procédures d'urgence.

606. La demande préalable lie le contentieux dans les limites de son objet, autrement dit dans la seule mesure de ce que le requérant a sollicité de l'administration. Le contentieux sera au maximum lié sur la totalité du contenu de la demande préalable si le désaccord persiste entre l'administration et l'intéressé. Il ne sera lié qu'à l'égard d'une fraction de la demande si l'administration lui accorde une satisfaction partielle. Pour autant, le requérant peut étendre sa demande initiale dans son recours contentieux si cette extension est seulement un complément ou un développement logique et automatique de la demande initiale. Surtout, l'argumentation avancée peut être développée dans le mémoire contentieux. Le contentieux est donc lié quant à l'objet du litige et non quant à l'argumentation.

Le recours contentieux est dirigé contre la décision contenue dans la réponse de l'administration à la demande ou au recours préalable. Au cas où une décision aurait été prise à la suite d'un recours gracieux, différente de la première décision administrative, cette dernière seule lie le contentieux. Elle se substitue entièrement à la première. Le recours qui critiquerait la première décision serait irrecevable (C.E., sect., 1er oct. 1954, Bonnetblanc : *Rec.*, p. 491 ; ass., 23 avr. 1965, D^{me} v^{ve} Ducroux : *Rec.*, p. 231 ; sect., 3 mai 1982, Louchart : *Rec.*, p. 165).

Le contentieux n'est pas lié dès lors que la personne publique défenderesse soulève à titre principal l'irrecevabilité des conclusions du requérant, même si la fin de non-recevoir avancée ne tient pas à l'absence de décision préalable (C.E., 21 févr. 1997, Quille : *Rec.*, p. 57).

607. Dans le contentieux indemnitaire, la requête doit être chiffrée. Cependant, le chiffrage des conclusions indemnitaires, auquel est subordonnée leur recevabilité, peut être effectué à tout moment en cours d'instance, et même pour la première fois en appel, en l'absence d'invitation à régulariser et de fin de non-recevoir intervenues en première instance (C.E., 12 janv. 2011, Kejjou, n° 329776).

Le ministère d'avocat est en principe obligatoire, ce monopole connaissant quelques exceptions.

608. En principe, l'État, solvable et honnête homme, doit honorer sa signature et ses dettes, quel que soit le moment où la créance lui est présentée. Mais il est nécessaire de clore les exercices budgétaires sur les crédits desquels elle s'impute, d'où la règle de la prescription quadriennale. Il existe d'autres prescriptions. En matière de responsabilité médicale, le délai de prescription des créances est de dix ans (L. 4 mars 2002). Les causes interruptives sont, pour les créances sur les collectivités publiques, celles prévues par la loi du 31 décembre 1968 (C.E., 27 juin 2005, Cts Rougier : *Rec.*, p. 1091).

La décision d'opposer la prescription quadriennale constitue l'usage d'une prérogative de puissance publique et peut faire l'objet d'un recours pour excès de pouvoir.

Sous-section 2
La prescription quadriennale

§ 1. Définition et règles générales

609. Lorsque le requérant demande la condamnation de l'administration au versement d'une somme d'argent, en l'absence d'autre délai de recours, s'applique la règle de prescription quadriennale, dont le régime est posé par la loi du 31 décembre 1968 modifiée.

La prescription quadriennale est une règle de comptabilité publique, ce qui explique ses spécificités par rapport aux autres prescriptions. Elle constitue le mode ordinaire d'extinction des dettes de l'État et des autres collectivités publiques au-delà du délai de quatre années environ. Les articles 1er, 2 et 3 de la loi du 31 décembre 1968 ont pour objet de prescrire au profit des collectivités publiques qui y sont visées les créances non payées dans un délai de quatre ans à partir du premier jour de l'année suivant celle au cours de laquelle les droits ont été acquis, tout en prévoyant des mécanismes d'interruption de ce délai de prescription permettant aux créanciers de faire valoir leurs demandes ou leurs réclamations, dès lors qu'elles ont trait au fait générateur, à l'existence, au montant ou au paiement de la créance. Ces articles ont été édictés dans un but d'utilité générale, en vue notamment de garantir la sécurité juridique des collectivités publiques en fixant un terme aux actions, sans préjudice des droits qu'il est loisible aux créanciers de faire valoir dans les conditions et délais fixés par ces textes. Les dispositions des articles 1er, 2 et 2 de la loi ne peuvent être regardées comme portant atteinte au droit à un procès équitable, et notamment au principe de l'égalité des armes, énoncé par les stipulations du paragraphe 1er de l'article 6 de la CEDH, lequel n'est pas absolu et peut se prêter à des limitations, notamment quant aux délais dans lesquels ces actions peuvent être engagées (C.E., 5 déc. 2005, Mme Tassius : *Rec.*, p. 815 ; rappr. Cour eur. D.H., 8 juil. 2004, Vo c. France, aff. n° 53924/00).

Le Conseil constitutionnel a reconnu la conformité à la Constitution de l'article 3 de la loi du 31 décembre 1968 (Cons. const., n° 2012-256 Q.P.C., 18 juin 2012, Boualem). Il a considéré qu'« aucune exigence constitutionnelle n'impose que les créances sur les personnes publiques soient soumises aux mêmes règles que les créances civiles » et en a déduit « qu'en instituant un régime particulier applicable aux créances contre certaines personnes publiques, le législateur pouvait prévoir des causes de suspension de la prescription quadriennale différentes de celles applicables entre personnes privées ; qu'ainsi, la différence de traitement instaurée par le législateur entre les créanciers mineurs non émancipés soumis aux dispositions du Code civil et ceux qui se prévalent d'une créance à l'encontre d'une personne publique visée par l'article 1er de la loi [du 31 décembre 1968] est fondée sur une différence de situation en rapport direct avec l'objet de la loi qui l'établit ». Il a considéré que cette différence de traitement n'était pas contraire au principe d'égalité tel qu'il est garanti par la Constitution, puisqu'elle est justifiée par la différence de situation dans laquelle sont placés les créanciers d'une personne publique et ceux d'une personne privée.

A. La prescription, règle de comptabilité publique

610. En tant que telle, la prescription bénéficie d'une autonomie par rapport aux autres prescriptions, du droit civil, de la procédure judiciaire ou administrative.

Elle se calcule par exercices budgétaires, et non par jours. Les créances détenues sur les personnes publiques sont éteintes le 31 décembre de la quatrième année qui suit celle au cours de laquelle s'est produit le fait générateur de la créance. Elle est d'ordre public (L. 31 déc. 1968, art. 6).

Il faut noter une exception en matière de travaux publics.

Le délai de deux mois fixé par l'article R. 421-1 du Code de justice administrative ne s'applique pas aux demandes présentées en matière de travaux publics, même lorsqu'elles sont dirigées contre une décision notifiée au demandeur (C.E., sect., 6 févr. 1970, Préf. Police : *Rec.*, p. 87 ; sect., 13 nov. 1981, X : *Rec.*, p. 413 ; sect., 22 oct. 1976, Sté Cie fr. Thomson-Hotchkiss-Brandt : *Rec.*, p. 437). Un recours relatif à une créance de travaux publics entrant dans le champ de cette exception, la notification d'une décision par laquelle l'autorité compétente rejette une réclamation relative à une telle créance ne fait pas courir de délai pour saisir le juge. La circonstance qu'une telle décision est fondée sur la prescription de la créance est sans incidence à cet égard. Un requérant est donc recevable, dans le cadre de son recours tendant à la condamnation d'une commune à réparer un dommage de travaux publics, à contester la décision du maire lui opposant la prescription quadriennale, alors même qu'il en avait reçu notification plus de deux mois avant l'introduction de son recours (2013, Cne Étampes, préc.).

B. La décision de l'opposer

611. La décision d'opposer la prescription quadriennale constitue l'usage d'une prérogative de puissance publique et peut faire l'objet d'un recours pour excès de pouvoir. Néanmoins, le créancier qui entend contester le bien-fondé de la prescription opposée par l'administration, dans le cadre d'un litige indemnitaire, à la créance objet de ce litige, doit le faire devant le juge saisi de ce même litige. Il n'est pas recevable à demander au juge de l'excès de pouvoir l'annulation de la décision opposant la prescription quadriennale à la créance dont il se prévaut (C.E., 15 nov. 2012, Cne Cavalaire-sur-Mer, n° 355755).

L'autorité administrative ne peut renoncer à l'opposer, mais les créanciers de l'administration peuvent être relevés de tout ou partie de la prescription. Le Conseil d'État estime qu'il n'appartient pas au juge de soulever d'office l'exception de prescription quadriennale (C.E., 25 janv. 1985, Cnes Sanary et Bandol : *Dr. adm.*, 133).

612. La juridiction compétente pour connaître de la demande à laquelle la prescription est opposée... est compétente pour statuer sur l'exception de prescription (L. 31 déc. 1968, art. 8). Cependant, il a été décidé que la juridiction de l'ordre judiciaire ne tient ni de ce texte, ni d'aucune autre disposition législative compétence pour statuer sur l'exception de prescription (T. confl., 21 janv. 1985, Préf. rég. Lorraine et Moselle c. Metz : *Rec.*, p. 400).

Au sein de l'ordre administratif, le tribunal administratif a compétence pour statuer sur l'exception, même si la prescription quadriennale intéresse l'État et est opposée par un ministre. Le Conseil d'État est compétent en premier ressort si la prescription est opposée par décret ou si elle est opposée à un fonctionnaire nommé par décret ou à un officier ministériel si le litige intéresse leurs droits patrimoniaux.

C. Le régime juridique

613. Le régime de la prescription quadriennale est essentiellement régi par les dispositions de la loi du 31 décembre 1968.

La prescription peut être opposée à toute créance, quelle que soit son origine, qu'elle soit tirée d'un contrat, d'un statut de fonctionnaire, d'un acte administratif, d'un dommage ou d'une expropriation irrégulière. Elle est opposable à une créance fondée sur la loi, née d'un acte de puissance publique, d'une voie de fait et même, dans certains cas, d'un acte de gestion d'un service public industriel et commercial, qu'il s'agisse d'une créance en capital ou d'intérêts.

Les bénéficiaires de la prescription sont l'État, les collectivités territoriales, les établissements et services dotés d'un comptable public et ayant un budget propre, qu'ils soient administratifs ou industriels et commerciaux. N'en bénéficient pas les services qui ne sont pas juridiquement qualifiés d'établissements publics (sociétés d'économie mixte, sociétés nationales ou nationalisées, associations privées, même reconnues d'utilité publique, sociétés commerciales d'État...).

614. Seule une autorité administrative dispose de la faculté d'opposer la prescription. Ne le peuvent ni un entrepreneur lié par contrat à l'administration, ni l'avocat de la collectivité publique, ni la juridiction elle-même.

Ont compétence pour l'opposer aux créances sur l'État les ordonnateurs principaux ou secondaires, pour les dépenses dont ils sont ordonnateurs. Le ministre des Finances n'a pas qualité pour remettre en cause au nom de la prescription une créance dont un autre ministre a reconnu l'existence (C.E., 31 janv. 1968, Escoubes : *R.D.P.*, 1968, p. 112). Le ministre peut donner délégation à tout chef de service et le juge admet la régularisation par le ministre, en cours d'instance, d'une prescription opposée par un fonctionnaire incompétent, cette possibilité n'étant plus ouverte depuis la loi de 1968 qu'en première instance.

Le maire l'oppose pour la commune, le président du conseil général pour le département (C.E., 29 juil. 1983, V. Toulouse c. Tomps : *Rec.*, p. 312 ; sect., 19 oct. 1990, Ingremeau : *Rec.*, p. 284) et le président du conseil régional pour la région.

Pour les établissements publics, la prescription est opposée par leur représentant légal ou la personne régulièrement habilitée à cette fin.

615. La prescription ne peut être opposée que par une décision expresse ou des observations devant le juge. La décision doit être écrite, motivée et comprendre l'énoncé des considérations de droit et de fait qui constituent son fondement (L. 11 juil. 1979, art. 13). Ne suffisent pas de simples menaces ou des conclusions formulées dans un mémoire présenté en cours d'instance pour une personne publique, signées par l'avocat et non le représentant de la personne publique.

616. La prescription peut être opposée à tout instant, tant que la créance n'est pas intégralement payée (C.E., 6 août 1925, Mas : *Rec.*, p. 812) et matériellement acquittée. Elle peut l'être en cours d'instance. L'administration doit invoquer la prescription avant que la juridiction saisie du litige au premier degré se soit prononcée sur le fond (L. 31 déc. 1968, art. 7). La prescription ne peut en aucun cas être invoquée par l'administration pour s'opposer à l'exécution d'une décision passée en force de chose jugée (L. 31 déc. 1968, art. 7, al. 2). L'autorité administrative peut invoquer la prescription jusqu'à la date de lecture du jugement par lequel le tribunal administratif se prononce sur un litige relatif à une créance que détiendrait sur elle un tiers (C.E., 30 mai 2007, Cne Saint-Denis de La Réunion c. Mme Dormeuil, n° 282619).

La prescription ne peut en aucun cas être invoquée par l'administration pour s'opposer à l'exécution d'une décision passée en force de chose jugée (L. 31 déc. 1968, art. 7, al. 2).

617. Le créancier qui entend contester le bien-fondé de la prescription opposée par l'administration dans le cadre d'un litige indemnitaire à la créance objet de ce litige doit le faire devant le juge saisi de ce même litige. Dans cette hypothèse, le créancier n'est par conséquent pas recevable à demander au juge de l'excès de pouvoir l'annulation de la décision opposant la prescription quadriennale à la créance dont il se prévaut (C.E., 15 nov. 2012, Cne Cavalaire-sur-Mer, n° 355755).

§ 2. Le calcul du délai de prescription

618. Le délai de prescription est de quatre ans. Son mode de calcul traduit une évidente sollicitude envers le créancier de l'administration.

A. Le point de départ du délai

619. Le délai de prescription court du premier jour de l'année suivant celle au cours de laquelle les droits ont été acquis (L. 31 déc. 1968, art. 1er). Il faut donc déterminer l'exercice budgétaire au cours duquel la créance est née. Ceci présente peu de difficultés pour un acte ou un fait ; il en va différemment si le préjudice présente un caractère durable, s'étend sur plusieurs années ou se représente d'année en année.

Un dommage continu ou successif est divisé en fractions *prorata temporis*, le point de départ s'appliquant d'exercice en exercice. Si la dette n'est pas échue, il faudra la rattacher à l'exercice au cours duquel se produit l'échéance, autrement dit la date où la créance sera devenue certaine et exigible.

Pour un accident, on prend en considération soit le fait dommageable, soit le fait générateur de la créance (un ouvrage public atteint d'un vice de construction peut s'effondrer des années après son achèvement). L'étendue de la créance peut se manifester longtemps après l'accident. S'agissant de blessures graves, le point de départ du délai est la date de leur consolidation. On retient donc soit l'année de l'accident, soit l'année de consolidation des blessures. Pour les incapacités permanentes partielles, on retient l'exercice qui suit celui au cours duquel les blessures se sont consolidées, de même pour les troubles dans les conditions d'existence et le préjudice esthétique (C.E., sect., 15 mars 1963, CHR de Grenoble c. Bosse : *Rec.*, p. 173). En cas de dommages permanents et continus, on se place dans l'exercice au cours duquel la réalité, l'étendue et le caractère permanent du dommage se sont révélés.

Plus généralement, en cas de responsabilité pour faute, le délai ne court que du début de l'exercice qui suit celui au cours duquel s'est produit le fait générateur de la créance, celui où le dommage est apparu.

Si le préjudice naît en même temps que son fait générateur, la créance doit être rattachée à l'exercice au cours duquel ce fait s'est produit. Si les conséquences dommageables se manifestent longtemps après leur fait générateur, la créance est rattachée au début d'un exercice postérieur à celui qui suit l'exercice au cours duquel l'accident ou la faute ont eu lieu.

La prescription ne peut être opposée aux créances nées de décisions de justice.

Si le préjudice naît d'une décision administrative illégale, le point de départ est le 1er janvier de l'exercice au cours duquel l'acte a été annulé.

La créance indemnitaire relative à la réparation d'un préjudice présentant un caractère évolutif doit être rattachée à chacune des années au cours desquelles ce préjudice a été subi. Dans une espèce où des riverains se plaignaient de différents dommages liés à la construction d'une médiathèque et recherchaient la responsabilité de la commune, maître d'ouvrage, le Conseil d'État a distingué, pour définir le point de départ de la prescription quadriennale, les préjudices certains et évolutifs. Il a rappelé qu'en principe, lorsque la responsabilité d'une personne publique est recherchée au titre d'un dommage causé à un tiers par un ouvrage public, les droits de créance invoqués par ce tiers en vue d'obtenir l'indemnisation de ses préjudices doivent être regardés comme acquis à la date à laquelle la réalité et l'étendue des préjudices ont été entièrement révélées, ces préjudices étant connus et pouvant être exactement mesurés. Le juge a précisé que la créance indemnitaire relative à la réparation d'un préjudice présentant un caractère évolutif doit être rattachée à chacune des années au cours desquelles ce préjudice a été subi (C.E., 6 nov. 2013, Mme B, vve A. c. Cne Mauguio, n° 354931). En l'espèce, le préjudice lié à une privation de vue et d'ensoleillement était entièrement connu dès la mise en service de la médiathèque, en 1995, et pouvait être rattaché à cette date pour la computation du délai de prescription. En revanche, le préjudice qui résulte des nuisances sonores liées au fonctionnement de la pompe à chaleur de la médiathèque étant par nature susceptible d'évoluer dans le temps, il ne pouvait être rattaché à l'année de mise en service. Le juge était donc tenu de prendre en compte les conditions d'utilisation de l'installation et les mesures susceptibles d'être prises pour en limiter les nuisances.

B. Les causes d'interruption de la prescription

620. Il existe de nombreuses causes d'interruption de la prescription.

Toute demande claire en paiement adressée par le créancier interrompt le cours de la prescription, à condition d'être formulée par le créancier ou ses ayants droit et fondée sur une cause juridique précise (accident, violation d'un contrat...), sur laquelle sera fondée la demande en justice, d'être adressée à l'autorité compétente – mais une autorité incompétente a l'obligation de transmettre à l'autorité compétente pour statuer sur la demande –, d'être chiffrée et de comporter des justifications.

Toute action en justice tendant à obtenir de l'administration le paiement de la dette, même formée devant une juridiction incompétente, interrompt le cours de la prescription, à condition d'avoir été présentée dans le délai et d'être relative au fait générateur, à l'existence, au montant ou au paiement de la créance. Mais l'interruption du délai est subordonnée, en cas de recours juridictionnel, à la mise en cause d'une collectivité publique. Une plainte contre X avec constitution de partie civile interrompt le cours de la prescription quadriennale dès lors qu'elle porte sur le fait générateur, le montant ou le paiement d'une créance susceptible d'être mise à la charge d'une collectivité publique. Tel est le cas d'une personne ayant déposé une plainte contre X avec constitution de partie civile afin de rechercher les auteurs des blessures subies lors d'une intervention chirurgicale pratiquée dans un centre hospitalier. Cette plainte, alors même que le juge judiciaire n'était pas compétent pour statuer sur les conclusions indemnitaires dirigées contre l'établissement public hospitalier, doit être regardée comme relative à la créance de l'intéressé sur cet établissement, et a, de ce fait, interrompu le cours de la prescription quadriennale en vertu des dispositions de l'article 2 de la loi du 31 décembre 1968 (C.E., sect., 27 oct. 2006, Dpt Morbihan : *Rec.*, p. 437).

Une plainte avec constitution de partie civile, de même qu'une constitution de partie civile tendant à l'obtention de dommages et intérêts effectuée dans le cadre d'une instruction pénale déjà ouverte à l'encontre, en l'espèce, d'un médecin nommément désigné, interrompt le cours de la prescription quadriennale contre l'établissement public de santé dans lequel exerçait celui-ci, bien que n'étant pas expressément dirigée contre cet établissement, dès lors qu'elle porte sur le fait générateur, l'existence, le montant ou le paiement d'une créance sur une collectivité publique (C.E., 11 avr. 2008, A. et a., n° 294767).

La reconnaissance de dette, qui peut aller jusqu'à un accord amiable sur l'indemnisation, interrompt le cours du délai (C.E., sect., 11 janv. 1978, D^{me} v^{ve} Audin : *Rec.*, p. 8). Toute communication écrite d'une administration intéressée (C.E., 5 oct. 2005, Épx Coquille : *Rec.*, p. 816), même si cette communication n'a pas été faite directement au créancier qui s'en prévaut, dès lors que cette communication a trait au fait générateur, à l'existence, au montant ou paiement de la créance (L. 31 déc. 1968, art. 2, al. 4). Il en va de même de toute émission de moyen de règlement, même si ce règlement ne couvre qu'une partie de la créance ou si le créancier n'a pas été exactement désigné, est interruptive (*idem*, al. 5).

Toute attitude de l'administration de nature à entraîner la passivité du créancier et à lui laisser croire que ses prétentions seront accueillies a un effet interruptif.

C. Les suspensions et relevés de déchéance du créancier

621. La prescription ne court pas contre le créancier qui ne peut agir par lui-même ou par l'intermédiaire de son représentant légal, notamment pour cause de force majeure, ou qui ignorait légitimement l'existence de la créance, ni contre un incapable qui ne peut agir lui-même et pour lequel aucun représentant légal n'a été désigné (L. 1968, art. 3).

Le fait pour l'administration de poursuivre pendant plus de dix ans l'exécution d'un traité de concession entaché de nullité sans remettre en cause sa validité doit faire regarder le cocontractant comme ayant légitimement ignoré l'existence de sa créance au titre de la responsabilité quasi contractuelle de l'administration jusqu'à la date où celle-ci s'est prévalue de la nullité du traité. L'exception de prescription quadriennale ne peut donc être opposée dans un tel cas (C.E., 16 nov. 2005, Auguste et Cne Nogent-sur-Marne : *Rec.*, p. 507).

De même, la prescription n'est pas opposable à une société qui ignorait l'illégalité des délibérations prises par une commune pour garantir un prêt accordé par cette société (C.E., 19 nov. 2013, Sté Credemlux International : *Rec.*, p. 288). Dans cette espèce, le Conseil d'État considère que, compte tenu, d'une part, de la nature de l'illégalité, tenant au défaut d'information du conseil municipal, qui se trouve à l'origine de la nullité de cet engagement, et, d'autre part, du comportement de la commune..., qui n'a pas remis en cause son engagement, pendant ses cinq premières années d'exécution et, enfin, de la circonstance que la société n'a pas été mise en cause dans l'instance ni rendue destinataire du jugement, cette société doit être regardée comme ayant légitimement ignoré l'existence de sa créance au titre de la responsabilité quasi délictuelle de la commune, dont le fait générateur est l'adoption illégale de ces délibérations, jusqu'à la date à laquelle il est établi qu'elle a finalement eu, plusieurs années après son prononcé, connaissance du jugement prononçant leur annulation. Le recours en tierce opposition formé par cette société contre le jugement prononçant l'annulation de ces délibérations a eu pour effet d'interrompre la prescription dès lors qu'il était relatif tant au fait générateur qu'à l'existence de sa créance. Un nouveau délai de quatre ans a couru à compter du 1er janvier de l'année suivant celle au cours de laquelle il a été statué en appel sur le nouveau jugement. Ce délai a de nouveau été interrompu par le pourvoi en cassation formé par la société. Un nouveau délai a couru à compter du 1er janvier de l'année suivant celle au cours de laquelle le Conseil d'État a définitivement statué sur ce pourvoi. V. également : C.E., 16 juil. 2014, Min. budget, n° 361570.

Des mesures de suspension des délais et même des relèvements de forclusion, en cas de guerre ou de grèves importantes par exemple, sont parfois prévues par le législateur.

L'autorité administrative ne peut renoncer à opposer la prescription, mais les créanciers de l'administration peuvent être relevés de tout ou partie de la prescription. Une procédure permettant de relever le créancier de la prescription est prévue par l'article 6 de la loi du 31 décembre 1968.

SECTION 2
PARTICULARITÉS DE CHAQUE PLEIN CONTENTIEUX

622. Chacun des contentieux de pleine juridiction obéit, outre à certaines règles communes, à un certain nombre de règles qui lui sont spécifiques.

Sous-section 1
Le contentieux électoral

623. De nombreux textes attribuent compétence aux juridictions administratives en matière électorale : élections des conseillers municipaux, maires et adjoints, conseillers généraux et régionaux, présidents des conseils régionaux et généraux, membres des bureaux de ces assemblées, membres des chambres de commerce, chambres de métiers et d'agriculture, élections professionnelles et universitaires.

Le juge administratif a toujours retenu sa compétence pour réformer certaines opérations électorales irrégulières.

§ 1. La spécificité du litige

624. Ces recours sont dispensés du ministère d'avocat devant le tribunal administratif.

Toute irrégularité n'entraîne pas l'annulation des élections. Le juge se réfère à l'écart de voix séparant les candidats ou listes en présence et n'annule que si l'irrégularité a pu altérer la sincérité de la consultation ou porter atteinte aux résultats. Le contentieux des élections n'est pas un pur contrôle de légalité ; la violation de la loi n'entraîne l'annulation que si elle a pu avoir une incidence sur les résultats.

Le juge apprécie au cas par cas, en cas d'irrégularité ou de manœuvres, si la sincérité du scrutin a pu être affectée. Il met en regard, afin d'apprécier cette incidence, la gravité, l'ampleur et les potentielles répercussions de ces irrégularités avec l'écart des voix. Lorsque, compte tenu du faible écart des voix ainsi que de la nature et de l'ampleur de la manœuvre, de l'irrégularité ou de l'abus de propagande en cause, le juge estime que la sincérité du scrutin a été viciée, il annule en principe l'élection (C.E., 13 déc. 1989, Élect. mun. Aulnat, n° 108662 ; 22 févr. 2002, Élect. mun. Sainte-Anne, n° 236226). En cas d'élections au scrutin de liste à la représentation proportionnelle avec répartition suivant la règle de la plus forte moyenne, le juge prononce parfois une annulation partielle, si l'irrégularité n'a, compte tenu de l'écart de voix, pas été de nature à remettre en cause la majorité issue des urnes, mais a été de nature à influer sur l'attribution du dernier siège à pourvoir. En présence de faits altérant la sincérité du scrutin, s'il ne peut déterminer avec précision le nombre de sièges revenant à chaque liste, le juge annule l'élection (C.E., 20 févr. 2002, Élect. mun. Saint-Élie, n° 235473). Lorsqu'il peut cerner l'étendue des falsifications et reconstituer le résultat véritable de l'élection, le juge procède à la rectification (C.E., 22 oct. 1979, Élect. des représentants à l'Assemblée des Ctés europ., n° 18449).

L'élection peut être annulée pour des motifs tenant à la personne du candidat : son inéligibilité ou sa situation d'incompatibilité (C.E., 24 avr. 2012, Élect. cantonales Vésinet, n° 353844).

En principe, le juge ne doit statuer que sur les conclusions et moyens qui lui sont soumis. Pourtant, il peut soulever d'office des griefs d'ordre public comme l'inéligibilité d'un candidat, un tel moyen pouvant être soulevé pour la première fois en appel. Surtout, le juge peut procéder à des vérifications plus larges que celles répondant au grief allégué, comme réviser l'ensemble des bulletins en cas de contestation de certains d'entre eux. Il a le pouvoir de proclamer élu un candidat, même si cela ne lui était pas demandé.

Dans certaines hypothèses, le juge peut déclarer un candidat inéligible, pour une durée n'excédant pas trois années (C. élect., art. L. 118-3). Tel est le cas lorsqu'il est saisi par la Commission nationale des comptes de campagne et des financements politiques, lorsque le compte de campagne du candidat fait apparaître un dépassement du plafond des dépenses électorales, ou que le candidat n'a pas déposé son compte de campagne dans les délais prescrits, que son compte a été rejeté en cas de volonté de fraude ou de manquements d'une particulière gravité aux règles relatives au financement des campagnes électorales ou, encore, lorsque le candidat s'est livré à des manœuvres frauduleuses.

§ 2. Les particularités de procédure

625. Tout électeur, tout candidat, tout élu dans la circonscription considérée, ainsi que le préfet, a intérêt pour agir (C.E., 16 sept. 2005, Hoffer : *Rec.*, p. 422). Tout moyen peut être invoqué.

Le recours peut résulter d'une simple protestation consignée au procès-verbal du scrutin, à condition qu'elle soit signée, contienne des conclusions et une motivation précise. Le recours peut être déposé au secrétariat de la mairie, à la préfecture et au greffe du tribunal administratif. Les élections locales peuvent également faire l'objet d'un déféré préfectoral (C. élect., art. L. 248). Les recours et déférés sont notifiés aux personnes dont l'élection est contestée. Les mémoires peuvent être consultés au greffe (C. élect., art. R. 119).

La règle de la décision préalable s'impose, sauf texte contraire. La recevabilité du recours au juge de l'élection est ainsi parfois subordonnée à l'existence d'une décision préalable (C.E., ass., 2 juil. 1993, Féd. nat. des synd. libres : *Rec.*, p. 192). C'est notamment le cas en matière d'élections administratives et universitaires.

Le délai de recours est de cinq jours à compter de l'élection pour les élections européennes (L. n° 77-729, 7 juil. 1977, art. 25), les élections régionales, les élections à l'Assemblée de Corse (C. élect., art. L. 361 et L. 381), les élections municipales et cantonales (C. élect., art. R. 113 et R. 119). Le délai d'appel contre le jugement est en principe d'un mois (C. élect., art. R. 123), deux mois si la notification du jugement omet d'indiquer le délai.

Le délai expire à 18 h le cinquième jour qui suit l'élection. Il n'est tenu compte, pour la computation des délais, ni du jour qui sert de point de départ, autrement du jour de la proclamation des résultats, ni du jour d'échéance du délai. La tardiveté de la protestation est appréciée au regard de sa date de réception, et non de la date du cachet de la Poste.

Les requérants peuvent adresser leur protestation à la préfecture par voie de courrier électronique, sous réserve de confirmer, par un courrier au tribunal administratif compétent, en être l'auteur (C.E., 28 déc. 2001, Élect. mun. Entre-deux-Monts, n° 235784). La protestation doit indiquer clairement l'élection dont l'annulation est demandée et formuler des griefs précis mettant en cause la validité du scrutin (C.E., 9 oct. 2002, Élect. mun. Goyave, n° 235362).

Le tribunal administratif doit statuer dans les trois mois, à peine de dessaisissement.

Le recours pour excès de pouvoir est recevable contre les actes détachables de l'opération électorale, actes dont la portée ne se limite pas à une seule opération électorale, mais revêtant un caractère permanent (voy. concl. Labetoulle sur C.E., 3 juin 1981, Delmas : *Rec.*, p. 244).

L'appel, qui peut être intenté par les parties et par le préfet contre les élections locales, est suspensif, sauf en cas d'annulation de l'élection d'un conseiller pour inéligibilité décidée sur pourvoi antérieur (C. élect., art. L. 250)

En cas d'annulation pour cause de manœuvres dans l'établissement de la liste électorale ou d'irrégularité dans le déroulement du scrutin, le juge a le pouvoir, nonobstant appel, de suspendre le mandat de celui ou de ceux dont l'élection a été annulée (C. élect., art. L. 250-1). Le Conseil d'État statue dans ce cas dans les trois mois de l'enregistrement du recours, faute de quoi la suspension prend fin.

En cas d'annulation pour fraude, le dossier est automatiquement transmis au procureur de la République (C. élect., art. L. 117-1) et le juge peut décider que la présidence d'un ou de plusieurs bureaux de vote sera assurée, lors de l'élection partielle suivant l'annulation, par une personne désignée par le président du tribunal de grande instance (C. élect., art. L. 118-1).

En cas de carence du bureau de vote, le tribunal administratif s'y substitue et proclame les résultats en chambre du Conseil. Il décide alors comme autorité administrative.

Sous-section 2
Le contentieux fiscal

626. En matière d'impôts directs et de taxes sur le chiffre d'affaires, le code renvoie, pour l'instruction et le jugement des requêtes, au Livre des procédures fiscales.

§ 1. Les spécificités du contentieux fiscal

627. Intellectuellement, la matière du contentieux fiscal est objective, le juge confrontant l'imposition individuelle avec les textes applicables. Mais le contentieux fiscal est considéré comme un plein contentieux (C.E., 29 juin 1962, Sté des Aciéries de Pompey : *Rec.*, p. 438), afin de conférer au juge des pouvoirs plus grands et de contrebalancer, au profit du contribuable, la toute-puissance de l'administration des impôts.

Le recours pour excès de pouvoir est irrecevable, pour cause de recours parallèle, lorsqu'existe une voie juridictionnelle fiscale. Il est, en revanche, recevable en ce qui concerne les litiges relatifs à l'assiette (L.P.F., art. L. 190) et au recouvrement des rôles (L.P.F., art. L. 281), actes réglementaires ou individuels détachables de la procédure d'imposition, ou lorsque le contribuable ne dispose pas de recours fiscal. L'exception de recours parallèle n'est opposée que si le recours de plein contentieux fiscal permet d'obtenir un résultat identique à celui du recours pour excès de pouvoir.

§ 2. Les particularités de procédure

628. La matière est dispensée du ministère d'avocat (L.P.F., art. R. 202-2).

Les dispositions du Code de justice administrative sont applicables aux affaires portées devant le tribunal administratif ou devant la cour administrative d'appel, sous réserve des dispositions particulières prévues par le Livre des procédures fiscales (L.P.F., art. R. 200-1).

L'article L. 190 du Livre des procédures fiscales précise la procédure applicable aux actions tendant à obtenir la décharge ou la réduction d'impositions fondées sur des dispositions ultérieurement jugées non conformes à des règles de droit supérieures ainsi que les réparations du préjudice éventuellement subi de ce fait.

A. La réclamation préalable

629. Le contribuable a l'obligation, avant de saisir le juge administratif, de présenter une réclamation à l'administration (L.P.F., art. R. 190-1), en général avant le 31 décembre de la deuxième année suivant celle de la mise en recouvrement du rôle, ou du versement de l'impôt d'État, s'il n'a pas donné lieu à rôle. Ce délai est d'un an pour les impôts locaux et les taxes annexes (L.P.F., art. R. 196-1 et s. ; Voy. C.E., plén., 25 juil. 1975, X. : *Rec.*, p. 450 ; 2 juin 2010, Fresnais et Peltier : *Rec.*, pp. 724-732 ; 18 juin 1986, Mme Krier : *Rec.*, p. 166 ; 6 déc. 2013, Marteau : *Rec.*, p. 546). S'agissant de procédures de reprise ou de redressement de la part de l'administration, le contribuable dispose d'un délai égal à celui de l'administration pour présenter ses propres réclamations.

Le contribuable doit établir l'existence de la réclamation préalable.

La réclamation doit être individuelle, sauf pour les contribuables imposés collectivement, les sociétés de personnes, et mentionner l'imposition contestée, dont doit être produit l'original ou la copie, et contenir l'exposé sommaire des moyens et conclusions (L.P.F., art. R. 197-3). L'administration dispose d'un délai de six mois, pouvant être prolongé de trois mois, à compter de la réception de la réclamation, pour statuer. L'éventuelle décision de rejet doit être motivée et dûment notifiée à l'intéressé (L.P.F., art. R. 198-10).

Le tribunal administratif doit être saisi dans les deux mois suivant la notification de la décision de rejet ou le silence gardé pendant six mois sur la réclamation. Seules les impositions visées dans sa réclamation préalable peuvent être contestées devant le tribunal (L.P.F., art. R. 200-2).

B. Le sursis au paiement

630. À condition d'en faire expressément la demande dans sa réclamation et de préciser le montant ou les bases du dégrèvement auquel il estime avoir droit, le contribuable qui conteste le bien-fondé ou le montant de son imposition peut obtenir que le paiement soit différé jusqu'à la prise par le directeur des services fiscaux, qui dispose en la matière d'un pouvoir discrétionnaire, d'une décision sur sa réclamation, voire jusqu'au jugement (L.P.F., art. L. 277 et R. 277-1 et s.).

La constitution de garanties est obligatoire lorsque la réclamation porte sur un montant excédant une certaine somme, fixée par décret.

Le contribuable a par ailleurs la faculté de former un référé fiscal devant le juge du référé administratif (L.P.F., art. L. 279).

C. Les pouvoirs du juge

631. Le juge peut annuler les actes fiscaux et les réformer. Il peut fixer lui-même le montant des impositions dues. Il contrôle les activités de la Commission départementale des impôts directs et de la taxe sur le chiffre d'affaires, qui intervient en cas de désaccord sur le montant des bénéfices professionnels (C.G.I., art. 1651 ; L.P.F., art. L. 59), et de la Commission de conciliation en matière de droits d'enregistrement et de publicité foncière (C.G.I., art. 667 ; L.P.F., art. L. 59), qui intervient en cas d'insuffisance des prix ou évaluations.

Sous-section 3
Le contentieux contractuel

632. Les contentieux opposant les parties à propos de la formation et de l'exécution des contrats ressortissent en principe à la pleine juridiction (C.E., sect., 7 févr. 1936, Dpt. Creuse : *Rec.*, p. 171). Le concurrent évincé de la passation d'un marché est recevable à former un recours de plein contentieux contre le contrat, dont les effets peuvent être identiques à ceux d'un recours pour excès de pouvoir (Sté Tropic Travaux Signalisation ; Dpt Tarn-et-Garonne, préc.). Le cocontractant de l'administration peut, en cas de résiliation unilatérale du contrat, demander au juge d'ordonner la reprise des relations contractuelles (C.E., sect., 21 mars 2011, Cne Béziers : *Rec.*, p. 117, concl. CORTOT-BOUCHER). Le recours pour excès de pouvoir est ouvert contre certains actes détachables du contrat.

La violation de l'une des règles de passation entraîne en principe la nullité absolue de tout le contrat ou d'une ou plusieurs de ses clauses lorsqu'elles ne sont pas indivisibles du reste du contrat. Le plus fréquemment, cette nullité est d'ordre public, car elle est relative au respect des intérêts généraux que poursuivent les personnes publiques (C.E., 11 mai 2009, V. Toulouse, n° 296919).

§ 1. La contestation du contrat ou des mesures relatives à son exécution

633. Les parties peuvent contester la validité du contrat ou les mesures relatives à son exécution. Le juge statue dans ce cas sur la validité du contrat, mais aussi sur les conséquences à tirer de l'éventuelle reconnaissance de l'invalidité du contrat. En revanche, saisi d'un litige relatif à une mesure d'exécution d'un contrat, le juge ne peut, en principe, que rechercher si cette mesure est intervenue dans des conditions de nature à ouvrir droit à indemnité.

Les règles relatives au contentieux des contrats ont été systématisées et précisées les arrêts dits *Béziers I* et *Béziers II* (C.E., ass., 28 déc. 2009, Cne Béziers : *Rec.*, p. 509, concl. Glaser ; sect., 21 mars 2011, Cne Béziers, préc.).

La validité du contrat peut être contestée par voie d'action ou par voie d'exception, à l'occasion d'un litige relatif à l'exécution du contrat. L'appréciation à porter par le juge est la même dans les deux hypothèses (Béziers I).

Lorsque la validité du contrat est contestée par voie d'action, trois solutions s'offrent au juge. Le juge peut d'abord décider la poursuite des relations contractuelles. Le contrat subsiste malgré certaines irrégularités, les parties doivent l'exécuter. Le juge peut ordonner que des mesures de régularisation soient prises par la personne publique ou convenues entre les parties.

Le juge peut ensuite prononcer la résiliation du contrat, qui prend ainsi fin pour l'avenir. Il peut faire application de la jurisprudence *AC !* (préc.) et différer l'effet de sa décision, le contrat n'étant pas nécessairement remis en cause pour le passé et pouvant même être prolongé quelque temps.

Le juge peut enfin prononcer l'annulation du contrat, sanction la plus grave qu'il ne décide que dans les cas les plus graves : caractère illicite du contrat ou vice d'une particulière gravité, relatif notamment aux conditions dans lesquelles les parties ont donné leur consentement.

Lorsque la validité du contrat est contestée par voie d'exception, le juge doit, en principe, faire application du contrat. Mais il doit « écarter le contrat et ne peut régler le litige sur le terrain contractuel » dans le cas des vices les plus graves, ceux qui justifient l'annulation du contrat par voie d'action.

Le litige doit être réglé sur le terrain extracontactuel, soit délictuel (en cas de fautes autres que la violation du contrat), soit quasi contractuel (enrichissement sans cause).

En cas de vices moins graves, par exemple lorsqu'un contrat a été signé par un maire avant la transmission en préfecture de la délibération du conseil municipal, le litige est tranché sur le terrain contractuel.

S'agissant de mesures autres que la résiliation du contrat, « le juge du contrat, saisi par une partie d'un litige relatif à une mesure d'exécution du contrat, peut seulement, en principe, rechercher si cette mesure est intervenue dans des conditions de nature à ouvrir droit à indemnité » (Béziers II).

Si une mesure de modification unilatérale du contrat justifiée donne lieu à une indemnité compensatrice (Cie générale des tramways, préc.), une modification injustifiée ne peut ouvrir droit qu'à l'indemnisation du préjudice subi.

Si la modification est d'une telle gravité qu'elle justifie une sanction excédant le versement d'une indemnité, le cocontractant de l'administration peut demander au juge de prononcer la résiliation du contrat pour faute de l'administration.

En cas de résiliation par l'administration, la jurisprudence *Béziers II* permet, le cas échéant, au juge d'annuler cette mesure de résiliation. Le cocontractant peut contester cette mesure afin d'obtenir une indemnité, mais aussi la reprise des relations contractuelles, quel que soit le contrat en cause.

Cette action relève du plein contentieux (C.E., 11 oct. 2012, Soc. Orange France : *Rec.*, p. 860), qui doit être exercé dans les deux mois à compter de la date à laquelle l'intéressé a été informé de la mesure de résiliation, y compris si le contrat est relatif à des travaux publics.

L'irrégularité peut conduire à la « reprise des relations contractuelles », à une date que fixe le juge, et/ou à l'octroi d'indemnités.

Sur l'articulation des offices du juge de l'exécution du contrat et du juge de la formation du contrat, voy. C.E., 1er oct. 2013, Soc. Espace Habitat Construction : *Rec.*, p. 700.

Si un cocontractant lié à une personne publique par un contrat administratif ne peut en principe prendre unilatéralement l'initiative de résilier le contrat, les parties peuvent toutefois prévoir, dans un contrat qui n'a pas pour objet l'exécution même du service public, les conditions auxquelles le cocontractant de la personne publique peut résilier le contrat en cas de méconnaissance par cette dernière de ses obligations contractuelles. Cependant, dans ce cas, le cocontractant ne peut procéder à la résiliation sans avoir mis à même, au préalable, la personne publique de s'opposer à la rupture des relations contractuelles pour un motif d'intérêt général, tiré notamment des exigences du service public. Lorsqu'un motif d'intérêt général lui est opposé, le cocontractant doit poursuivre l'exécution du contrat, faute de voir le contrat résilié à ses torts exclusifs. Le cocontractant peut toutefois contester devant le juge le motif d'intérêt général qui lui est opposé afin d'obtenir la résiliation du contrat (C.E., 8 oct. 2014, Sté Grenke location, n° 370644).

§ 2. Le recours de plein contentieux en contestation de validité du contrat

634. Le recours en contestation de la validité du contrat est recevable contre la légalité du choix du cocontractant, la délibération autorisant la conclusion du contrat et la décision de le signer. Sont recevables à l'intenter les tiers au contrat et les membres de l'organe délibérant de la collectivité territoriale ou du groupement de collectivités territoriales concerné.

Le tiers doit justifier que ses intérêts sont susceptibles d'être lésés de manière suffisamment directe et certaine par la passation du contrat ou ses clauses. Il ne peut se plaindre que des vices du contrat en rapport direct avec l'intérêt lésé dont il se prévaut ou de ceux d'une gravité telle que le juge devrait les relever d'office (C.E., sect., 3 oct. 2008, SMIRGEOMES : *Rec.*, p. 321). Il peut contester la validité du contrat ou de certaines de ses clauses non réglementaires qui ne sont divisibles. Le juge apprécie l'importance de ces vices et les conséquences à en tirer, comme dans la jurisprudence *Tropic*. Dans certains cas, le juge peut condamner les parties à verser une indemnité à l'auteur du recours qui a subi un préjudice.

Le recours *Tropic* est, pour ces tiers comme pour les candidats évincés, enfermé dans un délai de deux mois à compter de l'accomplissement des mesures de publicité appropriée. Il peut être assorti d'une demande indemnitaire et/ou d'un référé suspension.

Ce recours est ouvert aux élus des collectivités territoriales concernées par le contrat et au préfet de département, chargé du contrôle de légalité. Toutefois, compte tenu des intérêts dont ils ont la charge, ces requérants peuvent invoquer tout vice entachant le contrat.

Le préfet peut, en outre, dans le cadre du contrôle de légalité, demander l'annulation des actes détachables du contrat tant que celui-ci n'est pas signé.

§ 3. Le recours en annulation d'un acte détachable

635. L'annulation d'un acte détachable d'un contrat n'implique pas nécessairement la nullité de ce contrat. Il appartient au juge de l'exécution, après avoir pris en considération la nature de l'illégalité commise, soit de décider que la poursuite de l'exécution du contrat est possible, éventuellement sous réserve de mesures de régularisation prises par la personne publique ou convenues entre les parties, soit, après avoir vérifié si sa décision ne portera pas une atteinte excessive à l'intérêt général, d'enjoindre à la personne publique de résilier le contrat, le cas échéant avec un effet différé, soit, eu égard à une illégalité d'une particulière gravité, d'inviter les parties à résoudre leurs relations contractuelles ou, à défaut d'entente sur cette résolution, à saisir le juge du contrat afin qu'il en règle les modalités s'il estime que la résolution peut être une solution appropriée (C.E., 21 févr. 2011, Soc. Ophrys, Cté d'agglomération Clermont-Communauté : *Rec.*, p. 54).

Abandonnant sa jurisprudence *Martin* (C.E., 4 août 1905 : *Rec.*, p. 749) et prolongeant sa jurisprudence *Tropic* (préc.), le Conseil d'État ouvre le recours direct contre le contrat administratif ou certaines de ses clauses à tous les tiers susceptibles d'être lésés, dans leurs intérêts, par sa passation ou ses clauses (C.E., ass., 4 avr. 2014, Dpt Tarn-et-Garonne, n° 358994). Ces tiers peuvent contester la validité du contrat ou de certaines de ses clauses, y compris en faisant valoir, devant le juge du contrat, l'illégalité des actes « détachables » du contrat. La voie du recours contre les actes détachables, devenue inutile, leur est désormais fermée.

Sous-section 4
La responsabilité contractuelle

636. La responsabilité contractuelle ne peut être qu'une responsabilité pour faute, en d'autres termes pour manquement à une obligation résultant du contrat ou un usage abusif par l'administration des prérogatives qui sont les siennes dans l'exécution du contrat. La preuve de la force majeure ou de la faute du cocontractant peut exonérer l'administration de tout ou partie de sa responsabilité contractuelle, mais pas le fait du tiers.

La responsabilité contractuelle absorbe la responsabilité quasi délictuelle.

Une partie au contrat ne peut donc exercer d'autres actions que celles procédant du contrat (C.E., 1er déc. 1976, Berezowski, *D.*, 1978, p. 45 ; 7 mai 1982, Soc. du parking de la place de la Concorde : *R.D.P.*, 1983, p. 237).

Le Conseil d'État a décidé que, si l'exécution de l'obligation du débiteur d'une prestation d'étude prend normalement fin avec la remise de son rapport et le règlement par l'administration du prix convenu, sa responsabilité reste cependant engagée, en l'absence de toute disposition ou stipulation particulière applicable à ce contrat, à raison des erreurs ou des carences résultant d'un manquement aux diligences normales attendues d'un professionnel pour la mission qui lui était confiée, sous réserve des cas où, ces insuffisances étant manifestes, l'administration aurait, en payant la prestation, nécessairement renoncé à se prévaloir des fautes commises (C.E., 9 avr. 2010, Cne Levallois-Perret : *Rec.*, p. 104).

La responsabilité contractuelle ne saurait être engagée lorsque le juge a constaté la nullité du contrat. La nullité du contrat fait naître une situation quasi contractuelle, permettant au cocontractant de l'administration d'obtenir l'indemnisation des sommes qu'il a déboursées et qui ont profité à la personne publique contractante (C.E., 17 mars 2010, Soc. auxiliaire de parcs, n° 316721 : en cas de concession : valeur non amortie des dépenses d'investissement, déficit supporté initialement dans l'intérêt d'une bonne exécution du service, réparation des dommages résultant d'une éventuelle faute de l'administration et à due concurrence du rôle joué par cette faute, etc.). Le cocontractant peut également engager la responsabilité quasi délictuelle, sur le fondement de l'enrichissement sans cause, afin d'obtenir l'indemnisation des dépenses qu'il a réalisées et qui ont été utiles à l'administration (Soc. Citecâble Est : *Rec.*, p. 457), et, le cas échéant, celle du manque à gagner, s'agissant des dépenses de fonctionnement, si la nullité n'a trouvé sa cause que dans une faute commise par l'administration.

Si les parties à un contrat dont le juge, saisi d'un litige engagé sur le terrain de la responsabilité contractuelle, est conduit à constater, le cas échéant d'office, la nullité, peuvent poursuivre le litige qui les oppose en invoquant, y compris pour la première fois en appel, des moyens tirés de leur responsabilité quasi contractuelle ou quasi délictuelle, bien que ces moyens, qui ne sont pas d'ordre public, reposent sur des causes juridiques nouvelles, de tels moyens ne peuvent être soulevés au-delà du délai d'appel, lorsque la nullité du contrat a été constatée par le juge de première instance (C.E., 9 déc. 2011, Cne Alès : *Rec.*, p. 1026).

Dans le cas où la nullité du contrat résulterait d'une faute de l'administration, la faute commise par le cocontractant n'empêche pas l'indemnisation sur le fondement de l'enrichissement sans cause, mais fait obstacle à la mise en œuvre de la responsabilité quasi délictuelle. Mais si le cocontractant a lui-même commis une faute grave en se prêtant à la conclusion d'un marché dont, compte tenu de son expérience, il ne pouvait ignorer l'illégalité, et que cette faute constitue la cause directe de la perte du bénéfice attendu du contrat, il n'est pas fondé à demander l'indemnisation de ce préjudice (C.E., sect., 10 avr. 2008, Soc. Jean-Claude Decaux et dpt Alpes-Maritimes : *Rec.*, p. 151 ; 18 nov. 2011, Cté cnes Verdun : *Rec.*, p. 1014).

PARTIE III

Le règlement du différend

Titre 1

L'instance 397

Titre 2

La sentence 443

Titre 3

La contestation de la décision 501

637. Le juge administratif prend en charge la requête, l'instruit et prononce une sentence. Ce faisant, il épuise son pouvoir juridictionnel. Néanmoins, la solution est susceptible de remise en cause. Le juge peut également, dans certains cas, être saisi par le justiciable qui souhaite obtenir l'exécution du jugement.

TITRE 1

L'instance

Chapitre 1
L'instruction 399
Chapitre 2
L'établissement de la conviction du juge 427

638. L'instance est largement entre les mains du juge. C'est lui qui dirige l'instruction, ordonne, accepte ou refuse les mesures d'investigation. Pourtant, les parties peuvent dans une certaine mesure étendre le champ du litige en cours d'instance.

Chapitre 1

L'instruction

1 **Le déroulement normal de l'instruction** 400

2 **Les incidents de l'instruction** 414

639. L'instruction, qui consiste à mettre l'affaire en état d'être jugée et se déroule depuis le dépôt de la requête introductive d'instance jusqu'à l'audience, est en principe obligatoire pour chaque requête. Elle constitue une « formalité essentielle » (C.E., sect., 25 janv. 1957, Raberanto et a. : *Rec.*, p. 66). Sa dispense n'est prévue qu'au cas où il apparaîtrait, au vu de la requête introductive d'instance, que la solution de l'affaire est d'ores et déjà certaine.

Le président du tribunal administratif, de la chambre de la cour administrative d'appel ou de la sous-section d'instruction au Conseil d'État peut décider qu'il n'y a pas lieu à instruction (C.J.A., art. R. 611-8). Ces dispositions ne sont pas applicables lorsque l'État est en position de défendeur et qu'il est susceptible d'opposer la prescription quadriennale.

SECTION 1
LE DÉROULEMENT NORMAL DE L'INSTRUCTION

640. Le principe est que tout dossier doit être instruit. Néanmoins, la solution de certaines affaires ne nécessite pas qu'il soit procédé à une instruction. La durée de l'instruction est fixée souverainement par le président de la juridiction saisie et, au Conseil d'État, par le président de la sous-section chargée de l'instruction, qui dispose discrétionnairement (C.E., 31 nov. 1908, Plin : *Rec.*, p. 927).

Sous-section 1
La dispense d'instruction et l'instruction accélérée

641. Certaines circonstances conduisent le juge soit à accélérer l'instruction, soit à s'en dispenser purement et simplement.

§ 1. La dispense d'instruction

642. Lorsqu'il apparaît au vu de la requête que la solution de l'affaire est d'ores et déjà certaine, le président du tribunal administratif ou le président de la formation de jugement ou, à la cour administrative d'appel, le président de la chambre ou, au Conseil d'État, le président de la sous-section, peut décider qu'il n'y a pas lieu à instruction (C.J.A., art. R. 611-8). Ces dispositions ne sont pas applicables lorsque l'État est en position de défendeur et qu'il est susceptible d'opposer la prescription quadriennale, car cela revient à interdire à l'administration de se prévaloir de la prescription qu'elle devait invoquer avant que le juge de premier degré ne se soit prononcé sur le fond (C.E., 29 déc. 1997, Min. Budg. c. Mme Mialon : *Rec.*, p. 1005).

Les dispositions de l'article R. 611-8 ne permettent de dispenser de communiquer la requête aux défendeurs que lorsque la décision à intervenir n'est pas susceptible de leur porter préjudice, ce qui est notamment le cas des décisions de rejet (C.E., sect., 5 avr. 1996, Synd. des avocats de France : *Rec.*, p. 118). La dispense d'instruction est possible en appel en cas d'annulation du jugement de première instance, à la condition que le rejet des conclusions de première instance apparaisse certain (C.E., 10 juil. 1970, Barentin : *Rec.*, p. 1150 ; 8 nov. 2000, Morel : *Rec.*, p. 507).

Aucune disposition n'exige que la décision de dispense d'instruction soit notifiée au requérant (C.E., 29 juil. 1983, Meallier : *Rec.*, p. 823). La dispense d'instruction n'est assortie d'aucune formalité particulière (C.E., 29 déc. 1995, Gendre : *Rec.*, p. 974).

Lorsque la décision de dispense d'instruction fait l'objet d'une ordonnance, la régularité de cette ordonnance ne peut faire l'objet d'un recours distinct et ne peut être mise en cause qu'à l'occasion du recours formé contre le jugement rendu finalement par la juridiction (C.E., 11 févr. 2005, Lamouissi : *Rec.*, p. 1041 ; 14 déc. 2005, Mme Der Agobian : *Rec.*, p. 1008).

Le jugement rendu sans instruction préalable est, en effet, susceptible d'appel ou de pourvoi en cassation de la part du requérant ou de tierce opposition de la part du défendeur auquel la requête n'aurait pas été communiquée à tort (C.E., 21 mars 1956, Secr. État aff. éco. et plan : *Rec.*, p. 134).

Le juge d'appel exerce un contrôle sur les justifications du recours à la dispense d'instruction en première instance (C.E., 12 oct. 1979, Cne Trégastel : *Rec.*, p. 841 ; 3 juil. 1987, Bertin : *Rec.*, p. 883).

Cette procédure est d'utilisation assez rare. Elle joue presque uniquement dans les cas d'irrecevabilité manifeste, cette condition étant appréciée restrictivement par le juge. Ainsi, l'appel dirigé contre un jugement rendu en dernier ressort n'est-il pas irrecevable (C.E., sect., 18 juil. 2006, Sté Darty Alsace-Lorraine : *Rec.*, p. 366).

§ 2. L'instruction accélérée

643. Le juge peut se dispenser de certaines étapes de l'instruction, pour statuer plus rapidement lorsque les circonstances lui paraissent l'exiger. Ce pouvoir est exercé discrétionnairement et ne peut être discuté au contentieux (C.E., 17 oct. 1958, Min. Int. c. Motrard : *Rec.*, p. 490).

Sous-section 2
L'instruction proprement dite

644. L'instruction est entièrement diligentée par le juge. Il appartient au juge, dans l'exercice de ses pouvoirs généraux de direction de la procédure, d'ordonner toutes les mesures d'instruction qu'il estime nécessaires à la solution des litiges qui lui sont soumis et notamment de requérir des parties ainsi que, le cas échéant de tiers, en particulier des administrations compétentes, la communication des documents qui lui permettent de vérifier les allégations des requérants et d'établir sa conviction (C.E., sect., 1er oct. 2014, A, n° 349560).

A. La désignation du rapporteur et la répartition des affaires entre les formations de jugement

645. Aux tribunaux administratifs, immédiatement après l'enregistrement de la requête introductive d'instance au greffe, le président du tribunal désigne un rapporteur, qui ne peut être dessaisi d'un dossier que sur sa demande et avec l'accord du président, ou par décision de ce dernier (C.J.A., art. R. 611-9).

Le rapporteur fixe, sous l'autorité du président de la formation de jugement, et eu égard aux circonstances de l'affaire, les délais de production des mémoires complémentaires ; observations, défense ou réplique, par ordonnance de soit-communiqué.

Il peut demander aux parties, pour être joints à la procédure contradictoire, toutes pièces ou tous documents utiles à la solution du litige (C.J.A., art. R. 611-10).

Lorsqu'après étude par le rapporteur, l'affaire est en état d'être portée à l'audience, le dossier est transmis au rapporteur public (C.J.A., art. R. 611-13).

Aux cours administratives d'appel, après l'enregistrement des requêtes, le président de la cour les répartit entre les chambres et attribue les dossiers aux rapporteurs. Comme au tribunal administratif, le rapporteur désigné ne peut être dessaisi d'un dossier que sur sa demande et avec l'accord du président de la cour, ou par décision de ce dernier (C.J.A., art. R. 611-16).

Le rapporteur règle, sous l'autorité du président de la chambre, la communication de la requête. Il fixe, eu égard aux circonstances de l'affaire, le délai accordé aux parties pour produire leurs mémoires. Il peut demander aux parties, pour être joints à la procédure contradictoire, toutes pièces ou tous documents utiles à la solution du litige (C.J.A., art. R. 611-17).

Les dispositions de l'article R. 611-11 sont applicables. Le président de la chambre exerce les pouvoirs prévus audit article (C.J.A., art. R. 611-18).

Chaque chambre assure l'instruction des affaires qui lui sont confiées. Elle tient, si son président le juge utile, une séance d'instruction avant la transmission du dossier au rapporteur public. Celui-ci assiste à la séance d'instruction. La chambre siège, en formation d'instruction, sous la présidence de son président, entouré d'un magistrat, désigné en suivant l'ordre du tableau parmi les magistrats présents, et du magistrat rapporteur. En cas d'absence ou d'empêchement, le président est remplacé selon les modalités définies à l'article R. 222-26 (C.J.A., art. R. 611-19).

Au Conseil d'État, le président de la Section du contentieux répartit les affaires entre les sous-sections. Il peut décider que l'instruction d'une affaire sera confiée à la Section du contentieux. Dans ce cas, il lui appartient de désigner le rapporteur et d'exercer les pouvoirs dévolus par le code à la sous-section chargée de l'instruction. Avant la répartition des affaires entre les sous-sections, le président de la Section du contentieux peut accomplir les actes d'instruction nécessaires à la mise en état des affaires.

Chaque sous-section est chargée de l'instruction des affaires qui lui ont été attribuées. Le rapporteur est désigné pour chaque affaire par le président de la sous-section.

Lorsqu'il décide de renvoyer le jugement d'une requête présentée au titre d'un des référés prévus par le Livre V du code à l'assemblée du contentieux, à la Section du contentieux ou à des sous-sections réunies, le président de la Section du contentieux accomplit les actes d'instruction nécessaires et désigne le rapporteur, ainsi que le rapporteur public, à moins qu'il n'attribue l'affaire à une sous-section (C.J.A., art. R. 611-20).

Lorsque la requête ou le recours ne mentionne pas l'intention du requérant ou du ministre de présenter un mémoire complémentaire dans lequel seront précisés ou complétés les moyens énoncés ou à l'appui desquels de nouveaux documents ou éléments probants seront produits, la procédure d'instruction est immédiatement engagée (C.J.A., art. R. 611-21).

Lorsque la requête ou le mémoire mentionne l'intention du requérant ou du ministre de présenter un mémoire complémentaire, la production annoncée doit parvenir au secrétariat du contentieux du Conseil d'État dans un délai de trois mois à compter de la date à laquelle la requête a été enregistrée. Si ce délai n'est pas respecté, le requérant ou le ministre est réputé s'être désisté à la date d'expiration de ce délai, même si le mémoire complémentaire a été ultérieurement produit. Le Conseil d'État donne acte de ce désistement (C.J.A., art. R. 611-22, voy. *infra*).

Ce même délai est d'un mois en matière électorale et en ce qui concerne les conclusions tendant au sursis à exécution de la décision juridictionnelle attaquée. Il est de quinze jours lorsque le pourvoi en cassation est dirigé contre une décision prise par le juge des référés en application du Livre V du code, sauf s'il s'agit d'un référé en matière fiscale (C.J.A., art. R. 611-23).

Ces délais peuvent être réduits par décision du président de la sous-section en raison de l'urgence. La décision est alors notifiée au signataire de la requête et le délai court du jour de la réception de cette notification. Si ce délai est respecté, l'instruction commence.

B. La communication des requêtes, mémoires et décisions prises pour l'instruction

646. La communication des requêtes et recours aux parties intéressées et aux ministres et, s'il y a lieu, les mises en cause, les demandes de pièces et tous autres actes d'instruction sont, avec la fixation des délais dans lesquels les réponses doivent être produites, ordonnés par les sous-sections. En outre, les recours pour excès de pouvoir contre les décrets sont communiqués au Premier ministre (C.J.A., art. 611-27).

La communication des requêtes, mémoires et autres actes est faite dans les conditions prévues aux articles R. 611-1 à R. 611-6 (C.J.A., art. R. 611-29).

La requête et les mémoires, ainsi que les pièces produites par les parties, sont déposés ou adressés au greffe.

La requête, le mémoire complémentaire éventuellement annoncé dans la requête et le premier mémoire de chaque défendeur sont communiqués aux parties avec les pièces jointes.

Les répliques, autres mémoires et pièces sont communiqués s'ils contiennent des éléments nouveaux (C.J.A., art. R. 611-1).

La communication des mémoires et des pièces se fait à l'adresse indiquée par le requérant dans sa requête introductive d'instance, sauf s'il a dûment signalé son changement d'adresse à la juridiction (C.E., 15 juin 1987, Mascaro : *Rec.*, p. 885).

Tous les mémoires et pièces soumis au débat contradictoire doivent obligatoirement être communiqués à toutes les parties. Il est obligatoire de communiquer un premier mémoire en défense produit par télécopie avant la clôture de l'instruction, même s'il n'a été régularisé par courrier qu'après la clôture (C.E., 3 avr. 2002, Peschard et a. : *Rec.*, p. 879). Ne sont toutefois pas soumis à cette obligation les mémoires en réplique et autres mémoires ou pièces par lesquels les parties se bornent à réitérer les éléments qu'elles ont antérieurement fait valoir (C.E., 29 juil. 1998, Synd. des avocats de France, n° 188715).

En outre, le défaut de communication du premier mémoire en défense ne vicie pas la procédure lorsque ce mémoire ne comporte aucun moyen (C.E., 14 mars 2001, Cts Bureau et a. : *Rec.*, p. 1137).

N'est pas irrégulière la communication d'un premier mémoire en défense juste avant la clôture de l'instruction, sans réouverture de celle-ci, lorsque la teneur de ce mémoire n'est pas substantiellement différente de celle du mémoire d'un codéfendeur communiqué antérieurement (C.E., 26 oct. 2011, GAEC Lefebvre et fils : *Rec.*, p. 1084). De même ne vicie pas la régularité de la procédure la communication à un défendeur dans un litige, le jour de la clôture de l'audience, d'un premier mémoire produit par un codéfendeur, lorsque ce mémoire tend aux mêmes fins que celui produit par l'autre codéfendeur et développe des moyens ou présente une argumentation n'appelant pas de discussion de la part de ce dernier (C.E., 11 juil. 2012, Sté Juwi énergies renouvelables, n° 347001).

L'urgence peut permettre d'aménager ces modalités de communication, mais ne saurait écarter l'application des règles de communication (C.E., sect., 13 déc. 2002, Mairie de Saint-Jean-d'Eyraud : *Rec.*, p. 459).

Une partie ne saurait utilement soutenir que le caractère contradictoire de la procédure aurait été méconnu lorsqu'un mémoire ou une pièce n'aurait pas été communiqué à une autre partie (C.E., 15 mars 2000, Mme Drannikova : *Rec.*, p. 1184 ; 30 sept. 2011, Dpt Haute-Savoie et Sté GTS : *Rec.*, p. 1084).

Les décisions prises par le président ou le rapporteur en vue de l'instruction sont notifiées aux parties, en même temps que les copies produites en exécution des articles R. 411-3 et suivants du Code de justice administrative, des requêtes, mémoires et pièces déposés au greffe. Cette notification peut se faire par lettre simple, mais celle de la requête, des demandes de régularisation, mises en demeure, ordonnances de clôture, des décisions de recourir à l'une des mesures d'instruction prises en application des articles R. 621-1 à R. 626-3 du code, ainsi que l'information du fait que le juge s'apprête à soulever un moyen d'office, sont obligatoirement effectuées au moyen de lettres remises contre signature ou de tout autre dispositif permettant d'attester la date de réception (C.J.A., art. R. 611-3, al. 2).

Les notifications des requêtes et mémoires mentionnent qu'en cas d'inobservation du délai imparti pour produire en application de l'article R. 611-10 ou de l'article R. 611-17, l'instruction pourra, sans mise en demeure préalable, être close dans les conditions prévues aux articles R. 613-1 et R. 613-2 (C.J.A., art. R. 611-3, al. 3).

La notification peut également être effectuée, en vertu des dispositions de l'article R. 611-4, dans la forme administrative. Il est donné récépissé de cette notification et, à défaut de récépissé, il est dressé procès-verbal de la notification par l'agent qui l'a faite. Le récépissé ou le procès-verbal est immédiatement transmis au greffe (C.J.A., art. R. 611-4).

Les copies produites des pièces jointes à l'appui des requêtes et mémoires, en exécution de l'article R. 412-2 du code, sont notifiées aux parties dans les mêmes conditions que les requêtes et mémoires. Lorsque le nombre, le volume ou les caractéristiques des pièces jointes font obstacle à la production de copies, l'inventaire détaillé de ces pièces est notifié aux parties, qui sont informées qu'elles-mêmes ou leurs mandataires peuvent en prendre connaissance au greffe et en prendre copie à leurs frais (C.J.A., art. R. 611-5).

En cas de pluralité de ministères défendeurs, la communication peut ne se faire qu'au ministère principalement intéressé, à charge pour lui de transmettre aux autres.

La communication de tous les mémoires est impérative, sauf s'ils n'apportent aucun élément nouveau. Le caractère contradictoire de la procédure est méconnu si la juridiction n'avise pas chaque partie des différentes productions versées au dossier, afin de permettre à chacune d'elles d'en prendre connaissance au cours de l'instruction (C.E., sect., 26 mars 1979, Conseil rég. de l'ordre des pharmaciens d'Aquitaine : *Rec.*, p. 182). La juridiction doit informer les parties de la communication des pièces nouvelles produites en cours d'instance, sans être jointes à un mémoire, sauf si elles n'apportent aucun élément nouveau (C.E., 8 avr. 1994, V. Savigny-le-Temple : *Rec.*, p. 1119).

Le délai d'information doit être suffisant pour permettre aux parties de prendre connaissance des pièces et présenter, si elles le souhaitent, des observations. La communication le jour même de l'audience de documents ne permet pas à la partie adverse de disposer du temps nécessaire pour présenter utilement ses observations. Le jugement qui se fonde sur des éléments figurant dans ces documents doit être annulé (C.E., 7 nov. 1973, Paoli : *Rec.*, p. 620).

En principe, les parties et leurs conseils peuvent prendre connaissance des pièces au greffe, sans déplacement. Toutefois, le président de la juridiction ou, au Conseil d'État, le président de la sous-section chargée de l'instruction peut autoriser le déplacement des pièces, pendant un délai qu'il détermine, dans une préfecture ou une sous-préfecture, ou au greffe d'une autre juridiction administrative.

En cas de nécessité reconnue, il peut également autoriser la remise momentanée de ces pièces, pendant un délai qu'il fixe, entre les mains des avocats des parties ou des représentants des administrations (C.J.A., art. R. 611-6).

C. Moyens relevés d'office

647. En vertu de l'alinéa 1er de l'article R. 611-7 du Code de justice administrative, lorsque la décision lui apparaît susceptible d'être fondée sur un moyen relevé d'office, le président de la formation de jugement ou, au Conseil d'État, la sous-section chargée de l'instruction en informe les parties avant la séance de jugement et fixe le délai dans lequel elles peuvent, sans qu'y fasse obstacle la clôture éventuelle de l'instruction, présenter leurs observations sur le moyen communiqué.

Ces dispositions ne sont pas applicables lorsqu'il est fait application des dispositions des articles R. 122-12 (litiges réglés par ordonnance des présidents de sous-section du Conseil d'État), R. 222-1 (litiges réglés par ordonnance des présidents de tribunal administratif et de cour administrative d'appel), R. 611-8 (dispense d'instruction) ou L. 822-1 (refus d'admission du pourvoi en cassation) (C.J.A., art. R. 611-7, al. 2).

Un jugement fondé sur un moyen d'ordre public relevé d'office par la juridiction sans que les parties aient été préalablement averties conformément aux prévisions de l'article R. 511-7 est rendu sur une procédure irrégulière et doit être annulé (C.E., 29 avr. 1998, Cne Hannappes : *Rec.*, p. 185 ; 16 juin 1999, Synd. copropriétaires 14-16 Bd Flandrin : *Rec.*, p. 297). Cependant, cette irrégularité ne constitue pas par elle-même un moyen d'ordre public. Le juge d'appel ou le juge de cassation ne la sanctionne que si l'une des parties l'invoque (C.E., 28 juil. 2000, Cne Port-Vendres : *Rec.*, p. 360).

La formation de jugement doit, lorsqu'elle entend relever d'office un moyen d'ordre public qui n'a pas été invoqué par les parties ni relevé avant la séance de jugement, rayer l'affaire du rôle et communiquer le moyen aux parties (C.E., sect., 30 oct. 1992, Min. Aff. étr. c. Assoc. de sauvegarde du site Alma Champ-de-Mars : *Rec.*, p. 384).

De même, le juge doit informer les parties de ce qu'il entend se fonder d'office sur les dispositions d'une loi de validation entrée en vigueur après la clôture de l'instruction (C.E., 29 nov. 2000, Arvanitakis : *Rec.*, p. 1161).

La procédure de communication des moyens d'ordre public est applicable dans le cadre du référé précontractuel de l'article L. 551-1, ainsi que dans le cadre des procédures de référé issues de la loi du 30 juin 2000, mais le juge des référés peut procéder à la communication au cours de l'audience, auquel cas son ordonnance doit en porter mention (C.E., sect., 2 oct. 1996, SARL Entreprise gén. d'électricité Noël Béranger : *Rec.*, p. 379 ; 27 juil. 2001, Sté foncière MFC : *Rec.*, p. 417).

L'information donnée aux parties doit être suffisamment précise pour leur permettre de discuter utilement le moyen que la juridiction envisage de soulever d'office, moyen qui doit être identifié avec précision. La seule indication de l'irrecevabilité de la requête, sans que soit précisé le moyen d'irrecevabilité, ne suffit pas et la procédure est irrégulière (C.E., 25 sept. 1995, Assoc. des licenciés sans procédure de la régie dptale des passages d'eau de la Gironde : *Rec.*, p. 976 ; 25 oct. 1996, Préf. Morbihan : *Rec.*, p. 413). Pour autant, le président de la formation de jugement n'a pas à expliquer les motifs de fait et de droit susceptibles de conduire la formation de jugement à fonder sa décision sur un moyen soulevé d'office (C.E., 21 déc. 1994, SARL La Flotte fr. : *Rec.*, p. 1119).

Lorsque le courrier par lequel la juridiction informe les parties de ce que la solution du litige est susceptible d'être fondée sur un moyen relevé d'office, régulièrement adressé au seul avocat en vertu de l'article R. 431-1, n'a pu lui être remis en raison d'un changement d'adresse non signalé et a été retourné au greffe de la juridiction, celle-ci doit, en cas d'insuccès des nouvelles tentatives pour joindre l'avocat, informer personnellement le requérant du moyen soulevé d'office (C.E., 13 févr. 2009, Mallavergne : *Rec.*, p. 898).

Le document informant les parties du moyen relevé d'office sur lequel la décision est susceptible d'être fondée doit mentionner, à peine d'irrégularité de la procédure si la décision retient ce moyen, le délai dont les parties disposent pour présenter leurs observations sur ce moyen. Cependant, la procédure n'est pas irrégulière si le document mentionne simplement la date de l'audience. En outre, l'irrégularité est couverte si, alors même que la mention a été omise, les parties ont effectivement présenté leurs observations (C.E., 4 juil. 2012, Dpt Saône-et-Loire : *Rec.*, p. 920).

Lorsque l'affaire est dispensée d'instruction en application de l'article R. 611-8, la juridiction peut rejeter une requête en se fondant d'office sur un moyen d'ordre public, sans en avertir préalablement les parties (C.E., 29 déc. 1995, Gendre : *Rec.*, p. 976). Le renvoi à la juridiction administrative compétente, dans le cadre du mécanisme du règlement des questions de compétence interne à l'ordre administratif, est effectué d'office sans communication préalable aux parties, la procédure de l'article R. 611-7 est dans ce cas inapplicable (C.E., 16 oct. 1992, Ets Feugas-Pétriat : *Rec.*, p. 1222).

Sous-section 3
La demande de régularisation et la mise en demeure

648. Le rapporteur fixe, sous l'autorité du président de la formation de jugement, et eu égard aux circonstances de l'affaire, les délais de production des mémoires complémentaires, observations, défense ou réplique, par ordonnance de soit-communiqué. Le délai accordé aux parties pour répondre ou produire est indiqué dans la notification qui leur est faite des copies des mémoires et, le cas échéant, des pièces. Le Conseil d'État exerce son contrôle sur le caractère suffisant du délai laissé aux parties pour répondre (C.E., sect., 11 oct. 1963, Assoc. des amis du site de Clagny : *Rec.*, p. 480). Il en résulte que la production d'un mémoire ou d'une pièce très peu de temps avant l'audience doit entraîner un report d'audience si l'autre partie ne peut matériellement disposer du temps suffisant pour répondre.

Les parties ne respectent pas toujours ces délais. En demande, le juge dispose de moyens de contrainte afin d'obtenir leur respect. Une lettre de rappel est envoyée, suivie d'une mise en demeure. Lorsque l'affaire est en état d'être jugée, les parties peuvent être informées de la date ou de la période à laquelle il est envisagé de l'appeler à l'audience. Cette information précise alors la date à partir de laquelle l'instruction pourra être close dans les conditions prévues par le dernier alinéa de l'article R. 613-1 et le dernier alinéa de l'article R. 613-2.

Le délai laissé aux parties pour répondre à un mémoire produit peu de temps avant l'audience doit être suffisant (C.E., 23 avr. 1975, Min. Équip. c. D^{me} v^{ve} Pradier : *Rec.*, p. 1203 ; 23 févr. 1990, Hauchecorne : *Rec.*, p. 927 ; 4 déc. 1995, Cne Salses-le-Château : *Rec.*, p. 976). En l'absence de précision quant au point de départ du délai imparti au défendeur pour produire un mémoire en réponse, le délai de réponse court à compter de la date à laquelle a été reçue la notification de la requête (C.E., sect., 28 juil. 1989, V. Lyon c. Mme Rives : *Rec.*, p. 174).

Devant les tribunaux administratifs et les cours administratives d'appel, la mise en demeure peut être assortie de l'indication de la date ou de la période à laquelle il est envisagé d'appeler l'affaire à l'audience. Elle reproduit alors les dispositions du dernier alinéa de l'article R. 613-1 et du dernier alinéa de l'article R. 613-2. Les autres parties en sont informées. Cette information ne tient pas lieu de l'avertissement prévu à l'article R. 711-2 (C.J.A., art. R. 612-3).

Lorsqu'une partie a été mise en demeure, en vertu de ces dispositions, de produire un mémoire dans un délai déterminé, la clôture de l'instruction ne peut être fixée à une date plus rapprochée, sans que la partie ait été informée au préalable que le délai de production du mémoire était en conséquence raccourci (C.E., 20 avr. 2005, Garde des Sceaux c. Soulhol : *Rec.*, p. 155).

Lorsque la mise en demeure concerne une administration de l'État, elle doit être adressée à l'autorité compétente pour représenter l'État. Dans les autres cas, elle est adressée à la partie ou à son mandataire, s'il a été constitué (C.J.A., art. R. 612-4).

En cas de silence, le requérant est réputé s'être désisté (C.J.A., art. R. 612-5). En défense, position de l'administration le plus souvent, plusieurs lettres de rappel sont parfois nécessaires. La mise en demeure est rare. Après celle-ci, le défendeur est réputé avoir acquiescé aux faits exposés dans la requête (C.J.A., art. R. 612-6), mais le juge se montre indulgent vis-à-vis de l'administration qui produit tardivement.

Ne constitue pas un acquiescement aux faits allégués à l'appui de ce moyen la circonstance que le défendeur ait omis de répondre à un des moyens invoqués par la requête (C.E., 11 mars 1970, Gayrard : *Rec.*, p. 181), ni le défaut de production d'un document demandé par jugement avant dire droit (C.E., 26 févr. 1986, Deloste : *Rec.*, p. 47), ni le fait que le défendeur n'ait pas respecté le délai imparti par le Conseil d'État pour produire le mémoire en défense, s'il a produit ce mémoire avant que le Conseil d'État n'ait statué (C.E., 11 févr. 1983, Syncomen : *Rec.*, p. 825 ; 20 déc. 2000, Carreau-Gaschereau, n° 201598, alors que, devant les tribunaux administratifs et les cours administratives d'appel, le désistement d'office est acquis faute de production du mémoire complémentaire dans le délai imparti, même s'il a été finalement produit avant la clôture de l'instruction : C.E., sect., 19 nov. 1993, Sté Le Noroit : *Rec.*, p. 326). Les allégations d'une partie prêtant aux auteurs de témoignages produits au dossier une intention de nuire ne constituent pas un fait auquel, en l'absence de réponse, la partie adverse serait réputée avoir acquiescé (C.E., 30 mai 2011, Melki : *Rec.*, p. 1085). La circonstance que le défendeur de première instance ait été réputé avoir acquiescé aux faits en première instance ne lui interdit pas de contester en appel la matérialité des faits (C.E., 9 oct. 1968, V. Grenoble c. D^lle^ Gros : *Rec.*, p. 482).

La procédure est irrégulière lorsqu'un tribunal décide, en l'absence de mise en demeure, que le défendeur a acquiescé aux faits exposés dans la requête (C.E., 24 avr. 1985, Dpt Hauts-de-Seine c. Rouby : *Rec.*, p. 732). Mais le tribunal n'est pas tenu d'adresser une mise en demeure au défendeur s'il estime l'affaire en état d'être jugée et s'il ne fonde pas son jugement sur la circonstance que le défendeur aurait acquiescé aux faits (C.E., ass., 8 avr. 1987, Min. Santé c. Tête : *Rec.*, p. 144).

Lorsque, mis en demeure de présenter ses observations dans le délai d'un mois, le ministre n'a pas produit de mémoire, il doit être réputé avoir admis l'exactitude des faits allégués par le requérant. Dès lors que l'inexactitude de ces faits ne ressort d'aucune pièce du dossier soumis au Conseil d'État, ce dernier les tient pour établis et en tire les conséquences (C.E., 17 mars 1999, Chauvois : *Rec.*, p. 852).

Il peut être donné acte par ordonnance du désistement d'office motivé par le défaut de production du mémoire complémentaire annoncé (C.E., 8 févr. 1995, Hébert : *Rec.*, p. 977).

Le président de la formation de jugement ou, au Conseil d'État, le président de la sous-section chargée de l'instruction peut demander à l'une des parties de reprendre, dans un mémoire récapitulatif, les conclusions et moyens précédemment présentés dans le cadre de l'instance en cours, en l'informant que, si elle donne suite à cette invitation, les conclusions et moyens non repris seront réputés abandonnés. En cause d'appel, il peut être demandé à la partie de reprendre également les conclusions et moyens présentés en première instance qu'elle entend maintenir (C.J.A., art. R. 611-8-1).

Sous-section 4
La clôture de l'instruction

649. Au Conseil d'État, l'instruction est automatiquement clôturée soit après que les avocats au Conseil d'État ont formulé leurs observations orales, soit, en l'absence d'avocat, après appel de l'affaire à l'audience (C.J.A., art. R. 613-5). Un mémoire peut donc être déposé jusqu'au jour de la séance.

Au tribunal administratif et à la cour administrative d'appel, le président de la juridiction apprécie en général à quel moment appeler l'affaire au rôle, après que le rapporteur a remis sa note (C.J.A., art. R. 711-1). À la cour administrative d'appel, le président arrête le rôle à l'initiative du rapporteur public affecté à la chambre.

Le président de la formation de jugement a le choix entre deux systèmes de clôture.

650. La clôture par ordonnance

Lorsque le juge est saisi d'un mémoire émanant d'une partie postérieurement à cette clôture, il lui appartient de prendre connaissance de ce mémoire et de le viser sans l'analyser. Il a toujours la faculté, dans l'intérêt d'une bonne justice, d'en tenir compte, après l'avoir visé et, cette fois, analysé. Mais il n'est tenu de le faire, à peine d'irrégularité de sa décision, que si ce mémoire contient soit l'exposé d'une circonstance de fait dont la partie qui l'invoque n'était pas en mesure de faire état avant la clôture de l'instruction et que le juge ne pourrait ignorer sans fonder sa décision sur des faits matériellement inexacts, soit d'une circonstance de droit nouvelle ou que le juge devrait relever d'office au vu du dossier tel qu'il existait à la date de clôture de l'instruction (C.E., 28 déc. 2005, V. Dole c. Rigaud : *Rec.*, p. 1041).

La clôture par ordonnance du président est facultative.

Avant toute mise en état et dès l'ouverture de l'instruction, lorsque les circonstances de l'affaire le justifient, le président de la formation de jugement peut prendre une ordonnance de clôture (C.J.A., art. R. 613-1), fixant la date à laquelle l'instruction sera close (C.J.A., art. R. 611-11 et R. 618-18). Lors de la notification de cette ordonnance, les parties sont avisées de la date prévue pour l'audience, mais la juridiction doit cependant envoyer en temps utile une convocation à l'audience, dont la date peut être différente de celle figurant dans l'ordonnance.

Lorsque l'instruction est terminée et l'affaire en état d'être jugée, le président de la formation de jugement peut fixer la date à partir de laquelle l'instruction sera close (C.J.A., art. R. 613-1). La clôture intervient alors en cours d'instance par ordonnance, ni motivée ni susceptible d'appel. L'ordonnance doit être notifiée aux parties.

Lorsqu'une partie appelée à produire un mémoire n'a pas respecté, depuis plus d'un mois, le délai qui lui a été assigné par une mise en demeure comportant les mentions prévues par l'article R. 611-1-1, l'instruction peut être close à la date d'émission de l'ordonnance du président de la formation de jugement.

Les mémoires produits après la clôture de l'instruction ne donnent pas lieu à communication et ne sont pas examinés par la juridiction. Si les parties présentent avant la clôture de l'instruction des conclusions nouvelles ou des moyens nouveaux, la juridiction ne peut les adopter sans ordonner un supplément d'instruction (C.J.A., art. R. 613-3).

La clôture de l'instruction entraîne toujours l'irrecevabilité des mémoires produits au-delà du délai (C.J.A., art. R. 613-3), qui ne seront ni notifiés à l'adversaire ni pris en considération par la juridiction. S'il y a eu mise en demeure, la défense du défendeur sera recevable si elle parvient avant la date de la clôture. La juridiction doit ordonner un supplément d'instruction si elle envisage d'adopter des conclusions nouvelles, ou même des moyens nouveaux, contenus dans des mémoires parvenus avant la clôture de l'instruction (C.J.A., art. R. 613-3).

Les conclusions déposées après la clôture de l'instruction sont irrecevables (C.E., sect., 5 janv. 1966, Hawezack : *Rec.*, p. 6).

Le juge doit prendre connaissance d'un mémoire produit postérieurement à la clôture de l'instruction et doit le viser sans l'analyser. Il peut toujours, dans l'intérêt d'une bonne administration de la justice, en tenir compte après l'avoir visé et analysé. Il est tenu de le faire si le mémoire expose soit un élément de droit nouveau ou que le juge devrait relever d'office, soit une circonstance de fait dont il ne pouvait être fait état plus tôt et que le juge ne pourrait ignorer sans entacher sa décision d'erreur de droit. Chaque fois qu'il est conduit à tenir compte de ce type de mémoire, le juge doit rouvrir l'instruction pour le soumettre à discussion contradictoire (C.E., sect., 27 févr. 2004, Préf. Pyrénées-Orientales c. Abounkhila : *Rec.*, p. 93). La production d'un mémoire postérieurement à la clôture de l'instruction doit apparaître, à peine d'irrégularité, sous forme d'un visa sans analyse des moyens, dans le jugement (C.E., 27 juil. 2005, Berreville : *Rec.*, p. 1041).

La communication tardive d'un mémoire en défense à un codéfendeur ne vicie pas la régularité de la procédure lorsque ce mémoire tend aux mêmes fins que celui produit par ce codéfendeur et développe des moyens ou présente une argumentation n'appelant pas de discussion de la part de ce codéfendeur (C.E., 11 juil. 2012, Sté Juwi énergies renouvelables, n° 347001).

Les règles posées par l'article R. 613-1 ne s'appliquent pas à la production par les parties de notes en délibéré après le prononcé des conclusions du rapporteur public. Lorsque le juge est saisi, après la clôture de l'instruction et le prononcé des conclusions, d'une note en délibéré émanant d'une partie, il doit en prendre connaissance avant de rendre sa décision. Il a toujours la faculté, dans l'intérêt d'une bonne administration de la justice, de rouvrir l'instruction pour soumettre les éléments contenus dans la note au débat contradictoire. Mais, en tout cas, le juge doit rouvrir l'instruction, à peine d'irrégularité de sa décision, si la note en délibéré expose soit un élément de droit nouveau ou que le juge devrait relever d'office, soit une circonstance de fait dont il ne pouvait être fait état plus tôt et que le juge ne pourrait ignorer sans entacher sa décision d'erreur de fait (C.E., 12 juil. 2002, M. et Mme Leniau : *Rec.*, p. 278 ; Préf. Pyrénées-Orientales, préc.). Afin de ne pas être privées de la possibilité de présenter une note en délibéré, les parties doivent être dûment averties, au plus tard lors de l'audience publique, de la lecture sur le siège de la décision (C.E., sect., 11 févr. 2005, Cne Meudon : *Rec.*, p. 55).

La production d'une note en délibéré doit, à peine d'irrégularité, apparaître dans les visas du jugement (Berreville, préc.).

Le défaut de visa de l'ordonnance de clôture de l'instruction, qui n'est pas exigé par les dispositions de l'article R. 741-2, n'entache pas la régularité du jugement (C.E., 8 nov. 1985, Guihaume : *Rec.*, p. 320). L'ordonnance de clôture de l'instruction doit être notifiée aux parties, faute de quoi la clôture leur est inopposable (C.E., 5 nov. 1984, Lefèvre : *Rec.*, p. 708).

Lorsqu'une partie a été mise en demeure, en vertu de l'article R. 612-3, de produire un mémoire dans un délai déterminé, la clôture de l'instruction ne peut être fixée à une date plus rapprochée sans que la partie ait été informée au préalable que le délai de production du mémoire était en conséquence raccourci. Le jugement rendu sans que cette information ait été donnée est irrégulier (C.E., 20 avr. 2005, Garde des Sceaux c. Soulhol : *Rec.*, p. 155).

651. La clôture sans ordonnance

La clôture automatique sans ordonnance intervient en principe de façon automatique trois jours francs avant la date de l'audience (C.J.A., art. R. 613-2). Ce délai de trois jours francs se décompte à rebours à partir de la date de l'audience, qui n'est pas comptée. Peu importe que ce délai comporte un jour férié ou soit précédé d'un tel jour (Creton, préc.). La réception de l'avis d'audience avise de la clôture de l'instruction. Cet avis doit parvenir au moins sept jours avant l'audience et mentionner la date à partir de laquelle l'instruction sera automatiquement clôturée (C.J.A., art. R. 712-2). Lorsque l'audience est convoquée d'urgence dans un délai de deux jours, la clôture intervient à l'audience, entre l'audition des parties et les conclusions du rapporteur public (C.E., 16 oct. 1957, Cne Challes-les-Eaux : *Rec.*, p. 537). Si le tribunal informe au dernier moment les parties d'un moyen d'ordre public, selon l'article R. 611-7 du Code de justice administrative, la clôture de l'instruction ne fait pas obstacle à ce que les parties présentent après celle-ci des observations sur le moyen annoncé, ce qui peut conduire à la réouverture de l'instruction.

Sous-section 5
La réouverture de l'instruction

652. Le président de la formation de jugement dispose de la faculté discrétionnaire de rouvrir l'instruction par ordonnance (C.J.A., art. R. 613-4), s'il apparaît utile, après la date fixée par la clôture, d'admettre les parties à présenter de nouvelles écritures avant le jugement. Les mémoires en souffrance sont alors notifiés (C.J.A., art. R. 613-4).

Le tribunal peut ordonner un supplément d'instruction, ce qui rouvre automatiquement l'instruction déjà clôturée (C.J.A., art. R. 613-4, al. 2). A le même effet le fait pour la juridiction de donner communication à l'adversaire de mémoires parvenus après la clôture de l'instruction.

Le juge administratif est tenu de rouvrir l'instruction si une note en délibéré contient soit l'exposé d'une circonstance de fait dont la partie qui l'invoque n'était pas en mesure de faire état avant la clôture de l'instruction, soit d'une circonstance de droit nouvelle ou que le juge devrait relever d'office. Le manquement à cette obligation peut donner lieu à un recours en révision (C.E., 12 juil. 2002, M. et Mme Leniau : *Rec.*, p. 278).

Lorsque le requérant invoque à son bénéfice, dans un mémoire produit postérieurement à la clôture de l'instruction, une décision du Conseil d'État intervenue peu avant la clôture, le juge a l'obligation de tenir compte de ce mémoire et de rouvrir l'instruction (C.E., 22 mai 2013, Clabault : *Rec.*, p. 773).

Lorsqu'il est conduit à régler un litige sur un autre terrain juridique que celui débattu par les parties en raison d'une décision du Conseil d'État intervenue postérieurement à la clôture de l'instruction, le juge doit soit rouvrir l'instruction et inviter les parties à s'exprimer sur les conséquences à tirer de la décision du Conseil d'État, soit juger, par un arrêt avant dire droit, qu'il entend régler le litige, compte tenu de cette décision, sur un nouveau terrain et demander en conséquence aux parties de formuler leurs observations sur ce terrain (C.E., sect., 19 avr. 2013, C.C.I. Angoulême : *Rec.*, p. 105).

Lorsque le délai qui reste à courir jusqu'à la date de l'audience ne permet plus l'intervention de la clôture automatique trois jours francs avant l'audience, il appartient au président de la formation de jugement qui, par ailleurs, peut toujours fixer une nouvelle date d'audience, de clore l'instruction ainsi rouverte (C.E., 23 juin 2014, Sté Deny All, n° 352504).

SECTION 2
LES INCIDENTS DE L'INSTRUCTION

653. Les parties peuvent modifier leurs demandes en cours d'instance, des tiers peuvent être appelés au procès ou y intervenir de leur propre mouvement, à l'appui de la demande ou de la défense. D'autres incidents peuvent se produire. Le traitement de l'affaire peut être suspendu du fait du décès du requérant, en attendant une éventuelle reprise d'instance. Une partie peut désavouer son avocat. Certaines pièces produites peuvent être arguées de faux.

Sous-section 1
Les demandes incidentes ou additionnelles

654. Une demande incidente se greffe sur une autre demande, antérieure dans le temps et ontologiquement principale. Le droit traite différemment les demandes incidentes du demandeur, du défendeur et de tiers.

Le tribunal administratif compétent pour connaître d'une demande incidente est celui qui est saisi de la demande principale (C.J.A., art. R. 312-3).

Les demandes incidentes sont introduites et instruites dans les mêmes formes que la requête. Elles sont jointes au principal pour y être statuées par la même décision (C.J.A., art. R. 631-1).

Une demande incidente n'est soumise à aucune condition de délai (C.E., 5 janv. 1929, Ozenfant et Brossard c. Min. Guerre : *Rec.*, p. 22 ; 26 mars 1931, Sté des moteurs et automobiles Zeldel : *Rec.*, p. 358). Elle peut être présentée à tout moment de l'instance, avant la clôture de l'instruction.

§ 1. La demande additionnelle du demandeur

655. En cours d'instance, le demandeur augmente ses conclusions initiales. Le juge se montre sévère pour admettre la demande incidente du demandeur. Celui-ci, ayant pris l'initiative de l'instance, en a fixé le cadre et a déterminé l'étendue du litige. En conséquence, s'il lui est permis, dans une certaine mesure, de modifier les termes initiaux du litige, il ne lui est pas permis d'étendre indéfiniment les termes du débat contentieux, au risque de faire naître un nouveau litige. Le juge exige, dans cette hypothèse, l'existence d'un lien direct assez étroit entre la demande principale et la demande additionnelle, celle-ci devant être connexe à celle-là (voy. *supra*).

Les conclusions véritablement nouvelles ne sont recevables que si aucune fin de non-recevoir ne peut leur être opposée. Si l'instruction est close, les conclusions incidentes sont écartées. Sinon, l'instruction de la demande incidente a lieu dans les mêmes formes que la requête (C.J.A., art. R. 631-1). Elle est jointe au dossier principal.

§ 2. Les demandes incidentes du défendeur ou conclusions reconventionnelles

656. La demande reconventionnelle est une contre-attaque du défendeur au demandeur. Le défendeur ne se contente pas de répondre à l'argumentation du demandeur en tentant de la réfuter, mais tente de rétablir un certain équilibre entre les parties. Il peut souhaiter faire porter le litige sur des points que le demandeur a écarté de sa demande, parce que peu favorables à ses prétentions, afin d'étendre le litige à son maximum.

Au lieu de se borner à conclure au rejet des prétentions du demandeur, le défendeur riposte, formule une demande dirigée contre son adversaire (C.J.A., art. R. 312-3). Une demande reconventionnelle n'est recevable que si elle relève, par sa nature et son objet, de la compétence de la juridiction administrative, ce qui explique l'irrecevabilité de la plupart des demandes dirigées par l'administration contre un particulier. Dans le cadre d'un recours pour excès de pouvoir, des conclusions reconventionnelles en indemnité sont en principe irrecevables (C.E., sect., 22 janv. 1954, Pacha : *Rec.*, p. 46 ; sect., 24 nov. 1967, Noble : *Rec.*, p. 443 ; 25 mars 2013, Assoc. Les Ailes varoises : *Rec.*, p. 787), de même en matière électorale (C.E., 9 déc. 1977, Élect. mun. Congis-sur-Thérouanne : *Rec.*, p. 842 ; 23 sept. 1985, Élect. Saint-André-de-La-Réunion : *Rec.*, p. 739), de contraventions de grande voirie (C.E., 17 avr. 1959, Sté d'armement Hardy : *Rec.*, p. 247), dans le contentieux des autorisations de plaider (C.E., 16 déc. 1994, Cne Varetz : *Rec.*, p. 1136) et en matière disciplinaire (C.E., 5 mars 2003, Gaudinat, n° 221643). De même, l'appel incident est par principe irrecevable en contentieux électoral, en matière de contraventions de grande voirie et dans le contentieux des poursuites disciplinaires (C.E., ass., 14 oct. 1967, Élect. mun. Bastia : *Rec.*, p. 378 ; sect., 5 avr. 1957, Carthelax : *Rec.*, p. 247 ; sect., 6 févr. 1981, Lebard : *Rec.*, p. 74, concl. Dondoux).

Le défendeur à un pourvoi en cassation peut former un recours en cassation incident devant le Conseil d'État (C.E., sect., 24 oct. 1952, Caisse Primaire de sécurité sociale de Grenoble : *Rec.*, p. 470, concl. Letourneur ; 3 mai 1967, Commissaire du gouvernement près la Commission rég. des dommages de guerre de Paris c. Sté Luterna français : *Rec.*, p. 186).

Les conclusions reconventionnelles ne sont recevables que si elles ne soulèvent pas un litige distinct de celui soumis au juge par les conclusions principales. En matière contractuelle par exemple, la demande incidente doit porter sur l'exécution du même contrat (C.E., 5 mars 1969, Richement et Lagneau : *Rec.*, p. 135 ; 28 janv. 1976, Sté des ateliers Delestarde et Ramser Comte réunis : *Rec.*, p. 68 ; 21 oct. 1992, Sté SETEC Travaux publics : *Rec.*, p. 1260). Il en est de même en appel (C.E., ass., 6 mai 1966, V. Bagneux : *Rec.*, p. 303 ; 6 déc. 2004, Sté Clinique Saint-Georges : *Rec.*, p. 850 ; sect., 19 déc. 1984, Min. Budg. c. Vignals : *Rec.*, p. 429 ; sect., 4 nov.

1991, Mme Domergue : *Rec.*, p. 375 ; sect., 1er juil. 1977, Cne Coggia : *Rec.*, p. 302 ; 19 janv. 1983, V. Mulhouse : *Rec.*, p. 838) et en cassation (Sté SETEC Travaux publics, préc.). Le juge tend d'ailleurs à aligner la signification de la notion de litige distinct en cassation sur celle utilisée en appel (C.E., 20 mars 1996, Min. Budg. c. Beuzelin : *Rec.*, p. 1129 ; 4 avr. 1997, Sté d'ingénierie immobilière Sud : *Rec.*, p. 1038).

La demande reconventionnelle peut être présentée sans condition de délai au cours de l'instruction, en appel comme en première instance (C.E., 18 janv. 1928, Quignon : *Rec.*, p. 72). En appel, elle peut être présentée à tout moment de l'instance, avant la clôture de l'instruction ou avant que l'appelant principal ne se soit désisté (C.E., 11 juin 1999, SCI Barateau et a., n° 171407 ; 25 mai 1992, Grand : *Rec.*, p. 1258). Elle devient irrecevable à partir de la clôture de l'instruction ou de la mise en délibéré (C.E., 17 mars 1934, Cne Oulchy-le-Château : *Rec.*, p. 378). L'acceptation du désistement de l'appelant principal par l'appelant incident équivaut au désistement des conclusions incidentes (C.E., sect., 30 mars 1981, Cie des fours d'incinération procédé Muller : *Rec.*, p. 176 ; 10 nov. 1993, Min. Budg. c. Chanzy : *Rec.*, p. 961 ; 6 juil. 2005, Cne Chatenay-Malabry : *Rec.*, p. 1045). En revanche, si le désistement n'a pas été accepté par l'un des défendeurs, il y a lieu de statuer sur le recours incident formé par ce défendeur avant le désistement (C.E., 5 mars 1971, V. Toulouse c. Roumengou : *Rec.*, p. 196 ; sect., 6 mars 1981, Sté Bastide et Cie : *Rec.*, p. 129 ; Cne Chatenay-Malabry, préc.).

La demande reconventionnelle suit le sort de la demande principale en ce qui concerne l'instruction et est jugée en même temps que celle-ci. Cependant, en tout état de cause, le désistement d'un appel principal est sans effet sur la recevabilité de conclusions incidentes à fin d'injonction (C.E., 23 févr. 2001, Min. Santé c. Clinique de l'Estrée : *Rec.*, p. 1139).

L'irrecevabilité des conclusions principales entraîne celle des conclusions incidentes, en première instance comme en appel (C.E., 7 juil. 1965, Min. Construction c. Sté Wolff et Rebrion : *Rec.*, p. 416 ; sect., 8 nov. 1968, Entreprise Poroli : *Rec.*, p. 561 ; ass., 28 juin 1991, Min. Budg. c. Sté Générale : *Rec.*, p. 261). En cas de désistement des conclusions principales, l'acceptation du désistement par l'auteur de la demande incidente vaut désistement de cette dernière (C.E., 22 mai 1958, Cie centrale des travaux publics : *Rec.*, p. 290). Dans une telle hypothèse, l'appel incident ne sera recevable que s'il a été formé avant l'expiration du délai d'appel et peut ainsi s'analyser comme un appel principal recevable (C.E., 10 janv. 1962, Chauvey : *Rec.*, p. 22).

§ 3. Les demandes incidentes émanant de tiers, ou interventions

657. L'intervention est le fait pour une personne physique ou morale qui n'est ni partie, ni représentée, ni mise en cause, de se joindre spontanément à une instance principale engagée pour autrui, aux fins soit de lui apporter son appui, soit de contrarier cette action. L'intervenant peut se joindre au demandeur, c'est une « intervention agressive », ou au défendeur, c'est une « intervention jonction » ou « conservatoire ».

L'intervenant doit agir de son propre mouvement. À défaut, son action est tenue pour une mise en cause et traitée comme une défense (C.E., 20 juin 1958, Guimezanes : *Rec.*, p. 372). L'auteur d'un acte administratif attaqué pour excès de pouvoir ne peut intervenir (C.E., 13 mai 1910, Houbdine : *Rec.*, p. 391).

Recevable sans condition de délai, l'intervention l'est tant que l'instruction n'est pas close, alors même que l'affaire serait en état d'être jugée. Elle doit être formée par requête distincte (C.J.A., art. R. 632-1) et motivée. Une intervention enregistrée postérieurement à la clôture de l'instruction et de nature à retarder le jugement de l'affaire est irrecevable (C.E., 1er mars 1995, Groupe Information Asile : *Rec.*, p. 977).

Une intervention qui n'est pas présentée par requête distincte est entachée d'une irrecevabilité insusceptible de régularisation (C.E., 17 avr. 1985, Confédé. des assoc. autonomes des sinistrés expropriés victimes de l'environnement et des calamités publiques : *Rec.*, p. 733 ; 12 déc. 2003, Ammouche et Mme Bangue Nambea : *Rec.*, p. 937). Est irrecevable une intervention non motivée, qui ne comporte l'énoncé d'aucun moyen, ou qui s'en remet à la sagesse de la juridiction (C.E., sect., 12 juin 1981, Grimblicher : *Rec.*, p. 256 ; sect., 14 juin 1968, Synd. nat. des médecins des hôpitaux privés à but non lucratif et Fiat : *Rec.*, p. 362 ; 19 janv. 2000, Féd. Sud PTT : *Rec.*, p. 1162).

Un intervenant est recevable à invoquer des moyens distincts de ceux invoqués par la partie à laquelle il s'associe, dès lors que ces moyens ne sont pas fondés sur une cause juridique distincte, mais font partie de la même cause juridique que les moyens utilisés dans l'action principale (C.E., ass., 5 mars 1976, Tarlier : *Rec.*, p. 132 ; 6 juil. 1977, Synd. nat. des ingénieurs et techniciens agréés : *Rec.*, p. 306). L'intervenant doit adopter les mêmes conclusions que le demandeur ou le défendeur, selon le cas. Il ne peut adopter une position juridique propre (C.E., 19 oct. 1934, Assoc. des usagers de l'énergie : *Rec.*, p. 932 ; ord. réf., 11 avr. 2006, Tefaarere : *Rec.*, p. 197).

La recevabilité de la demande de l'intervenant dépend de celle de la demande principale (C.E., 25 juil. 1934, V. Saint-Lucien : *Rec.*, p. 906 ; 10 nov. 1989, Synd. nat. des inspecteurs du travail : *Rec.*, p. 854). Le rejet de celle-ci entraîne celui de l'intervention (C.E., 18 mai 1923, Sté des

Chantiers de France : *Rec.*, p. 425), sauf si l'intervention a précisément pour objet de contester la recevabilité du recours principal (C.E., 16 nov. 1962, Assoc. nat. des usagers de l'électricité : *Rec.*, p. 610).

L'intervenant n'a pas la qualité de partie à l'instance. Il ne peut en conséquence obtenir le versement de frais irrépétibles (C.E., 19 janv. 1994, Portel : *Rec.*, p. 1120).

L'intervention ne peut porter sur un litige relatif à l'impôt sur le revenu ni solliciter un renvoi pour cause de suspicion légitime (C.E., ord. réf., 11 janv. 2007, C. Lepage, n° 300428).

L'intervenant peut former seul appel contre le jugement de première instance si la partie principale n'a pas fait appel (C.E., 5 mars 1943, Cie gén. des eaux : *Rec.*, p. 62). *A fortiori*, il peut se joindre à cette dernière si elle interjette appel. Une personne qui est régulièrement intervenue à l'appui d'un recours pour excès de pouvoir ou en défense à un tel recours est recevable à interjeter appel du jugement rendu contrairement aux conclusions de son intervention, lorsqu'elle aurait eu qualité soit pour introduire elle-même le recours, soit, à défaut d'intervention, pour former tierce opposition contre le jugement faisant droit au recours (C.E., sect., 9 janv. 1959, de Harenne : *Rec.*, p. 24 ; 16 juin 1999, Cts de Brissac, n° 157987). Si, en revanche, l'intervenant de première instance est sans qualité pour faire appel, il est recevable à intervenir à nouveau en appel (C.E., 12 oct. 1977, Préf. Hauts-de-Seine c. Leclerc : *Rec.*, p. 929).

Son auteur doit justifier d'un intérêt à intervenir – intérêt au maintien de la décision attaquée pour l'intervention en défense, intérêt à obtenir l'annulation de la décision par le demandeur pour l'intervention en demande – apprécié plus libéralement que l'intérêt à agir (C.E., sect., 20 févr. 1933, Meunier : *Rec.*, p. 97).

L'intérêt à intervenir est très largement entendu en excès de pouvoir (C.E., ass., 18 juin 1976, Moussa Konaté : *Rec.*, p. 321 ; sect., 18 juin 1982, Min agric. c. Berton : *Rec.*, p. 238 ; ass., 2 juil. 1984, Huglo et a. : *Rec.*, p. 258 ; sect., 11 déc. 1998, Assoc. Greenpeace France : *Rec.*, p. 469). Cependant, il a été jugé qu'une collectivité publique n'est pas recevable à intervenir dans des litiges mettant en cause des décisions étrangères à ses attributions (C.E., ass., 26 nov. 1976, Soldani et a. : *Rec.*, p. 507).

En plein contentieux, ne sont recevables à former une intervention que les personnes qui peuvent se prévaloir d'un droit auquel la décision à rendre est susceptible de préjudicier (C.E., sect., 15 juil. 1957, V. Royan : *Rec.*, p. 499 ; sect., 2 juin 1961, Leduc : *Rec.*, p. 365 ; sect., 27 mai 1983, CPAM des Ardennes : *Rec.*, p. 221). En outre, l'intervenant doit invoquer un droit distinct des droits défendus par les parties au litige (C.E., sect., 31 janv. 1969, Cie méditerranéenne de films : *Rec.*, p. 60). En matière électorale, une commune ne justifie d'aucun intérêt propre lui permettant d'intervenir à l'appui d'une protestation contre le résultat d'une consultation électorale (C.E., ass., 17 oct. 2003, Consultation des électeurs de Corse : *Rec.*, p. 428).

Eu égard à son caractère accessoire par rapport au litige principal, une intervention, aussi bien en demande qu'en défense, n'est recevable au titre d'une procédure de suspension qu'à la condition que son auteur soit également intervenu dans le cadre de l'action principale (C.E., ord., 10 avr. 2013, Féd. Réseau Sortir du Nucléaire : *Rec.*, p. 763).

La requête en intervention est soumise au ministère d'avocat si la demande principale l'est (C.E., 13 oct. 1967, Préf. Corrèze : *Rec.*, p. 370). En plein contentieux, et sauf dispense spéciale, les conclusions à fin d'intervention nécessitent le ministère d'un avocat (C.E., 3 nov. 1972, Cts Reulos : *Rec.*, p. 690).

Une intervention commune à plusieurs requêtes n'est recevable qu'au soutien d'une seule d'entre elles ; à défaut d'autre précision, dans la première décision (C.E., ass., 23 déc. 1959, Louet : *Rec.*, p. 712 ; réf., 14 nov. 2005, Hoffer : *Rec.*, p. 502).

L'appel formé par une partie contre un jugement en tant seulement que ce jugement a admis la recevabilité d'une intervention est recevable, que ce jugement ait accueilli ou rejeté des conclusions du demandeur (Min. Agric. c. Berton, préc. ; sect., 18 juin 1982, Min. Agric. c. Ringuet, n° 23071). L'intervenant ne peut faire appel que de la partie du jugement de première instance qui correspond à son intervention (C.E., 3 janv. 2003, Mme Belmina, n° 253045).

L'intervenant doit adopter les mêmes conclusions que le demandeur ou le défendeur, selon le cas. L'intervention est irrecevable faute de s'associer à des conclusions (C.E., 6 juil. 1977, Guinard et a. : *Rec.*, p. 929). Une intervention en défense est irrecevable faute pour l'intervenant d'avoir présenté des conclusions en défense (C.E., 5 févr. 1988, Min. Int. c. Surette : *Rec.*, p. 960 ; 26 mars 1996, SARL Pub Espace : *Rec.*, p. 1096). Est également irrecevable l'intervention ne contenant que des conclusions étrangères à celles des parties ou ayant un objet différent de celui des conclusions principales (C.E., 9 mars 1966, Min. Trav. publ. c. Latu : *Rec.*, p. 198 ; sect., 10 juil. 1970, SCI du domaine de Suroit : *Rec.*, p. 480).

Pour autant, un intervenant peut présenter des prétentions qui lui sont propres, à condition de ne pas soulever des questions différentes de celles soumises au juge par les parties. Ainsi, un intervenant peut intervenir pour partie en demande et pour partie en défense (C.E., sect., 6 nov. 1959, D^me^ Pomar : *Rec.*, p. 583 ; 14 mars 2003, Montaner et Mme Laurent : *Rec.*, p. 125). Un intervenant en défense peut notamment présenter des conclusions tendant à limiter dans le temps les effets d'une annulation contentieuse, conformément à ce que prévoit la jurisprudence *AC !* et ce, alors même que les parties n'ont pas présenté une demande en ce sens (C.E., ass., 11 mai 2004, Assoc. AC ! : *Rec.*, p. 197, concl. Devys ; 28 avr. 2006, Dellas et a. : *Rec.*, p. 206).

658. Le président de la formation de jugement ou, au Conseil d'État, le président de la sous-section chargée de l'instruction ordonne, s'il y a lieu, que le mémoire en intervention soit communiqué aux parties et fixe le délai imparti à celles-ci pour y répondre.

Le jugement de l'affaire principale qui est instruite ne peut être retardé par une intervention (Groupe Information Asile, préc.).

Le désistement de la requête principale a pour effet de rendre sans objet les interventions en demande qui avaient été présentées dans l'instance (C.E., 4 févr. 1927, Assoc. nat. des étudiants en médecine : *Rec.*, p. 157 ; 20 avr. 2005, Synd. nat. des entreprises artistiques et a. : *Rec.*, p. 1045). L'intervention perd en principe tout intérêt en cas de demande de non-lieu, sauf s'il y a non-lieu législatif (C.E., 27 janv. 1956, Synd. de défense des actionnaires de l'Auto-sport : *Rec.*, p. 43 ; 7 juil. 2004, Féd. des synd. des autonomes PTT Midi-Pyrénées : *Rec.*, p. 832) ou si l'objet de l'intervention est de contester la demande de non-lieu (C.E., 12 oct. 1955, Ch. synd. des chauffeurs : *Rec.*, p. 478).

L'intervention est jugée en même temps que la requête principale.

Si le tribunal administratif n'a pas répondu à l'un des moyens soulevés dans une intervention recevable, et que l'intervenant est recevable et fondé à interjeter appel du jugement rendu contrairement à son intervention, il y a lieu, d'une part, d'annuler le jugement et d'évoquer, et, d'autre part, de statuer sur l'ensemble des conclusions du demandeur et de l'intervenant (C.E., 5 nov. 1990, Péan : *Rec.*, p. 927).

Sous-section 2
L'intervention forcée ou mise en cause

659. Une partie demande au juge de faire entrer un tiers dans le débat contentieux afin que son résultat lui soit opposable. Un tiers est appelé à l'instance, à laquelle il n'a pas souhaité se joindre volontairement. Cette procédure n'a de sens que dans le plein contentieux.

Trois hypothèses se présentent.

- L'appel provoqué est irrecevable s'il soulève un litige différent de celui soumis au juge d'appel par les conclusions principales, de même si l'admission de l'appel principal n'est pas de nature à aggraver la situation de l'auteur de l'appel provoqué (C.E., 19 avr. 1991, Depondt : *Rec.*, p. 1157 ; ass., 11 juil. 1984, Cne Saint-Sébastien-sur-Loire : *Rec.*, p. 267, concl. Labetoulle ; 30 déc. 1996, Levasseur : *Rec.*, p. 1128).
- Le rejet de l'appel principal emporte l'irrecevabilité de l'appel provoqué (C.E., 19 avr. 1974, SA Entreprise Bachy : *Rec.*, p. 241, sect., 31 mars 1995, Lavaud : *Rec.*, p. 155).

– Des conclusions provoquées peuvent être présentées en cassation si le pourvoi principal est accueilli et aggrave la situation de l'auteur du pourvoi provoqué (C.E., sect., 19 avr. 1991, SARL Cartigny : *Rec.*, p. 163, concl. Le Chatelier ; 24 févr. 1993, Sté SMAC Acieroïd : *Rec.*, p. 118). Si le Conseil d'État prononce, au vu du pourvoi principal, la cassation totale de la décision attaquée et renvoie le jugement de l'affaire à une juridiction du fond, il rejette le pourvoi incident dont il était saisi par voie de conséquence de l'annulation qu'il prononce (C.E., 25 janv. 1995, Min. Équip. c. Cne Simiane-Collongue : *Rec.*, p. 40).

§ 1. L'appel en cause

660. Le demandeur appelle en cause sur l'instance un défendeur supplémentaire afin d'obtenir contre lui une condamnation qu'il craint de ne pas obtenir contre le défendeur premier cité, ou d'obtenir une condamnation solidaire des divers défendeurs.

Les organismes de sécurité sociale doivent toujours être appelés en cause dans les litiges tendant à la réparation de dommages corporels pour lesquels des prestations de sécurité sociale sont versées à la victime d'un dommage imputé à une collectivité publique ou à un ouvrage public.

§ 2. L'appel en garantie

661. Le défendeur appelle sur l'instance un tiers, qui prend à son tour la position de défendeur. L'appel en garantie tend à faire reporter sur ce tiers tout ou partie de la condamnation éventuellement prononcée contre le défendeur appelant. Cette procédure n'est pas admise dans le contentieux de la répression.

§ 3. L'appel en déclaration de jugement commun

662. Une des parties appelle sur l'instance un tiers, afin que celui-ci soit présent au procès et que le jugement lui soit opposable, mais sans prendre de conclusions à son égard. Cette technique permet d'échapper aux conséquences de l'autorité relative de la chose jugée. Cette procédure est inapplicable en excès de pouvoir et en matière électorale.

L'intervention est demandée soit dans la demande ou dans la défense initiale, ou en cours d'instance. Elle ne peut l'être pour la première fois en cause d'appel (C.E., 19 déc. 1902, Médard : *Rec.*, p. 775).

Le demandeur en intervention doit justifier sa demande. Étant une demande incidente, l'intervention doit respecter les formes requises pour la requête introductive d'instance. Si cette demande en intervention ne ressortit pas à la compétence de la juridiction administrative saisie, elle est irrecevable, sauf si la juridiction est incompétente territorialement.

Dans le cas d'un appel en déclaration de jugement commun, l'intervention forcée suppose, pour être admise, que l'intervenant soit un tiers qui pourrait former tierce opposition à ce jugement parce qu'il préjudicierait à ses droits et intérêts (C.E., 20 janv. 1960, Asso : *Rec.*, p. 44 ; 30 mars 1979, Moisan et Cne Étables-sur-Mer : *Rec.*, p. 143). Dans le cas d'un appel en garantie ou d'une mise en cause, elle suppose qu'il existe des liens assez étroits entre le litige et la condition juridique de l'intervenant forcé. Des rapports spéciaux de garantie doivent en particulier exister entre le défendeur et le tiers dans le cas de l'appel en garantie. Tel est le cas de l'assureur à l'égard de son client défendeur dans une instance en responsabilité contractuelle ou quasi délictuelle.

Si elle lui est demandée, le juge ne peut la refuser lorsque les conditions sont remplies (C.E., 4 déc. 1930, V. du Havre : *Rec.*, p. 1027). Le juge ne peut prononcer une intervention forcée de sa propre initiative, sauf s'agissant de la sécurité sociale.

Lorsque l'intervention est admise, le nom de l'intervenant doit figurer sur tous les actes de procédure suivant la décision l'admettant.

L'intervenant est une partie à l'instance (C.E., 22 oct. 1954, Conseil dptal des sages-femmes de la Gironde : *Rec.*, p. 551). Tous les actes de procédure postérieurs à l'admission de l'intervention, et ceux-là seuls (C.E., 24 mars 1944, Min. Trav. publ. c. Devaux : *Rec.*, p. 101), sont désormais opposables à l'intervenant forcé. Partie à l'instance, ce dernier peut interjeter appel du jugement de première instance.

Sous-section 3
Les autres incidents de l'instruction

663. Certains incidents obligent le juge à faire une pause dans l'instruction et dans le règlement du litige, en attendant une initiative des parties, voire la réponse à une question préjudicielle.

§ 1. Le désaveu d'avocat

664. Une partie peut désavouer les actes ou procédures faits en son nom par son avocat lorsqu'ils peuvent influer sur le sens du jugement. La demande de désaveu est communiquée aux autres parties (C.J.A., art. R. 635-1).

L'action en désaveu d'avocat peut être formée devant toute juridiction administrative (C.E., sect., 5 juin 1992, OPAC Seine-Martime : *Rec.*,

p. 223 ; 6 oct. 1999, Tella Tetakeva : *Rec.*, p. 954 ; 13 nov. 2002, Gidrol : *Rec.*, p. 880). Elle doit être présentée devant la juridiction qui a instruit la procédure désavouée (*idem*). Le Conseil d'État saisi à tort d'une action en désaveu relative à la procédure suivie devant une autre juridiction requalifie au besoin la demande et la transmet à la juridiction compétente (C.E., id. ; 4 févr. 1981, Bret : *Rec.*, p. 873 ; 24 juil. 1981, Vo Van Lua, n° 20739 ; 14 avr. 1982, Mme Pion : *Dr. adm.*, 1982, n° 192).

L'action en désaveu d'avocat ne peut être engagée qu'à raison d'un acte effectivement accompli, tel un désistement, un consentement, un aveu, un acquiescement ou une offre, mais non à raison d'une carence, omission ou abstention. Ainsi, l'omission de déposer le mémoire ampliatif annoncé dans le délai imparti, qui conduit au désistement d'office de la requête, ne constitue pas un cas d'ouverture de l'action en désaveu (C.E., sect., 6 févr. 2004, Frugier : *Rec.*, p. 47).

L'action en désaveu d'avocat est recevable tant que la décision juridictionnelle sur laquelle les actes désavoués ont eu une influence n'est pas devenue irrévocable (C.E., 17 nov. 2010, Mme Layus-Coustet : *Rec.*, p. 441).

Lorsque la demande intéresse un avocat au Conseil d'État en raison d'actes ou procédures accomplis devant une autre juridiction que le Conseil d'État, elle est transmise au président de la Section du contentieux. Si celui-ci estime qu'elle doit être instruite, il la renvoie devant la juridiction qui statue dans le délai qui lui est imparti (C.J.A., art. R. 635-2).

Une action en désaveu introduite contre un avocat au Conseil d'État n'est pas dispensée du ministère d'avocat. Elle doit être présentée par un avocat au Conseil d'État (C.E., 30 mai 1962, Goyon : *Rec.*, p. 361).

Si le désaveu est relatif à des actes ou procédures accomplis devant le Conseil d'État, il est procédé à l'examen de la demande dans les délais fixés par le président de la sous-section saisie (C.J.A., art. R. 635-3).

§ 2. L'inscription de faux

665. Par la procédure d'inscription de faux, une partie conteste l'exactitude du contenu d'un document, en d'autres termes l'authenticité de ce dont il est fait état. La procédure d'inscription de faux relève en principe du juge judiciaire, et le juge administratif doit surseoir à statuer jusqu'à ce que le juge judiciaire se soit prononcé sur l'authenticité de l'acte (C.J.A., art. R. 633-1). Saisie d'une demande d'inscription de faux contre une pièce produite, la juridiction fixe le délai dans lequel la partie qui l'a produite sera tenue de déclarer si elle entend s'en servir. Si cette partie entend se servir de la pièce, la juridiction peut soit surseoir à statuer sur l'instance principale jusqu'après le jugement du faux rendu par le tribunal compétent, soit statuer au fond si elle reconnaît que la décision ne dépend pas de cette pièce arguée de faux.

La juridiction administrative est compétente pour apprécier l'exactitude des mentions figurant dans un acte administratif. Cependant, le principe de séparation des autorités administrative et judiciaire fait obstacle à la compétence judiciaire s'agissant d'actes administratifs et de décisions des juridictions administratives (C.E., sect., 20 févr. 1948, Ferrandi : *Rec.*, p. 88 ; ass., 4 mars 1955, Athias : *Rec.*, p. 129 ; sect., 1er avr. 1955, Delarue : *Rec.*, p. 195), le juge administratif étant seul compétent pour se prononcer sur leur authenticité.

La juridiction administrative est, en revanche, en principe incompétente à l'égard des documents privés (C.E., 22 févr. 1967, SARL X, nos 63620 et 69075). Cependant, la compétence du juge administratif s'étend aux documents postaux relatifs à l'acheminement du courrier dans le cadre d'une procédure administrative ou d'une procédure qui se déroule devant la juridiction administrative, alors même qu'en vertu de l'article 25 de la loi du 2 juillet 1990, les relations de la Poste avec ses usagers sont régies par le droit commun et que les litiges auxquels elles donnent lieu sont portés devant les juridictions judiciaires, à l'exception de ceux qui relèvent par leur nature de la juridiction administrative (C.E., sect., 30 nov. 2007, Pucci : *Rec.*, p. 462).

§ 3. La reprise d'instance et la constitution de nouvel avocat

666. La mort d'une personne physique ou la dissolution d'une personne morale en cours d'instance peut constituer un motif d'interruption de l'instance. Tout dépend du stade où elle est parvenue au moment de ce décès ou de cette dissolution et des conditions d'une éventuelle reprise d'instance.

Lorsque l'affaire n'est pas en état d'être jugée, la procédure est suspendue par la notification régulière du décès de l'une des parties (C.E., 22 janv. 1930, Paris : *Rec.*, p. 90 ; ass., 4 janv. 1957, Blang : *A.J.*, 1957, II, 107). L'interruption se transforme en non-lieu si les héritiers s'abstiennent de reprendre l'instance ou y renoncent expressément (C.E., 5 déc. 1930, X : *Rec.*, p. 1034).

Si l'affaire n'est pas en état d'être jugée au moment de la dissolution d'une personne morale, la notification de cette dissolution au juge n'interrompt pas l'instance (C.E., 6 mai 1970, SCI « Résidence Reine Mathilde » : *Rec.*, p. 308).

Si l'affaire est en état d'être jugée au moment du décès du requérant, le juge peut statuer (C.E., 17 déc. 1954, Serre : *Rec.*, p. 869). En cas de pluralité de requérants, le décès de l'un d'eux n'interrompt pas l'instance, qui se poursuit à l'égard des autres. Si l'affaire est en état d'être jugée au moment de la dissolution de la personne morale, lorsque la dissolution est volontaire, celle-ci n'interrompt pas l'instance (SCI « Résidence Reine Mathilde », préc.), mais, lorsque la dissolution est « forcée » (prononcée par l'autorité gouvernementale ou judiciairement), l'instance est interrompue (C.E., 26 mars 1964, L.V.F. : *Rec.*, p. 191).

Dans chaque cas, le juge apprécie seul si l'instance est réellement en état d'être jugée.

Lorsqu'au moment du décès, l'affaire n'était pas en état d'être jugée ou lorsqu'au moment de la dissolution forcée, l'affaire était en état d'être jugée, la juridiction, avertie du décès ou de la dissolution, adresse aux héritiers ou aux anciens associés, selon le cas, une mise en demeure d'avoir à reprendre l'instance et leur fixe un délai pour ce faire. Si les intéressés se sont abstenus de toute action à l'expiration du délai, le juge prononce un non-lieu en l'état qui peut être interrompu si les parties, désirant reprendre l'instance, adressent un mémoire au juge. En revanche, si les intéressés déclarent expressément renoncer à reprendre l'instance, le juge constate le désistement pur et simple. Enfin, si les intéressés déclarent vouloir reprendre l'instance, celle-ci se poursuit à partir du point où elle avait été interrompue.

Il en va de même par le seul fait du décès, de la démission, de l'interdiction ou de la destitution de son avocat par un requérant. Cette suspension dure jusqu'à la mise en demeure de reprendre l'instance ou de constituer avocat faite à l'intéressé (C.J.A., art. R. 634-1).

La procédure de mise en demeure de reprendre l'instance prévue par l'article R. 634-1 du Code de justice administrative en cas de décès de l'une des parties lorsque l'affaire n'est pas en état d'être jugée, n'est pas applicable lorsque le décès de cette partie est intervenu avant l'introduction du pourvoi en cassation devant le Conseil d'État. Il y a en conséquence lieu de statuer sur un pourvoi lorsqu'une des parties est décédée avant l'introduction du pourvoi en cassation devant le Conseil d'État, sans qu'il soit besoin d'exiger pour cela que l'autre partie justifie d'une mise en demeure de reprendre l'instance adressée aux héritiers ou, le cas échéant, à un curateur à la succession vacante (C.E., 10 oct. 2014, Min. budget, n° 356022).

Devant le Conseil d'État, l'acte de révocation d'un avocat par une partie est sans effet pour la partie adverse, s'il ne contient pas la constitution d'un autre avocat.

Chapitre 2

L'établissement de la conviction du juge

1 Les procédés de vérification 429

2 Les exceptions au principe 440

667. Le fardeau de la preuve pèse sur le requérant, qui doit justifier ses prétentions et les appuyer de précisions. Le principe est que la charge de la preuve incombe à celui qui a pris l'initiative du procès, c'est-à-dire au demandeur. Ceci se traduit par l'adage : *actori incumbit probatio*. Les parties doivent établir le bien-fondé de leur action et prouver les éléments qui appuient et justifient celle -ci. Elles aident le juge à remplir sa mission, mais ne sauraient se substituer à lui. Il est normal que le demandeur doive justifier la mise en mouvement de la justice et prouver ce qu'il avance devant elle. Pourtant, le juge ne lui impose pas de faire toute la preuve. C'est notamment au seul défendeur de prouver ses dires. La charge de la preuve apparaît donc partagée, chacun doit prouver ses allégations. Mais le demandeur doit, en outre, établir la juste cause de son action ou, selon les formules employées par le juge, « établir ses allégations » ou « établir ses prétentions ».

Dans ce domaine, les exigences diffèrent en excès de pouvoir et en plein contentieux. En plein contentieux, l'administration de la preuve est souvent facilitée, car déduite des relations de droit et/ou de fait ayant existé entre les parties avant le procès – stipulations d'un contrat, réalisation d'un travail, circonstances d'un dommage... Le juge se montre, dans ce cas, plus exigeant vis-à-vis du demandeur et plus réticent à user de son pouvoir d'instruction, l'équilibre entre les parties n'ayant pas été compromis. En excès de pouvoir en revanche, il n'existe pas, ou peu, de relations antérieures au procès. Le demandeur est en quelque sorte un tiers par rapport à l'acte unilatéral qu'il conteste, extérieur à son édiction. Cette situation rend plus difficile l'apport de la preuve de son illégalité et explique que le juge soit, d'une part, enclin à faciliter l'apport de cette preuve, en considérant parfois comme probatoires des éléments ténus, voire un simple commencement de preuve, et, d'autre, part utilise fréquemment son pouvoir d'instruction pour aider le demandeur à apporter la preuve (C.E., 8 nov. 1993, Richer de Forges : *Rec.*, p. 805).

En affirmant que le requérant doit « rapporter la preuve », le juge signifie que ce requérant doit apporter des éléments dont la réunion fait planer dans l'esprit du juge un doute sur le bien-fondé de la décision administrative.

Par l'arrêt *Barel* (C.E., ass., 28 mai 1954 : *Rec.*, p. 308, concl. Letourneur), le Conseil d'État a pour la première fois affirmé de façon nette le principe selon lequel un commencement de preuve peut suffire à valoir preuve, en raison des circonstances de l'espèce. À partir de 1968, le juge se contente « d'une argumentation sérieuse » (C.E., 24 janv. 1968, Sté Maison Genestal : *Rec.*, p. 62, concl. Bertrand) et n'exige plus « des circonstances et des faits précis constituant des présomptions sérieuses ». Dès que le doute naît dans l'esprit du juge, celui-ci met les moyens d'investigation dont il dispose, qui sont considérables, au service du requérant.

Le juge manifeste qu'il est éclairé par la formule : « Il résulte de l'instruction que... ». Auparavant, le requérant a dû apporter au moins un commencement de preuve de la réalité de ses allégations. Or il se trouve dans une situation d'infériorité, puisque l'administration détient le dossier.

SECTION 1
LES PROCÉDÉS DE VÉRIFICATION

668. Le juge dispose de différentes procédures afin d'établir sa conviction. Cependant, il est limité dans leur mise en œuvre, notamment par le respect des droits de la défense et celui du principe du contradictoire. Afin de forger son opinion, le juge peut provoquer tout débat, solliciter toute pièce, procéder à l'audition de toute personne, de nature à établir sa conviction.

Il vérifie, en chaque circonstance, si la preuve qu'on lui demande d'exiger d'une partie est en rapport avec l'affaire, si ce rapport est suffisamment étroit et si le fait d'apporter cette preuve pourra avoir une influence sur le jugement à rendre.

Sous-section 1
En matière d'actes

669. En principe, le requérant doit appuyer sa prétention de précisions qui permettent d'en apprécier le bien-fondé (C.E., ass., 12 févr. 1971, Rebatel : *Rec.*, p. 123). Pour compenser l'infériorité de l'administré, le juge use de son pouvoir inquisitorial. Le requérant peut lui demander d'utiliser ses pouvoirs d'instruction afin d'ordonner à l'administration de produire telle ou telle pièce nécessaire à la preuve. Si l'administration répond que la pièce est égarée, le juge pourra censurer sa négligence en annulant la décision attaquée, notamment dans le contentieux de la fonction publique, les statuts contraignant l'administration à détenir un dossier pour chaque agent.

Le Conseil d'État a décidé que, s'il appartient au juge de l'excès de pouvoir de former sa conviction sur les points en litige au vu des éléments versés au dossier par les parties et s'il peut écarter les allégations qu'il jugerait insuffisamment étayées, il ne saurait exiger de l'auteur du recours que ce dernier apporte la preuve des faits qu'il avance. Le cas échéant, il revient au juge, avant de se prononcer sur une requête assortie d'allégations sérieuses non démenties par les éléments produits par l'administration en défense, de mettre en œuvre ses pouvoirs généraux d'instruction des requêtes et de prendre toutes mesures propres à lui procurer, par les voies de droit, les éléments de nature à lui permettre de former sa conviction, en particulier en exigeant de l'administration compétente la production de tout document susceptible de vérifier les allégations du demandeur (C.E., 24 févr. 2004, M., n° 250012 ; 26 nov. 2012, Mme Cordière, n° 354108).

Il appartient au juge, avant de se prononcer sur une requête assortie d'allégations sérieuses non démenties par les éléments produits par l'administration en défense, de mettre en œuvre ses pouvoirs généraux d'instruction des requêtes et de prendre toute mesure propre à lui procurer, par les voies de droit, les éléments de nature à lui permettre de former sa conviction. À cette fin, le juge peut exiger de l'administration qu'elle lui fasse connaître, alors même qu'elle ne serait soumise par aucun texte à une obligation de motivation, les raisons de fait et de droit qui l'ont conduite à prendre la décision attaquée (C.E., 29 oct. 2013, Vadin : *Rec.*, p. 259).

Sous-section 2
En matière de faits

670. Des procédures permettent de constater des faits, en particulier s'ils sont susceptibles de disparaître. Aucun mode de preuve n'est obligatoire pour le juge et la liste qu'en donne le Code de justice administrative n'est pas exhaustive pour lui, alors qu'elle l'est pour les parties. Ne s'impose au juge que la prohibition du serment (C.E., 29 nov. 1851, Pélissier : *Rec.*, p. 720).

Il n'existe pas de hiérarchie entre les différents modes de preuve, bien que le plus utilisé, et le plus connu, soit l'expertise.

Lorsqu'une mesure d'instruction est prescrite, la juridiction peut décider qu'il sera établi un enregistrement sonore, visuel ou audiovisuel de tout ou partie des opérations (C.J.A., art. R. 626-2).

Les dispositions des articles 730 à 732 du Code de procédure civile relatifs aux commissions rogatoires internes sont applicables (C.J.A., art. R. 626-3).

Les notifications auxquelles donnent lieu les mesures d'instruction ordonnées par la juridiction ou l'un de ses membres, par application des articles R. 621-1 à R. 626-3, sont faites conformément aux dispositions des articles R. 611-3, R. 611-4, R. 611-8-2 et R. 611-8-4 (C.J.A., art. R. 626-4).

Des procédures permettent de constater des faits, en particulier s'ils sont susceptibles de disparaître.

§ 1. L'expertise

671. Mesure d'instruction la plus fréquente, elle est prévue par les articles R. 621-1 à R. 621-14 du Code de justice administrative. La décision de faire appel à un expert constitue un pouvoir discrétionnaire du juge, qui peut l'ordonner d'office, sauf dans les procédures de référé, où il doit être saisi d'une requête en ce sens (C.J.A., art. R. 531-1 et R. 521-1). Le choix de l'expert appartient dans tous les cas au chef de juridiction, qui ne peut être suppléé par jugement d'une formation collégiale (C.A.A. Lyon, 9 déc. 1993, Sté de gestion immobilière de la ville de Marseille : *Rec.*, p. 957).

Le président de la cour administrative d'appel établit, chaque année, un tableau des experts auprès de la cour et des tribunaux administratifs du ressort, selon une nomenclature arrêtée par le vice-président du Conseil d'État correspondant aux domaines d'activité dans lesquels les juridictions administratives sont susceptibles de recourir à une expertise. Il arrête les inscriptions en fonction des besoins des juridictions statuant dans chacun de ces domaines, après avis d'une commission composée des présidents des tribunaux administratifs ayant leur siège dans le ressort de la cour ou de magistrats les représentant, ainsi que d'au moins deux experts inscrits au tableau de la cour (voy. C.J.A., art. R. 221-9 à R. 221-21).

Le président de la juridiction peut désigner au sein de sa juridiction un magistrat chargé des questions d'expertise et du suivi des opérations d'expertise (C.J.A., art. R. 621-1-1).

672. L'expertise sert à des constats, des analyses spécialisées, des vérifications de l'état de santé... La mission confiée à l'expert peut aussi viser à concilier les parties (C.J.A., art. R. 621-1 ; C.E., sect., 11 févr. 2005, Organisme de gestion du Cours du Sacré-Cœur et a. : *Rec.*, p. 65).

Le choix de désigner un ou plusieurs experts relève du pouvoir d'appréciation du tribunal administratif et échappe au contrôle du juge d'appel (C.E., 6 févr. 1981, SA Le cabinet Trouvin : *Rec.*, p. 872 ; sect., 27 juil. 1984, Min. Trav. c. Chauvet : *Rec.*, p. 305).

Le juge fixe la mission de l'expert, qui ne peut porter que sur des faits, à l'exclusion de toute question de droit (interprétation des clauses d'un contrat, qualification juridique des faits, détermination des responsabilités...). Il apprécie discrétionnairement le moment où ordonner l'expertise.

L'expertise vise à établir des faits. L'expert ne peut se livrer à des qualifications juridiques et le juge ne peut lui donner mission de le faire (C.E., 17 déc. 1956, Min. Reconstruction c. D^{lle} Dubreuil : *Rec.*, p. 484 ; 8 févr. 1980, Cne Venelles et Sté d'aménagement urbain et rural : *Rec.*, p. 838).

Il ne revient au juge d'ordonner une expertise que lorsqu'il n'est pas en mesure de se prononcer au vu des pièces et éléments qu'il a recueillis et que l'expertise présente ainsi un caractère utile (C.E., 23 oct. 2013, Garde des Sceaux, min. Justice : *Rec.*, p. 771).

Le juge n'ordonne pas l'expertise demandée par le requérant face à une demande ne comportant pas de précisions suffisantes quant au préjudice subi (C.E., 8 janv. 1969, Armanet : *Rec.*, p. 920). Si une telle expertise est ordonnée, elle présente un caractère frustratoire (C.E., 30 janv. 1980, Min. Équip. c. Cne Mortagne-sur-Gironde : *Rec.*, p. 56). Sont frustratoires les expertises inutiles à la solution du litige. Sont frustratoires : une expertise ordonnée sans statuer sur une fin de non-recevoir contestant expressément la recevabilité de la demande (C.E., 30 janv. 1970, D^{me} v^{ve} Herbe : *Rec.*, p. 73 ; 19 juin 1970, Cne Escarène : *Rec.*, p. 429), une expertise ordonnée en matière de responsabilité décennale alors qu'il a été expressément invoqué que le délai de dix ans avait expiré (C.E., 7 mars 1969, Faure et Grospierre : *Rec.*, p. 145), une expertise ordonnée au vu de simples allégations dépourvues de justifications suffisantes (Min. Équip. c. Cne Mortagne-sur-Gironde, préc.), une expertise ordonnée alors que le tribunal dispose d'éléments suffisants pour évaluer le préjudice (C.E., 24 oct. 1990, SCI Le Grand Large : *Rec.*, p. 926), une expertise ordonnée alors qu'il a été précédemment donné acte d'un désistement qui ne peut être regardé que comme un désistement d'action (C.E., 22 juil. 1992, Sté nat. de construction : *Rec.*, p. 1221).

Le juge qui ordonne une expertise pour obtenir des informations qu'il peut se faire communiquer directement en usant de ses pouvoirs généraux d'instruction commet une erreur de droit (C.E., 9 mai 2012, Cne Fleury d'Aude, n° 344388).

Le caractère frustratoire d'une expertise relève du pouvoir souverain d'appréciation des juges du fond (C.E., 22 mars 1993, CHR de Brest c. Mme Fraboul : *Rec.*, p. 79) et l'appréciation par laquelle les juges du fond estiment utile de procéder à une expertise n'est pas davantage susceptible d'être discutée en cassation (C.E., sect., 17 avr. 1964, Guertin : *Rec.*, p. 232 ; 26 nov. 1993, SCI Les jardins de Bibémus : *Rec.*, p. 327 ; 11 mai 2001, Cté urb. Bordeaux, n° 230279).

Une juridiction administrative peut valablement tenir compte d'un rapport d'expertise établi par un expert commis par une juridiction judiciaire, dès lors que ce rapport a été versé au dossier et discuté par les parties (C.E., 26 mai 1965, Cne Livron : *Rec.*, p. 1019).

Comme pour toutes les mesures d'instruction, un tribunal administratif peut rejeter implicitement une demande d'expertise, s'il estime qu'une telle mesure serait frustratoire (C.E., 8 mai 1974, Giraud et Truchefaud : *A.J.D.A.*, 1974, p. 379, concl. ROUGEVIN-BAVILLE).

673. Les personnes qui ont eu à connaître de l'affaire à un titre quelconque sont tenues, avant d'accepter d'être désignées comme experts ou sapiteurs, de le faire connaître au président de la juridiction ou, au

Conseil d'État, au président de la Section du contentieux, qui apprécie s'il y a empêchement (C.J.A., art. R. 621-5). En vertu d'une règle générale de procédure applicable sauf texte contraire devant les juridictions administratives, les personnes qui ont exprimé une opinion dans une affaire ne peuvent être experts dans un litige contentieux concernant cette même affaire. L'expertise ordonnée en contradiction avec cette règle est irrégulière (C.E., sect., 2 févr. 1968, V. Lille : *Rec.*, p. 89 ; 13 mars 1987, Gresy : *Rec.*, p. 884). Cette règle générale de procédure ne fait en revanche pas obstacle à ce qu'un expert se voit confier par le juge, dans le même litige, une nouvelle mission d'expertise (C.E., sect., 6 mars 1970, Sté X : *Rec.*, p. 170).

Les parties sont averties par le ou les experts des jours et heures auxquels il sera procédé à l'expertise ; cet avis leur est adressé quatre jours au moins à l'avance, par lettre recommandée.

Les observations faites par les parties, dans le cours des opérations, sont consignées dans le rapport (C.J.A., art. R. 621-7, al. 1er et 2).

Le délai de quatre jours est respecté si le demandeur reçoit le 23 juin une convocation pour une expertise prévue pour le 28 juin (C.E., 3 mai 1974, Cie européenne de travaux (CETRA) : *Rec.*, p. 1107).

L'expertise doit être contradictoire. Les différentes parties au litige doivent y être simultanément présentes (C.E., 6 mai 1970, Dlle Aymes : *Rec.*, p. 310). Les observations, tant écrites qu'orales, présentées par les parties au cours des opérations d'expertise doivent être consignées dans le rapport d'expertise (C.E., 24 févr. 1995, Mme Stihle : *Rec.*, p. 975).

Des tiers ne peuvent être invités à prendre part à des opérations d'expertise que si leurs droits et obligations à l'égard des parties peuvent donner lieu à un contentieux ultérieur devant la juridiction (C.E., 6 mai 1970, Sté Socotec : *Rec.*, p. 107 ; 9 févr. 1983, SA Bureau Veritas : *Rec.*, p. 824).

L'expertise est opposable à des tiers solidaires. Des entreprises qui se sont engagées conjointement et solidairement pour construire un ensemble de logements sont censées s'être donné mandat mutuel pour se représenter. Des opérations d'expertise relatives à un litige entre le maître d'ouvrage et les entreprises sont, dans ces conditions, opposables à toutes ces entreprises, quand bien même elles se seraient déroulées en présence de l'une d'entre elles seulement (C.E., sect., 9 janv. 1976, Sté Caillol, Sté Chagnaud et Sté les Travaux du midi : *Rec.*, p. 19).

Les parties doivent remettre sans délai à l'expert tous les documents que ce dernier estime nécessaires à l'accomplissement de sa mission. En cas de carence des parties, le président de la juridiction, informé par l'expert, peut, après avoir provoqué les observations écrites de la partie récalcitrante, ordonner la production des documents, s'il y a lieu sous astreinte, autoriser l'expert à passer outre ou à déposer son rapport en l'état. La juridiction tire les conséquences du défaut de communication des documents à l'expert (C.J.A. art. R. 621-7-1).

Si les parties parviennent à une conciliation, l'expert constate que sa mission est devenue sans objet et en fait immédiatement rapport au magistrat qui l'a commis (C.J.A., art. R. 621-7-2).

674. Pendant le déroulement des opérations d'expertise, le président de la juridiction organise une ou plusieurs séances en vue de veiller au bon déroulement de ces opérations (C.J.A., art. R. 621-8-1).

La juridiction administrative est compétente pour connaître de conclusions, fondées sur l'article R. 621-4, dirigées contre un expert qui, après avoir accepté sa mission, ne la remplit pas ou ne dépose pas son rapport dans le délai fixé (C.E., 7 févr. 2003, Robert : *Rec.*, p. 936).

Le juge tire librement ses conclusions de l'expertise.

Les experts ou sapiteurs, qu'il s'agisse d'une personne physique ou morale, peuvent être récusés pour les mêmes causes que les juges. La partie qui entend récuser l'expert ou le sapiteur doit le faire avant le début des opérations ou dès la révélation de la cause de la récusation. Si l'expert ou le sapiteur s'estime récusable, il doit immédiatement le déclarer au président de la juridiction ou, au Conseil d'État, au président de la Section du contentieux (C.J.A., art. R. 621-6). Une demande de récusation présentée vingt-neuf jours, ou trois mois, après que le demandeur a eu connaissance d'une cause de récusation ne peut être regardée comme ayant été présentée dès la révélation de la cause de récusation (C.A.A. Lyon, ass. plén., 26 juil. 1990, Mme Cazacu : *Rec.*, p. 926 ; C.E., 28 juil. 1999, Sté Beteralp, n° 185390). Est de nature à susciter un doute légitime quant à l'impartialité d'un expert chargé d'apprécier les conditions dans lesquelles a été pratiquée une intervention de neurochirurgie le fait que le professeur désigné ait partagé avec son confrère ayant pratiqué l'intervention des activités communes, notamment la réalisation de travaux scientifiques ayant donné lieu à publication (C.E., 30 mars 2011, Mme Dumont : *Rec.*, p. 1083).

La demande de récusation est présentée à la juridiction qui a ordonné l'expertise. Elle peut l'être par un mandataire, qui doit être muni d'un pouvoir spécial. Elle doit, à peine d'irrecevabilité, indiquer les motifs qui la soutiennent et être accompagnée des pièces propres à la justifier (C.J.A., art. R. 621-6-1). Le greffier en chef ou, au Conseil d'État, le secrétaire du contentieux communique à l'expert copie de la demande de récusation dont il est l'objet. Dès qu'il a communication de cette demande, l'expert doit s'abstenir de toute opération jusqu'à ce qu'il y ait été statué (C.J.A., art. 621-6-2). Dans les huit jours de cette communication, l'expert fait connaître par écrit soit son acquiescement à la récusation, soit les motifs pour lesquels il s'y oppose (C.J.A., art. R. 621-6-3).

Si l'expert acquiesce à la demande de récusation, il est aussitôt remplacé. Dans le cas contraire, la juridiction, par une décision non motivée, se prononce sur la demande, après audience publique dont l'expert et les parties sont avertis. Sauf si l'expertise a été ordonnée sur le fondement du titre III du Livre V (mesure d'expertise ordonnée par le juge des référés), cette décision ne peut être contestée devant le juge d'appel ou de cassation qu'avec le jugement ou l'arrêt rendu ultérieurement. L'expert n'est pas admis à contester la décision qui le récuse (C.J.A., art. R. 621-6-4).

La décision par laquelle le juge se prononce sur une demande de récusation est de nature juridictionnelle et n'entre pas dans le champ d'application des stipulations du paragraphe 1er de l'article 6 de la CEDH. En précisant que le juge se prononce par une « décision non motivée », l'article R. 621-6-4 n'a pas entendu écarter l'application de la règle générale de motivation des décisions juridictionnelles, rappelée à l'article L. 9. Il a seulement entendu tenir compte des exigences d'une bonne administration de la justice ainsi que des particularités qui s'attachent à une demande de récusation, laquelle est notamment susceptible, selon la teneur de l'argumentation du requérant, de porter atteinte à la vie privée de l'expert ou de mettre en cause sa probité ou sa réputation professionnelle. C'est pourquoi il appartient au juge d'adapter la motivation de sa décision, au regard de ces considérations, en se limitant, le cas échéant, à énoncer qu'il y a lieu, ou qu'il n'y a pas lieu, de faire droit à la demande (C.E., sect., 23 mars 2012, CH Alès-Cévennes : *Rec.*, p. 118, concl. DACOSTA). Saisi d'un moyen mettant en doute l'impartialité d'un expert, il appartient au juge de rechercher si, eu égard à leur nature, à leur intensité, à leur date et à leur durée, les relations directes ou indirectes entre cet expert et l'une ou plusieurs des parties au litige sont de nature à susciter un doute sur son impartialité. Doivent en principe être regardées comme suscitant un tel doute les relations professionnelles s'étant nouées ou poursuivies durant la période de l'expertise (C.E., 19 avr. 2013, CH Alès-Cévennes : *Rec.*, pp. 771 et 774).

Le rapport d'expertise est déposé au greffe en deux exemplaires. Des copies sont notifiées aux parties intéressées par l'expert. Cette notification peut s'opérer sous forme électronique, avec l'accord des parties. Le greffe peut demander à l'expert de déposer son rapport sous forme numérique. La notification du rapport aux parties est alors assurée par le greffe. Les parties sont invitées par le greffe à fournir leurs observations dans le délai d'un mois ; une prorogation de délai peut être accordée (C.J.A., art. R. 621-9).

Lorsqu'un requérant sollicite une expertise et se réserve de chiffrer le montant de son préjudice au vu du rapport de l'expert, la juridiction ne peut statuer sans avoir au préalable invité le requérant à chiffrer le montant de ses prétentions (C.E., sect., 6 janv. 1989, Mlle Guerrault : *Rec.*, p. 1).

La juridiction peut décider que le ou les experts se présenteront devant la formation de jugement ou l'un de ses membres, les parties dûment convoquées, pour fournir toutes explications complémentaires utiles et notamment se prononcer sur les observations recueillies en application de l'article R. 621-9 (C.J.A., art. R. 621-10).

675. L'expertise est fréquemment ordonnée en matière de responsabilité (p. ex., C.E., 18 nov. 1966, Cts Gojat : *Rec.*, p. 613 : responsabilité hospitalière ; 5 nov. 1965, Travaglini : *Rec.*, p. 584 : éventuelle responsabilité d'un architecte-conseil dans un litige de responsabilité décennale des constructeurs ; 5 mars 1969, Lagneau : *Rec.*, p. 135 : question de savoir si des désordres sont de nature à rendre un ouvrage impropre à sa destination ; 15 oct. 1965, Sté Pérignon c. Cne Percq : *Rec.*, p. 522 ; 17 janv. 1973, SA Entreprise Saudemont Félix : *Rec.*, p. 43 : détermination du montant d'un préjudice ; 31 mars 1971, Cidrac et Gilbert : *Rec.*, p. 1152 : point de savoir si un préjudice présente un caractère certain) ou pour opérer diverses appréciations (C.E., 3 nov. 1965, Min. Int. c. Loeb : *Rec.*, p. 575 : appréciation de l'aptitude physique des titulaires de permis de conduire ; sect., 3 avr. 1998, Corderoy du Tiers : *Rec.*, p. 131 : aptitude à piloter un avion ; 16 mars 1977, Dpt Haute-Garonne : *Rec.*, p. 928 : caractère praticable d'un chemin ; 26 avr. 1985, Sté Smanor : *Rec.*, p. 127 : qualité de yaourts surgelés). Elle peut également servir pour vérifier, en matière de télécommunications, si les principes de tarification sont respectés par les tarifs d'accès à la boucle locale (C.E., 23 avr. 2003, France Télécom : *Rec.*, p. 175) ou pour établir le montant du forfait d'externat dont bénéficient les établissements d'enseignement sous contrat d'association par une étude analytique de la comptabilité d'un département (Organisme de gestion du cours du Sacré-Cœur, préc.).

En excès de pouvoir, il n'est pas recouru à l'expertise dans toutes les questions techniques sur lesquelles le juge n'exerce qu'un contrôle minimum.

§ 2. La visite des lieux

676. Un ou plusieurs membres de la juridiction se transportent sur les lieux pour y constater des faits de nature à déterminer le jugement. À cette occasion les conseillers peuvent entendre toute personne qu'ils désigneront, constater tout fait et faire faire toutes opérations utiles en leur présence (C.J.A., art. R. 622-1).

Le juge est libre d'ordonner ou non la visite des lieux, que celle-ci soit demandée ou non.

Les parties doivent être convoquées et un procès-verbal établi.

Cette mesure peut être ordonnée par le président de la formation de jugement au cours de l'instruction (C.J.A., art. R. 622-1, al. 5).

La visite des lieux doit être contradictoire. Est irrégulière une visite des lieux à laquelle il a été procédé sans avoir averti préalablement les parties du jour et de l'heure de la visite (C.E., sect., 7 févr. 1969, M'Barek : *Rec.*, p. 87). Après la visite des lieux, le procès-verbal établi à sa suite doit être communiqué aux parties. Au besoin, l'instruction doit être rouverte pour leur permettre de produire leurs observations (C.E., 29 avr. 1994, Assoc. des amis de Saint-Martin-de-Peille : *Rec.*, p. 1119).

677. La visite des lieux est, par exemple, ordonnée pour déterminer si des bruits et trépidations atteignent une intensité telle qu'ils justifient l'octroi d'une indemnité (C.E., 5 févr. 1969, Min. Éduc. nat. c. Warembourg : *Rec.*, p. 72), pour déterminer les parcelles contribuant à la sauvegarde d'un site inscrit à l'inventaire (C.E., sect., 13 mars 1970, Min. Aff. culturelles c. D^{me} Benoist d'Anthenay : *Rec.*, p. 182), pour reconnaître les limites du domaine public (C.E., 29 mai 1974, Muscinesi : *Rec.*, p. 324), pour mesurer l'atteinte portée par une construction au caractère ou à l'intérêt des lieux avoisinants (C.E., sect., 31 déc. 1976, Assoc. Les amis de l'île de Groix : *Rec.*, p. 585) ou pour apprécier le caractère pittoresque d'un site classé (C.E., 10 janv. 1996, Synd. mixte d'études pour le tunnel de Montegnèvre : *Rec.*, p. 11).

§ 3. L'enquête

678. L'enquête conduit au recueil de témoignages oraux sur l'ensemble du litige en séance publique (à la barre) ou sur place (audition). Le tribunal peut l'ordonner d'office ou sur demande d'une partie. Il peut aussi la refuser. L'ordonnance qui la prescrit précise les faits qui en feront l'objet et décide si elle se fera en séance publique ou si un membre du tribunal se transportera sur les lieux (C.J.A., art. R. 623-1 à R. 623-8).

Un tribunal dispose du pouvoir d'apprécier l'opportunité d'ordonner une enquête (C.E., 8 févr. 1965, Élect. mun. de Vico : *Rec.*, p. 1018). Il peut ne pas répondre explicitement à une demande d'enquête dès lors qu'il ressort des motifs de son jugement qu'il a entendu l'écarter comme frustratoire (C.E., 26 avr. 1963, D^{me} Lombardo : *Rec.*, p. 958 ; 7 juil. 1978, Cazeneuve : *Rec.*, p. 914).

Les parties sont averties et peuvent produire des témoins aux jours et lieu fixés par la décision prescrivant l'enquête. Elles peuvent assigner les témoins, à leurs frais, par acte d'huissier de justice. La formation de jugement ou d'instruction ou le magistrat qui procède à l'enquête peut d'office convoquer ou entendre toute personne dont l'audition lui paraît utile à la manifestation de la vérité.

Lorsque l'enquête est prescrite, la preuve contraire peut être rapportée par témoins sans nouvelle décision. Chacun peut être entendu comme témoin, à l'exception des personnes qui sont frappées d'une incapacité de témoigner en justice. Les personnes qui ne peuvent témoigner peuvent cependant être entendues dans les mêmes conditions, mais sans prestation de serment. Est tenu de déposer quiconque en est légalement requis. Peuvent être dispensées de déposer les personnes qui justifient d'un motif légitime. Peuvent s'y refuser les parents ou alliés en ligne directe de l'une des parties ou son conjoint, même divorcé (C.J.A., art. R. 623-4).

679. Si l'enquête a lieu à l'audience, il est dressé procès-verbal de l'audition des témoins. Ce procès-verbal est visé par le président de la formation de jugement et versé au dossier. Si l'enquête est confiée à l'un des membres de la formation de jugement, celui-ci dresse procès-verbal de l'audition des témoins. Ce procès-verbal est déposé au greffe et versé au dossier (C.J.A., art. R. 623-6).

La circonstance que les procès-verbaux des auditions individuelles des témoins n'aient pas été visés par le président ni annexés à la minute du jugement vicie la procédure d'enquête (C.E., 31 janv. 1990, Élect. mun. de Trois-Bassins : *Rec.*, p. 925).

Les auditions peuvent avoir lieu en l'absence des parties. L'enquête en formation d'instruction n'est pas soumise à l'obligation de publicité de l'audience. Les parties peuvent légalement être invitées, après précision en ce sens dans l'ordonnance les informant de l'enquête à la barre, à limiter le nombre de leurs représentants (C.E., 28 juin 2013, Assoc. trinationale de protection nucléaire et a. : *Rec.*, p. 771).

La règle du contradictoire est respectée si des procès-verbaux sont dressés lors des auditions et communiqués aux parties.

680. Le juge ordonne des enquêtes, par exemple, pour déterminer, en cas de doute sérieux quant à l'exactitude des mentions du procès-verbal du jury, si une nomination a effectivement été proposée à l'autorité de nomination par le jury du concours (C.E., 22 juin 1963, Poncin : *Rec.*, p. 393), pour déterminer, en cas de contestation sérieuse, si un jury a pris en considération d'autres éléments que la valeur des épreuves (C.E., 23 nov. 1966, Frank et Palfer-Sollier : *Rec.*, p. 1055), la composition exacte d'un dossier soumis à enquête publique, alors que des attestations permettent de douter de la présence de certains documents (C.E., 18 avr. 1969, Cts Vitry : *Rec.*, p. 215), la teneur de ce qu'a décidé un conseil municipal (C.E., 9 mai 1990, Cne Lavaur c. Lozar : *Rec.*, p. 115), pour apprécier les modalités de calcul des tarifs des prestations d'établissements de santé (C.E., 16 févr. 2001, Centre du château de Gleteins et a., n° 220118).

§ 4. La vérification d'écriture

681. Ces mesures sont peu usuelles et apparaissent comme une modalité particulière de l'expertise. Elles sont ordonnées d'office par le juge ou demandées par le requérant et servent à s'assurer de l'existence, de la consistance, voire des caractères d'un document (C.J.A., art. R. 624-1, R. 624-2 et R. 633-1).

La juridiction peut décider une vérification d'écritures par un ou plusieurs experts, en présence, le cas échéant, d'un de ses membres. Le président du tribunal administratif ou de la cour administrative d'appel, selon le cas, ou, au Conseil d'État, le président de la Section du contentieux peuvent désigner, à cet effet, une personne figurant sur l'un des tableaux établis en application de l'article R. 221-9. Ils peuvent, le cas échéant, désigner toute autre personne de leur choix.

Dans un litige relatif à la détermination du montant des redevances d'assainissement, calculées en fonction de la consommation d'eau, la mesure de vérification est confiée au trésorier-payeur général afin de s'assurer des informations sur la consommation d'eau détenues par le concessionnaire du service de la distribution d'eau (C.E., 5 mars 1971, Cne Saint-Étienne-de-Tinée : *Rec.*, p. 195).

§ 5. Les autres mesures d'instruction

682. La vérification de documents peut être rattachée à l'article R. 626-1 du Code de justice administrative. Elle est décidée par le juge et normalement pratiquée par le rapporteur, commis par la juridiction ou son président, par la sous-section d'instruction ou son président au Conseil d'État. Elle sert à s'assurer de l'existence ou de la teneur exacte d'une décision, à apprécier le caractère communicable d'un document au sens de la loi du 17 juillet 1978, à vérifier l'authenticité de rectificatifs apportés à des textes législatifs ou réglementaires, la réalité de la signature par l'autorité compétente.

L'interrogatoire permet au président de la formation de jugement de poser des questions aux parties au cours de l'audience.

683. Le juge peut, le cas échéant, ordonner un constat (C.J.A., art. R. 625-1). Pour établir sa conviction et juger de la légalité de l'approbation d'une concentration économique, le Conseil d'État peut saisir pour avis le Conseil de la concurrence, sur la base de ses pouvoirs d'instruction et alors même qu'aucune disposition ne le prévoit expressément (C.E., 20 juil. 2005, Sté Fiducial informatique et Fiducial expertise : *Rec.*, p. 334).

684. Lorsqu'une question technique ne requiert pas d'investigations complexes, la formation de jugement peut commettre une personne afin qu'elle lui fournisse un avis sur les points qu'elle détermine. Elle peut, à cet effet, désigner une personne figurant sur l'un des tableaux établis en application de l'article R. 221-9. Elle peut, le cas échéant, désigner toute autre personne de son choix. Le consultant, à qui le dossier de l'instance n'est pas remis, n'a pas à opérer en respectant une procédure contradictoire à l'égard des parties (C.J.A., art. R. 625-2 ; voy. C.E., 28 mars 2012, Sté Direct Energie et a. : *Rec.*, p. 130 : exemple de question susceptible d'être posée à l'*amicus curiae*).

685. La formation chargée de l'instruction peut inviter toute personne, l'*amicus curiae*, dont la compétence ou les connaissances seraient de nature à l'éclairer utilement sur la solution à donner à un litige, à produire des observations d'ordre général sur les points qu'elle détermine. Toute personne peut, en outre, être invitée à présenter des observations orales devant la formation chargée de l'instruction ou la formation de jugement, les parties dûment convoquées (C.J.A., art. R. 625-3).

686. Un membre de la juridiction peut être commis par la formation de jugement ou par son président ou, au Conseil d'État, par la sous-section chargée de l'instruction pour procéder à toutes mesures d'instruction autres que les mesures précédemment décrites (C.J.A., art. R. 626-1). Ainsi, en cas de contestation sérieuse, un membre de la juridiction supérieure procède à l'examen de la minute d'une décision juridictionnelle ainsi que des documents qui retracent le fonctionnement de la juridiction pour s'assurer de l'exactitude des mentions de la décision (C.E., 11 févr. 1970, Maschi : *Rec.*, p. 101). La consultation de la minute d'un jugement permet également de réfuter les erreurs de transcription qui peuvent figurer dans l'expédition d'un jugement (C.E., 2 févr. 1973, Min. Équip. c. Cts Le Marois : *Rec.*, p. 1076).

SECTION 2
LES EXCEPTIONS AU PRINCIPE

687. Les textes, ou le juge, aident parfois le requérant qui ne peut apporter la preuve de ce qu'il avance.

Sous-section 1
L'acquiescement implicite du défendeur selon les textes

688. Le défendeur qui n'a pas observé le délai qui, lors de la communication de la requête ou d'un mémoire ultérieur, lui a été imparti est réputé avoir acquiescé aux faits exposés dans les mémoires du requérant (C.J.A., art. R. 612-6). Il doit y avoir défaut radical d'observations ; tout acquiescement est écarté si des observations ont été produites, même hors délai. Une mise en demeure formelle doit avoir lieu devant le tribunal administratif et la cour administrative d'appel, mais pas devant le Conseil d'État. Seuls des faits peuvent être ainsi établis, sans pouvoir être contredits par les pièces du dossier.

Sous-section 2
La sanction des silences de l'administration

689. Lorsque des éléments essentiels de preuve sont entre les mains de l'administration, le juge lui impose de contribuer à la manifestation de la vérité. Si elle ne le fait pas, la présomption de légalité de sa décision se transforme en suspicion d'illégalité. Ceci joue surtout dans le contentieux des sanctions, que leur auteur doit étayer suffisamment. Les sanctions sont annulées si les griefs avancés ne sont pas corroborés par les pièces du dossier, si l'administration n'apporte aucun commencement de preuve ou ne prouve pas l'exactitude matérielle des faits. Peuvent ainsi être établis des détournements de pouvoir, dès lors que le requérant avance des arguments sans être contredit, que le défendeur refuse de communiquer des documents et informations réclamés par le juge au titre de ses pouvoirs de direction de l'instruction (C.E., sect., 23 déc. 1955, Lévy : *Rec.*, p. 608 ; sect., 1er mai 1936, Couëspel du Mesnil : *Rec.*, p. 485 ; ass., 24 mai 1954, Barel : *Rec.*, p. 308). Si l'administration peut invoquer des secrets, tel celui de la Défense nationale, le juge statue sur la base du dossier qui lui est soumis, aux risques et périls de l'administration qui se tait.

Le juge ne déclenche cette mécanique que faute de pouvoir statuer autrement.

Exceptionnellement, le droit de la responsabilité connaît des présomptions, qui obligent le défendeur, l'administration la plupart du temps, à prouver n'avoir commis aucune faute (défaut d'entretien normal en cas de dommages de travaux publics subis par un usager, faute révélée par le dommage en matière hospitalière).

TITRE 2

La sentence

Chapitre 1
L'élaboration de la décision 445
Chapitre 2
Les conséquences et l'exécution de la décision 483

690. Le juge prend une décision, qui s'impose soit à tous, sans considération de la qualité de partie ni du fondement juridique de la demande, soit seulement sous condition d'identité de parties, d'objet et de cause.

Cette décision emporte des effets, non seulement sur les parties, notamment l'administration, mais aussi à l'égard de personnes totalement étrangères à l'instance.

Dans certaines hypothèses, l'instance prend fin sans qu'une solution au fond soit donnée au litige.

Chapitre 1

L'élaboration de la décision

1 L'établissement de la décision 446
2 La décision juridictionnelle 458

691. Toute instance appelle le prononcé d'un jugement, c'est-à-dire d'une décision juridictionnelle, dans le respect de procédures déterminées. Le contenu de cette décision est encadré par les textes et la jurisprudence.

SECTION 1
L'ÉTABLISSEMENT DE LA DÉCISION

692. En principe, toute requête appelle un jugement. Mais il arrive que le litige ne soit pas résolu, le requérant renonçant au procès et à sa solution parce qu'il a obtenu une solution qui le satisfait ou renonce à poursuivre, par lassitude par exemple, ou parce que le juge pénalise le requérant qui néglige de produire dans les délais prescrits le mémoire complémentaire qu'il a annoncé, ou encore parce que certains événements mettent fin prématurément au procès ou empêchent en l'état la poursuite de l'instruction.

Sous-section 1
Les procédures écourtées

693. L'affaire peut ne pas aller à son terme, s'éteindre de la volonté du requérant ou indépendamment de celle-ci, ou du fait du décès du requérant.

§ 1. Le désistement

694. Le désistement donne à l'instance une fin anticipée. Il peut être volontaire, intervenir en cours d'instruction et traduire le renoncement du requérant à poursuivre le procès, ou être prononcé d'office et apparaître comme une déchéance.

Le désistement peut être fait et accepté par des actes signés des parties ou de leurs mandataires et adressés au greffe. Il est instruit dans les formes prévues pour la requête (C.J.A., art. R. 636-1).

695. Le désistement volontaire est en principe exprès. Il intervient pour diverses raisons : lassitude, volonté d'apaisement, obtention d'un arrangement. Il n'est soumis à aucun formalisme et résulte d'un document écrit et exprès, sans équivoque sur l'intention du demandeur. Possible à tout moment du procès (C.E., sect., 16 oct. 1981, Min. Déf. c. Lassus : *Rec.*, p. 373), il peut être partiel. Le désistement peut être pur et simple, ou regardé comme tel par le juge, ou conditionnel. Le juge en donne alors acte, sans toujours tenir compte des réserves, et liquide ainsi le procès. S'il est conditionnel, le juge vérifie l'accomplissement des conditions ou le rend inopérant. L'acceptation du désistement volontaire n'est nécessaire ni en excès de pouvoir ni en référé. Il n'acquiert donc pas un caractère irrévocable. Dans les instances à caractère objectif, l'acceptation du désistement est au contraire obligatoire. Il devient irrévocable, sauf accord du défendeur (Sur les obligations du juge de l'homologation d'une transaction à laquelle les parties subordonnent leur désistement : C.E., ass., 11 juil. 2008, Sté Krupp Hazemag : *Rec.*, p. 273).

696. Il y a désistement d'instance lorsqu'un requérant renonce à poursuivre une action qu'il estime mal engagée, mais n'exclut pas de la reprendre (C.E., 20 janv. 1950, Trantan : *Rec.*, p. 843 ; 9 mars 1988, SA Sotraduig et Caliqua : *Rec.*, p. 113).

Il y a désistement d'action lorsque le requérant renonce définitivement à poursuivre plus avant toute instance sur le litige. Dans ce cas, aucune autre instance ne pourra plus être formée sur la même prétention. Le requérant ne peut plus former ultérieurement d'intervention tendant aux mêmes conclusions. Une nouvelle demande tendant aux mêmes fins qu'une première pour laquelle le requérant s'était purement et simplement désisté est irrecevable (C.E., 15 déc. 1928, Clause : *Rec.*, p. 1296 ; 10 mai 1989, V. Mâcon c. Sté Grangette : *Rec.*, p. 880). Le désistement est individuel. S'il est déposé par un seul des demandeurs, le procès continue pour les autres parties.

En principe, un désistement a le caractère d'un désistement d'instance. Il n'en va autrement que si le caractère de désistement d'action résulte sans aucune ambiguïté des écritures du requérant. Lorsque le dispositif de la décision de justice qui donne acte d'un désistement ne comporte aucune précision sur la nature du désistement dont il est donné acte, ce désistement doit être regardé comme un désistement d'instance (C.E., sect., 1er oct. 2010, Épx Rigat : *Rec.*, p. 352). Le désistement d'office pénalise la négligence du requérant à poursuivre le procès. Le requérant est réputé s'être désisté s'il a omis de rétablir le dossier qui lui a été transmis ou s'il n'a pas produit, dans le délai prescrit, le mémoire complémentaire annoncé. Le requérant échappe au désistement d'office s'il annonce, avant l'expiration du délai, qu'il n'entend plus produire de mémoire complémentaire (C.E., sect., 26 juil. 1996, Sté entrepositaire parisienne : *Rec.*, p. 312). L'exigence de production ultérieure du mémoire complémentaire annoncé est satisfaite par la production d'un mémoire dont le contenu est identique à celui de la requête initiale. Sauf devant le Conseil d'État, le désistement d'office ne peut être prononcé qu'après mise en demeure de produire le mémoire. La mise en demeure de désistement d'office prévue à l'article R. 612-5 du Code de justice administrative peut intervenir dès la réception du mémoire introductif et n'a pas à être précédée d'une invitation à produire. La jurisprudence, sévère, du Conseil d'État en matière de désistement d'office est condamnée par la Cour européenne des droits de l'homme (Cour eur. D.H., 15 janv. 2009, Guillard c. France, *A.J.D.A.*, 2009, p. 71).

697. Le juge peut donner acte du désistement des conclusions d'une requête dans l'hypothèse où le défendeur produirait un protocole transactionnel comportant une clause de renonciation à toute instance et action conclu, sur le fondement de l'article 2044 du Code civil, avec le requérant et dont la soumission au débat contradictoire n'a suscité aucune observation de la part de ce dernier (C.E., 18 nov. 2011, Ligue d'escrime du Languedoc-Roussillon : *Rec.*, p. 1087).

§ 2. L'acquiescement du défendeur aux prétentions adverses

698. L'acquiescement de l'administration ne se conçoit pas s'agissant d'un recours pour excès de pouvoir. En plein contentieux, il peut y avoir transaction en cours d'instance, sous forme de contrat entre les parties. Le procédé est fréquent en matière fiscale. La transaction a un caractère irrévocable.

§ 3. Le non-lieu

699. Le juge oppose au requérant, comme aux autres parties, un arrêt du procès. Il refuse d'instruire plus avant. On distingue le non-lieu proprement dit à statuer, qui est définitif, et le non-lieu en l'état, sorte de pause dans le procès.

Le non-lieu à statuer éteint le litige. Le juge clôt le procès par anticipation en constatant qu'il n'y a pas lieu de statuer. Le procès apparaît désormais inutile au juge, du fait d'un événement extérieur (satisfaction a été donnée au requérant, le procès devient impossible du fait de l'intervention d'une nouvelle règle de droit, d'une validation législative ou d'une décision de justice). Le recours est jugé, sans être vraiment tranché.

Le non-lieu en l'état est une suspension de l'instance, qui pourra éventuellement reprendre. Il est, par exemple, prononcé en cas de décès du requérant, si le dossier ne permet pas de statuer, dans l'attente d'une reprise des héritiers, en cas de dissolution d'une personne morale, parce que le procès perd provisoirement son objet, si le dossier a disparu, ou en cas de retrait, lui-même déféré au juge, d'un acte.

Sous-section 2
Le procédé normal de règlement

700. Le rapporteur connaît d'abord seul du dossier, puis communique son avis aux autres membres de la juridiction. Le conseiller rapporteur examine les faits, les moyens, établit des conclusions de rejet ou d'admission du recours. Il formule en questions les problèmes juridiques soulevés et demande à la juridiction si elle doit les admettre.

Au Conseil d'État, le dossier, accompagné de la note du rapporteur, est transmis au réviseur, qui peut être le président de la sous-section ou l'un des conseillers assesseurs. Celui-ci prend connaissance du dossier et se fait une opinion sur tous les éléments nécessaires à la solution du litige. Il vérifie s'il est d'accord avec le rapporteur sur la nature du litige, la portée des moyens, la solution proposée et la rédaction du projet d'arrêt. Ce travail ne revêt pas la forme d'un document. En cas de désaccord avec le rapporteur, il arrive qu'un contre-projet, plus ou moins détaillé, soit rédigé. Il y a ensuite discussion et vote, pour aboutir à la rédaction définitive de l'arrêt.

Au Conseil d'État, ce travail aboutit à l'arrêt, qui devient celui de la sous-section. Puis le dossier est transmis au rapporteur public et, enfin, inscrit au rôle. Le rapporteur public communique le contenu du rôle, qui est arrêté par le président de l'un des organes de jugement au Conseil d'État, par le président de la juridiction au tribunal administratif ou à la cour administrative d'appel.

§ 1. L'inscription de l'affaire au rôle

701. Le rôle de chaque audience est arrêté, au tribunal administratif, par le président du tribunal et communiqué au rapporteur public ; à la cour administrative d'appel, il est préparé par le rapporteur public et arrêté par le président de la cour (C.J.A., art. R. 711-1). Les rôles sont affichés à la porte de la salle d'audience (C.J.A., art. R. 711-4).

Au Conseil d'État, le rôle de chaque séance de jugement est préparé par le rapporteur public chargé de présenter ses conclusions et arrêté par le président de la formation de jugement. Lorsqu'une affaire est inscrite au rôle de l'assemblée du contentieux, le Premier ministre en est tenu informé. Les avocats au Conseil d'État et à la Cour de cassation sont avisés, quatre jours au moins avant la séance, que les affaires pour lesquelles ils sont inscrits figurent au rôle. En cas d'urgence, ce délai peut être réduit à deux jours par décision du président de la Section du contentieux. Les parties qui ne sont pas représentées par un avocat au Conseil d'État et à la Cour de cassation sont informées de l'inscription au rôle de leur affaire (C.J.A., art. R. 712-1). Les rôles sont affichés au secrétariat du contentieux (*idem*).

§ 2. La convocation des parties à l'audience

702. Les parties sont convoquées à l'audience lorsqu'elles ont manifesté l'intention de présenter des observations orales, ceci à peine de nullité du jugement, qui est néanmoins couverte par leur présence à l'audience.

Cette convocation est de droit devant les tribunaux administratifs et les cours administratives d'appel. Toute partie est avertie, par une notification faite par lettre recommandée avec demande d'avis de réception ou par la voie administrative, du jour où l'affaire sera appelée à l'audience. L'avis d'audience reproduit les dispositions des articles R. 731-3 et R. 732-1-1. Il mentionne également les modalités selon lesquelles les parties ou leurs mandataires peuvent prendre connaissance du sens des conclusions du rapporteur public ou de la décision prise sur la dispense de conclusions. L'avertissement est donné sept jours au moins avant l'audience. Toutefois, en cas d'urgence, ce délai peut être réduit à deux jours par une décision expresse du président de la formation de jugement qui est mentionnée sur l'avis d'audience (C.J.A., art. R. 711-2).

Un jugement qui intervient alors qu'une des parties à l'instance n'a pas été avisée du jour où l'affaire est portée en séance est irrégulier (C.E., 7 mars 1986, Sté Constellation : *Rec.*, p. 668). Il en est ainsi même en cas d'erreur du service postal dans l'acheminement de l'avis d'audience (C.E., 26 sept. 2001, SARL Espace Loisirs, n° 208238). Lorsque le requérant est ainsi représenté, les actes de procédure ne sont accomplis qu'à l'égard du mandataire. Lorsque l'avis d'audience, régulièrement notifié au seul avocat du requérant, n'a pu lui être remis en raison d'un changement d'adresse et a été retourné au greffe de la juridiction, il appartient à la juridiction, si elle ne parvient pas à joindre autrement l'avocat, d'avertir personnellement le requérant (C.E., 9 avr. 1975, Leffard : *Rec.*, p. 1208 ; 15 juil. 2004, Mayne : *Rec.*, p. 835). Sont sans incidence sur cette exigence la circonstance que l'avocat n'ait pas averti le greffe de son changement d'adresse comme la durée d'acheminement du pli contenant le second avis d'audience expédié à la nouvelle adresse de l'avocat (C.E., 29 oct. 2012, Mme Ozil : *Rec.*, p. 925). Les avis d'audience sont adressés par le greffe à l'adresse indiquée dans la requête introductive d'instance. Il n'est tenu d'adresser cet avis à une autre adresse que si, dans une correspondance ultérieure, les parties ont indiqué de manière explicite leur changement d'adresse (C.E., 20 déc. 1985, Antonini : *Rec.*, p. 736).

Le délai de convocation à l'audience est un délai franc (C.E., 5 févr. 1906, Bérato : *Rec.*, p. 104 ; 26 mai 1993, Letellier : *Rec.*, p. 965).

703. Au Conseil d'État, l'avis d'audience reproduit les dispositions des articles R. 731-R. 731-2, R. 731-3, R. 733-1, R. 733-2 et R. 733-3 (C.J.A., art. R. 712-1).

Quatre jours au moins avant la séance, les avocats au Conseil d'État et à la Cour de cassation sont avisés que les affaires pour lesquelles ils sont inscrits figurent au rôle. En cas d'urgence, ce délai peut être réduit à deux jours par décision du président de la Section du contentieux. Les parties qui ne sont pas représentées par un avocat au Conseil d'État et à la Cour de cassation sont informées de l'inscription au rôle de leur affaire. La méconnaissance de la règle selon laquelle les parties qui ne sont pas représentées par un avocat aux Conseils doivent être informées de l'inscription de leur affaire au rôle est de nature à rendre recevable un recours en révision au titre du 3° de l'article R. 834-1 du Code de justice administrative relatif à la tenue des audiences (C.E., 16 févr. 2007, Assoc. En Toute Franchise, n° 292114).

Les rôles sont affichés au secrétariat du contentieux.

Les parties ou leurs mandataires peuvent aussi être avisés ou informés d'une inscription d'une affaire au rôle par voie électronique (C.J.A., art. R. 712-2).

704. Si le jugement de l'affaire doit intervenir après le prononcé de conclusions du rapporteur public, les parties ou leurs mandataires sont mis en mesure de connaître, avant la tenue de l'audience, le sens de ces conclusions sur l'affaire qui les concerne (C.J.A., art. R. 711-3 et R. 712-1).

Les parties ou leurs mandataires doivent être mis en mesure de connaître, dans un délai raisonnable avant l'audience, l'ensemble des éléments du dispositif de la décision que le rapporteur public compte proposer à la formation de jugement d'adopter, à l'exception de la réponse aux conclusions qui revêtent un caractère accessoire, notamment celles qui sont relatives à l'application de l'article L. 761-1 du Code de justice administrative. Cette exigence s'impose à peine d'irrégularité de la décision rendue sur les conclusions du rapporteur public.

Devant le tribunal administratif et la cour administrative d'appel, lorsque l'affaire est susceptible d'être dispensée de conclusions du rapporteur public, en application de l'article R. 732-1-1, les parties ou leurs mandataires sont mis en mesure de connaître, avant la tenue de l'audience, si le rapporteur public prononcera des conclusions et, dans le cas où il n'en serait pas dispensé, le sens de ces conclusions (C.J.A., art. R. 711-3).

Cette règle a pour but de « mettre le justiciable en mesure d'apprécier l'opportunité d'assister à l'audience publique, d'y présenter des observations orales à l'appui de son argumentation écrite et, le cas échéant, de produire une note en délibéré » (C.E., 18 déc. 2009, Sté Sogedame : *Rec.*, p. 501). Un jugement rendu en l'absence de communication du sens des conclusions est irrégulier, s'il est établi qu'une demande préalable en ce sens a été formée par la partie intéressée (*idem* et C.E., 26 avr. 2006, Daubernard : *Rec.*, p. 1024). Est de même irrégulier un jugement rendu en cas de modification du sens des conclusions lors de l'audience, faute d'information préalable de la partie ayant préalablement reçu communication des conclusions à sa demande, alors même qu'elle a pu produire une note en délibéré (C.E., 5 mai 2006, Sté Mullerhof : *Rec.*, p. 232).

Les conclusions elles-mêmes n'ont pas à être communiquées aux parties, mais les parties ou leurs mandataires doivent être mis en mesure de connaître, dans un délai raisonnable avant l'audience, l'ensemble des éléments du dispositif proposé, à l'exception de la réponse aux conclusions accessoires, notamment celles qui tendent à l'application de l'article L. 761-1. Le rapporteur public doit préciser, en fonction de l'appréciation qu'il porte sur les caractéristiques de chaque dossier, les raisons qui déterminent la solution qu'appelle, selon lui, le litige – motif de recevabilité ou raison de fond du rejet de la requête, moyens justifiant, au contraire, l'annulation de la décision attaquée –, mais la communication de ces informations n'est pas prescrite à peine d'irrégularité. Toutefois, le rapporteur public qui, après avoir communiqué le sens de ses conclusions, envisage de modifier sa position, même sur ces seules informations, doit mettre les parties à même de connaître ce changement, à peine d'irrégularité du jugement (C.E., sect., 21 juin 2013, Cté d'agglo. du pays de Martigues : *Rec.*, p. 167).

Doit être annulé le jugement rendu, alors que l'avocat du requérant n'avait pas reçu les codes Sagace lui permettant d'accéder par voie électronique au sens des conclusions du rapporteur public et qu'en outre, le tribunal administratif n'avait pas donné suite à sa demande de transmission du sens des conclusions (C.E., 2 févr. 2011, Mme Marchesini, n° 330641).

Les rôles sont affichés à la porte de la salle d'audience (C.J.A., art. R. 711-4).

§ 3. La composition de la juridiction

705. La règle de l'imparité doit être respectée aussi bien aux séances qu'au délibéré. La composition doit être la même à l'audience et au délibéré, mais peut être différente lors de l'audience de lecture.

Les juges peuvent faire l'objet de suspicion légitime ou de récusation.

Le membre de la juridiction qui suppose en sa personne une cause de récusation ou estime en conscience devoir s'abstenir se fait remplacer par un autre membre que désigne le président de la juridiction à laquelle il appartient ou, au Conseil d'État, le président de la Section du contentieux (C.J.A., art. R. 721-1).

En vertu d'une règle générale de procédure applicable même sans texte, à condition qu'elle ne soit pas incompatible avec l'organisation de la juridiction, tout justiciable est recevable à présenter une demande de récusation, dès qu'il a connaissance d'une cause de récusation (C.E., 30 juin 2003, Murciano, n° 222160). Une demande de récusation peut viser le rapporteur public (C.E., 17 juin 1988, Bady : *Rec.*, p. 247).

La partie qui veut récuser un juge doit, à peine d'irrecevabilité, le faire dès qu'elle a connaissance de la cause de récusation. La demande ne peut en aucun cas être formée après la fin de l'audience (C.J.A., art. R. 721-2). Un moyen tiré de l'irrégularité de la composition de la formation de jugement est irrecevable en appel ou en cassation, dès lors que le requérant connaissait avant l'audience la composition de la formation et n'a pas exercé sa faculté de récusation (C.E., 9 janv. 1952, Sanisart : *Rec.*, p. 21 ; sect., 5 juil. 2000, Mme Rochard, n° 189523). Mais un tel moyen est recevable en appel ou en cassation si le requérant n'a pas eu connaissance de la composition de la formation de jugement avant l'audience et n'a pu, en conséquence, formuler de demande de récusation (C.E., 2 nov. 2005, Caduc : *Rec.*, p. 1044).

La récusation doit être demandée par la partie elle-même ou par son mandataire muni d'un pouvoir spécial (C.J.A., art. R. 721-3). La demande est formée par acte remis au greffe de la juridiction ou par une déclaration qui est consignée par le greffe dans un procès-verbal. La demande doit, à peine d'irrecevabilité, indiquer avec précision les motifs de la récusation et être accompagnée des pièces propres à la justifier. Il est délivré récépissé de la demande (C.J.A., art. R. 721-4).

Le greffe communique au membre de la juridiction copie de la demande de récusation dont il est l'objet. Dès qu'il en a communication, le membre récusé doit s'abstenir jusqu'à ce qu'il ait été statué sur la récusation. En cas d'urgence, un autre membre est désigné pour procéder aux opérations nécessaires. Le membre récusé fait connaître par écrit, dans les huit jours de cette communication, soit son acquiescement à la récusation, soit les motifs pour lesquels il s'y oppose. Les actes qu'il a accomplis avant qu'il n'ait eu connaissance de la demande ne peuvent être remis en cause. Si le membre récusé acquiesce à la demande, il est aussitôt remplacé. Dans le cas contraire, la juridiction, par une décision non motivée, se prononce sur la demande. Les parties ne sont averties de la date de l'audience à laquelle cette demande sera examinée que si la partie récusante a demandé avant la fixation du rôle à présenter des observations orales. La juridiction statue sans la participation de celui de ses membres dont la récusation est demandée. La décision ne peut être contestée devant le juge d'appel ou de cassation qu'avec le jugement ou l'arrêt rendu ultérieurement (C.J.A., art. R. 721-5 à R. 721-9).

Ce n'est qu'à l'occasion de l'appel formé contre le jugement rendu au fond par le tribunal administratif que le juge d'appel peut connaître du jugement qui a statué sur la demande de récusation visant l'un de ses membres (C.E., 29 oct. 1975, Paisnel : *Rec.*, p. 534).

Le renvoi pour cause de suspicion légitime, qui n'est prévu par aucun texte, peut être demandé par tout justiciable à la juridiction immédiatement supérieure, en vertu d'une règle générale de procédure, si le tribunal compétent apparaît suspect de partialité dans son entier pour des causes qu'il appartient au justiciable de justifier (C.E., sect., 3 mai 1957, Nemegyei : *Rec.*, p. 279 ; 8 mai 1959, Commissaire du gouvernement près le Conseil supérieur de l'ordre des experts-comptables : *Rec.*, p. 15). La demande doit être présentée avant que la juridiction compétemment saisie n'ait rendu une décision sur le fond (C.E., 12 mai 1958, Demaret : *Rec.*, p. 271 ; 30 mars 1979, Jeault : *Rec.*, p. 146). Si la demande est jugée fondée, l'affaire est renvoyée par la juridiction immédiatement supérieure à une juridiction de même nature que celle qui était compétemment saisie. La juridiction supérieure n'est pas liée par la circonstance que la juridiction saisie avait été désignée par le président de la Section du contentieux du Conseil d'État dans le cadre des dispositions relatives au règlement des questions de compétence au sein de la juridiction administrative. La décision de la juridiction supérieure présente nécessairement le caractère d'une décision juridictionnelle (C.E., 6 oct. 1999, Pinault, n° 200386).

La demande de renvoi pour cause de suspicion légitime est irrecevable devant le Conseil d'État (C.E., 27 mars 1991, Bertin : *Rec.*, p. 1131 ; 16 juin 2004, Marc-Antoine et Mme Lacau : *Rec.*, p. 832).

Le délibéré a lieu en secret.

706. Lorsque le jugement envisagé est contraire aux conclusions du rapporteur public, l'affaire donne lieu à discussion et à un vote à la majorité relative des membres.

§ 4. L'audience

707. L'audience ouverte, le rapporteur présente oralement la procédure et les bases du jugement à rendre. Après le rapport, les avocats au Conseil d'État représentant les parties, au Conseil d'État, les parties ou leurs avocats devant les tribunaux administratifs et les cours administratives d'appel peuvent présenter leurs observations orales.

La formation de jugement peut également entendre les agents de l'administration compétente ou les appeler devant elle pour fournir des explications.

Au tribunal administratif, le président de la formation de jugement peut, au cours de l'audience et à titre exceptionnel, demander des éclaircissements à toute personne présente dont l'une des parties souhaiterait l'audition (C.J.A., art. R. 732-1).

Le rapporteur public se lève et prononce, lorsque le Code de justice administrative l'impose, ses conclusions, dans lesquelles il expose l'affaire et propose une manière de la trancher. Le rapporteur public doit conclure effectivement, sans pouvoir s'en remettre à la sagesse du tribunal.

Outre certains contentieux pour lesquels des dispositions spécifiques prévoient que l'audience se déroule sans conclusions du rapporteur public, le président de la formation de jugement ou le magistrat statuant seul peut dispenser le rapporteur public, sur sa proposition, de prononcer des conclusions à l'audience sur tout litige relevant des contentieux du permis de conduire ; du refus de concours de la force publique pour exécuter une décision de justice ; de la naturalisation ; de l'entrée, du séjour et de l'éloignement des étrangers, à l'exception des expulsions ; de la taxe d'habitation et de la taxe foncière sur les propriétés bâties afférentes aux locaux d'habitation et à usage professionnel au sens de l'article 1496 du Code général des impôts ainsi que de la contribution à l'audiovisuel public ; de prestation, allocation ou droit attribués au titre de l'aide ou de l'action sociale, du logement ou en faveur des travailleurs privés d'emploi (C.J.A., art. R. 732-1-1).

Les parties peuvent ensuite présenter, soit en personne, soit par un avocat au Conseil d'État et à la Cour de cassation, soit par un avocat, de brèves observations orales. Devant les tribunaux administratifs et les cours administratives d'appel, seules les parties à l'instance et leurs avocats sont habilités à prendre la parole (C.E., 6 oct. 1972, V. Bourges c. Mme Plagne : *Rec.*, p. 617 ; 30 sept. 2005, Mme Jaubert : *Rec.*, p. 1049). Le collaborateur d'un avocat au Conseil d'État et à la Cour de cassation n'a pas qualité pour ce faire (C.E., 28 nov. 2008, CPAM de la Creuse et Meunier : *Rec.*, p. 867).

Seules les parties à l'instance peuvent présenter des observations orales, à peine d'irrégularité du jugement rendu (C.E., 16 janv. 2002, Synd. nat. de la police en tenue, n° 196637). Des personnes qui n'ont pas présenté de conclusions écrites ne peuvent pas présenter des observations orales à l'audience (C.E., 21 août 1996, Élect. mun. de Noyon : *Rec.*, p. 1100).

Même dans les matières où le ministère d'avocat n'est pas obligatoire, des observations orales ne peuvent être présentées que par les parties elles-mêmes ou par un avocat ou un avocat au Conseil. Est irrégulier un jugement rendu après que le tribunal eut autorisé le conjoint du requérant à produire des observations orales en son nom (C.E., 25 oct. 1996, Cne D'Olivet : *Rec.*, p. 1100).

Hors le cas où elle est représentée par un avocat, une société, ou une caisse de sécurité sociale, ne peut être représentée à l'audience que par une personne disposant d'un pouvoir permanent l'habilitant à agir en justice au nom de la société, ou de la caisse, et non par une personne spécialement mandatée (C.E., 9 nov. 1979, SA Sté Creusot-Loire, Sté Schneider : *Rec.*, p. 844 ; 29 avr. 1983, Min. Santé c. CRAM Rhône-Alpes : *Rec.*, p. 827).

À l'audience, la partie défenderesse s'exprime en principe après la partie demanderesse lorsqu'elles présentent des observations orales. Toutefois, la méconnaissance de cette règle n'est pas de nature à vicier la procédure si le défendeur n'a été privé d'aucun de ses droits et notamment de celui de répondre aux observations présentées par le requérant (C.E., 1er déc. 1993, Cne Saint-Cyprien : *Rec.*, p. 333).

Mais la partie ou son représentant peut, à l'audience, ne pas s'en référer purement et simplement à l'instruction et former une conclusion nouvelle ou soulever un moyen nouveau. Ceux-ci sont soumis aux exigences du caractère écrit et du caractère contradictoire de la procédure.

708. Postérieurement au prononcé des conclusions du rapporteur public, toute partie à l'instance peut adresser une note en délibéré au président de la formation de jugement (C.J.A., art. R. 731-3). Une juridiction peut être valablement saisie d'une note en délibéré adressée par courrier électronique dès lors qu'elle est enregistrée avant la date de lecture de la décision, mais à la condition qu'en dehors du cas où l'auteur de cette note dispose d'une signature électronique, celui-ci l'authentifie ultérieurement, mais avant la même date, par la production d'un document dûment signé reproduisant le contenu de cette note ou en apposant, au greffe de la juridiction saisie, sa signature au bas du document imprimé de ce courrier électronique (C.E., 13 juil. 2012, Mme Latrasse, n° 352116).

Lorsque le rapporteur public ne prononce pas de conclusions, notamment en application de l'article R. 732-1-1, le président donne la parole aux parties après le rapport.

709. Le président de la formation de jugement veille à l'ordre de l'audience (C.J.A., art. R. 731-1). Les personnes qui assistent à l'audience doivent observer une attitude digne et garder le respect dû à la justice. Il leur est interdit de parler sans y avoir été invitées, de donner des signes d'approbation ou de désapprobation, ou de causer quelque désordre que ce soit. Le président de la formation de jugement peut faire expulser toute personne qui n'obtempère pas à ses injonctions, sans préjudice des poursuites pénales ou disciplinaires qui pourraient être exercées contre elle (C.J.A., art. R. 731-2).

À l'issue de l'audience, toute partie à l'instance peut adresser au président de la formation de jugement une note en délibéré (C.J.A., art. R. 731-3).

Au Conseil d'État, après le rapport, les avocats au Conseil d'État représentant les parties peuvent présenter leurs observations orales. Le rapporteur public prononce ensuite ses conclusions. Les avocats au Conseil d'État représentant les parties peuvent présenter de brèves observations orales après le prononcé des conclusions (C.J.A., art. R. 733-1).

§ 5. La reddition du jugement

710. Le délibéré constitue la dernière phase de l'instance. Il a lieu en secret. N'y prennent part que les juges qui ont suivi l'ensemble du débat. Le greffier, ou le secrétaire, est présent. La décision est délibérée hors la présence des parties (C.J.A., art. R. 733-2). Au Conseil d'État, le rapporteur public y participe à titre consultatif. Sauf demande contraire d'une partie, présentée par écrit à tout moment de la procédure avant le délibéré, le rapporteur public assiste au délibéré, mais n'y prend pas part (C.J.A., art. R. 733-3, voy. *supra*).

Peuvent être autorisés à assister au délibéré, outre les membres de la juridiction et leurs collaborateurs, les juges, avocats stagiaires, professeurs des universités et maîtres de conférences accomplissant auprès de celle-ci un stage ou admis, à titre exceptionnel, à suivre ses travaux, qu'ils soient de nationalité française ou étrangère. Le chef de la juridiction, après avis du président de la formation de jugement ou, au Conseil d'État, le président de la formation de jugement délivre l'autorisation (C.J.A., art. R. 731-4). Les personnes qui participent ou assistent au délibéré sont toutes soumises à l'obligation d'en respecter le secret, sous les sanctions prévues par l'article 226-13 du Code pénal (C.J.A., art. R. 731-5).

Le jugement est adopté au terme du délibéré, sauf si le tribunal rouvre l'instruction ou renvoie l'affaire à une formation plus élevée, voire à lui-même en vue d'une nouvelle audience.

Le jugement est rédigé, puis lu publiquement (C.J.A., art. R. 741-1). La lecture a en général lieu une à deux semaines après l'audience. Il arrive qu'elle ait lieu sur le siège, en cas d'urgence ou afin d'éviter des spéculations dans des affaires sensibles. Les parties doivent être dûment averties, au plus tard lors de l'audience publique, de la lecture de la décision sur le siège, afin de ne pas être privées de la possibilité de présenter une note en délibéré (C.E., sect., 11 févr. 2005, Cne Meudon : *Rec.*, p. 55).

711. La lecture est symbolique, mais essentielle, car elle donne sa date à l'arrêt et épuise le pouvoir du juge. Sa méconnaissance est une cause de nullité. Le jugement dont les mentions ne font pas ressortir qu'il a été lu en séance publique ne fait pas la preuve qu'il a été prononcé dans des conditions irrégulières et est entaché d'irrégularité (C.E., sect., 8 janv. 1982, Serban : *Rec.*, p. 8, concl. Genevois). Un jugement qui porte la mention qu'il a été lu en séance publique fait foi jusqu'à preuve contraire (C.E., 23 juil. 1993, Nsialazi Hodja : *Rec.*, p. 966).

Les jugements sont notifiés aux parties, ce qui fait courir les délais des voies de recours. Il n'existe pas de publication officielle systématique et aucun affichage n'est requis, mais, depuis 1974, mention des annulations d'actes réglementaires publiés au *Journal officiel* doit être faite dans ce même *Journal officiel*, où sont également publiés les avis du Conseil d'État sur des questions de droit (C.J.A., art. R. 113-4).

Les conditions dans lesquelles les jugements sont affichés après leur lecture dans les locaux de la juridiction sont sans influence sur la régularité de ces jugements (C.E., 9 nov. 1983, Assoc. SOS Défense : *Rec.*, p. 827). Les tiers ont le droit d'obtenir une copie simple des jugements rendus au terme d'une audience publique par les juridictions administratives (C.E., 1er déc. 1993, Assoic. SOS Défense et Bertin : *Rec.*, p. 965).

SECTION 2
LA DÉCISION JURIDICTIONNELLE

712. Il existe différents types de décisions de justice. Les jugements doivent obligatoirement comporter certaines mentions, selon un ordre immuable : visas et mentions, motifs, dispositif, formule exécutoire. Outre la solution du litige, le juge peut se prononcer sur des questions annexes, comme les frais de justice, et ordonner diverses mesures visant à l'exécution de son jugement. Il est possible au juge de corriger les erreurs ou omissions matérielles dont la décision est entachée.

Sous-section 1
Les différents types de jugements

713. Tous les jugements n'épuisent pas le litige. Tous ne sont pas rendus en présence de toutes les parties en litige. Tous ne sont pas revêtus de la même autorité et n'emportent pas les mêmes effets.

§ 1. Jugements avant dire droit et jugements sur le principal

714. La différence essentielle entre les jugements avant dire droit et les jugements sur le principal est relative à l'épuisement du litige et, en conséquence, le dessaisissement du juge. Ceux-ci ne se réalisent que dans le cas des jugements sur le principal.

Les jugements avant dire droit sont rendus au cours du procès, mais avant le jugement définitif qu'ils préparent normalement. Ils ordonnent des mesures provisoires, comme l'octroi de la suspension d'une décision, ayant pour but d'éclairer le juge avant qu'il ne statue au fond.

Les jugements sur le principal ont eux pour but de trancher définitivement et complètement un litige sur le fond du droit.

Les ordonnances de référé sont normalement des décisions statuant sur le principal et traitées comme telles, à l'exception des référés suspension qui n'ont qu'un caractère provisoire.

Il peut y avoir, dans une même affaire, plusieurs jugements avant dire droit et plusieurs jugements sur le principal, chacun portant sur des aspects différents du litige.

Les jugements mixtes, enfin, sont pour partie avant dire droit et pour partie rendus sur le principal. Par exemple, un jugement rendu en matière de responsabilité extracontractuelle qui ordonne une expertise pour évaluer le dommage et son montant est avant dire droit en tant qu'il porte sur l'expertise et définitif en tant qu'il y a bien responsabilité et que se pose uniquement la question du montant de la réparation. Cependant, les jugements mixtes sont pour l'essentiel rangés dans la catégorie des jugements avant dire droit, en raison du caractère incomplet de l'examen du principal auquel ils procèdent. Notamment, le délai d'appel contre un tel jugement court à compter de l'épuisement du principal et non de la notification du jugement mixte (C.E., ass., 18 déc. 1998, Gaz de France : *Rec.*, p. 508).

§ 2. Jugements déclaratifs et jugements constitutifs

715. Un jugement déclaratif, ou recognitif, se borne à reconnaître, à constater une situation antérieure existant au moment de l'ouverture de l'instance et à la prendre telle quelle (constatation de la limite du domaine public maritime). Le juge ne construit ni l'objet ni la situation qu'il utilise.

Un jugement constitutif est celui par lequel le juge crée lui-même, par sa décision, une situation juridique nouvelle, qui n'existait pas jusqu'alors.

§ 3. Jugements contradictoires et jugements par défaut

716. Un jugement contradictoire, ou réputé contradictoire, est celui rendu après la présentation d'observations écrites par les parties, le cas échéant accompagnées de l'audition des parties à l'audience.

Un jugement est rendu par défaut lorsque le défendeur n'a pas été entendu, parce qu'il s'est abstenu de produire une défense, ou l'a fait dans des conditions irrégulières. Il est possible de former tierce opposition contre un tel jugement, tout au moins s'il n'a pas été rendu par un tribunal administratif, car, dans ce cas, seul l'appel est possible.

§ 4. Jugements en premier ressort et jugements en dernier ressort

717. Un jugement rendu en premier ressort est susceptible d'appel. Il est soumis au principe du double degré de juridiction. Un jugement rendu en dernier ressort n'est pas susceptible d'appel, mais peut être passible d'un recours en cassation, par exemple s'il a été rendu par un tribunal administratif en dernier ressort. Les décisions du Conseil d'État sont toujours rendues en dernier ressort et insusceptibles de pourvoi en cassation. Celles de la Cour des comptes, rendues en dernier ressort, peuvent faire l'objet d'un recours en cassation devant le Conseil d'État.

§ 5. Jugements dotés de l'autorité de chose jugée et jugements passés en force de chose jugée

718. Un jugement est revêtu de l'autorité de chose jugée à l'égard des parties en cause, relativement à l'objet du procès et aux moyens qui y ont été développés et ont été retenus par le juge au soutien nécessaire de sa décision. C'est l'autorité de chose jugée (C. civ., art. 1351), qui vaut pour tous les jugements.

Un jugement est passé en force de chose jugée s'il s'agit d'un jugement rendu en premier ressort contre lequel appel n'a pas été interjeté ou si l'appel formé a été rejeté, s'il s'agit d'un jugement rendu en dernier ressort qui ne peut plus faire l'objet que d'un pourvoi en cassation (C.E., ass., 27 oct. 1995, Mattio : *Rec.*, p. 359, concl. Arrighi de Casanova) – une validation législative de mesures annulées par une décision de justice ne peut donc intervenir après la reddition de l'arrêt d'appel –, enfin, s'il s'agit d'une décision du Conseil d'État.

Sous-section 2
Les formes

719. Le jugement contient des visas et des mentions obligatoires, des motifs et un dispositif.

Dans sa version complète (C.J.A., art. R. 741-3 à R. 741-6), l'arrêt ou le jugement comprend des mentions liminaires (« Au nom du peuple français », le nom de la juridiction, la formation de jugement, la date de l'audience et la date à laquelle il a été prononcé), des visas (mention du nom des parties, des requêtes et mémoires, analyse des conclusions et mémoires, visa des pièces, des textes applicables, dates d'audience et de lecture, mention des auditions, indication du délibéré et de la lecture), des motifs (les considérants), le dispositif (précédé du mot « décide » et divisé en articles), qui règle le procès et organise la notification du jugement, une formule exécutoire (par laquelle « la République mande et ordonne au ministre... et à tous huissiers de justice à ce requis, en ce qui concerne les voies de droit contre les personnes privées, de pourvoir à l'exécution du présent jugement »), et mentionne les noms des juges. Les décisions des juridictions administratives doivent mentionner le nom des juges qui les ont rendues en vertu d'une règle générale de procédure qui, à moins d'être incompatible avec l'organisation de la juridiction, ne peut être écartée que par une disposition législative expresse (C.E., 8 juil. 1970, Doré : *Rec.*, p. 471). Cette règle s'applique aux ordonnances, qui doivent indiquer le nom de leur auteur (C.E., 13 mars 1998, Avakian, n° 137732).

720. À la suite du rapport du président Martin sur la rédaction des décisions de justice, le Conseil d'État a commencé, en juillet 2013, à modifier la rédaction de ses arrêts. Certaines décisions abandonnent le principe de la phrase unique qui commence par les visas de la requête, des mémoires et des textes, ainsi que l'usage systématique d'un considérant en tête de chaque alinéa. Ne font l'objet de visas que les pièces du dossier et les textes applicables. La décision est divisée en deux grandes parties. La première débute par la formule « Vu la procédure suivante : », décrit brièvement la procédure contentieuse antérieure et la procédure devant le Conseil d'État, vise « les autres pièces du dossier » et « le Code de justice administrative » pour se terminer par la mention des auditions. La seconde, rassemblée sous la formule « Considérant ce qui suit : », apporte une réponse au pourvoi. Dans ce « Considérant » unique, le Conseil d'État décrit la procédure, analyse les faits et les moyens et en tire la conclusion. Il répond ainsi par une succession de phrases, constituant chacune un alinéa, à chacun des moyens, avant de tirer sa conclusion dans le dispositif de son arrêt. Si la rédaction plus moderne et le style plus littéraire facilitent la lecture de l'arrêt, l'abandon du « considérant de principe » peut aussi rendre plus délicate l'appréhension de la règle posée par le juge.

§ 1. Les visas et mentions

721. Le texte de toute décision de justice débute par les éléments indiqués ci-dessus, prescrits afin de permettre le contrôle de la juridiction supérieure éventuellement saisie sur la façon dont il a été jugé et sur ce qui a été jugé.

A. Les mentions

722. Les mentions sont prévues par les articles R. 741-2 à R. 741-6 du Code de justice administrative.

La décision mentionne que l'audience a été publique. L'omission de cette mention est une cause de nullité, sauf si elle est couverte par d'autres mentions contenues dans la minute du jugement et révélant la réalité de la tenue d'une audience.

S'il a été fait application des dispositions de l'article L. 731-1, prévoyant que le président de la formation de jugement peut, à titre exceptionnel, décider que l'audience aura lieu ou se poursuivra hors la présence du public, si la sauvegarde de l'ordre public ou le respect de l'intimité des personnes ou de secrets protégés par la loi l'exige, elle mentionne que l'audience a eu lieu ou s'est poursuivie hors la présence du public (C.J.A., art. R. 741-2).

La décision contient le nom des parties, clairement dénommées afin que leur identification soit aisée, l'analyse des conclusions et mémoires, ainsi que les visas des dispositions législatives ou réglementaires dont elle fait application.

Mention y est faite que le rapporteur – cette mention n'étant pas prescrite à peine de nullité – et, s'il y a lieu, les parties (C.J.A., art. R. 741-2), leurs mandataires ou défenseurs, ainsi que toute personne entendue sur décision du président en vertu de l'alinéa 2 de l'article R. 731-3, ont été entendus. Mention est aussi faite de l'audition du rapporteur public, le défaut de cette mention entraînant la nullité du jugement, son inexactitude pouvant l'entraîner. La mention relative aux juges doit indiquer les noms de tous les juges qui ont participé au prononcé du jugement, indique l'existence d'empêchement(s) de(s) juge(s) titulaires(s) avec la justification du motif et des modalités de désignation du ou des juges suppléants, donner les noms des juges qui ont été présents, à la fois, à toutes les audiences et à l'entier délibéré. Toute omission ou insuffisance de ces mentions entraîne la nullité du jugement. Le Conseil d'État exerce sur cet aspect un étroit contrôle.

Mention est encore faite de l'éventuelle production d'une note en délibéré. La décision fait enfin apparaître la date de l'audience et la date à laquelle la décision a été prononcée (C.J.A., art. R. 741-2).

La date du délibéré n'est pas requise à peine de nullité, mais le fait qu'elle ne coïncide pas avec les autres éléments de date du jugement fait encourir l'annulation de ce dernier. En revanche, la date de la lecture en audience publique est requise à peine de nullité.

Mention des signatures doit être faite. La minute du jugement est obligatoirement signée, au tribunal administratif et à la cour administrative d'appel, par le président de la formation de jugement, le rapporteur et le greffier d'audience.

Ces signatures confèrent son authenticité à la minute du jugement, d'où l'étroit contrôle qu'exerce le Conseil d'État sur le respect de ces formalités (C.E., 8 févr. 1961, Charlin : *Rec.*, p. 100 ; sect., 15 déc. 1961, Sabadini : *Rec.*, p. 710 ; 27 juin 2005, Dpt Charente-Maritime : *Rec.*, p. 1050). Si le président de la formation de jugement est le rapporteur de l'affaire, la minute est, en outre, signée par l'assesseur le plus ancien dans l'ordre du tableau (C.J.A., art. R. 741-8).

Au Conseil d'État, la minute de la décision est signée par le président de la formation de jugement, le rapporteur et le secrétaire. Lorsque l'affaire est jugée par le président de la Section du contentieux ou par un conseiller d'État qu'il délègue, la minute est signée par le président de la Section du contentieux ou ce conseiller et par le secrétaire (C.J.A., art. R. 741-9).

Les mentions figurant dans les jugements font foi jusqu'à ce que la preuve contraire soit rapportée (C.E., sect., 5 mai 1986, Fontanilles-Laurelli : *Rec.*, p. 127 ; 16 juin 1997, Cne Aubagne : *Rec.*, p. 1011). Ne fait pas la preuve de sa régularité un jugement dont aucune mention n'indique que l'audience à l'issue de laquelle il a été rendu a été publique, qui ne porte pas mention de sa date de lecture ou mentionne deux dates de lecture différentes (C.E., 23 nov. 1992, SARL Discothèque du Sud-Ouest : *Rec.*, p. 1226 ; 10 mai 1995, Mme Paris : *Rec.*, p. 980 ; 27 févr. 1998, Adjibadji, n° 183682 ; 12 juin 1998, Cne Pomayrols, n° 172359). Est irrégulier un jugement qui ne contient pas la mention des conclusions des parties, ou le visa et l'analyse des mémoires, ou encore la mention relative à l'audition du rapporteur public (C.E., 10 déc. 1975, Soriano : *Rec.*, p. 1209 ; 24 mars 1978, Cne Saint-Brévin-les-Pins : *Rec.*, p. 916 ; sect., 11 févr. 1983, Min. Trav. : *Rec.*, p. 63).

Si le juge se borne à prendre connaissance d'un mémoire produit après la clôture de l'instruction ou d'une note en délibéré et décide de ne pas en tenir compte, il doit mentionner ce mémoire ou cette note, sans l'analyser, dans les visas de sa décision (C.E., 12 juil. 2002, M. et Mme Leniau : *Rec.*, p. 278 ; 29 nov. 2002, Domergie : *Rec.*, p. 883 ; 13 nov. 2003, Mme Rouger-Pelatan : *Rec.*, p. 913). Si le juge décide d'en tenir compte, il lui appartient de rouvrir l'instruction et, ensuite de viser, en l'analysant, le mémoire ou la note en délibéré (C.E., sect., 27 févr. 2004, Préf. Pyrénées-Orientales c. Abounkhila : *Rec.*, p. 93). Le défaut de visa d'un tel mémoire affecte la régularité du jugement (C.E., 27 juil. 2005, Berreville : *Rec.*, p. 1051). Cette solution a été confortée par le décret du 19 décembre 2004 complétant l'article R. 741-2 du Code de justice administrative.

B. Les visas

723. La décision doit viser les textes sur lesquels le juge entend se fonder et les mémoires produits dans l'instance. Les visas sont normalement rédigés par le rapporteur et éventuellement assortis des corrections effectuées par le rapporteur. Doivent être visés, à peine de nullité du jugement, les requêtes et les mémoires déposés par les parties, dont la substance doit être rappelée au moins sommairement. Seuls ne sont pas obligatoirement visés les mémoires ne contenant aucun moyen ou élément nouveau et qui, pour cette raison, n'ont pas été communiqués à l'autre partie (C.E., 30 nov. 1910, Dpt Seine-Inférieure : *Rec.*, p. 855). Mais si un mémoire a été communiqué à l'autre partie, il doit être visé dans le jugement, à peine de nullité de celui-ci, même s'il ne contient aucun élément nouveau (C.E., 3 nov. 1972, Dudeffant : *Rec.*, p. 709). Est irrégulier un jugement qui vise des mémoires déposés après la clôture de l'instruction, alors que celle-ci n'a pas été rouverte (C.E., 3 avr. 1957, Humbert : *Rec.*, p. 238). Le Conseil d'État admet que le juge vise tous les mémoires produits dans un même visa, à condition que chacun d'eux soit analysé au moins sommairement. Il admet aussi un visa par référence lorsque tous ces mémoires ont été produits dans une précédente instance et visés dans le jugement rendu à cette occasion. Le visa n'a pas à reproduire obligatoirement la date d'enregistrement des mémoires au greffe.

Doivent également être visées les pièces jointes, tout au moins lorsque le jugement se fonde sur elles, en tout ou en partie (C.E., 9 janv. 1961, Sté de vente U... : *Rec.*, p. 15). En tout état de cause, le visa ne peut concerner que des pièces produites avant la clôture de l'instruction.

Doivent encore être visées les conclusions des parties (C.J.A., art. R. 741-2). Si l'article R. 741-2 parle de « conclusions », il faut entendre par là, outre les conclusions au sens strict, l'ensemble du contenu des mémoires : faits, moyens et conclusions. Les conclusions sont analysées par le juge lorsqu'elles contiennent des éléments nouveaux. Un jugement rendu sur le seul visa des conclusions, sans leur analyse, est nul (C.E., 26 oct. 1945, Min. Communications : *Rec.*, p. 216). Mais, à l'inverse, l'analyse des mémoires couvre le défaut de visa (C.E., 7 nov. 1958, Sté d'électricité et des eaux de Madagascar : *Rec.*, p. 530). En effet, ce qui importe est que la juridiction supérieure puisse s'assurer que le juge a réellement tenu compte des arguments développés par les parties, pour assurer le respect du principe du contradictoire.

En excès de pouvoir, l'analyse des mémoires commence par les mots : « Ce faire, attendu que... », sans autre formule de conclusion. En plein contentieux, elle commence normalement par la formule : « ce faisant, attendu que... ». Ces formulations différentes traduisent la différence des pouvoirs du juge selon les diverses branches du contentieux.

Doivent enfin être visées les dispositions de droit positif applicables à l'affaire : Constitution, traités, lois, règlements... peu importe que le jugement vise des textes périmés ou inapplicables à l'espèce, dès lors qu'un texte applicable fondant correctement la décision est visé. Mais l'omission de viser le texte sur lequel s'appuie le juge vicie le jugement, sauf si un texte est évoqué dans les motifs, ce qui couvre le vice de défaut de visa (C.E., 22 août 2002, Assoc. Élisa : *A.J.D.A.*, 2002, p. 1190).

724. La forme des ordonnances obéit en principe aux mêmes règles que les autres décisions des juridictions administratives, avec cependant quelques particularités (C.J.A., art. R. 741-1 à R. 742-6). Les ordonnances mentionnent le nom des parties, l'analyse des conclusions ainsi que les visas des dispositions législatives ou réglementaires dont elles font application. Elles portent la date à laquelle elles ont été signées. Lorsqu'elle statue sur une série, l'ordonnance vise la décision ou l'avis par lequel ont été tranchées ou examinées les questions identiques à celles que la requête présente à juger (C.J.A., art. R. 742-2). L'obligation formelle tenant à la rédaction des visas est moins exigeante pour les ordonnances que pour les jugements. Le juge n'a pas l'obligation d'analyser et de mentionner les moyens développés par les parties à l'appui de leurs conclusions dans les visas des ordonnances (C.E., 4 oct. 2004, Roels : *Rec.*, p. 806 ; 11 oct. 2004, Caisse de prévoyance sociale de la Polynésie française, n° 266764).

Les ordonnances ne sont pas prononcées en audience publique.

La minute est signée du seul magistrat qui a rendu l'ordonnance. La signature du greffier n'est pas requise à peine d'irrégularité de l'ordonnance (C.E., 6 mars 2006, Cne Roquebrune-sur-Argens : *Rec.*, p. 1009 et 1026).

§ 2. Les motifs ou « considérants »

725. Reprenant la formulation de l'article 208 de la Constitution de l'an III, l'article L. 9 du code dispose : « Les jugements sont motivés. » Il s'agit là d'une obligation. Le principe de motivation est d'ordre public (C.E., 12 déc. 1818, Fouquet c. Grasleuil : *Rec.* 1818, t. II, p. 434). Le Conseil d'État a d'abord trouvé à cette exigence un fondement écrit dans l'article 7 de la loi du 20 avril 1810 (C.E., 19 juil. 1889, Romefrot : *Rec.*, p. 877), avant d'y voir un principe général de procédure (C.E., 5 déc. 1924, Légillon : *Rec.*, p. 985), applicable même sans texte devant « toutes les juridictions » (C.E., 23 nov. 1979, Landsmann : *Rec.*, p. 430). Chaque point de droit fait l'objet d'une analyse, dans un paragraphe qui commence par le mot : « Considérant ». C'est cette partie du jugement qui intéresse le plus le juriste, car on y trouve développé le raisonnement du juge. C'est sur elle que se fonde également le requérant pour apprécier l'opportunité de former un recours contre la décision juridictionnelle et c'est à partir de son analyse qu'il se fonde le plus souvent pour exercer son éventuel recours.

Le dispositif doit être la suite logique du raisonnement rigoureux du juge. Il ne saurait apparaître comme le résultat de l'arbitraire du juge. Ceci explique qu'il doive être motivé et justifie l'interdiction du jugement par référence. Sont cependant admis l'appropriation par un jugement des termes d'un autre jugement, de même que le renvoi à des pièces du dossier lorsqu'il y a identité de situation. Néanmoins, la concision des décisions du Conseil d'État est souvent opposée aux développements contenus dans les jugements judiciaires, particulièrement les arrêts de la Cour de cassation.

Les jugements des tribunaux administratifs et les arrêts des cours administratives d'appel sont, en revanche, circonstanciés et leur motivation est développée, afin de permettre l'exercice du contrôle des juridictions supérieures.

La motivation doit être suffisante. Les motifs du jugement doivent être explicités, afin de permettre au juge d'appel ou de cassation d'exercer son contrôle sur les jugements. Le juge d'appel ou de cassation est souvent conduit à vérifier la pertinence de la motivation ou son degré d'adéquation aux questions juridiques posées, qui constituent le fond de l'affaire. Il vérifie en conséquence que motifs et dispositif s'enchaînent logiquement. La motivation doit également permettre aux parties de comprendre les raisons qui ont conduit le juge à décider dans le sens qu'il a retenu, ce qui leur permettra de le comprendre et de l'accepter. Enfin, l'exigence d'une motivation suffisante contraint le juge à répondre à tous les moyens soulevés par les parties et à ceux éventuellement soulevés d'office.

Pour autant, le juge ne doit répondre qu'à des moyens véritables, et non à de simples allégations, et uniquement à des moyens régulièrement formulés. Une juridiction peut de même répondre implicitement à une fin de non-recevoir (C.E., 28 déc. 2005, V. Dôle c. Rigaud : *Rec.*, p. 1041).

La motivation doit être cohérente. Les motifs du jugement doivent aller dans le même sens afin que la motivation soit explicite. Chaque composante de la motivation doit être cohérente par rapport aux autres. L'ensemble de la motivation doit être cohérent avec le dispositif qui en est le résultat. La « contrariété de motifs », c'est-à-dire des motifs contradictoires ou une motivation incohérente, est sanctionnée par l'annulation du jugement. La jurisprudence assimile la contradiction de motifs à l'absence de motifs (C.E., 23 déc. 1927, Decauville et a. : *Rec.*, p. 1256). Le jugement qui en est entaché est incompréhensible, illisible (C.E., ord. réf., 5 janv. 2007, Min. Int. c. Assoc. « Solidarité des Français » : *A.J.D.A.*, 2007, p. 604, affirmant le caractère discriminatoire d'une manifestation sur la voie publique et constatant l'illégalité de l'arrêté de police interdisant cette manifestation). Encourt de même l'annulation un jugement qui recèle une contradiction entre ses motifs et son dispositif (C.E., 5 mai 1954, Synd. des marais mouillés des Deux-Sèvres : *Rec.*, p. 870, niant l'existence d'un préjudice, mais accordant les dommages et intérêts pour le réparer).

La motivation des arrêts du Conseil d'État est souvent elliptique, mais éclairée par les conclusions du rapporteur public.

§ 3. Le dispositif

726. Partie finale du jugement rédigée en articles, le dispositif contient, *proprio motu*, la décision du juge, qui « dispose » à l'égard du litige. Il s'agit de ce qui a été décidé. C'est la partie du jugement qui intéresse au premier chef les parties, notamment le demandeur. C'est aussi la partie la plus importante du jugement, la seule qui possède toujours l'autorité de chose jugée.

L'absence de dispositif, ou la contradiction entre ses articles, entraîne toujours l'annulation du jugement (C.E., 14 févr. 1962, Sté Laiterie de Craon : *Rec.*, p. 1073). Il ne doit pas y avoir contradiction entre les motifs et le dispositif, à peine de nullité du jugement. Cette nullité, n'étant pas d'ordre public, doit cependant être soulevée expressément par les parties (C.E., 9 févr. 2004, Préf. police c. Chaouche : *Rec.*, p. 727).

Le dispositif s'achève par un article contenant la désignation de la ou des personnes ou autorités chargées d'exécuter le jugement. La formule exécutoire leur est spécialement destinée.

Le jugement doit être daté, à peine d'irrégularité (C.E., 2 févr. 2005, D. : *A.J.D.A.*, 2005, p. 566 ; 18 févr. 2005, C. : *A.J.D.A.*, 2005, p. 748).

§ 4. La formule exécutoire

727. La formule exécutoire est la disposition sacramentelle rendant obligatoire l'exécution de la décision de justice. Celle-ci, parce que « rendue au nom du peuple français », pourra au besoin recevoir exécution par l'intervention de la force publique. Les expéditions de la décision délivrées aux parties portent la formule exécutoire suivante : « La République mande et ordonne au [indiquer soit le ou les ministres, soit le ou les préfets désignés par la décision] en ce qui le [les] concerne ou à tous huissiers de justice à ce requis en ce qui concerne les voies de droit commun contre les parties privées, de pourvoir à l'exécution de la présente décision » (C.J.A., art. R. 751-1).

§ 5. La minute de la décision

728. Dans les tribunaux administratifs et les cours administratives d'appel, la minute est signée par le président de la formation de jugement, le rapporteur et le greffier d'audience (C.J.A., art. R. 741-7). Si le président de la formation de jugement est rapporteur, la minute est signée, en outre, par l'assesseur le plus ancien dans l'ordre du tableau. Lorsque l'affaire est jugée par un magistrat statuant seul, la minute est signée par ce magistrat et par le greffier d'audience (C.J.A., art. R. 741-8). La validité d'un jugement est subordonnée à la présence, sur la minute, de la signature du président, ou du conseiller qui a présidé la séance, du rapporteur et du greffier qui a assuré le secrétariat de la séance (C.E., 8 févr. 1961, Charlin : *Rec.*, p. 100 ; sect., 15 déc. 1961, Sabadini : *Rec.*, p. 710). La signature du greffier d'audience présente un caractère substantiel (C.E., 27 juin 2005, Dpt Charente-Maritime : *Rec.*, p. 1050). La signature de tous les magistrats qui ont participé au délibéré n'est pas requise (C.E., 30 déc. 1998, SA Costa, n° 171139).

Le jugement doit mentionner les « noms du ou des magistrats qui ont rendu la décision », c'est-à-dire qui ont participé à l'audience et au délibéré. Aucune disposition ne prescrit, en revanche, qu'il soit en outre mentionné que la composition du tribunal était identique lors de l'audience et du délibéré (C.E., 29 mars 2000, Pacha : *Rec.*, p. 1195 ; 30 déc. 1998, SARL des Ets Masson-Couasnon : *Rec.*, p. 1109 ; 12 mars 2007, Bernheim, n° 281951).

Au Conseil d'État, la minute de la décision est signée par le président de la formation de jugement, le rapporteur et le secrétaire. Lorsque l'affaire est jugée par le président de la Section du contentieux ou par un conseiller d'État qu'il délègue, la minute est signée par le président de la Section du contentieux ou ce conseiller et par le secrétaire (C.J.A., art. R. 741-9).

La minute des décisions de chaque affaire est conservée au greffe, ou au secrétariat, de la juridiction, avec la correspondance et les pièces relatives à l'instruction. Les pièces qui appartiennent aux parties leur sont remises sur leur demande contre récépissé, à moins que le président de la juridiction ou, au Conseil d'État, le président de la Section du contentieux n'ait ordonné que quelques-unes de ces pièces restent annexées à la décision. En cas de recours formé contre la décision devant une juridiction autre que celle qui a statué, le dossier de l'affaire lui est transmis (C.J.A., art. R. 741-10).

Sous-section 3
La notification de la décision

729. Les expéditions des décisions, revêtues de la formule exécutoire, sont signées et délivrées par le greffier en chef ou le secrétaire du contentieux au Conseil d'État (C.J.A., art. R. 751-2). Sauf disposition contraire, elles sont en principe notifiées le même jour à toutes les parties en cause, identifiées dans l'article terminal du dispositif et adressées à leur domicile réel, tel que la personne intéressée l'a indiqué au greffe, par lettre recommandée avec demande d'avis de réception, sans préjudice du droit des parties de faire signifier ces décisions par acte d'huissier de justice (C.J.A., art. R. 751-3). Il en est ainsi même en cas de représentation par un mandataire (par combinaison des articles 431-1, R. 811-13, R. 431-2, R. 431-3 et R. 751-3).

Le délai d'appel ne court qu'à compter du jour de la notification du jugement à la partie elle-même, à son domicile réel, et non à compter du jour où ce jugement est notifié au mandataire du requérant (C.E., 19 janv. 1998, SARL Armement frigorifique martiniquais : *Rec.*, p. 1132 ; 8 juil. 2002, SCI du 21-23 rue du Bouquet de Longchamp : *Rec.*, p. 898 ; 5 janv. 2005, Min. Éco. et Fin. c. Sugier : *Rec.*, p. 7). La présentation du pli recommandé notifiant le jugement et comportant les nom, prénom et adresse mentionnés dans la demande introductive d'instance vaut notification, même si le pli a été retourné portant la mention « Inconnu sous ce prénom », dès lors que l'intéressé n'a ni rectifié l'erreur de prénom contenue dans sa demande ni avisé le tribunal d'un changement d'adresse (C.E., 16 avr. 1975, Cts Faotto : *Rec.*, p. 1192). La signification d'un jugement par huissier peut faire courir le délai en l'absence de notification dans les conditions prévues à l'article R. 751-3, mais elle ne saurait ouvrir un nouveau délai pour contester un jugement qui a déjà fait l'objet de la notification prévue par ces dispositions (C.E., 30 déc. 1998, Assoc. Synd. du Nevon : *Rec.*, p. 518).

Le cas échéant, la notification – « l'expédition » – peut être faite par la voie administrative (C.J.A., art. R. 751-4), par exemple par un consul de France à une personne résidant à l'étranger (C.E., 17 mars 1976, D^me^ v^ve^ Dhabba El Khemissi : *Rec.*, p. 1051). Chaque partie reçoit un exemplaire du jugement authentifié par le greffe de la juridiction et comportant la formule exécutoire.

La notification faite, non pas à l'intéressé, mais à une dénomination commerciale qu'elle a elle-même utilisée dans ses écritures et domiciliée à la même adresse que cette personne fait courir le délai d'appel (C.E., 27 sept. 2006, Franck, n° 259013).

Lorsque la décision rendue relève en appel de la cour administrative d'appel et, sauf lorsqu'une disposition particulière a prévu une dispense de ministère d'avocat en appel, la notification mentionne que l'appel ne peut être présenté que par l'un des mandataires mentionnés à l'article R. 431-2. La notification des jugements des tribunaux administratifs et des arrêts des cours administratives d'appel mentionne, s'il y a lieu, que l'appel ou le pourvoi en cassation devant le Conseil d'État ne peut être présenté que par le ministère d'un avocat, ou celui d'un avocat au Conseil d'État et à la Cour de cassation (C.J.A., art. R. 751-5) ainsi que le délai d'appel ou de pourvoi en cassation, s'il est inférieur au délai de droit commun de deux mois (C.E., 6 mars 1989, Catois : *Rec.*, p. 729 ; sect., 5 avr. 1996, SAF : *Rec.*, p. 118) et l'obligation de joindre une copie de la décision à la requête d'appel ou au pourvoi en cassation.

Le juge peut rejeter comme entachée d'une irrecevabilité manifeste une requête qui ne satisferait pas aux exigences procédurales qui ont été mentionnées dans la notification du jugement, mais le requérant peut régulariser sa requête de sa propre initiative et, dans ce cas, l'irrecevabilité ne peut plus être opposée par le juge (C.E., 3 mai 2004, Mme Delamare : *Rec.*, p. 842 ; 13 oct. 2004, Dpt de la Vendée : *Rec.*, p. 371). Mais n'est pas tardif le recours introduit dans le délai erroné figurant dans la notification d'un jugement de première instance. Le rejet de l'appel pour un tel motif repose sur une erreur matérielle (C.E., 16 janv. 2006, Touba, n° 282472). Le délai d'appel ou de cassation court de la date de la signature du récépissé postal accusant réception de l'expédition du jugement. Une défaillance du service postal dans la notification interdit de faire grief à l'appelant du fait de n'avoir pas respecté une obligation figurant dans cette notification. Le juge d'appel ou de cassation ne peut rejeter, sans demande de régularisation préalable, des conclusions entachées d'une irrecevabilité tirée de la méconnaissance d'une obligation mentionnée dans la notification du jugement attaqué que s'il est établi que le requérant a reçu notification régulière du jugement comportant l'indication requise (C.E., 13 déc. 2005, SCI des Canadiens : *Rec.*, p. 1018) ou une requête d'appel présentée sans le ministère d'avocat obligatoire, sauf si la notification du jugement de première instance indique sans ambiguïté que ce ministère d'avocat est requis en appel pour l'affaire considérée. La reproduction des termes de l'article R. 811-7 ne saurait suffire (C.E., 27 févr. 2006, Casseron : *Rec.*, p. 1004).

Une requête d'appel qui n'est pas accompagnée de la copie du jugement attaqué, alors que la notification de ce jugement mentionnait cette obligation, est irrecevable et peut être rejetée par une ordonnance de l'article R. 222-1. Toutefois, cette possibilité est exclue lorsqu'une copie du jugement figure au dossier d'appel à la suite de la transmission au juge d'appel du dossier de première instance (C.E., sect., 3 déc. 2004, Cne Rots : *Rec.*, p. 450).

Lorsque la notification d'une décision du tribunal administratif ou de la cour administrative d'appel doit être faite à l'État, l'expédition est adressée au ministre dont relève l'administration intéressée au litige. Copie est adressée au préfet ainsi que, s'il y a lieu, à l'autorité qui assure la défense de l'État devant la juridiction. Cependant, lorsque la décision est rendue sur une demande présentée, en application du Code général des collectivités territoriales, par le préfet, ou lorsqu'elle émane d'un tribunal administratif statuant dans l'une des matières mentionnées à l'article R. 811-10-1, la notification est adressée au préfet. Copie est alors adressée au ministre intéressé.

L'expédition est, dans tous les cas, adressée au haut commissaire devant les tribunaux administratifs de la Polynésie française et de Nouvelle-Calédonie. Elle l'est au représentant du gouvernement devant le Tribunal administratif de Mayotte et à l'administrateur supérieur devant le Tribunal de Mata-Utu (C.J.A., art. R. 751-8).

Dans tous les cas, les décisions qui se prononcent sur la légalité des actes des institutions de la Polynésie française sont notifiées au président de l'Assemblée de la Polynésie française (C.J.A., art. R. 751-8-1).

717. Copie du jugement par lequel le tribunal administratif prononce l'annulation d'une décision accordant un permis de construire, d'aménager ou de démolir ou d'une mesure de police et des décisions d'appel qui annulent ou réforment un jugement par lequel un tribunal administratif s'est prononcé sur un recours pour excès de pouvoir dirigé contre ces mêmes décisions est transmise sans délai au procureur de la République près le tribunal de grande instance territorialement compétent (C.J.A., art. R. 751-10 et R. 751-11).

730. Copie de la décision d'un tribunal administratif, d'une cour administrative d'appel ou du Conseil d'État qui prononce l'annulation d'un acte constituant une pièce justificative du paiement de dépenses publiques est transmise sans délai au trésorier-payeur général du département dans lequel a son siège l'autorité qui a pris l'acte en cause (C.J.A., art. R. 751-12).

Le délai d'appel des jugements rendus en matière de contravention de grande voirie court, à l'égard de l'administration, à compter de leur lecture (C.J.A., art. L. 774-7).

Normalement, les recours n'ont pas d'effet suspensif. La notification déclenche en conséquence l'effectivité du caractère exécutoire de la décision qu'elle contient.

Lorsque le ministère d'avocat au Conseil d'État est obligatoire, les décisions du Conseil d'État statuant au contentieux ne peuvent être mises à exécution contre une partie qu'après avoir été préalablement signifiées à l'avocat qui l'a représentée (C.J.A., art. R. 751-9).

Sous-section 4 Les pouvoirs et devoirs du juge

731. Le juge doit statuer sur toutes les conclusions qui lui sont présentées (*omnia petita*), mais seulement sur ces conclusions (*non ultra petita*). Le juge ne peut soulever des conclusions d'office, sauf exceptionnellement en matière électorale. *A priori*, il est aussi lié par les moyens présentés, avec le correctif des moyens d'ordre public.

Le juge doit statuer *omnia petita*. Il a l'obligation de trancher, dans le dispositif, à l'égard de tous les moyens dont il a été saisi et de décider sur tous les chefs de conclusion présentés par les parties. Il n'a pas à répondre aux moyens irrégulièrement présentés ou inopérants, qui n'auraient aucune influence sur le sort du litige si le juge les retenait.

Lorsqu'un moyen permet de donner satisfaction au requérant, le juge peut se limiter à l'examen de celui-ci. Dans le jugement, en tête du considérant concerné, se trouve alors l'incise suivante : « Sans qu'il soit besoin de statuer sur les autres moyens de la requête ». Mais ce principe, dit de « l'économie de moyens », est parfois tenu en échec, par exemple en droit de l'urbanisme, l'article L. 600-4-1 du Code de l'urbanisme faisant obligation au juge de répondre à tous les moyens, afin de dissuader les plaideurs par trop procéduriers (C.E., 28 mai 2001, Cne Bohars, SARL Minoterie Francis : *Rec.*, p. 249). En d'autres termes, le juge répond à tous les moyens, sauf ceux qui sont irrecevables ou inopérants, quand il rejette la requête au fond. En revanche, lorsqu'il donne satisfaction au demandeur, un seul moyen, même d'ordre public, suffit. Le juge utilise alors la formule : « Sans qu'il soit besoin de statuer sur les moyens soulevés par le requérant ».

Le juge d'appel a néanmoins toujours l'obligation de répondre aux moyens tirés des irrégularités procédurales de première instance, même lorsqu'il confirme la décision des premiers juges.

Le juge ne peut statuer *ultra petita*. Il ne doit statuer que sur les moyens et conclusions qui lui sont présentés. Il ne peut accorder aux parties davantage que ce qu'elles lui demandent, comme une annulation non sollicitée ou des dommages et intérêts plus élevés que ceux sollicités. Cependant, le juge dispose d'un pouvoir général d'interprétation du sens de la requête, quand celui-ci n'est pas évident. Le juge du référé précontractuel a même l'obligation, en vertu de son office, d'utiliser la plénitude de ses pouvoirs et doit en particulier, le cas échéant, annuler une procédure alors que seule la suspension était demandée (Cne Andeville, préc.), cette procédure ayant pour but d'assurer le respect des principes de transparence, d'égalité et de concurrence en matière de contrats publics.

L'interdiction de statuer *ultra petita* suscite certaines difficultés, lorsqu'un requérant ne sollicite l'annulation que d'une partie d'un acte que le juge considère comme formant un ensemble indivisible avec le reste de l'acte. L'annulation demandée sera refusée, car, l'acte étant indivisible, seule son annulation totale serait possible en cas d'illégalité. L'annulation partielle sollicitée est impossible, l'annulation totale reviendrait à statuer *ultra petita*. Ces requêtes en annulation partielle d'actes indivisibles sont irrecevables (C.E., sect., 12 oct. 1962, Min. Construction c. Cie immob. de la région parisienne : *Rec.*, p. 536 ; 24 mai 2006, Assoc. pour la promotion des soyfoods (Sojaxa) : *Rec.*, p. 261).

Sont, par exemple, considérées comme indivisibles : les dispositions financières ou réglementaires d'un contrat, une autorisation d'urbanisme, un permis de construire et les réserves dont il est assorti, la notation d'un agent public, des décisions ou autorisations conditionnelles, les délibérations de jurys de concours, un arrêté d'extension d'une convention collective...

732. Le jugement ne peut statuer qu'entre les parties au procès. Il ne le peut à l'égard d'une personne qui n'a pas été mise en cause au cours des débats (C.E., 15 nov. 1889, Guigoz : *Rec.*, p. 1042), ni d'une personne qui a perdu sa qualité de partie en cours d'instance, si ce n'est pour lui donner acte de son éventuel désistement.

733. Le juge doit soulever d'office les moyens d'ordre public comme l'incompétence de l'auteur de l'acte (C.E., 29 oct. 2008, CNAV professions libérales : *Rec.*, p. 876) ou le champ d'application de la loi (C.E., 23 avr. 2008, Min. Budg. c. Sté Bisico France : *Rec.*, p. 170), même si les parties n'ont pas soulevé ces moyens ou déclarent expressément renoncer à s'en prévaloir (C.E., 29 avr. 1957, Sté comm. de l'Ouest africain : *Rec.*, p. 271), et même si ces moyens ne sont découverts qu'après l'expiration du délai de recours ou la clôture de l'instruction.

734. Le juge peut renvoyer les particuliers devant l'administration pour « faire ce que de droit » lorsqu'il ne possède pas tous les éléments nécessaires pour statuer : reconstitution de carrière, calcul d'une indemnité, conditions techniques de remise en état d'un bien…

735. Le pouvoir d'injonction est très fort en matière de contravention de grande voirie. Le juge peut, dans ce cas, ordonner la remise en état du bien. Il peut, depuis la loi du 8 février 1995, ordonner une injonction en vue de l'exécution de la chose jugée contre une personne publique ou une personne privée investie d'une mission administrative de service public (C.J.A., art. L. 911-1 à L. 911-10). Une demande doit lui avoir été présentée en ce sens.

736. Il n'appartient pas, en principe, au juge, saisi d'une demande tendant à l'exécution d'une décision juridictionnelle, d'interpréter cette décision. Toutefois, si cette décision est entachée d'une obscurité ou d'une ambiguïté qui, rendant impossible la détermination de l'étendue des obligations qui incombent aux parties du fait de cette décision, font obstacle à son exécution, il lui revient de l'interpréter dans la mesure nécessaire pour en définir les mesures d'exécution (C.E., 23 nov. 2005, Sté Eiffage TP : *Rec.*, p. 524).

737. Le juge peut n'accorder au requérant qu'une satisfaction partielle (indemnité inférieure à celle sollicitée, annulation partielle d'un acte divisible). Il peut n'accorder aucune satisfaction à une requête pourtant fondée, en opérant une substitution de motifs (C.E., 19 juin 2006, Assoc. « Mission du plein évangile-La porte ouverte chrétienne » : *Rec.*, p. 299) ou de base légale (C.E., sect., 3 déc. 2003, Préf. Seine-Maritime c. El Bahi : *Rev. fr. dr. admin.*, 2003, p. 733).

738. Il peut décider la suppression des passages injurieux ou diffamatoires contenus dans les mémoires des parties. Il peut arriver que les mémoires contiennent, à l'égard de l'autre partie ou de tiers, des propos outrageants, injurieux ou diffamatoires. Si ces propos sont étrangers à la cause, le juge du fond les réserve en vue d'une éventuelle action en diffamation devant le juge pénal. La suppression de ces passages peut aussi être demandée au juge par les parties ou le tiers qui y ont intérêt, par voie de requête en les formes habituelles adressée au juge saisi du principal (C.E., 15 juil. 1958, Limouzin : *Rec.*, p. 449 ; 31 juil. 1992, Mlle Robert : *Rec.*, p. 1234). Le juge ne supprime que les passages véritablement injurieux, outrageants ou diffamatoires (C.E., 7 nov. 1928, Cléonie : *Rec.*, p. 1133), après avoir vérifié ce caractère (C.E., 13 janv. 1967, Gaudal : *A.J.D.A.*, 1968, p. 312).

Le juge peut aussi ordonner d'office la suppression de tels passages lorsque l'atteinte est dirigée contre une autorité administrative (C.E., 13 juin 1958, Castang : *Rec.*, p. 351).

739. Le juge peut moduler dans le temps les effets de l'annulation de l'acte qu'il prononce. S'il apparaît que l'effet rétroactif de l'annulation est de nature à emporter des conséquences manifestement excessives en raison des effets que l'acte annulé a produits et des situations qui ont pu se constituer lorsqu'il était en vigueur, ainsi que de l'intérêt général qui peut s'attacher à un maintien temporaire de ses effets, le juge doit apprécier s'il doit être dérogé à titre exceptionnel au principe de l'effet rétroactif des annulations contentieuses. Dans l'affirmative, il prévoit dans sa décision que, sous réserve des actions contentieuses engagées à la date de celle-ci contre les actes pris sur le fondement de l'acte annulé, tout ou partie des effets de cet acte antérieurs à son annulation devront être regardés comme définitifs. Il peut même, le cas échéant, décider que l'annulation ne prendra effet qu'à une date ultérieure qu'il détermine, ou à l'expiration d'un délai qu'il fixe, à compter de la notification du jugement à l'administration (C.E., ass., 11 mai 2004, Assoc. AC ! : *Rec.*, p. 197 ; sect., 25 févr. 2005, France Télécom : *Rec.*, p. 86).

740. Le juge peut aussi différer l'effet de sa décision, notamment dans l'hypothèse où elle aurait pour conséquence de mettre un terme à une suspension décidée avant tout début d'exécution d'un acte prévoyant une période transitoire dont le terme est depuis lors écoulé (Sté Techna et a., préc.). Surtout le Conseil d'État peut partiellement paralyser la rétroactivité des nouvelles jurisprudences qu'il pose. Il a estimé qu'un changement de jurisprudence ne doit pas porter rétroactivement atteinte au droit fondamental qu'est le droit au recours. Dans l'arrêt *Société Tropic Travaux Signalisation* (C.E., ass., 16 juil. 2007 : *Rec.*, p. 360, concl. Casas), il décide que le nouveau recours qu'il vient de définir en matière contractuelle ne pourra être exercé, sauf exception, qu'à l'encontre des contrats dont la procédure de passation a été engagée postérieurement à la date de sa décision, eu égard à l'impératif de sécurité juridique tenant à ce qu'il ne soit pas porté une atteinte excessive aux relations contractuelles en cours. La nouvelle règle vaut pour l'avenir, sauf dans le cas du requérant et des recours éventuellement exercés auparavant par d'autres concurrents évincés de la conclusion de contrats administratifs (voy. aussi Dpt de Tarn-et-Garonne, préc.).

741. Le juge peut imposer à l'administration les conséquences de l'annulation d'un acte administratif. Ainsi, l'annulation partielle d'arrêtés ne saurait avoir pour effet de maintenir dans l'ordre juridique une disposition contraire aux garanties prévues par le Code pénal en ce qui concerne les mesures qui font l'objet d'une amnistie ou d'une réhabilitation. Le juge décide que, dans ces conditions, il y a lieu pour lui d'en préciser la portée par des motifs qui en constituent le soutien nécessaire (C.E., 5 mars 2003, Titran : *Rec.*, p. 113).

742. Le juge ne peut faire acte d'administrateur. Il ne peut que trancher, par ses décisions, des litiges. En principe, il ne peut prendre lui-même l'acte correct après avoir annulé un acte illégal, ni ordonnancer la somme d'argent à laquelle il a condamné l'administration à titre de dommages et intérêts.

En excès de pouvoir, il peut soit annuler la décision attaquée, soit rejeter la requête. Cependant, il existe des atténuations à ce principe (voy. *supra*). On rappellera les principales.

La substitution de base légale est opérée lorsque l'administration a fondé sa décision sur un texte erroné, qui n'était plus en vigueur, illégal ou étranger à la matière. Au lieu d'annuler la décision mal fondée, le juge peut substituer, même d'office, s'il en existe un, le fondement correct au fondement irrégulier et ainsi « sauver » la décision de l'annulation (C.E., sect., 3 déc. 2003, Préf. Seine-Maritime c. El Bahi : *Rec.*, p. 476, concl. STAHL).

La substitution de motifs consiste à remplacer un motif juridiquement erroné invoqué par l'administration par un motif juridiquement correct (C.E., Assoc. « Mission du plein évangile-La porte ouverte chrétienne, préc.). La décision échappe ici encore à l'annulation.

Le Conseil d'État considère, depuis l'arrêt *Hallal* (C.E., sect., 6 févr. 2004 : *Rec.*, p. 48, concl. DE SILVA ; 9 juin 2004, Lefebvre : *Rec.*, p. 248 ; SARL Marseille diffusion, préc.), comme on l'a vu, que l'administration peut invoquer devant le juge de l'excès de pouvoir, en première instance comme en appel, de nouveaux motifs au soutien de la décision attaquée et qu'en ce cas, il revient au juge d'apprécier, d'une part, si le nouveau motif est de nature à fonder valablement la décision, d'autre part, si la décision administrative eût été la même en présence de ce motif s'il avait été le motif initial. Cette substitution ne peut être opérée que si elle ne prive pas le requérant d'une garantie procédurale liée au motif substitué (SARL Bar Brasserie du Parvis, préc.). Dans le cas où le motif substitué serait pris en considération de la personne, la décision litigieuse doit être intervenue après communication de son dossier à l'intéressé.

Le juge peut aussi opérer la régularisation de l'omission de motifs. « Lorsque la légalité d'une décision administrative est subordonnée à la satisfaction de plusieurs conditions et que l'administration a omis d'examiner l'une des conditions au cours de la procédure administrative, elle peut faire valoir pour la première fois devant le juge de l'excès de pouvoir le motif tiré de ce que cette condition était, en réalité, remplie à la date de la décision attaquée ; [...] il appartient alors au juge, après avoir mis l'auteur du recours à même de présenter ses observations sur le nouveau motif, de rechercher si celui-ci, combiné à celui qui avait été retenu initialement, est de nature à fonder légalement la décision, [...] dans l'affirmative ; le juge peut écarter le moyen tiré de l'erreur de droit qu'aurait commise l'administration en s'abstenant d'examiner l'une des conditions légales de la décision, sous réserve que le défaut d'examen de cette condition n'ait pas privé l'intéressé d'une garantie procédurale » (C.E., 27 sept. 2006, Mme Pillods : *Rec.*, p. 39).

La théorie des motifs déterminants joue lorsque l'acte administratif attaqué est fondé sur plusieurs motifs, les uns légaux et les autres irréguliers. Le juge n'annule l'acte que si le ou les motifs déterminants sont illégaux ; est dit déterminant le motif à défaut duquel l'administration n'aurait pas pris la même décision (C.E., ass., 13 janv. 1968, D^{me} Perrot : *Rec.*, p. 39). L'annulation partielle est prononcée lorsque le requérant n'a sollicité que l'annulation d'une partie d'un acte divisible ou qu'il a sollicité l'annulation totale de l'acte, mais que le juge n'annule qu'une partie de celui-ci (C.E., sect., 13 mars 1998, Féd. nat. des SEM, 2 esp. : *Rec.*, p. 74). En réalité, le juge réforme l'acte, lui confère un contenu différent de celui voulu par son auteur.

743. En plein contentieux, le juge peut accorder au requérant certaines choses que l'administration lui avait refusées : indemnisation, restitutions, remise en état des lieux... Il peut inverser les résultats d'une élection, suspendre le mandat d'un élu local nonobstant appel, augmenter ou réduire le montant d'une imposition, etc.

744. Par exception au principe suivant lequel la reddition du jugement emporte dessaisissement du juge, le Code de justice administrative prévoit la possibilité de rectifier, dans certains cas, la minute d'un jugement.

Lorsque le président de la juridiction ou le président de la Section du contentieux du Conseil d'État constate que la minute d'un jugement est entachée d'une erreur ou d'une omission matérielle non susceptible d'avoir exercé une influence sur le jugement de l'affaire, il peut y apporter, par ordonnance rendue dans le délai d'un mois à compter de la notification aux parties, les corrections que la raison commande (C.J.A., art. R. 741-11).

Le pouvoir de rectifier les jugements entachés d'une erreur matérielle appartient en propre au président du tribunal et ne peut être exercé par une formation de jugement du tribunal (C.E., sect., 26 juil. 1996, Mme Parrel : *Rec.*, p. 313). Une demande adressée au président du tribunal administratif afin qu'il rectifie un jugement ne présente pas le caractère d'une requête contentieuse et ne conserve pas le délai d'appel (*idem*). Les dispositions de l'article R. 205 attribuent au président du tribunal administratif un pouvoir propre de correction d'un jugement rendu par le tribunal, lorsque ce jugement est entaché d'une erreur ou d'une omission matérielle. Seules les corrections que la raison commande peuvent être apportées par le président. Lorsqu'une demande lui est adressée afin qu'il exerce son pouvoir de correction, il n'appartient pas au président de prendre une décision juridictionnelle pour écarter cette demande (*idem*).

La correction d'une erreur matérielle ne conduit à différer le point de départ du délai d'appel que dans la mesure où cette correction a une incidence sur la portée de la décision juridictionnelle initiale. La réouverture du délai d'appel ne concerne que la partie rectifiée ainsi que, le cas échéant, les parties de la décision juridictionnelle qui en sont indivisibles (C.E., 14 nov. 2005, M. et Mme Lemoine : *Rec.*, p. 1018).

Les ordonnances fixant les honoraires des experts ne présentent pas un caractère juridictionnel. Elles ne sont par suite pas susceptibles de faire l'objet d'une correction par le président du tribunal administratif en vertu de l'article R. 205, cet article ne concernant que les jugements ou ordonnances à caractère juridictionnel (C.E., 4 mars 1998, Mme Longo : *Rec.*, p. 71).

Sous-section 5
Les frais de justice

745. Le jugement produit des effets, qui peuvent être financièrement importants dans certaines espèces. La justice administrative, peu onéreuse, n'est cependant pas gratuite, les procès entraînant certaines dépenses : frais de reprographie, frais postaux, de déplacements, d'expertises, honoraires d'avocat...

§ 1. Les dépens

746. Dans toutes les instances, le juge condamne la partie tenue aux dépens ou, à défaut, la partie perdante, à payer à l'autre partie la somme qu'il détermine, au titre des frais exposés et non compris dans les dépens. Le juge tient compte de l'équité ou de la situation économique de la partie condamnée. Il peut, même d'office, pour des raisons tirées des mêmes considérations, dire qu'il n'y a pas lieu à cette condamnation (C.J.A., art. L. 761-1). Aujourd'hui, toutes les conclusions présentées aux juridictions administratives de droit commun et tendant au versement de sommes correspondant aux frais exposés dans les dépens sont examinées au regard de l'article L. 761-1.

Les frais sont les dépenses que l'organisation du procès occasionne aux parties. Ils comprennent les dépenses effectuées par le défendeur qui estime avoir été entraîné à tort dans un procès, par un demandeur qui l'a perdu. Le défendeur peut saisir, afin d'en obtenir le remboursement, soit le juge administratif d'une demande reconventionnelle (C.E., sect., 25 oct. 1946, Grenier et Gastu : *Rec.*, p. 247), soit le juge judiciaire après l'échec de la requête devant le juge administratif, pour abus de droit et allocation de dommages et intérêts (Trib. gr. inst. Aix-en-Provence, 18 déc. 1991, Groupement de défense des propriétaires de Tourette-sur-Loup : *Rev. fr. dr. admin.*, 1993, p. 149). Les frais couvrent enfin ceux engagés par le demandeur qui a dû saisir le juge pour obtenir ce qui ne lui était refusé que par mauvaise foi.

Ne sont pas compris dans les dépens les honoraires d'avocat, les frais de recherche, de constitution de dossier, les frais de constat ou de signification d'huissier...

747. L'article L. 761-1 permet à une partie à un procès d'obtenir le remboursement des frais non compris dans les dépens sous deux conditions. Cette attribution ne peut se faire qu'à la partie tenue aux dépens ou à la partie perdante (celle qui a perdu la majeure partie de sa demande ou qui n'a pu empêcher son adversaire d'obtenir l'essentiel de ce qu'il demandait). Peut être condamnée au versement des frais irrépétibles de la partie qui perd pour l'essentiel, non celle qui gagne pour l'essentiel (C.E., 13 mars 1992, Min. Agric. c. Groupement agricole de la Noë : *Rec.*, p. 1229). En appel, est une partie perdante au sens de l'article L. 761-1 la partie qui obtient l'annulation du jugement pour irrégularité, mais qui perd sur évocation du litige (C.E., 22 juil. 1992, Marcuccini : *Rec.*, p. 1230 ; 30 sept. 1994, Gobillon : *Rec.*, p. 420). En cassation, est une partie perdante la partie qui obtient la cassation, mais dont les prétentions au fond sont rejetées par la même décision du Conseil d'État faisant usage de son pouvoir de règlement du litige (C.E., 15 nov. 2000, Assoc. de sauvegarde du site de Courcourt : *Rec.*, p. 515).

Le juge a l'obligation de se prononcer sur la charge des dépens (C.E., 25 oct. 2000, Préf. Alpes-Maritimes c. Mahjoubi : *Rec.*, p. 1160).

Le juge doit tenir compte de l'équité et de la situation économique respective des parties. Il dispose cependant en ce domaine d'un large pouvoir discrétionnaire. L'article L. 761-1 s'applique à tous les procès et pour toutes les parties, même celle qui s'est désistée. Néanmoins, il est inapplicable aux frais consécutifs à une intervention en défense, aussi bien pour l'intervenant que pour le demandeur (C.E., ass., 11 déc. 2006, Sté De Groot en Slot Allium B.V. et a. : *Rec.*, p. 512, concl. SÉNERS). La demande doit avoir été présentée au cours de l'instance à laquelle elle se rattache et être chiffrée.

La décision prise par le juge sur une demande présentée au titre de l'article L. 761-1, lorsque le demandeur peut légalement en bénéficier, comporte une appréciation d'ensemble du préjudice correspondant aux frais de justice qui exclut toute demande indemnitaire du même chef sur un autre fondement juridique (C.E., 16 avr. 2012, M. et Mme Afeian : *Rec.*, p. 928).

Le juge peut mettre à la charge de la partie perdante une somme globale couvrant tous les frais (C.E., 10 juin 2013, Assoc. Union des agents sportifs du football : *Rec.*, p. 780).

L'État ne peut se voir allouer l'indemnisation de frais irrépétibles du chef de mémoires en défense rédigés par ses propres agents (C.E., 27 juil. 2005, R. : *A.J.D.A.*, 2005, p. 2076, concl. AGUILA).

Seule une partie au litige peut être condamnée par le juge administratif au versement des frais irrépétibles et demander le versement de frais irrépétibles (C.E., 11 déc. 1991, Mmes Reboul et Hefner : *Rec.*, p. 1138 ; 23 nov. 1992, Montaignac : *Rec.*, p. 1229). Est une partie, pour l'application des dispositions de l'article L. 761-1, la personne qui aurait eu qualité pour faire tierce opposition si elle n'avait pas été mise en cause (C.E., 10 janv. 2005, Assoc. Quercy-Périgord : *Rec.*, p. 1052). Ne sont pas partie à l'instance l'auteur d'une intervention, ni une personne appelée à produire des observations (C.E., 19 janv 1994, Portel : *Rec.*, p. 1120 ; sect., 28 juil. 1999, le Goff : *Rec.*, p. 275 ; 14 déc. 2005, Synd. nat. CGT-Force ouvrière ANPE : *Rec.*, p. 1053).

Le juge ne peut faire droit à des conclusions à fin de frais irrépétibles que si ces conclusions sont chiffrées. Des conclusions non chiffrées sont irrecevables (C.E., 27 mars 1991, Cne La Garde c. Dorel : *Rec.*, p. 1137).

Les dépens sont directement liés au procès. Il ne peut jamais y avoir exonération des dépens.

Les dépens se réduisent aux frais d'enquête, d'expertise et autres mesures d'instruction, comme les vérifications d'écriture (C.J.A., art. R. 761-1). Ils sont *a priori* supportés par la partie qui succombe. Chaque partie conserve normalement la charge de ses frais propres, notamment d'avocat, mais lorsqu'il apparaît inéquitable de laisser à la charge d'une partie des sommes exposées par elle et non comprises dans les dépens, les juridictions de l'ordre administratif peuvent condamner l'autre partie à lui payer le montant qu'elles déterminent (C.J.A., art. L. 761-1).

Une personne publique qui n'a pas eu recours au ministère d'avocat peut néanmoins demander au juge d'application de l'article L. 761-1 du Code de justice administrative au titre des frais spécifiques exposés par elle à l'occasion de l'instance (C.E., 30 nov. 2007, Sté L'immobilière Groupe Casino, n° 304825). Mais la personne publique ne saurait, pour obtenir une condamnation aux frais non compris dans les dépens, se borner à faire état d'un surcroît de travail de ses services (C.E., 22 juil. 1994, Ch. synd. du transport aérien, n° 145606 ; 3 oct. 2012, Min. Déf. c. Sté Arx, n° 357248).

Des intérêts courent sur le montant des dépens, notamment les frais d'expertise, en application de l'article 1153 du Code civil, au taux légal, à compter de la lecture de la décision de la juridiction administrative qui les met à la charge d'une partie et, en application de l'article L. 313-3 du Code monétaire et financier, au taux légal majoré de cinq points, à l'expiration d'un délai de deux mois à compter du jour où cette décision lui a été notifiée (C.E., 23 mai 2012, Sté SPIE SCGPM : *Rec.*, p. 928).

En cas de désistement, les dépens sont mis à la charge du requérant, sauf si le désistement est motivé par le retrait total ou partiel de l'acte attaqué, opéré après l'enregistrement de la requête, ou, en plein contentieux, par le fait que, postérieurement à cet enregistrement, satisfaction totale ou partielle a été donnée au requérant (C.J.A., art. R. 761-2). La partie qui se désiste est regardée, pour les frais d'une expertise antérieurement ordonnée, comme ayant succombé dans l'instance, et les frais d'expertise sont mis à sa charge (C.E., sect., 19 juin 1970, X. : *Rec.*, p. 418). Il n'en va autrement que lorsque le désistement est motivé par la circonstance que le demandeur a obtenu satisfaction en cours d'instance, par exemple lorsque le désistement est motivé par le retrait de la décision attaquée (C.E., 9 nov. 1966, Min. Santé publ. c. D^{me} Fabre : *Rec.*, p. 1056) ou par le versement des sommes auxquelles le demandeur pouvait prétendre (C.E., 18 janv. 1991, Assemblée nat. c. SA Dumont et Besson : *Rec.*, p. 1136).

Le donné acte d'un désistement ne fait pas obstacle à la condamnation au paiement des frais irrépétibles (C.E., 25 avr. 1990, Camara, n° 104705), mais lorsque le requérant se désiste, il est réputé se désister également de sa demande de frais irrépétibles (C.E., 7 mars 1994, Mme Audoubert : *Rec.*, p. 1121). Le demandeur qui s'est désisté peut être condamné aux frais irrépétibles si le défendeur a présenté des conclusions à cette fin avant le désistement du requérant (C.E., 3 févr. 1992, SA Maison familiale constructeur et cne Saint-Pierre-d'Oléron : *Rec.*, p. 1230).

748. La liquidation des dépens, y compris celle des frais et honoraires d'expertise, est faite par ordonnance du président de la juridiction, après consultation du président de la formation de jugement ou, en cas de référé ou de constat d'urgence, du magistrat délégué. Au Conseil d'État, la liquidation est faite par ordonnance du président de la Section du contentieux (C.J.A., art. R. 761-4). Les parties ainsi que, le cas échéant, les experts intéressés peuvent contester l'ordonnance liquidant les dépens devant la juridiction à laquelle appartient son auteur. Celle-ci statue en formation de jugement. Ce recours est exercé dans le délai d'un mois à compter de la notification de l'ordonnance sans attendre l'intervention de la décision par laquelle la charge des frais est attribuée (C.J.A., art. R. 761-5).

L'appréciation à laquelle se livre une cour administrative d'appel pour estimer que les circonstances de l'affaire justifient que des frais d'expertise soient mis à la charge d'une commune, qui n'est pas la partie perdante, est souveraine. Elle ne saurait être discutée en cassation en l'absence de dénaturation (C.E., 20 avr. 2005, Mme Cocordano : *Rec.*, p. 1051).

§ 2. L'amende pour recours abusif

749. L'amende pour recours abusif (C.J.A., art. R. 741-12) constitue une sanction infligée au plaideur importun au nom des intérêts de la justice, sur initiative du juge. Toutes conclusions en ce sens sont irrecevables. Son montant peut atteindre 3 000 €. Il s'agit d'une amende civile, qui ne constitue ni une sanction pénale ni un impôt, et n'est pas comprise dans les frais de justice (C.E., ass., 31 oct. 1980, Féd. nat. des unions de jeunes avocats de France : *Rec.*, p. 394). Cette amende ne contrevient ni à la Convenvtion européenne des droits de l'homme, ni à la Constitution de 1958, ni au Pacte des Nations unies sur les droits civils et politiques, ni à aucun principe général du droit (C.E., 25 juil. 1986, Casanovas : *Rec.*, p. 669 ; 6 mai 1988, Barque et Melki : *Rec.*, p. 964 ; Cour eur. D.H., 2 juil. 1991, Sté « Les travaux du midi » : *A.J.D.A.*, 1991, p. 809).

L'amende ne peut être infligée qu'à l'auteur de la requête introductive d'instance et non à celui de conclusions incidentes. Elle peut l'être à un requérant dont les conclusions sont partiellement accueillies, mais non à celui qui a obtenu entière satisfaction (C.E., 15 avr. 1988, Cne Lompnieu : *Rec.*, p. 964 ; 28 juin 1993, Padritge : *Rec.*, p. 969 ; 21 oct. 1994, Comité de défense des Maisons Mesnil-le-Pecq : *Rec.*, p. 1130). Elle peut être infligée à une collectivité territoriale, mais non à l'État (C.E., 26 mars 1971, Dpt Seine-et-Marne : *Rec.*, p. 261 ; ass., 27 avr. 1979, Min. Éco. c. Mme Lestrade : *Rec.*, p. 172, concl. Théry).

Le juge des référés peut la prononcer, de même que le juge unique statuant par une ordonnance de l'article L. 9 (C.E., 10 mai 1989, SA des Ets Laurent : *Rec.*, p. 863). Le juge peut l'infliger alors même qu'il est incompétent pour statuer au fond sur la demande dont il a été saisi à tort (C.E., 31 juil. 1992, Mlle Ribert : *Rec.*, p. 1231).

Le juge n'a pas à motiver spécialement sa décision d'assortir son jugement de l'amende (C.E., 17 nov. 1999, Sté Sodex : *Rec.*, p. 964).

Toutes conclusions tendant à la faire prononcer sont irrecevables (C.E., 2 avr. 1971, Min. Équip. et Rousseau et Sté Strudel : *Rec.*, p. 1158 ; 27 févr. 1987, Bertin : *Rec.*, p. 888). La juridiction n'est pas tenue de statuer explicitement sur de telles conclusions (C.E., 20 avr. 1977, Le Pelletier : *Rec.*, p. 931).

Seul le requérant en est passible. Son usage est réduit.

Chapitre 2

Les conséquences et l'exécution de la décision

1 **La chose jugée** 484

2 **L'exécution de la décision juridictionnelle** 488

750. Les effets de la décision de justice varient selon la nature de celle-ci, selon qu'elle est revêtue de l'autorité absolue ou de l'autorité relative de la chose jugée et selon les personnes. Différents pouvoirs ont été accordés au juge afin de lui permettre, sur demande du requérant, de contraindre la partie condamnée à exécuter la décision.

SECTION 1
LA CHOSE JUGÉE

751. La chose jugée doit être pour, ou considérée comme, la vérité. L'autorité de chose jugée signifie que le jugement rendu a force de vérité légale. En droit strict, ce n'est qu'une présomption. La chose jugée varie suivant les recours mais ne s'attache qu'aux décisions qui tranchent le fond, et non à celles qui ne sont qu'interlocutoires (référé, constat, sursis), qui sont néanmoins exécutoires. Seuls les jugements rendus sur le fond ou le principal de la requête mettent, en effet, un terme au litige ou à l'un de ses aspects et épuisent le fond du droit à cet égard. Cette autorité concerne le dispositif, puisque c'est lui qui contient et exprime la décision de justice. Elle peut toutefois s'attacher également à ceux des motifs qui sont le soutien nécessaire du dispositif, c'est-à-dire ceux sans lesquels celui-ci serait incompréhensible (application des règles de la logique) ou inapplicable (bases de calcul ou de références).

Normalement, cette autorité est relative, car elle ne vaut que pour le litige soumis au juge. Selon l'article 1351 du Code civil, dont la jurisprudence administrative retient le principe (C.E., 26 févr. 1937, Sté des Ciments Portland de Lorraine : *Rec.*, p. 254) : « L'autorité de la chose jugée n'a lieu qu'à l'égard de ce qui fait l'objet du jugement. Il faut que la chose demandée soit la même ; que la demande soit entre les mêmes parties, et formée par elles et contre elles en la même qualité. » L'autorité du jugement n'a donc lieu qu'entre les mêmes parties, relativement au même objet et dans une même cause, cette dernière condition étant entendue strictement par le Conseil d'État, dans l'intérêt des parties, car cela facilite la contestation. L'absence d'un seul de ces trois éléments empêche que joue l'autorité de chose jugée.

Certaines décisions sont revêtues de l'autorité absolue de chose jugée. Tel est le cas des jugements prononçant des annulations sur recours pour excès de pouvoir – à l'exception des jugements de rejet –, des jugements en matière électorale ou de ceux rendus dans le contentieux des contraventions de grande voirie. Les décisions dotées de l'autorité absolue de chose jugée s'imposent à toutes les juridictions, même judiciaires ou constitutionnelles.

L'autorité de chose jugée épuise le litige. Il ne reste plus rien à juger ; le droit ayant été dit et bien dit. Le jugement doit être considéré, sur ce point, comme la vérité (C.E., 29 nov. 2006, Marseille, n° 273877). L'autorité de chose jugée qui s'attache au jugement empêche, par exemple, la remise en cause du titre juridique qu'il accorde, par exemple un titre de réfugié accordé par la Commisison des réfugiés, même s'il a été obtenu par fraude (C.E., sect., 5 déc. 1997, Ovet, n° 159707), sauf exercice des voies de recours.

L'autorité de chose jugée interdit radicalement de pouvoir saisir à nouveau le juge de l'affaire. Les seules dérogations sont relatives aux voies de rétractation : opposition, tierce opposition, révision, rectification d'erreur matérielle.

Sous-section 1
Notion et effets

752. En plein contentieux, l'admission du recours n'a que l'effet relatif de chose jugée, *inter partes*. Cependant, l'effet est absolu pour certaines affaires, comme dans le contentieux électoral.

En excès de pouvoir, les effets de la chose jugée sont variables selon qu'il y a irrecevabilité, rejet au fond ou annulation.

§ 1. L'irrecevabilité ou le rejet

753. L'effet du jugement n'a lieu qu'*inter partes*, à l'égard du seul requérant. C'est l'effet relatif de la chose jugée. En présence d'un tel jugement, le moyen tiré de cette autorité n'est pas d'ordre public (C.E., 27 oct. 1965, Blagny : *Rec.*, p. 559 ; 19 mars 1971, Devillers : *Rec.*, p. 259). Si aucune partie ne soulève l'exception de chose jugée, la juridiction saisie pourra juger l'affaire à nouveau. Un recours aux mêmes fins peut éventuellement être tenté, par exemple par d'autres requérants, et aboutir. Le rejet ne certifie pas la légalité de l'acte.

§ 2. L'annulation de l'acte entrepris

754. Le jugement a effet *erga omnes*. Il est doté de l'autorité absolue de chose jugée. L'exception de chose jugée est d'ordre public (C.E., 6 juin 1958, Ch. de commerce d'Orléans : *Rec.*, p. 315 ; 28 juil. 1200, Cne Port-Vendres : *Rec.*, p. 360). L'acte est censé n'avoir jamais existé, il disparaît de l'ordonnancement juridique. L'annulation a effet rétroactif, du jour où l'acte a été pris. Il faut remettre les choses en l'état, comme si l'acte n'avait jamais été pris. L'annulation peut faire revivre automatiquement les actes que l'acte annulé modifiait ou abrogeait (C.E., ass., 12 mai 1967,

Min. Armées c. de Corbier : *Rec.*, p. 211). Les personnes ayant formé un autre recours contre le même acte n'ont plus qu'à se désister, sinon le juge prononce un non-lieu à statuer.

755. La chose jugée emporte des effets sur le juge et sur d'éventuels autres recours. Ainsi, l'annulation de la délibération approuvant la passation de conventions fait obstacle à l'appréciation de la légalité de la décision de conclure des conventions (C.E., 10 janv. 2007, SCP de médecins Reichheld et Sturtzer, n° 262964).

Sous-section 2
Les effets de la décision

756. La décision emporte des effets sur l'administration, sur le juge qui a statué, ainsi que sur les autres juridictions et, éventuellement, sur des tiers au litige.

§ 1. Les effets sur l'administration

757. Le juge ne peut qu'annuler l'acte entrepris. Il renvoie devant l'administration pour voir ordonner les mesures d'exécution que comporte sa décision. Le juge peut cependant insérer une injonction dans une décision rendue au principal.

Il arrive au juge de conseiller à l'administration de provoquer l'intervention du législateur, au cas où il serait impossible d'exécuter la décision sans porter atteinte à des droits acquis.

L'administration doit exécuter le jugement en prenant les mesures qui s'imposent : verser les indemnités, satisfaire une demande reconnue par le juge comme légitime. Elle ne peut procéder à l'exécution de l'acte annulé, sous peine de commettre une illégalité ou éventuellement une voie de fait. Si l'administration refuse d'exécuter, un nouveau recours, en indemnité, est possible. Le requérant peut aussi solliciter le prononcé d'une injonction, au besoin sous astreinte.

L'administration peut refaire des actes annulés pour incompétence ou vice de forme, en respectant cette fois correctement les règles applicables. L'annulation peut commander celle d'autres actes, qui appliquaient le premier et dont la survie autonome ne se conçoit pas. L'obligation d'exécuter conduit parfois à la prise d'un acte positif ou à reconstituer la carrière de fonctionnaires. « S'il est de principe que les règlements et les décisions de l'autorité administrative, à moins qu'ils ne soient pris pour l'exécution d'une loi ayant un effet rétroactif, ne peuvent statuer que pour l'avenir, cette règle comporte évidemment une exception lorsque ces décisions sont prises en exécution d'un arrêt du Conseil d'État, lequel, par les annulations qu'il prononce, entraîne nécessairement certains effets dans le passé, à raison même de ce fait que les actes annulés pour excès de pouvoir sont réputés n'être jamais intervenus ; qu'à la suite de décisions prononçant l'annulation de nominations, promotions, mises à la retraite, révocations de fonctionnaires, l'administration qui, pendant toute la durée de l'instruction du pourvoi, a pu accorder des avancements successifs aux fonctionnaires irrégulièrement nommés, ou a pourvu au remplacement des agents irrégulièrement privés de leur emploi, doit pouvoir réviser la situation de ces fonctionnaires et agents pour la période qui a suivi les actes annulés… il appartient à l'administration de procéder à un examen d'ensemble de la situation du personnel touché, directement ou indirectement, par l'arrêt du Conseil d'État et de prononcer, dans les formes régulières et sous le contrôle dudit Conseil d'État statuant au contentieux, tous reclassements utiles pour reconstituer la carrière du fonctionnaire dans les conditions où elle peut être réputée avoir dû normalement se poursuivre si aucune irrégularité n'avait été commise » (C.E., 26 déc. 1925, Rodière : *Rec.*, p. 1065).

§ 2. Les effets sur d'autres organes

758. La décision juridictionnelle emporte des effets sur le juge, qui se dessaisit en la rendant, sur les autres juridictions, qui ne peuvent y statuer et sur le législateur.

En rendant sa décision, le juge opère dessaisissement. Il épuise son pouvoir de juridiction et ne peut revenir sur son jugement. Cette règle comporte des tempéraments : si le juge a commis une erreur matérielle, une partie peut lui demander de la rectifier.

Une juridiction administrative saisie de la même affaire doit prononcer un non-lieu à statuer.

Lorsqu'est formé un recours pour excès de pouvoir et qu'est soulevée concomitamment une exception d'illégalité devant le juge judiciaire répressif, le juge pénal peut, si le recours pour excès de pouvoir est rejeté, déclarer l'acte légal ou, au contraire, l'estimer illégal. Si l'acte est annulé, le juge judiciaire est, en revanche, tenu par l'autorité de la chose jugée et doit relaxer, car la poursuite manque de base légale.

Les tiers ne peuvent plus ni invoquer ni attaquer un acte administratif annulé. Mais leurs intérêts peuvent avoir été lésés par la décision (annulation d'un concours) et ils peuvent donc former une tierce opposition.

Le législateur peut, dans une certaine mesure, régulariser *a posteriori* ce qui a été annulé. Le Conseil constitutionnel considère comme inconstitutionnelle la validation *a posteriori*, mais admet la validation préventive, à condition qu'elle ne soit pas rétroactive en matière pénale et vise à préserver le fonctionnement continu des services publics ou le déroulement normal des carrières du personnel (Cons. const., 22 juil. 1980 : *Rec.*, p. 46).

SECTION 2
L'EXÉCUTION DE LA DÉCISION JURIDICTIONNELLE

759. Les décisions du juge, revêtues de la formule exécutoire, rendues au nom du peuple français, doivent être exécutées en raison de leur caractère immédiatement exécutoire. L'exécution ne peut avoir lieu qu'à partir de la notification du jugement, assurée par le greffier (C.J.A., art. R. 751-1 et R. 751-2), le plus souvent par lettre recommandée, quelquefois par exploit d'huissier le même jour au domicile réel des parties. La notification fait courir le délai d'appel ou de cassation et permet l'exécution forcée (C.J.A., art. R. 811-2). L'exécution peut avoir lieu même si appel a été interjeté.

Toutefois, les bénéficiaires des jugements se heurtent parfois à l'inertie ou, même, au refus de l'administration.

Sous-section 1
Le principe du caractère exécutoire des jugements

760. Le principe est énoncé à l'article L. 1 du Code de justice administrative : « Les jugements sont exécutoires. » Les jugements possèdent ce caractère dès leur notification, qui suffit à elle seule à leur conférer cette qualité.

Un jugement condamnant une partie au paiement d'intérêts moratoires doit être exécuté, même si celle-ci en conteste en appel le montant et même si un arrêt avant dire droit a ordonné une expertise à cet effet. Le défaut d'exécution, l'exécution tardive ou la mauvaise exécution d'un jugement peuvent être sanctionnés par l'utilisation des voies d'exécution ordinaires contre les parties privées.

Cependant, la jurisprudence a toujours reconnu à l'administration le droit de disposer d'un délai raisonnable pour procéder à cette exécution (réintégration d'un agent public, nouvelle convocation d'un organisme collégial, mandatement d'une somme d'argent, remise en état des lieux...). Ce délai varie, en fonction des affaires, d'un à quatre mois au maximum. L'article 17 de la loi du 12 avril 2000 dispose pourtant que, dans le cas du mandatement d'une somme d'argent en conséquence d'une condamnation prononcée par le juge administratif, même au titre d'un référé provision, le délai de mandatement accordé à une personne publique est fixé à deux mois au maximum lorsqu'il existe des crédits disponibles dans sa caisse, quatre mois lorsque les fonds publics sont insuffisants.

L'annulation contentieuse d'une demande adressée à l'administration oblige celle-ci à décider à nouveau, car elle demeure saisie de la demande du fait de l'annulation prononcée (C.E., sect., 10 oct. 1997, Lugan et Sté Strasbourg FM, préc.). Elle doit statuer à nouveau, mais uniquement au vu des circonstances de droit et de fait existant au jour de la nouvelle décision, ceci dans un souci de sécurité juridique. Elle ne peut notamment, à l'occasion de ce second examen du dossier, remettre en cause les droits acquis par certains administrés entre la date de la décision attaquée et celle de la nouvelle décision.

L'administration peut parfois échapper à son obligation d'exécuter la décision de justice ou retarder le moment de l'exécuter. Elle peut tenter d'obtenir du Parlement le vote d'une loi de validation de ses décisions annulées par le juge (voy. *supra*). Elle peut solliciter du juge un sursis à exécution de la décision en attendant qu'il soit statué sur l'appel ou le pourvoi en cassation qu'elle a formé. Elle peut également, dans certains cas, interroger le juge sur la façon dont elle doit exécuter sa décision.

Lorsque l'administration refuse d'exécuter, le juge et le requérant disposent aujourd'hui de moyens énergiques pour l'y contraindre.

Sous-section 2
Les moyens traditionnels de vaincre l'inertie de l'administration

761. Le juge a, à l'origine, utilisé des moyens indirects pour contraindre l'administration à s'exécuter. Il a tout d'abord sanctionné l'inexécution des décisions de justice comme constituant une violation de l'autorité de chose jugée, et constituant une illégalité (C.E., 13 juil. 1962, Bréart de Boisanger : *Rec.*, p. 481 ; *D.*, 1962, jur. 664, concl. HENRY). Il a également, mais rarement, reçu les actions en responsabilité formées par le justiciable qui ne parvient pas à obtenir l'exécution d'un jugement qui lui a donné satisfaction. Le justiciable fait constater par le juge l'inexécution et son caractère dommageable pour lui. La condamnation pécuniaire de l'administration n'est pas l'équivalent de l'exécution de la décision de justice, mais assure une forme de réparation (C.E., 2 mai 1962, Caucheteux et Desmonts : *Rec.*, p. 291 : inertie de l'administration pendant dix-huit ans).

Sous-section 3
Les injonctions

762. La loi du 24 janvier 1976 a d'abord donné au Médiateur de la République le pouvoir d'adresser une injonction de se soumettre à la chose jugée à l'administration coupable d'inexécution. Le Médiateur a fait usage de ce pouvoir pour la première fois dix-huit ans après en avoir été doté (*JO*, 14 oct. 1994, p. 14588). Ce pouvoir est purement symbolique, car dépourvu de sanction lorsque l'administration ne défère pas à l'injonction.

La loi du 8 février 1995 a ensuite reconnu un pouvoir d'injonction au juge administratif, pour l'exécution de ses décisions, lui permettant de vider les litiges en imposant des obligations aux personnes publiques ou aux personnes privées chargées d'un service public. Cette injonction ne peut être prononcée que par une juridiction administrative de droit commun.

Devant les tribunaux administratifs et les cours administratives d'appel, quand le jugement ou l'arrêt implique nécessairement qu'une personne morale de droit public ou un organisme de droit privé chargé de la gestion d'un service public prenne une mesure d'exécution dans un sens déterminé, cette mesure peut être ordonnée par le jugement ou l'arrêt et, éventuellement, assortie d'un délai d'exécution, en général d'un à six mois (C.J.A., art. L. 911-1). Il peut ainsi être fait injonction de régulariser une illégalité externe (C.E., 11 janv. 2006, Assoc. des familles victimes du saturnisme et a. : *Rec.*, p. 11), de prendre, dans les trois mois, un décret en Conseil d'État (C.E., 28 avr. 2006, Dellas : *Rec.*, p. 206) ou de procéder, dans un certain délai, à l'abrogation d'un acte administratif contraire au droit communautaire (C.E., 26 sept. 2005, Fenioux et a. : *Rec.*, p. 1103).

La demande d'injonction ne peut être formulée que dans deux hypothèses.

Lorsque l'exécution d'une décision juridictionnelle implique normalement, eu égard à ses motifs, une mesure dans un sens déterminé, il appartient au juge, saisi de conclusions sur le fondement de l'article L. 911-1, de statuer sur ces conclusions en tenant compte, le cas échéant après une mesure d'instruction, de la situation de droit et de fait existant à la date de sa décision. Si, au vu de cette situation de droit et de fait, il apparaît toujours que l'exécution de la décision juridictionnelle implique nécessairement une mesure d'exécution, il incombe au juge de la prescrire (C.E., 4 juil. 1997, Épx Bourezak : *Rec.*, p. 278 ; sect., avis, 30 nov. 1998, Berrad : *Rec.*, p. 451). Mais un changement dans la situation de droit peut conduire à ce que l'annulation n'implique plus de mesures d'exécution et, dans ce cas, les conclusions à fin d'injonction doivent être rejetées (C.E., 29 juil. 2002, Bourdon, n° 221116).

Dans le cas où le jugement ou l'arrêt impliquerait l'intervention d'une décision après une nouvelle instruction, il peut fixer un délai pour l'intervention de cette décision (C.J.A., art. L. 911-2). Le juge peut enjoindre à l'administration de prendre un acte régulier et, à défaut, de se conformer à la décision juridictionnelle (C.E., 11 janv. 2006, Assoc. des familles victimes du saturnisme : *Rec.*, p. 11).

Le Conseil d'État dispose des mêmes pouvoirs lorsqu'il règle un litige au fond (C.J.A., art. L. 911-1 et L. 911-2).

Le juge administratif ne peut utiliser ces pouvoirs que s'il est saisi de conclusions en ce sens, indiquant si le requérant demande une mesure déterminée ou le réexamen du dossier.

Dans les deux cas, le juge peut assortir l'injonction d'une astreinte *a priori*, si elle est demandée devant les tribunaux administratifs et les cours administratives d'appel, et même d'office devant le Conseil d'État (C.E., ass., 26 mai 1995, Etna et min. DOM-TOM : *Rec.*, p. 215).

Des conclusions à fin d'injonction peuvent être présentées pour la première fois en appel (C.E., 10 oct. 2012, Office publ. habitat Châtillon c. Mme H., n° 347128).

Lorsqu'une juridiction a prononcé une injonction à peine d'astreinte à l'encontre d'une personne publique, faute pour celle-ci de justifier avoir exécuté la décision juridictionnelle dans le délai imparti, cette juridiction peut ensuite liquider d'office l'astreinte sans être tenue, en l'absence de toute pièce nouvelle versée au dossier, de solliciter les observations de l'une ou l'autre des parties autrement qu'en les convoquant régulièrement à l'audience qui doit précéder la décision de liquidation de l'astreinte. Les parties doivent être averties du jour de l'audience par lettre recommandée avec demande d'avis de réception (C.E., 11 janv. 2006, Dpt Haute-Corse : *Rec.*, p. 1031).

Outre le tribunal siégeant collégialement, sont compétents pour connaître de conclusions tendant au prononcé d'une injonction sur le fondement de l'article L. 911-1 ou sur celui de l'article L. 911-2 le président du tribunal administratif ou le magistrat qu'il désigne, lorsqu'il statue sur les litiges relatifs aux matières énumérées aux articles L. 774-1 et R. 222-3, le juge unique de la reconduite à la frontière pour ce qui concerne les litiges relevant de sa compétence, et le juge des référés (C.E., avis, 29 déc. 2000, Clouzeau : *Rec.*, p. 669 ; sect., 22 févr. 2002, Dieng : *Rec.*, p. 54 ; 27 juil. 2001, Min. Emploi c. Vedel : *Rec.*, p. 416 ; réf., 11 févr. 2005, Barre : *Rec.*, p. 42 ; 15 avr. 2005, Sté Socrate : *Rec.*, p. 1056).

La demande tendant au prononcé d'une injonction ne peut jamais constituer le principal du procès (C.E., 7 avr. 1995, Surry : *Rec.*, p. 158).

763. Peuvent faire l'objet d'une injonction aussi bien les personnes publiques que des personnes privées chargées de la gestion d'un service public. Le juge ne peut cependant ignorer les règles de répartition des compétences entre les deux ordres de juridiction (C.E., sect., avis, 13 mars 1998, Mme Vindevogel : *Rec.*, p. 78). L'injonction ne peut concerner que l'exécution de décisions rendues par le juge administratif. Sont exclus de cette possibilité les actes administratifs non juridictionnels, même pris par un juge administratif (C.E., 10 avr. 1996, Le Nestour : *Dr. adm.*, avr. 1996, n° 22) et les actes juridictionnels judiciaires (C.E., 16 oct. 1996, Bergerioux : *Rec.*, p. 1111).

Le juge administratif ne peut utiliser ces pouvoirs que s'il est saisi par un requérant de conclusions expresses en ce sens, précisant si le requérant demande une mesure déterminée ou le réexamen du dossier (Berrad, préc.). Le Conseil d'État peut, quant à lui, décider l'injonction sur demande de l'intéressé ou spontanément.

Toutefois, le juge des référés peut, lorsque lui est demandée la suspension d'une décision administrative de rejet, assortir, de sa propre initiative, une mesure de suspension de l'indication des obligations qui en découlent pour l'administration (Ouatah, préc. ; 2001, Min. Emploi, préc.). De même, le juge a précisé d'office, par des motifs qui en constituent le soutien nécessaire, la portée de l'annulation partielle d'un acte réglementaire, annulation prononcée en tant que l'acte ne prévoit pas les conditions d'attribution d'une carte professionnelle aux personnes titulaires de diplômes d'États membres de l'Union européenne autres que la France, car cette annulation ne saurait avoir pour effet de maintenir dans l'ordre juridique français une discrimination contraire aux exigences du droit communautaire (C.E., ass., 29 juin 2001, Vassilikiotis, n° 213229).

Le juge d'appel, saisi de conclusions incidentes en ce sens, peut prescrire une mesure d'injonction après avoir confirmé l'annulation prononcée en première instance (C.E., 25 mars 1996, Cne Saint-François c. Mme Picard : *Rec.*, p. 101).

Le juge de l'exécution ne saurait remettre en cause les mesures décidées par les dispositions de la décision juridictionnelle dont l'exécution lui est demandée, même si ce dispositif pourrait raisonnablement apparaître erroné (C.E., 3 mai 2004, Magnat : *Rec.*, p. 838 ; 23 nov. 2005, Sté Eiffage : *Rec.*, p. 524), ni rectifier une erreur matérielle ou une erreur de droit contenue dans le jugement à exécuter.

764. L'exécution d'un jugement annulant un acte réglementaire n'implique pas que le juge enjoigne à l'administration de revenir sur les mesures individuelles prises en application de cet acte (Mme Vindevogel, préc. ; 16 déc. 1998, Féd. nat. des infirmiers : *Rec.*, p. 1116). L'annulation du refus de prendre les mesures réglementaires nécessaires à l'application d'une loi ou d'un décret implique nécessairement l'édiction de ces mesures (C.E., sect., 26 juil. 1996, Assoc. lyonnaise de protection des locataires : *Rec.*, p. 2936, concl. MAUGÜÉ). De même, l'annulation du refus de prendre un décret de remodelage cantonal implique que le Premier ministre prenne une telle mesure portant redécoupage des circonscriptions cantonales dans des délais compatibles avec ceux qui résultent de la loi (C.E., ass., 21 janv. 2004, Mme Boulanger : *Rec.*, p. 14) et celle de la décision préfectorale acceptant le retrait par un maire de sa démission implique nécessairement le remplacement provisoire du maire par un adjoint pris dans l'ordre des nominations (C.E., ass., 26 mai 1995, Etna et Min. Outre-mer : *Rec.*, p. 213). En revanche, l'annulation d'une décision individuelle implique parfois la prise d'une décision positive par l'administration. Ainsi, l'annulation de la révocation d'un agent public implique nécessairement la réintégration de l'intéressé à la date de son éviction et, s'agissant d'un fonctionnaire, la reconstitution de sa carrière (C.E., 29 déc. 1995, Kavvadias : *Rec.*, p. 477), l'annulation du décret mettant fin aux fonctions d'un fonctionnaire dans un emploi de détachement implique nécessairement la reconstitution de la carrière de l'intéressé telle qu'elle se serait normalement déroulée si le décret annulé n'était pas intervenu, mais pour la seule période correspondant à la durée initialement prévue de son détachement (C.E., 16 juin 2000, Fessard de Foucauld, n° 169921), l'annulation pour erreur manifeste d'appréciation d'une décision rejetant la demande de promotion d'un fonctionnaire implique nécessairement qu'une promotion soit accordée à l'intéressé à compter de la date à laquelle cette demande aurait normalement dû être accueillie (C.E., 15 févr. 2013, Soulfour : *Rec.*, p. 784).

Il arrive qu'eu égard à la nature d'un contrat et au vice dont la décision est entachée, l'annulation de la décision de passer un contrat implique nécessairement la résolution des conventions. Le juge enjoint dans cette hypothèse à l'administration, si elle ne peut obtenir de ses cocontractants qu'ils en acceptent la résolution d'un commun accord des parties, de solliciter du juge du contrat cette résolution dans le délai de deux mois (C.E., sect., 26 mars 1999, Sté Hertz France et a. : *Rec.*, p. 96, concl. STAHL).

En revanche, l'annulation d'une décision de préemption implique nécessairement, sauf atteinte excessive à l'intérêt général, que le titulaire s'abstienne de revendre à un tiers de bien préempté et propose à l'acquéreur évincé, puis, le cas échéant, au propriétaire initial, d'acquérir le bien à un prix visant à rétablir autant que possible et sans enrichissement sans cause de l'une quelconque des parties, les conditions de la transaction à laquelle a fait obstacle l'exercice illégal du droit de préemption (C.E., sect., 26 juil. 1982, M. et Mme Bour : *Rec.*, p. 59). L'annulation d'une décision enjoignant à un automobiliste de restituer son permis de conduire pour défaut de points, en raison de l'illégalité d'une ou plusieurs des décisions successives de retrait de points, implique nécessairement que l'administration non seulement restitue le permis, mais aussi reconnaisse à l'intéressé le bénéfice des points retirés illégalement, sauf dans le cas où le motif d'illégalité retenu par le juge ne ferait pas obstacle à ce que l'administration reprenne légalement la ou les mêmes décisions de retrait de points (C.E., avis, 28 juil. 2000, Boullay : *Rec.*, p. 345).

L'annulation d'un arrêté de reconduite à la frontière n'implique pas nécessairement la délivrance à l'intéressé d'une carte de séjour temporaire, mais seulement que le préfet le munisse d'une autorisation provisoire de séjour et se prononce sur son droit à un titre de séjour, au vu de l'ensemble de la situation de droit et de fait existant à la date du réexamen de sa situation (Dieng, préc. ; 4 avr. 2005, Préf. Bas-Rhin c. Guebgoub : *Rec.*, p. 1056)

765. L'annulation d'une décision rejetant une demande implique le plus souvent seulement que l'administration prenne à nouveau une décision, après une nouvelle instruction. Mais, dans certaines hypothèses, l'annulation implique nécessairement l'octroi de la mesure sollicitée, à moins que des éléments de droit ou de fait nouveaux intervenus depuis la première décision ne justifient une nouvelle décision de rejet (C.E., 12 juil. 1995, Domarchi : *Rec.*, p. 988 : annulation d'un refus de communication de documents administratifs ; 4 juil. 1997, Épx Bourezak : *Rec.*, p. 278 : annulation d'un refus de visa ; Berrad, préc. : annulation d'un refus de titre de séjour).

Saisi d'une demande d'exécution d'un jugement établissant qu'un ouvrage public a été implanté de manière irrégulière, le juge administratif doit déterminer, en fonction de la situation de droit et de fait prévalant à la date à laquelle il statue, si l'exécution de cette décision implique la démolition de l'ouvrage. Il commence par rechercher si une régularisation est possible et, dans la négative, doit prendre en considération les inconvénients de toute nature que l'existence de l'ouvrage entraîne pour tous les intérêts, publics et privés, en présence, ainsi que les conséquences de la démolition pour l'intérêt général. Au vu de ces éléments, il lui appartient d'apprécier si la démolition n'entraîne pas une atteinte excessive à l'intérêt général (C.E., sect., 29 janv. 2003, Synd. dptal de l'électricité et du gaz des Alpes-Maritimes et cne Clans : *Rec.*, p. 21).

Le juge, saisi sur le fondement de l'article L. 911-1 ou sur celui de l'article L. 911-2, peut assortir l'injonction d'une astreinte *a priori*, si elle est demandée devant les tribunaux administratifs et les cours administratives d'appel, et même d'office devant le Conseil d'État (Etna et Min. DOM-TOM, préc.).

Sous-section 4
Les astreintes

766. La loi du 16 juillet 1980 a permis au Conseil d'État de condamner l'administration sous astreinte (C.J.A., art. L. 911-5) et la loi du 8 février 1995 est allée beaucoup plus loin. Tout juge administratif peu condamner l'administration à exécuter ses jugements à peine d'astreinte.

Des sanctions relativement lourdes sont, en outre, prévues à l'encontre de toute personne coupable d'inexécution d'une décision de justice ayant entraîné la condamnation d'une personne morale de droit public à astreinte.

Le juge de l'exécution ne peut remettre en cause les mesures édictées dans les décisions dont il lui est demandé d'assurer l'exécution (C.E., 29 juin 2011, SCI La Lauzière, n° 327080).

§ 1. L'astreinte *a priori*

767. Cette astreinte est particulièrement utile en complément d'une injonction ou d'une annulation de l'acte. Elle peut aussi être prononcée au soutien d'une condamnation à payer une somme d'argent. Elle ne sera pas prononcée si elle ne correspond pas à une mesure d'exécution possible.

Le Conseil d'État peut être saisi de demandes de condamnation à injonction et à astreinte *a priori* (C.J.A., art. L. 911-3), lorsqu'il règle un litige au fond, ce qui exclut le contentieux de la cassation, sauf s'il règle l'affaire au fond.

Les tribunaux administratifs et les cours administratives d'appel disposent d'un pouvoir d'injonction et peuvent assortir toute injonction d'une astreinte (C.J.A., art. L. 911-3), pouvoir qui peut être utilisé *a priori* comme *a posteriori*.

Les pouvoirs reconnus au Conseil d'État peuvent être exercés par ordonnance du président de la Section du contentieux (C.J.A., art. L. 911-5, al. 3). Le Conseil d'État peut se saisir d'office, mais non les tribunaux administratifs et les cours administratives d'appel (C.J.A., art. L. 911-5). Les conclusions à fin d'astreinte *a priori* sont présentées, devant les tribunaux et les cours, dans la requête ou en cours d'instance. La demande d'astreinte est instruite dans les mêmes conditions que toute demande contentieuse.

Les astreintes complétant une injonction sont prononcées dans la même décision (C.J.A., art. L. 911-3), ce qui exclut la possibilité de demander l'astreinte *a posteriori*.

Le Conseil d'État peut assortir d'une astreinte les injonctions qu'il prononce (C.J.A., art. L. 911-3). Le président de la Section du contentieux est compétent (C.J.A., art. L. 911-5, al. 3).

§ 2. L'astreinte *a posteriori*

768. Lorsque l'astreinte n'a pas été demandée au cours du procès, une partie peut toujours solliciter du juge, après écoulement d'un certain délai, le prononcé de cette astreinte, afin de faire pression sur l'administration. Tel est le système institué en 1980 et complété en 1995.

Le Conseil d'État a le pouvoir de prononcer des astreintes pour l'exécution de ses arrêts et des décisions des juridictions administratives spécialisées (C.J.A., art. L. 911-5). Les tribunaux administratifs et les cours administratives d'appel peuvent être saisis de demandes d'astreintes pour l'exécution de leurs jugements ou arrêts (C.J.A., art. L. 911-4 à L. 921-1 et s.).

Peuvent agir à fin de condamnation à astreinte les parties à l'instance et les personnes directement concernées par l'acte qui a donné lieu à l'instance (C.E., sect., 13 nov. 1987, Mmes Tusques et Marcaillou : *Rec.*, p. 360).

En cas de refus d'exécuter, la demande d'astreinte est recevable à compter de ce refus de l'administration, exprès ou implicite, d'exécution. Seule une décision expresse de refus d'exécution fait courir le délai de recours pour excès de pouvoir (C.J.A., art. R. 921-2 et R. 931-2). La demande d'astreinte interrompt le délai de recours contre la décision de refus (C.J.A., art. R. 931-9).

En l'absence de décision de refus, les demandes tendant à ce que le Conseil d'État prononce une astreinte pour assurer l'exécution d'une décision rendue par une juridiction ne peuvent être présentées avant l'expiration d'un délai de six mois à compter de la date de notification de cette décision (C.J.A., art. R. 931-3), réserve faite du cas d'urgence. Devant le tribunal administratif et la cour administrative d'appel, ce délai n'est que de trois mois (C.J.A., art. R. 921-1). Si une demande est présentée au Conseil d'État avant l'expiration du délai de six mois, mais que le refus se prolonge de sorte que le délai de six mois est atteint au moment où le Conseil d'État statue, la fin de non-recevoir ne peut être opposée (C.E., sect., 5 mai 1995, Berthaux : *Rec.*, p. 200).

Ces délais ne sont pas opposables si la décision dont l'exécution est poursuivie a prescrit que des mesures d'exécution doivent être prises dans un délai déterminé.

Saisi d'une telle demande, le président du tribunal, de la cour ou la section du rapport et des études du Conseil d'État accomplit toutes diligences pour assurer l'exécution (C.J.A., art. R. 921-5 et R. 931-6). Au Conseil d'État, l'instance est ouverte dès la demande d'astreinte, qui déclenche une tentative de règlement amiable. Devant les tribunaux administratifs et les cours administratives d'appel, la procédure est ouverte par une ordonnance, non susceptible d'appel, qui intervient dans trois cas : le président estime nécessaire de prescrire des mesures d'exécution, notamment une astreinte ; le président a pris une mesure de classement en estimant qu'il y a eu exécution ou que la demande n'est pas fondée, mais le demandeur a sollicité l'ouverture d'une procédure dans le délai d'un mois à compter de la notification du classement ; un délai de six mois s'est écoulé à compter de la saisine.

Le juge apprécie, en fonction des données de l'espèce, s'il y a lieu de prononcer l'astreinte.

§ 3. La condamnation et liquidation de l'astreinte

769. La procédure d'astreinte comprend deux phases. Un premier jugement formule une injonction et fixe une astreinte d'un montant déterminé. Un second jugement liquide l'astreinte si le premier n'a pas été suivi d'effet dans le délai prescrit (C.E., 6 mai 1988, Mme Leroux : *Rec.*, p. 185 ; 12 déc. 2012, Escalas et a. : *Rec.*, p. 933, précisant qu'il n'y a pas lieu à liquidation de l'astreinte lorsque la décision est exécutée avec un léger retard qu'expliquent les circonstances de l'espèce).

L'astreinte est provisoire si son montant est susceptible de modification au moment de la liquidation, dans le cas contraire elle est définitive.

L'astreinte doit être considérée comme provisoire, sauf décision contraire (C.J.A., art. L. 911-6). La même présomption n'est pas reprise pour l'astreinte qui assortit une injonction (C.J.A., art. L. 911-3).

770. Il revient à la juridiction qui a prononcé l'astreinte de la liquider (C.J.A., art. R. 921-7).

Lorsque le tribunal administratif a prononcé par le même jugement une injonction et une astreinte, il demeure compétent pour liquider l'astreinte, même si le premier jugement a été frappé d'appel (C.E., avis, 30 avr. 1997, Mme Marchal : *Rec.*, p. 131), mais si l'astreinte a été ordonnée *a posteriori*, la liquidation est de la compétence de la cour administrative d'appel (C.J.A., art. L. 911-4). Au Conseil d'État, la liquidation est prononcée d'office.

La liquidation de l'astreinte est prononcée, qu'il y ait inexécution ou exécution tardive (C.J.A., art. L. 911-7).

Il n'y a pas lieu de liquider l'astreinte si les parties sont parvenues à un accord ou si l'administration a exécuté dans le délai.

Si l'administration persiste à ne pas exécuter après une première liquidation, le juge peut procéder à une nouvelle liquidation (C.E., 3 avr. 1996, Soulat : *Rec.*, p. 115).

Le juge de l'exécution, saisi sur le fondement des dispositions de l'article L. 911-7 aux fins de liquidation d'une astreinte précédemment prononcée, peut la modérer ou la supprimer, mais ne peut remettre en cause les mesures décidées par le dispositif de la décision juridictionnelle dont l'exécution est demandée (C.E., 5 sept. 2011, Min. Int., Outre-mer, Coll. terr. et Immigration c. Medina, n° 351710).

Sous-section 5
L'exécution automatique

771. La loi du 16 juillet 1980 contient des dispositions destinées à régler le sort des condamnations de l'administration au paiement d'une somme d'argent. Sont visées les condamnations pécuniaires de l'État passées en force de chose jugée. La décision de justice vaut ordonnancement, qui doit intervenir dans les quatre mois, cinq si la dépense est imputable sur des crédits limitatifs insuffisants (C.J.A., art. L. 911-9). À défaut d'ordonnancement dans les délais mentionnés, le comptable assignataire doit, à la demande du créancier, et sur présentation de la décision, procéder au paiement. La Cour de discipline budgétaire peut sanctionner la carence, éventuellement sur saisine du créancier lui-même par l'entremise du ministère public. Pour les collectivités territoriales et les établissements publics, le paiement forcé transite par l'autorité de tutelle ou celle chargée du contrôle de légalité, saisie par le créancier à l'expiration des mêmes délais. Cette autorité a l'obligation de procéder à un mandatement d'office ou à une mise en demeure qui précédera, éventuellement, l'inscription d'office de la dette au budget de cette personne publique. Le Conseil d'État reconnaît, en outre, au préfet, dans le cas de condamnation pécuniaire d'une collectivité territoriale, la possibilité d'assurer l'exécution de la décision de justice en faisant vendre des biens appartenant à cette collectivité, sauf si un motif d'intérêt général s'y oppose (C.E., sect., 18 nov. 2005, Sté fermière de Campoloro : *Rec.*, p. 515).

Sous-section 6
Les demandes d'éclaircissement

772. Il peut se produire que l'administration soit réellement embarrassée quant à la manière d'exécuter un jugement. En ce cas, depuis 1963, devant le Conseil d'État, et, depuis 1988, devant toute juridiction administrative, l'administration peut demander à toute juridiction administrative le sens de sa décision, sa portée et les modalités pratiques de son exécution. Ces questions reçoivent une réponse de la section du rapport et des études au Conseil d'État, et du président de la juridiction ou d'un conseiller désigné à cette fin par celui-ci dans les autres juridictions.

Les ministres ont la faculté de demander au Conseil d'État d'éclairer l'administration sur les modalités d'exécution de la décision. Un membre du Conseil d'État est alors envoyé auprès de l'administration intéressée et lui indique les mesures à prendre.

Sur saisine du vice-président du Conseil d'État ou du président de la Section du contentieux, la section du rapport et des études peut appeler l'attention de l'administration sur les suites à donner à une décision.

À l'expiration d'un délai de trois après notification d'un jugement ou arrêt, les requérants peuvent signaler au Conseil d'État les difficultés qu'ils rencontrent pour obtenir l'exécution (il n'existe aucun délai pour les mesures d'urgence). Un rapporteur peut être désigné et, le cas échéant, il est fait mention de l'affaire au rapport annuel. Cette procédure existe devant le Conseil d'État, les tribunaux administratifs et les cours administratives d'appel (C.J.A., art. L. 921-1).

Lorsque des difficultés d'exécution ont été signalées à la section du rapport et des études dans les conditions prévues à l'article R. 931-2 du Code de justice administrative, le président de cette section peut saisir le président de la Section du contentieux aux fins d'ouverture d'une procédure d'astreinte d'office, que ce dernier prononce par ordonnance. Celle-ci est enregistrée au secrétariat de la Section du contentieux et notifiée aux parties. L'affaire est instruite et jugée d'urgence (C.J.A., art. R. 931-7).

À l'issue de chaque année civile, les présidents de tribunal administratif et de cour administrative d'appel rendent compte au président de la Section du rapport et des études du Conseil d'État des difficultés d'exécution qui leur ont été soumises (C.J.A., art. R. 921-8).

Sous-section 7
Le recours en interprétation

773. Le recours en interprétation permet aux parties d'obtenir de la juridiction l'interprétation d'un jugement qu'elle a rendu lorsque celui-ci est obscur ou ambigu, par exemple emploie un terme pouvant donner lieu à des interprétations divergentes ou ne précise pas le mode de calcul d'intérêts moratoires.

Ce recours est ouvert même sans texte et sans condition de délai contre tout jugement, même devant une juridiction spécialisée.

Il n'est recevable que s'il émane d'une partie à l'instance ayant abouti au prononcé de la décision dont l'interprétation est sollicitée et dans la seule mesure où il peut valablement être argué que cette décision est obscure ou ambiguë (C.E., 23 févr. 1951, Araf : *Rec.*, p. 110 ; ord. réf. 4 juil. 2001, Marza : *Rec.*, p. 1087 ; 10 janv. 2007, Assoc. des victimes du Crédit mutuel, n° 298146 ; 2013, Dpt Tarn-et-Garonne, préc.). L'irrecevabilité d'un tel recours est un moyen d'ordre public, y compris en cassation.

774. Par ailleurs, le juge donne de plus en plus souvent à l'administration des indications pour l'aider à procéder à l'exécution de ses décisions. Il a procédé de la sorte dans l'arrêt *Rodière* (préc.). Cette tendance s'est répandue (Vassilikiotis, préc., 27 juil. 2001, Titran : *Rec.*, p. 411). Dans ces espèces, le Conseil d'État a annulé partiellement et de façon conditionnelle des décisions et a imparti aux administrations intéressées un délai pour exécuter ces décisions conformément aux obligations contenues dans leurs motifs et pour opérer les modifications des textes réglementaires annulés.

TITRE 3

La contestation de la décision

Chapitre 1
L'appel 503

Chapitre 2
Le recours en cassation 523

Chapitre 3
Les voies de rétractation 539

775. Les voies de recours se divisent en voies de rétractation, portées devant la juridiction même qui a rendu la décision et lui demandant de revenir, en tout ou en partie, sur celle-ci, et en voies de réformation, permettant de remettre en cause devant une juridiction supérieure la décision rendue.

Les voies de rétractation sont l'opposition (en cas de défaut d'une partie), la tierce opposition (qui permet à un tiers non appelé à l'instance de défendre ses intérêts), le recours en révision et le recours en rectification d'erreur matérielle.

Les voies de réformation ordinaires répondent au principe du double degré de juridiction, permettant aux parties de bénéficier d'un double examen de l'affaire : appel et recours en cassation, contrôle de la régularité juridique de la décision juridictionnelle émanant d'une juridiction statuant en dernier ressort.

Le recours dans l'intérêt de la loi est une voie de recours extraordinaire, qui ne peut être intentée que par les ministres afin de défendre les principes, et reste sans effet pratique sur le règlement juridictionnel des prétentions des plaideurs. Il permet de censurer des jugements erronés dans le seul intérêt de la conservation des principes. Sa seule existence est aujourd'hui jurisprudentielle. Il n'est utilisable que devant le Conseil d'État, contre tous les jugements des juridictions administratives. Il n'est enfermé dans aucun délai et peut concerner toutes les erreurs juridiques commises, fût-ce dans les seuls motifs ou autres bases du jugement. Il ne peut concerner des questions de fait.

Chapitre 1

L'appel

1 **L'exercice de l'appel** 504

2 **Les effets de l'appel** 516

776. L'appel est une voie de recours ouverte contre les jugements rendus par les juridictions administratives en premier ressort, qui permet de soumettre ces jugements au contrôle d'une juridiction du second degré. Celle-ci peut annuler le jugement qui lui est déféré, s'il a été rendu irrégulièrement, ou l'annuler et le réformer en conséquence d'un nouvel examen du litige. Est ainsi assuré le respect du principe du double degré de juridiction.

L'exercice de l'appel, qui est en principe ouvert aux différentes personnes qui étaient partie, représentées ou appelées à l'instance de premier ressort, est soumis à certaines conditions. Les effets de l'appel, ainsi que les pouvoirs du juge, peuvent varier.

SECTION 1
L'EXERCICE DE L'APPEL

777. L'appel est une voie de recours ouverte contre les jugements rendus par les juridictions administratives de premier ressort. Porté devant une juridiction hiérarchiquement supérieure, l'appel aboutit à un réexamen complet de l'affaire, faits et droit. On trouve ici une illustration du mécanisme du double degré de juridiction. Pourtant, celui-ci ne constitue ni un principe général du droit (C.E., 17 déc. 2003, Meyet et a. : *A.J.D.A.*, 2004, p. 714) ni un principe de valeur constitutionnelle (Cons. const., 23 janv. 1987, Conseil de la concurrence, préc. ; 20 janv. 1993, Prévention de la corruption, préc. ; 12 févr. 2004, Statut de la Polynésie française, préc.). L'appel n'existe pas sans texte. Les textes législatifs ou réglementaires peuvent supprimer la possibilité d'appel (C.E., avis, 30 juin 2004, Cté urb. Lille, n° 267005), mais, si un texte la prévoit, il est interdit aux parties de renoncer, avant le prononcé du jugement, à interjeter appel.

Sous-section 1
Les conditions de recevabilité

778. Seuls certains jugements et ordonnances sont susceptibles d'appel. L'appel est soumis à certaines conditions procédurales. Les règles de recevabilité de l'appel sont, *mutatis mutandis*, celles rencontrées en premier ressort.

§ 1. Les décisions attaquées

779. Il ne peut être formé appel que d'un jugement rendu en premier ressort. Tout jugement qui remplit cette condition est susceptible d'appel, qu'il soit avant dire droit, interlocutoire, contradictoire ou rendu par défaut (C.J.A., art. L. 321-1 ; C.E., sect., 16 déc. 1977, Lehodey et a. : *Rec.*, p. 508).

Tous les jugements et ordonnances des juridictions inférieures ne sont pas susceptibles d'appel. Le tribunal administratif statue, en effet, en premier et dernier ressort sur les litiges énumérés à l'article R. 222-13 du Code de justice administrative (C.J.A., art. R. 811-1). Ces litiges sont ceux qui peuvent être tranchés par un juge statuant seul. Le critère est celui de la matière, et non celui de la formation de jugement. Peu importe que le litige ait été tranché par un juge unique ou renvoyé en formation collégiale.

Toutefois, même dans ces matières, la possibilité de faire appel est maintenue : pour les recours visés aux 2° et 3° de l'article R. 222-13, lorsqu'ils comportent des conclusions indemnitaires supérieures à un montant de 8 000 € ; pour les décisions statuant sur des recours en matière de taxes foncières, visées au 5°, lorsqu'elles statuent également, à la demande du même contribuable, pour la même année et pour la même commune, sur des conclusions relatives à la taxe professionnelle (*sic*) ; pour les actions indemnitaires visées au 7°, en cas de connexité avec un litige susceptible d'appel ; pour les ordonnances rendues par le juge des référés ordonnant un constat ou une mesure d'instruction (C.J.A., art. R. 533-1) ou accordant une provision (C.J.A., art. R. 541-3).

En outre, un appel contre un jugement rendu en dernier ressort n'est pas en soi irrecevable. La cour administrative d'appel doit transmettre la requête dont elle a été saisie au Conseil d'État. Le Conseil d'État estime, en effet, qu'il résulte des dispositions des articles R. 811-1, R. 222-13, R. 351-2 et R. 351-4 du Code de justice administrative que, lorsqu'une cour administrative d'appel est saisie d'un recours dirigé contre un jugement d'un tribunal administratif statuant en dernier ressort, quelle que soit la raison pour laquelle le requérant a cru bon de la saisir et sans qu'aient une incidence sur ce point les mentions portées sur la lettre de notification du jugement attaqué, son président doit transmettre sans délai le dossier au Conseil d'État, sauf irrecevabilité manifeste insusceptible d'être couverte en cours d'instance ou constatation d'un non-lieu à statuer. Tel n'est pas le cas alors même que le requérant entendait, sciemment, interjeter appel d'un jugement de tribunal administratif statuant dans un litige ayant pour objet des cotisations de taxe foncière sur les propriétés bâties, en remettant en cause la suppression de l'appel pour cette catégorie de litiges (C.E., sect., 18 juil. 2006, Sté Darty Alsace-Lorraine, n°s 267894 et 267895).

Les décisions rendues par un arbitre en matière d'opérations d'archéologie préventive sont dites avoir la « valeur d'un jugement du tribunal administratif » (D. 3 juin 2004, art. 52). Pour autant, ces expertises ne sont pas des jugements et ne sont donc pas susceptibles d'appel devant la cour administrative d'appel (C.E., 28 déc. 2005, Union synd. des magistrats administratifs : *Rec.*, p. 591).

780. En appel, tout est passible de débat, le fondement, la procédure, la solution sur le fond ou la recevabilité, la formulation, mais uniquement au travers de la mise en cause même du dispositif de la décision dont il est relevé appel (C.E., sect., 28 janv. 1966, Sté La Purfina française : *Rec.*, p. 68). Un requérant qui n'a initialement invoqué que la responsabilité pour dommages de travaux publics pour obtenir l'indemnisation des travaux qu'il avait dû supporter à la suite de l'effondrement d'un mur, est recevable à invoquer en appel l'enrichissement sans cause de la personne publique s'il apparaît que ce mur appartient au domaine public de cette dernière. L'appel ne peut tendre qu'à l'annulation ou à la réformation du dispositif du jugement. Le requérant ne peut se borner à reprendre sa demande de première instance sans critiquer le jugement (C.E., 27 juin 2008, Boudou : *Rec.*, p. 252). Il est impossible de faire appel des seuls motifs du jugement.

L'appel peut être limité à une partie du dispositif du jugement entrepris.

§ 2. Le délai d'appel

781. Le délai d'appel est de deux mois, à compter de la réception de la notification régulière du jugement de première instance, contre les jugements des tribunaux administratifs (C.J.A., art. R. 811-2). Aucune disposition ni aucun principe n'imposent que la notification des jugements comporte l'indication des voies et délais de recours pour que courre le délai d'appel (C.E., sect., 5 avr. 1996, Synd. des avocats de France : *Rec.*, p. 118 ; 8 mars 1985, Catois : *Rec.*, p. 747).

Les délais plus brefs, qui existent notamment en matière électorale (un mois) et de référé (quinze jours), ne sont opposables qu'à la condition d'avoir été spécifiés dans la notification du jugement, faute de quoi s'applique le délai de droit commun de deux mois (C.J.A., art. R. 811-3 ; C.E., sect., 26 mars 1993, Mlle Bourgeois : *Rec.*, p. 86 ; 27 avr. 1994, Raynal : *Rec.*, p. 202).

Il existe des délais plus longs. En matière fiscale, le jugement est notifié au directeur départemental des impôts qui dispose de deux mois pour le transmettre au ministre des Finances, celui-ci ayant deux mois à compter de la réception de cet envoi pour saisir la cour administrative d'appel. Le délai d'appel contre les jugements des tribunaux administratifs de Nouméa, Papeete et Mamoudzou est de trois mois (C.J.A., art. R. 811-4).

Le délai d'appel contre les jugements avant dire droit, qu'ils tranchent ou non une question au principal, court jusqu'à l'expiration du délai d'appel contre le jugement qu règle définitivement le fond du litige (C.J.A., art. R. 811-6).

L'appel incident peut être formé sans condition de délai, avant le jugement de l'appel principal (C.E., 9 févr. 1850, Carnot c. Cne Nolay : *Rec.*, p. 138).

Ces délais sont éventuellement augmentés des délais de distance (C.J.A., art. R. 811-5, voy. *supra*) et du délai nécessaire à la présentation d'une demande d'aide juridictionnelle.

Le délai est franc et court de la notification du jugement à la partie elle-même (C.J.A., art. R. 811-2). Le délai ne court qu'à compter de la notification du jugement à celui qui a qualité pour en faire appel (C.E., 15 juin 2005, Min. Jeunesse c. d'Onno : *A.J.D.A.*, 1750).

782. Sauf disposition contraire, les jugements, ordonnances et arrêtés sont notifiés par les soins du greffe à toutes les parties en cause, à leur domicile réel, par lettre recommandée avec demande d'avis de réception, sans préjudice du droit des parties de faire signifier la décision par acte d'huissier (C.J.A., art. R. 751-3). Une notification effectuée par lettre recommandée avec avis de réception à la dernière adresse indiquée par le requérant à la juridiction fait courir le délai d'appel, même si le pli n'est pas réclamé avant l'expiration du délai de garde par le service postal. Une notification ultérieure n'a pas pour effet de rouvrir le délai d'appel (C.E., 8 juin 1998, Gripond, n° 187820 ; 11 juin 1999, Buret, n° 170055 ; 16 févr. 2004, Dayan : *Rec.*, p. 850).

En cas de déménagement, il appartient en principe au justiciable de faire connaître son changement d'adresse au greffe du tribunal administratif. Néanmoins, il est admis que le justiciable prend les précautions nécessaires s'il informe la Poste de sa nouvelle adresse en demandant que son courrier lui soit réexpédié et, dans ce cas, le délai d'appel ne court qu'à compter de la réception de la notification du jugement à sa nouvelle adresse. Toutefois, il incombe au justiciable, pour justifier la recevabilité de son appel, d'apporter la preuve qu'il a bien accompli les démarches nécessaires (C.E., 18 mars 2005, Laurent : *Rec.*, p. 117).

Fait également courir le délai la notification par la voie administrative (C.J.A., art. R. 751-4). Une partie a la faculté de faire signifier à une autre partie un jugement de tribunal administratif par voie d'huissier. Cette signification fait courir le délai d'appel à l'égard de la partie qui l'a reçue (C.E., 18 févr. 1998, Min. Agric. c. Lechoisne, n° 155788). Pourtant, lorsque le jugement a été notifié, la signification ultérieure du même jugement n'a pas d'incidence sur le cours du délai d'appel (C.E., 30 déc. 1998, Assoc. synd. du Nevon, n° 151545).

Mais le délai d'appel ne court pas lorsque le jugement est notifié à une personne n'ayant pas qualité pour interjeter appel (C.E., 25 mai 2005,

Min. Déf. c. Penhoat : *Rec.*, p. 1016) ou lorsque sont uniquement notifiés les visas et le dispositif du jugement, à l'exclusion des motifs (C.E., 3 avr. 2002, CPAM de Seine-Saint-Denis : *Rec.*, p. 938). La notification d'une décision juridictionnelle à l'État en la personne d'un ministre fait courir le délai d'appel même si ce ministre n'est pas celui dont relève l'administration intéressée au litige (C.E., 19 nov. 2003, Min. Agric. c. Assoc. Puy-de-Dôme Nature Environnement : *Rec.*, p. 903).

Une demande d'aide juridictionnelle interrompt le délai, qui recommence à courir du jour de la notification au requérant de la décision du bureau d'aide juridictionnelle indiquant le nom d'un avocat acceptant de s'occuper de l'affaire.

§ 3. Les formes de la requête d'appel

783. Les requêtes d'appel doivent, à peine d'irrecevabilité, être accompagnées d'une copie du jugement attaqué, ainsi que de copies en nombre égal à celui des autres parties en cause, augmenté de deux. Les présidents de cours administratives d'appel peuvent, par ordonnance, rejeter les requêtes pour défaut de production du jugement attaqué, sans avoir à en demander la régularisation préalable, lorsque l'obligation de cette formalité a été mentionnée dans la notification du jugement. Cependant, si le greffe de la cour prend l'initiative de demander au tribunal administratif le dossier de première instance, incluant une copie du jugement attaqué, puis que ce dossier a été joint par ce greffe au dossier de la requête d'appel, avant que l'ordonnance d'appel ne soit rendue, la requête ne peut être rejetée pour absence de production du jugement (C.E., sect., 3 déc. 2004, Cne Rots : *Rec.*, p. 450).

L'appelant doit produire un mémoire propre à son appel. Le fait de joindre à l'appel les requêtes de première instance ne met pas le juge d'appel en mesure de se prononcer sur les erreurs que les premiers juges auraient pu commettre (C.E., sect., 11 juin 1999, OPHLM Caen, n° 173972 et a.).

Est irrecevable une requête d'appel qui reproduit intégralement le mémoire de première instance, mais est recevable un mémoire d'appel qui ne constitue pas la reproduction littérale du mémoire de première instance. Les moyens d'appel ne sont pas recevables s'ils se bornent à reprendre purement et simplement ceux présentés en première instance (C.E., 27 juin 2005, Sté Les techniques de communication : *Rec.*, p. 1068 ; sect., 27 juin 2005, Mahdi : *Rec.*, p. 257).

Sous-section 2
Les différents appels

784. Il faut, dans tous les cas, pour former appel, avoir intérêt pour agir et disposer d'une qualité pour agir. N'est pas recevable celui qui a acquiescé ou s'est désisté en première instance.

Il importe de distinguer l'appel principal, l'appel incident et l'appel provoqué.

§ 1. L'appel principal

785. L'appel principal est l'appel de droit commun, formé par « l'appelant ». Ce n'est pas nécessairement le premier ni le plus important. L'appelant doit avoir participé à l'instance initiale comme partie, ou y avoir été appelé (C.J.A., art. R. 811-1), alors même qu'il n'aurait produit aucune défense, et avoir intérêt pour faire appel.

En revanche, une personne morale mise en cause d'office en première instance, en vertu d'une disposition légale, devient une partie et peut, le cas échéant, interjeter appel dans le délai de deux mois (C.E., 29 sept. 2003,CPAM de la Haute-Vienne : *Rec.*, p. 994). Si elle n'interjette pas appel dans le délai prescrit, elle conserve le droit de reprendre en appel ses conclusions de première instance, non en tant qu'appelante principale, mais dans le cadre de l'appel formé régulièrement par la victime (C.E., sect., 1er juil. 2005, S. : *Rec.*, p. 300).

La qualité pour faire appel n'appartient qu'aux personnes qui étaient partie (Lehodey, préc. ; 16 mars 1977, Épx Maffey : *Rec.*, p. 152 ; 4 nov. 1983, Lamarque : *Rec.*, p. 477 ; 15 oct. 1990, Mme Papin-Bricaud : *Rec.*, p. 942), représentées ou appelées en cause dans l'instance de premier ressort. Une partie présente en première instance a toujours qualité pour faire appel du jugement rendu à l'issue de cette instance (C.E., 7 nov. 1924, Baumann : *Rec.*, p. 862 ; sect., 11 févr. 2005, Marcel : *Rec.*, p. 56, concl. OLLÉON).

Une personne invitée par le tribunal administratif à présenter des observations, mais qui n'aurait pas eu qualité pour former tierce opposition au jugement, celui-ci ne préjudiciant pas à ses droits, n'avait pas la qualité de partie en première instance. Son appel est donc irrecevable (C.E., 26 janv. 2011, Assoc. de défense contre la déviation au nord de Maisse et cne Courdimanche-sur-Essonne : *Rec.*, p. 1110).

Un tiers ne peut donc interjeter appel d'un jugement. Il devra, le cas échéant, former tierce opposition. Ainsi, un ministre ne peut interjeter appel d'un jugement que s'il a, à l'égard de celui-ci, la qualité de ministre intéressé (C.E., 15 févr. 1967, Dpt Var : *Rec.*, p. 409 ; 27 nov. 2000, Assoc.

Comité tous frères : *Rec.*, p. 559). Le Secrétaire d'État aux universités n'a pas qualité pour faire appel d'un jugement annulant la décision d'un président d'université qui n'affecte pas les droits statutaires de ce dernier (C.E., sect., 20 déc. 1978, Secr. État universités c. Falc'Hun : *Rec.*, p. 544). Le ministre des Finances est sans qualité pour faire seul appel d'un jugement annulant une décision du ministre de l'Intérieur (C.E., sect., 29 janv. 1971, Min. Éco. et Fin. c. Gallet : *Rec.*, p. 88). Mais le garant de l'une des parties a qualité pour interjeter appel d'un jugement le condamnant à garantir cette partie (C.E., 9 oct. 1970, Entreprise Bourdin-Chausse : *A.J.D.A.*, 1971, p. 317).

Une partie présente en première instance a toujours qualité pour faire appel du jugement rendu à l'issue de cette instance (C.E., 7 nov. 1924, Baumann : *Rec.*, p. 862 ; 6 févr. 1930, V. Châteauroux : *Rec.*, p. 140 ; sect., 11 févr. 2005, Marcel : *Rec.*, p. 56, concl. Olléon). Le titulaire initial d'un permis de construire mis en cause devant le tribunal administratif en cette qualité est recevable à relever appel du jugement ayant annulé ce permis, quand bien même le permis a été transféré à un tiers avant d'être contesté (C.E., 17 sept. 1999, Mme Bourde et Jouvance : *Rec.*, p. 981).

En revanche, en contentieux électoral, lorsque l'élection a été annulée par les premiers juges, tous les électeurs peuvent interjeter appel, car tous subissent les effets de ce jugement. Mais, lorsque les premiers juges ont confirmé les résultats de l'élection, ne peuvent interjeter appel que les électeurs qui étaient protestataires en première instance (C.E., 26 déc. 1986, Élect. mun. de Bessons : *Rec.*, p. 879 ; sect., 11 avr. 1973, Élect. au conseil de l'UER n° 3 de l'université de Bordeaux II : *Rec.*, p. 300).

Certains intervenants peuvent faire appel, s'ils avaient eu qualité pour introduire le recours ou, à défaut d'intervention, pour former tierce opposition. Une personne qui est régulièrement intervenue à l'appui d'un recours pour excès de pouvoir ou en défense à un tel recours est recevable à interjeter appel du jugement rendu contrairement aux conclusions de son intervention, si elle avait eu qualité soit pour introduire elle-même le recours, soit, à défaut d'intervention, pour former tierce opposition contre le jugement faisant droit au recours (C.E., sect., 9 juin 1959, de Harenne : *Rec.*, p. 24 ; 16 juin 1999, Cts de Brissac, n° 157987). Si l'intervenant de première instance ne remplit pas les conditions pour faire appel, il est toutefois recevable à intervenir à nouveau en appel (C.E., 12 oct. 1977, Préf. Hauts-de-Seine c. Leclerc : *Rec.*, p. 929).

786. La partie qui a obtenu gain de cause en premier ressort ne peut renoncer, sur l'appel formé par le défendeur, au bénéfice de l'annulation prononcée par les premiers juges (C.E., sect., 13 juil. 1967, Min. Éduc. nat. c. École privée de filles de Pradelles : *Rec.*, p. 339 ; 2 févr. 1972, Min. Santé et Séc. soc. c. Minuit-Balalud de Saint-Jean : *Rec.*, p. 106).

L'intérêt à faire appel s'apprécie par rapport au dispositif du jugement de première instance et non à ses motifs. On ne peut interjeter appel des motifs d'un jugement, parce qu'ils n'ont pas l'autorité de chose jugée et parce qu'ils ne font pas grief, sauf lorsqu'ils sont « le soutien nécessaire du dispositif ». L'appel ne peut être dirigé que contre un dispositif qui rejette les prétentions du requérant, en tout ou en partie. Il ne peut l'être contre un dispositif qui lui donne entière satisfaction (C.E., 29 avr 1955, Min. Aff. éco. c. Deporte : *Rec.*, p. 221, concl. Laurent ; sect., 22 mars 1957, Min. Int. c. Desperamons : *Rec.*, p. 198 ; sect., 28 janv. 1966, Sté La Purfina française : *Rec.*, p. 68 ; sect., 3 févr. 1999, Hôpital Cosne-Cour-sur-Loire : *Rec.*, p. 14 ; sect., 13 déc. 2002, Morez : *Rec.*, p. 457 ; ord. réf., 26 mai 2006, Sté du Yacht Club International de Marina Baie-des-Anges (Sycim) : *Rec.*, p. 265). L'intervenant doit également avoir intérêt à poursuivre l'instance initiale.

Un ministre qui a le pouvoir d'opposer la prescription quadriennale à un jugement déclarant l'État débiteur d'une somme d'argent n'a pas intérêt pour former appel contre ce jugement sur le seul fondement de l'exception de prescription quadriennale (C.E., sect., 12 nov. 1971, Min. Justice c. de Courrèges d'Ustou : *Rec.*, p. 678).

§ 2. Les appels complémentaires

787. Les appels complémentaires, formés par les « intimés », prolongent les appels principaux ou y ripostent. Exempts de délai, ils permettent à ceux qui n'avaient pas interjeté appel de s'insérer, avec leurs propres revendications, dans l'instance ouverte par quelqu'un d'autre et provoquent l'élargissement de l'appel ainsi qu'un nouveau jugement, plus systématique, du procès.

On distingue l'appel incident, contre-appel de l'intimé en réaction à l'appelant, et l'appel provoqué, qui permet, dans le cadre d'un procès à plusieurs protagonistes, à une partie de réagir à un appel contre une autre partie que l'appelant.

A. L'appel incident « pur »

788. L'appel incident constitue une réponse, une riposte, de l'intimé à l'appelant. Il est formé par une partie de première instance autre que l'appelant principal. Le jugement n'avait pas donné à cette partie entière satisfaction, mais elle s'en était satisfaite. Voyant l'autre partie tenter d'obtenir la remise en cause du jugement à son seul profit, elle forme appel à son tour. L'appel incident permet aussi de répliquer à la manœuvre qui consisterait pour une partie à différer son appel jusqu'à l'extrême limite du délai de manière à en bénéficier seule (concl. Labetoulle sur C.E., sect., 6 mars 1981, Sté Bastide et Cie : *Rec.*, p. 129). Cet appel est fréquent en plein contentieux où il permet de réagir à un appel sur une limite à une responsabilité, par un appel sur le principe même de cette responsabilité. Il est possible en excès de pouvoir, par exemple en cas d'annulation partielle d'un acte, mais exclu en contentieux électoral, en contentieux disciplinaire et en contentieux des contraventions de grande voirie.

Sa recevabilité est soumise au respect de trois conditions.

- Il doit être formé après l'appel principal, faute de quoi il est un second appel principal parallèle au premier (C.E., ass., 14 oct. 1967, Élect. mun. de Bastia : *Rec.*, p. 378).
- Sa recevabilité est suspendue à celle de l'appel principal. L'irrecevabilité de celui-ci entraîne la sienne (C.E., 26 août 1842, Cne Bevel : *Rec.*, p. 424).
- Il doit porter sur le même litige que celui qui fonde l'appel principal.

L'appel incident doit présenter un lien effectif avec l'appel principal auquel il prétend répondre. Il doit porter sur le même litige, c'est-à-dire s'articuler sur la même question juridique. Si l'appel principal est irrecevable, l'appel incident l'est aussi. Un désistement ne le fait pas tomber (Sté Bastide et cie, préc.), pas davantage qu'un non-lieu. En effet, le sort de l'appel incident ne peut dépendre d'un acte de volonté de l'autre partie, dont le désistement n'a justement très souvent pour but que de faire échec à l'appel incident. Il n'en va autrement que lorsque le désistement de l'appelant principal est intervenu avant la formation de l'appel incident (C.E., 25 mai 1992, Grand : *Rec.*, p. 1258).

L'appelant principal est recevable à former à son tour appel incident sur l'appel incident de l'intimé, car ce dernier appel peut avoir étendu le litige à des questions qui n'étaient pas abordées dans l'appel principal (C.E., 17 janv. 1958, Raguenet : *Rec.*, p. 32).

Une caisse de sécurité sociale qui a renoncé à faire appel d'un jugement se prononçant sur ses droits à remboursement des prestations servies à la victime d'un accident est néanmoins recevable à faire de nouveau valoir ses prétentions à l'occasion de l'appel interjeté par la victime (C.E., sect., 1er juil. 2005, S. : *Rec.*, p. 300).

L'appel incident est impossible dans certains contentieux : contraventions de grande voirie (C.E., 5 avr. 1957, Min. Trav. publ. : *Rec.*, p. 247), contentieux électoral (C.E., 16 juin 1899, Cne Bègles : *Rec.*, p. 438), contentieux des juridictions disciplinaires (C.E., sect., 6 févr. 1981, Lebard : *Rec.*, p. 74, concl. DONDOUX).

B. L'appel « provoqué » ou d'intimé à intimé

789. L'appel provoqué est aussi un appel incident, formé à la suite de l'appel principal. Il en diffère, car il n'est pas dirigé contre l'appelant, mais contre une autre partie de première instance qui n'a pas interjeté appel ou est présente dans l'instance en appel. C'est aussi un appel incident, qui entend également offrir à une partie qui n'a pas pris l'initiative de l'appel la possibilité d'y recourir ultérieurement et hors délai, en réaction aux appels intervenus. Mais il va plus loin en faisant subir la réplique à d'autres que l'appelant principal. Son intérêt se manifeste chaque fois que l'instance initiale mettait en cause des relations plurales. Il concerne essentiellement le contentieux de la responsabilité, avec ses garanties et ses solidarités.

L'appel d'intimé à intimé ne se conçoit donc que si trois parties au moins sont présentes dans le procès. Cette situation se réalise principalement lorsqu'une partie met en cause deux autres parties et lorsqu'une partie mise en cause par une deuxième partie appelle en garantie une troisième partie.

La question de la recevabilité de l'appel provoqué s'est longtemps posée parce que cet appel est, par hypothèse, formé après expiration du délai d'appel principal. Après l'avoir longtemps jugé irrecevable, et cette solution ayant abouti à des situations gravement inéquitables, la jurisprudence l'a finalement admis sous le nom d'« appel provoqué ».

L'appel provoqué doit, outre les conditions auxquelles tout appel incident est soumis, répondre à deux autres conditions.

- Il ne peut être interjeté que par une partie qui n'aurait pas eu intérêt à former directement appel principal (C.E., sect., 21 mai 1976, Durand et Frick : *Rec.*, p. 272).
- Les conclusions sur l'appel principal doivent être recevables et fondées, car ce n'est que dans ce cas que la situation de l'intimé sera aggravée, condition de la recevabilité de son appel (C.E., ass., 11 juil. 1984, Cne Saint-Sébastien-sur-Loire : *Rec.*, p. 267). Ceci justifie que le désistement de l'appelant principal rende irrecevable l'appel provoqué, puisque les obligations mises à la charge de leur auteur en première instance ne peuvent plus être aggravées (Sté Bastide et cie, préc.).

Il a d'abord été admis dans l'hypothèse d'une double action en responsabilité. Au cas où la victime aurait poursuivi deux responsabilités et n'en aurait obtenu qu'une, ou les deux partiellement, si la partie seule condamnée, ou une seule des deux parties condamnées, avait formé appel principal, on a admis que l'ancien requérant, devenu intimé, puisse à nouveau défendre ses prétentions contre l'autre et, ainsi, se prémunir contre les risques de succès de l'appel principal (C.E., sect., 21 janv. 1927, Cie gén. des eaux c. de Zuylen de Nyvelt : *Rec.*, p. 96). Il a ensuite été admis dans l'hypothèse d'une action en responsabilité ayant donné lieu à un appel en garantie. Au cas de jugement exonérant la partie poursuivie à titre principal, et d'appel du requérant initial, il fut admis que l'intimé puisse à nouveau « se retourner » contre son garant devant le juge d'appel (C.E., sect., 17 nov. 1967, Sté des ateliers Nicou : *Rec.*, p. 42).

Puis l'appel provoqué fut admis de la part d'une ville condamnée pour dommages de travaux publics, ainsi que son entrepreneur à titre de garantie, ce dernier ayant seul fait appel, la ville prétendant réagir non seulement en défendant son droit à garantie, mais encore en remettant en cause le principe de sa responsabilité envers le requérant initial (C.E., ass., 9 juin 1972, Sté d'Électricité pour la Lumière et la Force : *Rec.*, p. 428).

Pour que l'appel provoqué soit recevable, l'appel principal doit créer à l'auteur de l'appel provoqué un intérêt nouveau à réagir contre l'une des autres parties de première instance. L'admission de l'appel principal doit risquer de porter atteinte à sa situation ou de l'aggraver, ses obligations pouvant être directement alourdies (C.E., sect., 30 mars 1981, Assoc. pour la défense des sinistrés de la région morlaisienne : *Rec.*, p. 175). Cependant, tout rejet de l'appel « provoquant » l'arrête, de même que le désistement de l'appelant.

Si un jugement a condamné plusieurs parties solidairement, en cas d'appel d'une d'entre elles sur le montant de la condamnation encourue, les autres peuvent réagir pour se décharger non seulement de leur part solidaire, qui pouvait être alourdie en appel, mais encore de leur dette propre de responsabilité qui n'en était pas automatiquement directement affectée (C.E., ass., 11 juil. 1984, Cne Saint-Sébastien-sur-Loire c. Mayeton : *Rec.*, p. 267). Pour que l'appel provoqué soit recevable, la décision prise sur l'appel principal doit risquer d'aggraver la situation contentieuse du contre-appelant.

Ainsi, de tels appels sont-ils recevables dans à peu près tous les cas de figure. Lorsque la victime a mis en cause en première instance deux défendeurs et que celui d'entre eux qui a été condamné interjette appel, elle peut former appel contre l'autre défendeur (c'est l'appel provoqué de la victime) ; ensuite, lorsque le défenseur de première instance met en cause en appel le garant du demandeur (c'est l'appel provoqué du défendeur contre le garant) ; enfin, lorsque le défendeur forme, à la suite de l'appel de son garant condamné en première instance, appel contre le demandeur de première instance (c'est l'appel provoqué du défendeur contre le demandeur)

Le ministère d'avocat est, en principe, obligatoire en appel (C.J.A., art. R. 811-7).

Sous-section 3
La procédure

790. L'appelant doit produire un mémoire particulier, qui ne peut contenir certaines demandes ni certains moyens.

§ 1. Obligation de produire un mémoire d'appel particulier

791. L'appelant doit produire un mémoire spécifique à son appel. Le fait de joindre à l'appel les requêtes de première instance ne met pas le juge d'appel en mesure de se prononcer sur les erreurs qu'auraient pu commettre les premiers juges (OPHLM Caen, préc.). Le mémoire ne saurait être motivé par référence à une autre requête d'appel, même s'il s'agit d'un appel incident (C.E., 28 juil. 2000, Duchemin : *Rec.*, p. 1192 ; 17 nov. 1999, Min. Équip., n° 180678).

Une requête d'appel qui se borne à reproduire intégralement et exclusivement le texte du mémoire de première instance ne satisfait pas à l'exigence de motivation de l'appel résultant de l'article R. 411-1 (Sté Les techniques de communication, préc.). Mais les moyens d'appel qui reprennent dans un mémoire d'appel les moyens de première instance en les développant et ne les précisant pas sont recevables (C.E., 27 juin 2005, Mahdi : *Rec.*, p. 25).

Le mémoire d'appel doit, à peine d'irrecevabilité, être accompagné du texte du jugement attaqué, la jurisprudence interprétant cependant cette condition souplement (Cne Rots, préc.).

§ 2. Demandes nouvelles et moyens nouveaux

792. En appel, les demandes nouvelles, c'est-à-dire celles qui portent sur un objet autre que celui présenté en première instance, et portent donc sur un autre contenu, sont irrecevables. Les admettre serait contraire au principe du double degré de juridiction. Le juge d'appel doit connaître du même litige que le juge de première instance, le litige ne saurait donc être étendu en appel. C'est le principe de l'immutabilité du litige en appel. En revanche, le litige peut être restreint en appel par rapport à la première instance.

Des demandes ou conclusions nouvelles présentées pour la première fois en appel sont donc en principe irrecevables (C.E., 19 avr. 1974, SA des sondages, injections et forages « Entreprise Bachy » et a. : *Rec.*, p. 241 ; 1er oct. 1997, Avrillier : *A.J.D.A.*, 1997, p. 815). Cependant, il existe à ce principe des exceptions normales. Est bien sûr recevable pour la première fois en appel la demande d'annulation du jugement de première instance fondée sur ce qu'il serait entaché d'irrégularité. La partie appelante peut également augmenter ses prétentions en cas d'aggravation du préjudice dont elle demandait réparation en première instance ou en cas de découverte de l'étendue réelle de ce préjudice postérieurement au jugement (C.E., sect., 8 juil. 1998, Dpt Isère : *Rec.*, p. 308). Il peut encore être demandé en appel l'octroi d'intérêts supplémentaires, du chef du temps qui s'est écoulé.

Est, en revanche, irrecevable en appel, comme étant nouvelle, la demande d'une commune fondée sur la responsabilité décennale des entrepreneurs, qui est une responsabilité légale, alors qu'en première instance, la commune se fondait exclusivement sur la responsabilité contractuelle (C.E., 1er juin 1979, Cne Millau : *Rec.*, p. 913). Ces deux causes juridiques sont en effet distinctes. Est encore nouvelle en appel la demande tendant à faire condamner une université, établissement public distinct de l'État, alors qu'en première instance était seule recherchée la responsabilité de l'État (C.E., 5 oct. 1979, Secr. État aux universités c. Mme Regnier : *Rec.*, p. 882).

793. Les moyens nouveaux concernent l'argumentation développée au soutien de la demande. Tous les moyens soumis au juge de première instance peuvent être repris devant le juge d'appel et seront examinés par lui. Sont recevables les moyens véritablement nouveaux, qu'ils émanent du demandeur ou du défendeur, à condition qu'il s'agisse de moyens d'ordre public ou qu'ils soient fondés sur l'irrégularité du jugement de première instance. Les autres moyens nouveaux ne sont, en revanche, pas tous recevables. Ceux du demandeur ne sont que restrictivement admis. Ils doivent appartenir à la même cause juridique que celle sur laquelle le demandeur s'est fondé en première instance, ceci parce qu'il a pris l'initiative du procès et a pu en fixer le cadre. En revanche, pour des raisons inverses, les moyens nouveaux du défendeur sont largement admis, à condition d'être formulés avant l'expiration du délai d'appel.

SECTION 2
LES EFFETS DE L'APPEL

794. L'appel est dépourvu d'effet suspensif. Les pouvoirs du juge varient de l'effet dévolutif à l'évocation.

Sous-section 1
L'absence d'effet suspensif

795. En principe, l'appel n'a pas d'effet suspensif (C.J.A., art. R. 811-14). L'appelant a l'obligation d'exécuter la décision de première instance pendant tout le cours de l'instance d'appel. Le caractère non suspensif de l'appel permet de comprendre que celui qui a payé la somme mise à sa charge par un jugement et obtient gain de cause en appel se verra restituer la somme indûment versée, mais n'a droit, de la part de son adversaire, au paiement des intérêts légaux de celle-ci pour le temps qui a couru de son versement effectif jusqu'à la demande de restitution, car ce paiement découle des termes mêmes de la loi, et non de la volonté de son adversaire (C.E., sect., 4 avr. 1984, Maternité rég. A. Pinard : *Rec.*, p. 165).

Il existe des palliatifs à cette situation. En outre, l'administration s'abstient souvent de procéder à l'exécution de jugements frappés d'appel pour éviter de créer des situations irréversibles.

Dans certains contentieux (électoral et disciplinaire) l'appel est suspensif de plein droit. Surtout, le sursis à exécution du jugement est toujours possible.

Dans le contentieux pécuniaire, il y a sursis du seul fait que l'exécution risque d'exposer l'appelant à la perte définitive d'une somme qui ne devrait pas rester à sa charge dans le cas où ses conclusions d'appel seraient accueillies (C.J.A., art. R. 811-16). Le sursis est accordé chaque fois que l'éventuelle restitution des sommes versées serait trop incertaine. Pourtant, une offre de caution peut justifier le refus du sursis, à moins qu'elle ne soit dépourvue d'effet juridique. Le sursis peut être partiel.

Dans le contentieux de l'excès de pouvoir, la condition de préjudice disparaît. Il suffit que les moyens invoqués par l'appelant paraissent, en l'état de l'instruction, sérieux et de nature à justifier, outre l'annulation du jugement attaqué, le rejet des conclusions à fin d'annulation, autrement dit, que l'annulation paraisse avoir été prononcée à tort, pour que le sursis soit ordonné (C.J.A., art. R. 811-15).

Sinon, le sursis peut être ordonné si la décision de première instance risque d'entraîner des conséquences difficilement réparables et si les moyens invoqués paraissent sérieux en l'état de l'instruction (C.J.A., art. R. 811-17).

Les conclusions tendant au sursis à exécution doivent être présentées par requête distincte du recours en appel et accompagnées d'une copie de ce recours (C.J.A., art. R. 811-17, al. 2).

Sous-section 2
L'effet dévolutif de l'appel

796. L'effet dévolutif suppose que le jugement de première instance ait statué sur le fond et qu'il y ait lieu à réexamen de l'ensemble de l'affaire par le juge d'appel, donc qu'un jugement ait été régulièrement rendu en première instance. L'intégralité du litige est portée devant le juge d'appel, qui procède à un nouvel examen des prétentions des parties, dans la limite des conclusions et moyens présentés en appel (C.E., 28 nov. 1956, Schuhl : *Rec.*, p. 450). Lorsque les parties appelantes n'ont pas précisé l'étendue de l'appel, l'effet dévolutif est réputé total. La juridiction d'appel est alors saisie de l'entier litige de première instance (C.E., 16 nov. 1949, Cne Romainville : *Rec.*, p. 786) avec tous ses moyens (C.E., 23 nov. 1984, Sté des ciments français : *Rec.*, p. 390 ; 22 juin 1990, Le Prevost : *Rev. fr. dr. admin.*, 1991, p. 835, concl. ABRAHAM ; sect., 28 juil. 2000, Diagola : *Rec.*, p. 300) et toutes ses conclusions. Le juge d'appel reprend l'affaire à zéro et la rejuge, mais ne juge pas le jugement de première instance. S'il confirme le dispositif du jugement de première instance, mas pour des motifs différents de ceux des premiers juges, il n'annule pas ledit jugement et procède à une substitution de motifs. Il peut ainsi substituer un motif à celui initialement invoqué lorsque ce motif repose sur une situation déjà existante à la date à laquelle la décision attaquée a été prise. Cette substitution de motifs relève de l'office du juge.

L'appelant peut dénoncer la manière dont le premier procès a été instruit et jugé. Mais l'instance d'appel n'est que la poursuite du premier procès, c'est pourquoi les conclusions du requérant initial ne peuvent être modifiées, y compris quant au montant de l'indemnisation réclamée, sauf aggravation du préjudice et au cas où le requérant aurait, en première instance, réservé le montant de ses prétentions dans l'attente d'une expertise que le tribunal a jugée inutile sans l'inviter à chiffrer sa demande (C.E., sect., 6 janv. 1989, Mlle Guerrault : *Rec.*, p. 1) ou lorsque l'expertise effectuée en appel conduit l'appelant à former des conclusions tendant à augmenter le montant de l'indemnité, à condition toutefois que l'étendue réelle des conséquences dommageables d'un même fait n'ait été connue que postérieurement au jugement de première instance (C.E., sect., 8 juil. 1998, Dpt. Isère : *Rec.*, p. 308).

Le requérant initial, devenu appelant, ne peut pas présenter de nouveaux moyens reposant sur une cause juridique nouvelle, sauf moyens d'ordre public ou moyens relatifs à la procédure suivie devant les premiers juges, si toutefois l'irrégularité de procédure n'a pu être utilement contestée au cours de l'instance initiale. Il est, en outre, possible, même après expiration du délai d'appel, de contester la légalité externe du jugement initial, dès lors que la légalité externe de l'acte administratif litigieux a elle-même été contestée devant les premiers juges, ces deux moyens étant considérés comme relevant de la même cause juridique. Encore faut-il que l'appelant conteste effectivement le rejet qui a été opposé à sa prétention sans s'en référer purement et simplement à son argumentation initiale. En contentieux contractuel, est recevable en appel un moyen tiré par le maître d'ouvrage de l'enrichissement sans cause (C.E., 22 févr. 2008, Schmeltz et Orselli : *Rec.*, p. 58).

Le requérant qui a demandé au tribunal administratif la réparation des conséquences dommageables d'un fait qu'il impute à l'administration est recevable à détailler ces conséquences devant le juge d'appel, en invoquant, le cas échéant, des chefs de préjudice dont il n'avait pas fait état devant les premiers juges, dès lors qu'ils se rattachent au même fait générateur et que ses prétentions demeurent dans la limite du montant total de l'indemnité chiffrée en première instance, augmenté, le cas échéant, des éléments nouveaux apparus postérieurement au jugement, sous réserve des règles qui gouvernent la recevabilité des demandes fondées sur une cause juridique nouvelle. Il en va ainsi même lorsque le requérant n'a spécifié aucun chef de préjudice précis devant les premiers juges (C.E., 23 janv. 2012, Mlle Frulin, n° 346689).

Le défendeur initial, même devenu appelant, demeure pleinement libre de ses moyens, y compris sur le fond du procès (C.E., sect., 28 janv. 1977, Min. Fin. c. Sté Heurté : *Rec.*, p. 50).

L'intervention est admise pour la première fois en appel.

797. Il appartient au juge d'appel, saisi de l'ensemble du litige par l'effet dévolutif de l'appel, d'examiner les autres moyens soulevés par les parties. L'effet dévolutif de l'appel rend possible l'examen par le juge d'appel, à l'occasion de l'appel du jugement au fond, de moyens écartés par un jugement avant dire droit non frappé d'appel. Le juge d'appel rejuge l'affaire même sur celles des conclusions que les premiers juges ont rejetées ou n'ont pas pris en considération, y compris celles formées à l'origine à titre subsidiaire. Mais il ne peut pas statuer sur les conclusions de première instance auxquelles l'appelant a déclaré renoncer ou qui ont été rejetées en première instance et n'ont pas été reprises expressément en appel (C.E., 28 févr. 1958, Cie gén. des eaux : *Rec.*, p. 994). Cette renonciation ne doit cependant pas porter sur des conclusions qui sont indivisibles de la partie de celles-ci maintenue en appel, faute de quoi il serait interprété comme un désistement.

De par l'effet dévolutif de l'appel, le juge d'appel est compétent non seulement pour apprécier la validité de la solution adoptée par le juge ayant statué en premier ressort, mais aussi pour se prononcer lui-même sur l'ensemble des moyens et conclusions qui avaient été présentés en premier ressort et sur lesquels il n'a pas été statué par le premier juge. Le juge d'appel doit régler l'entier litige, même si une indemnité partielle a été proposée en cours d'instance (C.E., sect., 16 mai 2003, Mlle Maltseva : *Rec.*, p. 230 ; 16 avr. 2010, Prymerski, n° 325262).

798. L'effet dévolutif joue différemment selon la qualité de l'appelant.

- Si l'appelant était le demandeur devant le juge de première instance, le juge d'appel ne connaît que des moyens de première instance repris en appel et des éventuels moyens nouveaux.
- Si l'appelant était le défendeur, le juge d'appel connaît de tous les moyens, même non repris en appel, à moins que l'appelant ne les ait expressément abandonnés, ainsi que les éventuels moyens nouveaux.
- Si le tribunal a statué compétemment et sans erreur de procédure, le débat d'appel va pouvoir presque immédiatement se poursuivre sur la prétention de fond du requérant initial. L'effet dévolutif de l'appel

joue. Il n'y a pas obligation de commencer par annuler la décision du juge du fond. Le juge d'appel recherche si les premiers juges ont donné une solution satisfaisante à la requête. Si tel est le cas, il rejette l'appel et la demande du requérant. Il peut adopter purement et simplement les motifs retenus par les premiers juges. Si tel n'est pas le cas, au titre de l'effet dévolutif de l'appel, il lui reviendra de statuer aussi à nouveau sur les autres aspects du procès. Il épuise le procès attrait devant lui, au besoin en procédant à toutes mesures d'instruction et, donc, sans renvoi aux premiers juges (C.E., sect., 19 nov. 1999, Min. délégué Budg. c. SARL « Occases » : *Rec.*, p. 360). L'effet dévolutif est toujours total dans le contentieux disciplinaire (C.E., sect., 23 déc. 1955, Dellière : *Rec.*, p. 607).

799. Dans l'hypothèse de l'évocation en revanche, le juge d'appel est saisi de l'ensemble des conclusions et moyens présentés par les parties devant le juge de première instance, même s'ils n'ont pas été expressément repris devant le juge d'appel, ainsi que des conclusions et moyens présentés en appel.

L'évocation suppose soit qu'aucun jugement n'ait été rendu en première instance, le juge s'étant, par exemple, estimé à tort incompétent ou non valablement saisi, alors qu'il aurait dû l'être soit, si un jugement a été rendu, qu'il l'ait été dans des conditions irrégulières, par exemple parce que la juridiction était incompétente, soit parce que ce jugement est entaché d'un vice de forme substantiel.

Si les premiers juges n'ont pas abordé, ou pas régulièrement, le fond du procès, le juge d'appel annule le jugement, puis procède au renvoi ou à l'évocation de l'affaire. Ainsi, les premiers juges ont pu opposer à tort une irrecevabilité ou commettre une erreur dans l'instruction, voire dans la rédaction du jugement. Celui-ci tombe dans ses bases mêmes. Si l'on applique strictement la règle du double degré de juridiction, le juge d'appel ne peut juger au fond ; il doit renvoyer le litige aux premiers juges. Si l'on souhaite régler rapidement le procès, le juge d'appel évoque et règle le fond du litige, mais il ne peut le faire qu'à la demande expresse des parties. Le juge peut passer outre le refus de certaines parties de le voir évoqué (C.E., 18 mars 1981, SARL « Préfabat » : *Rec.*, p. 886). Le procès connaît quand même deux juges. L'intimé comme l'appelant peuvent demander l'évocation (C.E., sect., 22 mai 1981, Mlle Bloc'h : *Rec.*, p. 236).

L'évocation est obligatoire en matière électorale (C.E., 7 juil. 1967, Élect. mun. Guagno : *Rec.*, p. 303), de contentieux disciplinaire (C.E., sect., 18 févr. 1955, Offner : *Rec.*, p. 101) et de contentieux de grande voirie (C.E., 14 juin 1967, Nouveau syndicat intercnal de la vallée d'Orge : *Rec.*, p. 905). Dans les autres contentieux, le juge est libre d'évoquer ou non.

L'évocation peut n'être que partielle lorsque deux conditions sont réunies. Le jugement de première instance n'est que partiellement irrégulier : omission d'opposer un non-lieu partiel (C.E., sect., 7 avr. 1967, Min. Équip. c. Monschein, n° 70432 ; 9 juil. 1980, SARL « Le comptoir méditerranéen des viandes » : *Rec.*, p. 844), omission de statuer sur une partie des chefs de demande (C.E., 18 mai 1984, Min. Envir. c. SCI « Les Hortensias » : *Rec.*, p. 720), et il n'y a pas indivisibilité entre les composantes du jugement de première instance.

L'évocation est possible à l'égard de toutes les formes de jugement de première instance, même les référés (C.E., 15 juin 1979, Bert : *Rec.*, p. 857) ou les jugements avant dire droit (C.E., sect., 13 mai 1971, Min. Anciens Combattants c. Augeray : *Rec.*, p. 334 ; 17 juin 1981, Cne Papeete : *Rec.*, p. 817) notamment.

Le juge y procède d'office si la rationalité du procès l'implique, à condition toutefois que l'une des parties l'ait saisi de conclusions au fond. La saisine du juge d'appel de conclusions au fond vaut demande d'évocation. Lorsqu'en qualité de juge d'appel le Conseil d'État annule un jugement rendu en première instance au motif que la juridiction administrative saisie n'était pas compétente, il peut soit attribuer le jugement de l'affaire à la juridiction administrative compétente en première instance, soit évoquer et statuer immédiatement sur la demande présentée en première instance (C.E., sect., 6 juin 2008, Conseil dptal ordre des chirurgiens-dentistes de Paris : *Rec.*, p. 204). Dans le cas où le Conseil d'État annulerait en appel un jugement rendu incompétemment à sa place, il lui revient aussi de le trancher, même si cela ne lui a pas été demandé.

Sous-section 3
Le jugement de l'appel

800. Si l'appel est irrecevable, le jugement est confirmé et retrouve pleine existence. Le juge d'appel peut aussi confirmer le jugement en changeant ses motifs.

Si l'appelant principal se désiste, la juridiction, saisie de conclusions d'appel incident, doit, après avoir donné acte du désistement des conclusions de l'appelant principal, soit donner acte du désistement de l'appel incident lorsque l'appelant incident a accepté le désistement de l'appel principal, soit constater l'irrecevabilité de l'appel incident, en particulier s'il a été enregistré au greffe de la juridiction postérieurement à la date d'enregistrement du désistement de l'appel principal, soit statuer au fond sur les conclusions incidentes lorsqu'elles ne sont pas entachées d'irrecevabilité (C.E., 6 juil. 2005, Cne Châtenay-Malabry : *Rec.*, p. 1045).

Si le jugement est annulé, il est réputé n'avoir jamais existé, mais l'appel ne profite qu'à celui ou ceux qui l'ont intenté. Pour les autres, il continue à produire ses effets.

Si le jugement a condamné deux parties solidairement et que l'une d'elles fait appel et gagne, l'autre paiera pour le tout.

Chapitre 2

Le recours en cassation

1 Les conditions de recevabilité du pourvoi en cassation 524
2 Le contrôle du juge de cassation et sa décision 532

801. Le recours en cassation vise au contrôle de la régularité juridique d'un jugement.

Le recours en cassation est un recours en légalité dirigé contre les décisions rendues en dernier ressort par les juridictions administratives. Il tend à l'annulation d'un jugement. C'est un recours objectif : la question est de savoir si le droit a été bien appliqué par le juge. Il dérive historiquement du recours pour excès de pouvoir auquel il a longtemps été assimilé, dans la mesure où ces recours traduisent tous deux le souci d'assurer le triomphe du respect de la légalité. Acte administratif et acte juridictionnel ayant longtemps été considérés comme semblables, le recours contre un acte administratif a pu se confondre avec le recours contre un acte juridictionnel, d'autant plus que le Conseil d'État était l'unique juridiction à connaître de ces deux types de recours jusqu'à la réforme de 1953.

Le recours en cassation est, de nos jours, parfaitement distinct du recours pour excès de pouvoir. En procédure administrative comme en procédure civile, la raison de l'existence d'un recours en cassation est d'assurer l'unité dans l'interprétation et l'application des règles de droit. Mais la cassation administrative a une physionomie différente de la cassation judiciaire.

SECTION 1

LES CONDITIONS DE RECEVABILITÉ DU POURVOI EN CASSATION

802. Le recours en cassation est un recours de droit commun, ouvert même sans texte. Le Conseil d'État veille au respect de ce principe qui joue un rôle essentiel pour protéger les parties.

Sous-section 1
Conditions relatives aux parties

803. Le recours en cassation est réservé aux personnes qui ont eu la qualité de parties, originaires ou mises en cause, ou ont été représentées à l'instance de fond qui fait l'objet du pourvoi en cassation (C.E., 17 mai 1999, Chéreau : *Rec.*, p. 152). Sa recevabilité est subordonnée à l'existence d'un intérêt, ce qui implique que l'intéressé soit affecté par le dispositif même du jugement.

Une personne qui n'avait pas la qualité de partie en appel ne peut former un pourvoi en casstion contre la décision rendue par le juge d'appel (C.E., 19 mars 2003, Cons. sup. de l'ordre des experts-comptables : *Rec.*, p. 959 ; C.E., sect., 3 oct. 2008, Roche : *Rec.*, p. 339).

Les tiers à l'instance ne peuvent se pourvoir en cassation, ils ne peuvent que former tierce opposition.

La présence à l'instance antérieure est insuffisante. Il faut, de plus, avoir intérêt à la cassation. La recevabilité du pourvoi est subordonnée à l'existence d'un intérêt, ce qui implique d'être affecté par le dispositif même du jugement. La voie du recours en cassation n'est ouverte qu'aux personnes qui ont eu la qualité de partie dans l'instance ayant donné lieu à la décision attaquée. Dans les litiges de plein contentieux doivent être regardées comme des parties à l'instance d'appel, recevables ainsi à se pourvoir en cassation, les intervenants devant le juge d'appel qui peuvent se prévaloir d'un droit auquel la décision à rendre est susceptible de préjudicier (C.E., 27 mars 2013, SELARL EMJ : *Rec.*, p. 699).

804. Un pourvoi en cassation formé par une personne contre un jugement qui lui donne entière satisfaction est irrecevable (C.E., 6 mars 2002, Bureau nat. interprof. du Cognac : *Rec.*, p. 899).

Le défendeur en cassation peut former un recours incident dans les conditions du droit commun (C.E., 11 juin 1999, SCI Barateau et SARL Barateau : *Rec.*, p. 983, voy., *supra*, « L'appel »).

L'annulation, sur le pourvoi principal, d'un arrêt en tant qu'il évalue les dommages et fixe les indemnités, prive d'objet le pourvoi incident d'une caisse primaire d'assurance-maladie en tant qu'il conteste l'évaluation par la cour des frais futurs incombant à la caisse (C.E., 6 févr. 2013, CH Châteauroux : *Rec.*, p. 777).

Sous-section 2
Conditions relatives au jugement entrepris

805. S'agissant des décisions des juridictions administratives spéciales, le principe est, même dans le silence des textes, une fois épuisées les éventuelles voies internes d'appel, celui de leur soumission au contrôle de cassation devant le Conseil d'État. Seule une loi pourrait l'exclure, et même seule une volonté clairement manifestée par le législateur (C.E., ass., 7 févr. 1947, d'Aillières : *Rec.*, p. 50).

Les jugements de tribunaux administratifs rendus sur les litiges énumérés à l'article R. 222-13 du Code de justice administrative ne sont passibles que d'un recours en cassation devant le Conseil d'État (C.J.A., art. R. 811-1). Certains jugements rendus en matière électorale ne sont passibles que d'un recours devant le Conseil constitutionnel.

Tous les arrêts des cours administratives d'appel sont passibles d'un recours en cassation.

Le recours en cassation ne peut être dirigé que contre un jugement, mais en sont passibles toutes sortes de décisions, y compris avant dire droit (C.E., sect., 17 avr. 1964, Guertin : *Rec.*, p. 233 ; sect., 5 juil. 1991, Sté de fait Couderc : *Rec.*, p. 273). Ces décisions ne doivent pas être susceptibles d'autres remises en cause, fût-ce par opposition (C.E., sect., 12 oct. 1956, Desseaux : *Rec.*, p. 364). Mais l'expiration du délai d'opposition régularise le pourvoi en cassation introduit prématurément (C.E., sect., 20 nov. 1992, Joseph : *Rec.*, p. 417).

Lorsqu'une opposition a été formée, le recours en cassation demeure irrecevable tant que l'opposition n'a pas été jugée (C.E., 2 janv. 1957, Sercan : *Rec.*, p. 3).

Une difficulté surgit parfois pour des organismes agissant tantôt comme organes administratifs prenant des actes administratifs, tantôt comme juridictions, tels les conseils des ordres professionnels (C.E., ass., 12 déc. 1953, de Bayo : *Rec.*, p. 544). Dans un tel cas, il faut déterminer, espèce par espèce, en quelle qualité ils ont agi et quelle est la nature de la décision contestée.

Le pourvoi en cassation ne peut être formé que contre un jugement définitif, ce qui est le cas des jugements avant dire droit (Guertin, préc.). Il en résulte que le délai de deux mois du recours en cassation contre un jugement avant dire droit rendu par un tribunal administratif statuant en premier et dernier ressort court dès la notification de ce jugement et n'est pas prorogé du fait de l'intervention d'un jugement réglant le litige au fond (C.E., 4 août 2006, Caisse des dépôts et consignations c. Kroes : *Rec.*, p. 1004). En revanche, les arrêts « provisoires » rendus par la Cour des comptes dans le cadre de la procédure de jugement des comptes des comptables publics, qui n'ont pas de caractère « définitif », ne sont pas susceptibles d'un pourvoi en cassation (C. jur. fin., art. R. 143-3), le moyen tiré de l'erreur de droit commise par la Cour dans son arrêt provisoire peut être invoqué à l'appui de conclusions dirigées contre son arrêt définitif (C.E., 21 oct. 1983, Simler : *Rec.*, p. 420).

Le jugement objet du pourvoi ne doit plus être susceptible d'appel, soit que cette voie de droit n'existe pas, soit, si elle existe, qu'elle ait été formée en vain par le requérant. Est donc irrecevable un pourvoi en cassation formé lorsque le délai d'appel est expiré sans qu'un appel ait été formé. Il est également irrecevable lorsque le délai d'appel n'est pas encore expiré (C.E., 15 juil. 1954, Montagne : *Rec.*, p. 484) et tant que n'est pas expiré le délai pour faire opposition. Mais un pourvoi en cassation prématuré pour cette dernière raison sera régularisé du seul fait de l'écoulement du délai d'opposition sans qu'une opposition soit formée (C.E., 20 nov. 1992, Joseph : *Rec.*, p. 417).

Le jugement doit également être insusceptible d'une voie de rétractation. Il est impossible de se pourvoir en cassation contre un jugement qui peut encore faire l'objet d'une opposition, tant que le délai d'opposition n'est pas écoulé, pour faire juger le défaut susceptible de motiver ce recours en opposition (C.E., 16 déc. 1947, Vailly : *Rec.*, p. 654). Le pourvoi en cassation ne devient possible qu'à l'expiration du délai d'opposition, même si, durant ce délai, aucun recours en opposition n'a été formé.

Les personnes condamnées par défaut et qui n'ont pas formé opposition peuvent se pourvoir en cassation. Le délai pour se pourvoir court, dans ce cas, de l'expiration du délai d'opposition.

Le concours entre recours en cassation et recours en rectification d'erreur matérielle ou le recours en révision est admis (C.E., 16 juin 1999, Ballot : *Rec.*, p. 983).

Sous-section 3
Conditions de délai et de forme

806. Le ministère d'avocat est toujours obligatoire (C.J.A., art. R. 821-3). Seuls les recours introduits par un ministre au nom de l'État (C.J.A., art. R. 432-4 ; C.E., 7 juin 1961, Min. Armées c. Bernard : *Rec.*, p. 1132) et ceux dirigés contre les décisions définitives de la Commission centrale d'aide sociale ou des juridictions de pensions (C.J.A., art. R. 821-3) en sont dispensés. Lorsque la notification d'une décision frappée de cassation omet d'indiquer que le pourvoi doit être exercé par le ministère d'un avocat au Conseil d'État et à la Cour de cassation, le greffe du Conseil d'État a l'obligation d'inviter le requérant à régulariser le pourvoi en ayant recours à un tel avocat, mais cette omission n'a pas pour conséquence de ne pas déclencher le délai du pourvoi en cassation (C.E., 4 avr. 1997, Derrier : *Rec.*, p. 1037).

807. Le délai d'introduction du pourvoi est *a priori* de deux mois à compter de la notification du jugement ou de l'arrêt qui en fait l'objet (C.J.A., art. R. 821-1). Ce délai est franc (C.E., 18 oct. 2006, Min. délégué aux Libertés locales c. Bègue et Cne Saint-Leu : *Rec.*, p. 1040 et 1111). Il peut être prorogé par la saisine d'une juridiction incompétente, mais non par la formation d'un recours gracieux ou hiérarchique.

Fait courir le délai pour former un pourvoi en cassation la notification de l'arrêt ou du jugement entrepris à la seule adresse connue du tribunal. Le courrier de notification du jugement est envoyé à l'adresse mentionnée dans la requête introductive d'instance. Si l'adresse a été modifiée en cours d'instance, le requérant doit porter ce changement d'adresse à la connaissance de la juridiction ou prendre les précautions nécessaires pour que son courrier soit réexpédié à sa nouvelle adresse (C.E., 17 juil. 2013, SCI MAJ, n° 352923, en l'espèce, l'adresse a été modifiée à la suite d'un changement de numérotation des immeubles de la voie, mais le requérant avait été informé de cette modification en temps utile et du fait que l'ancienne numérotation cesserait d'être appliquée par les services postaux à compter d'une date qui lui avait été indiquée).

La notification d'une décision juridictionnelle à l'État en la personne d'un ministre fait courir le délai de recours contre cette décision, même si ce ministre n'est pas celui dont relève l'administration qui est intéressée au litige (C.E., 19 nov. 2003, Min. Agric. c. Assoc. Puy-de-Dôme Nature Environnement : *Rec.*, p. 903).

Le délai du pourvoi en cassation contre un jugement mixte qui tranche définitivement une question n'est pas prorogé jusqu'à l'expiration du délai de recours contre le jugement rendu sur le principal (2006, Caisse des dépôts et consignations, préc.).

§ 1. Le « filtrage »

808. Le pourvoi en cassation fait l'objet d'une procédure préalable d'admission. Cette procédure, dite de « filtrage », s'applique à tous les pourvois en cassation, qu'ils soient dirigés contre les arrêts des cours administratives d'appel ou contre les décisions des autres juridictions administratives statuant en dernier ressort (C.E., 28 juil. 1999, Plessier, n° 199227).

L'admission est refusée par décision juridictionnelle si le pourvoi est irrecevable ou n'est fondé sur aucun moyen sérieux (C.J.A., art. L. 822-1).

Les pourvois sont répartis entre les sous-sections (C.J.A., art. R. 822-1). Chacune des dix sous-sections de la Section du contentieux peut opposer un refus d'admission du pourvoi en cassation (C.J.A., art. R. 822-2).

Le président de la sous-section examine la recevabilité du pourvoi et le sérieux des moyens invoqués et décide soit qu'il sera procédé à l'instruction dans les conditions ordinaires, soit, s'il lui apparaît que l'admission du pourvoi doit être refusée, transmet le dossier à un rapporteur public, qui l'inscrit au rôle d'une audience. La sous-section, siégeant en formation de jugement, peut ne pas refuser l'admission et renvoyer l'affaire à l'instruction ou, à l'inverse, refuser l'admission par une décision juridictionnelle (C.J.A., art. R. 822-3). Cette décision de refus n'est susceptible que d'un recours en rectification d'erreur matérielle ou de recours en révision.

Le président de la sous-section saisie de l'affaire peut décider par ordonnance de ne pas admettre le pourvoi lorsqu'il est irrecevable pour défaut de constitution d'avocat ou lorsqu'il est entaché d'une irrecevabilité manifeste insusceptible d'être régularisée en cours d'instance (C.J.A., art. R. 822-5, al. 2).

L'admission du pourvoi doit être refusée si celui-ci est irrecevable ou n'est fondé sur aucun moyen sérieux (C.J.A., art. L. 822-1). Ce refus est opposé par une décision juridictionnelle.

Lorsqu'il est manifeste qu'aucun moyen sérieux n'est invoqué, le président de la sous-section peut décider par ordonnance de ne pas admettre : 1° les pourvois relevant d'une série qui, sans appeler de nouvelle appréciation ou qualification de faits, présentent à juger en droit des questions identiques à celles que le Conseil d'État a déjà tranchées ensemble au contentieux par une même décision ou examinées ensemble par un même avis contentieux ; 2° les pourvois dirigés contre les ordonnances prises en application de l'article R. 222-1 ; 3° les pourvois dirigés contre les ordonnances prises en matière de référé suspension, de référé mesures utiles, de demande de modification d'une mesure ordonnée en référé, rejetant une demande de référé pour défaut d'urgence ou incompétence de la juridiction administrative, de référé provision, ainsi que les ordonnances rejetant les demandes de référé en matière de passation de contrats et marchés (C.J.A., art. R. 822-5, al. 2).

Lorsque l'admission du pourvoi apparaît devoir être refusée, le président de la sous-section saisie du dossier transmet celui-ci au rapporteur public, les parties étant avisées du jour de la séance publique au cours de laquelle seront prononcées les conclusions (C.J.A., art. R. 822-2, al. 1er). Une décision juridictionnelle doit être prise à l'issue de celles-ci.

Les décisions de refus d'admission ne peuvent se fonder sur des éléments qui n'auraient pas été connus des requérants. Elles peuvent donc intervenir sans que la requête ait été communiquée aux défendeurs sans porter atteinte au principe du caractère contradictoire de la procédure (C.E., 1er avr. 1996, Maury : *Rec.*, p. 111).

Si la sous-section refuse d'admettre le pourvoi, elle rend un arrêté rédigé de façon très simple, qu'elle notifie à l'intéressé. Cette décision est une décision juridictionnelle investie de l'autorité relative de chose jugée (C.E., 16 mai 1994, Sté Arcus Air Logistic : *Rec.*, p. 1154). Elle n'est susceptible que d'un recours en rectification d'erreur matérielle ou en révision (C.J.A., art. R. 822-3, al. 1er; C.E., 9 avr. 1993, Mme Baudoin : *Rec.*, p. 989 ; 22 juil. 1994, Mme Fares : *Rec.*, p. 362 ; 31 mai 1995, Mme Salah Ben Ouali : *Rec.*, p. 1009 ; 4 déc. 1991, Poirier, n° 120771 ; 1er mars 2006, Rousseau : *Rec.*, p. 1042). Elle peut être assortie de la condamnation à une amende pour recours abusif (C.E., 5 avr. 1991, Mme Nérot, n° 112473 ; 20 mars 1992, Mme Houry-Reby, n° 125536 ; 26 mars 2001, École nat. de l'aviation civile, n° 223854).

Si la sous-section ne refuse pas l'admission du pourvoi, elle en informe le requérant et procède à l'instruction de l'affaire selon la procédure normale (C.J.A., art. R. 822-3).

Si l'admission du pourvoi ne paraît pas devoir être refusée, le président de la sous-section fait procéder à l'instruction du dossier dans les conditions habituelles, le requérant étant avisé de cette décision (C.J.A., art. R. 822-2, al. 2).

Dans tous les cas, la procédure est extrêmement allégée. Il n'y a ni communication du mémoire du défendeur ni communication préalable aux parties des moyens d'ordre public soulevés d'office par le juge, ceci par dérogation aux dispositions de l'article R. 611-7 (C.J.A., art. R. 822-6).

Lorsque le pourvoi devient sans objet avant son admission, le président de la sous-section saisie de l'affaire peut constater par ordonnance qu'il n'y a plus lieu de statuer. Il peut décider par ordonnance de ne pas admettre le pourvoi, s'il est irrecevable pour défaut de constitution d'avocat ou entaché d'une irrecevabilité manifeste insusceptible d'être régularisée en cours d'instance.

§ 2. Les conclusions et moyens de cassation

809. Les conclusions du demandeur ne peuvent tendre qu'à l'annulation de la décision au fond. Seuls peuvent être invoqués les moyens qui ont été soumis aux juges du fond (C.E., 10 déc. 1924, Sté des Éts Dufour et Cie : *Rec.*, p. 993).

À l'exception des moyens « nés du jugement attaqué », les moyens de cassation doivent être les mêmes que ceux développés devant les juges du fond. C'est, en effet, la même instance qui continue. L'immutabilité du litige qui caractérise l'appel se poursuit en cassation.

Les moyens nouveaux, y compris les moyens de fait, ne peuvent être retenus par le juge de cassation. L'irrecevabilité frappe tout nouveau moyen de fait, parce qu'il ne peut pas être retenu par le juge de cassation. Si de nouveaux moyens pouvaient être invoqués, il ne serait pas possible de reprocher aux juges du fond de ne pas les avoir examinés et le recours en cassation n'assurerait pas aux parties la garantie qu'il a été procéduralement statué de manière correcte avec application satisfaisante de la règle de droit.

L'irrecevabilité frappe aussi ceux des moyens de droit qui n'ont pas été déjà invoqués devant les juges du fond (C.E., 10 juil. 1954, Neptune : *Rec.*, p. 456 ; 21 juin 2006, Min. Déf. : *A.J.D.A.*, 2006, p. 1806) ou qui, soulevés en première instance, ont été abandonnés en appel (C.E., 10 déc. 1924, Sté Dufour et Cie : *Rec.*, p. 993 ; 23 déc. 1987, Onyemurva Chikezie : *Rec.*, p. 891 ; 15 avr. 1996, Devoto : *Rec.*, p. 1130). Cette interdiction se combine avec celle des demandes nouvelles résultant des moyens nouvellement développés. Tel est le cas lorsque le nouveau moyen déplace le terrain de la demande en modifiant la cause juridique fondant les précédents moyens. Ainsi, ne peut se combiner un moyen critiquant la légalité interne d'une décision le moyen invoquant l'irrégularité externe de cette même décision ou l'irrégularité de la composition de la juridiction qui l'a rendue. Le caractère nouveau de la demande résulte du changement de cause juridique (C.E., 28 juil. 2000, Cne Port-Vendres : *Rec.*, p. 360).

En définitive, la partie qui se pourvoit en cassation après s'être abstenue en appel ne peut soulever devant le juge de cassation que deux séries de moyens : l'irrégularité de l'arrêt d'appel ou l'existence d'un moyen d'ordre public (C.E., sect., 18 mars 1994, Conseil dptal de l'ordre des médecins du Nord c. Gueniot : *Rec.*, p. 142). Il est, par ailleurs, impossible de se prévaloir devant le juge de cassation de pièces qui n'ont pas été fournies devant le juge dont la décision est frappée de cassation (C.E., 126 juil. 2006, Min. Int., n° 288779).

Cependant, les moyens d'ordre public peuvent être soulevés pour la première fois en cassation par les parties ou par le juge lui-même d'office. Il doit néanmoins s'agir de moyens que les juges du fond auraient dû avoir aperçus (C.E., 27 juin 1980, Torresi : *Rec.*, p. 854) et ne supposant pas une « appréciation de fait » (C.E., 8 janv. 1982, Devillechaise : *Rec.*, p. 728 ; Assoc. « Mission du plein Évangile-La porte ouverte chrétienne, préc.). Les moyens d'ordre public dont les juges du fond n'étaient pas saisis, ou qu'ils n'ont pu relever d'office, ou qu'ils n'ont pu apercevoir car ils ne ressortaient pas des éléments du dossier (C.E., 1er mars 1972, Ducreux : *Rec.*, p. 179 ; sect., 26 juin 1992, Cne Béthoncourt : *Rec.*, p. 268, concl. Le Chatelier), ne peuvent être soulevés ou relevés en cassation.

Les moyens fondés sur l'irrégularité du jugement frappé d'un pourvoi en cassation peuvent être présentés pour la première fois dans le cadre de ce pourvoi, car ils n'ont pu, nécessairement, être invoqués auparavant. De plus, ils permettent au juge de cassation de contrôler la régularité des conditions dans lesquelles les jugements frappés des pourvois ont été rendus.

Les moyens non repris en appel sont irrecevables. Sont, en revanche, recevables les moyens nés du jugement attaqué, tenant notamment aux conditions dans lesquelles ce jugement a été rendu et les moyens d'ordre public qui ressortent de la décision des juges du fond. Les moyens doivent être soulevés dans le délai du pourvoi.

Le recours en cassation n'a pas d'effet suspensif, mais le sursis à exécution peut être sollicité (C.J.A., art. R. 821-5).

L'usage du recours incident est admis (C.E., sect., 24 oct. 1952, Caisse primaire de sécurité sociale de Grenoble : *Rec.*, p. 470).

SECTION 2
LE CONTRÔLE DU JUGE DE CASSATION ET SA DÉCISION

Sous-section 1
Contrôles du juge de cassation

810. Le contrôle du juge de cassation est un contrôle restreint, mais va plus loin qu'un contrôle « normal » de cassation, tel que l'exerce la Cour de cassation. Cette originalité s'explique par le fait que de nombreuses juridictions spéciales, soumises au contrôle de cassation du Conseil d'État, ne présentent pas les mêmes garanties de compétence juridique, voire d'objectivité, qui sont celles de cours d'appel composées uniquement de magistrats professionnels.

Le Conseil d'État requalifie les motifs des jugements qui lui sont soumis en cassation lorsque ces motifs, ou certains d'entre eux, sont inexacts, alors que le dispositif du jugement est correct. Le Conseil d'État n'annule pas un jugement qui est juridiquement pertinent. Il substitue le ou les motifs valables au(x) motif(s) incorrect(s). Une telle substitution de motifs n'est possible que si les nouveaux motifs sont tirés de moyens d'ordre public ou, à défaut, reposent sur des moyens déjà invoqués par l'une des parties devant les juges du fond.

Le Conseil d'État disqualifie les motifs des jugements, ou certains d'entre eux, s'ils sont juridiquement inexacts et si la décision eût été la même en leur absence. Ces motifs sont considérés comme surabondants. Leur irrégularité ou leur absence de pertinence ne peut avoir d'influence sur la régularité du jugement soumis au juge de cassation.

Il existe trois cas d'ouverture au pourvoi en cassation : l'incompétence, la violation de règles de forme substantielles et l'erreur de droit. Les deux premières s'attachent à la façon dont il a été jugé, la troisième de ce qui a été jugé.

§ 1. Le contrôle de la manière dont il a été jugé

811. Le juge de cassation contrôle la légalité externe du jugement. Il s'assure des formes, donc du fait qu'il a été bien jugé, en particulier conformément aux contraintes procédurales.

L'incompétence de la juridiction ayant rendu la décision contestée est un cas traditionnel d'ouverture à cassation. Cette incompétence peut être matérielle ou territoriale.

Ce moyen est d'ordre public. Ce vice est rarement constitué, l'incompétence de la juridiction étant le plus souvent relevée avant le pourvoi en cassation.

Le juge de cassation contrôle toujours la régularité externe des décisions qui lui sont déférées, afin de s'assurer du respect des règles de forme et de procédure essentielles et des principes généraux de procédure. Ainsi, le Conseil d'État s'assure-t-il notamment en cassation du respect des droits de la défense, du respect du contradictoire, de l'impartialité de la juridiction, de l'obligation de statuer sur tous les chefs de demande, de la lecture des jugements en séance publique, de l'obligation de répondre aux moyens soulevés, de la composition de la juridiction, du caractère secret du délibéré et de la composition identique de la formation de jugement depuis l'audience jusqu'au délibéré (C.E., 20 juin 1913, Téry : *Rec.*, p. 736, concl. Corneille ; sect., 14 mars 1975, Rousseau : *Rec.*, p. 194 ; 19 oct. 1979, Darlet : *Rec.*, p. 380 ; 2 mars 1984, Badiola : *Rec.*, p. 92 ; sect., 8 janv. 1982, Serban : *Rec.*, p. 8 ; 28 juin 1995, Méssegué : *Rec.*, p. 995 ; 20 nov. 2000, Cne Brou-sur-Chantereine : *Rec.*, p. 1196).

Le juge vérifie également, c'est un élément important de son contrôle, la motivation et en particulier l'existence de la motivation (C.E., 23 nov. 1979, Landsmann : *Rec.*, p. 430), s'il n'y a pas de contradiction entre les motifs, ce qui équivaudrait à une absence de motifs (C.E., 8 juil. 1983, Assoc. gestionnaire de l'école Violet : *Rec.*, p. 304; 12 déc. 1997, CPAM Paris : *Rec.*, p. 1039; 5 mai 1999, Épx Gazeau : *Rec.*, p. 984), et le caractère suffisant de la motivation, qui doit permettre au juge de cassation d'exercer son office (C.E., ass., 20 févr. 1948, Dubois : *D.*, 1948, p. 557, concl. Josse ; 30 juin 2000, Gosson de Varennes : *Rec.*, p. 1196). Un jugement entaché d'insuffisance de motifs encourt toujours l'annulation (C.E., sect., 5 févr. 1982, Dauphin : *Rec.*, p. 50 ; 27 juin 1997, Centre hosp. de Lagny : *Rec.*, p. 266 ; 23 oct. 1998, Elmira : *Rec.*, p. 1135).

§ 2. Le contrôle de ce qui a été jugé

812. Le juge de cassation contrôle les motifs de droit. Ce contrôle, déjà interne, reste encore distant du fond du procès. Il porte, comme dans le recours pour excès de pouvoir, sur la rectitude du raisonnement et de la démarche juridique qui sous-tendent la décision. Tout motif erroné d'une décision juridictionnelle doit être censuré en cassation, hormis le cas où il serait surabondant (C.E., sect., 22 avr. 2005, Cne Barcarès : *Rec.*, p. 170). Le juge vérifie l'utilisation de la règle de droit réellement applicable, l'interprétation correcte de la règle de droit et l'analyse correcte du jugement de première instance par la juridiction d'appel.

Le juge censure ainsi l'erreur de droit consistant à mal interpréter les textes applicables en en altérant le champ (Cne Barcarès, préc. ; C.E., ass.,

16 janv. 1981, Conté : *Rec.*, p. 19). Cependant, seules les erreurs de droit portant sur des motifs opérants, à l'exclusion de celles qui portent sur des motifs surabondants, peuvent donner ouverture à cassation (C.E., 18 juin 1982, Gouriou, 2 esp. : *Rec.*, p. 728). Constituent des erreurs de droit l'interprétation inexacte du sens ou de la portée du texte ou du principe applicable, portant sur une convention internationale, un concept utilisé par un texte, un arrêté ministériel, une règle légale, une notion jurisprudentielle, le Code civil ou la notion de caractère confirmatif d'une décision administrative (Conté, préc. ; sect., 6 mars 1981, Pech : *Rec.*, p. 133 ; sect., 26 mars 1999, Sté d'aménagement de Port Léman : *Rec.*, p. 111 ; 20 mars 2000, Min. Emploi et Solidarité : *Rec.*, p. 123), l'application d'un texte ou d'un principe inapplicable : recours à l'exigence d'une faute lourde alors que le régime de la faute simple devait s'appliquer, application d'une disposition inapplicable à l'espèce ou méprise sur l'étendue du pouvoir de contrôle du juge, application d'un arrêté ministériel illégal (C.E., ass., 9 avr. 1993, D. : *Rec.*, p. 110 ; sect., 25 juin 1999, Hôtel « Thermes du Parc » et SARL Laborde et Fils : *Rec.*, p. 210), et l'abstention des juges du fond de soulever un moyen d'ordre public (C.E., 11 janv. 1995, Garrigos : *Rec.*, p. 1107 ; Hôtel « Thermes du Parc », préc.).

La mission du juge de cassation est de contrôler le respect par les juridictions du fond des règles de droit, afin d'assurer l'unité d'interprétation de celles-ci. Ainsi, bien qu'en principe, sauf dénaturation, l'interprétation des contrats administratifs relève du pouvoir souverain des juges du fond, le contrat créant un droit propre aux parties, le Conseil d'État juge que l'éventuelle présence d'éléments généraux dans le contrat peut donner lieu au contrôle de cassation (C.E., sect., 27 mars 1998, Sté d'assurance La Nantaise et L'Angevine réunies : *Rec.*, p. 109).

813. Le juge de cassation contrôle aussi les motifs de fait, ce qui pose la question de l'étendue de ses pouvoirs, classiquement cantonnés au droit. Normalement, le juge de cassation n'est pas juge du fait, mais seulement du droit, en d'autres termes de la bonne application de la règle de droit. La distinction du droit et du fait apparaît, en effet, souvent artificielle. Le Conseil d'État vérifie l'exactitude même des faits tels que retenus par les juges du fond. On en reste alors aux matériaux de la décision. Il contrôle aussi la qualification juridique donnée à ces faits, car le droit est en cause ; ainsi, en matière disciplinaire, s'assure-t-il qu'une faute a été à juste titre relevée (C.E., 2 févr. 1945, Moineau : *Rec.*, p. 27). Il refuse, en revanche, d'entreprendre sur les appréciations des juges du fond sur ces faits et sur leur importance. Cela lui interdit, par exemple, en matière disciplinaire, tout contrôle d'une éventuelle disproportion de la sanction par rapport à la faute. Cette *summa divisio* est atténuée par la recherche d'une éventuelle dénaturation des faits et du dossier, s'ils ont été exploités de façon tendancieuse (C.E., ass., 4 janv. 1952, Simon : *Rec.*, p. 13 ; 14 mars 1997, Cne Tourne : *Rec.*, p. 1043). La distinction entre qualification et appréciation est très subtile. Ainsi, le Conseil d'État, juge de cassation, contrôle l'exactitude matérielle des faits ainsi que leur qualification juridique, tout en laissant aux juges du fond un pouvoir souverain d'appréciation des faits, sous réserve qu'ils ne les dénaturent pas.

Le juge de cassation opère un contrôle de l'exactitude matérielle des faits depuis 1925 (C.E., 9 août 1925, Farman : *Rec.*, p. 829). Il vérifie si le raisonnement des juges du fond repose réellement sur les faits décrits. En outre, l'examen de ces faits doit pouvoir être opéré sans qu'il soit nécessaire d'ordonner à cet égard une quelconque mesure d'instruction. Le Conseil d'État doit pouvoir porter cette appréciation sur la base des seuls éléments contenus dans le dossier qui lui est soumis, ce qui est très différent du contrôle effectué par la Cour de cassation. Cependant, le jugement ne sera cassé que si le motif d'inexactitude matérielle des faits n'est pas surabondant.

Le Conseil d'État contrôle ainsi le motif retenu pour refuser l'ouverture d'une école technique privée (C.E., 23 juil. 1976, Assoc. Maison familiale d'éducation et d'orientation de Craon : *Rec.*, p. 379), la gravité d'une sanction disciplinaire par rapport aux fautes reprochées (C.E., 30 janv. 1980, V., n° 11675) ou la matérialité des faits retenus pour infliger une sanction (C.E., sect., 18 juin 1993, Haddad : *A.J.D.A.*, 1993, p. 572, concl. KELLER).

814. Le juge de cassation vérifie également la qualification juridique des faits, autrement dit s'assure que les conséquences juridiques tirées par le juge du fond de sa qualification technique des faits, c'est-à-dire de leur appréciation, l'ont été correctement. Il contrôle le « fait de nature à... ». Il retient les faits dans leur matérialité tels qu'ils ressortent du dossier et vérifie, tout en s'abstenant de les apprécier, si la juridiction d'appel les a correctement qualifiés.

Ce contrôle est plein et entier (C.E., sect., 18 févr. 1977, Hervouet : *Rec.*, p. 98). À ce titre, le juge de cassation contrôle le caractère solide des raisons invoquées pour obtenir le statut d'objecteur de conscience, le caractère justifié d'abaissements d'honoraires de la part de médecins, l'utilité publique d'une expropriation, la nécessité impérieuse d'expulser un étranger au regard de la sécurité publique, le degré suffisant de gravité d'une faute pouvant justifier le licenciement d'un salarié protégé, l'exercice par un salarié dans son entreprise de fonctions de nature à justifier son licenciement pour perte de confiance de la part de son employeur, la disproportion entre les nécessités de l'ordre public et l'atteinte portée par l'expulsion d'un étranger à son droit au respect de sa privée et à une vie familiale normale, le caractère agricole d'une activité, le caractère d'« enseignement professionnel théorique » au sens du décret applicable, d'un enseignement dispensé par une professeur de lycée (C.E., 21 déc. 1979, Lasserre : *Rec.*, p. 479 ; sect., 20 févr. 1981, Sevrain : *Rec.*, p. 101 ; sect., 3 juil. 1998, Salva-Couderc : *Rec.*, p. 297 ; 6 mars 2000, Cne Thones c. Silve : *Rec.*, p. 1197 ; 2 avr. 2003, Min. Jeunesse, Éduc. nat. et Recherche c. Kusser : *Rec.*, p. 961).

Le juge du fond apprécie souverainement les faits. Il s'agit d'un principe essentiel du droit de la cassation, illustré en particulier par l'arrêt *Moineau* (C.E., sect., 2 févr. 1945 : *Rec.*, p. 27), rendu à propos de l'appréciation portée par le Conseil national de l'ordre des médecins sur une méthode thérapeutique. Mais le contrôle du juge de cassation diffère selon que l'appréciation des juges du fond sur les faits est d'ordre technique ou de droit commun. Le juge de cassation utilise la plénitude de ses pouvoirs lorsque la juridiction de fond a procédé à des analyses de portée technique mais qui ne sont pas en elles-mêmes techniques : appréciation d'une notion légale, d'une condition réglementaire, d'un seuil quantitatif ou qualitatif..., car il s'agit là d'appréciations d'ordre juridique qui ne diffèrent pas de ce qu'il en est en droit commun. En revanche, lorsque le juge se livre à une appréciation d'ordre technique, le Conseil d'État se refuse, en cassation, à la contrôler, dès lors qu'elle entre dans le champ de compétence de la juridiction concernée : fraude à un examen, valeur thérapeutique d'un traitement médical, valeur chiffrée d'une copie d'examen, attitude d'un magistrat ayant conduit le Conseil supérieur de la magistrature à prendre à son encontre une mesure d'interdiction temporaire (C.E., 15 févr. 2006, Brieuc de Mordant de Massia : *Rec.*, p. 77)... Ce contrôle n'entrant ni dans ses connaissances pratiques ni dans ses habitudes intellectuelles, le Conseil d'État refuse de s'y aventurer par souci de réalisme. Mais, même dans ces hypothèses, le juge de cassation vérifie toujours la régularité externe de la décision, en particulier la motivation du jugement, car les juges du fond doivent avoir mis le juge de cassation « en mesure d'exercer son contrôle de légalité » (C.E., 14 avr. 1982, Ben Salah, n° 24713 ; 23 sept. 1983, Coco, n° 42468 ; Elmira, préc.), et l'éventuelle dénaturation des faits commise par les premiers juges.

En revanche, le juge de cassation ne contrôle pas le détournement de pouvoir (C.E., sect., 6 mars 1953, Abbé Gilloteaux : *Rec.*, p. 117).

Sous-section 2
L'arrêt de cassation

§ 1. Les solutions possibles

815. Selon que le jugement est ou non légal, il est cassé ou le pourvoi est rejeté. Mais le pourvoi contre un jugement erroné est parfois rejeté. Comme en excès de pouvoir, le juge utilise deux techniques : celle du motif surabondant, qui suppose soit une compétence liée, soit que le motif irrégulier ait été réellement subsidiaire, et celle de la substitution de motif, rectifiant plus profondément le jugement, mais réservée à des moyens d'ordre public ou, en tout cas, à des motifs de droit déjà évoqués devant les juges du fond et n'impliquant aucune appréciation de fait nouvelle. Cette technique sert surtout à opposer des irrecevabilités à des demandes rejetées au fond.

Saisi d'une décision d'annulation rendue en excès de pouvoir et fondée sur plusieurs motifs dont l'un justifie légalement le dispositif, le juge de cassation peut procéder à la censure des motifs erronés sans pourtant accueillir le pourvoi.

§ 2. Les suites possibles

816. En cas d'annulation, le principe est celui du renvoi devant la juridiction du fond, statuant, sauf impossibilité tenant à la nature de la juridiction, dans une autre formation (L. 31 déc. 1987, art. 11). Celle-ci est strictement liée par la chose jugée (C.E., 8 juil. 1904, Botta : *Rec.*, p. 557), mais tous nouveaux débats ne sont pas écartés, soit qu'il y ait eu cassation sur la seule procédure, soit que l'arrêt laisse place à des appréciations de fond, soit même que la portée de l'arrêt de cassation paraisse incertaine.

Le renvoi est exclu s'il ne reste rien à juger, par exemple lorsque l'arrêt de cassation a relevé une incompétence ou a nié l'existence d'une faute ou constaté l'intervention d'une amnistie en matière disciplinaire.

Après cassation, le Conseil d'État peut régler l'affaire au fond si l'intérêt d'une bonne administration de la justice le justifie (C.J.A., art. L. 821-2).

§ 3. La portée de l'arrêt de cassation

817. En règle générale, les décisions prises par le juge de cassation ne sont revêtues que de l'autorité relative de la chose jugée. Il en va cependant autrement lorsque le juge de cassation annule une décision juridictionnelle elle-même revêtue de l'autorité absolue de la chose jugée, ou la confirme par d'autres motifs (C.E., sect., 30 sept. 2005, Cne Beausoleil : *Rec.*, p. 410).

Chapitre 3

Les voies de rétractation

1 Les voies de rétraction ouvertes aux parties absentes de l'instance initiale 540

2 Les voies de rétractation ouvertes aux parties présentes à l'instance initiale 549

3 Le recours dans l'intérêt de la loi 556

818. Ces voies de recours sont au nombre de cinq, quatre principales : l'opposition, la tierce opposition, le recours en rectification d'erreur matérielle et le recours en révision, auxquelles s'en ajoute une cinquième, tout à fait spécifique, le recours dans l'intérêt de la loi.

Ces recours sont portés devant la juridiction qui a rendu la décision. Certains sont ouverts aux personnes qui n'étaient pas présentes à l'instance initiale, d'autres à celles-ci.

SECTION 1
LES VOIES DE RÉTRACTION OUVERTES AUX PARTIES ABSENTES DE L'INSTANCE INITIALE

819. Ces voies de recours sont ouvertes, devant le juge même qui a rendu la décision, à ceux qui n'ont pas produit à l'instance : le plaideur qui a fait défaut et peut former opposition, le tiers qui était dans l'ignorance du procès et peut former tierce opposition.

Sous-section 1
L'opposition

820. L'opposition tend à faire rejuger ce qui l'avait été sans la participation de ceux que le procès concernait, donc ce qui a été jugé contre un défendeur par défaut, qui a été absent ou a disparu de la procédure. Son but est d'obtenir la rétractation, au moins partielle, du jugement par défaut, en tant qu'il lèse les intérêts de la partie défaillante.

Le défaut et l'opposition ont toujours été admis par le Conseil d'État depuis 1806, en dehors de tout texte les prévoyant. La possibilité de former opposition a été reconnue pour la première fois expressément par la loi de 1889 sur la procédure administrative contentieuse. Elle existe même sans texte, le juge administratif y voyant un principe général de procédure (C.E., ass., 9 juin 1939, Caubet : *Rec.*, p. 382 ; sect., 12 oct. 1956, Desseaux : *Rec.*, p. 364). Seul un texte exprès peut l'écarter, ainsi l'article R. 831-6 du Code de justice administrative l'écarte-t-il pour les tribunaux administratifs.

Elle existe devant le Conseil d'État et les cours administratives d'appel (C.J.A., art. R. 831-1). Son régime est sévère.

§ 1. Prohibition devant les tribunaux administratifs

821. Il existait jusqu'en 1959 une procédure d'opposition devant les tribunaux administratifs qui, dans les faits, favorisait les manœuvres dilatoires de plaideurs qui s'abstenaient de conclure et attendaient la reddition d'un jugement par défaut pour former opposition à celui-ci. Lorsque le jugement sur l'opposition était rendu, ils pouvaient encore interjeter appel de celui-ci.

En outre, sur le plan procédural, la question de la concurrence entre l'opposition et l'appel n'avait jamais trouvé de solution satisfaisante lorsqu'il était formé appel d'un jugement encore susceptible d'opposition. L'appel était jugé irrecevable, car dirigé contre un jugement qui n'avait pas été rendu contradictoirement. Cette situation était aggravée lorsque, le jugement de première instance s'étant déclaré lui-même contradictoire, il était qualifié, en appel, de jugement par défaut. Toutes ces raisons expliquent la suppression, en 1959, de la possibilité de former opposition contre les jugements de tribunaux administratifs rendus par défaut.

Seule la voie de l'appel est désormais ouverte dans ce cas. Le juge a cependant l'obligation, avant de rejeter une opposition, de vérifier s'il ne s'agit pas, en réalité, d'une demande en tierce opposition. Dans ce cas, il doit requalifier la requête et en connaître (C.E., 16 févr. 1994, Grandry : *Rec.*, p. 1154).

§ 2. Les conditions requises pour former opposition

822. L'opposition est possible contre tout arrêt du Conseil d'État (C.E., 9 janv. 1991, Aouad : *Rec.*, p. 9 ; 7 avr. 1995, Bernard : *Rec.*, p. 1008) et des cours administratives d'appel, sauf lorsque l'arrêt a été rendu contradictoirement avec une partie ayant le même intérêt que la partie défaillante (C.J.A., art. R. 831-1 ; C.E., 20 févr. 1980, Schwetzoff : *Rec.*, p. 101).

L'opposition est ouverte à tout défendeur qui, mis en cause, n'a pas produit de défense « en forme régulière » (C.E., 9 mai 1949, Vauzelle : *Rec.*, p. 204). Il faut avoir fait défaut, ce qui n'est jamais le cas du requérant. Le défaut ne concerne que les personnes mises en position de défense, contre qui l'instance était dirigée. Le défaut du demandeur n'a jamais été admis. On conçoit d'ailleurs mal comment la personne qui a pris l'initiative du procès peut « faire défaut ». En effet, même si elle ne répond pas à une mise en demeure, elle sera réputée s'être désistée (voy. *supra*).

L'opposition suppose une réelle absence et que l'opposant n'ait pas présenté régulièrement des observations. Il y a, par exemple, défaut lorsque le défendeur n'a pas été appelé à formuler ses observations (C.E., ass., 9 déc. 1932, Ackein : *Rec.*, p. 1060 ; 29 juin 1956, Corbeil : *Rec.*, p. 273) ou lorsque le recours a été communiqué à une autorité administrative autre que celle normalement habilitée à représenter l'État.

Seul est admis le défaut faute de conclure. Tel est le cas d'une personne mise en cause qui n'a pas produit de mémoire malgré les injonctions du tribunal, ou n'a pas présenté valablement ses observations en défense faute de ministère d'avocat. En raison du caractère essentiellement écrit de la procédure, il n'existe pas de défaut faute de comparaître devant les juridictions administratives. Il en résulte que l'absence d'observations orales à l'audience ne constitue pas un défaut dès lors que des conclusions écrites ont été présentées. À l'inverse, le fait de prononcer des observations orales sans avoir conclu par écrit constitue un défaut faute de conclure. Il n'en est autrement qu'en présence d'un texte exprès en sens contraire.

Il n'y a pas défaut de la part de celui qui a omis de réclamer le courrier l'avisant de l'existence d'un recours (C.E., 26 févr. 2003, Iskin : *Rec.*, p. 9654). De même, celui qui a produit un mémoire devant une cour administrative d'appel, laquelle a transmis l'entier dossier de la procédure au Conseil d'État en cours d'instance, ne peut prétendre avoir fait défaut devant le Conseil d'État pour n'avoir pas spécifiquement produit devant lui. Le mémoire d'appel constitue cette défense (C.E., 28 juil. 1999, Cne Bonne-sur-Ménoge : *Rec.*, p. 991). Dès lors qu'une partie a présenté régulièrement ses observations dans l'instance qui a donné lieu à la décision du Conseil d'État frappée d'opposition, cette décision n'a pas été rendue par défaut, même si les observations en cause ont été présentées avant que la partie n'ait été avisée qu'elle pouvait prendre communication du recours et qu'elle s'est ensuite abstenue de prendre connaissance du dossier (C.E., sect., 19 févr. 1971, Sté X. : *Rec.*, p. 146).

En cas de pluralité de défendeurs dont les uns sont présents à la procédure et les autres font défaut, le juge doit mettre ceux qui sont défaillants en demeure de produire. Il statue valablement en cas de silence de leur part. Le défaut profit joint n'existe pas en contentieux administratif.

Le délai est de deux mois, à compter du jour où la décision par défaut a été notifiée (C.J.A., art. R. 831-2).

§ 3. Les effets de l'opposition

823. L'opposition n'a pas d'effet suspensif, sauf s'il en est ordonné autrement par le juge saisi (C.J.A., art. R. 831-2, al. 1er). Elle est ou non dispensée du ministère d'avocat selon que l'instance à laquelle elle se rapporte en était elle-même dispensée ou non.

Une fois admise, elle se traduit par une reprise d'instance, chaque partie retrouve sa position initiale dans le procès. La décision admettant l'opposition remet les parties dans l'état qui était le leur avant la reddition de la décision frappée d'opposition (C.J.A., art. R.831-5), au besoin en déclarant celle-ci nulle et non avenue (C.E., 7 avr. 1995, Bernard : *Rec.*, p. 1008). Au besoin, le juge substitue un nouveau jugement au précédent, déclaré nul et non avenu. À la lettre, deux phases se succèdent : la décision d'admission de l'opposition et la reprise du procès sur le fond. Le plus souvent, le juge procède à la jonction des deux. Il est impossible de formuler, à la faveur d'un recours en opposition des conclusions à fin de capitalisation des intérêts, une telle question n'entrant pas dans l'objet d'un tel recours (C.E., 30 juin 1993, Synd. des copropriétaires du 67, rue de la Convention à Paris X^{e} : *Rec.*, p. 990). L'appel peut être interjeté par le demandeur ou le défendeur. En cas de pluralité de défendeurs, par n'importe lequel d'entre eux, même non défaillant, à condition qu'il ait été réellement appelé dans l'instance, faute de quoi il devrait former tierce opposition. Le juge administratif admet, en effet, de requalifier en tierce opposition un recours présenté à tort par le demandeur comme une opposition (Grandry, préc.).

Les oppositions sont rares, rarement jugées recevables et aboutissent encore plus rarement au fond.

Sous-section 2
La tierce opposition

824. Cette voie de recours est celle qui porte le plus atteinte à la chose jugée. Elle est ouverte aux personnes qui n'ont pas été partie à l'instance initiale et leur permet de sauvegarder leurs droits. Elle est admise, même sans texte, devant les juridictions administratives. C'est même une règle générale de procédure applicable aux juridictions spéciales (C.E., 3 nov. 1972, D^{me} de Talleyrand-Périgord : *Rec.*, p. 707). L'autorité absolue de la chose jugée ne saurait priver les tiers de la possibilité de défendre leurs droits.

§ 1. Les conditions pour former tierce opposition

825. La tierce opposition est une voie de droit ouverte aux tiers, c'est-à-dire à ceux qui n'ont pas été partie, appelés ou représentés à l'instance, aux droits desquels la décision préjudicie (C.J.A., art. R. 832-1). Tel est le cas lorsque le préfet a déposé des conclusions à la place d'un hôpital ou d'une commune en matière d'expropriation (C.E., 30 sept. 1959, Centre hosp. de La Rochelle : *Rec.*, p. 480 ; 7 déc. 1983, Cne Lauterbourg : *Rec.*, p. 491).

La tierce opposition de l'employeur initial, ni présent, ni appelé dans l'instance relative à la suspension d'une autorisation de transfert d'un contrat de travail, est recevable (C.E., 27 juin 2005, Assoc. Ét. rég. Léo Lagrange de Rhône-Alpes-Auvergne : *Rec.*, p. 1024).

La tierce opposition existe même sans texte devant toute juridiction administrative. « Cette voie de recours est ouverte, conformément à la règle générale posée par l'[ancien] article 474 du Code de procédure civile, à ceux qui se prévalent d'un droit auquel la décision entreprise aurait préjudicié » (C.E., sect., 2 juin 1933, Duez : *Rec.*, p. 605). Elle constitue un principe général de procédure (C.E., 20 nov. 1931, Franc : *D.H.*, 1932, jur., 10 ; D[me] De Talleyrand-Périgord, préc.). Elle est ouverte à l'égard d'un recours en appréciation de légalité et d'une ordonnance de référé (C.E., 8 nov. 1961, Cne Sospel : *Rec.*, p. 633 ; sect., 18 juin 1982, SA Bureau Veritas : *Rec.*, p. 240, concl. BIANCARELLI).

Admise depuis longtemps en plein contentieux, la tierce opposition l'est aussi en excès de pouvoir (C.E., 29 nov. 1912, Boussuge : *Rec.*, p. 1128, concl. BLUM), en faveur de tiers qui peuvent se prévaloir d'un droit auquel la décision de justice a porté atteinte (C.E., 16 oct. 1960, Blanc-Jouvan : *Rec.*, p. 568). Le préjudice doit être personnel, direct (C.E., sect., 16 déc. 2005, Mme Kostiuk : *Rec.*, p. 582), et non éventuel. Elle est recevable même si le tiers ne formule aucun moyen qui n'ait été développé dans l'instance principale.

La tierce opposition est refusée chaque fois que le jugement ne saurait en rien affecter la situation, les prérogatives ou privilèges de son auteur. Elle est interdite en contentieux électoral (C.E., 23 déc. 1946, Élect. de Roissy : *Rec.*, p. 318) et dans le contentieux de l'impôt sur le revenu.

Elle est recevable même si le tiers ne formule aucun moyen qui n'ait été développé dans l'instance principale (sur la distinction entre opposition et tierce opposition, voy. C.E., 11 mai 2001, Sté Télé Caraïbes international Guadeloupe et a. : *Rec.*, p. 1163).

§ 2. Conditions de recevabilité

826. La tierce opposition suppose le dépôt d'une requête introductive d'instance, en les formes habituelles régissant ces requêtes.

Il n'existe aucune forclusion devant le Conseil d'État, sauf peut-être la prescription trentenaire. Cependant, le délai est de deux mois (trois devant certains tribunaux administratifs d'outre-mer) à compter de la notification ou de la signification, dans des conditions régulières, lorsqu'elle a lieu, au tiers opposant, devant les tribunaux administratifs et les cours administratives d'appel (C.J.A., art. R. 832-2). Ne saurait lui être opposée l'exception de connaissance acquise de ladite décision (C.E., 8 janv. 1958, De Batz de Tranquelléon : *Rec.*, p. 18 ; 18 déc. 1987, Masse : *Rec.*, p. 877). Ces délais sont augmentés des délais de distance (C.J.A., art. R. 832-4).

Lorsqu'il a été indiqué, par erreur, à l'intéressé qu'il peut former appel de la décision, au lieu de tierce opposition, le délai de deux mois pour former cette tierce opposition ne court qu'à compter de l'arrêt d'appel qui rejette cet appel pour irrecevabilité, l'intéressé n'ayant été ni partie ni représenté dans l'instance frappée d'appel (C.A.A. Paris, plén., 11 déc. 1997, Iggui : *A.J.D.A.*, 1998, p. 275).

La tierce opposition ne peut être formée au nom de l'État que par un ministre (C.A.A. Paris, 19 déc. 1996, Épx Denord c. Cne Bougival : *Rec.*, p. 1135).

Le recours en tierce opposition peut être soumis à la formation de jugement ou au juge qui a rendu la décision contestée (C.E., 10 déc. 2004, Résotim : *Rec.*, p. 853).

La tierce opposition fait obstacle à la formation d'un recours en cassation (C.E., sect., 7 juin 1935, Synd. des médecins de la Haute-Savoie : *Rec.*, p. 666 ; 24 juin 1949, SA Aichinger : *Rec.*, p. 305).

Seul un « véritable » tiers peut former tierce opposition, c'est-à-dire une personne qui n'a été ni partie, ni mise en cause, ni représentée, ni intervenante à l'instance (C.E., 9 janv. 1981, Rullmann : *A.J.D.A.*, 1981, p. 264 ; 9 déc. 1998, Assoc. foncière urbaine autorisée de Caudric : *Rec.*, p. 1139).

Une partie ne peut former tierce opposition même si elle a fait défaut. Seule la voie de l'opposition lui est en ce cas ouverte, ou, quand cette défaillance s'est produite devant le tribunal administratif, celle de l'appel. La partie de première instance qui n'a pas relevé appel d'un premier jugement n'a pas qualité pour interjeter appel du jugement rejetant la tierce opposition contre le premier jugement (C.E., 10 janv. 1996, Cne Vernon : *Rec.*, p. 1134). Mais la partie de première instance qui n'a pas été avisée qu'un appel a été interjeté contre le jugement peut former tierce opposition à l'arrêt d'appel (C.E., 2 avr. ; 1983, V. Bastia et MM. Bourdon : *Rec.*, p. 94).

Ne peut former tierce opposition une personne qui a été représentée, ainsi des propriétaires ayant consenti à une société une promesse de vente, sur le fondement de laquelle un permis de construire a été obtenu, qui sont représentés par cette société dans l'instance dirigée contre l'annulation de ce permis (C.E., 78 févr. 1999, Sagne et a. : *Rec.*, p. 992 ; 14 mars 2003, Beogradska Bank Ad Beograd : *Rec.*, p. 211, pour l'actionnaire d'une banque et l'administrateur provisoire de cette banque dans le cadre d'une instance disciplinaire devant la Commission bancaire ; 8 mars 2004, Berger : *Rec.*, p. 854, pour les codébiteurs solidaires d'une imposition). En revanche, il n'y a pas véritablement représentation si le représentant a agi frauduleusement à l'égard de l'intéressé. Dans ce cas, ce dernier est demeuré tiers à l'instance. Dans les cas de représentation de fait, le juge doit apprécier si les intérêts sont suffisamment communs entre deux personnes pour que l'une d'elles puisse être considérée comme ayant été valablement représentée par l'autre.

La personne qui n'avait pas à être appelée dans l'instance, par exemple, parce qu'elle n'est intervenue qu'à titre consultatif au cours de la procédure non contentieuse, tel un maire à l'égard de l'ouverture d'un terrain de camping dans la commune ou un conseil municipal en cas de rejet d'une demande d'ouverture de carrière (C.E., 16 juin 1976, Guérin, n° 98495 ; 28 sept. 1984, Cne Linay, n°s 15940 et 17042), ne peut former tierce opposition (C.E., 22 févr. 1984, SA « Cie des eaux de Royan » : *Rec.*, p. 82). N'est pas recevable à former tierce opposition une partie qui a été mise en cause, mais n'a pas produit de mémoire (Sté Télé Caraïbes International Martinique, préc.).

Mais une commune peut former tierce opposition contre le jugement annulant l'arrêté autorisant la création d'un syndicat de communes, contre l'annulation partielle de l'arrêté préfectoral rendant public le plan d'occupation des sols d'une commune ou contre l'annulation, à la fois, de l'arrêté déclarant d'utilité publique la réalisation d'une base de plein air et de loisirs, et de l'autorisation donnée à une société privée d'exploiter une carrière, cette dernière autorisation conditionnant la réalisation de la base de loisirs (C.E., 12 janv. 1977, Cne Langeais : *Rec.*, p. 13 ; 29 juin 1983, Cne Beaulieu-sur-Mer : *Rec.*, p. 283 ; 7 déc. 1983, Cne Lauterbourg : *Rec.*, p. 491).

827. La tierce opposition ne peut être dirigée que contre une décision qui préjudicie aux intérêts du tiers opposant, même si cette décision émane du Conseil d'État (C.E., 22 févr. 2002, Sté Albion développement et SCI des Hautes-Roches : *Rec.*, p. 62). Ceci explique qu'elle ne puisse être dirigée contre les seuls motifs d'un jugement, sauf s'ils sont le soutien nécessaire du dispositif, ni contre un jugement qui rejette la demande du requérant. La seule qualité de tiers ne donne pas intérêt à former tierce opposition (C.E., 1er févr. 1993, Mme Lepaulard : *Rec.*, p. 23). Ce tiers aurait dû être appelé dans la précédente instance pour produire ses observations (C.E., sect., 13 juil. 1962, Archambaud et D^{me} Bour : *Rec.*, p. 473 ; 23 oct. 1981, V. Biarritz : *Rec.*, p. 888 ; 15 juin 1997, Sté du canal de Provence : *Rec.*, p. 235 ; 12 mai 2003, Lancuentre : *Rec.*, p. 964 ; 25 juin 2003, Synd. des copropriétaires du 1 à 20 passage d'Enfer à Paris 14° : *Rec.*, p. 965).

L'intérêt donnant qualité doit s'analyser en une véritable violation d'un droit. Le code exige une décision « qui préjudicie à ses droits », car la tierce opposition conduit à remettre en cause un jugement revêtu de l'autorité de la chose jugée. Une personne qui n'est ni l'utilisateur ni le riverain d'une parcelle déclarée comme ne faisant pas partie du domaine public, par un jugement administratif rendu sur renvoi préjudiciel du juge judiciaire, n'est pas recevable à former tierce opposition à ce jugement (C.E., sect., 16 déc. 2005, Mme Kostiuk et a. : *Rec.*, p. 582).

A, en revanche, intérêt à former tierce opposition celui dont la situation juridique antérieure est atteinte par le jugement. Par exemple, l'entreprise à laquelle devait être attribué un contrat dont la passation a été ensuite suspendue dans le cadre d'un référé précontractuel peut former tierce opposition à ce référé (C.E., 15 juin 2001, SIAEP de Saint-Martin-de-Ré et a. : *Rec.*, p. 1163). Mais le tiers dont la situation n'a pas été affectée ou aggravée par un jugement auquel il n'a pourtant été ni partie ni représenté ne peut pas former tierce opposition.

L'appréciation de la condition du préjudice à un droit s'opère au regard du dispositif de la décision juridictionnelle, et non au regard de ses motifs (C.E., ass., 29 nov. 1929, Baumann : *Rec.*, p. 1061 ; 16 févr. 2004, Leloustre, n° 261490). Par exemple, un jugement de rejet ne préjudicie pas aux droits des personnes restées étrangères à l'instance et un jugement statuant sur un litige contractuel opposant une personne publique au titulaire d'un marché public n'a pas d'incidence sur les droits du fournisseur du titulaire du marché public, qui n'est pas recevable à former tierce opposition (C.E., 28 oct. 1955, Salvator : *Rec.*, p. 509 ; 18 juil. 1973, Élect. mun. de Jarnages : *Rec.*, p. 990 ; 15 juin 2001, Sté Alcatel Câble, n° 219822). Mais préjudicie aux droits des organisations signataires d'un accord préalable à l'intervention d'un arrêté préfectoral ordonnant la fermeture hebdomadaire de commerces le jugement qui annule le refus du ministre d'abroger l'arrêté préfectoral (C.E., 3 déc. 2003, Sté QSCT et SA France Restauration rapide : *Rec.*, p. 964). L'annulation d'un certificat d'urbanisme négatif, qui ne rend pas le demandeur titulaire d'un certificat positif et ne crée pas de droits à son profit, ne saurait préjudicier aux droits des tiers, qui ne sont en conséquence pas recevables à former tierce opposition contre le jugement d'annulation (C.E., 5 avr. 2006, Mme Dupont et a. : *Rec.*, p. 1042).

§ 3. La procédure et l'issue de la tierce opposition

828. Lorsque la tierce opposition est l'unique objet du procès, elle doit être formée devant la juridiction même qui a rendu le jugement attaqué, même s'il a été confirmé en appel (C.E., 10 déc. 1975, Union des commerçants de Saint-Nazaire et a. : *Rec.*, p. 640). Si ce jugement a été frappé d'appel et est annulé entre-temps, il y aura non-lieu.

En revanche, lorsque la tierce opposition est formée au cours d'une instance ultérieure qui n'a pas pour objet principal le litige de tierce opposition, elle relève de la compétence de la juridiction saisie du litige principal. Si cette dernière juridiction est d'un rang égal, ou inférieur, à celui de la juridiction dont le jugement fait l'objet de la tierce opposition, celle-ci est bien une voie de rétractation. Mais si, au contraire, cette juridiction est d'un rang supérieur, la tierce opposition s'apparente à une voie de réformation.

Elle n'a pas d'effet suspensif à l'égard du jugement frappé si elle n'a pas fait l'objet d'un recours par voie ordinaire.

Saisi d'un recours en tierce opposition, le juge peut décider que celui-ci n'est pas fondé. Le jugement contesté continue de produire son plein effet, y compris à l'égard du tiers opposant.

Une fois admise la recevabilité de la tierce opposition et celle-ci reconnue fondée, le juge saisi se rétracte, ou rétracte la décision de l'autre juridiction, annule la décision précédente sur le point qui fait grief au requérant opposant et y substitue sa propre décision. Un nouvel examen de l'affaire a lieu, au regard des moyens présentés par le tiers auteur, et une nouvelle décision est rendue (C.E., sect., 6 oct. 1981, Féd. nat. des huileries : *Rec.*, p. 544 ; 28 mai 1971, Épx Godet : *Rec.*, p. 394 ; Cne Lautrebourg, préc. ; 4 avr. 1997, SA Art et construction : *Rec.*, p. 1043).

Le jugement, ou la partie de jugement, annulé ne l'est que pour ce qui concerne le tiers opposant (C.E., sect., 18 oct. 1957, Floch : *Rec.*, p. 542). Le juge ne statue que sur les moyens de la tierce opposition sans aller au-delà et sans revenir sur les moyens du recours principal. La tierce opposition n'est pas un appel. La règle du double degré de juridiction ne s'applique pas avec rejugement de l'entier litige. Pourtant, il est souvent difficile de dissocier les situations du tiers opposant et des parties, trop étroitement imbriquées pour ce faire. Le juge doit alors revoir l'entière situation juridique, par exemple en annulant le jugement primitif, ou en le déclarant inexistant, tant à l'égard des parties que du tiers opposant (Cne Lauterbourg, préc.).

En cas de rejet, le jugement attaqué devient opposable au tiers qui a intenté le recours. En cas d'accueil de la tierce opposition, le jugement initial est déclaré nul et non avenu, et remplacé par une nouvelle décision (C.E., ass., 29 oct. 1965, D^{me} Béry : *Rec.*, p. 565 ; Cne Lauterbourg : préc.).

Le jugement ou l'arrêt rendu en tierce opposition est susceptible de faire l'objet de toutes les voies de recours ordinairement ouvertes contre les jugements et arrêts. Les jugements de première instance rendus par le tribunal administratif sur une tierce opposition sont susceptibles d'appel dans les deux mois. Les arrêts rendus sur tierce opposition sont susceptibles de pourvoi en cassation.

Le juge d'appel statuant sur un jugement en tierce opposition se trouve saisi de l'ensemble des moyens que le demandeur de première instance avait initialement présentés (C.E., 7 déc. 1960, Min. Trav. publ. et a : *Rec.*, p. 677 ; 9 janv. 1981, Rullmann et a. : *Rec.*, p. 11). La demande présentée en appel tendant à l'annulation d'un jugement de première instance rejetant une demande en tierce opposition fait l'objet d'un non-lieu lorsqu'entre ce jugement et la demande d'annulation de celui-ci est intervenu un arrêt d'appel confirmant la décision des premiers juges. Le requérant peut alors, s'il s'y croit fondé, former tierce opposition à l'arrêt d'appel (C.E., 23 nov. 1983, Min. délégué à l'Éco. et aux Fin. c. Assoc. pour la sauvegarde des pays fouesnantais, n° 09599).

La tierce opposition revêt un caractère définitif, et l'autorité de chose jugée qui s'y attache empêche le préfet d'élever le conflit contre ce jugement (T. confl., 25 mars 1996, Préf. Aude : *Rec.*, p. 539).

L'amende pour recours abusif est applicable aux recours en tierce opposition abusifs.

SECTION 2
LES VOIES DE RÉTRACTATION OUVERTES AUX PARTIES PRÉSENTES À L'INSTANCE INITIALE

829. Ces voies de recours sont plus extraordinaires et plus exceptionnelles. Ce sont des sortes de recours de recours, destinés à corriger des décisions rendues dans des conditions ou sur des bases gravement anormales. Elles concernent essentiellement les arrêts du Conseil d'État. Ce sont le recours en révision et le recours en rectification d'erreur matérielle.

Sous-section 1
Le recours en révision

830. Le recours en révision est une procédure exceptionnelle, que le juge restreint au minimum. Étendre trop largement son champ d'application reviendrait à ressusciter, au moins partiellement, la requête civile qui fait double emploi avec le recours en cassation sur certains points, ce pourquoi le Conseil d'État applique strictement les termes réglementaires qui déterminent ses cas d'ouverture (C.J.A., art. R. 834-1).

Le recours en révision vise à obtenir une nouvelle instruction et un nouveau jugement d'un procès pourtant définitivement jugé. Il est prévu pour le Conseil d'État (C.J.A., art. R. 834-1 à R. 834-4), mais non pour les tribunaux administratifs et les cours administratives d'appel. Son domaine s'étend à certaines ordonnances du président de la Section du contentieux (C.E., 7 mars 1990, Robert : *Rec.*, p. 61). Il existe même sans texte devant les juridictions qui ne relèvent pas du Code de justice administrative (C.E., sect., 16 mai 2012, Serval : *Rec.*, p. 225).

Le recours en révision n'est ouvert qu'aux seules personnes à l'égard desquelles le jugement contesté a les caractères d'un jugement contradictoire. Un intervenant n'est pas recevable à former un tel recours, dès lors qu'il n'aurait justifié ni d'un intérêt lui donnant qualité pour déférer la décision administrative attaquée, ni d'un intérêt pour contester le jugement rendu contrairement aux conclusions de son intervention (C.E., 5 janv. 2005, Soubiran : *Rec.*, p. 1073).

Le recours en révision dirigé contre un arrêt par un intervenant de première instance qui s'est abstenu d'interjeter appel et s'est borné à y intervenir au soutien de l'appelant est irrecevable (Soubiran, préc.). Il ne peut être joint à une instance en révision des conclusions ayant un autre objet (C.E., 26 mai 1989, Poulet : *Rec.*, p. 884).

Deux recours successifs en révision ne peuvent être formés, même si le second est fondé sur la « rétention de pièces décisives » (C.E., 17 janv. 1834, Latrube : *Rec.*, t. V, p. 450 ; 26 mai 1965, Angignard : *Rec.*, p. 303).

Le ministère d'un avocat au Conseil d'État et à la Cour de cassation est toujours requis, même si la décision dont il est demandé révision était dispensée de ce ministère (C.J.A., art. R. 834-3 ; C.E., 3 juin 1910, Caubel : *Rec.*, p. 440 ; sect., 27 oct. 1933, Bouteiller : *Rec.*, p. 973 ; 7 mars 1990, Robert : *Rec.*, p. 61). Il n'en va autrement que si le recours en révision est présenté par un ministre au nom de l'État (C.E., sect., 12 mars 1976, Min. Fin. c. D^me^ Bersoulle : *Rec.*, p. 156). La production d'un mémoire signé par un avocat au Conseil d'État en cours d'instance couvre l'irrégularité d'un recours en révision initialement présenté par le requérant lui-même (C.E., 17 nov. 1965, Marne : *Rec.*, p. 620). Les parties qui ne sont pas représentées par un avocat au Conseil doivent être informées de l'inscription de leur affaire au rôle (C.J.A., art. R. 712-1). La méconnaissance de cette règle doit être regardée comme entrant dans les prévisions du 3° de l'article R. 834-1 du Code de justice administrative (C.E., 7 juil. 2004, Assoc. de défense des intérêts du sport : *Rec.*, p. 324 ; 16 févr. 2007, Assoc. En Toute Franchise, n° 292114).

Le délai de recours est de deux mois à compter du jour où la partie a eu connaissance de la cause de révision qu'elle invoque.

831. Le recours en révision peut être présenté dans deux cas : si la décision a été rendue sur pièces fausses ou si une partie a été condamnée faute d'avoir produit une pièce décisive qui était retenue par son adversaire.

La notion de pièce fausse est interprétée sévèrement, la pièce fausse étant assimilée à un véritable faux (C.E., sect., 23 juil. 1937, Roque : *Rec.*, p. 777). Lorsque l'arrêt a été rendu sur le vu de « pièces fausses », la révision peut en être demandée, à condition que la solution contenue dans cet arrêt ne puisse être justifiée par d'autres considérations. Le requérant doit rapporter la preuve du caractère de « pièce fausse » d'un document et celle du rôle décisif joué dans la solution contestée par l'élément « faux » de cette pièce. Le juge de révision apprécie souverainement la pertinence des preuves apportées et le degré d'influence qu'elles ont pu avoir sur les juges. Le plus souvent, le caractère « faux » est exigé au sens du droit pénal. La notion est interprétée sévèrement, la pièce fausse étant assimilée à un véritable « faux » (C.E., sect., 23 juil. 1937, Roque : *Rec.*, p. 777). Ne suffit pas à faire d'une pièce « fausse » au sens du code le fait qu'elle comporte une mention inexacte (C.E., 11 janv. 1961, David : *Rec.*, p. 30). Voie de révision la plus recherchée, ce cas d'ouverture a permis des révisions (C.E., sect., 5 déc. 1975, Murawa : *Rec.*, p. 634).

La rétention coupable suppose, sinon une manœuvre dolosive, du moins un manquement à une obligation de communiquer. Le caractère décisif de la pièce en cause implique qu'à son défaut, le cours du procès a pu changer (C.E., 7 nov. 1934, Bastide d'Isard : *Rec.*, p. 1019 ; 25 juin 1958, Sté des automobiles Berliet : *Rec.*, p. 386, concl. Bernard ; sect., 5 avr. 1996, Treiber : *Rec.*, p. 122). La jurisprudence se montre assez restrictive sur le sens de ce terme (C.E., 12 mars 1982, Ibazizène : *Rec.*, p. 7298 ; Murawa, préc.). Toute révision sera refusée si la pièce retenue est étrangère au litige ou ne contient rien qui ne soit connu du requérant (Serval, préc). De plus, le requérant doit établir la « rétention », qui consiste dans le simple fait matériel de ce qui est détenu entre les mains de l'adversaire. Il n'est pas nécessaire qu'il y ait volonté de retenir et, donc, de prouver qu'une intention malveillante ou dolosive est à l'origine de cette rétention. La rétention coupable suppose ainsi, sinon une manœuvre dolosive, du moins un manquement à une obligation de communiquer. La circonstance qu'une administration ne retrouve pas une pièce suffit ainsi à établir la « rétention » (Treiber, préc.). Ceci est logique, car l'administration détient le plus souvent la pièce et il serait très difficile de prouver sa mauvaise foi.

Ne peut être considérée comme une rétention la non-communication au défendeur du mémoire du demandeur dans le cadre d'un rejet sans instruction de l'admission d'un pourvoi en cassation (C.E., 1er déc. 1997, Me Guillemonat et Farrell : *Rec.*, p. 1045).

Compte tenu des particularités de la procédure d'admission des pourvois en cassation, un requérant ne peut utilement soutenir, à l'appui d'un pourvoi en révision formé contre une décision de refus d'admission, que le défendeur aurait retenu une pièce décisive en s'abstenant de produire les documents afférents au litige qui étaient en sa possession (C.E., 1er mars 2006, Rousseau : *Rec.*, p. 1042).

Le fait de rétention n'est retenu qu'à l'égard des seules pièces dont la communication est possible et dont la réclamation antérieure à sa communication s'est révélée vaine ou de celles dont l'existence était alors inconnue. Si un demandeur en révision connaissait l'existence des pièces, mais ne les avait pas réclamées, ou en avait fait la demande à un autre que leur détenteur, il ne peut intenter ultérieurement une procédure de révision.

Le demandeur en révision doit enfin montrer que la rétention a été la cause de sa succombance. Le caractère décisif de la pièce en cause implique qu'à son défaut, le cours du procès a pu changer. Une relation de cause à effet doit exister entre la rétention de la pièce et le rejet des prétentions du requérant. Toute révision sera refusée si la pièce retenue était de toute façon étrangère au litige, ou ne contenait rien qui ne fût connu du requérant. Un requérant ne saurait demander la révision du jugement s'il disposait d'un autre moyen pour obtenir satisfaction.

Lorsque le recours en révision est admis, l'arrêt frappé de révision sera déclaré nul et non avenu (C.E., 25 nov. 1994, Sté « La Cinq » : *Rec.*, p. 511).

Un nouvel examen du litige est alors effectué, à l'issue duquel un second arrêt est substitué au premier (C.E., sect., 16 janv. 1931, Lanoë : *Rec.*, p. 72).

Si le recours est rejeté, tout nouveau recours en révision est interdit. Le juge peut infliger une amende pour recours abusif (C.E., 3 juil. 1957, Maillot : *Rec.*, p. 443). L'adversaire du demandeur en révision peut réclamer, par voie de demande reconventionnelle, des dommages et intérêts en réparation du préjudice causé par une action au caractère dilatoire évident (C.E., sect., 22 déc. 1950, Barbier : *Rec.*, p. 640).

Sous-section 2
Le recours en rectification d'erreur matérielle

832. Cette voie de recours, assez exceptionnelle, a été créée par le Conseil d'État au XIXe siècle, pour lui-même, à côté et en complément du recours en révision, car « il n'est vraiment pas possible de laisser subsister des décisions juridictionnelles reposant sur des erreurs certaines qui sont le fait du juge et qu'aucune voie de droit ne permet pourtant de corriger » (concl. JACOMET sur C.E., ass., 4 mars 1955, D[me] v[ve] Sticotti : *Rec.*, p. 131). Sa fonction est de redresser les inexactitudes, méprises et confusions commises par le juge lui-même.

Ce recours est ouvert contre les décisions comportant « une erreur matérielle susceptible d'avoir exercé une influence sur le jugement de l'affaire » (C.J.A., art. R. 833-1). Ne constitue pas un tel recours le fait pour un requérant de critiquer devant une cour administrative d'appel un jugement de tribunal administratif en ce qu'il aurait omis de statuer sur une partie des conclusions dont il l'avait saisi (C.E., 6 mars 2002, SA monégasque RMC : *Rec.*, p. 74).

Les conditions de recevabilité de ce recours se sont constamment élargies, le Conseil d'État faisant preuve en la matière d'un grand libéralisme, afin de compenser l'ouverture très étroite du recours en révision.

Ce recours est prévu devant le Conseil d'État contre ses arrêts (C.J.A., art. R. 833-1) et les ordonnances du président de la Section du contentieux ou des présidents de sous-section.

Il est ouvert devant toute juridiction statuant en dernier ressort, même en l'absence de texte le prévoyant expressément. Seule l'existence de l'appel l'exclut. Il est prévu expressément pour les cours administratives d'appel (C.J.A., art. R. 833-1).

Le Tribunal des conflits l'accepte à l'égard de ses décisions depuis 1999 (T. confl., 7 juin 1999, Bergas : *Rec.*, p. 456).

Ce recours est exclu contre la plupart des jugements des tribunaux administratifs. Cependant, les présidents de tribunal administratif et de cour administrative d'appel peuvent apporter, dans un délai d'un mois à compter de la notification aux parties, les corrections que la raison commande aux jugements ou ordonnances entachés d'erreur ou omission matérielle. Lorsqu'une partie signale au président du tribunal administratif l'existence d'une erreur ou d'une omission matérielle entachant un jugement ou une ordonnance et lui demande d'user de son pouvoir de rectification, cette demande est, en principe, sans influence sur le cours du délai d'appel ouvert contre ce jugement ou cette ordonnance (C.J.A., art. 741-11).

Ce recours ne peut être présenté que par une partie à l'instance ayant donné lieu à la décision dont la rectification est demandée (C.E., 3 juin 2005, Conroy : *Rec.*, p. 1073). Un intervenant en appel n'est pas recevable à former un recours en rectification d'erreur matérielle contre la décision du juge d'appel, dès lors qu'il n'aurait justifié ni d'un intérêt lui donnant qualité pour déférer au tribunal administratif la décision administrative attaquée, ni d'un intérêt pour faire appel du jugement rendu contrairement aux conclusions de l'intervention (C.E., sect., 16 mai 1980, Cté de coordination prof. des éclusiers : *Rec.*, p. 230).

Un requérant ne peut demander la rectification d'une erreur matérielle qui lui est imputable (C.E., 26 mars 2003, Lemang, Delebarre : *Rec.*, p. 965).

Une erreur matérielle peut être invoquée, et aussi rectifiée, qu'elle porte sur le dispositif ou sur ceux des motifs qui en sont le soutien nécessaire, ainsi du défaut de réponse à des conclusions (C.E., 6 juil. 1956, X. : *A.J.*, 1956, II, 36, concl. Poussière ; 30 nov. 1994, CH Valence : *Rec.*, p. 1155 ; 11 janv. 2006, Mme Dhenin : *Rec.*, p. 1027) ou de l'omission de statuer sur un moyen (C.E., sect., 29 mars 2000, G.I.E. Groupe Victoire : *A.J.D.A.*, 2000, p. 467). Présentent le caractère d'erreurs matérielles une erreur quant à la décision attaquée, le fait de donner acte à tort d'un désistement, l'omission de statuer sur le litige par l'effet dévolutif de l'appel (Mme Salah Ben Ouali, préc. ; 19 mars 1986, Mme Roberge : *Rec.*, p. 681 ; 29 avr. 1988, Mme Grounin : *Rec.*, p. 175 ; 14 févr. 1990, Épx Gloviak : *Rec.*, p. 35). Le recours en rectification d'erreur matérielle est également possible à l'égard d'un arrêt qui omet de prendre en compte le délai de distance dont bénéficie un requérant résidant à l'étranger, qui déclare tardive une demande d'aide juridictionnelle en raison d'une erreur de lecture du cachet de la Poste, qui comporte une erreur sur la date d'introduction du recours, ou la date d'une notification, une erreur sur le calcul d'une indemnité, une erreur de décompte des suffrages en contentieux électoral (C.E., 3 mai 2004, Mme Dogan : *Rec.*, p. 854 ; 23 févr. 2001, D^me^ Bragelongne : *Rec.*, p. 1164 ; 8 nov. 1978, Paille : *Rec.*, p. 433 ; 17 févr. 1965, Picard : *Rec.*, p. 113 ; 5 janv. 1948, Min. Fin. : *Rec.*, p. 1 ; 23 sept. 1961, Giacobbi : *Rec.*, p. 529).

En revanche, l'existence du recours parallèle que constitue le recours en cassation interdit de former un recours en rectification d'erreur matérielle si le pourvoi en cassation permet d'aboutir au même résultat. Ces deux recours ne sont pas interchangeables. Il est cependant possible de former un recours en rectification d'erreur matérielle devant la juridiction qui a rendu une décision contestée dans le même temps en cassation, à condition que le recours en rectification d'erreur matérielle permette d'obtenir quelque chose qu'il est impossible d'obtenir en cassation et tant que le juge de cassation n'a pas statué (C.E., 27 oct. 2006, Cne Saint-Paul-en-Pareds, n° 244353).

833. Le recours en rectification d'erreur matérielle est largement ouvert, le juge interprétant très largement la notion d'erreur matérielle. À l'origine, il ne s'agissait que d'erreurs de plume, erreurs dans l'emploi d'un mot, mauvaise transcription d'un nom propre, erreurs de date ou chiffres inexacts... Puis le Conseil d'État a inclus, dans la notion, l'erreur sur la matérialité des faits, et non plus seulement l'erreur dans la matérialité du jugement (C.E., sect., 21 nov. 1930, D^{me} v^{ve} Benoit : *Rec.*, p. 969 ; 2 avr. 2010, Faure, n° 33205). L'ordonnance du 31 juillet 1945 relative au Conseil d'État, entérinant la jurisprudence, évoquait, pour la définir, une « erreur... susceptible d'avoir exercé une influence sur le jugement de l'affaire », définition reprise par le Code de justice administrative, condition appréciée très libéralement par la jurisprudence (C.E., 2 avr. 1971, Min. Fin. : *Rec.*, p. 279 ; 31 mai 1995, Mme Salah Ben Ouali : *Rec.*, p. 1009 ; 30 mars 2001, Cne Montesquieu-Lauragais, n° 214734). Justifient la rectification les erreurs rédactionnelles et toutes les méprises du juge dans l'instruction ou sur le dossier de l'affaire. Il ne peut s'agir que d'une erreur matérielle, indépendante de toute appréciation ou interprétation juridique. Cette erreur doit être susceptible d'avoir exercé une influence sur le jugement de l'affaire ; de ce fait, un recours en rectification recevable est presque toujours gagné, sauf au juge à procéder à une substitution de motifs.

Ne présentent, en revanche, pas un caractère matériel et ne sont en conséquence pas susceptibles d'être corrigés par la voie du recours en rectification d'erreur matérielle une erreur relative au texte applicable, l'appréciation portée sur la valeur des justifications produites, le choix de retenir une série statistique plutôt qu'une autre, le fait de ne pas avoir communiqué un mémoire contenant des conclusions nouvelles, l'appréciation à caractère juridique à laquelle se livre le juge pour déterminer si un moyen présenté pour la première fois dans une note en délibéré justifie la réouverture de l'instruction (C.E., sect., 3 nov. 1961, Cne du Bon Pasteur : *Rec.*, p. 614 ; 22 févr. 1957, Casanova : *Rec.*, p. 124 ; 4 juil. 1997, Assoc. bananière camerounaise : *Rec.*, p. 289 ; 15 nov. 2002, Catsiapis, n° 239354 ; 10 août 2005, Noguès : *Rec.*, p. 1073).

L'appréciation juridique portée par le Conseil d'État sur un moyen n'est pas susceptible d'être remise en cause par la voie d'un recours en rectification d'erreur matérielle. Ainsi, l'appréciation juridique à laquelle le juge se livre pour déterminer si un moyen présenté pour la première fois dans une note en délibéré justifie la réouverture de l'instruction n'est pas susceptible d'être discutée dans le cadre d'un recours en rectification d'erreur matérielle (C.E., 10 août 2005, Nogues : *Rec.*, p. 1040).

834. Le délai de recours est de deux mois devant le Conseil d'État et les cours administratives d'appel, à compter du jour de la notification ou de la signification de la décision dont la rectification est demandée, éventuellement augmenté des délais de distance (C.J.A., art. R. 833-2), même si l'erreur n'a été connue que tardivement. Les textes imposent seulement le respect des formes prescrites pour le recours initial. Le ministère d'avocat n'est donc pas toujours obligatoire (C.E., 9 févr. 1968, Grandin : *Rec.*, p. 1051).

Le principe d'impartialité s'oppose à ce qu'un juge participe à un jugement en rectification d'erreur matérielle d'une décision à la prise de laquelle il a concouru (C.E., 22 juin 2005, Hespel : *Rec.*, p. 248).

Les effets du recours en rectification d'erreur matérielle se sont étendus à proportion de l'extension de la notion d'erreur matérielle. Lorsque l'erreur est réellement purement matérielle, le juge la répare, sans refaire nécessairement le jugement. Le juge évite d'ailleurs le plus souvent de refaire ce jugement. Lorsque l'erreur n'est matérielle que dans la forme et constitue en fait une erreur d'ordre intellectuel, le juge statue sur ce point et rectifie le jugement par voie de conséquence. Ainsi, en cas de défaut de réponse à des conclusions ou à des moyens, le juge peut ne statuer que sur les seuls éléments omis (C.E., 11 juil. 1952, Sté des vins A. Hauser : *Rec.*, p. 372 ; 2 juil. 2001, Mme Pontelli et a. : *Rec.*, p. 1164). La modification peut porter sur les visas, les motifs et le dispositif de la décision juridictionnelle (C.E., 2 avr. 1971, Min. Fin. c. Sté X. : *Rec.*, p. 279 ; 8 juil. 1978, Paille : *Rec.*, p. 433). Dans certains cas, le juge peut être conduit à supprimer le jugement primitif et à le remplacer par un autre (Gloviak, préc.). Lorsque la rectification remet en cause de manière radicale la décision rendue précédemment, celle-ci peut être déclarée nulle et non avenue avant que le Conseil d'État ne statue à nouveau complètement sur le litige (C.E., sect., 28 sept. 1958, Titeca-Beauport : *Rec.*, p. 502 ; Mme Grounin, préc.). Cependant, le juge statue en l'état du dossier à la date où il s'était initialement prononcé et rejette comme irrecevables des conclusions nouvelles présentées à l'occasion du recours en rectification d'erreur matérielle et se rapportant au litige (C.E., 30 juin 2003, Mme de Cadaran : *Rec.*, p. 965).

La rectification de l'erreur matérielle que contient un jugement de première instance ne rouvre le délai d'appel qu'à l'égard de l'élément rectifié, du moins lorsque celui-ci est divisible des autres dispositions du jugement (C.E., 27 sept. 2006, SCP Gros, Chapellier, Lecourt, n° 259812 ; 14 nov. 2005, M. et Mme Lemoine : *Rec.*, p. 1018).

L'appréciation juridique portée par le Conseil d'État sur un moyen n'est pas susceptible d'être remise en cause par la voie d'un recours en rectification d'erreur matérielle. Ainsi, l'appréciation juridique à laquelle le juge se livre afin de déterminer si un moyen présenté pour la première fois dans une note en délibéré justifie la réouverture de l'instruction n'est pas susceptible d'être discutée dans le cadre d'un recours en rectification d'erreur matérielle (C.E., 10 août 2005, X., n° 268776).

L'amende pour recours abusif infligée peut être annulée sur recours en rectification d'erreur matérielle (C.E., 20 juil. 1988, Huntziger : *Rec.*, p. 965).

SECTION 3
LE RECOURS DANS L'INTÉRÊT DE LA LOI

835. Le recours dans l'intérêt de la loi est une voie de droit tout à fait extraordinaire, ouverte aux seuls ministres, afin de leur permettre de faire purger l'ordre juridique de décisions de justice entachées d'erreur de droit.

Sous-section 1
Conditions de recevabilité

836. Le recours dans l'intérêt de la loi est recevable même sans texte le prévoyant. Il constitue un principe général de procédure, auquel les ministres peuvent recourir dans le seul intérêt de la loi.

Ce recours ne peut être formé que par un ministre dans la compétence matérielle duquel entre l'objet du litige en question. Il ne peut être fondé que sur des moyens de pur droit parce que son but est de faire triompher la loi sur les autres normes juridiques (C.E., sect., 7 mars 1969, Min. État chargé DOM-TOM c. Barnabé : *Rec.*, p. 143 ; 19 mai 1976, Min. Santé c. Ameil et a. : *Rec.*, p. 266).

Ce recours ne peut être introduit que devant le Conseil d'État (C.E., 1er oct. 1997, Min. Déf. : *Rec.*, p. 324) et contre toute décision d'une juridiction administrative en relevant, par exemple, contre un jugement de tribunal administratif rayant des registres du greffe un renvoi d'une chambre sociale de cour d'appel (C.E., 24 avr. 1981, Min. Trav. c. Margueron : *Rec.*, p. 185). Ceci explique l'exclusion d'un tel recours contre un arrêté du Conseil d'État ayant définitivement statué au contentieux (C.E., 31 janv. 1996, Min. Équip., Transp. et Tourisme : *Rec.*, p. 26).

Le recours doit être dirigé contre une décision définitive, c'est-à-dire à l'égard de laquelle les délais de recours ou les voies de recours sont épuisées (C.E., 26 juil. 1978, Min. Éco. et Fin. et min. Déf. c. Dme vve Pons : *Rec.*, p. 925 ; 3 déc. 1980, Min. Trav. c. Defaux : *R.D.P.*, 1981, p. 850). Ce recours peut n'être dirigé que contre les seuls motifs du jugement (C.E., sect., 12 juin 1959, Min. Aff. éco. c. Filaire : *Rec.*, p. 365) ou contre le seul dispositif de la décision déférée, ou contre l'ensemble de la décision.

Le recours n'est pas soumis au ministère d'avocat. Son exercice n'est enfermé dans aucun délai.

Il est recevable sans que le ministre défendeur ait à faire la preuve d'un intérêt à agir. Le ministre n'agit en effet que dans l'intérêt de la loi, ce qui ne peut constituer un intérêt personnel. Le ministre qui s'est désisté d'un recours en appel peut former un recours dans l'intérêt de la loi soulevant la même question juridique qu'en appel (C.E., 21 janv. 2002, Min. Aménag. c. Sté Schweppes France : *Rec.*, p. 13).

Saisi d'un tel recours, le Conseil d'État peut soulever d'office le moyen de l'incompétence de la juridiction dont la décision lui est déférée (C.E., 10 déc. 1997, Min. Int. : *Rec.*, p. 487).

Sous-section 2
Effets

837. Le recours dans l'intérêt de la loi a un effet purement doctrinal. Il n'aboutit pas à la correction du jugement contesté et ne peut créer ni ôter des droits ou des obligations nés de cette décision.

Lorsque l'annulation est prononcée, par exemple pour motif de droit erroné (C.E., 1er oct. 1997, Min. Déf. : *Rec.*, p. 324), elle n'a aucun effet pratique. Notamment, aucun renvoi n'est en principe possible devant la juridiction compétente à cet effet. Il est fait exception à ce principe dans le cas de certains litiges relevant de la compétence des commissions régionales de la tarification sanitaire et sociale (C.E., 29 déc. 1997, Min. Solidarité, Santé et Protection sociale : *Rec.*, p. 1045 : renvoi à cette juridiction).

Cependant, les arrêts, d'admission comme de rejet, rendus dans l'intérêt de la loi sont précieux pour la connaissance de ce qu'aurait dû être, en l'espèce, la bonne solution en droit.

BIBLIOGRAPHIE

Répertoires

JurisClasseur administratif, sous la direction de J.-B. Auby.

JurisClasseur de justice administrative, sous la direction de B. Odent, B. Stirn et D. Truchet.

Répertoire Dalloz de contentieux administratif, sous la direction de D. de Béchillon.

Recueils de jurisprudence, de législation et d'avis et codes commentés

Bonichot (J.-C.), Cassia (P.) et Poujade (B.), *Les grands arrêts du contentieux administratif*, 4e éd., Dalloz, 2014.

Chabanol (D.), *Code de justice administrative annoté et commenté*, 6e éd., Éd. du Moniteur, 2014.

Lachaume (J.-F.), Pauliat (H.), Braconnier (S.) et Deffigier (C.), *Droit administratif, les grandes décisions de la jurisprudence*, 15e éd., P.U.F., coll. Thémis, 2010.

Lepage (C.), Huglo (C.), Maître (M.-P.) et Huglo (B.), *Code de justice administrative*, 8e éd., LexisNexis, 2013.

Long (M.), Weil (P.), Braibant (G.), Delvolvé (P.) et Genevois (B.), *Les grands arrêts de la jurisprudence administrative*, 19e éd., 2013.

Rouault (M.-C.), *Contentieux administratif*, Code pratique, Lamy, 2011.

Traités pratiques

Bailleul (D.), *Le procès administratif*, Systèmes, L.G.D.J., 2014.

Chabanol (D.), *La pratique du contentieux administratif devant les tribunaux administratifs et les cours administratives d'appel*, 9e éd., 2013, LexisNexis.

Rouquette (R.), *Petit traité du procès administratif*, 2015/2016, 6e éd., Dalloz, 2014.

« Pratique du contentieux administratif », Dalloz-*A.J.D.A.*, Dalloz Professionnels.

Traités, manuels et mémentos

Broyelle (C.), *Contentieux administratif*, 2e éd., L.G.D.J., Manuel, 2013.

Chapus (R.), *Droit du contentieux administratif*, 13e éd., Montchrestien, 2008.

Costa (D.), *Contentieux administratif*, LexisNexis, 2011.

Daël (S.) et Courrèges (A.), *Contentieux administratif*, 4e éd., 2013, P.U.F.

Gohin (O.), *Contentieux administratif*, 7e éd., Litec, 2012.

Guyomar (M.) et Seiller (B.), *Contentieux administratif*, 5e éd., Hypercours, Dalloz, 2014.

Laferrière (E.), *Traité de la juridiction administrative et des recours contentieux*, 1989, L.G.D.J., rééd. de la 1re éd. (1887-1888), préface de Drago (R.).

Pacteau (B.), *Manuel de contentieux administratif*, 3e éd., P.U.F., coll. Droit fondamental, 2014.

Ricci (J.-C.), *Contentieux administratif*, 4e éd., Hachette Supérieur, 2012.

Turpin (D.), *Contentieux administratif*, 5e éd., Hachette Supérieur, 2010/2011.

Index

(Les numéros renvoient aux paragraphes)

A

Accidents de véhicules : 76 ;
Accusé de réception administratif : 375, 377, 383 s. ;
Acquiescement : 605 s., 648, 664, 674, 688 s. ;
Acte :
– administratif : 373 s., 535 s. ;
– d'autorité : 49 ;
– de gestion : 42, 420, 613 ;
– de puissance publique : 42 s., 613 ;
– détachable : 70, 538, 573, 635 ;
– inexistant : 36, 303, 367, 414, 545 ;
– Réglementaire : 373 s. ;
– Type : 550 ;
– Unilatéral : 89 s. ;
Acte comminatoire : 554 ;
Acte confirmatif : 554 ;
Acte de gouvernement : 558 s. ;
Acte préparatoire : 552 ;
Acte sans effet de droit : 543 s. ;
Activités administratives :
– des cours administratives d'appel : 193 ;
– des tribunaux administratifs : 179 s. ;
Administration consultative : 296 ;
Administrateur juge (théorie de l') : 38 ;
Affichage : 337, 373, 379 ;
Aide à l'exécution : 303 ;
Aide juridictionnelle : 393 s. ;
Amende pour recours abusif : 749 ;
Amnistie : 97, 317, 741 ;
Annulation : 35 s., 55, 313 s. ;
Appel : 776 s. ;
– complémentaire : 787 s. ;
– en cause : 660 ;
– incident : 781, 788 ;
– principal : 785 s. ;
– provoqué : 789 ;
Appel en déclaration de jugement commun : 662 ;
Appel en garantie : 661 ;
Appréciation de validité (ou de légalité) : 140, 233, 240, 260 ;
Arbitrage : 1 ;
Assistant de justice : 152, 160, 181 s., 192 ;
Associations : 299, 305 s. ;
Astreinte : 766 s. ;
Audience : 14, 24 s., 32, 111, 702 s. ;
Auditeur : 158 ;
Autorisation de plaider : 222 ;
Autorité administrative indépendante : 358, 600 ;
Avis :
– contentieux : 238 ;
– du Conseil d'État : 163 s., 168, 238 ;
– des cours administratives d'appel : 179, 193 ;
– des tribunaux administratifs : 179 ;
Avocat : 302 s. ;

B

Banque de France : 248, 301 ;
Base légale : 595, 742 ;
Bonne administration de la justice : 130 s., 193, 205, 260, 270, 276, 650, 674, 816 ;
Brevet d'invention : 78, 137 ;

C

Capacité à agir : 298 s. ;
Cas d'ouverture : 577 s. ;
Cassation : 801 s. ;
– compétence : 264 s. ;
– contrôles du juge : 810 s. ;
– procédure d'admission : 808 ;
Cause juridique : 409, 594 ;
Chambre (v. Formation de jugement) ;
Chambre régionale des comptes : 205 s., 410 ;
Changement de circonstances : 399 ;
Chose jugée : 130, 718, 733 s., 751 s. ;
Circulaire : 228, 556 ;
Clôture de l'instruction : 31, 431 s., 649 s. ;
Code de justice administrative : 3 ;
Collégialité : 22 ;
Commissaire du gouvernement (v. Rapporteur public) ;
Compétence d'attribution : 215 s. ;
Conciliation : 673 ;
Conclusions nouvelles : 31, 407, 656, 792 ;
Conflit :
– au fond : 129 ;
– négatif : 122 s. ;
– positif : 112 s. ;
Connaissance acquise : 372 ;
Connexité : 268 s. ;
Conseil : d'État :
– assemblée du contentieux : 172, 176 ;
– composition : 152 s. ;
– fonction consultative : 161, 163 s. ;
– historique : 146 s. ;
– organisation : 151 s. ;
– section du contentieux : 168 s., 172, 175 ;
Conseil supérieur des TA et CAA : 145, 154, 184 s., 235 ;
Conseil de préfecture : 179 ;
Constat : 20, 672 ;
Contentieux contractuel : 357, 365, 409, 599, 632 s. ;
Contentieux électoral : 409, 575, 623 s. ;
Contentieux fiscal : 626 s. ;
Contentieux de la répression : 35, 72 ;
Contentieux de l'interprétation : 35 ;
Contradictoire (principe du) : 19 s., 210, 293 s. ;
Contravention de grande voirie : 301, 310, 730, 735 ;
Contribuable local : 222, 311, 314, 328 ;
Contrôle du juge : 591 s. ;
– des mobiles : 597 ;
– infra-minimum ;
– maximum : 591 ;
– normal : 591, 596 ;
– restreint : 596, 810 ;
Copie des jugements : 33 ;
Cour administrative d'appel : 192 s. ;
– compétence : 193 ;
– nombre et ressort : 196 ;
– organisation : 194 s. ;

D

Débats :
– police des : 183 ;
– publicité des : 9, 14, 24 ;
Décès d'une partie : 298, 653, 666, 693, 699 ;
Décision administrative :
– confirmative : 378, 397, 405 s. ;
– explicite : 290, 375 s. ;

- faisant grief : 542 s. ;
- implicite : 604 s. ;
- inexistante : 584 ;
- préalable : 240 ;
- notification : 348, 355, 371, 375 s. ;
- retrait : 747 ;

Déclinatoire de compétence : 112, 114, 117 s. ;
Défaut de base légale : 594 ;
Déféré préfectoral : 260, 310, 316 ;
Délai de recours : 356 s. ;
Délai de distance : 363 ;
Délibéré : 9, 14 s., 24, 705 ;
Demande :
- additionnelle : 654 s. ;
- incidente : 654 s. ;
- nouvelle : 792 ;
- reconventionnelle : 656 ;

Demande d'avis : 238 ;
Demande d'éclaircissement des jugements : 772 ;
Dénaturation des faits : 429, 434, 435 s. ;
Déni de justice : 129 ;
Dépens : 746 s. ;
Déport : 705 ;
Désaveu d'avocat : 664 ;
Désistement : 694 s. ;
Détournement de pouvoir : 591, 597 ;
Détournement de procédure : 597 ;
Dispositif des jugements : 719 s. ;
Double degré de juridiction : 717, 775 s. ;
Droit de timbre : 33 ;
Droits de la défense : 19 s., 293 s. ;

E

Économie de moyens : 731 ;
Effet dévolutif de l'appel : 795 s. ;
Effet non suspensif :
- de l'appel : 795 ;
- du recours en cassation : 209 ;

Électeur : 61, 331 ;
Élections : 575, 623 s. ;
Électorat : 57 ;
Emprise : 93 ;
Enquête : 488, 678 s. ;
Enregistrement des requêtes : 723 ;
Erreur de droit : 594 ;
Erreur de fait : 594 ;
État civil : 58 ;
État exécutoire : 105, 191, 365 ;
Évocation : 747, 799 ;
Exception d'illégalité : 412 ;
Exception de recours parallèle : 540, 627 ;
Exécution automatique des jugements : 771 ;
Expert : 484 s., 671 s. ;
Expertise : 395, 478 s., 671 s. ;
Expiration du délai de recours : 400 s. ;

F

Failli : 298 ;
Fin de non-recevoir : 300, 568 s. ;
Formalités : 347 s., 590 ;
Formations d'instruction : 168 ;
Formations de jugement :
- des cours administratives d'appel : 198 s. ;
- du Conseil d'État : 174 s. ;
- des tribunaux administratifs : 186 s. ;

Formule exécutoire : 719 ;
Frais d'avocat : 33 ;
Frais irrépétibles : 747 ;
Français (usage du) : 17, 355, 596 ;

G

Greffe : 123 s. ;

H

Habitant : 829 ;
Héritier : 298, 666, 699 ;

I

Immeuble : 250, 571 ;
Immutabilité de l'instance : 792, 809 ;
Imparité : 23, 705 ;
Impartialité : 23 ;
Impôts : 65 ;
Inamovibilité : 151, 184 ;
Incapacité : 62 ;
Incidents de l'instruction : 653 s. ;
Incompétence : 582 s. ;
Indépendance : 5 s., 12 s., 22 s. ;
Inexactitude matérielle des faits : 594 ;
Inexistence : 303, 367, 414, 545 ;
Infra petita : 17 ;
Injonction : 465, 762 s. ;
Inscription au rôle : 701 s. ;
Inscription de faux : 665 ;
Instance : 638 s. ;
Instruction : 639 s. ;
- accélérée : 643 ;
- clôture : 649 s. ;
- dispense : 642 ;
- incidents : 653 s. ;
- réouverture : 652 ;
Intérêt à agir : 316 s. ;
Intérêt à intervenir : 657 ;
Intérim : 589 ;
Interprétation : 233, 773 s. ;
Intervention forcée : 659, 662 ;
Intimé : 789 ;
Inventaire des pièces : 349, 646 ;
Irrecevabilité : 650, 753 ;

J

Jonction : 657 ;
Juge unique : 22, 183, 191, 203 ;
Jugement :
- avant-dire droit : 714 ;
- caractère exécutoire : 760 ;
- constitutif : 715 ;
- contradictoire : 716 ;
- déclaratif : 715 ;
- en dernier ressort : 717 ;
- en premier ressort : 717 ;
- lecture : 26 ;
- mentions : 686, 719 ;
- mixte : 714 ;
- notification : 729 s. ;
- par défaut : 716 ;
- passée en force de chose jugée : 718 ;
- sur le principal : 714 ;
- visas : 719 ;
Juridiction administrative spéciale : 205 s. ;
Justice :
- déléguée : 144, 148, 532 ;
- retenue : 144, 148 ;
Justice judiciaire : 69, 86, 97 ;

L

Légalité : 409 ;
- externe : 581 s. ;
- interne : 591 s. ;
Liaison du contentieux : 604 ;
Locataire : 298 ;
Loi du pays : 166 ;

M

Maître des requêtes : 157 ;
Majeur incapable : 298 ;
Mandat : 300, 303 s. ;
Marchés : 90 ;
Marque de fabrique : 77 ;
Médiateur de la République : 762 ;
Méconnaissance du champ d'application de la loi : 594 ;
Mémoire :
- ampliatif (ou complémentaire) : 350 ;
- introductif d'instance : 30 ;
Mesures :
- conservatoires : 464 s., 514 ;
- d'ordre intérieur : 555 ;
- d'organisation du service : 98 s. ;
- préparatoires : 552 ;

Mineur : 29, 298 ;
Ministre-juge (théorie du) : 144, 532 ;
Minute : 182 s., 722 ;
Mise en cause : 657 ;
Mise en demeure : 659 ;
Modulation dans le temps des effets de la décision : 634, 657, 739 ;
Motifs :
- contrôle : 594 s. ;
- de droit : 594 ;
- de fait : 594 ;
- déterminant : 595, 742 ;
Motivation : 248 s. ;
- des jugements : 210, 725 ;
- des recours : 354 ;
Moyen :
- d'ordre public : 793 ;
- inopérant : 169 ;
- nouveau : 792 ;
- relevé d'office : 647 ;
- sérieux : 445 ;

N

Nationalité : 57 ;
Nom :
- des juges : 19, 722 ;
- des requérants : 341 ;
Non-lieu :
- à statuer : 699 ;
- en l'état : 666, 699 ;
Non ultra petita : 17, 650 ;
Note en délibéré : 9, 431, 650 s. ;
Notification :
- des décisions prises pour l'instruction : 646 s., 670 ;
- des jugements : 716, 729 ;
- des requêtes : 348 ;

O

Observations orales : 9, 30 s., 111, 511, 649, 685 ;
Opposition aux changements de nom : 218 ;
Oralité : 30 ;
Ordonnance de référé : 425 ;
Ordre de juridiction : 8, 12, 39 s. ;

P

Paiement des condamnations pécuniaires : 771 ;
Passage injurieux : 738 ;
Pièces :
- communication : 646 ;
- inventaire : 349 ;
Plein contentieux : 598 s. ;
Plénitude de juridiction : 137 s. ;
Police de l'audience : 183 ;
Pouvoirs du juge : 422 s., 625, 631, 647 s. ;
Prescription : 368, 392, 608, 826 ;
Prescription quadriennale : 495, 608 s. ;
Président :
- de cour administrative d'appel : 194, 203 ;
- de la section du contentieux du Conseil d'État : 170 ;
- de sous-section : 169, 171 ;
- de tribunal administratif : 183, 191 ;
- du Conseil d'État : 154 ;
- du Tribunal des conflits : 110 s. ;
Présomption : 444, 597, 689 ;
Preuve : 28, 667 s. ;
Principe général de procédure : 811 ;
Procédures d'urgence : 427 s. ;
Production de la décision attaquée : 342 s. ;
Prononcé du jugement : 710 s. ;
Prorogation du délai : 396 ;
Propriétaire : 329 ;
Publication des jugements : 711 ;
Publicité des débats : 9, 14, 32, 697 ;

Q

Qualité pour agir : 244, 304 s., 313 s. ;
Question de compétence (règlement des) : 274 s. ;

Question de droit nouvelle : 168 ;
Question préalable : 131 ;
Question préalable de constitutionnalité : 139 ;
Question préjudicielle : 130 s. ;
Quorum : 23, 296 ;

R

Rapporteur : 173, 188 ;
Rapporteur public : 177, 185 ;
Recevabilité : 275, 313 s., 347 s. ;
Recours administratif :
- gracieux ou hiérarchique : 389 s. ;
- préalable : 391, 409, 391, 604 s. ;

Recours dans l'intérêt de la loi : 775, 835 ;
Recours de plein contentieux : 598 s. ;
Recours en rectification d'erreur matérielle : 832 ;
Recours en révision : 830 ;
Recours incident : 804 ;
Recours parallèle : 540, 568 s., 640, 832 ;
Recours pour excès de pouvoir : 532 s. ;
Récusation : 674, 705 ;
Rédaction des jugements : 700, 719 s. ;
Référé : 415 s. ;
- constat : 476 s. ;
- contractuel : 505 s. ;
- fiscal : 514 ;
- instruction : 484 s. ;
- liberté : 452 s. ;
- mesures utiles : 461 s. ;
- provision : 494 s. ;
- précontractuel : 501 s. ;

Régimes spéciaux de suspension :
- suspension des actes des collectivités territoriales : 518 s. ;
- suspension d'un acte d'une autorité locale portant atteinte à la défense : 524 ;
- en matière d'environnement et d'urbanisme : 529 s. ;

Règlement de juges : 280 ;
Régularisation des recours : 353 s. ;
Renonciation : 533, 697 ;
Renvoi :
- à la Cour de Luxembourg : 140 ;
- à la CJUE : 132 ;
- après cassation : 816 ;
- au Conseil d'État : 270 s. ;
- au Tribunal des conflits : 124 s. ;

Représentant unique : 351 ;
Représentation :
- de l'État : 307 s. ;
- des personnes morales : 304 s. ;
- des personnes physiques : 300 s. ;

Reprise d'instance : 666, 823 ;
Requête :
- introductive d'instance : 341 s. ;
- prématurée : 404 ;
- tardive : 405 s. ;

Requêtes collectives : 351 s. ;
Requêtes multiples : 352 ;
Responsabilité de la puissance publique (compétence) : 68 s. ;
Résurgence des recours : 411 s. ;
Rétractation (v. Voies de) : 775 s. ;
Réviseur : 700 ;
Rôle : 173, 175 s., 183, 186, 701 ;

S

Sapiteur : 673 s. ;
Secrétaire général du Conseil d'État : 159 ;
Section du rapport et des études : 167 ;
Sections du Conseil d'État : 162 s. ;
Séparation des autorités administratives et judiciaires : 38 s. ;
Serment : 670, 378 ;
Service public :
- critère du : 45 s. ;
- de la justice judiciaire : 69 ;
- industriel et commercial : 54, 102, 106 ;
- pénitentiaire : 100 ;

Signature de la requête : 340 s. ;

Signification : 716, 782, 834 ;
Substitution :
- de base légale : 595, 742 ;
- de motifs : 409, 595, 742 ;
Sursis à exécution : 169, 203, 795, 809 ;
Sursis à statuer : 142 ;
Sursis au paiement : 630 ;
Suspicion légitime (renvoi pour cause de) : 705 ;

T

Tierce opposition : 824 s. ;
Tour extérieur : 153, 184 ;
Tribunal des conflits : 108 s. ;
Tribunal administratif : 181 s. ;

U

Ultra petita : 17, 26, 731 ;
Usager du service public : 332 ;
Usurpation de pouvoirs : 584 ;

V

Validation législative : 718 ;
Vérification d'écriture : 681 ;
Vice de forme : 590 ;
Vices cachés (théorie des) : 373 ;
Vice-président du Conseil d'État : 154 ;
Violation de la loi : 592 s. ;
Visas (des jugements) : 723 s. ;
Visite des lieux : 676 s. ;
Voie de fait : 92 ;
Voies d'exécution (v. Chose jugée) ;
Voies de recours : 775 s. ;
Voies et délais de recours (mention) : 378, 384, 781 ;
Voisin : 329

Table des matières

Introduction 9

CHAPITRE 1
Les sources de la procédure administrative contentieuse 11

SECTION 1
Les sources écrites 12

Sous-section 1. Les sources constitutionnelles 13

Sous-section 2. Les sources internationales et communautaires 15

Sous-section 3. Les sources législatives et réglementaires 18

SECTION 2
Les sources jurisprudentielles 22

Sous-section 1. Sous-section 1. La nature des règles et principes dégagés par le juge 22

Sous-section 2. Les principes de la procédure administrative contentieuse 24

§ 1. Les droits de la défense 24

§ 2. Les règles s'imposant à la juridiction et au jugement 27

A. La composition et le fonctionnement de la juridiction 27

B. La tenue de l'audience 29

C. La décision juridictionnelle 29

CHAPITRE 2
Les caractères de la procédure administrative contentieuse 31

SECTION 1
Les particularités de la procédure administrative 32

Sous-section 1. Procédure inégalitaire et inquisitoriale 32

Sous-section 2. Procédure autonome 33

Sous-section 3. Procédure écrite et secrète, simple et économique 33

SECTION 2
Les différentes branches du contentieux administratif 36

Sous-section 1. La classification quadripartite selon les pouvoirs du juge 37

Sous-section 2. La classification matérielle 37

Sous-section 3. Les classifications modernes 38

PARTIE I
Le domaine du contentieux administratif 41

TITRE 1
La séparation des autorités 43

CHAPITRE 1
Le jeu de la règle de séparation 45

SECTION 1
Les approches doctrinales 46

Sous-section 1. La recherche ancienne d'un critère unique 46

§ 1. Actes de puissance publique et actes de gestion 47

§ 2. La théorie de l'État débiteur ... 48
§ 3. Le critère du service public ... 49
§ 4. La crise de la notion du service public comme critère de répartition des compétences ... 51
§ 5. Le renouveau du critère du service public ... 52
§ 6. Le critère des prérogatives de puissance publique ... 53
§ 7. La remise en cause du critère de la gestion publique ... 55

Sous-section 2. Les critères modernes ... 56
§ 1. La proposition d'un critère dualiste ... 56
§ 2. L'éternel retour du critère du service public ... 56
§ 3. L'objet de l'acte ... 57
§ 4. Tentative de synthèse ... 58

SECTION 2
Les partages jurisprudentiels de compétence entre les deux ordres ... 58

Sous-section 1. Les attributions législatives de compétence au juge judiciaire ... 59
§ 1. L'état des personnes, la nationalité et l'électorat ... 59
A. État civil ... 60
B. Tutelle et assistance éducative ... 60
C. Nationalité ... 61
D. Électorat ... 61
§ 2. L'incapacité des personnes ... 61
A. Internement d'office ... 61

Sous-section 2. La sécurité sociale ... 63
§ 1. Gestion des régimes de sécurité sociale ... 63
§ 2. Litiges d'ordre individuel ... 63

Sous-section 3. Les impôts et les redevances ... 64
§ 1. Impôts indirects ... 64
§ 2. Redevances ... 64

Sous-section 4. Poste et télécommunications ... 64

Sous-section 5. Enseignement ... 65

Sous-section 6. Le fonctionnement du service public de la justice judiciaire ... 65

Sous-section 7. Domaine 66
§ 1. Domaine privé 66
§ 2. Domaine public et travaux publics 67
A. Atteintes au domaine public routier 68
B. Exécution de travaux publics 68
Sous-section 8. Compétence judiciaire à divers titres 69

SECTION 3
Répartition jurisprudentielle de compétence 72
Sous-section 1. Acte unilatéral 72
Sous-section 2. Contrats 73
Sous-section 3. Les atteintes à la liberté individuelle ou à la propriété privée 75
§ 1. Voie de fait 75
§ 2. Emprise 75
§ 3. Expropriation d'utilité publique 76
§ 4. Police des étrangers 76
§ 5. Article 136 du Code de procédure pénale 77
Sous-section 4. Le service public de la justice judiciaire 77
§ 1. Fonctionnement du service 77
§ 2. Organisation du service 79
§ 3. Auxiliaires de justice 80
§ 4. Service pénitentiaire 80
Sous-section 5. La police judiciaire 81
Sous-section 6. Les services publics industriels et commerciaux 82
§ 1. Principes 82
§ 2. Personnel 83
§ 3. Biens 83
§ 4. Usagers 83
§ 5. Tiers 85
§ 6. Établissements publics 85

CHAPITRE 2
Le Tribunal des conflits 87

SECTION 1
L'organisation paritaire du Tribunal des conflits 88

Sous-section 1. La composition du Tribunal 88

Sous-section 2. Le fonctionnement du Tribunal 90

SECTION 2
Le conflit positif d'attribution 91

Sous-section 1. L'impossibilité d'élever le conflit 92

§ 1. À cause du moment 92

§ 2. À cause de la matière 93

Sous-section 2. La procédure de conflit 94

§ 1. La phase de création du conflit 94

A. La phase d'élévation du conflit 95

Sous-section 3. Le jugement du conflit 95

§ 1. La procédure 96

§ 2. La décision du Tribunal des conflits 96

SECTION 3
Le conflit négatif et les procédures de renvoi 97

Sous-section 1. La double déclaration d'incompétence 97

Sous-section 2. Les procédures de renvoi 98

§ 1. Le renvoi facultatif 99

§ 2. Le renvoi obligatoire 99

§ 3. La portée et les effets des décisions de renvoi 100

§ 4. La portée et les effets de la décision du Tribunal des conflits 100

SECTION 4
Les conflits au fond 101

CHAPITRE 3
Les renvois et questions préjudiciels ... 105

SECTION 1
La notion de la question préjudicielle ... 106

Sous-section 1. La saisine d'une juridiction du fond ... 108

Sous-section 2. L'existence d'une difficulté sérieuse ... 108

Sous-section 3. La question commandant l'issue du procès ... 109

Sous-section 4. La question relevant d'un autre ordre de juridiction ... 109

SECTION 2
La pratique des renvois préjudiciels ... 109

Sous-section 1. Les renvois préjudiciels devant le juge judiciaire ... 110

Sous-section 2. Les renvois préjudiciels devant le juge administratif ... 111

Sous-section 3. La question prioritaire de constitutionnalité (Q.P.C.) ... 112

Sous-section 4. Le renvoi préjudiciel à la Cour de justice de Luxembourg ... 115

SECTION 3
Les conséquences de la question préjudicielle ... 115

Sous-section 1. Les effets sur la juridiction saisie au fond ... 116

Sous-section 2. Les effets sur les parties et sur la juridiction de renvoi ... 117

TITRE 2
Les juridictions administratives 119

CHAPITRE 1
Le Conseil d'État 121

SECTION 1
Historique 122

Sous-section 1. Les origines 122

Sous-section 2. La réforme de 1953 124

SECTION 2
L'organisation du Conseil d'État 126

Sous-section 1. La composition du Conseil d'État 126

Sous-section 2. Les membres du Conseil d'État 126

§ 1. Le vice-président du Conseil d'État 127

§ 2. Les conseillers d'État en service ordinaire 127

Sous-section 3. Les conseillers d'État en service extraordinaire 128

§ 1. Les maîtres des requêtes 128

§ 2. Les auditeurs 128

§ 3. Le secrétaire général du Conseil d'État 128

§ 4. Les assistants de justice 129

Sous-section 4. Le statut des membres du Conseil d'État 129

SECTION 3
La structure interne du Conseil d'État 129

Sous-section 1. Le Conseil d'État dans sa fonction consultative 130

§ 1. Les formations administratives 130

§ 2. Section du rapport et des études 131

Sous-section 2. Le Conseil d'État statuant au contentieux 132

§ 1. Les juges uniques 133

§ 2. Le président de la Section du contentieux 133

§ 3. Les présidents de sous-section 134

Sous-section 3. Les formations collégiales de jugement ... 134
§ 1. La sous-section seule ... 135
§ 2. Les sous-sections réunies ... 135
§ 3. La section ... 135
§ 4. L'assemblée du contentieux ... 136
Sous-section 4. Le rapporteur public ... 136

CHAPITRE 2
Les juridictions administratives territoriales ... 139

SECTION 1
Les tribunaux administratifs ... 140
Sous-section 1. L'organisation des tribunaux administratifs ... 141
Sous-section 2. Les membres des tribunaux administratifs ... 142
§ 1. Le président du tribunal administratif ... 142
§ 2. Le statut des membres des tribunaux administratifs ... 143
§ 3. Le rapporteur public ... 143
Sous-section 3. Les formations de jugement ... 144
§ 1. Les formations collégiales ... 144
A. La chambre ... 144
B. Les chambres réunies ... 144
C. La formation plénière ... 145
D. La formation élargie ... 145
§ 2. Le président juge unique ... 145

SECTION 2
Les cours administratives d'appel ... 148
Sous-section 1. La compétence des cours ... 148
Sous-section 2. L'organisation des cours ... 149
§ 1. Nombre et ressort ... 149
§ 2. Le statut des membres ... 149
§ 3. Les formations de jugement ... 149
A. La chambre ... 150

B. La formation élargie ... 150
C. La formation de chambres réunies ... 150
D. La formation plénière ... 151
E. Le juge unique ... 151

CHAPITRE 3
Les juridictions administratives spéciales ... 153

SECTION 1
La notion de juridiction spéciale ... 154

Sous-section 1. L'enjeu de la qualification ... 155

Sous-section 2. Le critère de la juridiction administrative spéciale ... 155

SECTION 2
Les conséquences du caractère de juridiction administrative ... 156

Sous-section 1. La soumission aux règles générales de procédure ... 156

Sous-section 2. La soumission aux voies de recours devant la juridiction générale ... 156

TITRE 3
La ventilation des compétences entre les juridictions administratives ... 157

CHAPITRE 1
La compétence de principe des juridictions administratives ... 159

SECTION 1
La compétence de premier ressort ... 160

Sous-section 1. La compétence ratione materiae ... 160

§ 1. Attributions constitutionnelles de compétence au profit du Conseil d'État ... 161

§ 2. Attributions législatives de compétence au profit du Conseil d'État ... 161

§ 3. Attributions réglementaires de compétences au profit du Conseil d'État 163

Sous-section 2. Compétence territoriale 167

Section 2
La compétence en appel 178

Sous-section 1. La compétence *ratione materiae* 178

§ 1. La compétence territoriale 180

Section 3
La compétence en cassation 181

Chapitre 2
La résolution des difficultés de compétence interne 183

Section 1
La connexité 184

Sous-section 1. La notion de connexité 184

Sous-section 2. La procédure de règlement de la connexité 185

§ 1. En premier ressort 185

§ 2. En appel 186

Section 2
Le règlement des questions de compétence 188

Sous-section 1. Conclusions manifestement et définitivement irrecevables 188

Sous-section 2. Les procédures de règlement et de renvoi 189

§ 1. Attribution de compétence par le président de la Section du contentieux du Conseil d'État 189

§ 2. La saisine erronée d'un tribunal administratif ou d'une cour administrative d'appel 189

§ 3. La saisine erronée du Conseil d'État 191

Section 3
Le règlement de juges 192

PARTIE II
La détermination du différend 193

TITRE 1
La prévention et la préparation du recours juridictionnel 195

CHAPITRE 1
La procédure administrative non contentieuse 197

SECTION 1
L'administration explique 198

Sous-section 1. Le champ d'application de l'obligation 198

Sous-section 2. Les exceptions à l'obligation de motivation 200

Sous-section 3. La portée de l'obligation 201

SECTION 2
L'administration se concerte avec les administrés 201

Sous-section 1. La règle de l'examen particulier du dossier 202

Sous-section 2. Les modalités du débat contradictoire 202

Sous-section 3. L'amélioration de l'administration consultative 203

CHAPITRE 2
Les conditions tenant à l'introduction de la requête 205

SECTION 1
La capacité à agir des personnes privées 206

Sous-section 1. Les personnes physiques 206

Sous-section 2. Les personnes morales 207

SECTION 2
La représentation des plaideurs 207

Sous-section 1. La représentation des personnes privées 207
§ 1. Devant les tribunaux administratifs 208
§ 2. Devant les cours administratives d'appel 209
§ 3. Devant le Conseil d'État 210
Sous-section 2. La représentation des personnes morales 211
§ 1. Les personnes morales de droit privé 211
§ 2. Les personnes morales de droit public 213
A. L'État 213
B. Les collectivités territoriales 215
C. Les établissements publics 216

SECTION 3
Les conditions tenant au requérant : qualité et intérêt lésé 216
Sous-section 1. Les exigences requises 217
§ 1. La qualité 217
§ 2. L'intérêt 219
A. Intérêt direct et personnel 221
B. Intérêt légitime et conforme aux principes juridiques 222
C. Intérêt certain, né et actuel 222
D. Intérêt matériel ou moral 223
Sous-section 2. L'intérêt privé 224
§ 1. L'intérêt individuel 224
A. Contribuable local 224
B. Habitant et propriétaire 224
C. Membres d'un corps délibérant ou d'une assemblée locale 225
D. Électeur 225
E. Usager d'un service public 225
F. Fonctionnaire 225
G. Autres qualités ouvrant le recours 226
§ 2. L'intérêt collectif ou le recours des personnes morales 226
Sous-section 3. L'intérêt des personnes publiques 228
§ 1. L'État 228
§ 2. Les collectivités territoriales 229
§ 3. Les établissements publics 230

SECTION 4
La forme et la signature de la requête 230
Sous-section 1. Présentation des requêtes 231
§ 1. La production de la décision attaquée 231
§ 2. Les conclusions 233
§ 3. Copies et autres formalités 234
§ 4. Les pièces jointes 235
Sous-section 2. Le mémoire complémentaire 236
Sous-section 3. Les requêtes collectives 238
Sous-section 4. Les régularisations 238
§ 1. Le défaut de motivation de la requête 239
§ 2. L'obligation d'inviter le requérant à régulariser 239

CHAPITRE 3
Les conditions tenant au délai de recours 243

SECTION 1
La règle du délai et ses exceptions 244
Sous-section 1. La durée du délai 244
Sous-section 2. Les cas d'absence de délai 247

SECTION 2
Le point de départ du délai 249
Sous-section 1. Les actes réglementaires 251
Sous-section 2. Les actes individuels 253
§ 1. Les décisions explicites 254
§ 2. Les décisions implicites 257

SECTION 3
Le report du point de départ du délai 260
Sous-section 1. La prise en compte des recours administratifs 260
§ 1. L'exercice d'un recours administratif 260
§ 2. L'exercice d'un recours préalable 262

Sous-section 2. La saisine d'une juridiction incompétente 265

Sous-section 3. La demande d'aide juridictionnelle 266

Sous-section 4. Le report jusqu'au dernier acte d'une opération complexe 267

Sous-section 5. L'éventuel cumul des causes de prorogation 267

Sous-section 6. Les cas de réouverture du délai 268

SECTION 4
La computation et le terme du délai 269

SECTION 5
Les effets de l'irrespect du délai 271

Sous-section 1. Sur le recours contentieux 271

§ 1. La requête prématurée 271

§ 2. La requête tardive 272

A. Les décisions confirmatives 272

B. Les conclusions nouvelles 272

C. Les demandes nouvelles 273

Sous-section 2. Conséquences sur l'administration 274

Sous-section 3. La résurgence des recours 275

§ 1. L'exception d'illégalité 275

§ 2. Action en réparation du préjudice résultant d'un acte illégal 276

TITRE 2
Les différents recours contentieux 277

CHAPITRE 1
Les référés et procédures d'urgence 279

SECTION 1
Les règles communes à tous les référés 280

Sous-section 1. La recevabilité 280

Sous-section 2. Les pouvoirs du juge 281

Section 2
Les référés généraux 282
Sous-section 1. Les référés d'urgence 282
§ 1. Les règles de procédure communes 282
A. La présentation de la requête 283
B. L'instruction 283
C. La procédure 285
D. La modification ou la suppression des mesures ordonnées par le juge 287
E. Les voies de recours 288
§ 2. Le référé suspension 289
A. La recevabilité de la demande 290
B. Les conditions d'octroi de la suspension 291
C. La décision du juge 293
D. Les devoirs du juge 294
E. Les conséquences de la suspension 294
§ 3. Le référé liberté 295
A. Les conditions d'octroi 295
B. Les pouvoirs du juge 298
§ 4. Le référé mesures utiles 299
A. Le champ d'application 299
2. Demandes présentées par un administré 300
3. Mesures prononcées à la demande de l'administration 300
4. Autres cas 302
E. Les conditions d'octroi 302
F. La procédure 304
Sous-section 2. Les autres référés généraux 305
§ 1. Le référé constat 305
A. La recevabilité de la demande 305
B. Les conditions d'octroi 306
C. La procédure 306
D. Pouvoirs du juge 307
E. Voies de recours 307
§ 2. Le référé instruction 308
A. La recevabilité de la demande 308
B. La condition d'octroi 308
C. Les mesures susceptibles d'être ordonnées 309
D. La procédure 310

E. La décision du juge 310
F. Les suites de la décision du juge 311
G. Voies de recours 311

§ 3. Le référé provision 312
A. La recevabilité de la demande 312
B. La compétence du juge 313
C. La condition d'octroi 313
D. La procédure 313

SECTION 3
Les référés particuliers 314

Sous-section 1. Les référés et suspensions à caractère définitif 314
§ 1. Le référé précontractuel 314
§ 2. Le référé contractuel 316

Sous-section 2. Le référé fiscal 322

Sous-section 3. Le référé communication audiovisuelle 324

SECTION 4
Les régimes spéciaux de suspension 325

Sous-section 1. La suspension sur déféré 325
§ 1. La suspension sur déféré « de droit commun » 325
§ 2. La suspension sur « déférés spéciaux » 328

Sous-section 2. Le référé en matière d'urbanisme et de protection de la nature et de l'environnement 329

CHAPITRE 2
Le recours pour excès de pouvoir 333

SECTION 1
Les conditions de recevabilité tenant à l'acte attaqué 335

Sous-section 1. L'exigence d'un acte administratif 335
§ 1. La notion d'acte administratif 335

§ 2. Le contenu de l'acte 336
A. Un acte unilatéral 337
B. Un acte d'une autorité française 337

Sous-section 2. Une décision faisant grief 338

§ 1. Les actes sans effets de droit 338
A. Les actes ou éléments d'actes ne pouvant produire d'effets de droit 338
B. Les actes non destinés à produire des effets de droit 339
C. Les actes intégrés à une procédure 341
D. Les actes préparatoires 341
E. Les actes pris à la suite d'une décision 342

§ 2. Les mesures d'ordre intérieur 342
A. Les circulaires 343
B. Les directives 344

Sous-section 3. L'impuissance des recours contre l'acte de gouvernement 344

§ 1. La liste des actes de gouvernement 345
§ 2. Les limites aux conséquences des actes de gouvernement 346

Sous-section 4. L'exclusion du recours pour excès de pouvoir contre les contrats 347

SECTION 2
La fin de non-recevoir tenant à l'existence d'un recours parallèle 349

Sous-section 1. La notion de recours parallèle 349

Sous-section 2. Les actes détachables 350

§ 1. Les actes détachables du contrat 350
§ 2. Les actes détachables en matière électorale 351
§ 3. Les actes détachables en matière fiscale 351

SECTION 4
Les cas d'ouverture ou moyens d'annulation 352

Sous-section 1. Les moyens de légalité externe 353

§ 1. L'incompétence 354
A. L'incompétence positive 354

B. L'incompétence négative 355
C. Les dérogations aux règles normales de compétence 355
§ 2. Le vice de forme 356

Sous-section 2. Les moyens de légalité interne 357
§ 1. La violation de la loi 358
A. Le contenu de la notion 358
B. La mise en œuvre des moyens ou contrôle des motifs 359
C. L'intensité du contrôle 362
§ 2. Le détournement de pouvoir ou contrôle des mobiles 366

CHAPITRE 3
Les recours de plein contentieux 369

SECTION 1
Les particularités de procédure et de délai 372

Sous-section 1. La liaison du contentieux 372

Sous-section 2. La prescription quadriennale 375
§ 1. Définition et règles générales 375
A. La prescription, règle de comptabilité publique 376
B. La décision de l'opposer 376
C. Le régime juridique 377
§ 2. Le calcul du délai de prescription 379
A. Le point de départ du délai 379
B. Les causes d'interruption de la prescription 380
C. Les suspensions et relevés de déchéance du créancier 381

SECTION 2
Particularités de chaque plein contentieux 383

Sous-section 1. Le contentieux électoral 383
§ 1. La spécificité du litige 383
§ 2. Les particularités de procédure 384

Sous-section 2. Le contentieux fiscal 386
§ 1. Les spécificités du contentieux fiscal 386

§ 2. Les particularités de procédure 386
A. La réclamation préalable 387
B. Le sursis au paiement 387
C. Les pouvoirs du juge 388

Sous-section 3. Le contentieux contractuel 388
§ 1. La contestation du contrat ou des mesures relatives à son exécution 388
§ 2. Le recours de plein contentieux en contestation de validité du contrat 391
§ 3. Le recours en annulation d'un acte détachable 391

Sous-section 4. La responsabilité contractuelle 392

PARTIE III
Le règlement du différend 395

TITRE 1
L'instance 397

CHAPITRE 1
L'instruction 399

SECTION 1
Le déroulement normal de l'instruction 400

Sous-section 1. La dispense d'instruction et l'instruction accélérée 400
§ 1. La dispense d'instruction 400
§ 2. L'instruction accélérée 401

Sous-section 2. L'instruction proprement dite 402
A. La désignation du rapporteur et la répartition des affaires entre les formations de jugement 402
B. La communication des requêtes, mémoires et décisions prises pour l'instruction 404
C. Moyens relevés d'office 406

Sous-section 3. La demande de régularisation et la mise en demeure 408

Sous-section 4. La clôture de l'instruction 411

Sous-section 5. La réouverture de l'instruction 414

SECTION 2
Les incidents de l'instruction 414

Sous-section 1. Les demandes incidentes ou additionnelles 415

§ 1. La demande additionnelle du demandeur 415

§ 2. Les demandes incidentes du défendeur ou conclusions reconventionnelles 416

§ 3. Les demandes incidentes émanant de tiers, ou interventions 418

Sous-section 2. L'intervention forcée ou mise en cause 421

§ 1. L'appel en cause 422

§ 2. L'appel en garantie 422

§ 3. L'appel en déclaration de jugement commun 422

Sous-section 3. Les autres incidents de l'instruction 423

§ 1. Le désaveu d'avocat 423

§ 2. L'inscription de faux 424

§ 3. La reprise d'instance et la constitution de nouvel avocat 425

CHAPITRE 2
L'établissement de la conviction du juge 427

SECTION 1
Les procédés de vérification 429

Sous-section 1. En matière d'actes 429

Sous-section 2. En matière de faits 430

§ 1. L'expertise 431

§ 2. La visite des lieux 436

§ 3. L'enquête 437

§ 4. La vérification d'écriture 438

§ 5. Les autres mesures d'instruction 439

Section 2
Les exceptions au principe 440
Sous-section 1. L'acquiescement implicite du défendeur selon les textes 440
Sous-section 2. La sanction des silences de l'administration 441

TITRE 2
La sentence 443

Chapitre 1
L'élaboration de la décision 445

Section 1
L'établissement de la décision 446
Sous-section 1. Les procédures écourtées 446
§ 1. Le désistement 446
§ 2. L'acquiescement du défendeur aux prétentions adverses 448
§ 3. Le non-lieu 448
Sous-section 2. Le procédé normal de règlement 448
§ 1. L'inscription de l'affaire au rôle 449
§ 2. La convocation des parties à l'audience 450
§ 3. La composition de la juridiction 452
§ 4. L'audience 454
§ 5. La reddition du jugement 456

Section 2
La décision juridictionnelle 458
Sous-section 1. Les différents types de jugements 458
§ 1. Jugements avant dire droit et jugements sur le principal 458
§ 2. Jugements déclaratifs et jugements constitutifs 459
§ 3. Jugements contradictoires et jugements par défaut 459
§ 4. Jugements en premier ressort et jugements en dernier ressort 459

§ 5. Jugements dotés de l'autorité de chose jugée et jugements passés en force de chose jugée ... 460

Sous-section 2. Les formes ... 460

§ 1. Les visas et mentions ... 461

A. Les mentions ... 461

B. Les visas ... 463

§ 2. Les motifs ou « considérants » ... 465

§ 3. Le dispositif ... 466

§ 4. La formule exécutoire ... 467

§ 5. La minute de la décision ... 467

Sous-section 3. La notification de la décision ... 468

Sous-section 4. Les pouvoirs et devoirs du juge ... 471

Sous-section 5. Les frais de justice ... 477

§ 1. Les dépens ... 477

§ 2. L'amende pour recours abusif ... 480

CHAPITRE 2

Les conséquences et l'exécution de la décision ... 483

SECTION 1

La chose jugée ... 484

Sous-section 1. Notion et effets ... 485

§ 1. L'irrecevabilité ou le rejet ... 485

§ 2. L'annulation de l'acte entrepris ... 485

Sous-section 2. Les effets de la décision ... 486

§ 1. Les effets sur l'administration ... 486

§ 2. Les effets sur d'autres organes ... 487

SECTION 2

L'exécution de la décision juridictionnelle ... 488

Sous-section 1. Le principe du caractère exécutoire des jugements ... 488

Sous-section 2. Les moyens traditionnels de vaincre l'inertie de l'administration ... 489

Sous-section 3. Les injonctions ... 490

Sous-section 4. Les astreintes 494
§ 1. L'astreinte *a priori* 495
§ 2. L'astreinte *a posteriori* 495
§ 3. La condamnation et liquidation de l'astreinte 496
Sous-section 5. L'exécution automatique 497
Sous-section 6. Les demandes d'éclaircissement 498
Sous-section 7. Le recours en interprétation 499

TITRE 3
La contestation de la décision 501

CHAPITRE 1
L'appel 503

SECTION 1
L'exercice de l'appel 504
Sous-section 1. Les conditions de recevabilité 504
§ 1. Les décisions attaquées 505
§ 2. Le délai d'appel 506
§ 3. Les formes de la requête d'appel 508
Sous-section 2. Les différents appels 509
§ 1. L'appel principal 509
§ 2. Les appels complémentaires 511
A. L'appel incident « pur » 511
B. L'appel « provoqué » ou d'intimé à intimé 513
Sous-section 3. La procédure 515
§ 1. Obligation de produire un mémoire d'appel particulier 515
§ 2. Demandes nouvelles et moyens nouveaux 515

SECTION 2
Les effets de l'appel 516
Sous-section 1. L'absence d'effet suspensif 516
Sous-section 2. L'effet dévolutif de l'appel 517
Sous-section 3. Le jugement de l'appel 521

Chapitre 2
Le recours en cassation 523

Section 1
Les conditions de recevabilité du pourvoi en cassation 524

Sous-section 1. Conditions relatives aux parties 524

Sous-section 2. Conditions relatives au jugement entrepris 525

Sous-section 3. Conditions de délai et de forme 527

§ 1. Le « filtrage » 528

§ 2. Les conclusions et moyens de cassation 530

Section 2
Le contrôle du juge de cassation et sa décision 532

Sous-section 1. Contrôles du juge de cassation 532

§ 1. Le contrôle de la manière dont il a été jugé 532

§ 2. Le contrôle de ce qui a été jugé 533

Sous-section 2. L'arrêt de cassation 536

§ 1. Les solutions possibles 536

§ 2. Les suites possibles 537

§ 3. La portée de l'arrêt de cassation 537

Chapitre 3
Les voies de rétractation 539

Section 1
Les voies de rétraction ouvertes aux parties absentes de l'instance initiale 540

Sous-section 1. L'opposition 540

§ 1. Prohibition devant les tribunaux administratifs 541

§ 2. Les conditions requises pour former opposition 541

§ 3. Les effets de l'opposition 542

Sous-section 2. La tierce opposition 543

§ 1. Les conditions pour former tierce opposition 543

§ 2. Conditions de recevabilité ... 544
§ 3. La procédure et l'issue de la tierce opposition ... 547

SECTION 2
Les voies de rétractation ouvertes aux parties présentes à l'instance initiale ... 549

Sous-section 1. Le recours en révision ... 549

Sous-section 2. Le recours en rectification d'erreur matérielle ... 552

SECTION 3
Le recours dans l'intérêt de la loi ... 556

Sous-section 1. Conditions de recevabilité ... 556

Sous-section 2. Effets ... 557

Bibliographie ... 559

Index ... 561